읽는 설교 요한계시록

Vol.1 · 1-11장

죠이선교회는 예수님을 첫째로(Jesus First)
이웃을 둘째로(Others Second)
나 자신을 마지막으로(You Third) 둘 때
참 기쁨(JOY)이 있다는 죠이 정신(JOY Spirit)을 토대로
하나님 나라의 확장을 위해 지역 교회와 협력, 보완하는
선교 단체로서 지상 명령을 성취한다는 사명으로 일합니다.

죠이선교회 출판부는 그리스도를 대신한 사신으로
문서를 통한 지상 명령 성취와 하나님 나라 확장을 위해 노력합니다.

읽는 설교 요한계시록 Vol.1

죠이북스는 죠이선교회의 임프린트입니다.

· 읽는 설교 ·

요한계시록
Revelation

Vol.1 · 1-11장

· 정근두 지음 ·

죠이북스

• 본문에 인용된 성경 구절은 개역개정판 성경을 인용하였습니다. 그렇지 않을 경우 따로 표기하였음을 밝힙니다.
• 요한계시록에서 성경 구절을 발췌하였을 경우에는 괄호 안에 따로 권 명을 표기하지 않았음을 밝힙니다.

차례

요한계시록 4장

요한계시록 5장

요한계시록 6장

요한계시록 7장

요한계시록 8장

머리말

요한계시록을 만나다

하필 요한계시록을……?

사실 저는 제 생애에 요한계시록을 설교하게 되리라고는 한 번도 꿈꿔 본 적 없고, 또 제가 할 수 있으리라고 생각한 적도 없습니다. 한평생 설교를 해도 신구약 66권을 다 설교하지 못할 텐데 하필 어렵다는 책을 설교하려고 할 리가 없기 때문입니다. 그러다가 젊은 날 친구들과 함께 월요일마다 성경공부를 할 때였습니다. 그때 누군가가 "요한계시록은 어려운 책이니까 함께 공부합시다"라고 제안했습니다. 말은 안 했지만 속으로 '무엇 때문에 어려운 책을 선택해서 사서 고생하나?' 하는 마음이 스쳤습니다. 어쨌거나 하기로 했으니 내 몫의 연구는 해야 한다는 마음으로 요한계시록 첫 장을 대했습니다. 거기서 사도 요한을 만나 보니, 그는 남이 아니었습니다. "너희 형제요 예수의 환난과 나라와 참음에 동참하는 자라"(1:9)고 자신을 소개하며 다가왔기 때문입니다. 게다가 당시 그는 "하나님의 말씀과 예수를 증언하였음으로 말미암아 밧모라 하는 섬에 있었더니 주의 날에 내가 성령에 감동되어"(1:9) 바로 이 책 계시록을 기록한 것입니다. 세상 권력에 의해 유배된 그를 홀로 밧모섬에 버려두고 못 본 척할 수는 없었습니다.

그러던 어느 해 여름, 전교인 수련회에서 비로소 요한을 만나 숨죽인 채 그의 한 마디 한 마디에 귀 기울이게 되었습니다. 때로는 밤을 지새우고 때로는 이른 새벽을 밝히면서 그와 교제하는 즐거움을 맛보기 시작했습니다. 일찍 그를 알아보지 못한 것이 부끄럽기도 했고, 늦게나마 그를 만난 것이 감격스럽기도 했습니다. 멀리서 볼 때는 까다롭고 어렵게만 여겨지던 책이었는데, 가까이 다가가 보니 단순하고 쉽게 다가왔습니다. '요한계시록', 이 책은 대가(大家)의 강의처럼 단순 명료하고, 심오한 메시지를 담고 있습니다. 일곱 교회를 향한 그의 메시지를 듣다 보니 언제부터인가 저는 요한에게 완전히 매료당했고, 주일 강단에서 그의 메시지를 전하고 있었습니다.

왜 「읽는 설교 요한계시록」인가

그러면 왜 「읽는 설교 요한계시록」입니까? 요한계시록에 대한 주석이나 설교가 모자라서가 결코 아닙니다. 하지만 바른 해석학적 틀로 요한계시록을 깊이 있게 온전히 다룬 설교문은 흔하지 않기 때문입니다. 달고 맵고 짠 음식에 길들여진 이 시대의 사람들처럼 현대 교인들의 미각을 생각할 때 쉽게 읽힐지 걱정되기도 하지만, 그럼에도 「읽는 설교 요한계시록」으로 독자들을 만나려는 것은 "때가 가까움이라"(1:3)는 사실 때문입니다. 저에게는 오늘 같은 시대에 이 말씀을 전하지 않고는 견딜 수 없는 부담이 있습니다.

하지만 동시에 우리가 살아가는 시대의 특징 때문에 이 설교가 읽히는 데 어려움이 있으리라 예상합니다. 우리는 세상에 깊이 빠져 살고 있기에,

요한이 생생하게 보고 들은 것이 때로 무척 생소하고 멀게 느껴집니다. 유튜브를 비롯한 영상 매체에 익숙한 분들에게 성령에 감동하여 요한이 보고 들은 메시지를 전하는 것이 부담스럽기도 합니다. 무엇보다 먼저 저 자신이 요한처럼 하나님 말씀에 깊이 잠겨 있지 못하다는 한계가 있습니다.

사도 요한은 성경 예언에 해박했습니다. 그는 진정으로 한 권의 책을 사랑한 사람이자 기록된 하나님 말씀에 깊이 젖어든 신앙인입니다. 계시록에서 만나는 요한의 면모 가운데 하나는 성경에 대한 탁월함입니다. 그의 탁월한 경건과 영성은 자신의 생각을 내세우거나 자신의 연구 결과를 밝히는 차원이 아닙니다. 오로지 성경에 근거해서 드러나는 것입니다. 계시(성경) 의존적 사고가 여러분의 영적 성숙도를 측정합니다. 그의 문안, 그의 찬양, 그의 주제 선언 한 마디 한 마디는 그의 생각이라기보다 그가 사랑하는 성경을 인용한 것입니다. 그의 탁월한 영성의 근원은 바로 성경 자체였습니다. 하나님 말씀을 얼마나 사랑하느냐가 한 사람의 영성과 경건의 수준을 결정합니다. 무엇을 봐도 말씀에 근거하고, 무엇을 말해도 하나님의 기록된 말씀에 근거하는 사람이야말로 탁월한 영성과 경건을 가진 자입니다.

그러나 여러분에게 이 설교를 전하는 필자는 그렇지 못하다는 한계를 느낍니다. 요한은 신구약 말씀의 진수를 붙잡는 탁월한 영성을 가지고 있습니다. 그런 그의 영성 앞에서 저는 저 자신이 얼마나 초라한 자인지를 깊이 인식할 수밖에 없습니다. 동시에 엿새 동안 세상 속에서 살아가는 여러분의 영적 수준을 순식간에 요한의 환상을 같이 볼 수 있을 만큼 올려놓기에는 제 역량이 부족하다는 것을 느낍니다.

그럼에도 요한계시록을 더는 닫힌 책으로 남겨 둘 수 없음은 "때가 가까움이라"(1:3)는 이유에서입니다. 이제 하나님이 심판하실 시간이 임박했기에 우리는 이 계시 앞에 다시 서야 합니다. 주의 날, 요한을 감동시킨 성령께서 한 편 한 편 설교를 읽을 때마다 우리를 감동시키실 것을 기도하면서 읽어 봅시다. "복이 있도다! 이 예언의 말씀을 읽는 자여, 복이 있도다! 이 예언의 말씀을 듣는 자들이여, 복이 있도다! 이 예언의 말씀을 지키는 자들이여"(1:3 참조)라고 요한은 복을 선언하고 있습니다. 저는 여러분을 이 축복의 영역으로 초대하고 싶습니다. 이 설교를 통해 성령께서 여러분을 새롭게 하여 주시고, 오실 주님을 맞이하도록 준비시키시길 소원합니다.

「읽는 설교 요한계시록」, 어떻게 읽을 것인가

신약 성경을 읽으려면 마태복음 1장의 "낳고", "낳고", "낳고"를 통과해야 하듯이, 이 요한계시록 설교를 읽으려면 처음에는 익숙하고 편리한 도시 문명에서 벗어나 제대로 된 길 하나 없는 원시림으로 들어서는 불편을 잠시 감수해야 합니다. 그러나 도시의 소음에서 멀어지고 태고의 숲에서 풍기는 향기를 맡기 시작한다면 발걸음이 가벼워질 것입니다. 숲속을 걷다 보면 자연의 힘이 새롭게 느껴지고 공기의 청량감이 와 닿으며 자연의 소리가 귀에 들리기 시작하듯이, 이 설교를 읽다 보면 점차 하늘의 음성이 들리고 순례자의 걸음에 새로운 힘을 얻게 될 것입니다.

두 권에 실린 89편의 '읽는 설교'를 통해 무엇보다 이 세상이 장망성(將亡城)이며 우리는 하늘 예루살렘을 향하는 순례자임을 깨닫게 되길 소원합니다. 숲속 길을 며칠만 걸어 보면, 다시는 소음으로 가득한 옛 거리를 떠올리지 않을 것이고 영광의 하늘 보좌로 이끄는 길을 끝까지 걸을 수 있을 것입니다. 그리고 그 길 끝에서 새 하늘과 새 땅, 새 예루살렘의 영광을 목도할 것입니다. 그날 거기서 이 책이 여기까지 오는 데 힘이 되었다고 고백하게 될 것을 확신합니다. 그날이 오기까지 지금 여기 이 땅에서 "내가 진실로 속히 오리라"(22:20) 하신 주님의 음성을 듣고 "아멘 주 예수여 오시옵소서"(22:20)라고 날마다 화답하는 여러분이 되시길 기도합니다.

서론

요한계시록을 살피다

모든 계시가 담긴 마지막 책

요한계시록은 신구약 계시의 완성입니다. 요한계시록은 성경 66권 가운데 가장 마지막에 있는 책입니다. 구약 39권, 신약 27권의 모든 이야기와 가르침이 다 녹아들어 마지막으로 주어진 책이 요한계시록입니다. 그러므로 요한계시록은 내용 면에서 새로운 계시라고 볼 수는 없습니다.

요한은 구약의 선지자와 신약의 사도가 말한 내용을 더 집중적으로, 더 인상적으로 밝히고 있습니다. 선지자들의 예언에 담긴 진리를, 복음서와 서신서에 나타난 인류 마지막에 관한 진리를 묵시 형식으로 확인해 주는 책이 요한계시록인 것입니다. 달리 말해, 요한계시록은 새롭거나 전혀 다른 내용을 우리에게 이야기하는 것이 아니라, 이사야, 요엘, 다니엘과 같은 선지자들이 예언하고 사도들이 증거했으며 주님 자신이 가르치신 그 종말의 진리를 표현을 달리하여 묵시적으로 전하고 있는 것입니다. 그러므로 요한계시록은 가로세로의 공란을 끼워 맞추는 퍼즐이 아닙니다. 요한계시록은 반드시 속히 일어날 일을 전하여 당시 박해 가운데 있는 성도를 위로하고 오늘날 우리가 이 계시에 따라 종말을 준비할 수 있게 하는 책입니다.

요한계시록은 사람들의 호기심을 자극해서 대중적인 인기를 얻으려는 자들이 이용하기 쉬운 책입니다. 불건전한 종말론을 유포해서 위기의식을 조장하여 사람들을 갈취하고, 우리의 복된 구주 예수 그리스도의 다시 오심이라는, 영광스러운 기독교의 진리를 우스꽝스럽게 만드는 사탄의 시도는 계속될 것입니다. 이미 요한계시록을 빙자해서 성도를 넘어뜨리려는 이단들이 활동하고 있습니다. 말세를 만난 우리를 영적으로 준비시키는 일에서 벗어나, 황당무계한 해석으로 위기의식만 조장하는 종말론적 편견에 휩쓸리지 않도록 조심해야 합니다. 시대마다 이러한 거짓 가르침이 하나님의 교회를 계속 미혹할 것입니다. 그러므로 우리는 요한계시록을 반드시 살펴야 합니다. 우리는 성경 계시 전체를 완성하는 요한계시록을 살필 의무가 있는 동시에 오고 계신 그분을 대망할 특권을 가지고 있습니다. 요한계시록은 비밀을 공개하여 세상 모든 것에 종말이 있다는 것을 알게 하고 우리로 오실 그리스도를 사모하게 합니다.

첫인상은 까다롭지만 사귀어 보면 친근한 사람이 있습니다. 그런 사람은 만날수록 편안하고 다정한 모습이 드러납니다. 요한계시록 역시 첫눈에는 어려워 보이지만 계속 살펴보면 의외로 단순한 메시지를 전하고 있습니다. 상징과 환상으로 복잡하다기보다는 분명한 메시지를 전하는 책입니다. 어떤 부분은 수수께끼 같지만, 말세를 사는 성도에게 분명한 소망과 위로를 주는 책이 바로 요한계시록입니다. 요한계시록은 한편으로 어려운 책입니다. 그러나 다른 한편으로는 참으로 쉬운 책입니다. 복잡한 사람에게는 어렵게 들리지만, 단순한 사람에게는 쉽게 들릴 수 있는 그런 책입니다.

요한계시록이 지닌 독특한 모습

요한계시록을 살피면서 느끼는 우리의 어려움은 저자 요한의 상황과 오늘 우리 상황 사이의 괴리감에서 비롯됩니다. 21세기에서 한 주 내내 살던 우리가 갑자기 1세기 밧모섬에서 요한이 본 환상의 세계로 들어가는 데는 어려움이 있습니다. 그뿐 아니라 21세기의 속화된 세계관과, 거기에 젖어 있는 우리가 1세기의 세계관과, 그 틀에서 전하는 요한의 메시지를 이해하는 데서 오는 어려움도 있습니다. 현상적이고 분석적인 21세기 교육을 받아 온 우리가 묵시적이고 신화적인 1세기의 표현을 알아듣기란 쉽지 않은 일입니다. 요한은 고도의 묵시적이고 신화적인 언어로 영적 사실을 기술합니다. 우리가 요한이 말하는 영적 진리를 이해하려면 우리 자신의 세계관과 교육 배경에서 잠시 벗어나야 합니다.

요한계시록은 성경의 마지막 책입니다. 하나님의 계시가 완성된 책입니다. 요한은 역사 속에서 하나님의 뜻이 궁극적으로 어떻게 완성될지를 기록합니다. 하지만 직설적인 서술체가 아닌 상징적인 언어로 역사의 완성을 기술합니다. 자기 시대에 통용되던 문학적 표현 방법 중에서도 자신의 의도를 잘 드러낼 수 있는 방법을 선택해서 사용한 것입니다. 오늘날 우리에게는 친숙하지 않지만 당시 성도에게는 익숙한 묵시적 환상들로 표현하고 있습니다. 자신이 본 환상들을 기록한 형식의 글이기 때문에 '계시록'이라는 이름이 붙어 있습니다.

그러므로 요한계시록을 신문 사설과 같은 논리적인 글로 읽으면 더 난해하게 다가옵니다. 오히려 신문에 실린 한 컷이나 네 컷 만화와 비슷합니다. 때로는 묵시적 서술 형식의 특징인 만화 형식이 표현의 기조를 이루지만, 때로는 옛 선지자들의 상상 기법이 동원됩니다. 당시의 세상은 그런 표현법을 묵시라고 불렀지만, 오늘날 우리에게는 판타지 소설처럼 이해될 수도 있습니다.

묵시적인 언어로 기술되었다고 해서 비현실적인 것으로 치부해서는 안 됩니다. 요한의 묵시적인 기술은 최후 승리와 최후 심판을 그림처럼 더 생생하게 보여 주기 위한 방편입니다. 묵시적인 언어는 어떤 사실을 더 실감나게 표현할 수 있는 장점이 있습니다. 상징적인 언어를 사용하지만 요한계시록의 메시지는 복음서에 나타난 주님의 가르침과 서신서에 기록된 사도들의 가르침과 일치합니다. 말하자면 비상징적인 가르침 속에 이미 충분히 확증된 메시지를 상징적이고도 초시간적인 언어를 사용하여 나타낼 뿐인 것입니다. 그것을 극도로 정제하여 반복하고 강조하고 있을 뿐입니다.

진리를 표현하는 방법은 다양합니다. 과학자는 과학적인 진술로, 문학가는 문학적인 방식으로 진리를 표현합니다. 시인과 화가는 마음속에 보고 있는 진리를 각각 다른 방편으로 표현합니다. 시인은 '추위에 떨고 있는 태양'이라고 표현하기도 하고, 화가는 태양 속에 사람의 얼굴을, 모든 것을 살피는 눈을 그려 넣기도 합니다. 환상에 대해 잘 이해되지 않는 분은 꿈을 한번 떠올려 보십시오. 현실 속에서 불가능한 일들도 꿈속에서는 얼마든지 가능합니다. 현실에서는 앞뒤가 맞지 않는 일들이 꿈에 나타나는 것을 기억해 보십시오.

요한계시록은 설교를 준비하기도 어렵지만, 그 설교를 듣는 일도 쉽지 않을 것입니다. 가능하면 왜 그런 결론이 나왔는지에 대한 과정 설명은 생략하고 도달한 결론에 따른 적용을 중심으로 전해 드리고 싶지만 최소한의 설명은 피할 수 없었습니다. 마태복음이나 로마서를 읽는 것처럼 요한계시록을 읽으면 잘 이해되지 않습니다. 수수께끼 같습니다. 같은 진리도 설명하는 방법이 다양한데, 같은 관점에서만 이해하려고 하니 어렵게 느껴지는 것입니다. 그러나 요한은 자신이 전하려는 진리를 아주 인상적으로 말하고 있습니다. 한마디로 선지자와 사도와 주님이 전한 동일한 진리를 다른 형식으로 증거하는 것이 요한계시록의 특징입니다.

이 계시를 누구에게 왜 보낸 것인가

요한계시록을 읽을 때 우리는 이 책이 처음에 우리에게 주어진 것이 아님을 알아야만 합니다. 우리를 위해 주어진 책이지만, '처음부터' 우리에게 주어진 책은 아닙니다. 요한계시록은 먼저 초대 교회 당시 성도에게 주어진 책이라는 사실을 생각해야 합니다. 이 책을 바르게 해석하려면 하나님이 초대 교회 성도에게 먼저 말씀하셨고, 그들에게 하신 교훈의 말씀이 동시에 오고 오는 하나님의 백성에게도 교훈을 주고 있다는 점을 기억해야 합니다.

요한은 불신 세상을 위해서 이 계시록을 쓴 것이 아닙니다. 그는 박해받는 교회를 위해 계시록을 썼고, 교회를 향해 이 편지를 보냈습니다. 요한은 극심한 하나님의 심판 아래 빠져들면서도 돌이키지 아니하는 악한 세상 속에서 살아가는 하나님의 백성을 염려해서 이 편지를 쓴 것입니다. 그러므로 여러분은 본문에 흐르는 하나님의 말씀을 듣기 바랍니다. 우리가 쉽게 알아듣기 힘든 부분이 있는 것은 사실입니다. 하지만 본문의 말이 어려운 것이 아닙니다. 계시록이라서 어려운 것이 아닙니다. 오히려 우리 삶이 지나치게 세상에 매몰되었기 때문에 들리지 않는 것입니다. 편한 세상에 몰입된 사람들에게 요한계시록 설교를 통해서 다가올 험한 상황을 준비시키기란 쉽지 않습니다. 게다가 설교자 자신도 그 메시지에 깊게 몰입되지 못하는 한계도 있습니다. 그럼에도 요한계시록의 메시지를 통해서 잃어버린 활력을, 상실한 환상을 되찾는 하늘의 메시지가 우리에게 들리기를 원합니다.

요한계시록은 우리의 호기심을 만족시키기 위해 기록된 책이 아닙니다.

종말이 어떻게 될지에 대한 우리의 궁금증을 풀어 주기 위해 기록된 것도 아닙니다. 요한계시록은 지금 고통당하고 있는 성도에게 그 고통의 의미를 알게 하기 위한 책입니다. 삶 자체가 힘든 것보다 내가 왜 고통을 당하는지, 그 의미를 알지 못한다는 것이 우리를 더욱 힘들게 합니다. 죄를 지은 인생길에서 저주 아래 있는 삶의 자리는 마지막 때가 될수록 그 고통이 극심해질 것입니다. 예측하지 못한 사건이 터지고, 감당하지 못할 사건이 발생할 것입니다. 세상이 걷잡을 수 없는 방향으로 치닫는 때를 만날 것입니다. 이 모든 일이 온 지구상에 거하는 모든 사람에게 임할 것입니다.

그러므로 요한계시록을 더는 닫힌 책으로 남겨 두어서는 안 됩니다. 오늘 우리와 상관없는 먼 미래에 일어날 사건을 말하는 책이 아닙니다. 요한계시록은 우리에게 지금 열리고 있는 책입니다. 바로 오늘 우리 시대의 일을 예언하고 있습니다. 요한계시록을 사랑하십시오. 요한계시록의 말씀을 귀 담아 들으십시오. 그러면 말세적 상황이 전개될 때에 두려워하지 않을 것입니다. 세기말적인 현상이 덮칠 때, 두려움 없이 그날을 직면할 수 있을 것입니다.

큰 흐름으로 살펴본 요한계시록

요한계시록은 크게 두 부분으로 나눌 수 있습니다. 전반부인 1-11장은 교회와 세상의 투쟁을 다룹니다. 그리고 후반부인 12-22장은 그 싸움의 더 깊은 배경을 밝혀 줍니다. 전반부에는 그리스도께서 내재하는 교회, 세상의 박해를 받는 교회의 모습이 나오지만, 교회는 결국 보호받고 승리자로 서게 됩니다. 세상에 있는 교회는 박해를 받지만 그들의 기도는 응답되어서, 큰 환난을 벗어나고 최후 승리를 거둘 것을 보여 줍니다. 후반부에서는 지상의 투쟁보다 더 깊은 영적 배경과 그리스도의 궁극적 승리를 소개합니다.

요한계시록은 총 7막으로 구성된 연극으로 생각할 수 있습니다. 그리고 총 7막의 연극, 총 7단원을 다음과 같이 요약할 수 있습니다.

첫째 단원은 1-3장으로, 중심 주제는 일곱 교회, 일곱 금 촛대 사이로 다니시는 그리스도이십니다. 일곱 금 촛대 사이로 다니시는 그리스도를 통해서 "볼지어다 내가 세상 끝날까지 항상 함께 있으리라"(마 28:20)는 그분의 약속이 성취되는 것을 볼 수 있습니다. 동시에 일곱 교회에 보낸 편지에서 세상의 빛인 교회의 사명을 확인할 수 있습니다.

둘째 단원은 4-7장입니다. 여기서는 하늘의 환상과 일곱 봉인이 떼어지는 것을 볼 수 있습니다. 죽임당하셨으나 지금 하늘에서 다스리시는 어린 양 예수 그리스도의 모습을 뵈올 수 있습니다. 역사가 다윗의 후손으로 오신 예수 그리스도에 의해 전개되는 것을 우리에게 보여 줍니다. "세상에서는 너희가 환난을 당하나 담대하라 내가 세상을 이기었노라"(요 16:33)는 주님의 말씀이 기억나는 부분입니다.

셋째 단원은 8-11장입니다. 이 부분에서 우리는 악한 세상에 울려 퍼지는 경고의 일곱 나팔 소리를 듣습니다. 세상은 하나님이 경고를 발하시는 장소입니다. 하나님은 세상 사람들의 죄악을 경고하시는 분이라고 요한은 말하고 있습니다. 죄악이 가득한 세상에 울려 퍼지는 일곱 경고의 나팔이 셋째 단원의 주제입니다. "하나님께서 그 밤낮 부르짖는 택하신 자들의 원한을 풀어 주지 아니하시겠느냐"(눅 18:7)라는 하나님의 약속이 떠오르는 부분입니다. 여기까지가 요한계시록의 전반부에 해당합니다. 전반부에는 세상의 박해를 받는 교회의 모습이 드러나 있습니다.

12장부터 마지막까지 후반부가 펼쳐집니다. 후반부에서는 마침내 최후 승리자인 교회의 모습이 부각됩니다. 넷째 단원은 12-14장입니다. 용과 그 추종자의 박해를 받는 여인과 그 남자아이에 대한 환상입니다. 말하자면 눈에 보이는 세상에서 일어나는 현상은 눈에 보이지 않는 천상에서 일어나는 일들의 그림자임을 말하고 있습니다. 싸움은 이미 하늘에서 있었습니다. 세상에서 전개되는 투쟁은 그것을 반영할 뿐임을 보여 줍니다. "내가 너로 여자와 원수가 되게 하고 네 후손도 여자의 후손과 원수가 되게 하리니 여자의 후손은 네 머리를 상하게 할 것이요 너는 그의 발꿈치를 상하게 할 것이니라"(창 3:15)는 예언의 말씀이 그대로 이루어지는 장면입니다.

다섯째 단원은 15장과 16장으로, 회개하지 않는 세상에 임하는 하나님의 진노의 일곱 대접입니다. 경고의 나팔 소리를 듣고도 회개치 않는 인류를 향한 하나님의 진노가 쏟아부어집니다. "다만 네 고집과 회개하지 아니한 마음을 따라 진노의 날 곧 하나님의 의로우신 심판이 나타나는 그날에 임할 진노를 네게 쌓는도다"(롬 2:5)라고 경고한 대로입니다.

여섯째 단원은 17-19장입니다. 여기서는 바벨론의 멸망과, 짐승과 거짓 선지자에게 내린 징벌의 생생한 모습이 나옵니다. 악한 세상은 차례로 파멸한다는 것을 보여 주고 있습니다. "이 세상도, 그 정욕도 지나가되……"(요일 2:17)라는 요한의 말씀과 같습니다. 우리는 거기서 지나가는 세상을 보게 됩니다.

마지막 일곱째 단원은 요한계시록 20장부터 마지막까지입니다. 그리스도의 교회 마지막 원수의 최후와 더불어 성도의 최후 승리를 새 하늘과 새 땅이 도래하는 영광으로 묘사합니다. 새 하늘과 새 땅에서 영원토록 왕 노릇 하는 성도를 볼 때 우리는 "우리를 사랑하시는 이로 말미암아 우리가 넉넉히 이기느니라"(롬 8:37)라고 고백한 말씀을 확인하게 됩니다.

사랑하는 독자 여러분, 요한계시록은 성경 마지막 책입니다. 하나님의 계시가 완성된 책입니다. 그러므로 가장 중요하고 긴급한 메시지를 전해야 하는 부담을 안고 지금부터 「읽는 설교 요한계시록」을 통해 마지막 시대를 사는 독자 여러분과 만나고자 합니다.

Revelation

요한계시록 1장 1-3절

1 예수 그리스도의 계시라 이는 하나님이 그에게 주사 반드시 속히 일어날 일
들을 그 종들에게 보이시려고 그의 천사를 그 종 요한에게 보내어 알게 하신 것
이라 2 요한은 하나님의 말씀과 예수 그리스도의 증거 곧 자기가 본 것을 다 증
언하였느니라 3 이 예언의 말씀을 읽는 자와 듣는 자와 그 가운데에 기록한 것
을 지키는 자는 복이 있나니 때가 가까움이라

01

때가 가까움이라

말씀을 사모하는 성도 여러분, 요즘 사람들의 관심은 어디에 있을까요? 대부분은 올해 경제 전망은 어떨까 궁금해 하며 현세의 삶에 관심을 두고 있을 것입니다. 물론 로마 클럽처럼 미래를 전문적으로 연구하는 기관들이 있지만, 모두 다 현세의 삶을 위한 것일 뿐입니다.

그러나 오늘 우리가 펼친 요한계시록은 지금 이 세상이 아니라 앞으로 다가올 미래를 준비시키는 책입니다. 다가올 미래를 위해서 오늘 우리가 어떤 삶을 살아야 하는지를 말하고 있습니다. 그리하여 이 책을 읽는 사람들에게, 그리고 듣는 사람들과 이 책의 예언을 지키는 자들에게 복을 선언합니다.

여러분은 오늘날 보편적인 교회의 모습을 어떻게 생각하십니까? 비전을 잃은 교회는 침체합니다. 환상을 상실한 교회는 무기력합니다. 계시를 망각한 교회는 방자해집니다. 하나님을 두려워하는 의식이 사라져 버리면 자기 잘난 듯이 자기를 주시하지만, 사람들이 모두 손가락질을 하고 침을 뱉는 상태로 전락하고 마는 것입니다. 우리끼리는 교회가 아직도 세상의 유일한 희망이라고 생각하지만 과연 우리의 이웃은 교회에 희망을 걸고 있을까요? 오늘날 교회가 세상의 유일한 희망이 되지 못한 이유는 교회가 무엇인지에 대해 우리 자신이 비전을 상실했기 때문입니다.

사랑하는 성도 여러분, 그러므로 요한이 받은 계시를 우리의 것으로 삼기 바랍니다. 그럴 때 우리 앞에 다가올 날들이 더는 무의미한 날들이 되지 아니할 것입니다. 또한 우리가 직면할 사건들이 더는 우리를 침체시키지 아니할 것입니다. 주님이 영광 가운데 오시기 전에 반드시 속히 일어나게 될 일들의 일부로 이 계시를 파악할 때 우리의 가슴은 뛰기 시작할 것입니다. 오늘 살피는 요한계시록의 메시지를 통해서 잃어버린 활력을, 상실한 환상을 되찾는 하늘의 메시지가 여러분에게 들리기를 원합니다.

말세에는 고통하는 때가 이르리라고 말합니다. 죄를 지은 인생길에서 저주 아래 있는 삶의 자리는 마지막 때가 될수록 그 고통이 극심해질 것입니다. 예측하지 못한 사건들이 터지고 감당하지 못할 사건들이 발생할 것입니다. 앞으로는 어떻게 하면 좋을지 알 수 없는 재난이 연속적으로 일어날 것입니다. 걷잡을 수 없는 방향으로 세상이 치닫는 때를 만날 것입니다. 이 모든 일이 온 지구상에 거하는 모든 사람에게 임할 것입니다.

세상은 이미 지구촌이 되었고 하나의 문화권으로 통합되었습니다. 바로 우리 눈앞에서 세상은 빠르게 변하고 있습니다. 그냥 일시적인 미친 현상입니까? 아니면 새로운 세대가 도래한 것입니까? 그날 여러분은 어떻게 하시겠습니까? 세상과 함께 절망하지 마십시오. 다시 오실 주님의 징조로 그것들을 확인하십시오. 그러면 연속적으로 닥치는 재난 가운데서도 우리의 마음은 구주대망(救主大望)의 새로운 힘을 얻을 것입니다.

예수 그리스도의 계시

요한계시록이 처음 쓰인 시대에는 '예수를 믿는다'는 사실이 바로 "환난과 나라와 참음에 동참하는"(1:9) 것을 의미했습니다. 갈수록 세상의 미친 현상이 보편적인 현실이 되고 온 세상이 절망하는 그날, "일찍 죽임을 당한 어린양이 승리하리라"는 격려를 하려고 성도들에게 쓴 편지가 요한계시록입니다.

당시에는 요즘처럼 종이가 아닌 두루마리에 글을 썼습니다. 책 표지와 서문이 따로 있던 시절이 아닙니다. 오늘 읽은 본문 세 절은 책 표지이자 서문에 해당하는 부분입니다. 우리는 책 표지와 서문에서 어떤 것을 기대합니까? 책 표지에는 그 책의 제목과 쓴 사람의 이름, 그리고 출판사명이 기록됩니다. 그러나 두루마리에 글을 쓸 때는 저자와 출판사명을 따로 기록할 필요가 없습니다. 누구나 자기 손으로 두루마리에 썼으니까 저자가 바로 출판사인 셈입니다. 한 번에 수천 권씩 찍어 낸 시절이 아니라 한 부씩 손으로 쓰던 시절의 이야기입니다. 그런 의미에서 본문의 첫 문장은 책 이름에 해당합니다.

오늘 우리가 본문으로 택한 책을 '요한계시록'이라고 부릅니다. 요한 자신이 붙인 이름이 아니라 뒤에 교회가 붙인 이름입니다. 그 당시에는 여러 가지 계시록이 유포되고 있었던 것 같습니다. 말하자면 '내가 들은' 종말에 대한 계시와 '내가 본' 천국에 관한 글들이 꽤 읽히고 있었던 것 같습니다. 당시 유포되던 다른 계시록과 구별하기 위해서 교회는 '요한계시록'이라고 부른 것 같습니다. 그러나 정작 요한 자신이 의도한 책 이름은 "예수 그리스도의 계시"입니다.

이 책 서문을 통해서 오늘 우리에게 하시는 하나님의 말씀을 들어 봅시다. 본문을 다시 한 번 살펴보십시오. 1절에서는 이 계시의 유래를 말하고,

2절에서는 이 계시의 성격을 말합니다. 그리고 3절에서는 이 계시의 축복을 선언합니다.

구원의 궁극적 성취를 위하여

먼저 요한이 받은 계시의 유래를 살펴보기 위해 책 제목부터 다시 생각해 봅시다.

> 예수 그리스도의 계시라 이는 하나님이 그에게 주사 반드시 속히 일어날 일들을 그 종들에게 보이시려고 그의 천사를 그 종 요한에게 보내어 알게 하신 것이라(1:1).

"예수 그리스도의 계시"란 무슨 뜻입니까? '계시'는 감춰진 것을 드러내는 것입니다. 전에 가려지고 비밀이던 것이 이제 완전히 공개되는 것을 의미합니다. 누가복음 12장 2절은 계시를 이런 의미로 사용하고 있습니다.

> 감추인 것이 드러나지 않을 것이 없고 숨긴 것이 알려지지 않을 것이 없나니.

신약 성경에서는 이 말에 종교적인 의미를 덧붙여 사용합니다. 사람들에게 알려진 적이 없고 사람들이 알아낼 수도 없는 진리를 하나님이 공개하시는 것을 '계시'라고 합니다. 이는 현재의 일이나 미래의 일에 관한 하나님의 뜻일 수도 있습니다. 영광 중에 그분이 오실 때 나타날 주님의 모습일 수도 있습니다.

그러나 여기서 요한이 말한 '계시'에는 다른 의미가 더 포함되어 있습니다. 물론 이 책에서도 예수 그리스도의 나타나심 자체를 '계시'라고 분명히 말하지만 여기서는 다음 구절이 말하는 대로 "반드시 속히 일어날 일들"을 나타냅니다. 어떤 의미에서 보면 성경은 모두 하나님의 계시입니다. 모든 성경은 하나님의 복된 구원 계획의 공개이기 때문입니다.

사람들이 지식을 얻는 방법에는 두 가지가 있습니다. 하나는 '리서치'(research)하는 것으로 직접 연구해서 찾아내는 방법입니다. 또 하나는 하나님이 '리빌'(reveal)하시는 것, 즉 나타내시는 것입니다. 리서치는 조사하는 사람이 얼마나 명석한가, 그것을 얼마나 제대로 표현할 수 있는가에 좌우됩니다. 그러나 어떤 지식은 우리가 아무리 파고들고 날고뛰어도 얻지 못합니다. 그것은 하나님이 보여 주셔야만 합니다. 그것이 계시입니다.

특히 신약은 하나님의 복된 구원 계시입니다. 예수 그리스도를 통해 성취하신 하나님의 구원을 알려 주기 때문입니다. '계시'란 예수 그리스도를 통해 구체화된 하나님의 구원 계획을 알리는 것입니다. 전적으로 새롭고 복된 소식의 공개이기에 사도들은 자신을 계시의 일꾼으로 인식했습니다.

그러나 우리는 신약 27권 중 마지막 책을 특별한 의미에서 '계시'라고 부릅니다. 이 책은 예수께서 십자가에서 이루신 구원이 온 우주 역사 속에서 어떻게 성취될 것인지 그 절정을 기록한 것이기 때문입니다. 이 구원의 궁극적 성취를 위하여 반드시 속히 일어날 일들을 예수 그리스도께서 보여 주신 책이기에 '예수 그리스도의 계시'입니다. 하나님의 구원 계획의 절정을 향한 세계의 역사, 특히 하나님의 교회의 역사에 대한 비밀을 열어 보여 주시는 책입니다.

오늘 이후에 세상에서 일어날 사건들을 바르게 이해하기 위해서는 요한계시록을 반드시 읽어야 합니다. 어떤 칼럼이 아니라, 어떤 사설이 아니라, 어떤 미래학자들의 진단이 아니라, 요한계시록의 예언이야말로 인류 역사의 내일을 보여 줍니다. 어떤 세계적인 사건도 요한계시록 예언의 범주를 벗어나지 못할 것입니다.

계시의 주체와 대상

이 책은 어떤 의미로 "예수 그리스도의 계시"라고 말했을까요? 크게 두 가지로 생각할 수 있습니다. 우선 예수 그리스도에 '의한' 계시로 생각할 수 있습니다. 다음은 예수 그리스도에 '대한' 계시로 생각할 수 있습니다. 예수 그리스도를 보여 주는 계시라는 의미입니다. 속히 일어날 일들을 통해서 영광스러운 주님의 모습이 더욱 계시될 것이라고 생각하는 것입니다. 두 가지 모두 나름대로 타당성을 가지고 있습니다. 예수 그리스도는 언제나 계시의 주체인 동시에 계시의 대상이시기 때문입니다.

이제 서문을 읽어 봅시다.

> 이는 하나님이 그에게 주사 반드시 속히 일어날 일들을 그 종들에게 보이시려고 그의 천사를 그 종 요한에게 보내어 알게 하신 것이라(1:1).

여기서는 하나님의 계시가 사람들에게 전달되는 세 가지 과정을 말하고 있습니다. 먼저 본문은 "이는 하나님이 그에게 주사"라고 말합니다. 이 책의 내용은 저자이신 예수 그리스도에게서 오는 것이지만 그럼에도 예수 그리스도가 궁극적인 저자는 아닙니다. 예수님은 아버지 하나님에게서 이 계시를 받는 것입니다.

사랑하는 성도 여러분, 계시는 항상 하나님에게서 발원하는 샘물과 같습니다. 하나님 아버지께서 모든 계시의 궁극적 근원이요 원천이십니다. 하나님은 이 계시를 예수 그리스도를 통해 하십니다.

두 번째 단계로 '아들 예수님'이 등장합니다. 모든 계시의 원천이신 아버지 하나님이 중보자 예수 그리스도를 통해 그분의 뜻을 알리십니다. "반드시 속히 일어날 일들을 그 종들에게 보이시려고" 예수 그리스도를 계시의 중계자로 택하셨습니다. 하나님은 교회의 유익을 위해서 장차 일어날 일들을 알리실 때 예수 그리스도를 통해서 알리십니다. 또한 교회와 세계 역사를 위한 계획도 예수 그리스도의 손에 맡기셨습니다.

그러므로 예수 그리스도는 이 계획을 교회에 공개하실 뿐만 아니라 영광의 보좌에 앉으신 중보자로서 그 계시하신 바를 역사 속에 실현하십니다. 그분은 높은 곳에 계시면서 하나님의 뜻을 선포하시는 동시에, 보좌 우편에서 하나님의 뜻을 역사 속에 이루시는 분입니다. 우리는 예배드릴 때마다 예수님이 전능하신 하나님 보좌 우편에 계신다고 고백합니다. 하나님은 예수 그리스도를 통해서 계시하시고, 그 계시하신 바를 교회의 유익을 위해서 역사 가운데 이루십니다.

또한 중보자 예수께서는 그의 천사를 통해서 요한에게 계시를 전달하십니다. 요한은 천사의 인도로 하늘의 환상을 보고 땅의 사건들을 보게 됩니다. 천사의 인도로 광야로 이끌려 그곳에서 새 하늘과 새 땅의 환상을 보게 됩니다. 아버지 하나님이 예수께 보여 주신 사실들은 신령하고 영적인 것들입니다. 육적인 생각과 판단으로는 전혀 접근할 수 없는 하나님의 고유한 진리인 것입니다. 이 신령한 비밀을 인간이 알아들을 수 있는 말로 바꾸어 요한에게 전달하는 일에 천사들이 사용됩니다. 특히 요한계시록은 천사의 역할을 강조하고 있습니다. 하나님을 예배할 때, 하나님의 말씀이 계시될 때, 그리고 땅 위에 하나님의 심판이 시행될 때 천사들이 그 역할을 담당합니다.

그리고 마지막 단계로 '요한'이 등장합니다. 자신을 하나님의 종이라고 소개하면서 다른 설명 없이 '요한'이라고만 밝혀도 그 편지를 받는 성도들이 알아보리라고 확신한 것을 보면 사도 요한이 틀림없습니다.

요한은 자기가 본 것을 다 증언하고 있습니다. 그리스도께서 천사를 통해 주신 계시를 글로 써서 우리에게 증거합니다. 요한은 자신을 하나님의 종이라고 소개하는 동시에 이 계시를 받는 모든 성도를 가리켜 "그 종들"이라고 부릅니다. 계시록에는 하나님의 모든 백성이 '하나님의 종들'로 나오고 있습니다. '하나님의 종들', 그것은 하나님의 백성이 얻는 가장 영예로운 칭호입니다. 목사, 장로, 안수집사, 권사라는 직분이 영예로운 것이 아닙니다. 그것이 여러분이 바라보고 나아가는 목표라면 여러분은 비참한 사람입니다. 신앙의 본질을 파악하지 못한 사람들입니다. 누가 먼저 장로의 반열에 들었나, 누가 먼저 우리 교회에 부임했나가 중요한 것이 아닙니다. 목사면 다 같은 목사이고 장로면 다 같은 장로입니다. 우리가 믿는 바를 실제 생활에 적용하지 않으면 믿는 것 따로 사는 것 따로 되는 것입니다.

하나님의 말씀과 예수 그리스도의 증거

이제 2절로 가서 이 계시의 성격을 살펴봅시다.

> 요한은 하나님의 말씀과 예수 그리스도의 증거 곧 자기가 본 것을 다 증언하였느니라(1:2).

요한은 먼저 이 계시를 "하나님의 말씀"이라고 하며 성부 하나님과 관련짓고 있습니다. 다음에는 "예수 그리스도의 증거"라고 하며 성자와 관련짓고, 끝으로는 자신과 관련지으며 "자기가 본 것"이라고 말합니다.

특히 "하나님의 말씀"과 "예수 그리스도의 증거"라는 두 요소는 계시록에서 매우 중요합니다. 자신이 본 계시를 "하나님의 말씀"이라고 칭함으로써 요한은 이 책에 기록된 것이 인간의 예측이나 상상이 아니라 하나님에게서 받은 정보라는 것을 말하고 있습니다. 하나님의 말씀은 그 자체가 능동적이고 역동적입니다. 태초에 하나님이 말씀하시매 그 말씀이 그대로 이루어졌다고 성경은 증거합니다.

> 그가 말씀하시매 이루어졌으며 명령하시매 견고히 섰도다 여호와께서 나라들의 계획을 폐하시며 민족들의 사상을 무효하게 하시도다(시 33:9, 10).

이것이 하나님 말씀의 위력입니다. 말씀은 역사 속에서 그 실체를 드러내는 위력을 가지고 있습니다. 또한 하나님의 말씀은 그분이 명하신 뜻을 이룹니다.

> 내 입에서 나가는 말도 이와 같이 헛되이 내게로 되돌아오지 아니하고 나의 기뻐하는 뜻을 이루며 내가 보낸 일에 형통함이니라(사 55:11).

이 마지막 때에도 하나님의 말씀은 하나님의 구속 계획을 모두 이루어 갑니다. 그 구속의 절정, 구원의 극치에 도달하게 할 것입니다.

승리하시는 그리스도의 유일한 무기는 그 입의 검, 그분의 말씀임을 기억하십시오. 승리하시는 그리스도께서는 당신의 말씀으로 헛된 말들을 폐하실 것입니다. 그 입술의 말씀을 통해 모든 사상을 헛되게 하시며 모든 말을 공허하게 하십니다. 오직 하나님의 말씀만이 온 누리에 성취될 것입니다. 우주에 관한, 미래에 관한 모든 사람의 예측을 뒤엎고 요한을 통해 주신 예수 그리스도의 계시만이 한날 그대로 이루어질 것입니다.

또한 요한은 이 계시의 성격을 "예수 그리스도의 증거"라고 부르고 있습니다. 예수 그리스도께서 입증하신 진리라는 말입니다. 이 계시는 예수 그리스도의 피로 인 친 진리입니다.

> 나 예수는 교회들을 위하여 내 사자를 보내어 이것들을 너희에게 증언하게 하였노라 …… 내가 이 두루마리의 예언의 말씀을 듣는 모든 사람에게 증언하노니 …… 이것들을 증언하신 이가 이르시되 내가 진실로 속히 오리라 하시거늘……(22:16-20).

예수께서는 계시록에 기록된 말씀을 자신이 입증한 계시라고 거듭 밝히고 계십니다.

속히 이루실 하나님의 계시

마지막으로 요한은 동일한 계시를 자신이 환상 중에 본 것이라고 설명하고 있습니다. 이 책에 기록된 계시는 하나님의 말씀인 동시에 예수께서 입증하신 것이요, 더 구체적으로는 요한 자신이 환상 중에 직접 본 것이라고 밝힙니다.

"속히" 일어날 일이라는 말은 가까운 장래에 이루어질 일을 가리키는 동시에 분명히 이루어질 사건을 강조하는 말입니다. 시간적으로 신속하게 이루어진다는 의미만이 아니라 확실하게 이루어진다는 의미를 가지고 있습니다. 주 하나님은 이 책에 기록된 사건들을 신속히 이루실 것입니다. 주 하나님은 이 책에 예언된 사건들을 반드시 이루실 것입니다.

왜 신속히 이루시는 동시에 반드시 이루신다는 사실을 강조하십니까? 사람들은 이 말씀을 들을 때도 자신의 시간 속에서 듣기 때문입니다. 하나님이 속히 일어날 일이라고 말씀하셨는데 벌써 2천 년이 지났습니다. 그래서 어떤 사람들은 정말 이루어질까, 예수님은 정말 신일까 하고 의심합니다.

그러나 초대 교회 성도들은 주님의 최후 재림이 속히 일어날 것이라는 확신 속에 살았습니다. 그들의 인사는 "마라나타"(주님이 오십니다)였습니다.

말의 강세에 따라서 "주님 오시옵소서"라고 읽힐 수 있는 단어를 골라 서로 인사한 것입니다. 신앙인답게 살지 못하는 형제를 향해서 "주님이 오십니다"라고 말하면 그 말은 그에게 경고의 음성으로 들렸을 것입니다. 그러나 성도답게 살기 위해 힘들게 애쓰는 성도에게는 "주님이 오십니다"라는 같은 말이 격려의 말로 들렸을 것입니다. 그들에게 '주님이 오신다'는 말은 서로를 격려하는 인사인 동시에 그들의 마지막 기도였습니다. 그런데 오늘 우리는 어떻게 살고 있습니까? 주님이 오실까 봐 두려워하고 있지는 않습니까? 초대 교회 성도들은 주님의 재림을 기다렸습니다.

주님과 관계가 가까운 사람은 이 말씀이 자신의 귀로 듣는 말씀처럼 가슴에 뜨겁게 다가옵니다. 그런데 주님과 관계가 멀어지면 이 말씀이 공허한 약속처럼 느껴집니다. 하지만 자기 안에 그리스도의 영이 있는 성도는 반드시 속히 일어날 그리스도의 재림으로 마음을 졸입니다. 그분의 재림으로 성취될 구원의 완성을 내다봅니다. 이것이 오늘을 사는 신실한 성도의 태도여야 합니다. "오신다는 그분의 약속이 어디 있느냐? 2천 년이나 지났는데……"라고 하는 것은 조롱하는 무리의 태도입니다. 우리는 그때가 언제인지 알지 못하나 항상 깨어 기다리는 신실한 성도의 태도를 굳게 지녀야 합니다.

> 주의하라 깨어 있으라 그때가 언제인지 알지 못함이라(막 13:33).

> 사랑하는 자들아 주께는 하루가 천 년 같고 천 년이 하루 같다는 이 한 가지를 잊지 말라 주의 약속은 어떤 이들이 더디다고 생각하는 것같이 더딘 것이 아니라 오직 주께서는 너희를 대하여 오래 참으사 아무도 멸망하지 아니하고 다 회개하기에 이르기를 원하시느니라(벧후 3:8, 9).

하루살이에게 24시간은 참으로 긴 시간입니다. 한여름을 사는 매미의 관점에서 1년 사계절은 상상이 안 되는 긴 시간입니다. 사람들은 벌써 2천 년이 지났다고 말하지만, 하나님의 기준으로 인간사를 측정하는 지혜를 가집시다. 그분의 약속은 반드시 신속히 이루어집니다. 곧 오신다는 그분의 약속을 여러분의 경험 속에서 듣지 마십시오. "내가 이 말을 들은 지 10년이 지났고 교회가 이 말을 들은 지 2천 년이 지났다"고 말하지 마십시오. 하나님의 시간은 우리의 시간과 다릅니다.

성도들을 향한 축복

사랑하는 성도 여러분, 끝으로 예언의 말씀을 받는 성도들을 향한 축복을 살펴봅시다.

> 이 예언의 말씀을 읽는 자와 듣는 자와 그 가운데에 기록한 것을 지키는 자는 복이 있나니 때가 가까움이라(1:3).

본문은 축복을 받는 사람들을 세 번 지칭합니다만, 사실은 두 그룹으로 이해할 수 있습니다. 당시 교회에는 한 사람이 성경을 읽으면 나머지 사람들은 그것을 들었습니다. 그러므로 듣는 자와 그것을 지키는 자는 같은 사람들입니다. 어떤 의미에서는 읽는 사람이나 듣는 사람들이나 마찬가지로 그 말씀을 꼭 지켜야 할 사람들입니다. 즉, 이 축복은 온 교회를 향해 선언된 것입니다.

우선 "이 예언의 말씀을 읽는 자"를 주목해 보십시오. 초대 교회는 당시 유대 회당의 전통을 따라 예배를 드렸고, 안식일 오전 예배 시간에 성경을 봉독했습니다. 오늘날 예배에 설교가 없는 것을 상상할 수 없는 것과 마찬가지로 당시 예배에서 성경 봉독은 중요한 순서였습니다. 초대 교회는 율법서와 예언서를 읽고 더 나아가 사도들의 글을 읽었습니다. 그래서 사도 바울은 자신이 쓴 편지가 교회 예배 시에 읽히기를 기대했습니다.

> 라오디게아에 있는 형제들과 눔바와 그 여자의 집에 있는 교회에 문안하고 이 편지를 너희에게서 읽은 후에 라오디게아인의 교회에서도 읽게 하고 또 라오디게아로부터 오는 편지를 너희도 읽으라(골 4:15, 16).

위 말씀은 골로새 교회를 향한 사도의 권면입니다. 사도 바울은 데살로니가 교회를 향해서도 동일한 권면을 합니다.

> 내가 주를 힘입어 너희를 명하노니 모든 형제에게 이 편지를 읽어 주라(살전 5:27).

당시에 하나님의 음성을 듣는 유일한 길은 누군가가 읽어 주는 것을 듣는 것이었습니다. 두루마리 성경은 아무나 가질 수 없었고, 가지고 있다 해도 읽을 줄 아는 사람이 필요했습니다. 계시록은 단순히 미래에 대한 우리의 궁금증을 풀어 주기 위해서 쓴 편지가 아닙니다. 예배에 참여한 모든 하나님의 백성을 돕기 위해 기록한 편지입니다. 그러므로 그것을 읽는 일에 축복을 선언합니다.

> 이 예언의 말씀을 읽는 자와 듣는 자들과 그 가운데 기록한 것을 지키는 자들이 복이 있나니 때가 가까움이라(1:3, 개역한글).

개역한글 성경에는 "읽는 자"가 단수로, "듣는 자들"은 복수로 되어 있습니다. 당시 글을 읽는 기술은 누구나 습득한 것이 아니기 때문에 읽을 능력을 가진 특별한 사람이 앞에 서서 큰 소리로 읽었습니다. 그리고 나머지 회중은 그가 읽는 글을 함께 들었습니다. 그래서 "읽는 자"와 "듣는 자들"이라고 구분합니다.

성도를 위로하는 주님의 약속

옛 성도들은 많은 환상과 상징이 어렵다고 불평하는 대신 그분이 속히 오신다는 사실만 듣고도 기뻐했습니다. 황제 숭배의 요구 앞에 삶의 근거를 박탈당하며 살아가던 그들은 "내가 속히 오리라"는 주님의 약속만으로도 충분한 위로를 받았습니다. 그리스도인답게 살기 위해 힘들게 버티던 그들로서는 반드시 속히 이루어질 사실을 듣는 것만으로도 용기를 얻었습니다.

더 나아가서 이 계시록의 축복은 읽는 자와 듣는 자들, 특히 그 말씀을 지키는 자들을 향해 선포됩니다. 이 예언의 말씀을 듣는 일이 복됨은 우리에게 흥미를 불러일으켜서가 아니라 우리 삶에 위로를 주기 때문입니다. 사랑하는 성도 여러분, 하나님의 말씀을 성실히 듣는 자가 복이 있습니다. 그 말씀대로 신실히 사는 자가 복이 있습니다. 이제 때가 가까워졌기 때문입니다. 정해진 시간이 임박했기에 그 계시를 읽는 자가 복이 있습니다.

사랑하는 성도 여러분, 이 요한계시록의 말씀은 예언의 말씀입니다. 속히 일어날 미래의 일들과 반드시 성취될 하나님의 계획을 기술한 예언입니다. 곧 무서운 날들이 시작되고 끔찍한 일들이 일어날 것입니다. 신앙 때문에 모든 것을 박탈당하는 위협 아래 빠져들 그날, 어디서 위로를 얻겠습니까? 온 세상이 근심하고 전전긍긍하는 그날에 여러분은 어디서 위로를 받으시렵니까? 그날의 교회를 위해서 미리 말씀하신 이 예언의 말씀을 읽으십시오. 묵상하십시오. 마음에 담아두십시오. 동일한 사건 앞에 세상은 할 말을 잃을 것입니다.

그러나 성도는 용기를 얻을 것입니다. 어떤 일도 예기치 않은 사건으로 여기지 마십시오. 모든 일은 예언된 사건의 성취입니다. 그날 영광 중에 주님이 오시기 전에 일어나야 할 일들의 시작입니다. 새 하늘과 새 땅이 도래하기 전에 이 모든 일이 먼저 도래해야 합니다. 다만 그것들은 오시는 주님의 징조에 지나지 않습니다.

세상에서 그리스도의 구속 능력이 역사할 때 동시에 하나님을 대적하는 세력도 편만할 것입니다. 요한을 밧모섬에 보낸 것처럼, 악의 세력이 기승을 부려 더욱 날뛰게 될 때 고개를 들어 주를 맞이하십시오. 머지않아 주님이 오십니다. "때가 가까움이라"(1:3)고 하신 주님의 말씀을 귀담아들으십시오. 마라나타! 주님이 오십니다.

Revelation

요한계시록 1장 4-6절

4 요한은 아시아에 있는 일곱 교회에 편지하노니 이제도 계시고 전에도 계셨
고 장차 오실 이와 그의 보좌 앞에 있는 일곱 영과 5 또 충성된 증인으로 죽은
자들 가운데에서 먼저 나시고 땅의 임금들의 머리가 되신 예수 그리스도로 말
미암아 은혜와 평강이 너희에게 있기를 원하노라 우리를 사랑하사 그의 피로
우리 죄에서 우리를 해방하시고 6 그의 아버지 하나님을 위하여 우리를 나라
와 제사장으로 삼으신 그에게 영광과 능력이 세세토록 있기를 원하노라 아멘

02

은혜와 평강이 있기를_ 문안 1

변함없이 말씀을 사모하는 성도 여러분, 여러분은 누구나 편지를 받아 본 적이 있을 것입니다. 지난 한 주간 몇 통의 편지를 받았을 수도 있고, 그러지 못한 분이라도 지금껏 한 번은 자기 앞으로 온 편지를 받아 보았을 것입니다. 사람들은 이중적이어서 편지를 쓰기 싫어하는 사람들도 받는 것은 좋아합니다. 개인적으로 잘 알고 있는 사람, 아끼고 사랑하는 사람에게서 온 편지라면 받는 순간부터 기대와 설렘을 가질 것입니다.

요한에게서 온 편지

사랑하는 성도 여러분, 우리도 그런 기대와 설렘을 가지고 요한계시록을 봐야 합니다. 오늘 우리가 읽은 이 계시록은 본래 편지입니다. 판타지 소설도 아니고, 종말을 예언하는 불길하고 무시무시한 엑스파일(X-file)도 아닙니다. 우리는 지금 예수님이 가장 사랑하신 제자 요한에게서 온 편지를 보고 있습니다. 사도 요한은 우리에게 관심을 가지고 그가 본 놀라운 사실을 전하려고 합니다. 그가 밧모섬에서 환상 중에 들은 놀라운 사실을 알리려고 합니다. 하나님이 보여 주신, 반드시 속히 일어날 일이기에 급히 기록한 후 속달로 보낸 편지입니다.

자, 지금 우리는 그 편지를 받아 읽고 있습니다. 여러분은 우체부에게 편지를 받으면 가장 먼저 어떻게 하십니까? 누가 보낸 편지인지 봉투를 들고 주소를 살필 것입니다. 가끔 보낸 사람 주소만 보고 뜯어 읽다 보니 다른 사람 앞으로 온 편지인 경우도 있습니다. 전에 살던 사람에게 온 편지인 경우도 있고, 전혀 모르는 사람에게 온 편지인데 그냥 무심코 뜯어보는 수도 있습니다. 아무리 읽어 보아도 그 내용을 알 수 없는 경우에는 아마도 받아야 할 사람이 받은 것이 아닐 것입니다.

요한계시록을 읽으면서 상징이 많고 환상이 많아서 도무지 무슨 소리인지 모르겠다고 한다면 받는 이가 잘못된 것일 수 있습니다. 자기 앞으로 온 편지라면 결코 알 수 없는 소리로 들릴 수 없기 때문입니다. 그런 사람은 아직 받는 이의 자격이 없는 건 아닌지 자신의 영적 상태를 살펴보아야 합니다. 물론 다 몰라도 좋습니다. 여기저기 한 군데씩이라도 은혜를 받을 수 있다면 그게 어딥니까? 오늘 말씀을 대하니까 우리 마음속에 다가오는 부분이 있지 않습니까? "볼지어다! 그가 구름을 타고 오시리라"(1:7). 이 한마디만 들어도 위로가 되어야 건강한 성도입니다. 그런데 아무리 읽어도 계시록은 모르겠다고 한다면 문제가 있습니다.

요한계시록은 편지 형식으로 쓰인 글입니다. 우선 누가 보낸 편지인지, 누구에게 보내는 편지인지 겉봉투부터 살펴야 합니다. 요즘식으로 쉽게 말하자면 4절 첫 부분은 편지의 겉봉투에 해당합니다. "요한은 아시아에 있는 일곱 교회에 편지하노니." 이것이 겉봉투에 쓰인 전부입니다. 우편번호도 없고 보내는 이의 주소나 받는 이의 주소도 없습니다. 당시에는 오늘날 처럼 그럴 필요도, 그런 제도도 없었습니다. 그렇지만 있어야 할 기본 사항은 기록되어 있습니다.

우선 보내는 이와 받는 이가 분명히 나와 있습니다. 앞서 말했듯이 보내는 사람은 요한입니다. 주님 품에 의지하여 사랑받던 제자입니다. 예수께서 세상에 계셨을 때 요한은 나이 어린 제자 중의 하나로 예수님 품에서 사랑을 독차지했습니다. 하지만 지금은 아무도 그를 가리켜 예수님의 어린 제자라고 할 수 없을 정도로 세월이 많이 흘렀습니다. 그보다 연장자이던 다른 제자들은 이미 모두 주님의 부름을 받아 땅 위의 임무를 끝내고 하늘 보직에 승진 통보를 받았을 것입니다. 주님의 제자 중에서 젊은 축에 끼던 요한만이 아직 현역 복무를 하고 있는 형편입니다. 주님의 친 제자로 유일하게 세상에 남은 사람이 이 편지를 보낸 사도 요한입니다.

그런데 갈수록 심상치 않은 박해의 바람이 불어왔습니다. 당시 요한을 박해하던 사람들은 예수님의 직계 제자인 요한을 박해하면 교회 전부를 위협하는 심리 효과를 거둘 수 있다고 생각했습니다. 그래서 요한을 '밧모'라는 섬으로 귀양 보낸 것입니다. 요한은 그 섬에 유배되어 오직 바다와 하늘만 바라볼 수밖에 없는 처지였습니다. 모든 성도에게서 격리되어 주님만 묵상하며 홀로 예배해야 하는 상황이었습니다.

세상은 변할지라도 영원불변하신 주 예수와 아버지 하나님을 예배하던 중, 요한은 성령의 감동을 받았습니다. 홀로 하나님의 이름을 찬송하고 묵상하던 중 홀연히 다른 세계로 옮겨졌습니다. 반드시 속히 일어날 마지막 일들을 성령의 감동으로 보고 들은 그는 사랑하는 교회들에 그 소식을 전하고 싶어서 이 편지를 써 속달로 보낸 것입니다.

아시아에 있는 일곱 교회에……

놀라운 환상을 본 사도 요한의 마음은 아시아의 일곱 교회를 향해 달리고 있었습니다. 세상의 어떤 빠른우편도 느리게만 느껴질 만큼 엄청난 이 위로의 소식을 사랑하는 주의 온 백성에게 빨리 전하고 싶었습니다.

사도 요한이 지금 박해를 당해 유배되었기 때문에 다음에는 누구 차례가 될지 모르는 환난의 바람이 이 교회 저 교회를 엄습하고 있었습니다. 성도들은 불안하고 초조했습니다. 그렇게 성도들의 삶은 시시각각 밀려드는 먹구름 아래로 들어가고 있었습니다. 사도 요한은 그런 교회의 형편을 잘 알고 있었기 때문에 자기가 영광 중에 본 이 소식을 편지로 써서 빨리 보내고 싶었습니다. 전하고 싶은 욕망이 아니라 전해야만 하는 부탁을 친히 거듭 받은 요한이었습니다. 지금 요한의 마음은 유배된 밧모섬과 가장 가까운 위치에 있는 에베소 교회에서 시작하여 북쪽에 있는 서머나와 버가모, 동남쪽의 두아디라, 사데, 빌라델비아, 그리고 라오디게아에 이르기까지 개략적인 원을 그리며 달리고 있습니다.

요한은 마치 편지 봉투에 쓰는 것처럼 "아시아에 있는 일곱 교회에 편지하노니"라고만 기록했습니다. 어쩌면 몹시 감격해서 말을 더 잇지 못하는지도 모릅니다. 박해받는 교회들을 생각하니 더 이상 말을 이을 수 없었습니다. 오늘 우리가 소아시아라고 부르는, 흩어져 있는 일곱 교회에 보낸 편지가 바로 요한계시록입니다. 그런데 왜 하필 일곱 교회일까요? 당시 소아시아에는 이미 많은 교회가 있었습니다. 11절에 실린 일곱 교회 말고도 신약을 보면 골로새, 히에라볼리, 밀레도 등지에 교회가 있었습니다. 그런데 요한은 왜 하필 이 일곱 교회만 선정해서 편지를 보낸다고 했을까요?

몇 가지 설명이 가능합니다. 그 당시 로마는 모든 길을 로마로 통하게 했고, '로마의 평화'(Pax Romana)를 온 누리에 떨치기 위해 우편 제도도 마련해 놓았습니다. 여기 일곱 교회는 일곱 우편 집중 구역에 있는 대표적 교회였던 것으로 보입니다. 요즘처럼 복사기나 프린터가 딸린 컴퓨터가 있었다면 틀림없이 같은 편지를 여러 장 출력해서 교회마다 한 통씩 보냈을 것입니다. 그러나 그 당시 편지는 오늘날처럼 좋은 종이가 아니라 조잡한 파피루스나 비싼 양피지 위에 손으로 써야 했기 때문에 보통 작업이 아니었을 것입니다. 그러다 보니 손으로 한 통을 쓴 다음에 그것을 돌려가며 보도록 했을 것이고, 이 편지가 어느 곳에 배달되어야 다른 지역으로 빨리 전달될 수 있는지를 생각했을 것입니다. 편지를 먼저 받은 교회는 빨리 읽고 한 부를 베껴 놓은 후에 다음 교회로 전달했을 것입니다. 그런 형편이다 보니 다른 곳으로 잘 전달될 수 있는 위치의 지역 교회들을 선별했을 것입니다.

또한 우리 중 누구든지 계시록을 읽어 보면 요한이 '일곱'이라는 숫자를 즐겨 사용하고 있음을 쉽게 알 수 있습니다. 계시록에는 일곱이라는 숫자가 무려 54번이나 나옵니다. 일곱 촛대, 일곱 별, 일곱 인, 일곱 뿔과 눈, 일곱 우레, 일곱 천사, 일곱 재앙, 일곱 금 대접 등이 나오고 있습니다. 요한을 포함한 당시 사람들은 일곱이라는 숫자에 '완전', '충만'이라는 의미를 부여했습니다. 그러므로 일곱 교회에 보내는 편지라는 것은 '모든 교회'에 보내는 편지라는 의미가 될 수 있습니다.

요한은 모든 교회를 대표해서 자기가 잘 아는 일곱 교회를 선정해 편지의 수신처로 정한 듯합니다. 그러면서 요한은 소아시아 지역에 실제로 있던 일곱 교회의 특수한 상황에 따라 편지를 썼습니다. 하지만 편지의 핵심 메시지는 온 세상과 온 세대에 걸친 하나님의 모든 교회를 위한 것입니다. 앞으로 살펴볼 2장과 3장에 기록된 일곱 교회를 향한 편지에서 끝마다 "귀 있는 자는 성령이 교회들에게 하시는 말씀을 들을지어다"라고 반복하신 말씀을 보면 수긍이 갈 것입니다.

요한은 일곱 교회를 향해 편지를 보냈지만, 완전수 일곱이 의미하는 바대로 그 메시지는 모든 교회를 위한 것입니다. 당시의 모든 교회뿐만 아니라 오고 오는 세대의 모든 교회를 위해 기록한 편지입니다. 그러므로 이 편지는 그 명단이 기록된 당시 일곱 교회뿐만 아니라 당대의 모든 교회, 더 나아가 오늘의 모든 교회를 위해서 기록되었습니다.

하나님의 이름으로

사랑하는 성도 여러분, 편지를 받아서 겉봉투만 보고 반가워하고 기뻐한 후 편지를 그냥 책상 위에 내던져 둔다면 웃음거리가 되고 말 것입니다. 봉투를 뜯었으면 이제는 내용을 읽어 볼 차례입니다.

여러분은 편지를 읽을 때 가장 첫 부분에 무엇이 기록되어 있기를 바라십니까? 지금은 탈권위주의, 탈형식주의 시대라서 여러분이 어떤 대답을 하실지 궁금하지만 수십 년 전만 하더라도 비슷한 대답을 들을 수 있었습니다. 예전에는 어느 나라, 어느 시대를 막론하고 편지의 첫머리는 문안으로 시작해야 어울린다고 여겼습니다. 특히 당시 로마 사회는 모두 자신이 믿는 신의 이름을 불러 문안과 송영으로 편지의 첫머리를 시작했습니다. 오늘 우리가 받은 편지 요한계시록도 정확히 당시의 보편적인 편지 양식을 따르고 있습니다.

> 요한은 아시아에 있는 일곱 교회에 편지하노니 이제도 계시고 전에도 계셨고 장차 오실 이와 그의 보좌 앞에 있는 일곱 영과 또 충성된 증인으로 죽은 자들 가운데서 먼저 나시고 땅의 임금들의 머리가 되신 예수 그리스도로 말미암아 은혜와 평강이 너희에게 있기를 원하노라……(1:4, 5).

아시아에 있는 일곱 교회를 향해 보낸 요한의 편지도 당시 형식을 따라 하나님의 이름으로 문안하고 있습니다. 하지만 요한은 여기서 자기 이름을 밝힘으로 당시 유포되던 유대 묵시 문헌들과 차이를 보입니다.

요한계시록은 당시 편지 서두의 평범한 형식을 그대로 따르고 있지만 구체적인 역사 속에 뿌리를 내리고 있습니다. 반면에 유대 묵시 문헌은 역사 속에 뿌리를 내리고 있지 못합니다. 유대 묵시 문헌은 흔히 역사 속 유명인의 이름을 빌려 그들이 쓴 것처럼 위조해 그 가치를 인정받으려 했습니다. 그들 스스로가 자신의 이름에 권위가 없다는 것을 알고 있었기 때문에 이스라엘 역사 속 위대한 사람들의 이름을 들어서 유포한 것입니다. 그러나 계시록은 다릅니다. 실제 인물이 구체적인 일곱 교회에 편지를 보냅니다.

시대마다 인사말은 변할 수 있습니다. 그러나 인사로 시작하는 것이 상례입니다. 요한은 아시아 일곱 교회에 보편적인 형식을 따라 은혜와 평강을 기원하고 있습니다. 시대뿐 아니라 나라에 따라서도 인사말은 다를 수 있습니다. 인사말을 보면 그들의 최고 관심사가 무엇인지 알 수 있습니다. 당시 그리스도인들의 관심사는 '은혜와 평강'이었습니다. 그래서 대부분의 신약 서신들은 "은혜와 평강" 혹은 "은혜와 긍휼과 평강"으로 인사합니다.

물론 사도마다 개인차가 있습니다. 저는 이러한 개인차를 좋아합니다. 이 차이가 복음의 부요함을 우리에게 일깨워 주기 때문입니다. 야고보는 편지할 때마다 "문안하노라"라고 인사합니다. 그러나 바울은 "은혜와 평강이 너희에게 있을지어다"라며 자신의 회심만큼이나 확실한 그리스도인의 인사말을 사용합니다. 그리고 베드로는 "은혜와 평강이 너희에게 더욱 많을지어다"라고 인사합니다.

사람마다 이러한 차이가 있을 수 있습니다. 사람을 만나면 그냥 눈인사만 하고 고개를 돌리는 사람도 있고, 가까이 다가와서 생글생글 웃으며 인사하는 사람도 있고, 그 정도로도 모자라 하이 파이브(high five)를 하고 한 번 세게 껴안아 주어야 하는 사람도 있습니다. 사람마다 다르니 나처럼 반응하지 않는다고 섭섭할 필요는 없습니다. 그게 그 사람의 최선의 표현일 수도 있으니 말입니다. 저는 이런 차이를 수용하는 교회가 이상적인 교회라고 생각합니다. 어떤 사람들은 방언으로 기도할 수 있고, 또 어떤 사람들은 이성적이고 조리 있는 말로 기도할 수 있습니다. 건강한 하나님의 교회는 각양각색의 꽃들이 피어나는 꽃밭 같아야 합니다. 하지만 그들의 공통적인 관심사는 "은혜와 평강"입니다. 이 말씀을 통해 여러분 속에 은혜와 평강이 자리 잡기를 바랍니다.

은혜를 입은 자만이 누리는 평강의 축복

은혜란 무엇입니까? 성경에서 '은혜'는 다양한 의미로 사용됩니다. 어떤 때는 하나님의 속성을 가리킵니다. "하나님은 은혜로우시다." 또 어떤 때는 창조물을 향한 하나님의 태도, 특히 죄인을 향한 하나님의 호의적인 태도를 가리킵니다. 또 어떤 때는 택한 자를 향해 베푸시는 그리스도의 성령의 작용, 그 역사를 가리켜 은혜라고 부르기도 합니다. 비참한 죄인들을 보고 계시는 하나님의 마음을 두고 은혜라고 하지만, 또 어떤 경우는 택한 백성을 향해 계속 쏟으시는 성령의 역사를 은혜라고 부르기도 하는 것입니다.

사랑하는 성도 여러분, 우리는 이 성령의 역사하심을 통해서 구원의 모든 신령한 축복을 누리게 됩니다. 그러므로 성도들은 구원 여정의 처음부터 끝까지 이 은혜가 필요합니다. 구원의 첫걸음부터 구원의 마지막 걸음까지 우리에게 필요한 것은 이 은혜, 즉 우리를 향해 베푸시는 그리스도의 성령의 역사입니다.

이 은혜는 한 번 받음으로 끝나거나 자급자족하는 것이 아닙니다. 은혜는 날마다 새롭게 받아야 합니다. 그러므로 우리는 날마다 쉬지 않고 기도해야 합니다. 아침마다 새로운 은혜요, 저녁마다 필요한 은혜입니다.

여호와의 인자와 긍휼이 무궁하시므로 우리가 진멸되지 아니함이니이다 이것들이 아침마다 새로우니 주의 성실하심이 크시도소이다(애 3:22, 23).

우리를 향한 큰 진노는 그리스도의 십자가 위에 단번에 쏟아졌지만, 그 십자가의 은혜는 매일매일 계속된다는 것을 아시기 바랍니다. 우리를 향한 하나님의 온전한 뜻이 이루어지기 위해서는 날마다 은혜의 빛이 비치고 날마다 은혜의 바람이 불어야만 합니다.

사랑하는 성도 여러분, 하나님의 은혜가 계속 유입되는 것만이 우리를 날마다 성도답게 살아가게 합니다. 그러므로 사도들은 주의 백성을 향해 편지를 쓸 때마다 가장 먼저 이 은혜를 기원한 것입니다. 그러고는 평강을 빌었습니다. 정확히 말하면 이런 축복과 문안은 단지 사도들의 경건한 바람만이 아니었습니다. 하나님은 그리스도 안에서 하나님의 말씀을 듣고 믿는 자에게 실제로 날마다 은혜와 평강의 축복을 허락하십니다.

요한은 아시아에 있는 일곱 교회에 편지하노니 이제도 계시고 전에도 계셨고 장차 오실 이와 그의 보좌 앞에 있는 일곱 영과 또 충성된 증인으로 죽은 자들 가운데서 먼저 나시고 땅의 임금들의 머리가 되신 예수 그리스도로 말미암아 은혜와 평강이 너희에게 있기를 원하노라……(1:4, 5).

이 문안은 그의 바람인 동시에 하나님의 능력의 말씀입니다. "빛이 있으라"(창 1:3) 하실 때 빛이 있었던 그 능력의 말씀이기에 이 문안을 믿음으로 듣는 자에게는 은혜와 평강이 그 삶에 실현됩니다.

사랑하는 성도 여러분, 그런데 왜 은혜 다음에 평강을 선언합니까? 그것은 은혜의 궁극적인 결과가 '평강'이기 때문입니다. 평강은 은혜로 하나님과 화목하게 된 성도의 몫입니다. 그러므로 하나님을 떠난 사람의 삶에는 평강이 없습니다.

> 여호와께서 말씀하시되 악인에게는 평강이 없다 하셨느니라(사 48:22).

악인도 사업에 성공할 수 있고 집을 크게 지을 수 있습니다. 악인도 승진하고 출세할 수 있습니다. 그러나 높은 지위에 올라도 그 마음속에는 평강이 없습니다. 어떤 사람도 하나님을 떠나서는 평강이 없습니다. 이 평강은 오직 그리스도 안에서 은혜를 입은 자만이 누리는 축복입니다.

> 그러므로 우리가 믿음으로 의롭다 하심을 받았으니 우리 주 예수 그리스도로 말미암아 하나님과 화평을 누리자(롬 5:1).

> 그뿐 아니라 이제 우리로 화목하게 하신 우리 주 예수 그리스도로 말미암아 하나님 안에서 또한 즐거워하느니라(롬 5:11).

이 화평과 기쁨은 믿음으로 그리스도 안에서 의롭다 하심을 얻은 자만이 누리는 축복입니다. 은혜의 샘물이 골짜기마다 흘러 모인 것을 일컬어 평강이라고 합니다. 그러므로 성도의 관심사 그 첫째는 은혜요, 마지막은 평강입니다.

은혜와 평강이 너희에게 있기를

여러분의 관심은 어디에 있습니까? 여러분 자신의 궁극적인 관심은 어디에 있습니까? 교회에 나와서 예배하는 여러분의 마음속에 더 알기를 원하고 더 누리기를 원하는 축복의 이름은 무엇입니까? 사도 요한은 밧모섬에서는 직접 만날 수 없는 아시아 일곱 교회의 성도들을 향해 "은혜와 평강이 너희에게"라고 축복합니다. 사랑하는 교회들을 향해 마음껏 주고 싶은 축복을 이름하여 "은혜와 평강"이라고 부릅니다.

여러분 자신의 관심사는 무엇이고 여러분이 사랑하는 이들을 향해 주고 싶은 소원은 무엇입니까? 사랑하는 자녀들을 위해 꼭 남겨 주고 싶은 것이 무엇입니까? 넓고 괜찮은 아파트 한 채입니까? 멋진 외제 승용차 한 대입니까? 여러분의 자녀들을 향해 정말 빌어 주고 싶은 축복이 무엇입니까? 여러분은 여러분이 사랑하는 이들이 은혜에 대해 얼마나 알기를 소원하고 있습니까? 편지 첫머리에 '은혜와 평강'을 말할 만큼 소원하고 있습니까? 자신을 한번 살펴봅시다. 그렇지 않으면 주일날 교회에 그냥 왔다 가는 것으로 만족하는 그런 신앙생활을 하게 됩니다. 교회에 오는 목적이 집에 가기 위해서인 교인들이 있습니다. 교회에 오는 목적은 하나님에게 눈도장을 찍고 집에 가는 것이 아닙니다. 하나님이 어떤 분인지 알고자 하는 소원을 가지고 나와 보십시오.

손을 뻗어도 닿을 수 없고 소리쳐도 들리지 않는 밧모섬에서 사도 요한은 사랑하는 아시아 일곱 교회를 향해 가장 먼저 "은혜와 평강이 너희에게……"라며 목메어 간구하고 있습니다. 아시아 일곱 교회뿐만 아니라 모든 세대마다 지상에 있는 교회에 필요한 것이 바로 이 축복입니다. 요한이 살던 시대처럼 교회는 항상 적대적인 세상 속에 있기 때문입니다. 세상에 있는 교회는 항상 환난 가운데 있기에 은혜와 평강이 절실히 요구됩니다.

요한계시록에 나오는 세상은 이른바 '일반 은총'으로 개선된 세상이 결코 아닙니다. 지금도 교회가 처한 세상은 마찬가지입니다. 교회가 안주해도 좋을 만큼 고상한 세상이 아닙니다. 그때나 지금이나 세상의 본성은 변하지 않았습니다. 콘스탄티누스 이후에 교회가 세상과 짝한 적은 있어도 세상 자체가 거룩해진 적은 한 번도 없습니다. 주님이 말씀하신 대로 불의한 세상은 그 불의한 속성을 버린 적이 없습니다. 유혹의 포도주에 취한 교회가 세상과 벗하여 놀아날 수는 있지만 계시록이 보여 주는 것처럼 세상은 지금도 하나님의 진노 아래에 있습니다. 하나님의 진노하신 손에 빠져 심판을 피할 수 없는 세상입니다.

이 세상은 종말을 향해 달려가고 있습니다. 우리가 지금 살아가는 이 시대는 종말의 시대입니다. 이제 하나님의 진노의 대접이 차례로 부어질 시대에 우리가 살고 있습니다. 이 세상과 짝하여 살아감으로 기대하는 것이 무엇입니까? 하늘에서는 세상 사람들의 삶과 같이하지 말고 그들의 재앙에 동참하지 말라고 우리를 부르고 있습니다. "거기서 나오라"고 하십니다.

> 내 백성아, 거기서 나와 그의 죄에 참여하지 말고 그가 받을 재앙들을 받지 말라(18:4).

우리가 그리스도인답게 살려고 한다면 세상은 분명 우리를 미워하고 조롱하고 박해할 것입니다. 때로는 배우자나 친구를 통해, 때로는 이름뿐인 교회 안의 신자를 통해 우리를 공격해 올 수 있습니다. 세상은 강제로 짐승의 표를 받게 하려고 합니다. 엄청난 속도로 우리에게 부딪혀 오고 있습니다. 깨어 있지 않으면 어느덧 세상 속에 깊이 빠져들 수 있습니다.

저는 여러분이 이전에 어떤 신앙의 싸움을 싸워왔는지 묻는 것이 아닙니다. 저는 여러분이 옛날에 누구였는지 묻고 싶지 않습니다. 누구라도 항상 깨어 있지 않으면 세상의 메시지는 여러분이 텔레비전을 켜는 순간부터, 신문을 펼치는 순간부터 강력하게 파급해 올 것입니다. 깨어 있지 않으면 자기도 모르게 젖어 들고 말 것입니다.

> 그러므로 형제들아 내가 하나님의 모든 자비하심으로 너희를 권하노니

너희 몸을 하나님이 기뻐하시는 거룩한 산 제물로 드리라 이는 너희가 드릴 영적 예배니라 너희는 이 세대를 본받지 말고 오직 마음을 새롭게 함으로 변화를 받아 하나님의 선하시고 기뻐하시고 온전하신 뜻이 무엇인지 분별하도록 하라(롬 12:1, 2).

우리는 변화를 받기 위해 예배의 자리에 나오는 것입니다. 오늘 여러분은 이 세대가 어떤 세대인지 알아야 합니다. 우리를 향한 하나님의 뜻은 이 시대의 징조를 읽는 것입니다. 편한 이 세상에 안주하려 하지 마십시오. 악한 세상은 마지막 발악을 하고 있습니다. "그 물이 진흙과 더러운 것을 늘 솟구쳐 내는 요동하는 바다"(사 57:20)와 같은 것이 악한 세상의 본 모습입니다. 세상은 악의와 질투, 시기와 미움이 가득한 가운데 피 흘림과 전쟁이 끝나지 않는 곳입니다. 공포와 파멸이 더욱 가까이 다가온 시대에 우리가 살고 있습니다. 현대 문명은 그 모든 자부심과 함께 파멸의 종국으로 내달리고 있습니다.

이런 세상 속에 처한 교회를 위해서 사도 요한은 그가 본 사실을 전하려고 급히 편지를 쓰면서 가장 먼저 문안하고 있습니다. "은혜와 평강이 너희에게 있기를"이라고 문안하며 지상에 있는 모든 교회를 향해 그 사랑의 소원을 말하다 목이 메인 것입니다.

사랑하는 성도 여러분, 아무리 세상이 악하고 험해도 여러분의 삶의 노정마다 이 은혜와 평강이 있기를 바랍니다. 은혜와 평강이 날마다 더욱 풍성하기를 소원합니다.

Revelation

요한계시록 1장 4-6절

4 요한은 아시아에 있는 일곱 교회에 편지하노니 이제도 계시고 전에도 계셨
고 장차 오실 이와 그의 보좌 앞에 있는 일곱 영과 5 또 충성된 증인으로 죽은
자들 가운데에서 먼저 나시고 땅의 임금들의 머리가 되신 예수 그리스도로 말
미암아 은혜와 평강이 너희에게 있기를 원하노라 우리를 사랑하사 그의 피로
우리 죄에서 우리를 해방하시고 6 그의 아버지 하나님을 위하여 우리를 나라
와 제사장으로 삼으신 그에게 영광과 능력이 세세토록 있기를 원하노라 아멘

03

성삼위 하나님으로부터_ 문안 2

그리스도 안에서 사랑하는 성도 여러분, 옛날이나 지금이나 격식을 갖춘 편지 첫 문장에는 문안이 나옵니다. 그러나 옛날 문안과 현재 문안의 차이는 누구의 이름으로 문안을 하는가에 있습니다. 옛날에는 헬라인이든 로마인이든 혹 유대인이든 모두 그들이 섬기는 신(神)이나 그 신의 이름으로 문안했습니다. 각기 부르는 신의 이름은 달랐지만 자기 신의 이름을 불러 문안하는 방식은 같았습니다. 여기에 고대인과 현대인의 차이가 있습니다.

옛사람들의 의식 속에는 항상 '신'이 자리하고 있었습니다. 생각과 행동의 반경 속에 항상 신이 중심에 있었습니다. 때로는 참된 신 대신에 거짓된 신이 그들 마음속에 자리하긴 했지만 신 의식이 없는, 또는 신을 의식하지 않고 사는 사람은 없었습니다. 그렇기에 편지 한 통을 써도 신의 이름을 부르지 않고 문안하는 것은 생각도 할 수 없던 것입니다. 반드시 자기 신의 이름을 불러 그분의 축복을 기원했습니다.

하지만 현대인의 사고방식과 삶의 방식에는 '자신'이 중심에 있습니다. 신을 의식하지 않고도 편지를 쓰고 사업이나 결혼도 합니다. 그런 면에서 현대 사회는 하비 콕스(Harvey Cox)가 말한 대로 세속화된 사회임에 틀림없습니다. 그 생각과 행동의 반경 속에서 신이 사라졌습니다. 그 중심에 신이 사라진 지 오래되었습니다.

이제도 계시고 전에도 계셨고 장차 오실 이

사랑하는 성도 여러분, 우리는 지금 편지 형식으로 전달된 계시를 읽고 있습니다. 우리가 읽는 편지는 현대인이 쓴 편지가 아닙니다. 자신이 주체가 되어 문안과 축복을 하는 현대인이 쓴 편지가 아닙니다. 지금 읽고 있는 편지는 옛사람이 쓴 편지입니다. 당시 삶의 방식대로 그의 신의 이름을 불러 은혜와 평강을 기원하는 편지입니다. 요한이 기원하는 은혜와 평강은 그가 사도로 섬기는 하나님의 이름으로부터 나옵니다.

> 이제도 계시고 전에도 계셨고 장차 오실 이와 그의 보좌 앞에 있는 일곱 영과 또 충성된 증인으로 죽은 자들 가운데에서 먼저 나시고 땅의 임금들의 머리가 되신 예수 그리스도로 말미암아 은혜와 평강이 너희에게 있기를 원하노라……(1:4, 5).

사도 요한은 성부 하나님의 이름으로 문안하면서 성부 하나님을 소개합니다. "이제도 계시고 전에도 계셨고 장차 오실 이"라는 구절은 성부 하나님을 묘사합니다. 그러나 이것은 억지로 한 번역에 불과합니다. 대충 뜻만 통하도록 한 번역에 지나지 않습니다. 우리말이나 영어나 그 어떤 말로도 요한이 헬라어로 기록한 형식대로는 도무지 번역할 수 없습니다. 아마도 요한은 출애굽기 3장 14절을 염두에 두고 이렇게 표현한 것 같습니다. 하나님도 모세에게 자신을 알리실 때 이렇게 표현하셨습니다.

> 하나님이 모세에게 이르시되 나는 스스로 있는 자니라(I am that I am) 또 이르시되 너는 이스라엘 자손에게 이같이 이르기를 스스로 있는 자가 나를 너희에게 보내셨다 하라(출 3:14).

영어로 표현하면 '그'는 'He'라고 합니다. '그로부터'는 'from him'입니다. 그러나 요한은 한 분이신 성부 하나님을 어떤 때는 'He'라고 했다가 또 어떤 때는 'him'이라고 표현할 수는 없다고 고지식하게 생각했습니다. 그래서 '그로부터'를 'from the He'라고 표현했습니다. 하나님은 불변하시고 영존하시는 분이기 때문에 요한은 까짓 헬라어 문법을 바꾸면 바꿨지 하나님에 대한 표현을 바꿀 수는 없다고 생각했습니다. 그때는 사람 대신에 하나님을 숭배하던 시대였습니다. 이 편지를 쓰는 요한은 하나님만이 불변하시는 분이고 하나님만이 신이신데 어떻게 사람이 신이 될 수 있느냐는 긍지를 표현하기 위해 헬라어 문법을 무시하고 있습니다.

"이제도 계시고 전에도 계셨고 장차 오실 이"라는 칭호는 하나님의 영원성을 강조하는 동시에 역사에 대한 하나님의 관련성을 말하고 있습니다. 영원하신 그분이 모든 역사의 주인이라고 고백하고 있습니다. 하나님은 인간의 역사 속에서 그 진로를 주장하시는 분입니다.

그런데 '이제도 계시고 전에도 계셨고 장차 있을 분'이라고 해도 되었을 텐데 왜 마지막에서 "이제도 계시고 전에도 계셨고 장차 오실 이"라고 표현했을까요? 이 말은 그리스도의 다시 오심을 염두에 둔 표현입니다. 미래의 역사에서 가장 중요한 일은 '하나님의 오심'이라고 생각했기 때문입니다. 하나님은 이제도 계시고 전에도 계셨지만 장차 오실 분이라는 사실을 강조하기 위해 그렇게 표현하고 있습니다.

성경에서는 이 사실을 매우 중요하게 다루고 있습니다. 살아 있는 교회는 장차 오실 주님을 항상 생각해야 합니다. 성탄 노래만 부르고 아기 예수님만 노래하면서 옛날 생각만 해서는 안 됩니다. 성도는 성탄절보다 부활절을 더 강조해야 하고, 절기보다 언제나 주님이 오신다는 구주대망(救主大望)에 대한 소망을 분명히 가지고 살아야 합니다. 장차 오실 주님을 맞이할 준비를 하며 살아야 합니다. 여러분은 역사의 진로 속에서 당신의 뜻을 반드시 이루시는 그분의 오심을 알고 있습니까? 미래 역사의 가장 큰 사건으로 주의 재림을, 다시 오시는 하나님의 영광을 의식하고 있습니까?

> 볼지어다 그가 구름을 타고 오시리라 각 사람의 눈이 그를 보겠고 그를 찌른 자들도 볼 것이요 땅에 있는 모든 족속이 그로 말미암아 애곡하리니 그러하리라 아멘(1:7).

지금부터 여러분이 하는 모든 일에 엄청난 미래의 사건인 그분의 오심을 의식하며 살아가십시오. 저는 하루에 한 번 이상 구주대망(救主大望)에 대한 소망을 반드시 묵상합니다. 혹 교회 일 하느라 바빠서 주님이 오신다는 사실을 잊고 그분을 맞을 준비를 소홀히 하는 분은 없습니까? 우리가 왜 바빠야 하는지를 바로 알아야 합니다. 하나님이 다시 오시는 그때, 이제도 계시고 전에도 계셨고 장차 오실 이에게서 은혜와 평강이 임할 것입니다.

그 보좌 앞의 일곱 영

그러면 본문은 은혜와 평강이 주어지는 근거로 성령 하나님을 어떻게 묘사하는지 살펴봅시다. 4절을 보면 "그의 보좌 앞에 있는 일곱 영"이라는 특이한 표현이 나옵니다. 우리가 아는 대로 성령님은 한 분입니다. 그런데 본문은 "일곱 영"으로 표현하고 있습니다. 요한은 '성령'이라는 표현 대신 여러 방법으로 영을 지칭합니다. '보혜사'라고도 합니다.

어떤 이들은 일곱 영이 일곱 교회에 보낸 일곱 천사를 가리킨다고 해석하지만 그러한 해석은 앞뒤가 맞지 않습니다. 처음에 성부 하나님이 등장하고 마지막에 성자 예수님이 나오는데 중간에 성령님이 빠져 버리고 대신 천사가 등장한다면 흐름이 맞지 않습니다. 또한 신학적으로도 문제가 생깁니다. 천사가 우리에게 은혜와 평강을 줍니까? 아닙니다. 천사는 구원받을 우리를 섬기도록 보냄받은 영이지 우리에게 은혜를 베풀고 평강을 주는 영이 아닙니다.

본문에서 성령님을 표현한 "그의 보좌 앞에 있는 일곱 영"은 세상과 교회에 영향을 끼치고 역사하시는 충만한 영을 가리킵니다. 완전수 일곱이 의미하는 바대로 그분의 역할과 기능이 다양하고 완전함을 나타냅니다. 하나님의 은혜와 평강은 충만한 성령의 역사하심을 따라 전달됩니다. 은혜와 평강은 사람이나 다른 피조물로 말미암는 것이 아니라 오직 충만한 성령님으로 말미암는 복입니다. 혹시 여러분은 예배를 마칠 때 하는 축도를 자세히 들어 보셨습니까? 언제나 성령께서는 우리에게 이 은혜와 평강을 허락하십니다.

충성된 증인

끝으로 하나님을 어떻게 묘사했는지 살펴봅시다.

> 또 충성된 증인으로 죽은 자들 가운데에서 먼저 나시고 땅의 임금들의 머리가 되신 예수 그리스도로 말미암아 은혜와 평강이 너희에게 있기를 원

하노라……(1:5).

먼저 예수 그리스도를 "충성된 증인"으로 묘사하고 있습니다. 예수께서는 세상에 증인으로 오셨습니다. 당신께서 보고 들은 것을 전해 주는 것이 사명의 일부였습니다. 요한복음에는 "'내가 말하는 것'과 '내가 말하는 방식'조차도 아버지께서 주신 것을 전한다"(요 8:25-28 참조)고 기록되어 있습니다. 요한계시록에 나온 모든 예언에 대해서도 예수님이 인을 치셨고, 하나님에 관하여 성경이 말하는 모든 진리에 대해서도 그것이 신실하다고 예수님이 증거하셨습니다.

라오디게아 교회를 향한 주님의 자기소개를 들어봅시다. 주님은 "아멘이시요 충성되고 참된 증인이시요 하나님의 창조의 근본이신 이가 이르시되"(3:14)라고 자신을 소개하십니다. 또한 빌라도 앞에서 자신을 소개하실 때도 같은 면모를 강조하십니다.

> 빌라도가 이르되 그러면 네가 왕이 아니냐 예수께서 대답하시되 네 말과 같이 내가 왕이니라 내가 이를 위하여 태어났으며 이를 위하여 세상에 왔나니 곧 진리에 대하여 증언하려 함이로라 무릇 진리에 속한 자는 내 음성을 듣느니라 하신대(요 18:37).

빌라도는 "네가 왕이냐?"고 물으면서 예수님을 비웃었을 것 같습니다. "사람들이 너를 유대인의 왕이라고 하는데 그것이 정말이냐?"고 하는 것은 예수님을 무시하는 표현입니다. 온 천하를 지으신 분인데 그분이 한날 세상의 통치자 앞에서, 그것도 왕권을 가지고 있는 것이 아니라 황제의 임명을 받아 다스리고 있는, 황제의 푸들에 지나지 않는 총독 빌라도 앞에서 무시를 당하고 계신 것입니다.

제가 목사라는 이유로 무시당할 때, 여러분이 신자라는 이유로 멸시받을 때, 이런 예수님의 삶을 생각하면 위로가 됩니다. 주님은 세상의 창조주로서 이 세상의 주인이시지만 로마 제국의 한낱 벽지, 유대 총독 앞에서도 이처럼 무시를 당하면서 사셨습니다. 그러니 우리가 세상을 살면서 가끔 당하는 무시야 뭐 그리 대단한 것이겠습니까? 하나님은 그런 모욕을 겪는 우리를 버려두지 않으시고, 우리가 겪는 멸시로 인해 우리도 그리스도의 고난에 동참하는 것으로 간주해 주십니다. 우리가 받는 무시와 고난의 현장에 함께하십니다. 오늘 우리가 그리스도와 함께 고난을 받기에 장차 그리스도와 함께 영광을 받도록 정하셨습니다.

서른이 넘은 한 자매가 암에 걸려 두 아이를 남겨 두고 곧 세상을 떠나야 할 운명에 놓여 있었습니다. 그동안 자매의 마음속에는 '나처럼 불쌍한 인생이 이 세상에 또 있을까?'라는 생각이 있었습니다. 그러나 기도하는 중에 십자가에 달리신 주님을 바라보고는 자기보다 훨씬 큰 고통을 당하고 사신 그리스도를 생각하며 위로받았다고 합니다. 세상적인 관점으로는 병이 치유될 것 같은 소망이 전혀 보이지 않았지만 자매는 병이 마치 남의 것인 양 담담히 여기면서 넉넉히 이기는 자로 남은 삶을 살았습니다.

대부분은 암 진단을 기다리는 상황에서도 긴장하는데, 어떤 사람들은 선고를 받고도 다른 사람 것인 양 담담하고 평화롭게 받아들이며 지금도 살아가고 있습니다. 물론 그런 가운데서 세상을 떠나는 분들도 있었습니다. 하지만 죄를 용서받은 성도에게는 사나 죽으나 아무런 차이를 만들지 못합니다. "사망아 네가 쏘는 것이 어디 있느냐"(고전 15:55). 지금은 세상을 떠났지만 몇 차례 암이 나왔다가 재발하기를 반복하신 분이 계셨습니다. 어느 날은 그분이 이렇게 말씀하시더군요. "목사님, 제가 가발을 쓰고 있을 때는 바람이 불면 두 손이 머리 위로 올라갔어요. 그런데 요새는 바람이 불면 정말 시원하게 바람을 쐬고 있어요." 또 한번은 미용실에서 머리카락이 사각사각 잘리는 소리를 듣고 웃고 있었더니 그 미용사가 "아줌마, 왜 웃어요?" 하고 묻더랍니다. "그 소리가 너무 듣기 좋아서요." 그분의 대답이었습니다. 사랑하는 성도 여러분, 예수 그리스도를 믿는 성도는 언제, 어떤 상황에서도 자신의 삶만 바라보는 것이 아니라 우리에게 진리를 증거하기 위해 우리 삶에 나타나 주신 예수 그리스도를 바라보아야 합니다.

> 구주와 함께 나 죽었으니 구주와 함께 나 살았도다
> 영광의 그날에 이르도록 언제나 주만 바라봅니다(새찬송가 407장).

예수 그리스도께서는 하나님의 구속 목적과 사역에 대한 신실한 증인이십니다. 그분의 신실한 증거와 사역을 통해서만 우리 영혼은 안식을 누립니다. 예수 그리스도께서 말씀해 주시고 증인이 되셔야 그 말씀이 성도들의 영혼을 살릴 수 있습니다.

죽은 자들 가운데에서 먼저 나신 자

계속해서 요한은 예수 그리스도를 "죽은 자들 가운데에서 먼저 나[신 자]"로 묘사합니다. 이것은 두 가지 의미로 생각할 수 있습니다. 첫째는 죽은 자들 가운데에서 '시간적으로' 먼저 나신 자, 즉 부활의 처음 열매라는 의미로 생각할 수 있습니다.

> 그러나 이제 그리스도께서 죽은 자 가운데서 다시 살아나사 잠자는 자들의 첫 열매가 되셨도다(고전 15:20).

> 그는 몸인 교회의 머리시라 그가 근본이시요 죽은 자들 가운데서 먼저 나

신 이시니 이는 친히 만물의 으뜸이 되려 하심이요(골 1:18).

여기서 '먼저 나신 자'라는 말은 연대적인 의미보다 주권적 의미를 지니고 있습니다. 예수님이 아버지를 대신하는 큰아들의 역할을 하신다는 의미입니다.

내가 또 그를 장자로 삼고 세상 왕들에게 지존자가 되게 하며(시 89:27).

부활하심을 통해서 예수님은 첫아들의 권위를 얻으셨습니다. 사탄이 광야에서 유혹한 대로 그 앞에 경배함으로써가 아니라, 십자가와 부활로 말미암아 죽은 자들 가운데에서 먼저 나신 자가 되셨습니다.

또한 이 해석은 그다음에 나오는 "죽은 자들 가운데에서 먼저 나시고 땅의 임금들의 머리가 되신 예수 그리스도"라는 표현과 어울립니다. 죽은 자들의 세상에서도 예수가 주권자이시고, 산 자들의 세상에서도 열 왕의 머리가 예수라고 표현한 것입니다. 이것은 바로 신약 성경에서 일관성 있게 증거하는 바입니다.

하지만 당시의 정치적인 현실은 달랐습니다. 당시 세상은 로마가 절대 주권을 행사하고 있었습니다. 대항할 만한 세력이 땅 위에 존재하지 않는 것 같았습니다. 절대적인 권력으로 로마가 온 땅을 통치하고 있었습니다. 모든 길은 로마로 통하던 '로마의 평화'(Pax Romana) 시대였습니다. 그러나 성도들은 "땅의 임금들의 머리가 되신 예수 그리스도"라고 고백했습니다. "땅의 임금들의 머리가 되신 예수 그리스도"라니요? 겉보기에는 모순이지만 신앙인은 모두 예수 그리스도야말로 '주'라고 고백했습니다. 가이사가 아니라 예수가 그리스도라고 고백하면서 그들은 자신의 삶을 걸었던 것입니다.

보십시오. 당시 신앙인들은 예수님이 죽은 자들뿐만 아니라 살아 있는 자들, 모든 임금의 머리시라고 고백하고 있습니다. 신앙인은 눈으로 보는 대로 고백하는 것이 아니라 자신의 믿음에 입각해서 고백할 수 있어야 합니다.

사랑하는 성도 여러분, 역사는 항상 선이 승리하고 옳은 것만 득세하는 방향으로 흘러가지 않습니다. 그렇지 못한 세상 가운데 살면서도 신앙인은 이 세상과 이 세상 너머에서 예수님만이 주인이시라고 고백할 수 있어야 합니다. 지상의 실세들을 우습게 보시며 집권자들을 무력하게 만드시는 영원한 통치자 예수 그리스도에게서 성도들은 그때나 지금이나 은혜와 평강을 누립니다.

그때는 황제를 숭배하는 것을 넘어서 우상 숭배 단계에 이르렀습니다. 로마의 원로원은 황제가 죽은 후에 그 황제가 정치를 잘했다고 판단되면 신의 칭호를 주었습니다. 카이사르 아우구스투스, 글라우디오스, 베스파시아누스, 그리고 티투스 등이 죽은 후에 신의 칭호를 받은 황제들입니다. 그 중에서도 글라우디오스, 베스파시아누스, 티투스는 살아 있는 동안 자신의 모습을 화폐에 새기고 신이라는 글자를 함께 새겨 넣은 사람들입니다. 요한이 이 편지를 쓸 당시의 황제는 도미티아누스였는데, 그때는 '신'이라는 칭호뿐만 아니라 '주와 신'이라는 칭호로 부르도록 요구했습니다. 그런데 이 황제 숭배는 아시아, 특히 에베소 지방에서 유행했습니다. 정작 로마보다 속국들에서 황제를 신으로 떠받드는 일이 성행한 것입니다. 그러나 하나님은 당신의 영광을 결코 피조물에게 빼앗기지 않으십니다. 요한은 이 위협적인 상황 속에서 사랑하는 교회를 향해 예수 그리스도가 주라는 사실을 증거하고 있습니다.

경고와 위로

예수 그리스도는 산 자와 죽은 자의 세계에서 유일한 주라는 것이 진리입니다. 본문은 죽은 자들 가운데에서 먼저 나시고 땅의 임금들의 머리가 되신 예수 그리스도로 말미암는 은혜와 평강을 일곱 교회를 향해 선포합니다. 되풀이되는 역사의 흐름 속에서 종말적인 상황에 처한 교회를 위해 경고와 위로를 하고 있습니다. 인간 숭배는 지나간 어제의 위협만이 아니라 다가올 미래의 위협이기도 합니다. 역사는 되풀이되기 때문입니다. 계시록이 기록된 시대에 한 사람을 신으로 섬기는 운동이 일어났습니다. 황제 숭배처럼 사람이 사람의 위치를 넘어서서 경배를 요구할 때 그것은 역사가 종말에 접어들고 있음을 보여 줄 것입니다.

사랑하는 성도 여러분, 우리도 머지않아 "예수가 주냐, 인간이 주냐"라는 질문에 대답해야 할 것입니다. 초대 교회 성도들이 이것 때문에 삶의 터전을 박탈당했듯이, 우리도 동일한 문제로 직장을 잃게 될 날이 오지 않으리라는 보장이 없습니다.

이미 세상은 그렇게 되어 가고 있습니다. 오늘날 현대 사회는 동서양을 막론하고 모두 집단주의, 중앙 집권적인 방향으로 나아가고 있습니다. 이 집단주의적 경향은 모든 조직체의 결정권과 집행권이 조직 안의 소수 엘리트에게 이양되거나 집중되게 합니다. 현대 기술의 뒷받침 속에서 소수 집단이 전체를 조정하고 지배하는 것이 가능해졌습니다. 옛날 사람들도 전체를 조정하고 지배하고자 하는 욕망은 있었지만 그럴 수 있는 수단이 없었습니다. 그러나 오늘날은 컴퓨터 하나로 사회가 조정되고 통제될 수 있습니다. 정보가 통제되기 시작하면서 1인 독재가 가능한 시대가 다가오는 것입니다.

역사에서 유래를 찾을 수 없는 강력한 세계 정부의 출현이 우리 눈앞에 다가오고 있습니다. 세계 정부의 출현은 결국 한 사람의 강력한 통치자를 반드시 출현시킬 것입니다. 그래서 작가들이 말하는 '포드 총재'나 '빅브라더'(big brother)의 출현을 요구하게 됩니다. 작년에 예배를 드렸고 올해도 예배를 드렸다고 해서 10년, 20년 후에도 가능할 것이라고 생각하지 마십시오. 인류의 문명은 이제 마지막 지점을 향해 달리고 있습니다. 그때가 오면 우리는 초대 교회 성도들에게 주어진 동일한 질문에 답해야 할 것입니다. 여러분은 대답할 준비가 되었습니까? 여러분은 "예수가 주냐, 인간이 주냐"라는 질문에 여러분의 삶을 걸고 대답해야 할 것입니다.

사랑하는 성도 여러분, 요한의 환상을 옛날로만 한정할 수 없습니다. 속히 일어날 일이라고 분명히 기록되어 있습니다. 그때, 강한 통치 앞에서 한 개인의 존재는 종이 한 장의 가치도 안 되는 시대가 될 때 그리스도인인 여러분에게 은혜와 평강은 어디에서 올 수 있습니까?

이제도 계시고 전에도 계셨고 장차 오실 그분에게서 위로와 평강이 찾아올 것입니다. "죽은 자들 가운데에서 먼저 나시고 땅의 임금들의 머리가 되신 예수 그리스도로 말미암아" 은혜와 평강이 그 급박한 정황 속에 빠져든 우리에게 임할 것입니다. 보좌 앞에 있는 일곱 영으로 말미암아, 성령의 충만한 도움의 활동으로 말미암아 유일한 위로를 경험할 것입니다. 은혜를 받으며 그분에게서 오는 평안을 누릴 것입니다.

그래서 옛 신앙인들은 자녀를 교육할 때 첫째로 "생사 간에 우리의 유일한 위로가 무엇인가?"(하이델베르크 요리 문답)라는 질문을 가르쳤습니다. 그리고 유일한 위로는 오직 유일하신 예수 그리스도에게서 온다는 것을 암송하도록 가르쳤습니다. 우리 장로교 선배들은 웨스트민스터 신앙 고백에서 "사람의 제일 되는 목적은 무엇입니까?"라고 질문하고, 그 목적은 하나님을 영화롭게 하고 그분을 영원토록 즐거워하는 것임을 가르쳤습니다.

사랑하는 성도 여러분, 우리가 서로 사랑하고 있지만 제가 목사로서 여러분을 도울 방법이 그때는 차단될 수도 있습니다. 그때 은혜와 평강이 어디에서 오는지를 여러분이 알아야 합니다. 편안할 때 그 위로의 원천이 어디인지 확인해 두십시오. 그래야 그때 신앙인답게 대처할 수 있을 것입니다. 그 숨 막히는 상황에 부딪힐 때, 제가 여러분을 향해 사랑스러운 충고 한마디 던져 주지 못한 채 그냥 스치고 지나간다 하더라도 은혜와 평강은 성삼위 하나님으로부터 온다는 것을 알아야 합니다.

사랑하는 한국 교회 성도 여러분! 잠에서 깨어날 때입니다. 교회가 교회의 모습을 잃어버렸습니다. 직분이 본래의 영향력을 발휘하지 못하고 있습니다. "저 사람이 교인이라면 나는 절대 신앙생활 안 할 거야!" 세상에서 이런 소리가 들리는데도 교회는 아무런 손을 쓰지 않고 있습니다. 어떤 목사는 어느 교회에 부임해서 10여 년 동안 먹고 산 거 외에 한 일이 없었는데 그 교회당을 팔아 버렸습니다. 이것이 예외적인 일이라면 문제가 안 됩니다. 자정 능력이 있기 때문입니다. 그러나 이런 일이 한두 곳에서 일어나는 게 아닙니다. 정말 직분을 날마다 새롭게 해야 하고 교회를 건강하게 해야 합니다.

이 시대가 어느 때에 와 있는지를 알아야 합니다. 방심하고 살다가 그때에 동으로 서로 날뛰지 말아야 합니다. 성삼위 하나님이 우리에게 은혜를 주실 유일한 분임을 기억하십시오. 그분의 평강이 그때에도 여러분의 마음속에 깃들기를 바랍니다.

Revelation

요한계시록 1장 5, 6절

5 또 충성된 증인으로 죽은 자들 가운데에서 먼저 나시고 땅의 임금들의 머리
가 되신 예수 그리스도로 말미암아 은혜와 평강이 너희에게 있기를 원하노라
우리를 사랑하사 그의 피로 우리 죄에서 우리를 해방하시고 6 그의 아버지 하
나님을 위하여 우리를 나라와 제사장으로 삼으신 그에게 영광과 능력이 세세
토록 있기를 원하노라 아멘

04

그의 피로 우리를 죄에서 해방하신 분께_ 영광송 1

사랑하는 성도 여러분, 우리 삶에 절실한 "은혜와 평강"은 이제도 계시고 전에도 계셨고 장차 오실 이, 하나님 아버지에게서 옵니다. "은혜와 평강"은 그 보좌 앞에 있는 일곱 영, 충만한 성령의 사역을 통해서 성도들의 마음속에 자리합니다. "은혜와 평강"은 "충성된 증인으로 죽은 자들 가운데에서 먼저 나시고 땅의 임금들의 머리가 되신 예수 그리스도"를 통해 우리에게 주어집니다.

사도 요한의 영성

"예수 그리스도로 말미암아 은혜와 평강이 너희에게 있기를 원하노라"에서 등장하는 이름 "예수 그리스도"는 성경에 자주 나옵니다. 하지만 그냥 나올 이름이 여기에 또 나왔다고 생각하지 마십시오. 본문에 나온 "예수 그리스도"라는 호칭은 성경에서 마지막으로 나옵니다. 예수 그리스도는 우리가 잘 아는 이름이고 사랑하는 이름입니다. 그러나 요한이 세상의 많은 이름 가운데 예수 그리스도를 언급할 때는 그 의미가 남달랐습니다.

요한은 비록 그 이름 때문에 유배되어 홀로 하나님을 예배하고 있지만, 그 이름을 부를 때 예수 그리스도의 임재하심으로 그분과 함께 있는 것을 체험한 것입니다. 그래서 요한은 "예수 그리스도"라는 이름이 나오자 이야기를 계속할 수 없어서 곧바로 찬양합니다. 은혜와 평강의 근원이신 "예수 그리스도"의 이름을 언급하자 사도 요한의 마음속에서 그동안 억제되어 온 찬양이 터져 나왔습니다.

여러분은 이 이름을 대할 때 마음이 어떻습니까? 요한은 그리스도를 향한 뜨거운 사랑을 억누를 수 없었습니다. 남달리 사랑하고 경외하는 그 이름 "예수 그리스도"를 언급할 때, 그냥 지나칠 수 없는 것이 사도 요한의 경건이었습니다. 그의 영성의 탁월함을 여기에서 발견할 수 있습니다.

> 우리를 사랑하사 그의 피로 우리 죄에서 우리를 해방하시고 그의 아버지 하나님을 위하여 우리를 나라와 제사장으로 삼으신 그에게 영광과 능력이 세세토록 있기를 원하노라 아멘(1:5, 6).

사도 바울의 영성

이 놀라운 경건과 영성은 요한만의 특성이 아니라 사도들의 공통된 모습이기도 합니다. 예를 들어 바울을 생각해 봅시다. 그의 서신 곳곳에서 터져 나오는 찬양을 들어 보십시오. 바울이 쓴 대표적인 서신서인 로마서를 보면 이런 찬양이 나옵니다.

이는 그들이 하나님의 진리를 거짓 것으로 바꾸어 피조물을 조물주보다 더 경배하고 섬김이라 주는 곧 영원히 찬송할 이시로다 아멘(롬 1:25).

바울은 조물주이신 주를 "곧 영원히 찬송할 이시로다 아멘"이라고 찬양하고 있습니다. 로마서의 문맥상 이 구절을 생략하면 문장이 더 매끄러울 수 있습니다. 그러나 바울은 누가 뭐라고 하든, 문장이 매끄럽든 그렇지 않든 "조물주"라는 이름이 나오자 "주는 곧 영원히 찬송할 이시로다 아멘"이라고 찬양합니다.

조상들도 그들의 것이요 육신으로 하면 그리스도가 그들에게서 나셨으니 그는 만물 위에 계셔서 세세에 찬양을 받으실 하나님이시니라 아멘(롬 9:5).

그가 로마서를 쓸 당시에는 대다수 이스라엘인이 복음을 점점 거절하는 상황이었습니다. 반면 이방인들은 복음을 속속 받아들였습니다. 이런 현실 앞에서 바울은 고민했습니다. 한편으로 이방인의 사도로서 기뻤지만, 다른 한편으로는 유대인으로서 동족이 마음을 닫는 사실이 아팠을 것입니다. 얼마나 괴로웠는지 동족을 위해서라면 자신의 이름이 생명책에서 제하여질지라도 그들이 하나님 앞으로 돌아오기를 바랐습니다. 그 상황에서 바울은 고민하다가 하나님의 계시에 감춰진 그분의 뜻을 발견하고는 찬양합니다.

깊도다 하나님의 지혜와 지식의 풍성함이여, 그의 판단은 헤아리지 못할 것이며 그의 길은 찾지 못할 것이로다 누가 주의 마음을 알았느냐 …… 누가 주께 먼저 드려서 갚으심을 받겠느냐 이는 만물이 주에게서 나오고 주로 말미암고 주에게로 돌아감이라 그에게 영광이 세세에 있을지어다 아멘(롬 11:33-36).

아무리 고민해도 이해할 수 없는 상황에 부딪힐 때 여러분은 어떻게 하십니까? 바울은 이런 상황에서도 "이는 만물이 주에게서 나오고 주로 말미암고 주에게로 돌아감이라 그에게 영광이 세세에 있을지어다 아멘" 하며 하나님의 섭리를 찬양했습니다.

우리 삶에도 이해할 수 없는 일들이 벌어집니다. 우리의 머리로는 도무지 용납할 수 없는 일들이 일어납니다. 그와 더불어 하나님을 섬기길 원하는데 왜 하필 그 사람은 함께 섬길 수 없는 자리에 서는지 답답할 때가 있습니다. 그때 우리는 어디서 위로를 받을 수 있습니까? 그 상황도 하나님에게서 말미암는다고 생각할 때 우리는 위로를 얻을 수 있습니다. "그에게 영광이 세세에 있을지어다 아멘" 하며 하나님 한 분만을 찬양하는 것입니다. 바울은 로마서를 끝맺으면서 또 이렇게 찬양합니다.

> 지혜로우신 하나님께 예수 그리스도로 말미암아 영광이 세세무궁하도록 있을지어다 아멘(롬 16:27).

사랑하는 성도 여러분, 그 복된 이름을 조용히 묵상하며 주께 영광을 돌리십시오. 그 임재하심을 가까이 느낄 때 주를 찬양하십시오. 늘 바쁜 생활 속에서 일에 쫓기다 보면 찬양할 기회를 얻기가 쉽지 않습니다. 그러나 기회를 확보하는 일에 인색하지 마십시오. 하나님을 향한 찬양을 소홀히 하지 마십시오. 따뜻한 바람이나 시원한 바람이 불 때뿐만 아니라, 냉동실 공기 같은 찬바람이 불 때도 그것이 하나님이 우리를 위해 보내 주시는 손길이라고 생각하면 찬송할 수 있을 것입니다. 더 순수하게, 더 자주 그 복되신 이름에 영광을 돌리는 성도가 되십시오.

주님 자신으로 인해 기뻐하는 성도의 모습은 아버지 하나님의 마음에 기쁨이 됩니다. 날마다 예수 그리스도께서 여러분의 찬양의 주제가 되기를 바랍니다. 항상 예수 그리스도께 영광과 존귀를 돌려 드리십시오. 찬송가 앞부분에 실린 '영광송'을 사랑하고 자주 노래하십시오.

요한이 들은 영광송

영성이 뛰어난 성도는 존귀하신 그 이름에 영광과 찬양을 올려 드리기를 즐겨합니다. 사도 요한 역시 그리스도를 향해 항상 사랑의 불꽃이 타오르는 성도였습니다. 그래서 요한은 환상 중에 그가 들은 영광송을 하나도 빠뜨리지 않고 4장과 5장에 기록했습니다. 먼저 밤낮 쉬지 않고 하늘 보좌 앞에서 부르는 네 생물의 찬양입니다.

> 거룩하다 거룩하다 거룩하다 주 하나님 곧 전능하신 이여 전에도 계셨고 이제도 계시고 장차 오실 이시라……(4:8).

이어서 요한은 자기의 면류관을 보좌 앞에 드리며 엎드려 찬양하는 이십사 장로들의 영광송을 듣습니다.

> 우리 주 하나님이여 영광과 존귀와 권능을 받으시는 것이 합당하오니 주께서 만물을 지으신지라 만물이 주의 뜻대로 있었고 또 지으심을 받았나이다……(4:11).

그리고 5장에는 네 생물과 이십사 장로들의 찬양이 나옵니다.

> 그들이 새 노래를 불러 이르되 두루마리를 가지시고 그 인봉을 떼기에 합당하시도다 일찍이 죽임을 당하사 각 족속과 방언과 백성과 나라 가운데

에서 사람들을 피로 사서 하나님께 드리시고 그들로 우리 하나님 앞에서 나라와 제사장들을 삼으셨으니 그들이 땅에서 왕 노릇 하리로다 하더라(5:9, 10).

또 곧바로 천만 천사들의 노래가 이어집니다.

죽임을 당하신 어린양은 능력과 부와 지혜와 힘과 존귀와 영광과 찬송을 받으시기에 합당하도다……(5:12).

천사들의 찬양뿐만 아니라 하늘 위에와 땅 위에와 땅 아래와 바다 위에와 또 그 가운데 모든 피조물의 찬양이 나옵니다.

보좌에 앉으신 이와 어린양에게 찬송과 존귀와 영광과 권능을 세세토록 돌릴지어다……(5:13).

이와 같이 계시록 4장과 5장은 하늘의 환상 속에서 요한이 들은 풍성한 영광송을 우리에게 들려줍니다. 이와 같은 영광의 찬양은 7장부터 다시 계속됩니다. 하늘의 영광이 보일 때마다 하늘에서 드려지는 영광송이 울려 퍼집니다. 마치 하늘은 영광송이 계속 울려 퍼지는 곳 같습니다.

영광송의 특성

요한은 환상으로 보고 들은 것을 선별해서 기록할 때 영광송을 빠뜨리지 않습니다. 사랑하는 성도 여러분, 왜 '영광송'(doxology)이라고 부릅니까? 그 노래는 하나님의 하나님 되심을 기리는 노래이고, 땅에서뿐만 아니라 하늘에서도 영원토록 드려질 노래이기 때문입니다. 아니, 요한이 보여 준 대로 하늘에서는 영광송만 울려 퍼지고 있습니다.

우리에게 있는 찬송가에는 우리가 하나님을 향해 부르는 찬송뿐 아니라, 자신이 받은 은혜를 나누는 간증도 포함되어 있고 다른 이들을 향해 격려하는 노래도 있습니다. 그러나 진정한 찬송이란 성도들의 마음이 하나 되어 보좌에 앉으신 어린양을 찬양하는 노래입니다. 이 노래야말로 지금 이 땅에서뿐만 아니라 그때 하늘에서도 영원히 부를 노래입니다.

하늘나라에서는 내가 경험한 간증의 노래나 형제자매를 격려할 노래를 더는 부르지 않을 것입니다. 땅 위에서 자신이 체험한 것을 가지고 더 이상 찬송하지 않을 것입니다. 천사들이 노래하는 것 같고 내 몸이 세상에 있지 않는 것 같던 영광스러운 순간의 체험일지라도 하나님 나라에 가면 그것을 소재로 노래하지 않을 것입니다. 그리던 신랑을 몇 년 만에 만났는데 신랑은 옆에 세워 둔 채 신랑 사진을 보면서 감격하는 신부는 없을 것입니다. 그곳에서는 하나님의 영광이 해와 같이 빛날 것이기 때문에 별빛처럼 보던, 달빛처럼 보던 그 영광에 대해 더 이상 미련을 갖지 않을 것입니다. 보좌에 앉으신 어린양 예수의 영광이 해처럼 빛날 것이기 때문에 우리는 그분의 현존하신 영광을 향해서만 찬양할 것입니다.

사랑하는 성도 여러분, 이 땅에서는 "하나님의 나팔 소리 천지 진동할 때에 예수 영광 중에 구름 타시고"를 노래할 이유가 있습니다. 여기서는 "십자가 군병들아"라고 서로를 격려할 수 있습니다. 또한 여기서는 "내 맘이 낙심되며 근심에 눌릴 때"라는 노래를 부를 수 있습니다. 하지만 거기서는 낙심되고 근심에 눌릴 일이 없을 것입니다. 하나님 나라에서 신랑과 지내는 그때에는 더 이상 예수님을 만날 것을 노래하지 않을 것입니다. 이미 만났기 때문입니다. 서로를 향해 격려하는 찬송은 더 이상 하늘나라에서 부르지 않을 것입니다. 그곳에서는 오직 하나님의 영광을 노래하는 찬양들만 세세토록 부를 것입니다. 그래서 예배가 시작될 때 부르는 첫 찬송은 영광송이어야 한다고 믿습니다. 영광송을 부를 때마다 우리가 누구를 예배하는지 떠올리며 그분의 영광을 함께 노래하십시오. 이 특권을 행사하십시오.

사랑하는 성도 여러분, 이제부터 계시록을 읽으면서 계속 들려올 하늘의 영광송에 귀를 기울이십시오. 또한 여러분의 삶 속에서 그분의 영광을 노래하는 새로운 습관을 배양하십시오. 많은 찬송 가운데 영원토록 부를 찬송이 바로 영광송입니다. 계시록을 통해 영광송을 사랑하는 성도가 되기를 바랍니다. 사도 바울의 모습 속에서, 사도 요한의 강조를 통해서 영광송을 새롭게 대하는 기회를 얻는다면, 우리는 앞에 놓인 순례의 길을 한결 가벼운 걸음으로 걸을 수 있을 것입니다. 신앙인이 되면 찬송가를 사랑하게 됩니다. 많은 찬송 가운데 특히 그분의 영광을 노래하는 찬송에 심취하는 성숙한 신앙인이 되기를 바랍니다.

사랑하는 성도 여러분, 요한은 지금 편지 서두에서 하나님의 이름으로 은혜와 평강을 기원하다가 복되신 예수 그리스도의 이름을 접하고는 그 마음속에 찬양의 불꽃이 타올랐습니다. 찬송하고 싶은 마음이 들 때, 누군가 먼저 시작하기만 하면 그냥 같이 따라 부르게 되는 그때, 그럴 때야말로 진정한 찬양의 순간입니다. 억제할 수 없는 감격을 노래하는 사도 요한의 모습을 상상해 보십시오. 성삼위 하나님에게 받아 누리는 은혜와 평강은 성도들의 가슴에서 영광송이 터져 나오게 합니다.

영광송의 내용

이 장의 본문이기도 한 이 영광송의 내용을 자세히 관찰해 봅시다.

> 우리를 사랑하사 그의 피로 우리 죄에서 우리를 해방하시고 그의 아버지

> 하나님을 위하여 우리를 나라와 제사장으로 삼으신 그에게 영광과 능력이 세세토록 있기를 원하노라 아멘(1:5, 6).

이 영광송의 특징은 예수께서 우리를 위해 하신 일을 탁월하게 노래하는 데 있습니다. 신약에 나와 있는 찬송들을 자세히 살펴보십시오. 그 찬송들은 예수께서 하신 일에 초점을 맞추고 있습니다. "주 따르기로 나 결심했네"와 같은 고백이 아닙니다.

성도 여러분, 특히 이 영광송에 나오는 동사와 시제를 자세히 살펴보십시오. "우리를 사랑하사", "그의 피로 우리 죄에서 우리를 해방하시고", "나라와 제사장으로 삼으신"이라는 세 동사가 나옵니다. 그리고 동사에는 시제가 있습니다. 그런데 우리말 번역에는 시제 구분이 명확하지 않습니다. "사랑하사", "해방하시고", "삼으신"으로만 나와 있습니다. 우선 두 개만 살펴보겠습니다.

"우리를 사랑하사"라고 할 때 "사랑하사"의 시제는 무엇입니까? 현재입니다. 가장 먼저 사도 요한은 우리 주님의 불변하는 사랑을 찬양합니다. 현재형 동사, 즉 우리를 사랑한다는 것은 계속 사랑하신다는 이야기입니다. 예수 그리스도께서는 우리를 지속적으로 사랑하십니다. 그리스도의 사랑은 영원히 지속되는 사랑입니다.

요한복음에는 이렇게 기록되어 있습니다. "유월절 전에 예수께서 자기가 세상을 떠나 아버지께로 돌아가실 때가 이른 줄 아시고 세상에 있는 자기 사람들을 사랑하시되 끝까지 사랑하시니라"(요 13:1). 그러므로 성도들은 "어저께나 오늘이나 영원 무궁히 한결같은 주 예수께 찬양합니다"(새찬송가 135장)라고 노래합니다.

이 현재 시제에 대조해서 두 번째 "해방하시고"는 과거 시제 동사입니다. 헬라어에서 "해방하시고"는 단순 과거로 쓰였습니다. 어떤 사건이 일회적이지만 그 결과가 지속적일 때 쓰는 시제입니다. 그분이 우리를 해방하신 것은 단번에 하셨지만 그 결과는 지속적입니다. 우리를 '해방하셨다'면 지금 우리는 어떤 상태인 것입니까? 옥문이 활짝 열린 것입니다. 감옥 안으로 들어오는 햇볕을 더 많이 쬐겠다고 다툴 필요가 없습니다. 우리를 이미 해방하셨기 때문에 우리는 그 사랑의 빛 속에서 자유인이 되었습니다. 한 번 해방하셨기 때문에 우리는 영원히 해방되었습니다.

그러나 그리스도인들을 보십시오. 한 번 해방을 맛보고 나서도 다시 원점으로 돌아가 있습니다. 다시 한 번 성경을 잘 읽어 보십시오. 일회적인 행동으로 결정적인 역사를 이루신 것입니다. 한 번 이루어졌지만 그 영향은 영구합니다. 우리를 해방하실 때 주님은 단번에 영원히 자유하게 하셨습니다. 절대 혼돈하지 마십시오. 남편과 싸워서 사이가 서먹해졌을 때 필요한 것은 화해입니다. 관계를 회복하기 위해서 결혼식을 다시 할 필요는 없습니다. 우리는 신앙 고백을 할 때 이미 "그리스도와 함께 죽었거든"(골 2:20)이라고 합니다. 또 "그리스도와 함께 장사되[었다]"(골 2:12)고 말하고 있습니다. 예수 그리스도와 함께 죽는 것은 한 번으로 족합니다. 다시 죽을 필요가 없습니다.

> 그가 죽으심은 죄에 대하여 단번에 죽으심이요 그가 살아 계심은 하나님께 대하여 살아 계심이니 이와 같이 너희도 너희 자신을 죄에 대하여는 죽은 자요 그리스도 예수 안에서 하나님께 대하여는 살아 있는 자로 여길지어다(롬 6:10, 11).

예수를 믿는다는 것은 매일 자기를 죽이고 매일 장사 지내는 행위의 연속이 아닙니다. 천주교는 그런 그림을 그리고 있지만 그것은 성경적인 구원의 이야기가 아닙니다. 우리는 우리 자신을 매일 십자가에 못 박아야 하는 것이 아닙니다. 한 번에 끝나는 것입니다.

그런데 우리는 왜 그런 교리에 미혹됩니까? 그것은 단번에 죽은 것처럼 보이지 않기 때문입니다. 우리는 마치 무거운 돌을 산 정상으로 굴려 올리다가 계속 실패하는 시시포스 같습니다. 그리스도인의 삶은 그런 것이 아닙니다. 우리는 이미 해방을 맛본 것입니다. 그렇지 않았다면 우리는 찬송을 부를 자격이 없는 사람들입니다. 찬양은 영원히 해방된 성도의 노래이기 때문입니다. 지금 여기서 해방을 맛보지 못한다면 우리는 예수 믿는 사람들이 누리는 그 기쁨을 결단코 누릴 수 없을 것입니다. 그 해방은 우리가 무엇을 해서 얻는 것이 아닙니다. 우리는 예수 그리스도께서 하신 일로 말미암아 죄에서 해방되는 것입니다. 그리고 해방된 것으로 여기는 것은 우리의 몫입니다. 그것이 믿음입니다.

'여긴다'는 것이 무엇입니까? 그것은 보이는 것으로 판단하는 것이 아닙니다. 보이는 사실에 근거하여 판단하는 것은 '여기는' 것이 아닙니다. 사실이기 때문에 다시금 '여길' 필요가 없습니다. 여긴다는 것은 눈에 보이는 현실은 그렇지 않게 보여도 신앙의 관점으로 받아들이는 것을 말합니다. 말로 다 할 수 없는 은혜를 받았는데도 여전히 이 정도의 삶을 살고 있는 나를 사랑하시는 그분으로 인해 찬송하는 것이 신앙입니다.

요한도 그러했습니다. 주님이 제자들을 불러 앉히시고 "인자가 온 것은 섬김을 받으려 함이 아니라 도리어 섬기려 하고 자기 목숨을 많은 사람의 대속물로 주려 함이니라"(마 20:28)고 말씀하셨을 때 제자들은 그 말이 무슨 뜻인지 몰랐습니다. 그리고 예수님이 십자가에서 돌아가실 때 요한이 할 수 있는 일이라고는 고작 십자가 앞으로 가까이 나아가는 것이 전부였습니다.

"그의 피로 우리 죄에서 우리를 해방하시고"라는 구절에서 "그의 피로"라는 단어를 썼을 때 요한의 심정은 어떠했을까요? 그것이 그냥 글자로만 다가왔을까요? 우리를 위해 땀 흘리고 눈물 흘린 사람도 쉽게 잊을 수 없는데 우리를 위해 피 흘린 사람을 어찌 잊을 수 있을까요? 자기가 사랑한 예수님이 고통의 현장에 계실 때 그냥 속수무책으로 바라보기만 하던 요한에게는 그 흐르던 피가 기억에 선명했을 것입니다. 그 예수 그리스도께서 피를 흘려 자기를 구원했습니다. 그래서 요한에게 "피"는 단순한 단어가 아닙니다. 실제로 흐르는 피를 말합니다. 우리 자신의 피가 흐를 때, 우리가 아끼고 사랑하는 사람들이 피를 쏟고 있을 때, 그 모습이 우리의 애간장을 녹이는 고통이 되듯이 예수의 피가 흐르는 현장에 지금 요한이 서 있습니다. 주님이 이전에 거듭 말씀하셨지만 그때는 알아듣지 못했습니다.

그러나 십자가의 그리스도께서 다시 살아나셔서 승리자로 그 모습을 보여 주시고, 그분이 하늘에서 영광을 얻으시고 성령을 보내 주셨을 때 그 죽음의 의미가 요한에게 새삼 가까이 다가왔습니다. 그래서 "그의 피로 우리 죄에서 우리를 해방하시고"라고 하고 있습니다. 우리가 우리 죄에서 해방된 것은 그 보배로우신, 존귀하신 예수 그리스도의 피로 말미암은 것입니다.

사랑의 확증

십자가 위에서 일어난 한순간의 사건은 우리에게 하나님의 사랑을 영원토록 일러 주기에 충분합니다. 하나님이 당신의 사랑을 우리에게 확증하신 결정적인 사건이 십자가 사건입니다. 하나님의 아들 예수 그리스도께서 역사 속에 한 번 죽으심으로 그 사랑을 영원히 확증하셨습니다.

> 우리가 아직 죄인 되었을 때에 그리스도께서 우리를 위하여 죽으심으로 하나님께서 우리에 대한 자기의 사랑을 확증하셨느니라(롬 5:8).

우리는 이 사랑의 확증이 계속적으로 필요한 시대에 살고 있습니다. 악이 판을 쳐서 '정말 하나님이 아직도 우리를 사랑하시는가?'라는 의문이 가끔 마음속에 떠오르기도 합니다. 하지만 온갖 역경과 악의 성행 속에서도 역사 속의 한 사건, '예수 그리스도의 십자가 죽음'으로 인해 하나님의 사랑은 확증되었습니다. 이미 우리를 위해 그 아들을 주셨는데 이제 그 무엇을 우리에게 아끼시겠습니까?

사랑하는 성도 여러분, 우리 앞에 어떤 날들이 다가올지라도, 어떤 먹구름 속에 처할지라도, 빛난 태양을 한 번 본 사람들은 태양이 영원히 사라지지 않을까 근심할 이유가 없습니다. 어떤 시대와 환경에서도 이미 확증된 그 사랑의 사건은 하나님이 우리를 계속 사랑하시는 증표가 될 것입니다. 십자가 위에서 일어난 한순간의 사건은 영원토록 우리에게 하나님의 사랑을 보증할 것입니다. 비록 하나님의 사랑이 느껴지지 않는 순간이라도, 지루한 장마 속에서 햇빛을 볼 수 없는 날이 계속 이어지더라도 하나님의 사랑의 햇살은 곧 온 누리에 환하게 비칠 것입니다.

요한은 자기 마음에 부어진 이 하나님의 지속적인 사랑을 먼저 찬송한 다음 그 사랑의 결정적인 행위, 즉 그의 피로 우리 죄에서 우리를 해방하신 것을 찬양합니다. 우리가 느끼는 그 사랑은 그리스도께서 하신 역사적 사건 위에 있습니다. 요한은 이 역사적 사건 현장에 있던 목격자입니다. 끔찍이 사랑하던 예수님이 십자가에서 흘리신 피를 어제 일처럼 아직도 생생히 기억하고 있습니다. 비록 수십 년이 흘러갔으나 사랑하던 분의 그 참혹한 죽음, 그 흘리신 피가 요한의 기억 속에 아직도 생생합니다. 그런 요한의 심정으로 본문을 읽어 보아야 합니다. 주님이 십자가에서 흘리신 그 피를 직접 목격한 요한입니다. 세월이 흐를수록 또렷해지는 그 피의 기억과 함께 밝아져 오는 의미가 요한을 사로잡습니다.

요한은 그날 십자가 죽음의 현장에서 그 피를 보는 순간 망연자실했습니다. 몹시 당황스럽고 가슴이 저려 오는 고통의 현장에서 속수무책으로 바라보기만 했습니다. 되풀이해서 가르치신 속량의 의미도 떠오르지 않고 그저 막막하기만 하던 그날의 기억을 아직도 간직하고 있습니다. 하지만 그 기억과 함께 갈수록 밝아져 오는 그 죽음의 의미가 그를 사로잡고 있습니다.

사도 바울은 같은 진리를 다음과 같이 거듭 말합니다. "그리스도께서 우리를 위하여 저주를 받은 바 되사 율법의 저주에서 우리를 속량하셨으니"(갈 3:13). 사도 바울은 요한이 현장에서 대면한 그 끔찍한 죽음이 바로 '율법의 저주의 죽음'임을 말하고 있습니다. 율법대로 살지 못한 우리를 대신해 처벌받으신 죽음이기에 율법의 저주에서 우리를 속량하셨다고 선언합니다.

사랑하는 성도 여러분! 우리는 요한과 함께 서서 그 현장을 눈으로 직접 봐야 합니다. 일찍이 이사야 선지자가 예언한 그 의미가 날이 갈수록 요한의 마음속에서 분명해졌듯이 우리 마음속에서도 분명해져야 합니다.

> 그가 찔림은 우리의 허물 때문이요 그가 상함은 우리의 죄악 때문이라 그가 징계를 받음으로 우리는 평화를 누리고 그가 채찍에 맞음으로 우리는 나음을 받았도다 우리는 다 양 같아서 그릇 행하여 각기 제 길로 갔거늘 여호와께서는 우리 모두의 죄악을 그에게 담당시키셨도다(사 53:5, 6).

사도 바울은 이 진리를 갈라디아 성도들에게 거듭 알리고 있습니다.

> 때가 차매 하나님이 그 아들을 보내사 여자에게서 나게 하시고 율법 아래에 나게 하신 것은 율법 아래에 있는 자들을 속량하시고 우리로 아들의 명분을 얻게 하려 하심이라(갈 4:4, 5).

요한이 환상 중에 들은 새 노래에도 이 진리가 분명하게 나타납니다.

> 일찍이 죽임을 당하사 각 족속과 방언과 백성과 나라 가운데에서 사람들을 피로 사서 하나님께 드리시고 그들로 우리 하나님 앞에서 나라와 제사장들을 삼으셨으니 그들이 땅에서 왕 노릇 하리로다 하더라(5:9, 10).

그리스도가 십자가에서 흘리신 그 피는 죄의 속박에서 우리를 해방하신 대가입니다. 죽어야 할 죄인 대신 죽으신 어린양의 피가 우리를 죄에서 해방했습니다. 우리의 모든 죄에 대한 대가를 그분이 지불하셨습니다. 그래서 우리는 더 이상 자신을 십자가에 매달지 않아도 됩니다. 예수 그리스도께서 나를 위해 피를 흘리셨기에 내 죄는 사함을 받았다는 사실을 믿고 찬양하며 나아가야 합니다.

그 피로 속죄함을 받은 성도 여러분, 이제 영광을 그분에게 돌립시다. 영광의 노래로 찬양합시다. 세세토록!

Revelation

요한계시록 1장 5, 6절

5 또 충성된 증인으로 죽은 자들 가운데에서 먼저 나시고 땅의 임금들의 머리
가 되신 예수 그리스도로 말미암아 은혜와 평강이 너희에게 있기를 원하노라
우리를 사랑하사 그의 피로 우리 죄에서 우리를 해방하시고 6 그의 아버지 하
나님을 위하여 우리를 나라와 제사장으로 삼으신 그에게 영광과 능력이 세세
토록 있기를 원하노라 아멘

05

나라와 제사장으로 삼으신 이에게_ 영광송 2

변함없이 말씀을 사모하는 성도 여러분, 은혜받은 성도는 은혜를 베푸신 하나님을 찬양합니다. 마음에 평강이 넘치는 성도의 입술에서는 찬송이 터져 나옵니다.

> 내 영혼의 그윽히 깊은 데서 맑은 가락이 울려 나네
> 하늘 곡조가 언제나 흘러나와 내 영혼을 고이 싸네
> 평화 평화로다 하늘 위에서 내려오네
> 그 사랑의 물결이 영원토록 내 영혼을 덮으소서(새찬송가 412장).

옛 사도들이 그랬듯이 오늘 성도들의 마음에서도 같은 찬양이 흘러넘칩니다. 성도의 깊은 마음속에서 솟아나는 찬양의 선율은 어떤 상황에서나 흘러나옵니다. 꽃 피고 새들이 노래하는 아름다운 동산을 걸을 때도, 찬바

람이 부는 험한 산골짜기를 걸을 때도 마찬가지입니다.

지금 사도 요한은 하나님의 말씀과 예수님을 증거하다가 밧모섬에 유배되어 있습니다. 비록 몸은 멀리 떨어져 있지만 그 영혼은 자유롭게 찬양의 날개를 달고 아시아 일곱 교회를 향하고 있습니다.

그 피로 받은 사죄

앞서 지난번 우리는 요한의 영광송 그 첫 부분을 살펴보았습니다. 우리를 사랑하사 그의 피로 우리 죄에서 우리를 해방하신 분에게 돌리는 영광과 능력을 함께 찬양했습니다. 이 장에서는 그분이 하신 또 다른 일들을 살펴보면서 동일하신 분을 향한 영광과 능력을 찬양합시다.

우리의 찬양과 경배를 세세토록 받으시기에 합당하신 우리 주 예수 그리스도께서는 불변하는 사랑으로 우리를 사랑하십니다. 그분은 자신의 피로 우리를 우리 죄에서 해방하셨습니다. 그래서 속죄함을 받은 성도는 그분을 영원히 찬양합니다.

예수 그리스도께서 우리를 사랑하신 증표는 그 흘리신 피로 영원히 입증됩니다. 역사 속 단 한 번의 행동을 통해서 불변하는 사실로 아직도 우리에게 증거되고 있습니다. 주님이 십자가 위에서 흘리신 피로 우리는 우리 죄에서 해방되었습니다. 그러나 죄로부터의 해방, 그것은 결코 우리가 누리는 축복의 전부가 아닙니다. 그것은 사랑받는 성도가 누릴 축복의 시작에 불과합니다.

하지만 성도가 누리는 모든 축복은 사죄로부터 시작되어야만 합니다. 여러분은 그 피로 속죄함을 받은 경험이 있습니까? 하나님의 어린양 예수 그리스도께서 우리의 죄 때문에 피를 흘리셨습니다. 그래서 속죄함을 받은 성도의 노래는 영원토록 계속됩니다. 여러분 가운데 그 피로 말미암은 속죄를 아직도 의심하는 분은 없습니까? 이제는 마음에 가득한 의심을 떨쳐 버리고 하나님이 마련하신 사죄의 기쁨을 성도들과 함께 누리십시오. 여기 사도 요한의 복된 증언이 있습니다. 누구든지 요한의 이 증언을 믿으면 그의 죄는 지금 이후로 영원히 용서됩니다.

예수 그리스도의 피만이 사람을 용서할 수 있는 하나님의 유일한 방법이었습니다. 그래서 그리스도 예수께서 세상에 오셨습니다. 그분이 오시지 않았다면, 그분이 오셔서 그 피를 대속물로 드리지 않았다면 사람들의 죄는 용서받을 길이 없었기에 오신 것입니다. 다른 길이 있었다면 이 추하고 불의가 가득한 세상에 결코 오시지 않았을 것입니다. 영광의 보좌를 버리시고 비열한 인생들이 살고 있는 곳에 오셔서 33년간의 생애를 보내신 것은 예수께서 오시지 않으면 결코 사죄의 길이 없기 때문입니다. 그분은 오셔야만 했고 예루살렘을 향하여 올라가셔야만 했습니다.

> 예수께서 승천하실 기약이 차 가매 예루살렘을 향하여 올라가기로 굳게 결심하시고(눅 9:51).

오늘날 성도들이 기쁨으로 가는 성지 순례를 예수 그리스도께서는 굳게 결심하시고 올라가셨습니다. 여리고를 통과하시며 하룻길을 남겨 둔 예루살렘을 향해 올라가실 때 예수께서 앞서서 올라가셨다고 누가는 기록하고 있습니다.

주님은 앞서서 대속의 길을 걸어가셨습니다. 하나님의 어린양으로서 예루살렘에 가야만 했고 예루살렘에서 사람들에게 정죄를 받아야만 했습니다. 그리고 성문 밖에서 십자가를 져야만 했습니다. 그 십자가에서 흘린 보혈만이 사람들의 죄를 용서할 수 있는 유일한 방법이기 때문입니다.

우리가 지은 죄는 반드시 피를 부릅니다. 우리의 삶은 공의로우신 하나님 앞에서 반드시 심판을 받습니다. 하지만 그 심판을 하나님의 아들이신 예수 그리스도께서 대신 받으심으로 우리가 용서받을 수 있는 길이 열린 것입니다.

요한은 이 사실을 증거하다가 유배되었지만 유배지에서도 그는 굽히지 아니하고 자신이 전해야 할 진리를 분명히 증거합니다. 부디 우리 모두는 의심을 떨쳐 버리고 성도들과 함께 속죄함을 받은 은총을 우리의 입으로 찬양할 수 있기를 바랍니다.

속죄는 축복의 시작

속죄함을 받은 성도는 영원히 그 피를 찬송합니다. 그러나 그 피로 얻은 속죄는 성도가 누리는 축복의 시작일 뿐입니다. 하지만 우선 시작을 분명히 합시다. 하나님은 하늘에 속한 모든 신령한 것으로 우리에게 복을 주시지만, 그것은 속죄함으로부터 시작되어야만 합니다. 속죄의 은혜를 누리고 나야만 다음의 축복을 체험할 수 있습니다. 계속해서 사도 요한의 증언이자 찬양인 영광송을 들어봅시다.

> 우리를 사랑하사 그의 피로 우리 죄에서 우리를 해방하시고 그의 아버지 하나님을 위하여 우리를 나라와 제사장으로 삼으신 그에게 영광과 능력이 세세토록 있기를 원하노라 아멘(1:5, 6).

그분의 피로 우리 죄에서 우리를 해방하신 것은 본격적으로 은총을 베푸시기 위한 준비입니다. 그러므로 자기 죄악에서 벗어나지 못하는 사람은 하나님이 주시는 영광스러운 다음 축복을 기대할 수 없습니다.

"이제 그리스도 예수 안에 있는 자에게는 결코 정죄함이"(롬 8:1) 없습니다. 우리는 그리스도 예수 안에 있는 생명의 법으로 지금껏 우리를 얽어맨 죄와 사망의 법에서 해방되었습니다. 지금껏 우리가 살아온 삶의 방식대로 사는 것은 죄를 짓는 것이고 그 결과는 사망이지만 그 죄와 사망의 법에서 해방된 것입니다. 생명을 주는 생명의 법이 죄와 사망의 법에서 우리를 해방합니다. 해방 자체로도 귀한 은혜지만 하나님은 더 크신 은총으로 우리를 부르시기 위해 죄와 사망의 굴레에서 해방하십니다. 사도 요한의 증언을 들어 보십시오.

> 그의 아버지 하나님을 위하여 우리를 나라와 제사장으로 삼으신 그에게 영광과 능력이 세세토록 있기를 원하노라 아멘(1:6).

우리를 사랑하사 우리 죄에서 우리를 해방하심은 우리를 "나라와 제사장"으로 삼기 위함이라고 말하고 있습니다. 죄를 씻음받고 우리의 속박이 풀린 것은 이 영광스러운 신분을 주시기 위함입니다.

우리가 영광스러운 신분을 얻기 위하여 먼저 죄로부터 해방되어야 하는 것은 옛 이스라엘이 애굽의 속박에서 벗어난 후에 새로운 소명을 받은 것과 같습니다. 유월절 어린양의 피로 구속받은 그들이 홍해를 건너 시내산에 이르렀을 때 하나님은 이스라엘에게 새로운 소명을 맡기셨습니다.

> 세계가 다 내게 속하였나니 너희가 내 말을 잘 듣고 내 언약을 지키면 너희는 모든 민족 중에서 내 소유가 되겠고 너희가 내게 대하여 제사장 나라가 되며 거룩한 백성이 되리라……(출 19:5, 6).

사랑하는 성도 여러분, 우리는 "세계가 다 내게 속하였나니"라고 말씀하시는 그분을 예배합니다. 우리가 예배하는 그분은 온 세상의 주인이십니다. 그분은 세상 만물을 가지고 계시며 자기가 원하는 자에게 무엇이든 허락하실 수 있는 분입니다.

그런데 언약의 축복은 항상 양날의 검과 같습니다. 언약은 그것을 지키는 자에게는 축복이지만 듣기만 하고 지키지 않는 자에게는 저주입니다. 따라서 말씀 앞에 나오는 것은 위기 앞에 서는 것입니다. 안일한 자세로 듣고 끝나서는 안 됩니다. 이 말씀에 대해서 우리의 삶을 있는 그대로 이야기해야 할 날이 다가오고 있습니다.

언약은 순종하는 자에게는 복이 되고 불순종하는 자에게는 저주가 됩니다. 그들에게 이러한 사실을 분명하게 보여 주기 위해서 모세는 60만, 아니 200만 이스라엘 백성을 불러 모아 일부는 에발산에, 일부는 그리심산에 세워 하나님의 저주와 축복을 가르치고자 했습니다. 그래서 200만을 데리고 나오면서 백성 전부가 출연하는 연극을 연출했습니다. "누구든지 순종하는 자는 축복받을 것이고, 순종하지 않는 자는 저주받을 것이다." 언약의 하나님, 열방의 주인이신 하나님이 순종하는 자는 제사장 나라가 되며 거룩한 백성이 되리라고 약속하고 계십니다. 말씀은 듣는 자에게 유익한 것이 아니라 듣고 지키는 자에게 복이 됩니다.

나라로 삼으신 그에게

유월절 어린양의 피로 구속함을 받은 이스라엘에게 하나님이 제사장 나라와 거룩한 백성이 되는 축복을 허락하셨듯이 우리를 사랑하사 그의 피로 우리 죄에서 우리를 해방하신 예수 그리스도께서는 그 아버지 하나님을 위하여 우리를 나라와 제사장으로 삼으셨습니다. 유월절 어린양 예수께서는 우리를 위하여 두 가지 일을 하셨습니다. 그러므로 요한은 그 사실을 들추어 예수 그리스도께 영광을 돌리고 있습니다.

그의 아버지 하나님을 위하여 우리를 나라와 제사장으로 삼으신 그에게 영광과 능력이 세세토록 있기를 원하노라 아멘(1:6).

사랑하는 성도 여러분, 주님이 우리를 부르신 것은 그 아버지 하나님을 위해서입니다. 삶의 유일한 목적이 아버지 하나님입니다. 만물이 말미암고 돌아갈 그 아버지 하나님의 영광을 위하여 아직도 우리를 부르시고 있습니다.

우리를 나라로 삼으셨다는 의미가 무엇입니까? 왕이 아니라 나라로 삼으셨다고 합니다. 누구든지 예수 그리스도의 피로 자기 죄에서 해방된 자는 하나님 나라의 일원이 됩니다. 구속, 곧 죄 사함을 받는 것은 국적이 바뀌는 것과 같습니다. 즉 다른 통치권에 속하는 것을 의미합니다.

그가 우리를 흑암의 권세에서 건져 내사 그의 사랑의 아들의 나라로 옮기셨으니 그 아들 안에서 우리가 속량 곧 죄 사함을 얻었도다(골 1:13, 14).

이전에 흑암의 권세 아래에서 죄에 매어 살던 우리를 그 아들의 사랑의 통치 아래로 옮기셨습니다. 죄와 사망의 법 아래에 살던 우리를 희망과 영광이 넘치는 사랑의 새 나라, "아들의 나라"로 옮기셨습니다.

이제는 죄로부터 해방되고 성령에 사로잡힌 바 되어 자원하는 마음으로 그분을 섬깁니다. 이전에 하나님을 모를 때는 막연한 두려움으로 신을 섬기고 종교를 가졌습니다. 그러나 새 나라로 옮겨진 후부터는 왜 주를 찬양하고 주께 영광을 돌리는지 분명한 이유를 알고 있습니다. 먼저 예수 그리스도께서 자신의 피로 우리를 죄에서 해방하심으로 새로운 통치 아래로 옮겨 주셨습니다. 지금 우리는 주님의 구속 사역의 결과로 그분의 나라가 되었습니다.

온 세상을 다스릴 자

그러면 우리를 하나님의 나라로 삼으셨다는 말의 정확한 의미는 무엇일까요? 하나의 나라가 구성되려면 국민이 있어야 하고, 영토, 주권도 있어야 합니다. 우리를 나라로 삼으셨다는 것은 일차적인 의미로 새 왕의 통치 아래에 있는 국민으로 삼으셨다는 것으로 생각할 수 있습니다. 그러나 그것이 전부는 아닙니다.

> 일찍 죽임을 당하사 각 족속과 방언과 백성과 나라 가운데에서 사람들을 피로 사서 하나님께 드리시고 그들로 우리 하나님 앞에서 나라와 제사장들을 삼으셨으니 그들이 땅에서 왕 노릇 하리로다 하더라(5:9, 10).

단지 하나님의 통치 아래에 있는 백성이 아니라 그리스도의 통치에 함께할 백성입니다. 우리를 나라로 삼으셨다는 의미는 우리가 다시 오실 메시아, 그 왕과 함께 온 세상을 다스릴 자들이라는 의미입니다. 사람은 자기의 신분을 알아야 비열한 행동을 하지 않습니다. 자기의 신분을 아는 자만이 그 신분에 어울리게 처신할 수 있습니다.

사랑하는 성도 여러분, 우리에게 앞으로 닥칠 궁극적인 운명이 무엇인지 생각해 보셨습니까? 앞으로 오실 메시아와 함께 영광 중에 온 세상을 다스리는 것이 우리 미래의 모습입니다. 예수 그리스도께서 그의 피로 우리를 죄에서 해방하신 것은 이 영광스러운 신분을 주시기 위함입니다. 예수께서는 이 영광스러운 신분을 제자들에게 이미 약속하셨습니다. 열두 제자가 전임 사역자로 훈련받고 부름받았지만, 그들은 조금의 보수도 받지 못했습니다. 그리스도의 영광에 동참할 수 있다는 약속만 바라보며 살았을 뿐입니다. 사람들이 주님을 박해할 때 그 모욕을 함께 감당해야 할 제자들을 향해서 보장해 주신 것이 바로 이 약속입니다.

> 예수께서 이르시되 내가 진실로 너희에게 이르노니 세상이 새롭게 되어 인자가 자기 영광의 보좌에 앉을 때에 나를 따르는 너희도 열두 보좌에 앉아 이스라엘 열두 지파를 심판하리라(마 19:28).

이 세상이 새롭게 되어야 한다는 것은 그리스도의 삶의 목표였습니다. 그리스도께서는 이 세상을 불의한 세상이라고 하셨습니다. 의로우신 아버지와의 교제 가운데 있다가 내려오신 이 세상은 냄새도 맡기 싫은 불의한 세상이었습니다. 하지만 주님은 "세상이 새롭게 되어 인자가 자기 영광의 보좌에 앉을 때에 나를 따르는 너희도 열두 보좌에 앉아 이스라엘 열두 지파를 심판하리라"고 약속하셨습니다. 누가 역시 동일한 사실을 다음과 같이 기록하고 있습니다.

> 내 아버지께서 나라를 내게 맡기신 것같이 나도 너희에게 맡겨 너희로 내 나라에 있어 내 상에서 먹고 마시며 또는 보좌에 앉아 이스라엘 열두 지파를 다스리게 하려 하노라(눅 22:29, 30).

영광스러운 신분에 합당한 삶

사랑하는 성도 여러분, 하나님의 백성이 세상 사람들의 눈에는 아무것도 아닌 것처럼 보이지만 한날 세상은 우리가 누구인지 알게 될 것입니다. 잠시 세상을 지나는 동안에 영원한 영광스러운 신분에 합당한 삶을 살아가시기 바랍니다.

이 영광스러운 신분에 합당하게 처신하지 못하는 하나님의 백성은 사도들의 책망에 귀를 기울여야 합니다.

> 성도가 세상을 판단할 것을 너희가 알지 못하느냐 세상도 너희에게 판단을 받겠거든 지극히 작은 일 판단하기를 감당하지 못하겠느냐 우리가 천사를 판단할 것을 너희가 알지 못하느냐 그러하거든 하물며 세상 일이랴(고전 6:2, 3).

바울은 고린도 교회를 향해서 엄숙하게 경고합니다. 장차 그분과 더불어 왕 노릇 할 자의 삶은 지금 이 땅에서 구별되어야 합니다. 그분의 피로 죄에서 해방된 자만이 장차 영광 중에서 온 세상을 다스릴 수 있는 자가 됩니다.

> 여러분은 불의한 사람이 하나님 나라를 상속받지 못할 것을 알지 못합니까? 속지 마십시오. 음행하는 사람이나 우상을 숭배하는 사람이나 간음하는 사람이나 남창이나 동성연애를 하는 사람이나 도둑이나 탐욕하는 사람이나 술꾼이나 남을 헐뜯는 사람이나 속임수로 남을 해롭게 하는 사람이나 약탈하는 사람은 하나님 나라를 상속받지 못할 것입니다(고전 6:9, 10, 우리말성경).

음란 비디오를 즐겨 보면서 여러분이 하나님 나라를 유업으로 받을 줄로 착각하지 마십시오. 결코 하나님 나라를 유업으로 받지 못할 것입니다. 도색 잡지를 즐겨 보면서 하나님 나라를 유업으로 받을 줄로 혼돈하지 마십시오. "간음하는 자나 탐색하는 자나 남색 하는 자"(고전 6:9)와 같은 불의한 자들의 특징적인 모습이 성적 타락입니다. 그것들은 하나님 앞에서 가증한 것입니다.

> 도적이나 탐욕을 부리는 자나 술 취하는 자나 모욕하는 자나 속여 빼앗는 자들은 하나님의 나라를 유업으로 받지 못하리라(고전 6:10).

"탐욕을 부리는 자"는 욕심부리는 자를 말합니다. 터무니없이 욕심부리는 자들이 어떻게 하나님 나라를 유업으로 받을 수 있다고 생각합니까? "모욕하는 자"는 남을 중상하는 자를 말합니다. 또 자기의 지위를 이용해서 남을 갈취하는 자는 "속여 빼앗는 자"입니다. 이들은 하나님 나라를 유업으로 받지 못합니다. 슈퍼 갑의 위치에서 방어할 능력이 없는 을을 후려치고도 하나님 나라에 들어갈 것을 기대하지 마십시오.

사랑하는 성도 여러분, 이러한 하나님의 말씀이 분명히 우리에게 있습니다. 그러나 사도 바울은 고린도 교회를 향해 다음과 같이 말합니다.

> 너희 중에 이와 같은 자들이 있더니 주 예수 그리스도의 이름과 우리 하나님의 성령 안에서 씻음과 거룩함과 의롭다 하심을 받았느니라(고전 6:11).

제사장으로 삼으신 이에게

사랑하는 성도 여러분, 어린양 예수께서는 우리를 나라로 삼으셨을 뿐만 아니라 제사장으로도 삼으셨습니다. 예수께서 우리를 제사장으로 삼으셨기에 사도 요한은 그분의 이름에 영광과 능력을 돌리고 있습니다.

당시에 제사장은 선망의 직종이었습니다. 옛 언약 아래에서는 아무나 하나님에게 가까이 나아갈 수 없었기 때문입니다. 하나님에게 나아갈 권리는 오직 제사장에게만 있었습니다. 우리가 유대인으로서 성전에 들어간다면 이방인의 뜰을 통과해서 나갈 수 있습니다. 그다음은 여인들의 뜰을 지나 이스라엘인 남자들의 뜰까지 나아갈 수 있습니다. 그러나 거기서 멈추어야만 합니다. 제사장 외에는 그 누구도 지성소로 가까이 나아갈 수 없었습니다. 그러나 사도 요한은 우리를 제사장으로 삼으신 분에게 영광과 찬양을 돌려 드리고 있습니다.

우리는 혈통상 이방인이요 할례를 받지 못한 사람들입니다. 이스라엘 밖의 사람들이고 그리스도 밖에 있었습니다. 약속의 언약에 대해서는 외인이요 세상에서는 소망이 없던 우리가 그리스도의 피로 하나님의 백성, 하나님의 나라가 되었습니다. 그뿐만 아니라 하나님의 제사장이 되는 영광의 신분을 얻게 되었습니다. 이사야 선지자는 이런 영광의 날이 도래할 것을 미리 예언했습니다.

> 오직 너희는 여호와의 제사장이라 일컬음을 받을 것이라 사람들이 너희를 우리 하나님의 봉사자라 할 것이며……(사 61:6).

누구나 하나님에게 가까이 나아갈 수 있는 특권은 예수 그리스도로 말미암는 것입니다. 이제는 누구나 하나님을 가까이 뵐 수 있습니다. 직접 감사의 제물을 드릴 수 있습니다. 찬양과 경배를 드릴 수 있습니다. 옛 언약 아래에서는 제사장을 통해 드리던 제물을 이제는 성도 누구나 직접 드릴 수 있습니다. 죄를 정결케 하는 일을 끝내시고 높은 곳, 그 위엄의 보좌에 앉으신 어린양 예수로 말미암아 모든 성도는 이 놀라운 특권을 누리게 됩니다.

지금 이 시대는 더 이상 성소와 지성소의 구분이 없습니다. 우리가 바로 제사장입니다. 예수 그리스도로 말미암아 우리가 누리는 궁극적인 축복은 바로 우리를 제사장으로 삼으신 것입니다. 어린양 예수가 아니었더라면 도무지 불가능한 이 놀라운 새 신분으로 인하여 사도 요한은 그분의 이름을 찬양하고 있습니다. "나라와 제사장으로 삼으신 그에게" 영광과 능력을 세세토록 돌리고 있습니다.

선행과 찬미의 제사를

사랑하는 성도 여러분, 우리를 죄에서 해방하시고 나라와 제사장으로 삼으신 분에게 날마다 찬양을 드리십시오. 우리에게 직접 하나님을 뵈올 수 있는 특권을 주시고 우리를 제사장으로 삼으신 그분의 뜻을 이루어 가십시오.

우리가 어떻게 산 제사를 드릴 수 있겠습니까? 이것은 속죄하신 예수 그리스도로 말미암는 은총입니다. 우리가 제사장이 되었기 때문에 우리를 하나님이 기뻐하시는 거룩한 산 제사로 드릴 수 있습니다.

> 그러므로 형제들아 내가 하나님의 모든 자비하심으로 너희를 권하노니 너희 몸을 하나님이 기뻐하시는 거룩한 산 제물로 드리라 이는 너희가 드릴 영적 예배니라 너희는 이 세대를 본받지 말고 오직 마음을 새롭게 함으로 변화를 받아 하나님의 선하시고 기뻐하시고 온전하신 뜻이 무엇인지 분별하도록 하라(롬 12:1, 2).

하나님의 백성이라는 신분이 얼마나 귀합니까? 하나님의 모든 자비하심으로 여러분에게 다시 한 번 권하는 말씀은 이 세대 사람들의 삶의 양식을 본받지 말라는 것입니다. 이어서 바울은 하나님이 기뻐하시는 산 제사를 드리는 구체적인 삶의 방식을 로마서 12장에서 제시합니다. 믿음의 분량에 따라 은사로 섬기는 공동체를 이루도록 권면합니다.

히브리서를 쓴 사도도 마찬가지로 예수 그리스도로 말미암아 새 신분을 얻은 우리에게 권면합니다.

> 그러므로 우리는 예수로 말미암아 항상 찬송의 제사를 하나님께 드리자

> 이는 그 이름을 증언하는 입술의 열매니라 오직 선을 행함과 서로 나누어 주기를 잊지 말라 하나님은 이같은 제사를 기뻐하시느니라(히 13:15, 16).

하나님이 기뻐하시는 제사는 찬미와 선행, 나눔과 기도입니다. 사랑하는 성도 여러분, 주변의 어려운 사람들을 돌아보기를 원합니다. 여러분의 사랑의 범위가 더 넓어지기를 원합니다.

사도 베드로 역시 우리가 얻은 복된 신분을 상기시킵니다.

> 예수 그리스도로 말미암아 하나님이 기쁘게 받으실 신령한 제사를 드릴 거룩한 제사장이 될지니라(벧전 2:5).

> 그러나 너희는 택하신 족속이요 왕 같은 제사장들이요 거룩한 나라요 그의 소유가 된 백성이니 이는 너희를 어두운 데서 불러 내어 그의 기이한 빛에 들어가게 하신 이의 아름다운 덕을 선포하게 하려 하심이라(벧전 2:9).

영광이란 문자 그대로 영화로운 빛입니다. 사도 베드로는 그 빛을 일컬어 기이한 빛이라 말합니다. 베드로는 이 기이한 빛에 들어간 체험을 한 성도입니다.

> 너희가 전에는 백성이 아니더니 이제는 하나님의 백성이요 전에는 긍휼을 얻지 못하였더니 이제는 긍휼을 얻은 자니라(벧전 2:10).

왕 같은 제사장의 특권을 가진 우리가 할 일이 무엇입니까? 특별한 권리는 특별한 의무를 수반합니다. 제사장은 하나님 존전에 나아갈 특권을 누구를 위해서 사용했습니까? 물론 자신을 위해서 사용하기도 했지만 대부분의 시간은 백성을 위해서 봉사했습니다. 백성을 대신해서 하나님에게 아뢰고, 하나님을 대신해서 백성에게 말했습니다.

우리는 이 직분을 감당해야 합니다. 세상을 위해 기도하십시오. 우리 주위에는 우리가 대신 기도해야 할 사람들이 있습니다. 그것이 제사장으로서 우리가 해야 할 임무입니다. 그 아름다운 덕을 아직도 모르는 사람들에게 널리 알리십시오. 하나님이 하신 일을 세상에 증거하십시오. 화목의 말씀을 세상에 전파하십시오. 하나님이 우리를 사랑하사 행하신 이 모든 일을 사람들에게 증거합시다. 여러분이 사랑하는 사람들에게, 여러분과 가까이 있는 사람들에게 이 소식을 전하기 바랍니다. 우리를 통해서 하나님의 크신 일을 전파하고자 우리에게 이 새 신분을 깨우쳐 주십니다.

사랑하는 성도 여러분, 요한은 우리에게 놀라운 일을 하신 그분에게 세세토록 영광과 능력을 돌리고 있습니다. 그분은 5년 만에 대권에서 물러나야 하는 세상의 통치자가 아닙니다. 그분은 영원토록 권한을 가지실 것입니다. 우리는 그분과 더불어 그 왕권에 동참할 자들입니다. 요한은 계시록 곳곳에서 주님으로 인해 자주 기뻐하며 그 영광을 찬송하고 있습니다. 우리도 우리에게 새 신분을 주신 그분의 이름에 영광과 능력을 함께 돌려 드립시다.

Revelation

요한계시록 1장 7, 8절

7 볼지어다 그가 구름을 타고 오시리라 각 사람의 눈이 그를 보겠고 그를 찌른
자들도 볼 것이요 땅에 있는 모든 족속이 그로 말미암아 애곡하리니 그러하리
라 아멘 8 주 하나님이 이르시되 나는 알파와 오메가라 이제도 있고 전에도 있
었고 장차 올 자요 전능한 자라 하시더라

06
구름을 타고 오시리라

사랑하는 성도 여러분, 여기에 인류 대망의 소식이 있습니다. "볼지어다 그가 구름을 타고 오시리라"라는 인류 역사의 마지막 사건을 사도 요한이 선언합니다. 태초에 하나님이 천지를 창조하신 이후에 일어난 모든 사건의 완성으로 예수님의 다시 오심을 선언합니다. 인류 역사에 남아 있는 유일한 큰 사건을 알리고 있습니다.

우선 이 부분을 한 자 한 자 살펴보기 전에 사도 요한의 사상과 문체의 특징을 언급하지 않을 수 없습니다. 그의 문안, 그의 찬양, 그의 주제 선언 한 마디 한 마디는 그가 사랑하는 성경을 인용한 것입니다. 그의 탁월한 영성의 근원이 바로 성경 자체에 있음을 알 수 있습니다. 요한은 정말 한 권의 책만 사랑한 사람입니다. 그는 기록된 하나님의 말씀에 깊이 젖어 든 신앙인입니다. 계시록 첫 부분에서 우리가 볼 수 있는 요한의 면모는 성경에 대한 탁월함입니다. 그의 탁월한 경건과 영성은 자기의 생각을 내세우거나 자기의 연구 결과를 밝히는 차원이 아닙니다. 오로지 성경에 근거해 드러나는 것입니다.

계시(성경) 의존적 사고가 우리의 영적 성숙도를 측정합니다. 그가 본 환상과 그가 들은 영음은 그가 아는 성경을 기반으로 주어졌음을 잊지 마십시오. 하나님이 밧모에서 요한을 감동시켜 장차 속히 일어날 일을 보이셨지만 그것은 요한이 익히 아는 구약 예언의 배경에서 주어진 환상임을 기억하십시오. 새로운 계시라기보다는 이미 약속된 예언의 기반에서 주어졌습니다. 요한처럼 영성이 뛰어난 사람이 되기 원한다면 기록된 하나님의 말씀을 새롭게 사랑하십시오. 기록된 하나님의 말씀을 가까이하고 거기에 깊이 잠길 때 우리의 생각이 바뀌게 될 것입니다. 세상을 바라보는 시각이 바뀌고 우리의 언행이 바뀔 것입니다.

사랑하는 성도 여러분, 성경 말씀을 사랑하는 분들이 되기를 바랍니다. 기록된 성경 말씀을 즐겨 읽고 자주 듣기 바랍니다. 눈은 잠이 오면 감기지만 귀는 우리가 자는 동안에도 열려 있습니다. 열심히 말씀을 들으시기 바랍니다. 하나님의 말씀을 얼마나 사랑하느냐가 바로 우리의 영성과 경건의 수준을 결정합니다. 하나님은 하나님의 말씀과 예수 그리스도의 증거에 신실한 요한을 사용하셔서 말세에 속히 일어날 일들을 나타내고 계십니다.

오늘부터 기록된 하나님의 말씀을 새롭게 읽으십시오. 복되신 하나님의 신실한 말씀을 꾸준히 묵상하십시오. 복되신 하나님의 말씀에 깊이 젖어 드십시오. 무엇을 보아도 말씀에 근거하고, 무엇을 말해도 하나님의 기록된 말씀에 근거해 말하는 탁월한 영성과 경건을 가진 사람들이 이 마지막 시대에 우리에게서 많이 나타나기를 원합니다.

인류 역사의 마지막 사건

"볼지어다 그가 구름을 타고 오시리라"라는 선언은 남아 있는 인류 역사의 최대 이벤트를 말해 줍니다. 많은 사건이 앞으로도 일어날 것입니다. 그러나 인류사의 가장 큰 이벤트는 주님의 재림 사건 하나를 남겨 두고 있습니다.

요한의 환상은 종종 다니엘의 이상에 뿌리를 두고 있습니다. 다니엘이 밤에 본 이상은 요한이 밧모에서 주의 날에 본 환상의 근거가 되고 있습니다. 다니엘은 "인자 같은 이가 하늘 구름을 타고" 오신다고 예언했습니다. "인자 같은 이가 하늘 구름을 타고 와서 옛적부터 항상 계신 이에게 나아가 그 앞으로 인도되매 그에게 나라와 권세와 영광이 돌아가더라"(단 7:13, 14 참조)라고 했습니다. 그리고 오늘 본문은 "볼지어다 그가 구름을 타고 오시리라"고 합니다. 다니엘서를 비롯한 신구약 성경은 세계 제국을 일컬어서 그 본성을 짐승으로 계시하고 있다는 점을 주목하십시오. 세상 나라에서 정치 권력의 핵심은 야수적인 힘에 달려 있습니다.

권력이 인민이나 국민에게서 나오는 것이 아니라 "총구에서 나온다"는 지적은 정확한 것 같습니다. 조선 민주주의 인민 공화국이나 대한민국 헌법은 주권이 인민에게서, 혹은 국민에게서 나온다고 그럴듯하게 써 놓았습니다. 하지만 한때 총칼로 정권을 쟁취하려고 한 것이 남한과 북한의 실정 아닙니까?

사실 남한과 북한만의 이야기가 아니라 인류 역사의 모습입니다. 성경은 모든 세계 제국의 본성이 짐승이라는 것을 일관되게 진술하고 있습니다. 다니엘서에서 그렇게 말하고 있고, 계시록에서 그 사실을 다시 한 번 입증하고 있습니다. 성경은 세상 나라의 본성을 일컬어서 짐승이라고 합니다. 거기에서 어떤 공의나 정의를 찾는다고 하는 것, 어떤 인간다운 면모를 찾는다고 하는 것은 한갓 신기루에 불과합니다.

사랑하는 성도 여러분, 성격상 어떤 정부는 독수리 날개를 가진 사자와 같을 수도 있고, 잔인한 곰 같을 수도 있습니다. 또 어떤 정부는 날개를 가진 표범일 수도 있고, 철 이빨을 가진 짐승일 수도 있습니다. 양상은 다를 수 있지만 그 본성은 모두 짐승입니다. 여러분은 이 세상 정부에 무엇을 기대합니까? 무엇을 기대하며 투표합니까? 지상의 모든 정부는 그들의 본성인 야수적인 힘으로 지배해 갈 것입니다. 어떤 때는 관용을 베풀 수 있겠지만 그것은 진정 대적하지 않을 때에 한해서입니다.

독재자들은 어린이를 사랑했습니다. 그들은 어린이들이 자기에게 대항할 세력이 되지 못하기 때문에 그들을 쓰다듬고 품에 안고 사진을 찍으며 자기가 마치 인간적인 지도자인 것처럼 선전했습니다. 하지만 그것은 홍보용에 불과합니다. 그 본성은 야수적인 힘에 의하여 다스려집니다. 자기에게 대적할 세력이 되면 가차 없이 파괴하고 삼키는 것이 세상 나라의 본성입니다.

그러나 다행히 그것이 인류 역사의 마지막 이야기는 아닙니다. 인류 역사의 마지막 통치권은 다시 인자 같으신 분에게로 반드시 돌아갈 것입니다. 짐승 같은 자들이 아니라 인자 같으신 분, 사람의 아들 같으신 그분에게 나라와 권세와 통치권이 옮겨 갈 것입니다. 이 세상에 살았던 사람들이 흘린 모든 눈물을 씻겨 주며 그들의 모든 한숨을 멈추게 할, 사람의 아들 같은 분이 다스리시는 나라가 마지막에 반드시 임할 것입니다. 그것이 인류의 마지막에 대한 성경의 예언입니다.

이 사실이 입증될 때 지금까지의 역사는 의미를 찾을 것입니다. 이 사건은 모든 인류 역사의 의미를 새롭게 해줄 것입니다. 야수적인 잔혹한 나라는 장차 반드시 끝날 것입니다. 비인간적인 세상 나라는 종말을 고할 것입니다. 권세와 나라가 인자 같으신 이에게 영원히 주어질 것입니다.

사랑하는 성도 여러분, 의와 공평으로 세상을 다스릴 때가 다가오고 있습니다. 인간미가 넘치는 새로운 통치가 이 땅 백성의 눈물을 씻겨 주고 한숨을 잠재워 줄 것입니다. 우리는 의가 보금자리를 트는 새 하늘과 새 땅을 기다리며 사는 사람들입니다. 요한은 지금 다니엘이 환상 속에서 본 그 나라의 도래를 선언하고 있습니다. 여러분이 정말 바라는 것이 무엇입니까? 신앙인이라고 한다면 눈을 뜨든 감든 이 땅에 하나님 나라가 임하는 것을 소망해야 합니다.

"볼지어다 그가 구름을 타고 오시리라." 이 선언은 다니엘의 예언에 뿌리를 둔 것일 뿐만 아니라 주님에게서 요한이 직접 들은 증언에 근거한 말씀입니다. 주님은 산헤드린에서 마지막 심문을 받으실 때 "네가 찬송받을 이의 아들 그리스도냐"는 질문을 받고 이렇게 답하셨습니다. "내가 그니라 인자가 권능자의 우편에 앉은 것과 하늘 구름을 타고 오는 것을 너희가 보리라"(막 14:61, 62). 당신은 자기의 목숨을 걸고 신실하게 증언하셨습니다. 사도 요한은 이 증언의 현장에 있던 사람입니다.

재림의 성격

"볼지어다 그가 구름을 타고 오시리라"라는 구절의 핵심 메시지는 그분의 재림의 성격을 보여 주고 있습니다. 초림과는 대조적인 재림이 될 것입니다. 초림 때는 그분의 영광이 육신에 가려진 모습으로 나타나셨습니다. 그러나 재림 때는 영광 가운데 구름을 타고 오실 것입니다. 초림 때는 하나님의 독생자의 영광이 사람들 눈에 가려진 채로 세상에 오셨습니다. 그분은 여느 아이처럼 세상에 태어나셨지만 여느 아이보다 비천한 자리인 말구유에서 태어나셨습니다.

혹시 여러분이 부모로서 자식을 제대로 먹이고 입히고 공부시키지 못한 것 때문에 한을 가지고 있다면 예수님의 어머니 마리아를 생각해 보십시오. 마리아는 출산하는 순간에 자기 아들을 눕힐 자리조차 찾지 못했습니다. 베들레헴에는 밀려드는 인파 때문에 가난한 부부가 자리할 방이 없었습니다. 그들은 얹어 줄 웃돈도 없었을 것입니다. 그들은 말구유에서 아이를 맞이했습니다. 이 아드님의 어머니 마리아는 어떤 어머니가 자기 아들에 대해서 가지고 있는 한보다 더 깊은 한을 가지고 살았을 것입니다.

사랑하는 성도 여러분, 여러분 자식만 소중한 자식이 아닙니다. 여러분 중에 마리아만큼 비참한 상황에서 아이를 키우신 분은 없을 것입니다. 예수님이 자라면서 들은 소리는 "나사렛 사람"이라는 말이었습니다. 2천 년 전 이스라엘에서 가장 무시당하는 사람들을 일컫는 말이었습니다. 이스라엘에서는 "나사렛 사람"이라고 하면 모욕적인 언행이었습니다. 예수님은 그런 말을 들으며 세상을 사셨던 분입니다. 초림의 주님은 초라하셨습니다. 사랑하는 성도 여러분, 우리는 그 주님을 뒤따르는 사람들입니다. 그분의 모든 수모를 우리 몸에 채워 가면서 살아야 할 사람들입니다.

하지만 그런 자들에게 재림의 영광이 약속되어 있습니다. 우리는 지금 재림의 주님을, 영광의 주님을 대망하며 살고 있지만, 우리가 따라가는 주님은 초림의 주님이어야 합니다. 사도 베드로는 주님이 남기신 발자국을 고난의 발자국이라고 말하고 있습니다. "너희를 부르신 것은 그 고난의 자취를 따라오게 하려 하심이라"(벧전 2:21 참조). 많은 성도들이 일찍 배불러 가고 있습니다. 그 영광에 이미 도취되어 가고 있습니다. 그러나 우리가 그리스도인으로 부름받은 것은 그리스도의 몸 된 교회를 위해서입니다. 우리 몸에 그분의 고난을 채워 가도록 부름받았습니다.

사랑하는 성도 여러분, 초림의 주님은 몹시 초라했기 때문에 주님이 "내가 그니라"라고 말씀하시는데도 사람들은 믿어 주지 않았습니다. 정색하고 목숨을 걸고 말씀하시는데도 이스라엘 사람들은 아무도 인정해 주지 않았습니다. 주님은 자신의 영광을 포기하고 세상에 오셨기 때문에 초라했습니다. 그래서 주님이 "내가 그"라고 하시는데도 아무도 믿지 않았습니다. 믿기는커녕 그렇게 말한 것을 빌미 삼아 그분을 십자가로 내몰았습니다.

사람과 사람 사이에 말이 통하지 않으면 그 답답함을 어떻게 표현할 수 있겠습니까? 정색하고 "내가 그"라고 말하고 "장차 구름을 타고 오는 것을 볼 것이라"고 하는데도 그것을 빌미 삼아 죽음의 자리로 밀어 넣는 것이 사람의 본성입니다. 자기의 욕망을 달성하기 위해서는 다른 사람이 짓밟히더라도 밟고 지나갑니다.

사랑하는 성도 여러분, 시편 22편 기자는 주님의 수난을 예언하고 있습니다. "내가 바산의 황소들에 둘러싸였습니다", "개들이 나의 존귀한 것을 빼앗으려고 합니다"라고 읊고 있습니다. 바산의 황소들에 둘러싸인 것처럼, 바른 증언을 하는데도 그것을 무시하면서 짓밟고 있는 유대인들을 가리켜 "개들이 나의 귀중한 것을 빼앗으려 합니다"라고 표현하고 있습니다. 이 시적인 말로써 그 순간 주님의 고뇌를 보여 주고 있습니다.

사랑하는 여러분, 우리가 살아가는 동안 예수 이름에 신실하게 살다 보면 사람들에게 무시당할 수 있습니다. 조롱당할 수도 있을 것입니다. 예상보다 훨씬 빠른 때에 우리 모두가 그리스도의 이름으로 인하여 삶의 터전을 포기해야만 할지도 모릅니다. 어쩌면 우리에게 공무원의 자리가 더 이상 허용되지 않을 수도 있습니다. 우리에게 영업 감찰이 더 이상 주어지지 않을 수도 있습니다. 삶을 송두리째 박탈당할 수도 있습니다.

그러나 여러분, 그 순간에도 세상을 먼저 걸으신 인자 같으신 분을 기억하십시오. 사람의 아들이 세상에 오셔서 어떤 삶을 사셨는지 반드시 기억하십시오. 하지만 그분의 재림은 영광 가운데 나타날 것입니다.

주님은 모든 사람이 알도록 오신다

요한은 "볼지어다 그가 구름을 타고 오시리라"라고 말하고 있습니다. '어떻게 구름을 타고 올 수 있지? 구름은 솜털보다 가벼운 증기 덩어리인데……', '지구가 둥근데 어떻게 모든 눈이 동시에 볼 수 있지?' 하는 반론들은 반박할 가치가 없습니다. 오시는 그분은 온 세상의 창조주요 심판주입니다. 그분은 모든 사람이 알도록 오실 것입니다. 반드시 모든 사람이 보도록 오실 것입니다. 지금은 믿음의 눈을 가진 사람만이 그분을 주로 고백합니다. 하지만 그날에는 모든 눈이 그분의 주 되심을 보게 될 것입니다. 온 세상이 피할 수 없는 자명한 사실을 알게 될 것입니다.

사랑하는 성도 여러분, 한 개인의 삶이 그분의 오심으로 마감되듯이, 온 인류의 운명이 그분의 오심으로 완성되는 그날에는 모든 육체가 그 영광을 볼 것입니다. 천사장의 나팔 소리와 함께 구름을 타고 오시는 주님을 뵙게 될 것입니다. 천상의 오디오 시스템과 비디오 시스템이 다 동원될 그 영광의 날이 다가오게 됩니다. 온 세상의 심판주이신 그분이 최후 심판을 받을 모든 인류가 보는 가운데 공적으로 오실 것입니다. 시간과 공간의 줄이 풀리는 그날에는 모두가 그분을 볼 것입니다. 시간과 공간은 우리의 존재 형식에 불과합니다. 하지만 그날에는 더 이상 유효하지 않습니다.

> 각 사람의 눈이 그를 보겠고 그를 찌른 자들도 볼 것이요 땅에 있는 모든 족속이 그로 말미암아 애곡하리니 그러하리라 아멘(1:7).

하나님의 위엄으로 세상에 다시 오실 그날에는 승리자의 위엄으로 오실 것입니다. 몇몇 신앙인만 알아보던 초림의 주님과는 대조적으로 모든 눈이 그분을 볼 것입니다.

> 말씀이 육신이 되어 우리 가운데 거하시매 우리가 그의 영광을 보니 아버지의 독생자의 영광이요 은혜와 진리가 충만하더라(요 1:14).

이 고백과 대조적으로 나타나는 엄숙한 사실의 선언은 스가랴 12장 10절에 근거하고 있습니다. 다니엘서의 이상과 마찬가지로 스가랴의 이상 역시 계시록 환상의 요람입니다.

> 내가 다윗의 집과 예루살렘 주민에게 은총과 간구하는 심령을 부어 주리니 그들이 그 찌른 바 그를 바라보고 그를 위하여 애통하기를 독자를 위하여 애통하듯 하며 그를 위하여 통곡하기를 장자를 위하여 통곡하듯 하리로다(슥 12:10).

> 볼지어다 그가 구름을 타고 오시리라 각 사람의 눈이 그를 보겠고 그를 찌른 자들도 볼 것이요 땅에 있는 모든 족속이 그로 말미암아 애곡하리니 그러하리라 아멘(1:7).

누가 "그를 찌른 자"입니까? 십자가 처형의 현장에서 창을 들고 그분의 죽음을 확인한 군병만을 가리키지 않습니다. 그러면 "그를 찌른 자"가 누구입니까? 시대마다 영광의 주님에게 무관심한 모든 자입니다. 나라마다 그분을 무시하고 사는 사람들입니다. 곳곳마다 그분을 대적하는 사람들입니다. 그들의 무관심과 그들의 무시와 그들의 대적 속에 감추어진 악의가 주님을 아프게 찌르는 것입니다.

그 행위 배후에 악한 적의를 가진 모든 이가 영광의 주님을 뵈올 것입니다. 그리하여 온 세상은 통곡과 절망의 도가니가 될 것입니다. 채찍을 맞고 찔림을 당한 그분이 세상의 왕이요 심판주라는 사실을 똑똑히 보게 될 것입니다. 바로 내가 배척한 그분이 영광의 구주라는 사실을 알게 될 것입니다. 더 이상 설명이 필요치 않게 될 것입니다. 그 찌른 현장의 공모자임을 모든 사람이 알게 될 것입니다. 그들의 절망과 슬픔은 극에 달할 것입니다.

그러하리라 아멘

사랑하는 성도 여러분, 여러분이 사랑하는 이들, 여러분이 관심을 가지고 있는 이들, 여러분과 이웃하여 사는 이들이 여러분을 향해서 눈빛을 돌리며 "왜 미리 말해 주지 않았냐?"고 할지도 모릅니다. 우리는 그들의 그 눈빛과 피에 대해서 깨끗한 사람이 되어야 합니다. 믿는 것과 믿지 않는 것은 그들이 결정할 일이고, 그 결과는 그들이 책임질 일입니다. 그러나 그들이 듣도록 하는 것은 우리의 책임입니다. 이 순간 그들이 애곡의 절망적 도가니에 들어가기를 손 놓고 기다릴 수는 없습니다. 아직은 소망의 시간입니다.

그분이 누구신지 그들에게 들려줍시다. 그들이 우리에게 허물을 돌릴 수 없도록 증거합시다. 인류의 역사는 이제 심판으로 끝남을 분명하게 증언합시다. 먼저 여러분의 삶의 자세에서 진지함을 인정받은 후에 조용한 시간을 마련하십시오. 먼저 그들과 인격적인 관계를 형성한 후에 물어보십시오. "인류 마지막의 큰 사건이 무엇인지 아느냐?"는 질문에 대답하지 못하면 설명해 주십시오. 그리하여 부디 그들의 피로부터 허물이 없도록 하십시오. 진리를 배우는 것은 이웃에게 증거하기 위함입니다. 요한은 본문에서 "그러하리라 아멘"을 덧붙이고 있습니다. 그날을 사모하며 그 순간을 고대하고 있습니다. 최후의 심판을 절실히 기다리고 있습니다.

세상 사람들이 교회에 그냥 와 주는 것이 아님을 우리도 잘 알고 있습니다. 우리가 사랑으로 섬기고 또 섬기면 처음에는 빚진 마음에 와 주다가 하나님의 기적이 일어나 주님의 백성이 되어 앉아 있는 사람도 많습니다. 자꾸 교회에 가자고 하는 권유에 못 이겨 따라 왔다가 그날 바로 하나님을 만나는 기적이 일어날 수도 있습니다. 아니면 몇 달, 몇 년을 나오고 나서야 비로소 귀가 열려 이제는 예수님을 믿는 것이 가장 소중하다고 고백하는 사람들이 우리 가운데 있습니다.

요한이 살던 시대를 기억하십시오. 예수님을 믿는 것은 모든 것의 박탈을 의미하던 시대입니다. 신자가 되면 순교를 선택하던 시대입니다. 전하면 전할수록 조롱하던 시대입니다. 박해 순간에 그들이 들은, 주님의 이름을 향한 수많은 말을 기억하십시오. 그들의 충성을 조롱하며 비웃던 웃음을 아는 요한은 결코 무관심한 방관자로서 그 순간을 맞이할 수 없습니다.

> 볼지어다 그가 구름을 타고 오시리라 각 사람의 눈이 그를 보겠고 그를 찌른 자들도 볼 것이요 땅에 있는 모든 족속이 그로 말미암아 애곡하리니 그러하리라 아멘(1:7).

주님이 오신다는 이야기를 해도 아무 관심이 없는 시대입니다. 살기가 매우 편해서 그렇습니다. 그러나 요한은 이 말을 방관하며 들을 수 없습니다. 요한은 오늘의 교회의 환난에 동참한 자이기에 내일의 소망을 기뻐 뛰며 반기는 자입니다. 그 나라와 환난에 동참하는 자이기에 그분이 오신다는 사실을 흘려들을 수 없습니다. 악한 자를 응징할 그 심판 행위는 바로 하나님의 주 되심이 분명히 드러나는 순간입니다. 조롱과 비웃음, 박탈과 죽음으로 끝나는 역사가 아니라 한날 하나님은 이 모든 수모를 씻기시고 성도의 승리를 선언하실 것입니다.

그를 찌르고 비웃던 온 세상이 통곡하는 바로 그 순간이 주님의 승리의 순간인데 어떻게 "그러하리라 아멘"을 소리치지 않을 수 있습니까? 요한은 그날, 그 시간을 내다보고 기뻐하고 있습니다. 사랑하는 성도 여러분, 만약 여러분이 예수의 이름 때문에 모욕과 조소를 받은 적이 있다면 요한의 심정을 이해할 것입니다. 여러분이 예수의 이름 때문에 더 나은 삶의 터전을 포기해 본 적이 있다면, 여러분이 예수 그리스도를 위하여 삶의 근거를 박탈당해 보았다면, 요한의 열광적 고백을 이해할 것입니다.

여러분은 그리스도의 백성과 함께 고난받기 위해서 애굽의 모든 보화를 포기한 모세의 걸음을 걸어 본 적이 있습니까? 영광을 누리고 살 수 있는 길을 앞에 두고 그리스도의 백성과 함께 신실하게 살기 위해 스스로 그 길에서 돌아선 경험이 있습니까? 그런 사람이라면 그분이 오신다는 말을 그냥 지나가는 말로 듣지 못할 것입니다.

말 한 마디면 타협이 이루어질 수 있고, 아니 표정 한 번이면 새로운 자리가 주어질 수 있는데도, 신실한 하나님의 백성이 실망할 것이 두려워서 스스로 고난의 길을 택한 사람이라면 사도 요한과 함께 "그러하리라 아멘"이라고 외치게 될 것입니다. 만약 여러분이 하나님 나라를 위하여 박해당하고 눈물 흘려 본 적이 있다면 온 세상에 임하시는 하나님이 세상을 심판하려고 오시는 순간에 무덤덤하지 않을 것입니다. 그 순간이 얼마나 크신 위로의 순간인지 알게 될 것입니다.

사랑하는 성도 여러분, 지금은 어두운 시대입니다. 신학자들조차 요한의 열광적 제창을 이해하지 못하는 시대입니다. 요한이 지나치다는 것입니다. 온 세상이 심판받는다는 이야기 앞에서 어떻게 "그러하리라 아멘"이라고 할 수 있느냐는 것입니다.

악인이 심판받는 것을 요한이 즐거워해서가 아닙니다. 요한은 그리스도를 위해 자신의 목숨을 걸고 교회를 위한 고난을 그 몸에 채워 가던 성도입니다. 그래서 그는 주님이 오신다는 소식에 열광합니다. 지금 우는 자들의 눈물이 씻길 날을 기뻐합니다. 생사를 알 수 없는 성도의 억울함을 푸는 날입니다. 세상 사람들은 애통하지만 그는 지금 확언하고 있습니다.

모든 것을 박탈당하면서도 예수 믿는 진리를 증언하고, 그 증언 때문에 목숨을 내놓은 성도들을 하나님이 신원해 주실 것입니다. 하나님은 자신을 믿기를 간곡히 요청하시지만 그 마지막 요청을 무시하는 이들을 한날 심판하십니다. 그날의 도래가 어찌 성도들에게 무덤덤한 날일 수 있습니까? 결코 그럴 수 없습니다. 하나님의 말씀이 증거되었는데도 무시했다면 마지막 심판은 피할 수 없습니다. 하나님의 사랑에 한계가 있어서가 아니라 그들의 죄악이 가득 찼기 때문입니다. 하나님은 여러 번 부르셨습니다. 아들을 십자가에 내어 주시고 호소하셨습니다. 그러나 그들은 끝까지 부인했습니다. 오히려 진리를 말한 사람들을 죽였습니다. 그런데도 그들을 심판하시는 것이 불의하다고 생각합니까?

창조주 하나님의 보증

사랑하는 성도 여러분, 인류의 종말에 관한 요한의 증언은 신실한 한 사람의 증언의 한계를 뛰어넘습니다. 속히 일어날 계시록의 모든 사건에 대한 보증은 바로 창조주 하나님의 보증입니다. 이 사건의 비중 때문에 하나님 자신이 보증하십니다. 모든 인류사를 마감할 사건이기 때문에 그렇습니다. 무의미하게 보인 모든 사건에 의미를 부여할 마지막 사건을 하나님이 친히 증거하고 계십니다.

> 주 하나님이 이르시되 나는 알파와 오메가라 이제도 있고 전에도 있었고 장차 올 자요 전능한 자라 하시더라(1:8).

영원하신 분, 그분의 이름으로 여기에 서명하십니다. 시작과 끝이 되시며 모든 시간의 주인이시고 역사의 주인이신 분이 요한의 증언에 도장을 찍으십니다.

특히 여기서 하나님은 자신을 "전능한 자"라고 소개하십니다. 만물의 주권자, 역사의 주관자로 소개하십니다. 만사를 주관하시며 만물을 그 손에 가지신 분입니다. "전능한 자"라는 말은 하나님을 가리키는 말로 사용되는데, 신약에서 한 번의 예외(고후 6:18 참조) 말고는 모두 계시록에서 일곱 번 나오고 있습니다. 계시록은 최후 권력의 문제를 다루고 있습니다. 그분이 오심으로 누가 역사의 실권자인지 드러날 것입니다. 누가 허세이고 누가 실세인지 분명하게 드러날 것입니다. 아무도 저지할 수 없는 전능자 하나님이 역사의 종말을 선언하십니다. "볼지어다 그가 구름을 타고 오시리라"(1:7)는 이 사실을 전능한 통치자의 권위로 입증하십니다.

사랑하는 성도 여러분, 전능자께서 자신의 권위로 역사의 종장을 보증하십니다. 우리의 삶이 이 사실에 비추어 조정되기를 바랍니다. 구름을 타고 오시리라는 선언이 여러분을 두렵게 합니까? 그렇다면 깨어나십시오. 우리의 삶은 반드시 바뀌어야 합니다. 영혼에 대한 사랑이 여러분을 사로잡게 되기를 바랍니다.

사랑하는 성도 여러분, 그러나 구름을 타고 오시리라는 선언이 여러분에게 무한한 위로의 원천이 된다면 끝까지 그 위로를 붙드십시오. 그날의 위엄을 아는 자들이 영광의 면류관을 쓰게 될 것입니다. 우리의 눈에서 모든 눈물이 씻기고 우리가 주를 위해서 한 모든 수고가 해같이 빛나게 될 것입니다.

Revelation

요한계시록 1장 9-20절

9 나 요한은 너희 형제요 예수의 환난과 나라와 참음에 동참하는 자라 하나님
의 말씀과 예수를 증언하였음으로 말미암아 밧모라 하는 섬에 있었더니 10 주
의 날에 내가 성령에 감동되어 내 뒤에서 나는 나팔 소리 같은 큰 음성을 들으니
11 이르되 네가 보는 것을 두루마리에 써서 에베소, 서머나, 버가모, 두아디라,
사데, 빌라델비아, 라오디게아 등 일곱 교회에 보내라 하시기로 12 몸을 돌이켜
나에게 말한 음성을 알아보려고 돌이킬 때에 일곱 금 촛대를 보았는데 13 촛대
사이에 인자 같은 이가 발에 끌리는 옷을 입고 가슴에 금띠를 띠고 14 그의 머
리와 털의 희기가 흰 양털 같고 눈 같으며 그의 눈은 불꽃같고 15 그의 발은 풀
무불에 단련한 빛난 주석 같고 그의 음성은 많은 물소리와 같으며 16 그의 오른
손에 일곱 별이 있고 그의 입에서 좌우에 날 선 검이 나오고 그 얼굴은 해가 힘
있게 비치는 것 같더라 17 내가 볼 때에 그의 발 앞에 엎드러져 죽은 자같이 되
매 그가 오른손을 내게 얹고 이르시되 두려워하지 말라 나는 처음이요 마지막
이니 18 곧 살아 있는 자라 내가 전에 죽었었노라 볼지어다 이제 세세토록 살아
있어 사망과 음부의 열쇠를 가졌노니 19 그러므로 네가 본 것과 지금 있는 일과
장차 될 일을 기록하라 20 네가 본 것은 내 오른손의 일곱 별의 비밀과 또 일곱
촛대라 일곱 별은 일곱 교회의 사자요 일곱 촛대는 일곱 교회니라

07

주의 날에 성령이

변함없이 하나님을 사랑하고 좋으신 하나님을 만나길 바라는 성도 여러분, 요한은 본문의 배경이 되는 밧모라는 섬에 있습니다. 당시 소아시아 해안에서 아주 멀리 떨어진 조그만 섬입니다. 바다 가운데 바위들로 이루어진 메마른 섬입니다. 그럴듯한 장소가 전혀 아닙니다. 끊임없이 파도만 해안에 부서지는 곳이지만 하나님이 그 종을 위해 선택하신 장소임이 틀림없습니다.

주의 날 밧모에서

> 나 요한은 너희 형제요 예수의 환난과 나라와 참음에 동참하는 자라 하나님의 말씀과 예수를 증언하였음으로 말미암아 밧모라 하는 섬에 있었더니(1:9).

요한은 하나님의 말씀을 전하고 예수 그리스도를 증거한 대가로 밧모라는 섬에 유배되어 있습니다. 평소에 목양하던 성도들과 멀리 떨어진 곳에 추방되어 있습니다. 세상의 통치자들이 요한을 외딴섬에 귀양 보냈지만 온 우주의 통치자 되신 주님은 그를 잊지 않고 계셨습니다. 세상은 하나님의 연로한 사역자의 입을 막아 그의 신실한 증거를 침묵시키려고 파도 소리와 갈매기 소리만 가득한 섬으로 요한을 유배하였습니다. 하지만 하나님은 그 밧모에서 요한에게 모든 세대의 교회를 향한 격려와 위로의 말씀을 받아 기록하게 하십니다. 세상은 어쩌면 살아 있는 마지막 사도의 입만 막으면 모든 것을 침묵시킬 수 있다고 여겼는지 모르겠습니다. 하지만 세상의 시도는 항상 하나님의 웃음거리에 지나지 않습니다.

보십시오. 밧모에서 요한이 받은 계시의 말씀은 박해를 당하던 당대의 성도들을 위로하는 말씀이 되었고, 오고 오는 모든 세대에서 환난을 받는 성도들에게 위로의 원천이 되었습니다.

사랑하는 성도 여러분, 여러분은 주의 말씀 때문에 미움을 받아 보신 적이 있습니까? 거부와 격리를 당해 보셨습니까? 세상은 우리를 미워해서 유배할 수 있지만 하나님은 그곳에서도 새로운 사역을 시작하실 수 있습니다. 그러므로 항상 기뻐하십시오. 쉬지 말고 기도하십시오. 범사에 감사하십시오. 우리를 향한 하나님의 뜻을 따라 어디서든 살아가십시오.

다시 생각해 보면 외딴섬 밧모야말로 세상이 정한 유배의 장소인 동시에 하나님이 택하신 계시의 장소, 하나님이 자신의 뜻을 드러내시는 이상적인 장소입니다. 세상의 소란함과 북적임에서 떨어진, 막힌 곳 없는 하늘을 우러러볼 수 있는 대양 한가운데의 외딴섬은 하나님의 계시를 받기에 더할 나위 없이 좋은 자연환경입니다.

사랑하는 성도 여러분, 지금 여러분이 처한 환경은 어떻습니까? 직장에 다니고 싶고, 돈도 벌어야 하는 상황인데 일할 곳이 없습니까? 다른 일도 잘 풀리지 않습니까? 그런데 그 처지도 새로운 관점에서 바라보면 하나님이 여러분을 위해 마련하신 가장 좋은 환경일 수 있습니다. 신앙의 성숙을 위한 이상적인 환경으로 볼 수 있는 믿음의 눈이 필요합니다.

"주의 날에 내가 성령에 감동되어"라는 구절에서 "주의 날"은 성도들에게 특별한 의미가 있는 날입니다. 그날은 안식 후 첫날이요 매 주일 첫날입니다. 주님의 부활을 기념해서 성도들이 모여 함께 예배하는 날입니다. 당시 성도들의 삶에서는 안식일이 가장 규범적인 날이고 중심에 있었기 때문에 처음에는 '안식 후 첫날'이라고 표현하다가 그 다음에는 '매 주일 첫날'이라고 바꿔 표현했습니다. 그리고 요한계시록에서는 '주의 날'이라고 표현하고 있고, 요즘 우리는 '주일'이라고 줄여서 쓰고 있습니다.

밧모섬에 있는 사도 요한 곁에는 주님을 함께 찬양하고 말씀을 선포할 회중이 없었지만, 요한은 여전히 그날이 주의 날임을 기억하면서 성도들과 더불어 예배하던 영광스러운 주님을 묵상하고 있었을 것입니다. 어쩌면 주일이기에 동료 성도와의 교제를 무척이나 그리워하며 예수의 환난과 나라와 참음을 묵상하고 있었을 것입니다.

요한의 자기소개

요한의 자기소개를 들어 보십시오. "나 요한은 너희 형제요 예수의 환난과 나라와 참음에 동참하는 자라"(1:9). 자기가 누구인지 밝히는 것은 계시의 신빙성과도 밀접한 관계가 있습니다. 그가 듣고 보고 기록한 환상을 전달받을 성도들에게 신뢰감을 주기 위해서는 자신을 밝혀야 할 필요가 있습니다.

요한은 자신을 "너희 형제"라고 소개합니다. 주님의 사도가 아니라 신자들의 형제로 자신을 소개하고 있습니다. 지금은 사도로, 사역자로 설교나

심방을 할 수 있는 처지도 아닙니다. 다만 한 사람의 예배자요 동료 성도와 교제하기를 갈망하는 신자이기에 "너희 형제"라고 자신을 소개했을 것입니다.

사도 요한의 위대성은 자신이 성도들과 같은 처지에 있다는 그 의식 속에서 드러납니다. 직함으로 자신의 권위를 내세우는 것이 아니라 모든 환난과 나라와 참음에 동참한다는 사실로 동료 성도들의 신임을 얻는 자입니다. 사도 요한의 위대성은 여기에서 나타납니다.

오늘날 모든 사역자도 이 사실을 잊지 말아야 합니다. 중직자는 평신도나 서리집사들과 자리를 같이 하지 않아야 한다고 생각한다면 별 볼 일 없는 자입니다. 교회의 중직자는 성도들을 섬길 수 있는 자여야 합니다. 제자들의 발을 씻기신 주님을 닮은 섬김의 삶을 살아야 주님이 귀히 여기시는 중직자가 될 수 있습니다. '나는 보통 성도들과는 달라서 함께 앉으면 안 된다'고 생각하는 유교적 권위 의식은 배제되어야 합니다. 그리스도의 제자로서 섬김 의식이 투철해져야 합니다.

모든 교역자에게도 부탁하고 싶습니다. "어떻게 평신도가 목사한테……" 라고 말하지 마십시오. 그렇게 말하는 목회자가 이 땅에 많습니다. 하지만 우리는 모두 하늘에 계신 그분을 아버지라고 부르기 때문에 서로 형제자매입니다. 목회자는 사랑과 존경과 신뢰를 받기 위해서 성도들보다 앞장서서 봉사하고 섬기고 헌신하는 자리로 나아가야 합니다.

요한은 또 자신을 "예수의 환난과 나라와 참음에 동참하는 자"라고 소개하고 있습니다. 고난에 동참하고 고난을 함께 나누는 교제는 초대 교회 성도들의 보편적인 증표였습니다. 당시 교회는 환난 가운데 있었습니다. 박해 가운데서 살아갔습니다. 그래서 계시록은 교회를 가리켜서 박해를 받는 존재로 묘사합니다. 계시록의 가르침에 따르면 교회는 항상 세상 가운데서 환난을 받게 되어 있습니다. 내일 예수 그리스도의 나라에 동참하는 자가 되기 위해서는 오늘 환난에 동참하는 것을 피할 수 없습니다.

그러므로 "참음"은 모든 "환난"을 당한 자로 하여금 그 "나라"에 합당한 자로 만들어 줍니다. 예수께서 공급하시는 능력으로 주어진 모든 환난을 능히 이겨 낼 때 비로소 우리는 그 나라에 합당한 자로 빚어지게 됩니다. 모든 "환난과 나라와 참음에 동참"하는 것은 우리가 그리스도 안에서 누리는 특권이요 우리의 목표가 됩니다.

그리스도에 대한 신실한 증거 때문에 당하는 환난이지만, 그리스도와 매순간 교제하므로 견뎌 낼 수 있는 환난입니다. 환난 가운데서도 무너져 내리지 않고 그 나라가 즉시 임하지 않는다고 초조해 하지 않을 수 있는 것은 예수 그리스도의 참음에 동참하기 때문입니다. 요한은 이렇게 자신을 고난 중에 있는 성도와 동일시하면서 그날의 영광 중의 상황을 생생하게 증거하고 있습니다.

우리가 아는 대로 사도 요한은 변화산에서 주님의 영광을 뵈올 때 거기 있었습니다. 또한 오순절 성령 강림의 현장에도 있었습니다만, 자신이 밧모섬에서 주의 날에 성령에 감동되어 들은 음성과 본 환상은 그에게 결코 잊을 수 없는 소중한 경험입니다. 사도 요한은 어느 주일, 밧모섬에서 황홀경에 빠져든 그 사실을 기록하고 있습니다.

> 주의 날에 내가 성령에 감동되어 내 뒤에서 나는 나팔 소리 같은 큰 음성을 들으니 이르되 네가 보는 것을 두루마리에 써서 에베소, 서머나, 버가모, 두아디라, 사데, 빌라델비아, 라오디게아 등 일곱 교회에 보내라 하시기로(1:10, 11).

주님이 부활하신 것을 기념하는 주일 아침, 소아시아 여러 교회를 깊이 생각하고 있었을 즈음에 그는 다른 영역으로 옮겨졌습니다. 성도들에게서 격리되어 있어도 주일이니까 하나님을 예배하기 위해 홀로 무릎을 꿇었을 것입니다. 그리고 소아시아에 있는 일곱 교회의 형편을 생각하면서 그 교회들을 위해 기도하고 있었을 것입니다. 그런 가운데서 다른 세계로 옮겨져 갔습니다.

요한은 보았지만 육신의 눈으로 본 것이 아닙니다. 들었지만 육신의 귀로 들은 것이 아닙니다. 시공간을 벗어나 영계에서 주님과 직접 접촉하고 있습니다. 나팔 소리같이 크고 분명한 음성을 듣고는 누가 말하는지 보기 위해 몸을 돌렸습니다. 그 순간 영광 중에 계신 구주께서 일곱 금 촛대 사이로 다니시는 모습을 보게 됩니다.

> 몸을 돌이켜 나에게 말한 음성을 알아보려고 돌이킬 때에 일곱 금 촛대를 보았는데 촛대 사이에 인자 같은 이가 발에 끌리는 옷을 입고 가슴에 금띠를 띠고 그의 머리와 털의 희기가 흰 양털 같고 눈 같으며 그의 눈은 불꽃같고 그의 발은 풀무불에 단련한 빛난 주석 같고 그의 음성은 많은 물소리와 같으며 그의 오른손에 일곱 별이 있고 그의 입에서 좌우에 날 선 검이 나오고 그 얼굴은 해가 힘 있게 비치는 것 같더라(1:12-16).

인자 같은 이

요한이 본 주님의 모습은 어떠했습니까? 요한은 누구보다도 주님을 가까이한 제자입니다. 열두 제자가 주님과 함께 3년을 보냈지만, 요한은 제자들 가운데서도 늘 주님과 가장 가까이 지냈습니다. 마지막 만찬 석상에서도 베드로가 주님에게 가까이 앉아 있는 요한을 보고 사인을 보내서 주님을 팔 자가 누군지 물어보라고 했습니다. 요한이 예수님 바로 앞에, 그것도 예수님의 품에 있었기 때문입니다. 요한은 그 어떤 제자보다도 예수님이 누구신지 잘 아는 제자임이 틀림없습니다.

그러나 요한이 그날 환상 중에 뵌 주님의 모습은 너무나도 빛나고 영광스러웠습니다. "그 얼굴은 해가 힘 있게 비치는 것 같더라"라고 회상합니다. 가장 먼저 일곱 금 촛대를 보고, 그 촛대 사이에 서신 "인자 같은 이"를 보게 됩니다. 그가 잘 아는 주님이지만 세상에 계실 때의 모습과는 현저히 다른 그분의 모습을 뵙고는 자신이 죽은 자같이 되었다고 고백합니다.

촛대 사이에 서신 그분의 영광스러운 위엄의 모습 앞에 놀라며 새삼 감격한 요한입니다. 일곱 금 촛대 사이에 서신 그분은 인자 같으신 분이 아니라 사실은 인자이십니다. 그러나 요한은 그분을 '인자 같으신 분'으로 묘사하고 있습니다. 이 표현은 아마 다니엘 7장에서 유래한 듯합니다. 다니엘 7장 13, 14절입니다.

> 내가 또 밤 환상 중에 보니 인자 같은 이가 하늘 구름을 타고 와서 옛적부터 항상 계신 이에게 나아가 그 앞으로 인도되매 그에게 권세와 영광과 나라를 주고 모든 백성과 나라들과 다른 언어를 말하는 모든 자들이 그를 섬기게 하였으니 그의 권세는 소멸되지 아니하는 영원한 권세요 그의 나라는 멸망하지 아니할 것이라.

그러면 왜 주님이 세상에 계실 때 즐겨 쓰시던 "인자"라는 칭호를 사용하지 않습니까? 인자를 왜 "인자 같은 이"라고 지칭합니까? 이것은 그분이 참된 인성을 지니신 구주임을 부인하는 것이 아니라 사람의 모습을 닮은 분임을 오히려 확인하는 말입니다. "인자 같은 이"라는 표현을 쓴 이유는 그분이 인자이시지만 세상에 오셨을 때와 다른 무언가가 그분에게서 풍기고 있었기 때문입니다.

요한은 인자로 오신 그분이 세상에 계실 때의 모습을 아주 잘 알고 있었지만 환상 중에 뵈옵는 영광스러운 그분의 모습은 더 이상 고난 가운데 계신 인자의 모습이 아니었습니다. 우리가 보기에 흠모할 만한 아름다움이 없는 초라한 구주의 모습이 아니었습니다. 이제는 영광 중에 존귀하신 주님의 모습이기에 "인자 같은 이"라고 표현하고 있습니다. 주님은 더 이상 세상에 계셨던 인자의 모습이 아니었습니다. 영광 가운데 나타나셨습니다. 더 이상 고난의 종 메시아의 모습이 아니었습니다. 영광스러운 주님으로 나타나셨습니다. 사람들 가운데서 낮아지신 구주의 모습이 아니라, 천사들 가운데서 높아지신 주님의 모습입니다. 인자 되신 분이 겸비해지시고 고난 받으신 것은 영광 중에 높아지시기 위한 필수적 단계일 뿐입니다.

사랑하는 성도 여러분, 여러분이 그분과 함께하는 영광의 한날을 사모한다면, 시시때때로 그분을 바라본다면, 정말로 그 가나안 땅에 들어가기를 소원한다면, 여기 세상에 있을 때 세상에 계셨던 주님의 겸비하심을 닮아야 합니다. 목에 힘주지 마시고 어깨에서 힘을 빼십시오. 장차 영광스러운 주님 곁에 있기를 원한다면 세상에 오셔서 제자들의 발을 씻기신 그 주님의 모습을 닮아야 합니다.

다니엘의 예언이 증거하는 대로 이 영광과 주권을 강조하기 위해서 요한은 그분을 "인자 같은 이"라고 표현합니다. 주님은 고난과 죽음을 통해서 부활과 영광 중에 존귀한 자리인 아버지 우편에 앉으셨습니다. 옛적부터 계신 이에게서 나라와 권세를 받으셨고 이제는 심판주로서의 권위와 위엄을 갖추셨습니다.

위엄과 영광의 주님

요한은 이 영광스러운 주님의 모습을 환상 중에 그가 본대로 자세히 서술합니다.

> 촛대 사이에 인자 같은 이가 발에 끌리는 옷을 입고 가슴에 금띠를 띠고 그의 머리와 털의 희기가 흰 양털 같고 눈 같으며 그의 눈은 불꽃같고 그의 발은 풀무불에 단련한 빛난 주석 같고 그의 음성은 많은 물소리와 같으며 그의 오른손에 일곱 별이 있고 그의 입에서 좌우에 날 선 검이 나오고 그 얼굴은 해가 힘 있게 비치는 것 같더라(1:13-16).

그분이 어디에 서 계셨으며 그분의 머리털 색깔이 어떠했으며 그분의 눈과 발이 어떠했는지를 세세하게 이야기하고 있습니다. 그분의 눈이 불꽃같아서 모든 사람의 생각과 동기를 살피신다고 하고 있습니다. 이 모든 세세한 묘사는 모두 금 촛대 사이에 서신 인자의 권능과 존귀, 위엄과 영광을 서술하는 표현입니다. 다시 한 번 다니엘의 예언을 살펴봅시다.

> 내가 보니 왕좌가 놓이고 옛적부터 항상 계신 이가 좌정하셨는데 그의 옷은 희기가 눈 같고 그의 머리털은 깨끗한 양의 털 같고 그의 보좌는 불꽃이요 그의 바퀴는 타오르는 불이며(단 7:9).

다니엘서에는 옛적부터 항상 계신 이의 머리털이 양털같이 희다고 기록되어 있습니다. 그리고 요한은 "인자가 그 머리와 털의 희기가 흰 양털 같고 눈 같다"고 표현합니다. 이는 인자 같은 이의 '신성'을 상징하는 표현입니다. 인자 같은 우리 주님의 신성, 하나님 되심을 그 머리와 털이 흰 것으로 나타내고 있습니다.

위엄과 영광의 긴 옷과 금띠를 띠신 그분의 눈은 불꽃같다고 합니다. 전능하신 심판주께서는 사람의 심령의 깊숙한 곳까지 살피시는 분입니다. 불꽃같은 두 눈으로 감춰진 모든 것을 꿰뚫어 보십니다. 불꽃같은 그분 앞에 만물은 벌거벗은 것처럼 드러납니다. 우리의 숨은 생각을 아시며 우리의 감춰진 동기를 익히 아십니다. 불꽃같은 그 눈으로 인간의 모든 악한 생각과 행위를 꿰뚫어 보시고 거룩한 분노를 발하십니다.

그 전지하심 앞에 인간의 사악함은 낱낱이 폭로되어 풀무불에 단련한 빛난 주석 같은 심판자의 발 앞에 짓밟힐 것입니다. 공의의 보응을 하실 분입니다. 어둠의 권세를 짓밟고 모든 대적을 소멸하실 것입니다. 해변의 바위에 부딪히는 장엄한 물소리 같은 그분의 음성이 최후의 선고를 내릴 것입니다.

의로 세상을 심판하실 그 위엄 앞에 어떤 사람이 가증한 변명을 할 수 있겠습니까? 그 입에서 나오는 양날 선 검으로 모든 대적을 심판하십니다. 어둠의 세력을 완전히 굴복시키기까지 그 입의 검으로 싸우실 것입니다.

거룩하신 그분은 그의 교회를 먼저 정화하고 택한 백성을 박해하는 세상을 징벌하기 위해 오십니다. 누가 그 위엄을 바로 쳐다볼 수 있겠습니까? 요한은 주님을 "그 얼굴은 해가 힘 있게 비치는 것 같더라"라고 회상하고 있습니다.

두려워 말라

이제 마지막으로 이 환상을 본 요한의 모습을 살펴봅시다.

> 내가 볼 때에 그의 발 앞에 엎드러져 죽은 자같이 되매 그가 오른손을 내게 얹고 이르시되 두려워하지 말라……(1:17).

환상 중에 인자가 나타나신 것은 요한에게 공포감을 주려 하심이 아닙니다. 그러나 거룩하신 주님이 가까이 오시면 우리 모두 두려움을 느끼는 것이 자연스러운 반응입니다. 죄인인 사람은 거룩하신 하나님 앞에 서면 무엇보다 먼저 두려움을 느끼게 됩니다. 이것은 정상적인 반응입니다.

밧모섬에 유배되어 성도와의 교제를 박탈당한 요한을 위로하고 그를 통해 박해 가운데 있는 하나님의 교회를 격려하기 위해서 주님이 찾아오셨습니다. 그 위엄과 영광 앞에 죽은 자같이 된 요한에게 권능과 사랑의 오른손을 얹으십니다. 위엄과 영광이 그를 압도해 왔기에 그는 두려움 가운데 죽은 자같이 되었습니다. 그분이 바로 자신이 사모하는 주님임을 알아보았으나 감히 가까이할 수 없는 위엄과 영광 때문에 엎드러졌습니다. 한때 요한은 베드로, 야고보와 함께 변화산에서 그 영광의 그림자를 본 적이 있습니다. 하지만 지금 요한은 환상 중에 그 영광의 실체를 대면하고는 자신의 죄악 됨에 몸 둘 바를 몰라 합니다.

그 영광스러운 인자 앞에서 자신을 도무지 추스르지 못하는 요한에게 주님은 오른손을 얹으십니다. 마치 자기가 자신의 비디오를 보듯이, 자기 위에 손을 얹으시는 인자를 바라보며 "두려워하지 말라"고 위로하는 음성을 듣습니다. 영광 중에 처음 찾아오신 그때, 그 엄청난 고기를 잡아 올렸을 때, 그 위엄 앞에 두려워졌을 때처럼 다시금 두려워 말라고 위로의 말을 하십니다. 그분의 영광스러운 임재를 가까이 느낄 때마다 두려워 떠는 우리를 위한 위로의 말씀입니다.

우리에게는 여기에서뿐만 아니라 장차 영광 중에 오시는 순간에도 "두려워하지 말라"는 그분의 위로가 절실히 필요합니다. 사랑하는 성도 여러분, 생사 간에 유일한 위로는 처음이요 나중이신 우리 구주의 복되신 이름에 있습니다. 산 자요 전에 죽으셨던 그분의 사역만이 죄인인 우리가 받는 위로의 원천입니다. 이제 세세토록 살아 있어 사망과 음부의 열쇠를 가지신 그분의 위로가 우리의 유일한 위로입니다.

사람이 가진 모든 두려움의 근원은 죽음에 있습니다. 그러나 예수 그리스도께서는 죽음을 이기는 권세와 권능을 가지고 계십니다. 그분은 우리의 죄를 대신해서 죽으셨고 우리의 구원을 위해 살아나셨습니다. 죽은 자들 가운데 살아나신 그분의 위로는 죽기까지 박해를 받던 성도들에게 참으로 복되고 영광스러운 위로입니다. "내가 전에 죽었지만 이제 영원토록 살아 있지 않느냐? 죽도록 충성하라. 신실하라. 그리하면 생명의 면류관을 네게 주리라"라고 주님은 말씀하십니다. 환난 가운데서 복음을 위해 생명까지 내놓아야 했던 당시 성도들에게는 얼마나 큰 위로의 말씀입니까?

사도 요한의 사명

지금 음성으로 들려주시고, 환상으로 보여 주시고, 오른손을 얹어 위로하시는 주님이 환난 중에 있는 교회를 위해 요한에게 사명을 주십니다.

> 그러므로 네가 본 것과 지금 있는 일과 장차 될 일을 기록하라 네가 본 것은 내 오른손의 일곱 별의 비밀과 또 일곱 금 촛대라 일곱 별은 일곱 교회의 사자요 일곱 촛대는 일곱 교회니라(1:19, 20).

"기록하라"는 요한의 사명은 11절에 이미 나온 것이지만 다시금 여기서 반복하여 강조됩니다. 11절에서 주님은 "네가 보는 것을 두루마리에 써서 …… 일곱 교회에 보내라"고 하셨습니다. "네가 보는 것"을 써서 보내야 하는 사명이 요한에게 부여됩니다. 그리스도인은 자신이 듣고 보고 느낀 것을 증거해야 합니다. 그것이 성령에 감동한 요한의 사명인 동시에 성령 안에서 행하는 성도의 사명입니다. 그리스도인은 자신이 보고 듣고 느낀 것을 입으로 증거해야 하지만 글로도 증거할 수 있어야 합니다. 입은 그 소리가 들리는 한계 안에서만 전달되지만, 글은 공간과 시간을 초월해서 전달되기 때문입니다.

예배 시간마다 하나님이 우리에게 말씀하시는 것은 예배가 끝나면 집에 돌아가도록 하기 위함이 아닙니다. 평안히 집에 돌아가게 하려고 설교 말씀이 선포되는 것이 아닙니다. 하나님의 말씀은 우리가 세상에서 어떻게 살아야 할지를 알려 주기 위해 선포됩니다.

한 주 더 생명을 연장해 주실 하나님이 우리를 향해 어떤 소원을 가지고 계신지, 어떤 사명을 주시는지 듣기 위해서 예배에 나아오는 것입니다. 예배에 참석했다가 그냥 집에 가기 위해서가 아니라 주님 앞에서 어떻게 살아야 할 것인지 그 사명을 받기 위해 말씀 앞으로 나아오는 것입니다.

요한은 주의 날 성령의 감동으로 나팔 소리 같은 큰 음성을 듣고 몸을 돌이켜 그에게 말한 음성을 알아보려고 했을 때 놀라운 환상을 보았습니다. 그리고 요한은 금 촛대 사이에 서신 인자 같은 이의 그 위엄과 영광 앞에 엎드려졌습니다. 그 순간 요한은 본 것을 기록하여 증거하라는 사명을 받습니다.

그리스도인의 체험은 증거를 위한 것입니다. 그 증거를 영속화하기 위해 글로 쓸 필요가 있습니다. 예배하는 성도들을 향해 주님은 들은 말씀대로 살기 위해 세상으로 나아가라고 말씀하십니다. 예배의 자리에 나아오는 성도들을 향해서 주님이 말씀하십니다. "가서 그리스도의 사랑을 증거하라." 우리가 나누는 사랑이 내일의 세상을 결정하기 때문입니다.

사랑하는 성도 여러분, 주님의 영광 앞에 나아온 자는 주님의 음성을 듣는 자입니다. 주님이 "누가 우리를 위하여 갈꼬"(사 6:8) 하시며 누가 세상에 나갈 것인지를 탄식하실 때 이사야는 말합니다. "주여 내가 여기 있습니다. 나를 보내소서."

큰 예배당에 숨어 있으면 안전합니다. 수천 수백 명이 참석하는 예배당에 있으면 아무도 우리에게 귀찮은 일을 시키지 않을 것입니다. 그러나 성도 수가 적으면 우리의 모습이 드러나기 시작할 것입니다. 우리가 비추어야 할 영역이 있게 마련입니다. 성도답게 성장하기 위해서, 성도다운 역할을 잘 감당하기 위해서는 사역의 장이 반드시 필요합니다. 사람들이 많이 모인 교회는 그런 면에서 이상적이지 않습니다. 숨어 있기 위해 오신 분들이 있기 때문입니다. 그런 분들은 영적으로 자랄 수 없습니다.

성령에 감동한 요한의 사명은 써서 전달하는 것입니다. 주일마다 예배드리는 우리의 사명은 들은 말씀을 나가서 증거하는 것입니다. "네가 본 것과 지금 있는 일과 장차 될 일을 기록하라 네가 보는 것을 써서 에베소, 서머나, 버가모, 두아디라, 사데, 빌라델비아, 라오디게아 등 일곱 교회에 보내라"라고 말씀하십니다.

한 번의 순종이 2천 년의 시간 속에서 성도들을 복되게 합니다. 우리가 나아가는 곳이 꼭 그럴듯한 곳이 아닐 수도 있습니다. 그러나 때로는 밧모섬 같은 척박한 곳도 하나님이 역사하시는 현장이 될 수 있다는 것을 믿으시기 바랍니다. 그 본 것을 기록하여 증거하는 사명이 바로 요한의 사명입니다. 우리의 사명은 무엇입니까?

사도 요한은 그의 첫 번째 편지에서 다음과 같이 증거합니다.

> 태초부터 있는 생명의 말씀에 관하여는 우리가 들은 바요 눈으로 본 바요 자세히 보고 우리 손으로 만진 바라 이 생명이 나타내신 바 된지라 이 영원한 생명을 우리가 보았고 증언하여 너희에게 전하노니 이는 아버지와 함께 계시다가 우리에게 나타내신 바 된 이시니라 우리가 보고 들은 바를 너희에게도 전함은 너희로 우리와 사귐이 있게 하려 함이니 우리의 사귐은 아버지와 그의 아들 예수 그리스도와 더불어 누림이라 우리가 이것을 씀은 우리의 기쁨이 충만하게 하려 함이라(요일 1:1-4).

환상 가운데서든 묵상 가운데서든 성령으로 경험한 진리는 증거를 위해서 허락하신 은혜입니다.

예루살렘 교회의 사명은 "예루살렘과 온 유대와 사마리아와 땅 끝까지 이르러 내 증인이 되라"(행 1:8 참조)는 것이었습니다. 주님이 마지막 유언처럼 말씀하셨지만 교회는 꿈쩍도 안 했습니다. 그래서 박해가 일어났고 사도들 외에는 사방으로 흩어져 어떤 사람은 사마리아에서 복음을 전하게 되었습니다.

우리가 묵상하고 받았든 듣고 받았든, 성령으로 경험한 진리의 은혜가 있다면 글로 남겨 보는 것이 아주 중요합니다. 하나님의 진리를 들어 보십시오. 하나님의 진리를 주목하십시오. 하나님의 진리를 만져 보십시오. 하나님의 진리를 여러분의 살과 피로 삼으십시오. 그리고 기록해 보십시오. 하나님의 진리를 전하여 사람들로 아버지와 그 아들 예수 그리스도와 사귐이 있게 하십시오. 그들로 세상의 빛이 되게 하십시오. 하늘의 별, 땅의 금 촛대와 같이 비치게 하십시오. 일곱 금 촛대는 세상에 있는 교회를 나타냅니다. 교회는 세상의 빛입니다.

일곱 금 촛대

본문에서 "일곱 금 촛대"는 일곱 가지가 있는 한 촛대가 아니라 일곱 개의 독립된 금 촛대를 말합니다. 구약의 이스라엘은 눈으로 볼 수 있는 단 하나의 유대 민족으로 구성되었지만, 신약의 교회는 그렇지 않기에 각 지역 교회마다 보편적 교회의 모습을 충만히 나타내야 합니다. 지상 교회의 조직에서 단일성을 찾아서는 안 됩니다.

눈에 보이는 연결점은 없습니다. 다만 그 가운데 계신 그리스도와의 관계 속에서 서로 연합되어 있습니다. 그뿐만 아니라 각 교회는 그분의 오른손에 붙들린 사역자들의 봉사를 통해서 그 기능을 다 할 수 있습니다. 그때 교회는 세상 속에서 그리스도의 임재를 나타낼 수 있습니다. 그때 교회는 세상 속에서 그리스도의 빛을 비출 수 있습니다.

여러분, 교회는 일곱 금 촛대와 같습니다. 그 하나하나가 하나님의 영광을 나타낼 등불이 되어야만 합니다. 교회의 위대성은 건물 크기나 모이는 회중의 숫자로 결정되지 않습니다. 몇 명이 모여서 예배를 드리든 주님의 말씀에 순종하고 주님을 사랑하는 마음으로 살아가면 주님의 영광을 드러낼 수 있습니다.

구약의 이스라엘은 눈으로 볼 수 있는 공동체였습니다. 그러나 신약의 교회는 그 하나하나가 독립적으로 어디에 있든지 주님의 교회입니다. 눈에 보이는 연결은 거기에 드러나지 않습니다. 그러나 일곱 교회, 일곱 촛대를 붙들고 계시는 손은 주님의 손입니다.

각 교회는 그분의 오른손에 붙들린 사역자들을 통해서 그 역사를 감당합니다. 그때 교회는 하나님이 원하시는 교회의 모습을 나타내 보일 수 있습니다. 교회에 관해서 주님이 가지신 비전을 우리가 공유하게 될 것입니다. 교회는 사람들이 숨는 곳으로 존재해서는 안 됩니다. 교회는 세상 가운데서 타오르는 횃불처럼 주의 영광을 드러내야 합니다.

사랑하는 성도 여러분, 세상에서 우리의 임무는 활활 타오르는 데 있습니다. 세상에서 우리의 임무는 빛을 비추는 데 있습니다. 이 기능을 다 하지 못할 때 우리의 존재 이유가 사라집니다. "네 촛대를 그 자리에서 옮기리라"고 주님은 경고하십니다. 일곱 금 촛대 사이로 주님이 찾아오심은 교회를 정결케 하사 세상에 그분의 영향을 끼치도록 하시기 위함입니다.

우리의 사역자들이 인자의 오른손에 붙잡힌 일꾼이 되도록 기도하십시오. 그들을 통해 선포되는 말씀으로 우리가 날마다 정결케 되어 세상에 그리스도의 임재와 영광을 밝히 드러내도록 간구하십시오. 어떤 환난 가운데서도 그 나라에 합당한 자로 견딜 수 있도록 영광 가운데 오신 인자 되신 우리 주님이 오늘도 우리를 붙드십니다. 그 영광스러운 주님의 나라와 하나님의 말씀에 끝까지 신실한 자들이 되기 바랍니다.

Revelation

요한계시록 2장 1-7절

1 에베소 교회의 사자에게 편지하라 오른손에 있는 일곱 별을 붙잡고 일곱 금
촛대 사이를 거니시는 이가 이르시되 2 내가 네 행위와 수고와 네 인내를 알고
또 악한 자들을 용납하지 아니한 것과 자칭 사도라 하되 아닌 자들을 시험하여
그의 거짓된 것을 네가 드러낸 것과 3 또 네가 참고 내 이름을 위하여 견디고 게
으르지 아니한 것을 아노라 4 그러나 너를 책망할 것이 있나니 너의 처음 사랑
을 버렸느니라 5 그러므로 어디서 떨어졌는지를 생각하고 회개하여 처음 행위
를 가지라 만일 그리하지 아니하고 회개하지 아니하면 내가 네게 가서 네 촛대
를 그 자리에서 옮기리라 6 오직 네게 이것이 있으니 네가 니골라 당의 행위를
미워하는도다 나도 이것을 미워하노라 7 귀 있는 자는 성령이 교회들에게 하시
는 말씀을 들을지어다 이기는 그에게는 내가 하나님의 낙원에 있는 생명나무
의 열매를 주어 먹게 하리라

08

첫사랑을 회복하라

그리스도 예수 안에서 사랑하는 성도 여러분! 이제 본격적으로 계시록 말씀을 살피려고 합니다. 주님을 향한 뜨거운 열정으로 신앙생활을 했던 초대 교회 성도들의 삶의 모습, 그 일곱 교회의 모습을 차례로 살피겠습니다.

요한계시록 2장과 3장은 일곱 교회에 보내는 주님의 편지입니다. 2장과 3장에 나오는 일곱 편지의 구조는 일률적입니다. 먼저, 편지를 보내시는 주님이 자신을 소개하는 말씀이 나옵니다. 그리고 각 교회를 향해 하시고 싶은 주님의 말씀이 나옵니다. 각 교회의 장점에 대해서는 칭찬하시고, 약점에 대해서는 꾸짖으십니다. 이 부분이 편지의 중심입니다. 끝으로 승리자에 대한 약속의 말씀이 있습니다. 동시에 이 약속은 모든 교회를 향한 성령의 권면입니다. 요한계시록 2장과 3장에 나오는 일곱 교회는 당시에 실제로 존재한 교회입니다. 실존했던 지역 교회들 가운데 일곱 교회가 선별되어 주님의 편지를 받았습니다.

그러면 계시록 2장 첫 부분의 말씀을 살펴봅시다. 첫째로 에베소 교회에 보내시는 편지입니다. 주님이 구체적인 지역 교회에 편지를 보내고 계신다는 것을 주목해야겠습니다.

사랑하는 성도 여러분, 특정 지역 교회에 속한다는 것은 매우 중요한 일입니다. 오늘날 많은 교인이 한 지역의 특정 교회에 속하는 특권과 책임을 제대로 인식하지 못하고 있는 듯합니다. 그래서 주일마다 이 교회 저 교회로 옮겨 다니는 일이 많습니다. 물론 부득이한 사정 때문에 다른 교회에서 예배할 수도 있고, 교회를 옮길 수도 있을 것입니다. 그러나 오늘날 소속감 없이 방황하는 성도나 이른바 '가나안(안나가) 성도'에 대해서는 심각히 생각해 보아야 합니다. 그뿐 아니라 주일마다 자기가 정한 교회를 가면서도 마음을 주지 않고 헌신하지 않는 경우도 있습니다. 그러므로 오늘날 우리 모두는 특정 지역 교회에 소속되어 있는 특권과 책임을 새롭게 인식해야 합니다. 여러분 모두 소속된 교회에서 주님을 신실하게 섬기는 것을 배워야만 합니다.

본문의 "일곱 교회"는 역사상 존재했던 특정 지역의 교회입니다. 동시에 '일곱'이란 숫자는 지상에 있는 교회 전부를 암시합니다. 당시 소아시아에 있는 일곱 교회에 보낸 편지인 동시에 오고 오는 모든 하나님의 교회를 위해서 기록된 편지이기 때문입니다.

그러므로 일곱 편지에 담긴 메시지는 각 시대의 모든 교회와 성도를 위한 것입니다. 특정 교회에 전달되었지만 동시에 특정 상황을 초월한 영적 진리를 담고 있기에 시대를 초월한 메시지가 됩니다.

도시 에베소의 특징

우리가 읽은 첫 편지는 에베소 교회에 보내진 편지입니다. 먼저, 에베소에 있는 교회를 잘 알기 위해서는 그 당시 상황에 비추어 도시 에베소를 생각해 보아야 합니다.

에베소는 지금의 터키에 속한 도시로, 당시 소아시아 지방에서 첫째가는 도시였습니다. 당대에 에베소는 아주 큰 항구 도시였고, 그 항구에서 떠나는 활발한 해상 교역로가 세 개나 있었습니다. 당시에는 육상 교통이 제대로 발달되어 있지 않은 시대여서 대부분의 화물이 바닷길로 운송되었습니다. 그래서 좋은 항구를 끼고 있는 도시가 발전할 수 있었습니다. 그런 면에서 에베소는 큰 도시로 발전할 수 있는 좋은 조건을 가진 도시였습니다. 그뿐만 아니라 이른바 "모든 길은 로마로 통한다"고 하는 길들 가운데 세 개가 에베소에 있었습니다. 이처럼 에베소는 상업적으로 매우 중요한 동시에 정치적으로도 비중이 컸던 당대 아시아의 일급 도시였습니다.

또한 세계 7대 불가사의(不可思議) 가운데 하나로 불리는 아데미 신전, 혹은 다이아나 신전이 있던 도시입니다. 더불어 온갖 종교와 마술이 성행한 곳입니다. 달리 말해 에베소는 복음이 정말 필요한 도시였습니다. 미신이 판을 치고, 부적 장사가 한몫을 하는 도시였습니다.

이곳에서 바울은 고린도에서 함께 건너온 브리스길라, 아굴라 부부와 함께 하나님의 복음을 전했습니다. 먼저 브리스길라와 아굴라 부부가 에베소에서 전도의 기반을 닦아 두자 바울은 다시 와서 첫 3개월 동안 회당에서, 그리고 나머지 2년 동안은 두란노 서원에서 일반 시민들이 쉬는 시간에 복음을 강론했습니다.

에베소 시민들은 오전 11시부터 오후 4시까지 낮잠을 자고 휴식을 취했는데, 바울은 그 시간을 이용해 두란노 서원에서 하루 5시간, 일주일에 엿새씩, 2년간 약 3,000시간이 넘는 엄청난 시간을 들여 복음을 변론했습니다. 그 결과 아시아에 사는 모든 사람은 유대인이나 헬라인을 막론하고 다 주의 말씀을 들었다고 기록되어 있습니다.

또 미신에 빠져서 마술을 행하던 많은 사람이 하나님에게로 돌아와 마술책을 불사르니 그 가격이 은 오만이나 되었다고 전하고 있습니다. 은화 하나를 노동자의 하루 품삯 5만 원으로 치면 25억이나 되는, 상상을 초월하는 액수입니다. 만 원짜리 책이라면 25만 권이 불태워진 격이니 바울의 에베소 사역이 얼마나 엄청난 영향을 끼쳤는지 알 수 있습니다.

그렇게 시작된 에베소 교회는 특히 사도 요한에게 의미가 있는 곳입니다. 바울이 개척한 후에 디모데와 사도 요한이 차례로 목회한 곳이기 때문입니다. 그리스도께서 가장 먼저 그 에베소를 언급하셨을 때 요한은 가슴이 뛰었을 것입니다. 2, 3세기에 기록된 글들에 따르면, 사도 요한은 에베소에서 목회를 했으며 노년까지 그곳에서 가르쳤습니다. 강대상에 부축을 받아 올라가면서도 항상 "너희는 서로 사랑하라"라는 한 가지 주제로 설교했다고 합니다. 말년을 그곳에서 보내고 그곳에서 죽어 묻힌 것으로 전해지고 있습니다.

그리고 예수의 모친 마리아 역시 에베소에서 생애를 마친 것으로 전해지고 있습니다. 예수님이 십자가 위에서 사랑하는 제자 요한을 향해 마리아를 눈으로 가리키며 "보라 네 어머니라. 이제부터 네 어머니로 모셔라"(요 19:27 참조)라고 하신 부탁을 요한은 끝까지 잘 지킨 것 같습니다. 자기가 이주하는 곳마다 마리아를 모시고 갔던 것 같습니다.

어쩌면 사도 요한이 밧모섬으로 유배될 때도 에베소에서 체포된 것일 수 있습니다. 에베소에서 밧모섬까지는 바닷길로 약 100킬로미터가 채 되지 않는, 바람만 잘 받으면 하루 뱃길에 지나지 않는 거리입니다. 하지만 당시에는 엄청나게 먼 길로 여겨졌을 것입니다. 다시 돌아가지 못할 것처럼 느껴졌을 것입니다.

주님의 자기소개

주님은 에베소 교회에 자신을 어떻게 소개하고 계십니까? “오른손에 있는 일곱 별을 붙잡고 일곱 금 촛대 사이를 거니시는 이”라고 하십니다. 일곱 교회의 사자, 일곱 교회의 지도자들을 오른손에 붙잡고 있다고 말씀하십니다.

주님의 오른손에 붙잡힌 일곱 별이란 목사, 장로, 감독 등 초대 교회 직분자로 이해할 수 있습니다. 일곱 별은 각 교회에서 말씀을 가르치고 설교하고 다스리며 목회를 책임진 자를 상징합니다. 주님은 그 능력의 오른손에 일곱 별을 붙잡고 있다고 말씀하십니다. 주님은 아무도 빼앗을 수 없도록 일곱 교회의 지도자들을 확실하게 붙잡고 계십니다.

가장 이상적인 사역자는 주님 손에 붙잡히길 소원하는 사역자입니다. 목회자뿐만 아니라 장로나 안수 집사, 권사도 마찬가지입니다. 사역자들이 주의 손에 붙잡혀서 사역하도록 기도해 주십시오. 또한 예배 시간마다 말씀을 통해 은혜받기를 사모하는 분은 특히 말씀 사역자를 위해 기도하고 후원해야 합니다. 사역자 요한을 통해 일곱 교회 성도들에게 편지를 써 보내신 것처럼 주님은 오늘도 당신이 세운 사역자를 통해서 말씀하시기를 기뻐하시기 때문입니다.

또한 주님은 일곱 금 촛대 사이를 다니시는 분으로 자기를 나타내고 계십니다. “자기 교회를 항상 돌아보고 계시는 분”이라고 소개하십니다. 살펴보시고 은혜를 베푸시는 동시에 권징을 하시는 분입니다.

사랑하는 성도 여러분, 아무리 작고 미약한 교회라도 영광스러운 주님이 임재하고 계십니다. 교회는 살아 계신 영광스러운 주 예수 그리스도께서 항상 함께하십니다. 그러므로 우리 모두 감격과 두려움으로 하나님의 교회를 대해야 합니다. 그러면 모임마다 주님의 영광스러운 임재를 느낄 것입니다. 예배든, 기도회든, 봉사든, 회의든, 큰 교회든, 작은 교회든 교회를 섬길 때 주님의 뜻을 먼저 살피는 건강한 교회로 만들어 갑시다.

사람들이 모인 곳에는 여러 성향의 사람들이 있어서 어떤 모임을 하든 자기 목소리를 꼭 내고 싶어 하는 분이 있습니다. 하나님의 교회는 하나님의 뜻을 함께 살피는 장소가 되어야 합니다. 그곳에서 나의 말이 먹힌다고 즐거워한다면, 그는 교회에 아무런 보탬이 되지 않는 사람입니다.

모든 교회는 그리스도의 교회입니다. 그분이 값을 치르신 영광스러운 교회입니다. 그분의 교회에 속한 우리는 모두 그분의 통치 아래에 있습니다. 그러므로 우리는 주님의 절대적인 권위에 복종해야만 합니다. 교회를 자기 뜻대로 하실 절대적인 권리가 주님에게 있습니다.

보십시오. 주님은 그 교회를 모두 잘 알고 계십니다. 또한 모든 교회를 향해서 할 말을 가지고 계십니다. 우리는 아닙니다. 우리에게는 그런 권한이 없습니다. 칭찬과 책망의 말을 할 수 있는 권리는 그분에게 있습니다. 인도하시고 간섭하실 권한이 그분에게 있습니다. 그러므로 성도의 모임마다 우리의 관심과 눈길은 우리 가운데 다니시는 주님에게로 향해져야만 합니다. “아버지, 어떻게 하기를 원하십니까?”라고 묻는 지도자들이 있는 교회는 복을 받게 될 것입니다.

에베소 교회가 받은 칭찬

“오른손에 있는 일곱 별을 붙잡고 일곱 금 촛대 사이를 거니시는 이”가 먼저 칭찬하십니다. 주님은 칭찬에 인색하신 분이 아닙니다. 모든 성도가 한 일을 인정하시고 칭찬하시는 분입니다.

우리는 주님에게 배워야 합니다. 어른이 되고 지도적인 위치에 서게 되면 늘 살피려고만 합니다. 그런데 그 살핀다는 것이 질책할 것들만 살피는 경우가 많습니다. 실수 하나도 절대 놓치는 법 없이 지적만 하면 사람은 주눅이 듭니다. 그러나 우리 주님은 질책할 거리가 있어도 칭찬을 먼저 하시는 분입니다. 그래서 저는 주님이 좋고 주님을 위해 섬긴다는 것이 너무나 영광스럽습니다. "나는 부족하여도 영접하실 터이니 영광 나라 계신 임금 우리 구주 예수라"(새찬송가 493장).

비록 부족한 것이 수없이 많지만 우리 주님은 나의 부족함을 못 본 것처럼 해주시고, 주를 위해 발버둥 치던 것을 인정해 주시며 "수고했다"고 맞아 주실 분입니다. 저는 그런 주님을 위해 무엇이든, 그것이 나의 삶이든 나의 재산이든 드릴 각오가 되어 있습니다.

"내가 네 행위를 아노니"라는 말에서 '행위'는 어떤 한 가지 행동을 말하는 것이 아니라 일련의 모든 행동을 말합니다. 우리 삶의 모든 과정과 행동 하나하나를 다 아시는 주님입니다. 하나님은 우리 마음을 처음부터 끝까지 살피시는 분입니다. 이 감찰하시는 주님 앞에 진솔하게 서는 것이 예배자의 합당한 태도입니다. 하나님은 우리의 행동과 말과 숨은 동기까지 다 알고 계십니다. "주여 모든 것을 아시오매 내가 주를 사랑하는 줄을 주께서 아시나이다"(요 21:17). 예배는 우리의 모습 그대로 정직하게 주를 뵙는 것입니다.

주님은 에베소 교회가 주를 위해서 얼마나 열심을 품고 섬겼는지 알고 계십니다. 에베소 교회 성도들은 주님의 사역에 전적으로 투신하였습니다. 주님은 그 백성의 투쟁과 업적을 모두 알고 계십니다. 여러분이 자신이 속해 있는 교회에 대한 긍지가 없다면, 그것은 바로 여러분 자신이 교회를 통해서 주께 헌신하지 않고 있다는 이야기가 될 것입니다. 그리스도의 교회에 충성하는 사람은 누구나 주님이 주시는 위로를 누릴 수 있습니다.

에베소 교회의 싸움 현장은 어떠했습니까? 그들은 교회 밖에 있는 악한 사람들과 싸운 것이 아니라 교회 안으로 침투해 온 악한 사람들과 싸워야 했습니다. 오늘날 교회 내부에 침투하는 신천지와 싸우는 것과 같습니다. 우리는 그리스도인답게 살지 못하는 사람들에 대해서 좋은 게 좋은 거라고 덮어 줄 것이 아니라, 하나님의 교회가 어떻게 나아가야 할지에 대한 정확한 기준을 가지고 사람들을 대해야 합니다. 바울이 에베소를 떠나면서 예언한 대로 에베소 교회 역시 이런 흉악한 이리 떼의 공격을 받았습니다.

그러나 에베소 성도들은 참 사도와 거짓 사도를 잘 분별해 냈습니다. 거짓된 자들을 결코 수용하지 않는 날카로움이 그들에게 있었습니다. 다른 복음을 전하는 거짓 사도들의 정체를 폭로하고 순결한 신앙을 위해서 그 나름대로 대가를 치른 교회입니다.

시대마다 교회는 거짓 주장을 하는 무리에게 시달림을 받아 왔습니다. 때로는 임박한 재림 날짜로 성도를 미혹하는 무리가 등장하기도 하고, 때로는 부부 생활을 하면 하나님에게 합당하지 못하다며 가정을 파괴하려 드는 무리가 나타나기도 합니다. 시대마다 교회는 이런 거짓된 가르침에 시달려 왔습니다.

본문은 에베소 교회를 괴롭히는 악한 자들을 "니골라 당"(2:6)이라고 말하고 있습니다. 이 자들은 어떤 사람들입니까? 불행히도 우리는 요한계시록의 일곱 서신에 나와 있는 정보 외에는 니골라 당에 대해서 아는 바가 없습니다. 이 무리는 에베소 교회뿐만 아니라 버가모 교회에도 침투해 있었습니다(2:15). 어쩌면 두아디라 교회에 보낸 편지에 등장하는 여자 이세벨도 같은 통속처럼 보입니다. 그렇다면 이들은 천상적인 그리스도가 지상에 오셨던 예수보다 중요하다고 주장하는 무리입니다. 기록된 사도적인 전통에 따라 성령의 현재적인 영감과 음성이 성경보다 우위에 있다고 생각하는 사람들입니다.

물질은 악하고 정신만 선하다고 보기 때문에 두 가지의 극단적인 금욕주의를 초래했습니다. 육신적인 삶을 경멸하고 가정을 파괴하는 무리가 그

중 하나입니다. 다른 극단은 그리스도인의 자유를 주장해서 무슨 짓을 해도 그리스도인은 죄를 짓지 않는다고 주장하면서 자기 욕망에 따라서 사는 무리가 생겨났습니다. 결국 니골라 당의 행위는 성도들의 삶을 음란에 빠지게 했습니다. 2세기경에 가서는 이들을 추종하던 무리가 재물뿐만 아니라 아내까지 공유하는 형태의 공동체를 이루었다는 기록이 있습니다.

에베소 교회는 이런 이단의 가르침에 귀 기울이기를 허용하지 않았습니다. 이단의 무리를 조금도 용납하지 않은 일로 칭찬받을 만한 교회였습니다. 진리의 기둥과 터라고 하는 교회의 모습을 잘 나타내 보였습니다. 성의 자유와 육체적인 쾌락을 주장하는 이들을 용납하지 않았습니다.

그리하여 바른 교리와 바른 삶을 사수한 교회로 칭찬받았습니다. 그리스도의 이름을 위한 일에는 끝까지 버티고 게으르지 아니했습니다. 그들 자신을 위한 일이었다면 아마 중간에 포기했을지도 모르겠습니다. 그러나 그들은 싸움과 시련이 주를 위한 것임을 알았기 때문에 포기하지 않았습니다. 사도적 전통을 따라 주를 위해서 고난받는 것을 오히려 영광으로 알고 견디어 온 자들입니다. 비록 현실은 만만치 않지만 영광의 소망이 있기에 성도들은 날마다 자기를 부인하고 날마다 자기 십자가를 지기로 결단한 것입니다.

사랑하는 성도 여러분, 날마다 자기를 부인하고 날마다 자기 십자가를 지라고 했습니다. 여러분은 그렇게 살고 있습니까? 여러분은 지난 한 주간에 '내가 오늘도 주님의 십자가를 지고 간다'는 의식을 가지고 살았습니까? 아니면 세상과 희희낙락하며 즐기고 있었습니까? 주님의 이름을 위해서 욕을 먹고 박해와 조롱을 당하고 악한 말을 듣는 것은 약속된 복을 바라보기 때문입니다. 그런 면에서 에베소 교회는 정말 칭찬받을 만한 교회였습니다. 우리 주님은 칭찬에 인색하지 않으시고 그 충성된 면을 지적하시면서 격려하고 계십니다.

에베소 교회를 향한 주님의 진단과 처방

그러나 에베소 교회는 완벽한 교회가 아니었습니다. 주님의 평가를 들어 보십시오.

> 그러나 너를 책망할 것이 있나니 너의 처음 사랑을 버렸느니라 그러므로 어디서 떨어졌는지를 생각하고 회개하여 처음 행위를 가지라 만일 그리하지 아니하고 회개하지 아니하면 내가 네게 가서 네 촛대를 그 자리에서 옮기리라(2:4, 5).

여기 에베소 교회의 문제에 대한 주님의 진단과 처방이 있습니다. 기독교 진리는 정통적으로 사수했으나, 사랑의 실천이 결여된 것이 그들의 문제라고 책망하고 계십니다. 거짓 사도들과의 싸움은 완벽하게 치러 냈지만 성도 상호 간의 사랑은 상실되었다는 것이 그들의 심각한 문제였습니다.

"너희가 서로 사랑하면 내 제자가 되리라"(요 13:35 참조)고 주님이 말씀하셨습니다. 이 말씀에 비추어 보면 그들은 지금 그리스도의 제자 된 그 근거 자체를 상실하는 자리에 나와 있습니다. 사랑을 희생시키고 수호한 정통 교리는 완전한 것이 아닙니다. 사랑이 없는 기독교는 왜곡된 신앙이기 때문에 그렇습니다.

더 깊이 고찰하면 그들 상호 간에 생긴 사랑의 결여는 주님에 대한 첫사랑을 상실한 증상입니다. 그리스도를 향한 사랑이 식어 버리면 그분이 피로 값을 주고 사신 형제자매가 시들하게 느껴지는 것입니다. 반대로 그리스도를 향한 사랑이 뜨거우면 형제자매에 대한 사랑도 새로워집니다. 보십시오. 구약 시인의 고백을!

> 내가 여호와께 아뢰되 주는 나의 주님이시오니 주 밖에는 나의 복이 없다 하였나이다 땅에 있는 성도들은 존귀한 자들이니 나의 모든 즐거움이 그들에게 있도다(시 16:2, 3).

여러분은 어떻습니까? 교회가 사랑이 있느냐 없느냐를 말하기 전에 주님을 향한 나의 사랑과 헌신이 어떤지를 물어야 합니다. 교회는 건물이 아니라 우리 한 사람 한 사람으로 이루어져 있습니다. 하나님 앞에 처음 예배하던 그 감격이 여러분의 가슴속에서 고동치고 있습니까?

"첫사랑을 회복하라"고 주님이 우리를 향해 말씀하십니다. 최고의 의사이신 주님이 진단과 함께 처방을 내리고 계십니다. "기억하라! 회개하라! 돌아서라!" 우리의 첫사랑이 식은 것을 어디서 어떻게 회복할 수 있습니까? "그러므로 어디서 떨어졌는지를 생각하[라]"(2:5)고 하십니다.

그리스도인은 처음 사랑의 불을 댕긴 주님의 십자가와 빈 무덤으로 돌아가야 합니다. 우리 주님이 우리를 위해 행하신 모든 것을 기억함으로써 우리는 그분을 향한 사랑을 회복할 수 있습니다. 데이트하는 사이인데 덥다고, 비 온다고, 눈 온다고, 춥다고 못 만나겠다고 한다면 그건 사랑이 아닙니다. 여름은 덥습니다. 그냥 앉아만 있어도 땀이 줄줄 납니다. 찬송하지 않고 기도하지 않아도 땀이 납니다. 그래도 우리는 주님과의 만남을 내 생명보다 소중하게 생각해야 합니다. 주님이 우리를 위해 24시간을 주셨으니 우리는 주님과 함께하는 시간을 얼마나 가질지 결정하십시오. 일률적으로 요구할 수는 없습니다. 어린 아기한테는 엄마의 젖이나 우유를 먹이지 한정식을 들이밀지는 않습니다. 그러나 여러분이 더 이상 아이가 아니고 공동체에서 아비의 역할을 할 위치에 있다면 주님을 위한 삶을 어떻게 살아야 할 것인지 스스로 결단하십시오.

사랑은 지속적인 만남을 통해서만 유지될 수 있습니다. 날마다 주님을 만나십시오. 매일 그분의 말씀을 대하고 기도하십시오. 성경을 읽고 기도하는 일을 다시 시작해 보십시오. 그 음성을 듣고 그분에게 여러분의 목소리를 아뢰십시오. 사랑하는 사이에서는 듣고 말하는 것이 반드시 필요합니다. "에이! 보기도 싫다"라고 한다면 사랑하는 게 아닙니다. 사랑한다면 못 보면 보고 싶고, 보고 있어도 아쉬워합니다.

매일 예배하는 그 심적 분위기를 유지하기 바랍니다. 그분을 만나는 일은 어떤 값을 치르더라도 지켜야 합니다. 우리는 별것 아닌 약속에도 목숨이 달린 것처럼 액셀을 밟으며 달려갑니다. 그러나 진실을 말하면 그것은 우리의 삶에서 별로 중요하지 않습니다. 우리가 마지막 숨을 몰아쉴 때 정말로 만나고 싶은 사람이 그 사람이라면 당연히 가야 합니다. 그러나 그렇지 않다면 별 볼 일 없는 일에 인생과 시간을 낭비하지 마십시오. 만약 돌아서지 않으면 그분의 심각한 경고가 우리를 기다리고 있을 것입니다.

에베소 교회를 향한 권면

그리스도께서 에베소 교회를 심판하기 위해 올 것이라고 경고하십니다. 마지막 심판이 아니라 오늘 역사 속에 그 종지부를 찍기 위해서 오시리라는 경고입니다. 다만 그것은 아직 현실이 아니라 하나의 가능성입니다.

에베소 교회 성도들이 그들의 사랑을 전부 상실한 것은 아닙니다. 다만 첫사랑이 식었기에 회복해야 한다고 권면하십니다. 여러분 마음속에 그리스도를 향한 사랑이 모두 식었다고 생각하지는 않습니다. 그러나 첫사랑을 회복하라고 주님은 말씀하고 계십니다. 주님의 경고를 흘려들어서는 안 됩니다.

주님은 말씀대로 행하시는 분입니다. 역사 속에 세워진 에베소 교회는 이제 흔적도 없이 허물어져 내린 것을 볼 수 있습니다. 이제는 그곳에서 에베소 교회였다고 하는, 폐허가 된 기둥들을 만날 뿐입니다. 교회는 사랑이 없는 상태로 결코 존재할 수 없습니다. 우주적인 교회는 결코 지상에서 사라지지 아니할 것입니다. 그러나 지역 교회의 생명은 사라질 수 있습니다. 문을 닫는 서양의 교회들이 이를 입증하고 있습니다.

특정 교회가 책임을 다하지 못하면 그 자리에서 제거당할 수 있습니다. 그러므로 "첫사랑을 회복하라"는 이 명령(권면)에 생사가 걸려 있음을 우리는 기억해야 합니다. "회개하지 아니하면 내가 네게 가서 네 촛대를 그 자리에서 옮기리라"고 말씀하신 주님이 심판하러 오십니다.

이기는 자들을 위한 약속

사랑하는 성도 여러분, 그러나 이 무서운 경고가 주의 마지막 말씀은 아닙니다. 성령께서 교회들에게 하시는 말씀이 아직 남아 있습니다. 7절을 보면 "이기는 그에게는 내가 하나님의 낙원에 있는 생명나무의 열매를 주어 먹게 하리라"고 되어 있습니다. 계시록은 믿음의 싸움에서 이기는 자를 위해 기록된 말씀입니다. 아니, 더 무서운 싸움 가운데서 끝까지 인내하도록 격려하기 위해서 이 책은 기록되었습니다. 그러므로 이기는 자를 위한 가슴 설레는 약속이 포함되어 있습니다.

하나님의 낙원에 있는 생명나무의 열매가 우리를 기다리고 있습니다. 첫 사람 아담이 범죄함으로 사람은 낙원에서 쫓겨났습니다. 그래서 그 생명나무에 이르는 길이 철저히 봉쇄되었습니다. 그러나 이제 그리스도 예수 안에서 생명나무에 이르는 길이 회복되었습니다. 죄의 삯은 사망이지만 그리스도 예수 안에 있는 하나님의 은혜의 선물은 영생이기 때문입니다.

성도 여러분, 그분 안에서 사람의 본래 모습이 회복되었습니다. 만물이 새롭게 느껴질 것입니다. 잃은 낙원보다 더 영광스러운 낙원이 우리를 기다리고 있습니다. 첫 낙원에는 동산 가운데에 생명나무가 한 그루 있었지만 이제는 강 좌우편에 무수한 생명나무들이 있을 것입니다. 열두 가지 실과가 달마다 맺힐 것입니다. 그 잎사귀조차도 만국을 소성케 하는 효험이 있을 것입니다.

어떤 사람이 승리자입니까? 그리스도에 관한 신실한 증인 모두가 승리자입니다. 말씀대로 살기 위해 발버둥 치는 사람이 승리자로 남을 것입니다. 사도 요한은 서신서에서 하나님에게로 난 자가 세상을 이기는 자들이라고 말합니다.

그냥 적당히 해서는 안 됩니다. 주님은 왜 쉬지 말고 기도하라고 하셨을까요? 열심히 기도하지 않고는 승리자가 될 수 없기 때문입니다. 기도하지 않아도 성도의 자리는 유지할 수 있습니다. 아무도 시비 걸지 않습니다. 성도답게 살지 못하는 사람을 격리해야 한다고 말하면 "교회가 사랑이 있어야지!"라며 오히려 벌떼처럼 그 사람을 옹호할지도 모릅니다. 그러나 교회의 사랑은 그런 것이 아닙니다. 교회의 사랑은 아무나 받아들이는 사랑이 아니라 우리의 자질을 유지하는 사람들에게 베풀어지는 사랑입니다. 교회에서 장로라고, 권사라고, 안수 집사라고 하는 사람들이 세상 사람들에게 손가락질받는 삶을 사는데, 그런 사람을 우리 가운데 포용하는 것이 사랑이라고 함부로 말하지 마십시오.

승리자가 되기 위해서는 쉬지 말고 기도해야 합니다. 항상 기쁨으로 우리의 표정을 관리해야 합니다. 저는 길을 가면서 사람들을 볼 때마다 표정을 살피는데 가끔씩 '나는 어떤 표정으로 다니고 있는가?' 궁금해지기도 합니다. "항상 기뻐하라 범사에 감사하라"는 말씀을 늘 기억하십시오.

우리가 세상을 이기는 것은 우리 안에 있는 예수 보혈을 믿는 믿음 때문입니다. 아니, 그리스도 예수께서 이미 승리하셨다는 것을 믿는 그 믿음 때문에 우리는 그 승리에 동참할 수 있습니다. 성도 여러분, 그날에 우리는 승리자로 설 것입니다. 세상은 심지어 우리를 죽이기까지 할 수 있습니다. 그러나 세상은 결코 우리를 패배자로 만들 수 없습니다. 이미 그리스도께서 십자가에서 승리하셨기 때문에 그 보혈을 믿는 우리 모두는 한날 그 승리에 동참할 것입니다.

아담이 쫓겨난 낙원보다 더 영화로운 하늘 낙원에서 영광 중에 주님을 영원히 찬양하게 될 것입니다. 그날은 우리가 부르던 모든 찬송이 마음속에서 샘솟을 것입니다. 세상을 살면서 의에 목말라 하던 모든 자가 그날에는 값없이 생명수를 마시게 될 것입니다. 첫사랑 속에서 끝까지 주님을 섬기던 모든 자에게 생명나무의 과실이 풍성히 주어지게 될 것입니다. "이기는 그에게는 내가 하나님의 낙원에 있는 생명나무의 열매를 주어 먹게 하리라"(2:7).

Revelation

요한계시록 2장 8-11절

8 서머나 교회의 사자에게 편지하라 처음이며 마지막이요 죽었다가 살아나신
이가 이르시되 9 내가 네 환난과 궁핍을 알거니와 실상은 네가 부요한 자니라
자칭 유대인이라 하는 자들의 비방도 알거니와 실상은 유대인이 아니요 사탄
의 회당이라 10 너는 장차 받을 고난을 두려워하지 말라 볼지어다 마귀가 장차
너희 가운데에서 몇 사람을 옥에 던져 시험을 받게 하리니 너희가 십 일 동안
환난을 받으리라 네가 죽도록 충성하라 그리하면 내가 생명의 관을 네게 주리
라 11 귀 있는 자는 성령이 교회들에게 하시는 말씀을 들을지어다 이기는 자는
둘째 사망의 해를 받지 아니하리라

09

죽도록 충성하라

변함없이 하나님을 사랑하는 성도 여러분, 일곱 교회를 살피시는 주님의 음성에 귀를 기울여 보십시오. 주님이 보내신 둘째 편지는 서머나 교회에 보내신 편지입니다.

이 편지에는 역설이 가득 차 있습니다. 우선 도시 서머나를 생각해 봅시다. 첫 편지를 받은 에베소에서 북쪽으로 56킬로미터 정도 떨어진 곳에 있는 또 하나의 항구 도시입니다. 동방에서 오는 도로가 끝나는 지점이고 일찍부터 번영을 누린 곳입니다. 요즘에는 '아시아'라 부르지 않고 '소아시아'라고 부르지만, 당시 서머나는 아시아 제1의 도시라는 칭호를 두고 에베소, 버가모와 더불어 겨루던 곳입니다. 현재도 서머나는 터키의 3대 도시이며, 이스탄불 다음으로 큰 항구 도시입니다.

일찍부터 서머나는 충성심이 뛰어난 도시였습니다. 로마가 세계를 재패하기 전부터 로마와 동맹한 것으로 소문난 도시입니다. 또 로마를 위해 신전을 지어 바치는 열심으로 아시아에서 첫째가는 도시라는 자부심을 가지고 있었습니다. 로마가 제국이 되기 전부터 로마를 파악한 모양입니다.

역사의 주관자

이 편지를 보내신 주님은 자신을 어떻게 소개하십니까? "처음이며 마지막이요 죽었다가 살아나신 이"라고 소개하십니다. 보통 우리는 "난 처음이었다"라고 하거나 "난 마지막이었다"라고 말하는데, 주님은 "처음이며 마지막이요"라고 말씀하십니다. 처음인 분이 마지막일 수 없고, 죽은 이는 살아날 수 없는데 주님은 역설적으로 자신을 소개하고 계십니다.

주님은 처음이요 마지막이신 분입니다. 즉 모든 역사의 주관자십니다. 때로는 환난과 박해를 허락하시지만 그럴 때는 궁극적인 의도가 있습니다. 오직 당신 백성의 유익을 위해서 허락하실 뿐입니다. 계속되는 환난 속에 살아가는 성도는 '과연 주님이 통치하고 계시는가?'라고 질문할 것입니다. 어려움을 계속 겪을 때 '과연 내 삶을 주장하시는 전능하신 분이 계신가?'라는 질문이 마음속에 자리 잡을 것입니다. '주님이 계신다면 이 풍요로운 도시 서머나에서 성도들은 왜 그처럼 가난하게 살아야만 하는가?', '억울하게 비난받고 있는 자기 자녀들을 왜 변호해 주지 않으시는가?', '사탄의 무서운 계략을 이미 파악하고 계시다면 왜 그것을 무산시키지 아니하시는가?'라고 말입니다.

주님은 서머나 교인들이 마음에 품고 있는 의문을 다 읽으신 것처럼 "나는 처음이며 마지막"이라고 소개하십니다. 주님은 역사의 주관자십니다. 사랑하는 성도 여러분, 그분이 오늘도 역사의 주관자로 계십니다. 여러분의 상황이 어떠하든지 이 진리를 붙드십시오. 어떤 어려움도 그분의 선하신 뜻 안에서 허락됩니다. 주님이 통치하시는 세상에서는 무의미한 고난이 있을 수 없습니다. 모든 고통에는 뜻이 있습니다. 처음이요 나중이신 주님의 선하신 뜻을 헤아리십시오. 그때 비로소 우리 마음속의 질문이 잠재워질 것입니다.

또한 주님은 서머나 교회를 향해서 자신을 "죽었다가 살아나신 이"라고 소개하며 격려하십니다. 주와 함께 죽으면 그와 함께 다시 살아날 것입니다. 함께 고난받으면 함께 영광을 누릴 것입니다. 우리는 모든 순간에 주님과 함께 있습니다. 죽었다가 다시 사신 그분이 우리의 주님이기 때문에 우리는 두려워하지 않습니다. 환난과 순교를 앞둔 그들에게 주님은 자신이 역사의 주관자인 동시에 죽음의 정복자라고 소개하십니다.

사랑하는 성도 여러분, 처음이며 나중이요 죽었다가 살아나신 이가 말씀하십니다. "내가 네 환난과 궁핍을 알거니와 실상은 네가 부요한 자니라 자칭 유대인이라 하는 자들의 비방도 알거니와 실상은 유대인이 아니요 사탄의 회당이라"(2:9). '네가 찌든 가난 속에 사는 것이 아니라 너는 부요한 자라'고 말씀하고 계십니다.

서머나 교회의 상황

주님은 서머나 교회의 실상을 손바닥 보듯 환히 보고 계십니다. 그들의 모습을 역설적으로 설명하십니다. 그들은 환난 가운데 있으나 활기가 넘치는 풍요로운 성도들이었습니다. 그들은 사람들에게 비난받고 있었지만, 주님에게는 칭찬을 받았습니다. 경제적으로는 가난했지만 영적으로는 부요했습니다. 그들의 비방은 유대인들에게서 시작되었습니다. 박해의 진원지는 이른바 '여호와께 속한 무리의 모임'인 회당이었지만 그 모임의 실상은 사탄의 회당이라고 지적하고 있습니다.

사랑하는 성도 여러분, 여러분의 실상을 알고 계신 주님을 신뢰하십시오. 누가 무슨 소리를 해도 주님은 우리의 모습을 알고 계십니다. 주님은 서머나 교회의 실상을 멀리서 바라보고만 계시는 분이 아닙니다. 주님은 그들의 형편을 동정하시는 분입니다. 우리의 대제사장은 우리의 연약함을 체휼하지 않으시는 분이 아니요, 우리와 같은 처지에서 우리 형편을 아시는 분입니다. 사람들에게 비난과 소외를 당하는 고통이 어떠한지를 아십니다. 남들은 부요하게 살아갈 때, 가난하게 살아가는 것이 무엇인지를 아십니다. 우리를 위해 스스로 가난하게 되신 주님이기에, 또한 부요가 무엇인지 직접 경험해 보신 분이기에 풍요의 도시 속에서 가난을 택한 그들을 잘 이해하고 계십니다.

서머나는 일찍부터 풍요로운 도시로 알려진 곳입니다. 그런데 왜 서머나 교인들은 가난 속에서 살았습니까? 서머나 교인들을 당국에 고발한 유대인들이 아마도 교인들의 재산까지 자신의 몫으로 차지했던 모양입니다. 그리스도인을 밀고하는 사람이 그 밀고를 당한 사람의 재산을 자기 것으로 할 수 있는 그런 무법천지였습니다. 그리스도인이라는 것이 밝혀지면 공민권을 박탈당하고, 그리스도인이라는 이유로 법의 보호를 전혀 받을 수 없는 것이 그 시대의 그리스도인들이 받은 고난이었습니다.

박해와 가난과 조롱은 서머나에만 존재하다가 역사에서 사라진 것이 아닙니다. 오늘 한국 사회처럼 공공연한 박해와 투옥, 약탈이 끝난 곳도 있지만 지난 20세기는 순교자가 가장 많은 세기였음을 기억해야 합니다. 1,900년 동안 순교한 사람보다 지난 한 세기에 순교한 사람이 더 많습니다. 우리의 눈을 세계로 돌려야 합니다. 세계 곳곳에 있는 교회의 현실을 직시합시다. 신앙 때문에 서머나 교회의 길을 걷고 있는 이들을 우리의 기도 속에, 우리의 관심 속에 포함시켜야 합니다. 특히 북쪽 성도들을 기억합시다. 예전에 영국 북웨일즈의 조그마한 도시에 있는 에벤에셀 교회에 간 적이 있습니다. 그곳에 들어가는 현관문 왼쪽 편에 "북한을 위해 기도합시다"라고 적힌 문구를 보았습니다. 그때 제가 목사로서 얼마나 부끄러웠는지 모릅니다. 우리는 북한을 위해 기도하는 소리가 잦아들고 있습니다. 신앙 때문에 서머나 교회의 길을 걷고 있는 이들을 우리의 관심 속에 포함해야 합니다.

우리는 흔히 유럽의 교회들이 영적으로 다 무너졌고 죽었다고 말합니다. 하지만 제가 현장에서 보는 모습은 정반대입니다. 거품이 다 사라지고 가장 어려운 시기가 오면 누가 진짜 그리스도인인지 드러날 것입니다. 그들의 설교에는 예화 하나, 가십과 너스레 하나 없습니다. 설교가 얼마나 분명하며 성경 본문과 명확한 교리에서 얼마나 벗어나지 않는지를 보십시오. 분명 오늘날 그곳은 열광적인 무대 조명이 꺼지고 적막과 고요에 둘러싸여 있습니다. 하지만 그 속에서 신실한 그리스도인들이 여전히 타오르고 있는 모습에 저는 희망을 보고 있습니다. 그들의 진심과 헌신을 통해 교회는 시련의 시기를 잘 버텨내고 있습니다.

몸집이 작아지고 세력이 약해지는 것을 두려워해서는 안 됩니다. 한때는 전 세계의 선교를 책임지는 대단한 교회였습니다. 대부분의 성경은 대영성서공회를 통해 인쇄되어 전 세계에 뿌려졌습니다. 지금은 그런 명성을 더 이상 볼 수 없지만 그곳에도 신실한 성도들은 남아 있습니다.

어쩌면 우리 가운데서도 서머나 교회의 몫을 자기 몫으로 택한 성도가 있을 것입니다. 신앙 때문에 더 좋은 조건의 직장을 포기하는 사람도 있습니다. 신앙 때문에 은근히 박해와 조롱의 말을 들어야 했던 형제자매들도 있을 것입니다.

사랑하는 성도 여러분, 우리에게는 더 나은 기업이 있습니다. 복음을 위해서 포기한 부분을 보상받고도 남을, 더 낫고 영구한 산업이 있습니다. 사람의 사는 것은 소유의 풍부에 달려 있지 않습니다. 더 많이 가지길 원한다 해도 언제나 우리보다 많이 가진 사람이 있게 마련입니다. 사는 즐거움은 풍부한 소유에서부터 나오는 것이 결코 아닙니다. 지금 하나님이 내 손에 남겨 주신 것들을 돌아보면 감사가 끊이지 않을 것입니다.

삶의 기쁨과 보람은 하나님을 향한 부요한 삶에서 나옵니다. 그래서 구약의 모세는 그리스도를 위해 받는 능욕을 애굽의 모든 보화보다 귀히 여겼습니다. 신약의 바울은 그리스도를 위해서 세상의 모든 것을 배설물로 여겼습니다. 세상이 주는 특권과 혜택을 기꺼이 포기했습니다.

여러분은 그리스도를 위해서 가난을 택할 수 있습니까? 아니면 세상의 부를 추구하면서 살기로 작정했습니까? 여러분은 땅 위에 보물을 쌓고 있는 자입니까? 아니면 하늘에 보물을 축적하고 있는 자입니까? 여러분 삶에는 예수를 믿는다는 이유로 포기한 것이 있습니까? 예수를 믿기 때문에 조롱을 받아 본 적이 있습니까? 여러분이 집사가 되고, 장로가 되고, 또 목사가 되면서 무엇을 포기해 본 적이 있습니까? 직장이나 동네에서, 혹은 집안이나 학원에서 빈정거림과 미움의 소리를 들어 본 적이 있습니까? 그렇다고 하면 여러분은 복이 있는 사람입니다.

> 나로 말미암아 너희를 욕하고 박해하고 거짓으로 너희를 거슬러 모든 악한 말을 할 때에는 너희에게 복이 있나니 기뻐하고 즐거워하라 하늘에서 너희의 상이 큼이라……(마 5:11, 12).

서머나 교인들은 어떤 비난을 받았을까요? 9절에서 주님은 "자칭 유대인이라 하는 사람들에게서 네가 비방을 받고 있는 것을 내가 알고 있다"고 하셨습니다.

서머나 교회가 배출한 위대한 순교자 폴리카르포스(폴리갑)의 이야기를 기억하십니까? 서머나 총독은 "지금이라도 늦지 않으니 그리스도를 비방하고 그를 모른다고 하라. 그러면 맹세코 너를 놓아주리라"고 하며 폴리카르포스를 회유했습니다. 그때 폴리카르포스가 모든 성도의 가슴 속에 남을 말을 남깁니다. "내가 86년간 예수 그리스도를 섬기고 믿어 왔는데 그분은 나에게 아무런 피해도 주지 않으셨습니다. 하물며 나의 주인이시며 왕이시고 구주이신 분을 내가 지금 어떻게 배반할 수 있겠습니까?"

그러자 다시 한 번 총독이 그를 회유하려고 시도했습니다. 그때 폴리카르포스가 이렇게 대답했습니다. "헛수고하지 마십시오. 내가 황제 가이사에게 생명을 두고 맹세하노니 내가 누구며 무엇 하는 사람인지를 모른척하지 마십시오. 내가 지금 당신에게 들려주는 말을 분명히 기억하십시오. 나는 그리스도인입니다." 그러자 총독이 화가 나서 "그대 운명은 지금 내 손아귀에 달려 있다. 돌이키지 않으며 사나운 짐승의 밥이 되는 줄 알고도 두려워하지 않았으니 이제 너를 화형에 처하겠다"며 마지막 위협을 가했습니다. 그때 폴리카르포스가 또다시 대답합니다. "한 시간 정도면 타다가 꺼질 불로 나를 위협하고 있으나 당신은 악인들을 위해서 예비된 장차 올 심판과 영원히 타오를 불을 모르고 있습니다. 무엇을 주저하십니까? 시행하십시오."

늘 그랬듯이 유대인들은 이방인과 함께 폴리카르포스의 죽음을 요구했고 그를 화형시킬 장작을 부지런히 가져다 날랐습니다. 아이러니하게도 그날은 유대인들이 신성시하는 안식일이었습니다. 안식일에는 옷고름도 고쳐 매지 않고, 밀밭을 지나가도 보리와 이삭을 찧는 행위라며 이삭을 잘라 손으로 비벼 먹지도 않는 사람들이 장작을 갖다 놓느라 바빴습니다.

신앙생활은 그렇게 해서는 안 됩니다. 필요할 때는 주일을 잘 지키면서 자신이 하고 싶은 것이 있으면 주일도 상관없이 하는 그런 신앙생활을 해서는 안 됩니다. 유대인의 전통은 안식일에 장작을 나르는 일을 금합니다. 그럼에도 불구하고 장작을 갖다 나르는 일을 서슴지 아니했습니다. 그들의 마음이 폴리카르포스를 죽이고 싶은 욕망에 사로잡혀 있었기 때문입니다. 그들의 실상은 여호와께 속한 자들이 아니라 사탄의 회당에 속한 자들이었습니다. 그래서 전혀 유대인답게, 하나님의 백성답게 처신하지 못한 것입니다. 사탄의 주특기인 참소하는 일에 자신을 내어 맡겼습니다.

사랑하는 성도 여러분, 절대로 남을 비난하는 일에 가담하지 마십시오. 악평을 올리는 일에 여러분의 손이 쓰이지 않길 바랍니다. 다른 사람을 욕하는 일에 여러분의 입이 사용되지 않길 바랍니다. 가능하면 남을 험담하는 자리에 여러분의 귀가 동참하지 않길 바랍니다. 그것은 사탄의 주특기입니다. 밤낮없이 성도를 비난하고 헐뜯고 악평하려 드는 그 일이 바로 사탄이 하는 일이라고 성경은 기록하고 있습니다. 사탄의 일에 여러분이 가담해서는 안 됩니다. 특히 성도를 비난하는 것이 얼마나 두려운 일인지를 생각하십시오. 하나님이 자기 피로 값 주고 사신 하나님의 백성을 함부로 대하는 것은 자신을 사탄의 도구로 내주는 일입니다. 유대인들을 닮지 마십시오. 물론 첫 개종자들은 모두 유대인 가운데서 나왔습니다. 하지만 첫 박해자들 역시 유대인 가운데서 나왔습니다.

저는 다섯 살 때부터 교회를 다닌 이후로 30년 만에 처음으로 다른 사람을 비방하지 않는 그리스도인을 만났습니다. 제가 만났을 당시 그분은 나이가 저보다 훨씬 많은 40대 후반으로, 자랑스럽게도 우리 SFC(학생신앙운동) 초대 임원 중 총무로 지내신 손영준 선교사님이셨습니다. 그분은 같은 교단 사람들끼리 만났을 때, 다른 이들이 서로 하하 호호 하며 한마디씩 하는 중에도 아무런 말도 하지 않으셨습니다. 우리와 다르니 충격이었습니다. 몇 달을 같이 지내고 보니 그분은 험담하는 일에 자기 입을 사용하지 않는 분이었습니다. 그때 '아! 그리스도인은 저렇게 살아야 하는구나'라는 것을 보고 배웠습니다. 권사도 장로도 목사도 그런 모범을 보여 주지 않으니 예수 믿는 사람들이 모여서 형제자매인 영적 지도자들에 대해 함부로 말하는 것입니다. 그렇게 하는 것은 자신의 신체를 사탄의 도구로 내어 주는 일입니다.

사실 우리는 그 사람에 대해 다 알지 못합니다. 우리 안에는 지킬 박사의 모습도 있지만 하이드 씨의 모습도 있습니다. 우리 안에는 착한 모습도 있지만 착하지 않은 모습도 있습니다. 우리는 자신에 대해 얼마나 관대한지 모릅니다. 자기가 착한 일을 '하려고 한' 것까지도 전부 착한 일을 '했다'고 생각하고, 자신을 굉장히 착한 사람이라고 부각시킵니다. 그러나 실제로 우리는 나쁜 일을 했고, 또 나쁜 일을 하려고 한 것은 아예 생각하지도 않습니다. 상대방을 볼 때는 내가 아는 관점에서 '저 사람 좀 아닌데……'라고 생각할지 몰라도, 하나님은 그런 사람이라 생각하시고 또 그런 사람을 살려 놓으셨다는 것을 틀림없이 아셔야 합니다. 판단은 그분의 몫입니다. 우리의 몫은 그저 긍휼히 여기고 사랑하는 것입니다.

2천 년 동안 하나님의 백성을 향한 극심한 박해는 유대인의 회당에서 시작해서 명목상의 성도들이 모인 교회당에서도 계속되었습니다. 유대인의 회당이 사탄의 모임으로 전락했듯이 그리스도인의 모임도 적그리스도의 모임으로 전락할 수 있습니다. 파스칼은 「팡세」(파스칼의 유고집)에서 이렇게 이야기했습니다. "종교의 이름으로 하는 열심만큼 극악한 것은 없다." 당시에 기독교라는 이름으로 악한 짓이 얼마나 많이 저질러졌는지, 그 명석하고 사리가 통하는 사람이 그렇게 이야기했습니다.

극악한 박해는 세상으로부터 온 것이 아닙니다. 하나님의 백성이 교회에 속한 사람들에 의해서 얼마나 많이 순교를 당했는지 아십니까? 중세의 천년이 넘는 동안 마음속 깊이 주님을 사랑한 수많은 사람이 교인들에 의해서 순교를 당했습니다. 하나님의 백성이 많은 박해를 당한 것은 사실입니다. 그러나 우리가 신자답게 살지 못한 탓에 "교회가 그래서는 안 됩니다"라는 말을 듣는 것이 박해입니까? 부끄러워할 줄 알아야 합니다.

여러분은 하나님의 자녀라는 이름을 가지고 있습니까? 그렇다면 하나님 나라를 위해서 긍정적인 힘과 마음을 다해 적극적으로 기여하지는 못할지라도 그 나라를 무너뜨리는 일에 가담해서는 안 됩니다.

형제자매를 함부로 폄론하지 마십시오. 하나님의 교회에 속한 성도를 비방하는 것은 가장 무서운 죄악입니다. 밤낮 사탄이 하는 그 일에 가담하는 행위입니다. 하물며 우리의 영적 지도자를 향해서 비난하는 일에 함부로 참여해서는 안 됩니다. 부족하고 손가락질받을 만한 일을 왜 안 하겠습니까? 하지만 그것은 사탄이 낱낱이 고발할 테니 우리가 거기에 힘을 보탤 필요는 없습니다. 정근두 목사가 얼마나 나쁜 목사인지는 사탄이 낱낱이 고발할 것입니다. 그러나 저는 믿고 있습니다. "나는 부족하여도 영접하실 터이니 영광 나라 계신 임금 우리 구주 예수라"(새찬송가 493장)는 것을 알고 있습니다. 주님은 말씀하실 것입니다. "그런 부족한 정근두 목사를 위해 내가 내 피를 흘렸다." 하나님 아버지 앞에서 옹호해 주실 것을 저는 믿고 있습니다. 그래서 저는 온 세상이 뭐라고 비난해도 전혀 두렵지 않습니다.

죽도록 충성하라

사랑하는 성도 여러분, 지금껏 서머나 교회가 처한 상황에 대해 기술했습니다. 이제는 주님이 명령과 약속을 하고 계십니다.

> 너는 장차 받을 고난을 두려워하지 말라 볼지어다 마귀가 장차 너희 가운데에서 몇 사람을 옥에 던져 시험을 받게 하리니 너희가 십 일 동안 환난을 받으리라……(2:10).

다시 한 번 역설이 나오고 있습니다. 지금도 가난하고 또 지금도 비난받고 있어서 어려운데 주님은 "이제 내가 도와주마"라고 하시지 않고 "너희가 열흘 동안 환난과 고난을 받을 것이다. 또 너희 가운데서 몇 사람을 옥에 던져 시험받게 할 것이다. 장차 받을 고난을 두려워하지 말라"고 말씀하십니다. 지금도 그들은 숱한 싸움을 싸워 오고 있습니다. 비방을 듣고 있습니다. 환난을 당하고 있습니다. 가난 속에 있습니다. 그런데 주님은 "이제 앞으로는 너희에게 고난이 없을 것이다. 두려워하지 말라"고 말씀하시지 않습니다.

또한 마귀가 "옥에 던진다"고 하는 것은 그냥 잠깐 구류하는 것이 아닙니다. 거기에서 생명이 끝장날 수 있다는 것을 암시합니다. 주님은 서머나 교회의 현재 형편을 묘사한 다음에 그들이 당하게 될 미래가 어떻게 될 것인지를 말씀해 주고 계십니다. "무서운 환난이 다가오고 있으나 두려워하지 말라." 이렇게 역설적인 권면을 하고 계십니다. "너희에게는 지금보다 극심한 환난이 다가오지만 두려워하지 말라"는 환난의 실상을 소개하고 계십니다. 환난과 가난과 비방이 오늘 그들의 몫이었는데 이제 투옥과 순교가 그들을 기다리고 있음을 말씀하고 계십니다.

설상가상입니다. 그러면서 주님은 죽도록 충성하라고 격려하십니다. 주님은 현재 서머나 교회의 열악한 상황을 아실 뿐만 아니라 미래의 서머나 교회의 극심한 박해를 내다보시는 분입니다. 오늘과 내일의 상황을 아시면서 주님이 그 상황에 개입하는 것을 자제하고 계시는 이유는 무엇일까요? 주님은 그들의 궁핍한 상황에서 왜 도와주지 않으시는 걸까요?

여기에는 몇 가지 이유가 있습니다. 극심한 환난은 성도에게 어떤 유익을 줍니까? 뜨거운 불로 더 정제된 제품을 생산할 수 있듯이 극심한 환난은 더 순수한 성도를 배출합니다. 환난은 개인의 신앙을 더욱 순수하게 만듭니다. 그래서 주님 때문에 주님을 사랑하게 만듭니다. 예수 믿고 나서 바로 일들이 잘 풀리면 누가 예수를 안 믿으려고 하겠습니까? 일마다 다 잘되면 예수 믿는 것이 뭐가 어렵겠습니까? 그러나 주님은 주신 것 때문이 아니라 주님 때문에 주님을 사랑하도록 하십니다.

욥에 대해 알고 계십니까? 하나님은 온 세상을 두루 다녀 본 마귀와 이렇게 대화하십니다. "너는 어디를 가 봤느냐?" 마귀가 대답합니다. "나는 온 세상을 다녀봤습니다." "그렇다면 너는 나의 종 욥을 보았느냐? 욥처럼 온전하여 나를 경외하는 자는 없다." "무슨 이야기입니까? 하나님이 욥처럼만 복을 주십시오. 하나님이 욥처럼 복 주시고 보호해 주시면 하나님을 좋아하지 않을 사람이 누가 있겠습니까?" "그래? 그렇다면 내가 욥에게 준 것을 네가 한번 뺏어 보아라. 하지만 그의 몸에는 손대면 안 된다." 그랬더니 욥은 하루아침에 연속적으로 재난 보고를 듣게 됩니다.

우리는 욥기 내용을 알고 있습니다. 앞의 이야기도 알고, 뒷부분에서 욥이 두 배로 큰 복을 받는다는 것도 알고 있습니다. 그러나 정작 욥은 아무것도 몰랐습니다. 하늘에서 무슨 일이 있었는지 몰랐기 때문입니다. 캄캄한 곳에서는 누가 때렸는지 알 수 없는 상태와 마찬가지입니다. 믿고 얻는 유익 때문이 아니라 믿음의 대상이신 주님 때문에 주님을 사랑하는 그 순수한 사랑을 주님이 요구하십니다.

환난은 우리의 신앙을 더 순수하게 돌아보게 합니다. 예수를 믿는 것 때문에 손해를 보기 시작하면 '내가 무엇 때문에 주님을 찬양하지?', '내가 무엇 때문에 주님께 감사하지?'라고 생각합니다. 그러나 하박국 선지자는 "아무것도 없더라도 나는 여호와로 인하여 즐거워하며 나의 구원의 하나님으로 인하여 기뻐하리로다"(합 3:18 참조)라고 고백합니다. 이것이 신앙인의 자세 아닙니까?

환난은 첫째, 개인의 신앙을 순수하게 하고, 둘째로는 공동체의 신앙을 새롭게 합니다. 바람이 불면 불은 꺼집니다. 그러나 어떤 바람은 강풍으로 변하면서 불을 더 활활 타오르게 합니다. 산불을 아시죠? 성냥불은 작은 바람이면 꺼집니다. 그러나 무섭게 타오르는 산불은 바람이 불면 더 타오른다는 것을 아셔야 합니다.

주님을 향한 사랑의 불길을 한번 기억해 보십시오. 바람은 그 불을 끄지 못하는 것입니다. 바람이 그 불을 더 활활 타오르게 만드는 것입니다. 하나님이 주신 시련의 바람은 공동체의 신앙을 더욱 활기 있게 타오르게 할 것입니다. 성냥불이나 촛불은 바람이 불면 꺼집니다. 하지만 함께 타오르는 불은 결코 꺼지지 않을 것입니다. 지금도 시련 가운데 있지만 앞으로 더 큰 시련이 임박해 있다고 서머나 교회를 향해 말씀하십니다. 주님은 이런 서머나 교회를 통해서 죽도록 충성할 자들이 계속 배출될 것을 암시하고 계십니다.

사랑하는 성도 여러분, 지금 시련의 때를 겪고 있는 분이 계십니까? 하나님이 주신 시련의 시기는 하나님 손안에 있습니다. 이 시련을 신앙을 더욱 순수하게 하는 기회로 삼으십시오. 새로운 힘을 공급받는 기회로 삼으십시오. 생각과 달리 시련은 우리를 승리자로 만들 것입니다. 끝까지 신실한 성도, 죽기까지 신실한 성도는 세상에서 패배자가 아닙니다. 그는 승리자입니다. 그는 그리스도의 승리에 동참하는 자입니다. 십자가의 죽음을 통해서 부활의 승리에 참여한 주님을 본받는 자입니다. 자신의 죽음을 통해서 사탄을 패배하게 만드는 자입니다. 그리스도를 위한 고난은 우리 자신을 영광으로 장식할 수 있는 기회입니다.

> 생각하건대 현재의 고난은 장차 우리에게 나타날 영광과 비교할 수 없도다(롬 8:18).

생애 대부분을 환난 속에서 살았던 사도가 바울입니다. 고난은 그에게서 멀찍이 사라져 본 적이 한 번도 없었습니다. 그럼에도 그는 승리자의 노래를 부르면서 성도들을 격려했습니다.

> 우리가 잠시 받는 환난의 경한 것이 지극히 크고 영원한 영광의 중한 것을 우리에게 이루게 함이니 우리의 주목하는 것은 보이는 것이 아니요 보이지 않는 것이니 보이는 것은 잠깐이요 보이지 않는 것은 영원함이라(고후 4:17, 18).

약속된 상급

사랑하는 성도 여러분, 비록 우리 앞에 고난이 기다릴지라도 그 고난에는 반드시 끝이 있습니다. 태풍이 무섭게 북상한다 해도 우리 모두 알고 있습니다. 무섭게 퍼부어도 소낙비나 폭풍은 끝날 때가 있습니다. 그것이 "너희가 십 일 동안 환난을 받으리라"라는 의미입니다. 이것은 산술적으로 하루, 이틀 셀 수 있는 열흘이 아니라 투옥과 박해의 때가 있지만 그것은 잠깐 후에 끝나리라는 것을 암시하는 것입니다. 산술적인 표현이 아니라 상징적인 표현입니다.

열하루째 되는 날이 반드시 있을 것을 바라보며 그날을 기다리십시오. 박해의 바람은 짧지만, 그 짧은 시간에 정말 무섭게 서머나 교회를 강타할 것입니다. 그러나 얼마 후면 모든 환난이 끝나고 하나님의 섭리가 밝은 대낮처럼 나타날 것입니다.

> 너희가 십 일 동안 환난을 받으리라 네가 죽도록 충성하라 그리하면 내가 생명의 관을 네게 주리라(2:10).

모든 것을 다 아시는 주님이 "내가 도와주마"라고 하지 않으시고 "다만 견디라, 끝까지 견디라"고 격려하십니다. 그리하면 죽기까지 충성하는 자에게 주님이 준비하신 생명의 면류관을 주겠다고 하십니다. 그리스도께서는 우리 한 사람 한 사람이 나아갈 길을 다 달려서 붙잡아야 할 목표를 붙잡게 하십니다. 거기에 이르는 자를 위해서 준비하신 상급을 주시기 때문입니다.

사랑하는 성도 여러분, 고난이 없는 기독교는 기독교가 아닙니다. 십자가가 없는 삶에는 면류관이 없습니다. 오늘의 고난은 내일의 영광을 얻는 기회입니다. 오늘은 다 잃은 자들처럼 보이지만 내일은 모든 것을 다 소유할 자들입니다.

주님을 보십시오. 앞에 있는 기쁨을 위해서 부끄러움을 개의치 아니하고 사셨습니다. 십자가의 고난을 감당하셨습니다. 믿음의 창시자이시고 믿음의 완성자이신 그분이 우리의 모범 아닙니까? 우리는 그분만을 바라보면서 살아야겠습니다. "그는 그 앞에 있는 기쁨을 위하여 십자가를 참으사 부끄러움을 개의치 아니하시더니 하나님 보좌 우편에 앉으셨느니라"(히 12:2). 주님은 지금 승리자로 그곳에 앉아 계십니다.

사랑하는 성도 여러분, 믿음으로 경주하는 우리 앞에 기다리는 상급이 있습니다. 약속된 생명의 면류관이 모든 성도를 위해서 준비되어 있습니다. 죽든지 살든지 상관없습니다. 어떤 죽음으로 삶을 마감하든지 상관없습니다. 우리는 승리자가 될 것입니다. 믿음으로 그리스도와 연합하기만 하면 우리는 이미 그리스도와 함께 승리한 자입니다. 그래서 함께 죽고 함께 일으키심을 받았고, 이미 하늘 보좌에 함께 앉아 있습니다. 우리는 지금 그리스도와 함께 하나님의 보좌 우편에 앉아 있는 자입니다. 에베소서 2장을 보십시오. 하나님은 우리를 일으키셨습니다. 우리를 올리셨습니다. 우리를 하늘 보좌에 이미 앉히셨습니다.

사랑하는 성도 여러분, 우리에게는 영광스러운 승리가 보장되어 있습니다. 그분의 은혜로, 그분의 힘으로 넉넉히 이길 것입니다. 어떤 분은 "넉넉히 이기느니라"라는 말을 계시록의 주제로 삼고 있습니다. 우리는 승리자

이상이 될 것입니다. 열흘의 기간을 여러분의 신앙을 입증하는 기회로 삼으십시오. 승리자의 면류관으로 생명을 받아 누리게 될 것입니다. 새로운 피조물로 승리자의 위치에 서게 될 것입니다.

모든 교회에 주어지는 약속

동일한 약속이 서머나 교회뿐만 아니라 이 말씀을 듣는 모든 교회에 주어지고 있습니다.

> 귀 있는 자는 성령이 교회들에게 하시는 말씀을 들을지어다 이기는 자는 둘째 사망의 해를 받지 아니하리라(2:11).

여기서 "둘째 사망의 해"는 무슨 말일까요? 첫째 사망은 몸과 혼이 분리되는 육신의 죽음입니다. 아담 이후, 죄를 지은 모든 사람은 몸과 혼이 분리되는 육신의 죽음을 경험합니다. 사람 중에서 이것을 경험하지 아니할 사람이 누가 있습니까?

그리스도인들 역시 이 첫째 죽음을 경험합니다. 오히려 불신자들보다 더 처참하게 최후를 맞이할 수도 있습니다. 기독교 역사상 많은 순교자의 죽음을 기억해 보십시오. 편안한 죽음 대신 잔혹한 죽음을 맞이했습니다.

그러나 둘째 사망은 그리스도인을 결코 해치지 못할 것입니다. 그리스도인은 영과 육이 불 못에 함께 던져지는 재난 속에 빠져들지 않을 것입니다. 첫째 부활에 참여하는 자들에게는 둘째 사망이 해치지 못할 것입니다.

> 이 첫째 부활에 참여하는 자들은 복이 있고 거룩하도다 둘째 사망이 그들을 다스리는 권세가 없고 도리어 그들이 하나님과 그리스도의 제사장이

되어 천 년 동안 그리스도와 더불어 왕 노릇 하리라(20:6).

둘째 사망이 그들을 주관하는 것이 아니라 오히려 그들이 그리스도와 하나님과 더불어서 천 년 동안, 무궁한 세월을 왕 노릇 하리라고 약속하고 있습니다. 믿는 자에게 약속된 풍요로운 새 생명은 우리가 이 세상을 떠난다고 단절되는 것이 아닙니다. 마지막 호흡이 끊어진다고 단절되는 것이 아닙니다. 그래서 주 안에서 죽는 자들이 복이 있다고 성경은 말하고 있습니다. 이제 새 생명을 맛본 분들은 생명의 원천이신 하나님에게서 한순간도 단절될 수 없습니다. 이제 그리스도를 통해서 기쁨을 소유한 사람은 기쁨의 원천이신 하나님에게서 결코 단절될 수 없습니다. 아름답고 소망스러운 모든 것의 원천 되신 하나님에게서 그리스도인을 분리시킬 수 없을 것입니다.

서머나에 곧 불어 닥칠 환난의 바람은 순교자까지 배출할 것입니다. 처참한 죽음이 그들의 육신의 생명을 끝장낼 수도 있습니다만 그들의 영원한 생명은 둘째 사망의 해를 조금도 받지 아니할 것입니다. 죽기까지 신실하게 사는 그리스도인은 한 번 죽지, 두 번 죽지 않습니다. 위로부터 다시 태어난 자는 한 번만 죽습니다. 생명의 면류관을 받은 자들은 둘째 사망의 해를 받을 수가 없습니다. 그러나 한 번만 태어난 자는 반드시 두 번 죽음을 맛볼 것입니다. 둘째 사망이 그들을 하나님의 존전에서 영원히 멀어지게 할 것입니다.

십자가에 못 박혔다가 다시 살아나신 주 예수 그리스도의 생명이 우리 안에 충만하면 어떻게 나타날까요? 마음에 기쁨이 있습니다. 특별히 하나님의 말씀을 듣는 시간, 찬송하는 시간에 기쁨이 있습니다. 기도하는 시간도 마찬가지입니다. 우리는 날씨가 덥든 춥든 예배의 자리에 나옵니다. 여기에 생명의 말씀이 있다는 것을 믿기 때문입니다. 부활하신 그리스도의 능력이 오늘 우리의 삶을 지배한다면 우리는 영원히 그 생명의 능력 안에 거하게 될 것입니다.

충성된 자들에게 약속된 것을 마음속에 새기면서 말씀을 맺겠습니다. 생명의 관을 주실 것이라고 약속하고 있습니다. 둘째 사망의 해를 받지 아니할 것입니다. 그러므로 지금 그리스도와 더불어 굳건히, 담대하게 고통을 견디어 내십시오. 장차 그리스도와 더불어 영광을 나누게 될 것입니다.

죽도록 충성하십시오. 이것은 세상을 사는 모든 성도의 숭고한 임무입니다. 고급 병실에서 숨을 거두는 것이 여러분의 마지막 소원이 되지 않기를 바랍니다. 그곳에서도 숨은 넘어갑니다. 눈 한 번 크게 떴다 감으면 끝나는 것입니다. 그것이 여러분의 마지막 목표가 되지 않기를 바랍니다. 그리스도인다운 승리자로 마지막을 맞이하십시오. 누구나 세상을 떠납니다. 그때 승자와 패자가 구별됩니다. 참 어리석게 살았다고 한탄하며 최후를 맞이하지 마십시오.

사랑하는 성도 여러분, 승리자로 최후를 맞이하려면 세상을 사는 한 계속해서 끝까지 충성하십시오. 생명의 관이 우리를 기다리고 있습니다. 주님의 나타나심을 사모하는 모든 자에게 약속된 상급입니다. "내게만 하시는 게 아니라 주를 사모하는 모든 자들에게" 약속된 것이라고 바울은 말하고 있습니다. 끝까지, 그 면류관을 받아 쓰기까지 죽도록 충성하십시오.

Revelation

요한계시록 2장 12-17절

12 버가모 교회의 사자에게 편지하라 좌우에 날 선 검을 가지신 이가 이르시되
13 네가 어디에 사는지를 내가 아노니 거기는 사탄의 권좌가 있는 데라 네가 내
이름을 굳게 잡아서 내 충성된 증인 안디바가 너희 가운데 곧 사탄이 사는 곳에
서 죽임을 당할 때에도 나를 믿는 믿음을 저버리지 아니하였도다 14 그러나 네
게 두어 가지 책망할 것이 있나니 거기 네게 발람의 교훈을 지키는 자들이 있
도다 발람이 발락을 가르쳐 이스라엘 자손 앞에 걸림돌을 놓아 우상의 제물을
먹게 하였고 또 행음하게 하였느니라 15 이와 같이 네게도 니골라 당의 교훈을
지키는 자들이 있도다 16 그러므로 회개하라 그리하지 아니하면 내가 네게 속
히 가서 내 입의 검으로 그들과 싸우리라 17 귀 있는 자는 성령이 교회들에게
하시는 말씀을 들을지어다 이기는 그에게는 내가 감추었던 만나를 주고 또 흰
돌을 줄 터인데 그 돌 위에 새 이름을 기록한 것이 있나니 받는 자밖에는 그 이
름을 알 사람이 없느니라

10
회개하라

그리스도 안에서 사랑하는 성도 여러분, 요한계시록 2장 12-17절은 그리스도께서 소아시아 일곱 교회에 보내시는 세 번째 편지입니다. 세상에 있는 당신의 교회를 두루 살피시는 주님이 버가모 교회에 보내신 편지입니다.

첫 편지는 에베소 교회에 보내졌습니다. 첫사랑이 식은 교회라고 책망을 받았습니다. 두 번째 편지는 서머나 교회에 보내졌습니다. 박해를 받는 교회요 더 큰 박해가 기다리는 교회지만 죽기까지 충성하라는 격려를 받았습니다. 세 번째 편지를 받는 버가모 교회의 모습은 어떠합니까? 버가모 교회는 지나친 관용으로 인해서 책망을 받았습니다. "그러므로 회개하라"는 경고를 받았습니다. 그들은 외부적인 박해는 이겼지만 내부적인 유혹을 물리치지 못했습니다.

도시 버가모의 모습

이제 버가모 교회에 보내진 주님의 편지를 자세히 살펴봅시다. 먼저 도시 버가모를 살펴볼 필요가 있습니다. 버가모는 에베소나 서머나처럼 상업적으로 번성한 도시가 아니었습니다. 그러나 역사적으로나 정치적으로는 그 중요성이 앞의 두 도시를 능가하는 곳이었습니다. 소아시아 지역의 행정 수도로 그 위치가 달랐습니다. 소아시아 지역 일곱 교회 중에서 버가모가 바로 행정 수도였습니다. 3백 년 이상 그 지역의 수도로 자랑할 만한 것이 많은 곳이었습니다.

버가모에는 세상에서 가장 유명한 도서관이 있었습니다. 이곳에 있던 도서관의 장서가 20만 권이 넘었다고 합니다. 당시에 20만 권이면 적지 않은 장서입니다. 특별히 그때는 책을 인쇄해 내던 시절이 아니었습니다. 쓰는 사람도 손으로 쓰고 그 책을 가지려면 일일이 베껴 쓰던 시대에 20만 권의 장서를 가졌다는 것은 굉장한 일입니다. 동양은 닥나무로 만든 한지가, 서양은 갈대로 만든 파피루스가 종이의 주종을 이루던 시대에 양가죽으로 양피지를 발명한 곳이 버가모입니다.

버가모는 종교적으로도 열광적인 도시였습니다. 오죽하면 사도 요한이 그곳을 가리켜서 "사탄의 권좌가 있는 데"라고 불렀겠습니까? 720미터나 되는 산 위에 여러 신전이 즐비하게 건설되던 도시입니다. 그곳에는 버가모의 신이라고 불리던 아스클레피오스 신전이 있었습니다. 뱀으로 상징되는 이 의료의 신이 버가모를 유명하게 만들었습니다. 당대에 병으로 신음하던 자들이 마지막 희망을 걸던 곳입니다. 지금 같으면 대학 병원이나 마지막으로 찾는 기도원과 같은 곳이었다고 볼 수 있습니다.

아스클레피오스 신전에는 병동과 의료 학교가 있었고, 사제들과 신음하는 환자들이 있었습니다. 밤에 뱀들이 다니면서 환자를 스치고 지나가면 그 환자는 치료된다는 미신을 믿고 있었습니다. 뱀을 세상에 나타나는 치료의 신이라고 믿었기 때문에 뱀이 스치는 것을 신의 손길이 닿는 것으로 여겼습니다. 아직도 의무병들의 견장에는 뱀 모습이 남아 있는데, 바로 버가모에서 유래한 것입니다. 그러나 유대인이나 그리스도인이라면, 구약 성경을 조금만 읽었다면, 이 뱀이 무엇을 의미하는지 알 것입니다. 성경에서 뱀은 바로 인간을 타락시킨 사탄의 상징입니다. 그러므로 그리스도인들은 아스클레피오스 신전이 있는 그곳을 "사탄의 권좌가 있는 데"로 여겼을 수 있습니다.

버가모의 종교적인 열심은 아스클레피오스 신전 하나만으로 만족되지 않았습니다. 그곳에는 제우스 신전과 아테네 신전이 있었습니다. 두 신전은 여의도 쌍둥이 빌딩처럼 거대한 위엄을 나타냈습니다. 700미터가 넘는 우뚝 솟은 바위산에 큰 제우스 신상을 만들어 놓았습니다. 그래서 버가모에 사는 사람이라면 그 신상을 보지 않고 살 수가 없었습니다. 산 위에 있는 제우스 신상은 전 시가지를 위압했습니다.

그뿐만 아니라 버가모는 소아시아 지역의 행정 수도답게 가이사 숭배에도 둘째가라면 서러운 도시였습니다. 다른 도시에서는 정한 날짜에 분향을 하고 황제 숭배를 했습니다. 그러나 버가모에서는 황제의 신상 앞에 바쳐지는 제물이 날마다 있었습니다. 다른 도시에서는 제사를 드리는 날에만 그리스도인들이 위험을 느꼈다면, 버가모에서는 1년 365일 위험을 무릅쓰고 신앙생활을 해야 했습니다. 역사가 그리 깊지 않던 그곳 그리스도의 교회는 유구한 역사를 자랑하는 버가모에서, 학문적인 자부심을 가지고 있는 도시에서 이교 사상의 오만함과 맞서 싸워야 했던 것입니다.

좌우에 날 선 검을 가지신 분

그러면 주님은 버가모 교회에 본인을 어떻게 소개하고 계십니까? "버가모 교회의 사자에게 편지하라 좌우에 날 선 검을 가지신 이가 이르시되"(2:12)라고 소개하십니다. 버가모 교회에 찾아오신 주님은 그 손 좌우에 날 선 검을 가지고 계십니다. 동양의 칼날은 한쪽으로만 날카롭지만, 로마의 칼은 양쪽 모두 날이 서 있습니다. 이쪽으로 치든 저쪽으로 치든 쉽게 적을 무찌를 수 있도록 만들어 놓은 것 같습니다. 그래서 "좌우에 날 선 검"은 이 편지를 받은 사람들이 익히 아는 표현일 것입니다.

이방신을 예배하고 음란한 행위를 용납하는 심각한 타협이 이루어진 교회를 찾아오셔서 회개하지 않는 무리와 "그 입의 검으로" 싸우실 분으로 자신을 소개하고 계십니다. 회개하지 않는 이들을 향해서 주님이 싸우실 것이라고 말씀하십니다. 회개하는 이들에게는 구원의 검을 사용하시고, 돌이키지 않는 이들에게는 심판의 검을 휘두르실 것입니다. 양날이 선 검은 때로 방어하기 위해서 쓸 수도 있고, 때로는 원수를 무찌르기 위해서 사용할 수도 있습니다. 그래서 구원의 상징인 동시에 심판의 상징으로 쓰이고 있습니다. 하나님의 공의를 시행하시는 주님의 모습이 "좌우에 날 선 검을 가지신 이"라는 자기소개에 드러나 있습니다.

그러면 좌우에 날 선 검을 가지신 주님의 말씀에 귀를 기울여 보십시오. 주님은 먼저 칭찬의 말을 하신 다음 책망의 말을 하십니다. 사랑하는 여러분, 이렇게 해야 합니다. 처음부터 책망으로 시작하면 마음을 닫아 버립니다. 관계를 좋게 하려면 칭찬을 먼저 하고, 그다음에 잘못한 것을 지적해야 합니다. 그래야 상대방이 훨씬 쉽게 받아들입니다. 사랑하는 성도 여러분, 상대방의 좋은 점을 늘 먼저 생각하시기 바랍니다. 그 후에 고쳐야 할 것을 말해 준다면 서로 관계도 쉬워지고 받아들이기도 쉬워집니다.

버가모 교회를 향한 칭찬

주님은 칭찬을 먼저 하시고 나서 그들의 부족한 점을 경고하십니다.

> 네가 어디에 사는지를 내가 아노니 거기는 사탄의 권좌가 있는 데라 네가 내 이름을 굳게 잡아서 내 충성된 증인 안디바가 너희 가운데 곧 사탄이 사는 곳에서 죽임을 당할 때에도 나를 믿는 믿음을 저버리지 아니하였도다(2:13).

주님은 우선 그들의 신실성을 칭찬하십니다. 그들의 신실성은 그 신실함을 지킨 곳이 어떤 곳인가에 따라 더 부각되고 있습니다. 그들은 사탄의 보좌, 사탄의 본거지인 버가모에서 믿음을 저버리지 않았습니다. 버가모는 사탄이 존재하는 장소 그 이상의 곳이었습니다. 사탄이 특별한 권위를 행사하는 본거지였습니다. 하나님을 대적하는 자가 놀랄 만한 힘으로 기승부리던 곳이 버가모였습니다. 어떤 교회는 사탄이 더욱 기승부리는 곳에 위치해 있어서 쉽지 않은 투쟁을 벌이기도 합니다. 하지만 그것이 더 값진 투쟁이 될 수 있습니다.

또 주님은 "네가 어디에 사는지를 내가 아노니"라고 말씀하십니다. '산다'고 번역된 말에는 특별한 의미가 있습니다. 보통 신약 성경에서 세상에 흩어져 사는 그리스도인을 묘사할 때, 그냥 '거한다'고 하면 임시 거주자를 이야기합니다. 세상 그 어디에도 영주하지 않는 순례자로서 그리스도인의 모습을 이야기합니다. 그러나 여기 쓰인 단어는 영원히 안정된 거처를 나타냅니다. 그 의미는 이와 같습니다. "너희는 사탄의 능력과 영향력이 만연한 곳에 살고 있으며 앞으로도 그곳에 살아야 한다. 짐을 꾸려 어딘가로 가서 좀 더 편안하게 신앙생활을 할 수 없다. 지금 너희는 버가모에 살고 있고 앞으로도 거기 머물러야만 한다. 사탄의 권좌가 있는 그곳이 너희가 살 곳이다. 거기서 너희가 그리스도인임을 증거해 보여야만 한다."

사랑하는 성도 여러분, 성도는 누구나 하나님이 허락하신 바로 그 위치에서 충성해야 합니다. 우리가 우리의 살 곳을 택하는 것이 아닙니다. 우리가 살 곳을 결정하시는 분은 하나님입니다. 자라면서 '내가 왜 이런 가정에 태어났을까?' 하고 부모님을 원망해 보신 분이 있을 것입니다. 그것도 우리가 택하는 것이 아닙니다. 하나님이 하시는 일입니다. 몰라서 그렇지 부모 노릇을 하는 게 쉬운 일이 아닙니다. 여러분이 십 대 때는 "나를 왜 낳았어요?"라고 하지만, 여러분도 낳아서 한번 키워 보십시오. 그렇게 쉬운 일이 아닙니다.

버가모 그리스도인들은 버가모에서 그리스도인의 삶을 살아야 하고, 우리는 우리가 사는 곳에서 그리스도인의 삶을 살아야 합니다. 하나님이 세우신 위치를 포기하면 아무도 그리스도인이 될 수 없습니다. 버가모 교인들은 사탄의 본거지에서 그리스도를 향한 충절을 버리지 않았습니다. 충절을 포기할 만한 난관이 많았지만 부름받은 곳에서 믿음을 굳게 지켰습니다. 포기하고 싶은 때가 한두 번이 아니었지만 그들은 타협하지 않고 진리를 떠나지 아니했습니다.

버가모가 낳은 한 명의 순교자 이름이 본문에 기록되어 있습니다. 하지만 성경 다른 곳에서는 그에 관한 기록을 찾을 수 없습니다. 바로 "안디바"입니다. 안디바에 관해서 알 수 있는 역사적인 기록은 없습니다. 주님은 안디바를 "나의 충성된 증인"이라고 말씀하십니다. 이 '증인'이라는 단어가 순교자를 의미하는 단어로 변천되었습니다. 증인 노릇을 제대로 하면 결국 순교까지 이르렀기 때문입니다. 그리스도를 위해 증거하는 것은 곧 그리스도를 위해 고난받고 죽기까지 하는 것을 의미합니다.

목숨을 버리는 것도 순교지만, 어떤 사람은 그리스도 때문에 목숨을 버리는 것 못지않은 고난을 당하고 있습니다. 그리스도 때문에 자기가 누릴 수 있는 이익을 다 취하지 못하고 살아가는 사람도 그리스도의 이름을 위해 순교의 삶을 사는 사람입니다.

주님은 안디바처럼 목숨을·바친 사람들뿐만 아니라 그리스도를 위해서 희생하는 사람들을 향해서도 "충성된 증인"이라는 칭호를 부여하십니다. 요한계시록 1장 5절에서 주님은 자신을 가리켜 "충성된 증인"이라고 하셨습니다. 그 동일한 칭호를 안디바에게 부여하고 계십니다. 오늘도 세워진 자리에 있는 신실한 성도들을 향해 주님은 그렇게 불러 주기를 좋아하십니다.

그리스도를 위해서 죽임당하기까지 충성하는 것은 장차 그분의 영광에 동참하는 것을 의미합니다. 사탄의 독무대처럼 보이는 버가모에서 안디바는 주님의 이름을 끝까지 붙잡았습니다. 사탄이 마음대로 기승부리는 것 같습니까? 주님의 이름을 끝까지 붙드십시오. 장차 주님의 영광에 동참할 것입니다.

주님의 책망과 경고

13절의 칭찬과 대조적으로 14-16절에는 주님의 책망과 경고가 나오고 있습니다. 주님은 칭찬을 멈추시고 책망과 경고를 하십니다.

> 그러나 네게 두어 가지 책망할 것이 있나니 거기 네게 발람의 교훈을 지키는 자들이 있도다 발람이 발락을 가르쳐 이스라엘 자손 앞에 걸림돌을 놓아 우상의 제물을 먹게 하였고 또 행음하게 하였느니라 이와 같이 네게도 니골라 당의 교훈을 지키는 자들이 있도다 그러므로 회개하라 그리하지 아니하면 내가 네게 속히 가서 내 입의 검으로 그들과 싸우리라(2:14-16).

에베소 교회는 니골라 당의 행위를 미워하여 칭찬받았는데, 버가모 교회는 니골라 당의 행위를 수용하여 질책을 받고 있습니다. 여기서는 "발람의 교훈"이라는 다른 용어로 묘사되기도 합니다.

발람이 누구입니까? 애굽을 나와서 광야를 떠돌던 이스라엘이 모압 평지에 이르러 진을 쳤을 때입니다. 모압 평지는 가나안 땅 맞은편에 있는 곳으로 그 사이에는 요단강이 있습니다. 요단강만 건너면 이제 약속하신 땅에 들어가게 됩니다. 그때 모압 왕 발락이 보니 이스라엘 사람들이 아무래도 심상치 않았습니다. 지금까지 이스라엘이 가던 길은 아무도 막지 못했다는 것을 듣고는 군사력으로 싸워서는 도무지 안 된다는 생각이 들었던 것 같습니다. 그래서 당대에 가장 유명하다는 선지자를 특별히 초빙해 왔습니다. 메소포타미아에 살고 있던 발람이라는 자였습니다.

발락은 발람을 매수해 와서 이스라엘 사람들을 저주하도록 했습니다. 영은 영으로 대결해야 한다고 생각한 모양입니다. 그래서 몇 차례나 이스라엘을 저주하기 위한 시도를 했습니다. 소를 잡아 놓고 제사를 지내면서 발람을 통해 이스라엘을 저주하려고 했지만, 아무리 저주하려 해도 발람의 입이 말을 듣지 않았습니다. 발람의 입에서 나오는 말은 이스라엘을 저주하는 말이 아니라 축복하는 말이었습니다. 그래서 '장소가 좋지 않아서 그런가?' 하고 이스라엘의 일부만 보이는 곳으로 장소를 바꾸어서 다시 공들여 보았습니다. 그러나 결과는 마찬가지였습니다. 결과는 항상 저주 대신 축복의 말이 나오는 것이었습니다. 도무지 이스라엘을 해칠 방법이 없었습니다. 저주 대신 축복이 나오는 정도가 아니라, 이스라엘의 구원자가 나타날 예언까지 발람의 입에서 튀어나왔습니다. 하나님이 복을 주시려고 하면 사람이 저주할 수가 없습니다. 하나님이 복을 주기로 택하신 민족을 누가 감히 함부로 저주하겠습니까?

발락 왕이 돈을 주고 발람을 데려왔을 때는 다 이유가 있는데, 일이 제대로 성사되지 않으니까 결국 저주하는 일을 포기하고 작전을 바꾸었습니다. 사탄은 아주 교묘합니다. 한 가지 전략이 통하지 않는다고 해서 우리처럼 실망하고 포기하지 않습니다. 작전을 바꾸어서 발락 왕에게 속삭입니다. "이스라엘과 아예 싸우려 하지 말고, 문을 확 열어 잔치를 베풀어 주십시오. 이스라엘 남자들을 초청해서 진탕 먹고 마시게 하십시오." 그래서 모압 왕은 이스라엘 사람들에게 사자를 보내서 "우리는 여러분과 싸울 의사가 전혀 없습니다. 몇 월 며칠 우리 모압 땅에서 큰 잔치를 하오니 여러분은 오셔서 실컷 즐기십시오"라고 청했습니다. 이스라엘 남자들이 들었을 때 얼마나 좋은 소식이었겠습니까? 멋진 왕이라고 생각했을 것입니다. 싸워서 맞이하는 대신 잔치로 환영해 주는데 무장이 왜 필요하겠습니까?

이스라엘 남자들이 떼를 지어 모압 땅에 건너갔습니다. 그날 밤 잔치에는 세상의 온갖 진귀한 음식이 차려져 있었습니다. 게다가 입에 대면 달짝지근하게 넘어가는 포도주도 얼마든지 공짜로 마실 수 있었습니다. 음식과 술만 있습니까? 모압 여자들이 나긋나긋하게 노래 부르며 춤추는데, 날마다 보고 살아 온 이스라엘 여자들과는 좀 달랐습니다. 이스라엘 여자들은 광야에 몇 십 년간 노출되어 있으면서 피부도 거칠어져 있었을 텐데, 집에 앉아서 손톱만 다듬는 여자들이 얼마나 예뻐 보였겠습니까?

풍성한 음식과 맛있는 포도주뿐만 아니라 아리따운 여인의 춤과 노래가 그들을 미혹시켰습니다. 척박한 삶의 자리에서 굳건히 살아가는 이스라엘 여인들에 비하면 유혹의 춤을 추는 모압 여인들은 다른 세상이지요. 이스라엘 남자들은 모압 여자들의 황홀한 몸짓에 그만 정신을 잃었습니다. 그날 밤 집에 돌아가서도 모압 여자들만 눈에 아른거립니다.

성경은 그때부터 이스라엘이 음행하기 시작했다고 기록하고 있습니다. "이스라엘이 싯딤에 머물러 있더니 그 백성이 모압 여자들과 음행하기를 시작하니라"(민 25:1). 그리고 민수기 31장 16절은 "발람의 계교"라고 폭로하고 있습니다. 본문도 "발람이 발락을 가르쳐 이스라엘 자손 앞에 걸림돌을 놓[았다]"고 증거하고 있습니다.

사탄이 항상 험상궂은 표정으로만 유혹해 오는 것은 아닙니다. 때로 아주 예쁜 미소로 유혹해 옵니다. 발람은 자기 입으로 이스라엘을 저주하는 일에 실패하자 이른바 미인계를 써서 이스라엘 남자들을 타락시켰습니다. 그래서 이스라엘이 하나님의 진노의 대상이 되게 했습니다.

우상 숭배에 동참하게 하고 간음죄를 짓게 하여 이스라엘을 타락시킨 그 동일한 수법을 니골라 당이 버가모 교회에서 사용하고 있습니다. 우상의 제물을 먹게 하고 음행하게 한 니골라 당의 교훈이 교회 가운데 서서히 파고들었습니다. 우상 숭배와 음행은 하나님의 백성이 짓는 양대 죄악입니다. 우상 숭배와 음행은 서로 부추기는 역할을 합니다. 무절제하게 먹고 마시는 장소에는 성적 타락이 뒤따릅니다. 지금 니골라 당의 행위가 버가모 교회의 순결을 파괴하고 있습니다.

당시 사회에서 우상 제물을 먹지 않는다는 것은 사회생활의 큰 부분을 포기하는 것을 의미했습니다. 그들에게는 각종 생업마다 섬기는 신이 따로 있었습니다. 성도들은 생업과 관련해서 그 수호신을 섬기는 자리에 초청을 받았는데, 동참하지 않으면 미움받거나 배척당하고, 거래가 단절되거나 사업에서 따돌림을 당해야 했습니다. 아무리 돈이 없어도 가까운 사람이나 갑의 위치에 있는 사람이 초청장을 돌리면 동참해야 했고, 그러지 않으면 사회생활이 고달팠습니다. "우리 주 세피아 신전에서 함께 식사를 나누고자 그대를 초청합니다"라고 초청장이 날아오면 고민이 시작됩니다. 이 초청을 거절한다는 것은 단지 그날 밤 맛있는 음식을 못 먹는 문제가 아니었습니다. 앞으로 먹고사는 문제가 달린 사업 거래가 끝난다는 것을 의미했습니다.

그래서 몇몇 교인은 그 제사에 살며시 가서 참석하거나 나름대로 변명했을지 모르겠습니다. '음식은 먹더라도 마음만 뺏기지 않으면 되지'라고 스스로 위로했을지 모릅니다. '돈도 많이 주는데, 이 직장에 남아 있으려면 주일 한두 번 빠지면 어때, 나중에 가면 되지'라고 자기변명을 했을 수도 있습니다.

결국, 이러한 변명과 함께 버가모 교인들 가운데 타협하는 풍조가 생겨난 것입니다. 요즘도 그럴 수 있지요. '경기도 어려운데 사업이 잘되어야 감사 헌금도 하고 십일조도 내지' 하면서 하나님이 원하시지 않는 길로 점점 빠져들어 가는 분은 없습니까? 문제는 교회가 그런 사람들에게 손을 쓰지 않았다는 것입니다. 주님이 그 손에 양날 선 검을 가지고 와서 싸우시기까지 그대로 버려두었다는 데에 버가모 교회의 심각성이 있습니다.

하나님이 우리에게 바라시는 것은 감사 헌금과 십일조가 아닙니다. 우리의 마음을 그리스도인답게 드리기를 바라십니다. 십일조와 감사 헌금을 드리기 위해 그리스도인답지 못한 행동을 하지 마십시오. 하나님은 절대 기쁘게 받지 않으십니다. 십일조를 드릴 돈이 없어진다 하더라도 정직하게, 그리스도인답게 살아야 합니다. 우상 숭배는 하나님이 아닌 것을 신으로 생각하는 것입니다.

우상 제사에 동참하면 우상 제물뿐만 아니라 성적인 타락이 항상 따라다녔습니다. 이방 신전의 제사는 먹고 마시는 데서 끝나지 않고 혼외정사로 치닫곤 했습니다. 오늘날도 영적인 순결이 지켜지지 아니하면 성적 순결도 보존되기가 힘듭니다.

고대 세계는 오늘날과 전혀 다른 윤리 의식을 가지고 있었습니다. 순결은 기독교가 이 세상에 소개한 덕목입니다. 고대 세계의 주장을 들어 보시렵니까? "우리는 쾌락의 도구로 매춘부를 인정하며, 잠자리를 위해서 축첩 제도를 인정한다. 합법적인 아이를 가지며 집안 살림을 위해서 또한 부인을 둔다." 남자에게 세 명의 여자가 필요하다는 것입니다. 쾌락의 도구로 매춘부가 필요하고, 잠자리를 편안하게 하기 위해서는 첩이 있어야 하고, 아이를 낳아 가문을 이어가고 살림을 하려면 정실부인도 두어야 한다고 주장했습니다.

몇 십 년 전까지만 해도 한국 사람들이 가졌던 사고방식과 그렇게 차이가 나지 않습니다. 유교 윤리 속에서는 그런 것들이 인정되었습니다. 1960년대에 들어서 비로소 축첩 공무원들이 공무원직에서 쫓겨난 것을 아십니까? 그 전에는 공무원이 되면 축첩은 보너스처럼 따라갔습니다.

키케로라는 로마의 철인은 말합니다. "젊은 사람이 창녀와 연애하는 것을 엄격히 금지해야 한다고 생각하는 이가 있다면 그런 자를 배격해야 한다." 젊은 사람이 창녀와 연애하는 것을 금지해야 한다고 하는 사람을 받아들여서는 안 된다는 것입니다. 이런 것이 사회적으로 통용될 뿐만 아니라 전통적으로 수용되던 곳이 헬라 사회와 로마 사회였습니다. 그래서 그 당시에는 지방 총독으로 임명되었는데 부인이 같이 갈 수 없는 상황이면, 아예 첩을 딸려 보냈습니다.

그러므로 그리스도인이 되어 여자 문제에 대해 고상한 삶을 산다는 것은 완전히 새로운 삶의 자리에 서는 것입니다. 과거의 삶에서 돌이켜 '내가 한 아내의 남편으로서 신실하겠다'라고 하는 것은 대단한 결단에 속하는 것입니다. 초대 교회는 집사를 세우려면 한 아내의 남편이어야 한다는 조건을 들고 있습니다. '한 여자에게 신실하지 아니하고서 어떻게 한 하나님에게 신실할 수 있느냐?'고 묻는 것입니다.

그러므로 회개하라

버가모 교회에 침투한 사탄의 책략을 경계하십시오. 때로 사탄은 박해하기도 하고 유혹하기도 합니다. 이것이 사탄이 사용하는 양대 수법입니다.

해묵은 방법입니다. 박해하든지 유혹하며 회유하든지 두 가지 방법입니다.

"잘 먹고 잘 살자"라는 것은 기독교의 표어가 아닙니다. 폭음, 폭식, 쾌락주의는 세상 사람들의 목표입니다. 여러분의 삶의 목표는 무엇입니까? 즐기는 것입니까? 세상에서 인정받는 것입니까? 삶의 보장입니까? 쾌락을 추구하는 것입니까? 그것은 그리스도인의 삶의 목표가 아닙니다. 그리스도인의 삶의 목표는 거룩과 순결에 있습니다. 거룩과 순결은 신자에게 없어도 괜찮은 것이 아닙니다. 거룩과 순결을 추구하는 것은 모든 그리스도인의 의무입니다. 이 목표를 향해서 우리가 날마다 나아가야만 합니다.

사랑하는 성도 여러분, 여러분은 사탄의 물타기 작전에 빠져들지 않았습니까? 세상 물에 빠져 흐느적거리지는 않았습니까? "살다 보니까 할 수 없지요"라는 무기력한 변명만 늘어놓는 분은 없습니까? 더 나아가 "구태여 꼭 그렇게 살 필요가 뭐 있습니까?" 하며 자기를 옹호하는 분은 없습니까?

신자야말로 그렇게 인생을 살아갈 수 없는 사람들입니다. 그리스도인의 기준에서 떨어졌다면 우리 자신을 한번 돌아보아야 합니다. 헌신의 열기가 식었습니까? 영적 힘이 약해지지는 않습니까? 경건의 훈련을 회복해야만 합니다. 세상의 표준을 수용하는 삶에서 돌아서야만 합니다.

세상은 "부어라 마셔라"라고 합니다. 그 축제에 참여하는 것이 그들 삶의 목표 아닙니까? 'enjoy'하는 것이 그들이 추구하는 마지막 목표 아닙니까? 그러나 우리는 이 땅에서 거룩하게 살도록 부름받은 사람들입니다.

> 그러므로 회개하라 그리하지 아니하면 내가 네게 속히 가서 내 입의 검으로 그들과 싸우리라(2:16).

주님의 분노는 버가모 교인들에게로만 향한 것이 아닙니다. 주님은 "니골라 당의 행위를 좇아가는 그들과 내가 싸울 것이다"라고 말씀하십니다.

주님은 스스로 악행을 할 뿐만 아니라 다른 사람들을 끌고 들어가는 사람들을 진노의 대상으로 보고 계십니다. 먹고 마시고 즐기는 것이 우리 삶의 목표가 되어서는 안 됩니다. 성도답게 살다가 성도답게 죽는 것이 우리 삶의 목표가 되어야 합니다.

저는 요즘 이런 기도를 합니다. "하나님, 제가 죽는 순간도 성도답게, 증거가 되게 해주십시오. 평생을 주를 위해 살아왔는데 이제 주님 품에 가는 것을 그렇게 버둥대면서 살아 보겠다고 그러고 싶지 않습니다. 평안히 아버지 손에 다 맡기게 해주십시오. 죽는 순간도 제가 말로 전하던 그 진리를 보여 주는 시간이 되기를 원합니다."

이기는 자에게 주시는 약속

이제 마지막으로 이기는 자에게 주시는 약속을 살펴봅시다.

> 귀 있는 자들은 성령이 교회들에게 하시는 말씀을 들을지어다 이기는 그에게는 내가 감추었던 만나를 주고 또 흰 돌을 줄 터인데 그 돌 위에 새 이름을 기록한 것이 있나니 받는 자밖에는 그 이름을 알 사람이 없느니라 (2:17).

이기는 자에게는 "감추었던 만나"가 약속되고 있습니다. 이방인의 우상숭배와 우상에게 바친 음식을 거부한 승리자들에게 하늘 만나가 약속되고 있습니다. 주님에게서 감추어진 만나를 받아 누리게 될 것이라고 약속하고 있습니다. 세상이 주는 쾌락의 잔칫상에는 같이 앉지 못했지만, 주님은 그들을 기억하고 계십니다.

감추어진 만나는 바로 생명의 떡이신 주님을 가리킵니다. 성도들은 주님으로 말미암아 지금 만족할 뿐만 아니라 장차 만족하게 될 것이라고 말하고 있습니다. 세상에서 승리한 성도들의 상급은 바로 주 예수 그리스도 자신이십니다. 그분은 하늘로부터 오신 떡이시며 세상에 생명을 주시는 분입니다. 여러분, 살아가면서 굶주림을 느낍니까? 무언가 부족함을 느끼고 있습니까? "내가 곧 생명의 떡이니라"(요 6:48), "나는 하늘에서 내려온 살아 있는 떡이니 사람이 이 떡을 먹으면 영생하리라"(요 6:51) 하시는 주님의 말씀을 기억하십시오.

사랑하는 성도 여러분, 감추었던 만나 되시는 주님을 개인적으로 알고 있습니까? 주님은 지금도 세상의 눈에는 감추어진 분입니다. 그러나 성도들에게는 여전히 고백의 대상이시요, 찬양과 경배의 대상이십니다. 만국에 나타나셨고 천사들의 경배를 받으시기에 합당한 분입니다. 우리를 위해서 죽으시고 우리를 위해서 살아나신 그분을 개인적으로 알고 있습니까? 개인적으로 알 수 있는 가장 확실한 방법은 성경을 읽는 것입니다. 그리고 무릎을 꿇고 그분의 이름을 부르는 것입니다.

죽은 지 사흘 만에 살아나셔서 승천하신 구주 예수님을 만난 적이 있습니까? 그분을 통해서 여러분의 삶의 문제를 해결받은 적이 있습니까? 삶의 기갈을 면한 적이 있습니까? 죄의 용서를 완성하시고 하늘 보좌에 오르신 그분이 그곳에서 우리를 위해 능력을 베푸십니다.

사랑하는 성도 여러분, 세상을 살면서 고달프다고만 생각합니까? 성도답게 사니까 힘들다고 생각합니까? 예수 그리스도의 보혈이 우리의 죄를 용서해 줍니다. 우리는 이제 자유인입니다. 얽매이지 마십시오. 주님 한 분만 섬길 수 있는 특권을 주시기 위해 그분이 십자가에 매달리셨습니다. 이제 세상 것에 얽매이지 마십시오. 남편도 좋고 자식도 좋지만 거기에 얽매이진 마십시오.

우리는 그리스도께서 우리 죄를 용서하시고 사흘 만에 승천하심으로 지금 아버지 우편에 앉아 계신다고 고백했습니다. 주님은 거기에 앉아서 무엇을 하실까요? 전능하신 하나님 보좌 우편에 계신 것, 능력의 자리에 앉아 계신 것은 우리에게 능력을 주시기 위해서입니다. 온 땅을 두루 감찰하시면서 자기를 전심으로 찾는 이들에게 능력을 주시기 위함입니다. 입으로는 보좌 우편에 앉아 계신다고 고백하지만 문제만 생기면 한숨 쉬고 낙담하면서 삶을 마감하시렵니까? 예수 그리스도께서 용서해 주신 삶은 그분에 의해서 능력을 받아 살아가는 삶입니다. 오늘도 전능하신 하나님 보좌 우편에 계신 그분이 우리 삶에 능력을 공급하십니다. 우리 나그네의 삶에 날마다 새로운 힘을 부어 주시는 분입니다. 독수리의 날갯짓같이 비상하는 능력을 주시는 분입니다.

그런데 왜 예수 믿기 힘들다는 둥 신앙생활을 제대로 하기 힘들다는 둥 그런 소리를 하십니까? 우리가 하나님의 음성을 듣지 않기 때문입니다. 우리가 하나님 앞에 나와서 아뢰지 않기 때문입니다. 전능하신 하나님이 도와주려고 살피고 계십니다. 큰 소리로 말하지 않아도 주님은 알고 계십니다. 한마디 입을 열 수 없는 상황도 주님은 알고 계시며, 우리에게 능력을 주기 원하십니다.

우리가 예수 그리스도를 안다고 하면 세상을 살 때 무거운 발을 이끌고 지친 걸음으로 걸어가지는 않을 것입니다. 아버지의 능력의 우편에 계신 그분이 오늘 우리의 순례 길에 새 힘을 공급하실 것입니다. 우리의 생명이신 그분과 함께 하나님 안에 감추어진 성도는 내일 그분과 함께 영광 가운데 나타날 것입니다. 우상에게 베푼 음식을 거절한 자만이 먹게 될 하늘의 만나를 사모하십시오.

세상 사람들이 좋아하는 아파트, 전자 제품, 그 모든 것을 가지지 못해 한숨이 나옵니까? 한숨 쉬십시오. 하지만 태풍으로 쓸려 간 것이 있어도 남은 게 훨씬 많다는 것을 기억하고 감사해야 합니다. 그리고 이웃들, 탈북

자들을 돌아봐야 합니다. 이주 외국인들이 우리 주위에 있고 생명을 걸고 넘어온 탈북자들이 우리 주위에 있지 않습니까?

이기는 자에게는 새 이름이 기록된 "흰 돌"이 약속되고 있습니다. 세상을 이긴 성도들을 위한 또 하나의 약속이 남아 있습니다. 신앙을 위해 이방인들의 초대를 거절한 버가모 성도들에게 하늘의 초대가 남겨져 있습니다.

> 또 흰 돌을 줄 터인데 그 돌 위에 새 이름을 기록한 것이 있나니 받는 자밖에는 그 이름을 알 사람이 없느니라(2:17).

고대 세계에서 흰 돌은 인정과 입장의 표시였습니다. 흰 돌 아니면 검은 돌이었는데, 검은 돌은 거절과 쫓겨남을 의미했습니다. 사람들이 살면서 추구하는 것이 먹고사는 것과 사람답게 인정받는 것 아닙니까? 고대 버가모 교인들도 같은 유혹을 받고 있었습니다.

버가모 사람들 가운데서 성도들은 이 흰 돌을 받지 못한 사람들입니다. 그러나 그들을 위해서 주님이 "흰 돌을 줄 터인데 그 돌 위에 새 이름을 기록한 것이 있나니 받는 자밖에는 그 이름을 알 사람이 없느니라"라고 말씀하십니다.

신앙의 순결 때문에 사회에서 배척당한 버가모 성도들에게 주님은 그날 흰 돌을 주실 것이라고 약속하고 계십니다. 그들만이 아니라 믿음 때문에 세상에서 거부당하고 세상의 것으로부터 박탈당한 모든 자에게 주님은 그 이름이 새겨진 흰 돌을 주실 것입니다. 그날에 우리 한 사람 한 사람을 하나님이 받아 주실 뿐만 아니라 귀하게 여겨 주실 것을 약속해 주고 계십니다. 흰 돌을 받은 자마다 주님의 귀한 백성입니다. 주님이 그 이름을 새겨 주실 것입니다. 한 사람 한 사람을 주님이 인정해 주시고 있는 그대로 받아 주실 것입니다.

버가모 교인들은 주님의 이름 때문에 세상으로부터 검은 돌을 받았을지 모르지만 이제 후로는 주님에게 흰 돌을 받을 것입니다. 하나님의 백성으로 세운 성품과 위치는 영원히 변하지 않을 그들의 특권이 될 것입니다.

박해와 유혹을 이기는 성도

사랑하는 성도 여러분, 박해와 유혹이 차례로 여러분을 찾아올지라도 그리스도인답게 승리하십시오. 여러분은 만나와 흰 돌을 주님의 손으로부터 받게 될 것입니다. 이기는 자는 새 신분과 새로운 보장이 약속되어 있습니다. 감추어진 만나뿐만 아니라 흰 돌을 받을 것입니다. 사람답게 인정받을 것입니다.

세상의 잔치가 주는 유혹과 세상이 주는 보장을 물리치고 이기는 자에게는 하나님 자신이 감추셨던 만나로 먹이시고 우리의 신분을 흰 돌로 보장하실 것입니다. 세상 것을 박탈당하고 세상 사람들에게서 거부당한 하나님의 백성에게 하나님 자신은 하늘의 것으로 우리를 만족하게 해주실 뿐만 아니라 하나님의 거룩한 백성 사이에서 인정해 주실 것입니다. 그날 승리자로서 함께 서기를 바랍니다. 본문은 우리에게 박해에서 이길 뿐만 아니라 유혹에서 이기기를 도전하고 있습니다.

버가모 교회는 충성된 증인 안디바를 배출한 교회였습니다. 그들은 박해를 너끈히 이겼지만 유혹 앞에 넘어진 자들이었습니다. 우리는 어떻습니까? 옛날의 우리는 박해 가운데서도 신앙을 지켰습니다. 그러나 지금은 어떻습니까? 좋은 공간이 있고 쾌적한 에어컨도 있는 곳에서 예배하지만, 세상의 유혹을 받고 있지는 않으신지요?

사랑하는 성도 여러분, 여러분이 직장에서 위협을 당하지 않는다고 세상에서 박해를 당하지 않는 것은 아닙니다. 이 세상이 약속하고 있는 그 찬란함으로 여러분의 영적인 눈이 어두워지지 않기를 바랍니다. 이기는 자에게 약속된 감추어진 만나와, 여러분 자신의 이름을 주님이 친수로 새겨 주신 그 흰 돌이 성도 여러분의 것이 되기를 바랍니다.

Revelation

요한계시록 2장 18-29절

18 두아디라 교회의 사자에게 편지하라 그 눈이 불꽃같고 그 발이 빛난 주석과
같은 하나님의 아들이 이르시되 19 내가 네 사업과 사랑과 믿음과 섬김과 인내
를 아노니 네 나중 행위가 처음 것보다 많도다 20 그러나 네게 책망할 일이 있노
라 자칭 선지자라 하는 여자 이세벨을 네가 용납함이니 그가 내 종들을 가르쳐
꾀어 행음하게 하고 우상의 제물을 먹게 하는도다 21 또 내가 그에게 회개할 기
회를 주었으되 자기의 음행을 회개하고자 하지 아니하는도다 22 볼지어다 내가
그를 침상에 던질 터이요 또 그와 더불어 간음하는 자들도 만일 그의 행위를 회
개하지 아니하면 큰 환난 가운데에 던지고 23 또 내가 사망으로 그의 자녀를 죽
이리니 모든 교회가 나는 사람의 뜻과 마음을 살피는 자인 줄 알지라 내가 너희
각 사람의 행위대로 갚아 주리라 24 두아디라에 남아 있어 이 교훈을 받지 아니
하고 소위 사탄의 깊은 것을 알지 못하는 너희에게 말하노니 다른 짐으로 너희
에게 지울 것은 없노라 25 다만 너희에게 있는 것을 내가 올 때까지 굳게 잡으
라 26 이기는 자와 끝까지 내 일을 지키는 그에게 만국을 다스리는 권세를 주리
니 27 그가 철장을 가지고 그들을 다스려 질그릇 깨뜨리는 것과 같이 하리라 나
도 내 아버지께 받은 것이 그러하니라 28 내가 또 그에게 새벽별을 주리라 29 귀
있는 자는 성령이 교회들에게 하시는 말씀을 들을지어다

11

가진 것을 굳게 잡으라

변함없이 하나님을 사랑하는 성도 여러분, 우리는 성경 마지막 책인 요한계시록의 첫 부분, 소아시아 일곱 교회에 보낸 주님의 편지를 차례로 살피고 있습니다. 오늘은 두아디라 교회에 보낸 편지를 살필 차례입니다.

교회마다 자리한 지역이 다르듯이 그들이 겪는 문제 역시 달랐습니다. 주님의 편지를 받은 일곱 교회 중에서 두아디라는 비교적 중요한 곳이 아닙니다. 어떻게 보면 별 볼 일 없는 도시이기도 합니다. 그럼에도 불구하고 주님은 가장 긴 편지를 두아디라 교회에 보내십니다.

교회에 대한 주님의 관심은 그 교회가 위치한 도시의 중요성과는 상관없습니다. 두아디라는 행정적으로나 종교적으로 별로 중요한 곳이 아니었습니다. 다만 상업적으로는 다른 곳보다 활기를 띤 곳이었습니다. 그래서 경제적으로는 큰 도시였지만 자연적인 요새가 없어서 적의 공격을 받기 쉬운 곳이었습니다. 잘 익은 무화과가 담 밖으로 나와 있으면 지나가던 사람이 때 먹기 좋은 것과 같은 그런 위치였습니다. 그래서 늘 로마의 수비대가 주둔하고 있었고, 그 도시의 방어뿐만 아니라 소아시아 지방의 수도인 버가모에 적군이 진출하는 것을 지연시키는 역할도 했습니다.

하지만 두아디라는 교통의 중심지로서 세계 무역의 반수 이상을 관장하고 있었다고 합니다. 당시 두아디라는 '없는 장사가 없다'고 할 만큼 상업이 발달했습니다. 그중에서 유명한 것은 모직, 직조, 염색, 요업 등과 같은 동업 조합이었고, 특히 유명한 것이 양모 산업과 염색 산업이었습니다.

우리는 두아디라 출신의 한 성도를 알고 있습니다. '자주 장사'를 했던 루디아입니다(행 16:14 참조, 개역한글). 개역개정 성경은 '자색 옷감 장사'라고 번역했습니다. 알아듣기는 쉬운 것 같으나 정확한 표현은 아닙니다. 자주색 옷감을 취급했는지 자주색 염료를 취급했는지 잘 모르기 때문입니다. 현대 번역은 우리 귀에 알아듣기 쉽지만 본래 가지고 있는 의미를 과연 제대로 전달하는가 하는 문제를 가지고 있습니다.

유럽 최초의 개종자라는 칭호를 받은 루디아는 두아디라 출신으로 그곳의 특산품이자 당대의 고가품을 취급하는 무역업을 하던 여인입니다. 어쩌면 가장 값비싼 품목을 다루고 있어서 돈이 많은 여인이었을 수 있습니다.

2천 년 전 그 지역에 살던 모든 여자가 좋아한 것이 자주 옷감입니다. 황제나 장군 정도 되는 아주 잘 나가는 사람들만 아내에게 입힐 수 있던 옷 색깔이 자주색입니다. 영어 표현에 보면 '로얄 퍼플'(royal purple)이라는 단어가 있는데, '왕이 입는 자주색'이라는 의미입니다. 그 자주 장사는 방물 장사 수준이 아니라 굉장한 고가품을 취급하는 사업가였습니다.

두아디라 교회의 문제

두아디라 교회의 문제는 버가모 교회의 문제와 별반 다를 바 없었습니다. 음행과 우상 숭배가 그들이 범한 죄악이었습니다. 그러나 이 두 교회의 상황과 반응은 서로 달랐습니다.

버가모 교인들은 세상 권세에 의해 박해를 받았습니다. 그러나 두아디라 교회는 그런 무시무시한 박해를 받은 적이 없습니다. 다른 종교인이나 로마인이 유대인들을 심하게 박해했다는 기록조차 없습니다.

두아디라 교회의 문제는 안에서부터 생겨난 문제입니다. 외부적인 박해는 없었지만, 안에서 잘못 가르치는 사람이 있었습니다. 사탄은 박해보다는 거짓 교훈으로 두아디라 교회를 공략할 전략을 세웠습니다. 사탄은 같은 목표를 달성하기 위해서 상황에 따라 다른 전법을 활용합니다. 항상 같은 수법일 것이라고 생각해서는 안 됩니다. 각 교회의 상황에 따라 더 효율적인 전법을 구사할 수 있는 지혜로운 자입니다.

사탄은 두아디라의 지역적인 특성을 잘 활용했습니다. 발달된 동업 조합을 통해서 두아디라 교회의 성도들을 공략해 갔습니다. 직종마다 동업 조합이 있고, 동업 조합마다 그 나름대로 수호신이 있습니다. 어떤 직종에 종사하든지 동업 조합원이 되어야 하고 그 조합의 수호신을 섬겨야 했습니다. 문제는 그 신을 섬기는 축제 때 우상에게 바친 음식을 먹어야 할 뿐만 아니라 음란 파티에 참석해야만 했습니다. 음란 파티에 참석하고 우상에게 바친 제물을 먹는 것은 신앙을 부인하는 행위였습니다.

그래서 두아디라 성도들에게는 고민이 있었습니다. 동업 조합에서 탈퇴하면 살아갈 길이 막막해지고, 조합원으로 남아 있자니 우상의 제물을 먹어야 할 뿐만 아니라 마지막에는 음행을 저지르는 음란 파티를 함께해야 한다는 것이 그들의 고민이었습니다.

이 난감한 상황에서 이세벨이라고 하는 여자가 그럴듯한 대답을 제공했습니다. "사탄을 이기기 위해서는 사탄의 전법을 알아야 해. 세상을 이기기 위해서는 세상 경험이 풍부해야지. 그 삶을 경험해 보기 전에는 그 죄를 극복할 수가 없어. 사탄의 은밀한 것을 배워야만 사탄을 이길 수가 있지." 이세벨은 우상 숭배 현장에 가 보고, 음란 파티에도 참여해 봐야 사탄의 전법을 파악할 수 있다고 부추겼습니다. 죄악의 깊이를 알아야 그만큼 구원의 감격도 커진다고 교인들을 유혹했습니다. 말하자면, 먹고살기 위해 죄를 짓는 성도들의 양심을 그럴듯한 말로 마비시키는 사탄의 교란 작전입니다.

두아디라 성도들이 직면한 문제는 지금도 우리 가운데에도 남아 있습니다. 먹고살기 위해서 양심을 속일 수밖에 없다고 변명합니다. 한국과 같은 나라에서 어떻게 정직하게 사업하느냐고 말하고 있습니다.

초대 교부 테르툴리아누스(Tertulian)는 두아디라 교인들과 동일한 처지에 있던 성도들을 만난 적이 있습니다. 테르툴리아누스를 찾아와서 호소한 성도들은 우상을 만드는 직업을 가진 사람들이었습니다. 신상을 만들어 거기에 도금하고 도료를 칠하는 일을 하는 사람들이 와서 테르툴리아누스 교부에게 호소했습니다. "우리는 이 일 말고는 먹고살 길이 없습니다. 우리가 어떻게 하면 좋겠습니까?" 그때 테르툴리아누스 교부는 단호하게 대답했습니다. "여러분은 왜 꼭 살아야만 합니까?"

먹고사는 문제는 모든 죄를 용서할 수 있는 면죄부가 아닙니다. 먹고살기 위해서 그랬다는 것은 우리 자신을 불꽃같이 살피시는 그리스도 앞에서 옹호될 수 있는 말이 아닙니다. 조합원이 되기를 거부하여 사업을 포기하고 물질적인 손실을 감수한다는 것은 사업적으로 자살 행위와 다를 바 없습니다. 루디아를 비롯한 모든 두아디라 교인들은 '사업 번창이냐, 그리스도께 충성이냐?' 중에서 택해야만 했습니다. 먹고살기 위해서 돈을 벌 것이냐 아니면 그리스도인으로 남을 것이냐를 결단해야만 했습니다.

사랑하는 성도 여러분, 여러분은 어떻습니까? 장사가 우선입니까, 신앙이 우선입니까? 세상적인 사업의 원리가 중요합니까, 아니면 교회의 주 되신 그리스도의 가르침이 더 중요합니까? 여러분의 삶에서 직장인의 역할

이 먼저입니까, 아니면 성도로서의 역할이 더 먼저입니까?

우리에게 찾아오셔서 말씀하시는 주님은 불꽃같은 눈을 가지신 분입니다. 사람의 뜻과 마음을 살펴보시는 분입니다. 우리 내면의 생각뿐만 아니라 감정의 밑바닥까지 다 살피시는 분입니다. 우리의 말 속에 포함된 진실이 무엇인지를 아시고 우리의 행동에 깔려 있는 동기를 감찰하시는 분입니다.

헌신을 요청해 오면 둘러댈 변명 거리는 있습니다. 그러나 주님은 그 밑바닥에 있는 동기가 무엇인지를 알고 계십니다. 그러므로 나타나는 행위에 따라서가 아니라 그 내면의 동기에 따라서 갚아 주시는 분이라고 자신을 소개하고 계십니다.

> 모든 교회가 나는 사람의 뜻과 마음을 살피는 자인 줄 알지라 내가 너희 각 사람의 행위대로 갚아 주리라(2:23).

주님은 사업상 어쩔 수 없다고 변명하는 그리스도인들에게, 직장 형편상 어쩔 수 없다고 자신을 옹호하는 그리스도인들에게 "나는 사람의 뜻과 마음을 살피는 자인 줄 알지라"라고 자신을 소개하십니다. 그 눈이 불꽃같으신 분은 우리 삶의 정황과 마음의 동기를 모두 아십니다.

네 사랑과 믿음과 섬김과 인내를 아노니

그 주님은 두아디라 교회를 찾아오셔서 먼저 칭찬의 말을 하십니다. "내가 네 사업과 사랑과 믿음과 섬김과 인내를 아노니"(2:19)라고 칭찬하십니다. 그들은 사업을 빼면 시체인 사람들입니다. 두아디라에 살면서 사업하지 않고 어떻게 살아갑니까? 그런 그들에게 주님은 "네 사랑과 믿음을 알고 있다"고 말씀하십니다.

사랑과 믿음이 그리스도인의 삶에서 얼마나 중요한지는 신약 성경을 읽어 본 사람이면 잘 알 수 있을 것입니다. 사랑은 모든 덕목 중에 첫째요 성령의 열매에서도 첫자리에 나와 있습니다. 사랑뿐만 아니라 그리스도인이 사는 것은 믿음이고, 믿음 때문에 목숨을 바치기도 하는 것입니다. 그들의 사랑은 성도들을 섬기는 데서 구체화되고, 그들의 믿음은 환난 속에서 주님을 바라보며 인내하는 데서 입증됩니다.

그래서 주님은 "네 섬김과 인내를 내가 알고 있다"고 하십니다. 말로만 사랑한 것이 아니라 구체적인 삶 속에서 어떻게 섬겼는지를 알고 있고, 관념적으로 믿는 것이 아니라 정말 오실 그분을 바라보는 믿음 때문에 역경도 인내한 것을 알고 있다고 말씀하십니다. 사랑과 믿음으로, 섬김과 인내로 이루어진 그들의 삶을 아실 뿐만 아니라 그것이 지속되고 더 발전한 것을 말씀하십니다. 그들은 도움이 필요한 성도들을 돌보는 일을 잘 감당했습니다. 처음 얼마 동안만 잘하다가 흐지부지한 모습이 아니었습니다. 갈수록 더욱 열심이 돋보인 두아디라 교인들이었습니다.

그런 의미에서 첫사랑을 버린 에베소 교회와 대조됩니다. 에베소 교회는 "너희는 처음 사랑을 버렸다"(2:4 참조)라고 주님에게 책망을 받았습니다. 그러나 두아디라 교회는 "네 나중 행위가 처음 것보다 많도다"라고 칭찬을 받았습니다. 이런 칭찬을 듣는 것은 쉬운 일이 아닙니다. 좋은 일을 시작할 수는 있지만, 그것을 계속하기는 쉽지 않습니다. 좋은 일을 할수록 더 잘한다는 것은 결코 쉽지 않습니다.

주님은 칭찬에 인색하신 분이 아닙니다. 눈여겨보시고 칭찬할 것을 빠뜨리지 않고 칭찬하기를 기뻐하시는 주님입니다. 우리 주님은 우리가 무엇을 잘하는지 눈여겨보시고 칭찬하시는 분입니다. 주님은 언제나 칭찬으로 시작하십니다. 우리도 살아가면서 배울 만한 것입니다. 사람을 볼 때 칭찬할 만한 것을 먼저 살펴보십시오. 혹 비판한다면 미워서가 아닙니다. 도와주기 위해서입니다. 넘어뜨리기 위해서가 아니라 굳게 세우기 위해서입니다. 여러분이 바라보는 사람에게 칭찬할 것이 있다면 여러분은 그를 사랑하고 있는 것입니다.

주님의 책망과 경고

주님은 칭찬으로 시작하시지만 그들의 잘못을 책망하시는 분이기도 합니다. 늘 잘한다고만 하면 아이를 버리게 되듯이 잘하는 것은 칭찬해 주고 잘못하는 것은 따끔하게 일침을 놓을 수 있어야 합니다. 이 사회에는 이런 어른들이 필요합니다.

> 그러나 네게 책망할 것이 있노라 자칭 선지자라 하는 여자 이세벨을 네가 용납함이니 그가 내 종들을 가르쳐 꾀어 행음하게 하고 우상의 제물을 먹게 하는도다(2:20).

두아디라 교회가 이세벨의 교묘한 논리를 수용하고, 그 잘못됨을 알면서도 그냥 묵인한 것에 대해서 책망하고 계십니다.

열왕기서를 읽어 보면 '이세벨'이라는 여자가 구약 성경에 등장하는 여자들 가운데 얼마나 악명 높기로 유명한지 알게 될 것입니다. '이세벨'은 이스라엘을, 구약의 하나님의 백성을 타락시킨 여자의 대명사입니다. 두아디라의 이세벨은 신약 시대의 성도들을 유혹해서 타락시켰습니다.

사탄은 동일한 죄를 짓게 하지만 교회마다 조금씩 다른 모습으로 접근하고 있습니다. 에베소 교회에 대해서는 "니골라 당의 행위"라고 지적되어 있는가 하면, 버가모 교회에 대해서는 "발람의 가르침"이라고 기록되어 있습니다. 그리고 이 본문에서는 "이세벨의 유혹"이라고 다르게 묘사되고 있습니다. 본질상 같지만 접근하는 방식이 조금씩 달랐던 것 같습니다.

에베소 성도들은 이 이단의 가르침을 아주 미워했습니다. 버가모 성도들은 싫어했지만 나서서 반대하지는 않았습니다. 그러나 두아디라 성도들은 그 행위를 실제로 따라가고 있었습니다. 계속되는 주님의 말씀을 한번 들어 보십시오.

> 또 내가 그에게 회개할 기회를 주었으되 자기의 음행을 회개하고자 하지 아니하는도다(2:21).

은혜를 받은 자와 은혜를 받지 못한 자의 차이가 여기에 있습니다. 사람은 모두 약한 자들입니다. 모두 죄를 지을 수 있습니다. 그러나 은혜를 받은 자와 은혜를 받지 못한 자는 주님이 회개할 기회를 주셨을 때 차이가 납니다.

하나님의 은혜 아래 살기 원하는 사람은 회개할 기회가 주어질 때 회개할 줄 아는 자입니다. 야단을 치면 눈물이 고이며 "잘못했습니다" 하고 고개 숙일 줄 아는 사람입니다. 회개함으로써 그가 은혜 아래 있다는 것을 입증합니다. 그러나 하나님의 은혜를 떠나 사는 사람은 약해서 죄를 지을 뿐만 아니라 악하게 그것을 옹호합니다. "무엇이 잘못되었냐? 먹고살아야 하는데 안 그러고 어떻게 사느냐? 세상 사람들 다 그러는데 왜 나한테만 그러냐?"라고 주장합니다.

사랑하는 성도 여러분, 모든 연약함과 실수에 우리는 성도답게 반응해야만 합니다. 회개하며 나아오는 영혼을 하나님이 기뻐하십니다. 기회를 주시는 하나님을 소홀히 생각해서는 안 됩니다.

주님은 불꽃같은 눈을 가지시고 빛난 주석과 같은 발을 가지신 분입니다. 그분을 거역하고 끝까지 회개하지 않는 자를 짓밟으시는 능력의 주님입니다. 모든 것을 심판하시고 정복하시는 능력자입니다. 불꽃같은 눈을 가지셨기에 그분은 전지하신 분입니다. 동시에 그분은 빛난 주석과 같은 발을 가지신 전능하신 분입니다. 전지하신 그분은 또한 전능하신 분입니다. 그 발아래 만물을 복속시키시는 능력자입니다. 악행을 살펴보는 눈을 가지셨을 뿐만 아니라 악을 행하는 자를 심판하시는 발을 가지고 계신 분입니다. 그분의 경고를 들어 보십시오.

> 볼지어다 내가 그를 침상에 던질 터이요 또 그로 더불어 간음하는 자들도 만일 그의 행위를 회개하지 아니하면 큰 환난 가운데에 던지고 또 내가 사망으로 그의 자녀를 죽이리니 모든 교회가 나는 사람의 뜻과 마음을 살피는 자인 줄 알지라 내가 너희 각 사람의 행위대로 갚아 주리라(2:22, 23).

'침상에 던진다'는 것이 무슨 말입니까? 피곤할 때 침대에 몸을 던지면 얼마나 편안합니까? 하지만 여기서 "내가 그를 침상에 던질 터이요"라고 하는 것은 음행의 잠자리에서 뒹구는 그를 병상에 던질 것이라는 뜻입니다. 그래서 새번역은 "나는 그를 병상에다 던지겠다"고 번역하고 있습니다.

사랑하는 성도 여러분, 때로 하나님은 질병과 환난을 사람을 돌이키는 도구로 삼기도 하십니다. 질병을 통해서, 어려움을 통해서 하나님은 경고하시기도 합니다. 우리를 돌이키고 싶으셔서 하나님이 그 길에 어려움을 두시기도 합니다. "질병으로 칠 것이고, 환난에 던질 것이고, 사망으로 죽이리니"라고 경고하고 계십니다. 구약식 경고입니다. 언약의 백성이 돌이키지 아니할 때 하나님이 징벌하시는 방법입니다. 무서운 염병과 재앙으로 칠 것을 경고하고 계십니다.

사랑하는 성도 여러분, 하나님과의 관계가 멀어지면 세상이 그렇게 가깝게 느껴질 수가 없습니다. 영적인 것에 대한 사랑이 식으면 성경책 읽는 재미는 없어지는데 신문은 왜 그렇게 기다려지는지 모릅니다. 성경보다 텔레비전이나 스마트폰, 인터넷 뉴스를 보느라 바빠집니다. 다음날이 주일인데도 토요일 밤 9시 뉴스는 챙겨 보고 있습니까? 일주일 동안 성경은 한 줄도 읽지 않았어도 그렇게 하고 있습니까? 거룩한 것을 사모하는 열정이 사라지면 자꾸 세상 것을 더 추구하게 됩니다. 세상 쾌락에 빠져들어 가는 것은 바로 영적 불성실의 증상입니다. 세상이 주는 것, 그 먹고 마시는 것에 만족한다는 것은 하나님과 관계가 멀어져 있다는 것을 나타내는 증표입니다. 우리는 거룩하게 살기를 소원해야 합니다.

음란은 이 시대에서 죄악의 대명사로 통합니다. 성경은 "각기 거룩함과 존귀함으로 자기 아내를 취할 줄 알고 하나님을 모르는 이방 사람들처럼 욕정에 빠지지 말라"(살전 4:4, 5, 우리말성경)고 경고합니다. 하나님은 더러움 가운데서 살아가라고 우리를 부르신 것이 아니라 거룩한 삶을 살도록 부르셨습니다.

주님은 그 백성이 순결하고 무흠하기를 원하십니다. 하나님 앞에 성실하게 살아가는 자에게는 보상하시고, 그 눈을 피해서 적당하게 살아가는 자에게는 징계하신다는 것이 하나님의 경고입니다.

가진 것을 굳게 잡으라

다시 주님은 두아디라에 남은 자들에게 말씀하십니다.

> 두아디라에 남아 있어 이 교훈을 받지 아니하고 소위 사탄의 깊은 것을 알지 못하는 너희에게 말하노니 다른 짐으로 너희에게 지울 것은 없노라 다만 너희에게 있는 것을 내가 올 때까지 굳게 잡으라(2:24, 25).

두아디라 교회에는 아직 신실한 자들이 남아 있었습니다. 이세벨의 가르침과 그 못된 행실을 따르지 않는 성도들을 향해 주님이 말씀하십니다. "다만 너희에게 있는 것을 내가 올 때까지 굳게 잡으라."

주님은 깊은 지식을 가졌다고 뽐내는 자들을 멀리하는 이들을 대견히 여기며 말씀하십니다. 어떤 사람들은 사탄의 계략에 빠져 신앙이 하나도 없으면서 연약한 성도 앞에서 자기가 신앙이 괜찮은 것처럼 과시합니다. 잘난 척하는 자들은 신앙의 입문도 하지 못한 자들입니다. '주변에 나만큼 신앙생활 잘하는 사람이 어디 있어?'라고 생각한다면 여러분은 아직 입문하지 못한 사람입니다.

이세벨이 그런 자였습니다. 하나님에게 받은 계시는 하나도 없었습니다. 그런데도 자기는 아주 깊은 것을 알고 있다고 과시하며 연약한 성도들을 유혹했습니다. 그 깊은 것의 본질이 무엇인지를 지금 주님이 폭로하고 계십니다. 심오한 계시인 양 내세우지만 실상은 하늘의 진리가 아니라 깊은 지옥의 교리인 것을 폭로하십니다. 위로부터 온 것이 아니라 지옥의 심연으로부터 온 사탄의 속임수에 불과하다는 것입니다. 하나님은 당신만이 우리 심령을 꿰뚫어 살필 수 있는 분이라고 말씀하고 계십니다.

오늘날 이른바 무언가를 가졌다는 사람들이 믿음에 확실히 서 있지 못한 사람들을 얼마나 많이 미혹합니까? "나는 안다"는 겁니다. "네가 그렇게 하면 하나님이 징계하신다"는 것입니다. 그 가운데 요즘은 신천지라는 이단이 날뛰고 있습니다. 그런 사람들은 다 가짜입니다. 신앙인은 절대 판단하는 자세로 다른 사람을 대하지 않습니다. 그들은 연약한 자를 자기 수중에 넣어 더 큰 죄를 짓게 만들고 있습니다. 그러나 그 깊은 것은 사탄의 깊은 것이라고 주님이 폭로하고 계십니다.

> 소위 사탄의 깊은 것을 알지 못하는 너희에게 말하노니 다른 짐으로 너희

에게 지울 것이 없노라(2:24).

주님은 항상 꼭 필요한 것만 요구하십니다. 우리에게 정말 유익한 것만 따르도록 요청하십니다. "우상의 제물과 음행을 멀리하라"고 말씀하십니다. 그러면서 너희가 지금 받은 것을 "내가 올 때까지 굳게 잡으라"고 말씀하십니다.

초대 교회 성도들이 환난을 이길 수 있었던 그 힘은 오실 구주를 소망하는 데서 솟아났습니다. 우리를 위해서 돌아가신 구주를 믿는 것뿐만 아니라 영광스러운 왕이 다가오고 있다는 사실이 그들로 하여금 어려움을 견디어 낼 수 있게 해주었습니다. 사자의 밥이 되고 화형당하는 그 무서운 박해 가운데서도 버틸 수 있었던 것은 주님이 오신다는 신앙 때문이었습니다. 그들은 언제나 마음속에 주님이 오신다는 것을 담고 있었습니다. 그래서 성도를 향해서 "주께서 오십니다"라고 인사하는 것을 좋아했고, "주님! 오시옵소서"라고 기도하기를 좋아했습니다.

여러분은 어떠합니까? 서로를 향해 "주님이 오십니다"라고 경고하고 있습니까? "우리 주님 오시옵소서"라는 기도를 날마다 빠뜨리지는 않습니까? 우리에게 중요한 것은 구주대망(救主大望)입니다. 구원자 예수 그리스도께서 이 땅에 오시는 것이 우리 삶의 마지막 목표가 되어야 합니다.

사랑하는 성도 여러분, 여러분은 오실 그분의 영광을 날마다 사모하고 있습니까? 그 영광에 동참할 대망을 품고 날마다 살아가십시오. 오실 주님을 날마다 바라보십시오. 그때 성도답게 세상을 살 힘이 솟을 것입니다. 얼굴과 얼굴을 대할 그 영광이 우리에게 다가오고 있습니다. 기약의 날이 하루하루 가까워지고 있습니다. 그래서 오심을 바라보는 자는 복이 있는 자라고 칭찬하십니다. 주님이 오실 것을 기억하면서 자기가 맡은 일에 끝까지 충성하면 복이 있는 자입니다.

여러분, 소망이 있습니까? 오실 그분에게 소망을 걸고 그분과 같이 나타날 것을 바라보십시오. "주를 향하여 이 소망을 가진 자마다 그의 깨끗하심과 같이 자기를 깨끗하게 하느니라"(요일 3:3). 성도의 깨끗한 삶은 주를 향하여 이 소망이 있을 때 유지될 수 있습니다. 모든 것이 여기에 달려 있습니다. 주님이 오고 계십니다.

이기는 자에게, 끝까지 붙잡는 자에게, 주님의 일을 끝까지 중요하게 여기는 자에게 주시는 약속을 선포하면서 두아디라 교회에 보내는 편지를 맺고 있습니다. 본문 26-29절을 다시 한 번 읽어 보겠습니다.

> 이기는 자와 끝까지 내 일을 지키는 그에게 만국을 다스리는 권세를 주리니 그가 철장을 가지고 그들을 다스려 질그릇 깨뜨리는 것과 같이 하리라 나도 내 아버지께 받은 것이 그러하니라 내가 또 그에게 새벽별을 주리라 귀 있는 자는 성령이 교회들에게 하시는 말씀을 들을지어다.

주님은 "이기는 자와 끝까지 내 일을 지키는 자에게 만국을 다스리는 권세를 주리라"고 약속하고 계십니다. 주님이 아버지 하나님에게서 받은 것과 같은 권세입니다. 시편 2편에서 보여 주는 대로 주님은 메시아로 즉위하실 때 열방을 다스릴 수 있는 권세를 수여받으셨습니다.

여러분은 만국의 왕이신 주님의 즉위식에서 선포된 말씀을 기억하고 있습니까?

> 내게 구하라 내가 이방 나라를 네 유업으로 주리니 네 소유가 땅 끝까지 이르리로다 네가 철장으로 그들을 깨뜨림이여 질그릇같이 부수리라(시 2:8, 9).

철장 앞에 있는 질그릇, 쇠몽둥이 앞에 있는 질그릇이 무엇을 의미하는

지 아실 것입니다. 부딪히면 끝나는 것입니다. 우리 주님과 맞붙어 싸울 상대가 없습니다. 우리의 권세는 주님의 권세입니다. 우리의 능력은 바로 주님의 능력입니다. 그날 주님의 영광이 바로 우리의 영광이 될 것입니다. 주님의 통치하시는 그 쇠막대기가 바로 우리 손에 들려질 것입니다. 그래서 오늘을 참고 이기는 자들에게 내일 그분과 함께 다스릴 특권이 주어질 것입니다. "만국을 다스리는 권세를 주리니"라는 말씀은 주님의 백성으로 오늘을 살 때 내일 주님과 함께 다스릴 수 있는 권리를 포함하고 있습니다.

주님은 "내가 또 그에게 새벽별을 주리라"고 말씀하십니다. 새벽별이 떠오르면 밤새워 기다리던 사람들이 얼마나 기쁘겠습니까? '내가 파수 보는 시간이 이제는 다 끝나 가는구나.' 새벽별이 떠오르면 밤새 당직을 서는 일이 끝나는 것을 의미합니다. 그래서 새벽별이 나타남을 기뻐합니다. 새날이 밝아 옴을 알리는 새벽별의 영광이 그날 우리의 것이 될 것입니다. 긴 밤의 어둠이 사라지고 새날이 밝아 오는 영광에 우리가 동참할 것이라고 약속하십니다. 지금 이 땅에서는 주의 이름 때문에 다 포기하고 상실하지만 우리는 그날 더 귀하게 영광의 태양이 밝아 올 것을 내다보고 있습니다. 모든 것을 분토와 같이 버림은 그리스도와 함께 누릴 영광이 지극히 크고 중하다는 것을 알기 때문입니다.

주님의 영광을 아는 백성에게는 이미 밝은 빛이 비치고 있습니다. 우리가 살고 있는 세계는 아직 어둡고 타락한 곳이지만 위로부터 돋는 태양이 우리의 심령 안에 이미 비치기 시작했습니다. 사탄은 아직도 사람을 어둠 속에 사로잡아 두려고 발버둥 치고 있지만, 하나님의 능력의 빛이 도처에 비치고 있습니다. 그 어둠의 세력에서 벗어난 사람들이 함께 예배합니다. 이제 그 빛난 영광에 참여할 소망이 우리를 기다리고 있습니다. 그러므로 이제 우리는 더 이상 살던 대로 살아서는 안 됩니다.

사랑하는 성도 여러분, 어둡고 타락한 세상 속에서 그대로 살아가시렵니까? 그런 자는 새벽별이 돋는 것이 얼마나 큰 기쁨인지 결코 알지 못할 것입니다. 칠흑 같은 어둠 속에서도 자기에게 주어진 길을 걸어가기를 기뻐하는 자만이 새벽별을 주리라는 주님의 약속이 얼마나 귀한지를 다시금 알게 될 것입니다. 이기는 자와 주님의 일에 성실한 자에게는 그분과 함께 영광스러운 통치에 참예할 기약이 남아 있습니다.

Revelation

요한계시록 3장 1-6절

1 사데 교회의 사자에게 편지하라 하나님의 일곱 영과 일곱 별을 가지신 이가
이르시되 내가 네 행위를 아노니 네가 살았다 하는 이름은 가졌으나 죽은 자로
다 2 너는 일깨어 그 남은 바 죽게 된 것을 굳건하게 하라 내 하나님 앞에 네 행
위의 온전한 것을 찾지 못하였노니 3 그러므로 네가 어떻게 받았으며 어떻게
들었는지 생각하고 지켜 회개하라 만일 일깨지 아니하면 내가 도둑같이 이르
리니 어느 때에 네게 이를는지 네가 알지 못하리라 4 그러나 사데에 그 옷을 더
럽히지 아니한 자 몇 명이 네게 있어 흰옷을 입고 나와 함께 다니리니 그들은
합당한 자인 연고라 5 이기는 자는 이와 같이 흰옷을 입을 것이요 내가 그 이름
을 생명책에서 결코 지우지 아니하고 그 이름을 내 아버지 앞과 그의 천사들 앞
에서 시인하리라 6 귀 있는 자는 성령이 교회들에게 하시는 말씀을 들을지어다

12
깨어나라!

변함없이 하나님을 사랑하는 성도 여러분, 이 본문은 주님이 소아시아 일곱 교회에 보낸 다섯 번째 편지입니다. 다섯 번째 편지는 사데 교회에 보낸 편지입니다.

사데는 소아시아 지방에서 가장 오래되고 화려한 역사를 가진 도시입니다. "모든 길은 로마로 통한다"는 말을 들어 보셨지요? 이른바 로마로 가는 다섯 개의 도로가 집중된 도시입니다. 이런 지리적인 요건이 당시 사데를 세계에서 가장 큰 상업 도시 가운데 하나로 만들었습니다. 사데를 통과하는 주요 도로들은 자석이 쇠붙이를 끌어당기듯 그 부근의 부(富)를 끌어모았습니다. 특히 사데는 양모와 염색 산업이 뛰어난 곳으로, 사치와 쾌락의 도시였습니다. 그런 사치와 쾌락의 도시 사데의 분위기가 교회의 생명력을 서서히 잠식하고 있었습니다.

세상 풍조에 동화된 사데 교회는 살았으나 실상은 죽은 교회였습니다.

그리하여 주님에게 가장 신랄한 책망을 들은 교회입니다. 그런데 사데 교회에 대해서는 유대인의 미움이나 공적인 박해, 이단적인 교훈이 언급되지 않은 점이 의미심장합니다. 안팎으로 위험은 없었으나 심각한 영적 죽음이 지배하고 있던 교회가 사데 교회였던 것입니다.

일곱 영과 일곱 별을 가지신 분

이 사데 교회를 찾아오신 주님은 자신을 어떻게 소개하십니까? "하나님의 일곱 영과 일곱 별을 가지신" 분으로 사데 교회에 자신을 나타내십니다. 앞서 살펴보았듯이 주님의 자기소개는 언제나 해당 교회의 형편에 상응한다는 특징이 있습니다. "하나님의 일곱 영"이라는 표현은 계시록 1장 4절과 마찬가지로 '성령의 충만'으로 비유됩니다. 일곱 교회에 보낸 충만한 성령을 가리킵니다. 충만한 성령께서는 어떤 일을 하십니까?

당시 유대인들은 성령의 사역이라고 하면 두 가지를 떠올렸습니다. 첫째는 예언의 사역이고, 둘째는 죽은 자를 살리시는 사역입니다. 살았으나 죽은 교회는 성령의 예언적인 경고에 특별히 주의해야 합니다. 살았다는 평판을 가졌으나 실제로 죽은 사데 교회는 성령의 다시 살리시는 사역으로 새로워져야만 합니다. 영적 죽음에 직면한 사데 교회에는 생명을 주시는 성령님의 사역이 절실하게 필요합니다.

그래서 주님은 자신을 '일곱 영을 가지신 분'이라고 소개하십니다. 그뿐만 아니라 그 손에 '일곱 별을 가지신 분'이라고 말씀하십니다. 일곱 교회의 사자를 붙들고 심판하시는 분으로 자신을 나타내고 계십니다. 주님은 오늘도 당신의 교회 지도자들과 당신의 성도 한 사람 한 사람에게 관심을 가지고 계시는 분입니다.

내가 네 행위를 아노니

놀라운 사실은, 살았다는 이름은 가졌으나 실상은 죽어 있는 교회마저 주님의 돌보심에서 배제되지 않는다는 것입니다. 주님은 이런 형편없는 교회조차도 포기하지 않으십니다. 오히려 기대와 희망을 품고 사데 교회를 향해 간절히 경고하시고 권면하십니다.

주님은 사데 교회를 향해 "내가 네 행위를 아노니"라고 말씀하십니다. 에베소에 보낸 편지와 마찬가지로 주님은 "내가 네 행위를 안다"고 하십니다. 동일한 말씀이지만 에베소 교회를 향해서는 인정하는 말씀을 하셨다면, 사데 교회를 향해서 하신 말씀은 그 의미가 다릅니다. "내가 네 행위를 안다"는 같은 말씀이 받는 교회의 상태에 따라 칭찬과 위로가 될 수도 있고, 책망과 경고가 될 수도 있습니다. 때로 주님은 "내가 네 행위를 안다"고 하심으로 힘들여 신앙의 싸움을 하는 이들을 위로해 주십니다. 동시에 적당히 살아가는 성도들을 향해서는 "내가 네 행위를 안다"고 하심으로 경고하시기도 합니다.

사랑하는 성도 여러분, 주님은 언제나 동일하신 분입니다. 지상에 있는 모든 교회를 아십니다. "내가 네 행위를 안다"라고 언급하시든 하지 않으시든 주님은 우리를 속속들이 아시는 분입니다. "내가 네 행위를 안다"라는 주님의 말씀이 여러분 귀에는 어떻게 들립니까? 그것이 여러분에게 위로와 격려가 되고 있습니까? 아니면 책망과 경고처럼 들립니까? 같은 말씀이 어떤 느낌으로 들리는지가 우리의 영적인 실상을 드러내 줍니다. 주일마다 선포되는 설교가 여러분에게 책망처럼 들립니까? 그렇다면 여러분이 영적으로 있어야 할 자리에 있지 않다는 것입니다. 왜 같은 설교가 어떤 사람의 귀에는 책망처럼 들립니까? 자기 행위가 하나님 앞에 잘못되어 있기 때문에 같은 하나님의 말씀이라도 책망과 경고로 들리는 것입니다. 하지만 어떤 사람에게는 "내가 네 행위를 안다"고 하시는 주님의 말씀이 무한한 위로와 격려의 말씀으로 다가옵니다. 여러분 스스로 자신을 진단해 보시기 바랍니다.

살아 있지만 죽어 있는 교회

그러면 사데 교회의 행위는 어떠합니까? 조용히 죽어 가는 무기력한 모습입니까? 아닙니다. 겉으로 보기에는 활기를 띤 모습입니다. 남들이 보기에도 그렇고 스스로 생각해도 굉장해 보입니다. 소아시아의 다른 교회들은 어쩌면 사데 교회의 그 활력을 부러워했을지도 모릅니다. 풍요로운 도시의 활기찬 교회, 그 외적인 모습은 지역 교회들에게 선망의 대상이 될 만한 것이었습니다.

그러나 주님의 평가는 달랐습니다. "네가 살았다 하는 이름은 가졌으나 죽은 자로다." 사데 교회에 대한 당시 사람들의 평판은 나쁘지 않았습니다. 이웃 교회뿐만 아니라 일반 사회에서도 괜찮은 평판을 받고 있던 교회가 사데 교회였으리라고 추측됩니다. 풍요와 쾌락을 추구하는 도시의 분위기에 타협한 사데 교회를 세상이 악평했을 리가 만무하기 때문입니다. 자기들과 어깨동무를 하고 가는데 왜 비난하며 미워하겠습니까? 그러나 사데 교회의 대내외적인 평판은 그 실상과 거리가 있었습니다.

외형적으로는 종교적인 활동이 왕성했습니다만 영적으로는 죽어 있었습니다. 예배가 끝나기 무섭게 5분도 안 되어 성도들이 각자 집으로 돌아가 버리는 조용한 교회가 아니었습니다. 주일 점심도 함께 먹고 각종 프로그램과 활동이 주중 시간을 채우고 있었습니다. 예배 시간만 해도 그렇습니다. 듣는지 마는지 그냥 앉아 있거나 졸다가 조용히 돌아가는 사람들이 아니었습니다. 간간이 "아멘" 하는 소리도 터져 나왔습니다. 아주 그럴듯한 회중이 있지만 그러면서도 영적으로는 죽어 있는 교회, 그것이 사데 교회의 특징입니다.

열심히 일해도 영적으로 죽어 있다는 진단을 받을 수 있다는 것을 기억하셔야 합니다. 교회 안팎으로 빠지지 않고 그 누구보다 열심히 활동하지만 실상은 죽어 있는 자라는 진단을 받을 수 있습니다. '열심' 있는 활동 그 자체가 우리의 영적 생명을 보장하는 것은 아닙니다. 예배 참석 빈도나 여러 활동에 매우 적극적이면서도 영적 건강은 치명적인 상태일 수 있습니다. 사랑하는 성도 여러분, "내가 네 행위를 안다"라고 선언하시는 주님 앞에 나아가십시오. 주님이 우리를 향해서 무엇이라고 말씀하실지 생각해 보십시오.

사데 교회는 일반적으로 활동적인 교회, 열심 있는 성도라는 평판을 받고 있었습니다. 그러나 문제는 주님의 평가입니다. 사람들이 우리를 어떻게 평가하는지보다 중요한 것은 주님이 우리를 어떻게 평가하실지입니다. 사람들의 평판에 주님이 동의하실지가 문제입니다. 신앙의 초점은 주님의 시선이 내게 어떻게 머무는지를 항상 살피는 데 두어야 합니다. 주님이 영적 생명과 능력을 상실한 공동체라고 진단하지 않으실지 우리 자신을 한번 돌아보아야 합니다. "회칠한 무덤 같으니 겉으로는 아름답게 보이나 그 안에는 죽은 사람의 뼈와 모든 더러운 것이 가득하도다"(마 23:27)라는 질책을 바리새인들에게만 돌려야 합니까? 그랬다면 그런 말씀이 성경에 기록될 필요가 없습니다. 주님이 하신 말씀이 그대로 성경에 남아 있는 것은 현재 이 성경을 읽는 모든 사람의 삶도 그럴 수 있다는 것을 보여 줍니다.

오늘을 사는 그리스도인들은 이런 주님의 책망과 무관한 자리에 있습니까? 쾌락만 추구하는 과부를 향해서 "살았으나 죽었다"(딤전 5:6 참조)라고 하는 책망을 들어 보셨지요? 삶 자체가 평안을 추구하고 즐기는 데에만 있을 때 그 사람을 "살았으나 죽었다"고 진단합니다. 말하는 것을 들어 보면 전혀 하자가 없어 보입니다. 그러나 삶의 능력이 결여된 모습이 아닌지 자신을 돌아보아야 합니다. 주님은 우리를 낱낱이 아시는 분입니다.

깨어서 지키라

주님은 사데 공동체를 향한 처방을 내리고 있습니다.

> 너는 일깨어 그 남은 바 죽게 된 것을 굳건하게 하라 내 하나님 앞에 네 행위의 온전한 것을 찾지 못하였노니 그러므로 네가 어떻게 받았으며 어떻게 들었는지 생각하고 지켜 회개하라 만일 일깨지 아니하면 내가 도둑같이 이르리니 어느 때에 네게 이를는지 네가 알지 못하리라(3:2, 3).

"깨어나라, 깨어서 지키라"라고 주님은 명령하십니다. 사데의 역사는 이 말의 심각성을 기억나게 합니다. 본래 사데의 성채는 외부의 공격으로 결코 함락될 수 있는 곳이 아니었습니다. 지형적으로 거의 깎아지른 듯한 절벽 위에 세워진 그 성채는 어떤 강력한 대군이 공격해도 쉽게 함락될 것처럼 보이지 않는 곳이었습니다. 알렉산드로스 대왕이 사데를 손에 넣고 싶어 했지만 그 뛰어난 대왕도 어찌할 수 없어 현상금을 걸었습니다. "누구든지 성을 함락하는 자에게 특별한 상을 내리겠다." 그래서 사람들은 그 성을 열심히 관찰했습니다. 하루는 파수를 보던 사람이 잘못해서 자기 투구를 떨어뜨리자 그것을 주우러 샛길로 가는 경로를 잘 봐 두었습니다. 그러고는 밤에 그 길로 들어가 성문을 열고 기습 공격하여 성을 함락시켰습니다.

3백 년 이후에도 그 일이 동일하게 되풀이된 것이 이 사데의 역사입니다. 절벽에 가까운 암벽 위에 건설된 성채는 함락될 수 없을 것처럼 보였지만 두 번 다 어이없게 함락되었습니다. 안전하다고 방심한 사데의 역사처럼 사데 교회는 밤의 도적같이 심판 아래에 노출되어 있다고 경고하고 있습니다.

사데 교회를 향한 주님의 권면은 흘려버릴 성질의 것이 아닙니다. 희미해지는 등불을 빨리 손쓰지 아니하면 꺼져 버립니다. 기름을 붓든지, 심지를 돋우든지 하지 않으면 꺼져 버리고 맙니다. 혹시 여러분의 삶에 빛이 잦아들기 시작한 모습이 나타나고 있지 않습니까? "그러면 남은 바를 붙잡아 지켜라"라고 경고하고 있습니다.

아직도 예배에는 그런대로 참석합니다. 예배에 나오니까 찬송도 부릅니다. 기도도 합니다. 문제는 실체입니다. 소리로는 따라 하는데 마음은 멀리 가 있습니다. 기도하기 위해 눈은 감았는데 생각은 다른 곳에 가 있습니다. 찬송하는 입술이 중요한 것이 아니라 찬양을 드리는 마음이 중요합니다. 기도할 때 함께 눈을 감는 것이 중요한 것이 아니라 누구를 향해 우리의 영적인 눈이 열렸는지가 영적 건강의 척도입니다. 기도하는 목소리의 간절함이나 기도 속에 포함되는 '간절히'라는 문구가 아니라, 주님은 그 심정의 간절함을 원하고 계십니다. 저는 '간절히'라는 단어가 기도문에 필요한지에 항상 의문이 듭니다. 자기 설득을 위한 것인지 몰라도, 우리는 '간절히'라는 단어를 기도 속에 몇 차례나 포함시키고 있습니다. 더는 그러지 않았으면 합니다. 우리의 기도가 간절한지 아닌지는 주님이 아십니다. 목소리에 간절함이 없어도 주님이 아십니다.

참 생명이 결여될수록 사람들은 외형을 화려하게 만들려고 노력합니다. 국내나 해외를 다녀 보면 늘 느끼는 것이 생명 없는 종교일수록 건물 치장에 공을 들인다는 사실입니다. 치장이라도 화려해야 한다고 생각하는 모양입니다. 그러나 정말 중요한 것은 우리에게 조금이나마 남아 있는 생명을 회복하는 것입니다. 참 생명이 결여된 종교 의식만큼 가증한 것은 없습니다. 하나님을 찬송하는데 마음은 하나님에게서 떠나 있으면 하나님이 기뻐하시겠습니까? 누군가 도움이 필요해서 여러분을 찾아와 온갖 좋은 말로 칭찬하면, 그 속이 들여다보이지 않겠습니까? 복 받으러 나왔다가 재앙을 만나지 않으면 다행입니다. 종교 행위라는 것은 그 중심에 진실성이 결여되면 아무런 의미가 없습니다. 하나님 앞에 가증한 것밖에 남지 않습니다.

사랑하는 성도 여러분, 여러분의 신앙생활은 어떻습니까? 여러분이 참여하는 일마다 행위의 온전함이 있습니까? 마음과 뜻과 정성을 다해 예배하고 온전히 섬기고 있습니까? 엿새 동안 삶에서 하는 일들이 하나님 앞에 드려지는 향기로운 제물과 같이 되고 있습니까? 적당히 눈가림만 하고 사는 세상 사람들의 삶을 따라가서는 안 됩니다. 항상 첫사랑과 헌신을 가지고 있어야 합니다. 처음 만나서 고백할 때뿐만 아니라 함께 살아가면서 계속 확인되어야 참된 사랑입니다. 하나님을 사랑한다고 고백했으면 지금도 그때 못지않게 "주님, 제가 지금도 주님을 사랑합니다"라고 고백할 수 있어야 주님의 백성입니다.

사랑하는 성도 여러분, 예수 믿는 즐거움을 회복하십시오. 10년, 30년, 50년째 교회를 다니고 있습니까? 여러분의 생애에서 가장 뜨겁게 기도했던 때, 가장 뜨겁게 찬송했던 때가 언제인지 한번 떠올려 보십시오. 함께 모여서 예배하는 기쁨을 되찾아야 합니다. 새 삶의 기쁨과 능력을 확보하십시오. 하나님은 되는 대로 살아가는 것을 싫어하십니다. 신앙인은 되는 대로 세상을 살아가는 자들이 아닙니다. 주님은 언제나 우리에게 전적인 헌신을 기대하십니다. 반쯤 드리는 헌신은 배신입니다. 99퍼센트 충성하는 것은 온전한 충성이 아닙니다. 우리를 위해 자신을 온전히 바치신 구주 그리스도를 향한 헌신은 우리를 온전히 드릴 때만 가능합니다.

행위의 온전한 것을 찾지 못하였노니

주님은 사데 교회에 무엇이 없어서 책망하신 것이 아닙니다. 사데 교회는 외형적으로 갖출 것을 다 갖추고 있었습니다. 예배도 있고 활동도 항상 있었습니다. 그럴듯해 보였습니다. 하지만 주님은 "내 하나님 앞에 네 행위의 온전한 것을 찾지 못하였노니"라고 책망하고 계십니다. 드린 것이 없다고 책망받는 것이 아닙니다. 하나님 앞에 나오면서 십일조도, 추수 감사 헌금도 안 했다는 책망을 듣고 있는 것이 아닙니다. 다만 주님은 사데 교회가 하나님의 표준에 미달되었다고 책망하고 계십니다. 이것저것 벌여 놓는데 하나님 보시기에 마음에 드는 것이 하나도 없습니다. 그들의 헌신은 양이 아니라 질의 문제였습니다.

세 살짜리 아이에게 과자를 사 줄 때보다도 적은 액수로 드리는 연보를 주님이 기뻐하실 것이라고 생각합니까? 친척 집에 갈 때 아이한테 줄 과자를 사 가는 정도의 신경도 안 쓰고 드리는 헌금을 주님이 기뻐하실 것으로 생각합니까? 예배 시간을 지키는 데에 친구를 만나는 약속 시간만큼도 마음을 쓰지 않는다면 하나님이 기뻐하실까요? 생각해 보면 알 수 있습니다. 아주 어려운 것은 골똘히 생각하고 토론도 하면서 평범한 것은 생각해 보지 않는 것이 사람들의 문제입니다. 그것이 죄인의 모습 아닙니까? 평범한 상식을 가지고 우리가 헌신하는 자세를 한번 생각해 보면 우리가 지금 어떤 상태인지 알 수 있습니다. "살았다 하는 이름은 가졌으나 죽은 자로다" 하시는 말씀이 혹 우리 신앙의 모습 가운데는 없는지 알게 될 것입니다.

사데 교회도 매 주일 예배를 드렸습니다. 찬송하고, 기도하고, 연보도 다 따랐습니다. 예배가 끝나면 나름대로 봉사도 하고 헌신도 했습니다. 남들처럼 유혹을 받지 않으려는 노력도 있었습니다. 어려움도 극복하려고 애쓰기도 했습니다. 그런데 문제의 핵심은 온전한 마음이 결여되어 있다는 것입니다.

우리 구주께서는 단(端) 마음으로 헌신하기를 기다리고 계십니다. 마음과 뜻과 정성을 다해 섬기기를 요구하십니다. 여기에 이르지 못하는 것은 죄라고 지적하십니다. 특별한 부류의 사람들에게만 "회칠한 무덤"이라고 책망하시지 않습니다. 주님은 있어야 할 것이 빠졌을 때를 싫어하십니다. 그러므로 주님이 간곡히 권면하십니다.

> 네가 어떻게 받았으며 어떻게 들었는지 생각하고 지켜 회개하라……(3:3).

사데 공동체는 교회에 나와 무엇인지도 모르고 그냥 앉아 있는 사람들 같지 않았습니다. 처음 예수를 믿었을 때 사데 교인들은 기쁨으로 받은 사람들입니다. 기독교의 진리를 받아들였을 때 그들은 놀라운 평안을 누렸습니다. 예수를 믿는 사람들이 나와 있으니 자기도 그냥 가서 앉아 보는 정도가 아니었습니다. 이런저런 다른 이유로 교회당을 찾은 사람들이 아닙니다. 그들의 삶 속에는 화려한 과거가 있습니다. 역사가 있는 교회입니다. 그래서 "너희가 처음 들은 그 복음을 다시 한 번 생각해 보아라 기쁨으로 받아들인 그 가르침을 다시 생각하라"라고 말씀하십니다.

사랑하는 성도 여러분, 일주일 168시간 중 예배하는 시간이 가장 영광스러운 시간이 되지 못한다면 여러분은 여러분의 귀로 한 번도 복음을 들은 적이 없는 사람이거나 아니면 어떻게 들었는지를 다시 회상해야 할 사람입니다. "너는 그리스도 예수 안에 있는 믿음과 사랑으로써 내게 들은 바 바른 말을 본받아 지키고 우리 안에 거하시는 성령으로 말미암아 네게 부탁한 아름다운 것을 지키라"(딤후 1:13, 14). 복음을 받아들인 사람에게는 동시에 자기 안에 간직한 복음을 끝까지 지키는 사명이 주어집니다. 그것을 전파하고 그것을 지키는 이 사명이 우리에게 있습니다. "미쁜 말씀의 가르침을 그대로 지켜야 하리니 이는 능히 다른 교훈으로 권면하고 거슬러 말하는 자들을 책망하게 하려 함이라"(딛 1:9). 미쁜 말씀의 가르침을 그대로 지켜야 하는 것은 그리스도인 누구에게나 주어진 사명입니다.

회개하지 않는 자에게는 기회가 사라져 버립니다. 회개하라는 권면을 들을 때가 그래도 좋은 때입니다. 책망하는 설교가 귀에 들릴 때가 그래도 복이 있는 때입니다. 회개하지 않으면 하나님은 그 기회마저도 박탈하신다는 것을 여러분은 아셔야 합니다. 언제 끝장날는지 모르기 때문에 더 두려운 것입니다. 밤에 도둑같이, 전혀 예기치 않은 때, "설마" 할 그때, 하나님의 진노의 심판 아래 빠져든다는 것에 경고의 심각성이 있습니다.

> 만일 일깨지 아니하면 내가 도둑같이 이르리니 어느 때에 네게 이를는지 네가 알지 못하리라(3:3).

주님은 회개와 순종을 모르는 교회와 개인에게서 말씀과 성령을 거두어 가십니다. 아무리 비가 내려도 싹을 틔울 수 없는 돌과 같은, 반석과 같은 완고한 마음으로 남아 있게 됩니다.

거룩한 소수에게 주어진 사명

당연히 사데 교회에도 남은 자들이 있었습니다. 대부분의 모습은 실망스러웠지만 그래도 남아 있는 부류가 있었습니다.

> 그러나 사데에 그 옷을 더럽히지 아니한 자 몇 명이 네게 있어 흰옷을 입고 나와 함께 다니리니 그들은 합당한 자인 연고라(3:4).

하나님은 실망스러운 사데 교회의 모습 속에서도 옷을 더럽히지 않은 몇 명을 주목하고 계십니다. 하나님은 거룩한 소수에 주목하십니다. 돈을 가진 소수에 주목하시는 것도 아니고 잘 나가는 소수에 주목하시는 것도 아닙니다. 신앙인답게 사는 소수에게 관심을 두십니다. 소돔과 고모라 같은 도시에도 의인 열 명만 있으면 멸하지 않으려고 하신 분입니다. 오늘도 주님은 옷을 더럽히지 아니하는 몇 사람을 주목하십니다. 주님의 나라와 영광을 위해 자기를 거룩하게 구별하여 드리기를 원하는 사람을 찾고 계십니다. 우리가 이 몇 사람에게 주어진 소명을 감당할 수 있으면 희망이 있습니다. 그러면 한국 교회는 희망이 있습니다.

그런데 당시 사데 교회 성도들은 왜 성도들의 특징을 상실한 채 살아갔을까요? 흰옷을 입고 주님과 교제하는 그 특권을 어떻게 상실했을까요? 은혜의 옷을 입고 성결의 삶을 사는 데 실패한 요인이 무엇일까요? 바로 풍요와 안일의 삶 때문입니다. 우리가 지금껏 살펴본 대로 지역 교회는 그 지역의 특성과 무관하지 않습니다. 사람은 자신이 사는 환경에 지배받게 됩니다. 그것이 무서운 일입니다. 빨리 손쓰지 않으면 우리가 처한 환경에 자기도 모르게 조금씩 동화되어 버릴 위험이 항상 있습니다.

사람은 오히려 평안할 때 영적 활기를 상실하기 쉽습니다. 나이 드신 분들은 한번 생각해 보십시오. 30년 전과 지금을 비교하면 언제가 더 고달팠습니까? 예전이 훨씬 고달팠습니다. 그러나 그때 더 열심히 헌신했고 더 열심히 기도했습니다. 외적인 선행과 활동을 지속하면서도, 자기 몫의 사회적인 봉사를 하고 교회에 나오면 교인으로서 자기 몫을 다 하면서도 세상 사치와 쾌락에 자꾸 마음이 끌리다 보면 영적인 삶은 무관심과 무감동으로 치닫게 됩니다. 그러므로 세상의 쾌락을 조심해야 합니다. 특별히 세상 사람들과 어울릴 여유가 있는 분들은 더욱 조심하십시오. 평안과 안일을 경계해야만 합니다. 그러지 않으면 마지막이 덫과 같이 임할 것입니다.

사랑하는 성도 여러분, 말씀을 맺습니다. 사데 교회를 찾아오신 주님은 어떤 분입니까? 일곱 영과 일곱 별을 가지신 분입니다. 우리는 일곱 영을 가지신, 생명을 주시는 성령을 소유하신 그분에게 나아가야만 합니다.

사데 교회의 진단을 들어 보니 꼭 우리 모습 같습니다. 예배에 빠지지 않고 기도회도 남보다 열심히 참석합니다. 그런데 기도하는 것을 들어 보면 진국은 다 빠지고 건더기만 남아서 늘 해온 가락만 읊고 있는 것 같습니다. 찬송할 때도 그렇습니다. 성도들을 서로 돌아보고 생각해야 하는데 왜 하필 하나님을 찬송하는 시간에 엉뚱한 생각을 하고 있는지 모르겠습니다. 입은 따라 부르는데 마음은 무슨 내용을 노래하는지 생각하고 있지 않습니다. 찬송하면서도 찬송받으실 그분에게서 마음이 멀어져 있습니다.

일곱 영을 가지신, 하나님의 성령을 소유하신 주님만이 우리의 이 비참한 처지를 살펴 주실 수 있습니다. 우리를 새롭게 하실 그분을 만나보십시오. 일곱 영과 일곱 별을 가지신 분에게 새 생명을 달라고 호소하십시오. "지금까지 성경에서 다섯 교회를 말했는데, 특히 이 다섯 번째 교회의 모습은 우리 모습과 어쩌면 이렇게도 닮았나?" 하고 생각되면 여러분은 하나님의 은혜를 입은 자입니다. 죄악을 뉘우치면 주님은 우리를 새롭게 하실 것입니다.

일곱 영과 일곱 별을 가지신 그분이 우리 주님입니다. 그분은 다시 살릴 수 있는 힘을 가지고 계십니다. 그분은 아직도 우리 한 사람 한 사람을 붙들고 계십니다. 우리를 붙드시는 손이 우리를 아직 떠나지 않고 있습니다. 그분에게는 우리를 새롭게 하실 능력이 풍성합니다. 그분의 은혜를 입는 여러분 모두가 되시기를 바랍니다.

Revelation

요한계시록 3장 7-13절

7 빌라델비아 교회의 사자에게 편지하라 거룩하고 진실하사 다윗의 열쇠를 가
지신 이 곧 열면 닫을 사람이 없고 닫으면 열 사람이 없는 그가 이르시되 8 볼
지어다 내가 네 앞에 열린 문을 두었으되 능히 닫을 사람이 없으리라 내가 네
행위를 아노니 네가 작은 능력을 가지고서도 내 말을 지키며 내 이름을 배반하
지 아니하였도다 9 보라 사탄의 회당 곧 자칭 유대인이라 하나 그렇지 아니하
고 거짓말하는 자들 중에서 몇을 네게 주어 그들로 와서 네 발 앞에 절하게 하
고 내가 너를 사랑하는 줄을 알게 하리라 10 네가 나의 인내의 말씀을 지켰은
즉 내가 또한 너를 지켜 시험의 때를 면하게 하리니 이는 장차 온 세상에 임하
여 땅에 거하는 자들을 시험할 때라 11 내가 속히 오리니 네가 가진 것을 굳게
잡아 아무도 네 면류관을 빼앗지 못하게 하라 12 이기는 자는 내 하나님 성전
에 기둥이 되게 하리니 그가 결코 다시 나가지 아니하리라 내가 하나님의 이름
과 하나님의 성 곧 하늘에서 내 하나님께로부터 내려오는 새 예루살렘의 이름
과 나의 새 이름을 그이 위에 기록하리라 13 귀 있는 자는 성령이 교회들에게
하시는 말씀을 들을지어다

13

네 앞에 열린 문을

변함없이 하나님을 사랑하는 성도 여러분, 우리는 계속 소아시아 일곱 교회에 보내진 편지를 살피고 있습니다. 주님의 편지는 일정한 서식으로 쓰였습니다. 먼저 편지를 보내신 주님이 자신을 소개하십니다. 주님은 편지를 받고 있는 교회의 형편과 관계해서 자신을 소개하십니다. 교회에 말씀하시는 분이 어떠한 분인지 밝히는 부분입니다. 다음은 편지를 받는 교회에 대한 주님의 평가입니다. 그 평가에 따라 때로는 칭찬의 말씀이, 때로는 책망의 말씀이 나옵니다. 칭찬과 함께 약속의 말씀이 나오기도 하고, 책망과 함께 경고의 말씀이 뒤따르기도 합니다. 끝으로 이기는 자에게 주시는 약속이 있습니다. "귀 있는 자는 성령이 교회들에게 하시는 말씀을 들을지어다"라고 확인하고 있습니다. 어떤 특정 교회를 향해서 말씀하시는 것 같으나 궁극적으로는 모든 교회를 향한 하나님의 말씀입니다.

어떤 교회는 칭찬과 책망을 함께 받고, 어떤 교회는 책망만 받고, 또 어떤 교회는 칭찬만 받기도 합니다. 누구도 책망만 받는 자리에 있고 싶어 하지 않습니다. 자기 삶이 어떠하든 상관없이 책망받는 자리에 있고 싶은 사람은 없을 것입니다. 또한 칭찬과 책망을 함께 듣는 편보다는 칭찬만 듣는 편을 소원합니다. 그런 점에서 오늘 본문에 나오는 빌라델비아 교회는 우리 소원에 부합하는 교회입니다.

칭찬만 받은 이유

도시 빌라델비아는 주님의 편지를 받은 일곱 도시 가운데 가장 역사가 짧고 크기도 비교적 작은 도시였습니다. 이 도시는 헬라 문화와 언어를 퍼뜨릴 목적으로 세워진 도시로서, 동방으로 가는 주요 길목에 위치하고 있었습니다. 그러나 가끔 지진이 나서 사람들이 안정을 누리지 못하며 살던 곳이기도 합니다.

언제, 누가 이곳에 교회를 세웠는지는 알 수가 없습니다. 다만 우리가 알 수 있는 바는 빌라델비아 교회가 모이는 사람의 수가 많아서 칭찬을 받은 것은 아니라는 것입니다. 엄청난 일을 할 수 있는 예산이 세워졌기 때문에 칭찬을 들은 것도 아닙니다. 그러면 빌라델비아 교회는 왜 칭찬만 들었을까요? 작은 능력을 가지고서도 주님에게 신실했기 때문입니다. 교인 수나 예산의 많고 적음은 주님의 칭찬 근거가 아닙니다. 주님의 이름을 영화롭게 하려는 소원 속에서 날마다 주님과 동행했기에 칭찬을 듣습니다.

사랑하는 성도 여러분, 여러분의 마음속에는 오직 주님만 기쁘시게 하려는 소원이 있습니까? 그 소원 때문에 오늘도 여기까지 나오셨습니까? 주님의 백성은 주님을 영화롭게 하려는 소원이 그 마음에 첫자리를 차지한 사람들입니다. 다른 사람의 마음은 알 수 없지만 자신의 마음은 살필 수 있습니다. 여러분이 가진 첫째 소원은 무엇입니까? 하나님을 영화롭게 하고 그분을 기쁘시게 하려는 소원이 여러분 마음속에 가득하기를 바랍니다. "하늘에 계신 우리 아버지, 아버지의 이름이 거룩하게 하시며"라는 소원이 첫자리에 있기를 바랍니다. 그래야 작은 능력으로도 주님의 말씀대로 살아갈 수 있습니다.

주님을 처음 믿는 사람도 주님의 말씀대로 살 수 있습니다. 부모의 말을 듣는 것은 성인이 되어야 할 수 있는 것이 아닙니다. 직장을 갖고 결혼을 한 뒤에야 부모님 말씀에 순종할 수 있는 것이 아닙니다. 어린아이도 부모님 말씀에 순종할 수 있습니다. 어리면 어린 대로 순종할 수 있습니다. 신앙이 어려도 주님의 이름을 배반하지 않을 수 있습니다. 그러므로 우리는 날마다 주님의 말씀을 묵상해야만 합니다. 성경을 매일 읽는 가운데서 주님의 음성에 귀를 기울이십시오. 주님의 음성을 자주 듣게 되면 주님의 말씀대로 살고 싶은 소원이 우리 안에 생겨납니다. 하지만 그 말씀을 멀리하고 살다 보면 우리는 원치 않아도 세상을 좇아가게 마련입니다.

네 앞에 열린 문을 두었으되

칭찬으로 빌라델비아 교회를 찾아오신 주님의 첫 번째 약속이 무엇입니까? 세 번 반복되는 "보라"라는 말씀으로 주님의 첫 약속이 밝혀지고 있습니다. "보라 내가 네 앞에 열린 문을 두었으되"라고 말씀하십니다.

빌라델비아 교회를 찾아오신 주님은 자신을 어떻게 소개하십니까? "다윗의 열쇠를 가지신 분"이라고 말씀하십니다. 이 말씀은 "사망과 음부의 열쇠를 가지신 분"이라는 1장 18절 말씀이 기억나게 합니다. 다윗의 열쇠가 무엇입니까? 다윗의 집, 곧 메시아 왕국의 열쇠입니다. 그 왕국의 특징인 영생으로 가는 문을 여는 열쇠입니다. "하늘과 땅의 모든 권세를 내게 주셨으니"(마 28:18)라고 주님이 밝히신 대로입니다.

주님이 하나님 나라의 문을 여시면 누구도 그 열린 문을 닫을 수 없습니다. 주님이 우리를 위해서 그 문을 열어 두시면 우리는 들어갈 수 있습니다. 누구도 우리를 막을 수 없습니다. 다윗의 집 열쇠는 이제 주님의 손에 있습니다. 열면 닫을 사람이 없고 닫으면 열 사람이 없는 분으로 우리 주님은 자신을 소개하고 계십니다. 삶과 죽음의 결정권이 주님 손에 있습니다. 생사의 대권이 그분에게 있습니다. 영생과 영벌의 갈림길이 그분으로 말미암습니다.

사랑하는 성도 여러분, 생사의 대권을 장악하신 주님이 열린 문을 빌라델비아 교회 앞에 두셨습니다. 그들이 작은 능력으로도 그분 앞에서 주님의 말씀을 지켰기 때문입니다. 작은 능력이지만 주님의 이름을 부인하지 않았기 때문입니다. 그즈음 빌라델비아 교회가 당한 시련을 통해 그들의 충성이 입증되었기에 주님은 "내가 그들 앞에 열린 문을 두었다"고 격려하십니다. 그들 앞에 영원한 왕국의 문을 열어 두었다고 확인하십니다.

칭찬받는 교회는 자기 앞에 열린 문이 있음을 인식하는 교회입니다. 주님의 칭찬을 바라보는 성도는 자기 앞에 주님을 섬길 수 있는 길이 열려 있다는 것을 아는 자입니다. 지금부터 섬길 자리를 찾아보십시오. 힘에 부쳐도 교회의 필요를 채우기 위해 찾아보십시오. 집사는 일하는 사람, 일을 손에 잡고 있는 사람입니다. 집사로 임명받아 30년이 지났는데도 뚜렷이 하는 봉사가 없다면 다시 한 번 신중히 생각해 보시기 바랍니다. 천국 복음을 맡은 자신의 특권을 인식하십시오. 장차 구원의 문이 열려 있는 것을 아는 동시에 아직도 봉사의 문이 열려 있는 것을 알면 전도의 문이 열릴 것입니다.

다윗의 열쇠가 누구에게 있습니까? 천국 열쇠는 우리 주 예수님의 손에 있습니다. 사망과 음부의 열쇠 역시 그분 손에 있습니다. 그 열쇠로 열면 영생을 얻습니다. 닫으면 영벌밖에는 기다리는 것이 없습니다. 그분의 결정을 아무도 뒤엎을 수 없습니다.

사랑하는 성도 여러분, 그분의 손에 생사의 대권이 있음을 증거하십시오. 능력으로 증거할 기회의 문이 우리에게 열려 있습니다. 거기에 극심한 반대가 있었지만 지금 그들 앞에는 문을 열어 두셨다고 주님이 말씀하십니다. 믿음의 문을 열어 두셨다고 확인시키고 계십니다. 큰 문이 활짝 열려서 많은 일을 행할 수 있는 기회가 그들 앞에 다가왔다고 깨우쳐 주고 계십니다.

우리는 어떠합니까? 오늘날에도 복음을 전하면 국법에 저촉되는 나라들이 있습니다. 그러나 우리가 사는 대한민국에는 전도할 자유가 있습니다. 비록 주일 오후에 전도지를 가지고 아파트 문을 두드리면 싫어하지만, 주간 엿새 동안에는 문이 활짝 열려 있습니다. "요즘은 문을 두드려도 안 열어 줘서 전도하기 어려워요"라고 이야기하지 마십시오. 생각을 바꾸십시오. 그러면 생판 모르는 남의 집 문을 두드리지 말고 여러분이 가면 반갑게 맞이해 줄, 차 한 잔 여유롭게 나눌 여러분의 친구들을 방문해 보는 건 어떨까요?

전도는 주일 오후에만 하는 일이 아닙니다. 내가 편한 시간에 의무 방어전을 하는 것이 아닙니다. 전도는 한 주간을 살아가면서 만나는 사람에게 복음을 전하는 것입니다. 별도로 모이지 않아도, 떼를 지어 다니지 않아도 우리의 삶의 현장에서 빛을 발하면 됩니다. 생사의 대권을 가지신 주님에게 나아오도록, 그분이 열어 주시는 구원의 문으로 들어오도록 증거하는 일이 전도입니다. 삶의 자리에서 여러분이 만나는 사람, 여러분과 이해관계가 있는 사람에게 복음을 전하십시오. 문을 열어 주지 않는 주일 오후를 핑계할 것이 아니라, 만나지 않으면 안 되는 사람들을 한 주 동안 많이 만나십시오. 하나님은 그들에게 복음을 전하도록 전도의 문을 열어 두었다고 말씀하고 계십니다.

빌라델비아 교회는 능력이 많아서 약속을 받은 교회가 아닙니다. 건물이 크고 회중이 많아서 칭찬을 들은 교회가 아닙니다. 작은 능력을 가지고도 주님의 말씀을 지켰습니다. 작은 능력을 가졌지만 주님을 부인하지 않았습니다. 우리는 주의 일을 하려고 할 때 항상 힘이 없다는 핑계를 대려 합니다. '몸이 쑤신다', '가진 것이 없다'는 것도 핑계가 되지 않습니다. 그 있는 힘을 가지고 충성할 때 하나님은 더 큰 힘을 주십니다. 지금 있는 힘을 가지고 충성하지 않는 자에게는 절대로 더 큰 힘을 주지 않으십니다. 지금 가진 힘으로 섬길 때 하나님은 더 큰 능력으로 주님의 교회를 섬길 수 있는 길을 열어 주십니다. 지금 주어진 직분으로도 섬기지 아니하면서 하나님이 더 큰 자리에 쓰실 것을 기대하는 것은 어리석은 생각입니다. 지금 맡은 직분이 무엇입니까? 그 직분으로 하나님의 교회를 위해 충성해 보십시오. 작은 일에 충성하는 자에게 큰 것으로 맡겨 주리라고 약속하십니다.

사랑하는 성도 여러분, 사람의 연약은 하나님의 역사에서 결코 장애가 아닙니다. 오히려 하나님의 능력이 나타날 기회가 됩니다. 우리의 능력이 아니라 하나님의 능력이 과시될 기회입니다. 여러분에게 부족한 것이 많습니까? 큰 능력이 없습니까? 낙심하거나 좌절할 이유가 없습니다. 오히려 이 연약한 나를 통해서, 갖지 못한 나를 통해서 하나님이 큰일을 이루셨다고 한날 간증하게 될 것입니다.

사랑하는 성도 여러분, 우리의 연약은 하나님의 능력이 지극히 크심을 드러낼 수 있는 근거가 될 것입니다. 하나님의 능력은 우리가 약할 때 완전해집니다. 기쁜 마음으로 여러분의 연약을 받아들이십시오. "그러므로 나는 그리스도를 위해서 병약함과 모욕과 궁핍과 박해와 곤란을 겪은 것을 기뻐합니다. 그것은 내가 약할 그때에 오히려 내가 하나님의 능력으로 강하기 때문입니다"(고후 12:10, 새번역)라고 바울은 고백하고 있습니다. 바울도 그를 간간이 사로잡는 병 때문에 하나님 앞에 간절히 기도한 적이 있습니다. 그는 세 번 기도했다고 말합니다. 그 기도에 대한 하나님의 응답은 "내 은혜가 네게 족하다"(고후 12:9, 새번역)였습니다. 무슨 말입니까? "내 은혜가 네게 족하도다 이는 내 능력이 약한 데서 온전하여짐이라"(고후 12:9)고 하신 것은 몸이 건강하면 몸이 건강해서 일을 많이 했다고 말하지 않도록, 연약한 가운데서도 그렇게 일한 것은 하나님의 은혜였다고 증거할 수 있도록 하기 위함입니다.

역사상 하나님의 사람들은 연약한 가운데서도 주를 잘 섬겼습니다. 칼뱅은 걸어 다니는 종합병원이라고 불렸습니다. 그래도 그는 주님을 섬기는 일에 누구보다 많은 열심으로 헌신했습니다. "내 심장을 주께 드립니다"라는 각오로 살았다고 합니다. 병약한 자들조차 칭찬을 받습니다. 연약한 자들을 택하셔서 강한 자를 부끄럽게 하시는 역사가 나타나기 때문입니다. 능력이 아니라 하나님 앞에서의 신실함이 중요합니다. 유대인들의 모욕과 공격 속에서도 작은 신앙 공동체 빌라델비아 교회는 무너지지 않았습니다. 오히려 그들을 무너뜨리려고 하는 자들이 굴복할 것을 주님이 약속하셨습니다.

위로의 약속

칭찬으로 빌라델비아 교회를 찾아오신 주님의 또 다른 약속을 눈여겨보십시오.

> 보라 사탄의 회당 곧 자칭 유대인이라 하나 그렇지 않고 거짓말하는 자들 중에서 몇을 네게 주어 그들로 와서 네 발 앞에 절하게 하고 내가 너를 사랑하는 줄을 알게 하리라(3:9).

빌라델비아 성도들은 세상으로부터 공격을 받지 않았습니다. 어떤 면에서 이방인들에게 공격받지는 아니했습니다. 그들의 대적자는 유대인이었습니다. 그들이 모이는 곳에는 '거룩한 하나님을 믿는 유대인들이 모이는 회당'이라고 간판이 붙어 있었지만, 기실은 "사탄의 회당"이라고 주님은 부르십니다. 간판은 '유대인의 회당'으로 붙여 놓고 기실은 '사탄의 회당'으로 전락한 자들에게 악랄한 공격을 받고 있었습니다. 이름과 실제 모습이 다른 이들이 유대인의 모임뿐이겠습니까?

겉으로만 신자인 사람은 신자가 아닙니다. 그 마음의 소원이 신자인지 아닌지를 판정 짓습니다. 먼저 하나님의 영광을 구하고 그 나라가 확장되기를 바라는 자가 성도입니다. "아버지의 나라가 임하옵소서"라고 기도하는 자가 하나님의 백성입니다. "아버지의 뜻이 이루어지게 하소서"라고 간구하는 자가 하나님의 백성입니다. 그저 예배의 자리에 나와 앉아 있다가 예배가 끝나기 무섭게 돌아가는 것은 성도의 모습이 아닙니다. 남들 기도가 끝났을 때 "아멘"이라고 함께 합창해서 성도가 되는 것이 아니라 그 드린 기도에 자기 마음의 소원이 담길 때 성도가 됩니다. 먼저 하나님의 영광을 구하고 그 나라가 확장되기를 바라는 소원이 성도를 성도 되게 만드는 것입니다. 활짝 열린 기회의 문을 열고 그 나라가 확장되기 위해서 자신을 드리는 자라야 성도라는 이름에 부합할 것입니다.

위선자의 특징이 무엇입니까? 이름과 실제 모습이 다른 것입니다. 위선자의 특징은 말과 사실이 부합하지 않다는 데 있습니다. 거짓이 그 입에 가득한 자입니다. 자칭 거룩한 자입니다만 거짓이 그 삶에 가득한 자가 '이름만' 유대인인 사람들의 특징이었습니다. 그들의 거짓에 의해서 빌라델비아 교회는 수난을 당했습니다. 그후 2천 년 동안 기독교의 역사에서 그리스도인을 더 괴롭고 힘들게 한 것은 교회 안에 있는 이름뿐인 그리스도인이었습니다.

그러나 주님이 주시는 위로의 약속을 들어 보십시오. “자칭 신자라고 하나 그렇지 않고 거짓말하는 자 중에서 몇 사람을 네게 주겠다”고 약속하십니다. 또 “보라 그들이 와서 네 발 앞에 절하게 하고 내가 너를 사랑하는 줄 알게 하리라”는 위로의 약속을 덧붙이고 계십니다. 오늘 우리를 괴롭히는 자들이 장차 우리에게 고백하게 될 날이 온다는 것을 믿으면 어떤 험한 말을 들어도 우리의 길을 꿋꿋하게 갈 수 있습니다. 아무리 세찬 바람이 불어도 우리의 갈 길을 갈 수 있습니다. 겨울이 아무리 추워도 우리는 따뜻한 봄이 온다는 것을 알고 있기 때문입니다.

여기서 유대인 가운데 몇몇 사람이 네게 넘어오리라고 한 것은 가까운 장래 일을 보여 주는 듯합니다. 그들이 너희를 굴복시키려 하지만 오히려 유대인 가운데 몇몇 사람이 네게 굴복하게 되고 하나님의 이름에 영광을 돌리게 될 것이라는 말입니다. 오늘 우리를 괴롭히는 자가 장차 우리에게 고백하게 될 것을 바라봅니다. 우리를 하나님의 보배롭고 존귀한 자로 알게 될 그날을 미리 내다봅니다. 오늘 우리를 헐뜯는 입이 내일은 우리를 칭송하길 바라보면서 기도합시다. 우리를 축복하고 우리 하나님의 이름을 칭송하도록 하실 하나님을 바라보십시오.

9절 말씀을 행하실 분은 전능하신 하나님입니다. 빌라델비아에 있는 작은 공동체를 괴롭힐 때는 절대로 그런 일이 일어나지 않을 것처럼 보였습니다. 그러나 “내가 그렇게 하리라”고 전능자가 약속하십니다. 그러면 우리는 그대로 될 줄 믿는 것입니다. 주께서 하시면 이런 역사가 나타날 수 있습니다.

시험의 때를 면하게 하리니

칭찬으로 빌라델비아 교회를 찾아오신 주님이 두 번째로 하신 큰 약속은 무엇입니까?

> 네가 나의 인내의 말씀을 지켰은즉 내가 또한 너를 지켜 시험의 때를 면하게 하리니 이는 장차 온 세상에 임하여 땅에 거하는 자들을 시험할 때라 내가 속히 오리니 네가 가진 것을 굳게 잡아 아무도 네 면류관을 빼앗지 못하게 하라(3:10, 11).

주님의 두 번째 큰 약속은 앞의 약속이 실현된 이후에 이루어질 약속처럼 보입니다. 마지막 심판을 앞둔 특정 시험의 때를 언급하고 있기 때문입니다. 장차 온 세상에 임하여 땅에 거하는 자들을 시험할 특정한 때를 두고 약속하십니다. 이날은 온 지구상에 거하는 모든 사람에게 임할 시련의 때라고 주님이 누가복음 21장에서 밝히고 계십니다. 주님은 제자들에게 그 시험을 피할 방도를 미리 일러 주셨습니다.

> 이러므로 너희는 장차 올 이 모든 일을 능히 피하고 인자 앞에 서도록 항상 기도하며 깨어 있으라……(눅 21:36).

우주적인 재난이 덮칠 때 미국으로 가면 피할 수 있습니까? 영국에 가서 산다고 면할 수가 있습니까? 호주로 이민 가면 안전할 것 같습니까? 아닙니다. 말세가 되면 큰 지진이 빈번하게 일어날 것입니다. 이 재난은 우주적 재난입니다. 큰 지진이 나며 해가 검은 털로 짠 상복처럼 검어지고 온 달이 피같이 되면, 무화과나무가 대풍에 흔들려 설익은 열매가 떨어지는 것처럼 하늘의 별들이 땅에 떨어지며 하늘은 종이 축이 말리는 것같이 떠나가고 각 산과 섬은 제자리에서 옮겨지는 우주적인 격변의 재난입니다. 땅의 임금들과 왕족들과 장군들과 부자들과 강한 자들과 종과 자유자가 바위틈에 숨는 그 재난의 날입니다. 그날 사람들은 사시나무 떨듯이 떨 것입니다. 평소에는 교만한 얼굴에 두려움 없이 사는 것 같지만, 그날에는 기겁할 것입니다.

사랑하는 성도 여러분, 산과 바위를 향해 그들이 소리치는 그날, 여러분은 여러분의 설 자리를 알고 있습니까? 보좌 위에 앉으신 이의 눈앞에서, 어린양의 진노에서 우리를 가리라고 소리칠 그때, "진노의 큰 날이 이르렀으니 누가 능히 서리요"라고 외마디 소리를 지를 그때, 여러분은 어디에 서 있을 것입니까?

"만세 반석 열리니 내가 들어갑니다"라는 이 찬양이 후일에 춥고 어두울 때 신자의 찬양이 되어야 하지 않겠습니까? 두려움이 여러분의 오금을 사로잡을 것입니까? 아니면 주님 오실 때가 다가온다는 기쁨이 여러분의 가슴에 샘솟아 오를 것입니까? 지금 하나님의 은혜를 받으십시오. 십자가의 은혜가 지금 우리에게 주어졌습니다. 지금이 은혜의 날이고 구원의 복된 소식이 전파되는 때입니다. 지금 우리가 그리스도의 십자가로 말미암는 사죄함을 얻기만 하면 그날은 결코 두려운 날이 되지 않을 것입니다.

십자가의 은혜를 지금 여러분의 것으로 받아들이십시오. "예수 예수 믿는 것은 받은 증거 많도다"라는 찬양이 우리 입에서 터져 나와야 합니다. 십자가의 죽음이 우리의 죄의 죽음을 대신했다는 것을 마음에 믿으십시오. 지금 은혜를 아는 자는 그날 최후의 시련이 두렵지 않을 것입니다. "주님 오시옵소서. 어서 오시옵소서"라는 기도가 나오지 않겠습니까? 잠깐 후에는 다가올 새 하늘과 새 땅의 기대가 우리의 가슴을 뛰게 할 것입니다.

"내가 속히 오리니 네가 가진 것을 굳게 잡아 아무나 네 면류관을 빼앗지 못하게 하라"고 말씀하십니다. 시험의 때를 두려워하지 마십시오. "내가 속히 오마" 하고 약속하신 주님의 오심을 대망하는 기회로 삼으십시오. 주님이 오시는 징조를 읽는 지혜를 가지십시오.

고통받는 교회와 기다리는 성도에게 이보다 귀한 약속이 어디 있겠습니까? "내가 속히 오리라"라고 말씀하십니다. 그날이 오면 모든 투쟁이 끝날 것입니다. 박해도 유혹도 종결될 것입니다. 그날이 오면 오해와 불평도 사라질 것입니다. 성도들이 주와 같이 거룩하게 될 것입니다. 거룩하고 진실하신 분의 모든 약속이 성취될 것입니다. 우리의 육신은 영화로운 몸을 입을 것이고 우리 마음이 소원하는 대로 주님을 섬기게 될 것입니다. 하나님의 교회가 영원한 하늘 영광으로 충만할 것입니다.

더 크고 더 완전한 약속

칭찬으로 찾아오신 주님이 빌라델비아 교회에 하시는 마지막 약속은 무엇입니까?

> 이기는 자는 내 하나님 성전에 기둥이 되게 하리라 그가 결코 다시 나가지 아니하리니 내가 하나님의 이름과 하나님의 성 곧 하늘에서 내 하나님께로부터 내려오는 새 예루살렘의 이름과 나의 새 이름을 그이 위에 기록하리라 귀 있는 자는 성령이 교회들에게 하시는 말씀을 들을지어다(3:12, 13).

여기 이중으로 마지막 약속이 나타나고 있습니다. 하나는 "이기는 자는 내 하나님의 성전에 기둥이 되게 하겠다"는 약속입니다. 그러고는 "그 위에 네 이름을 기록하리라"고 약속하십니다. 특별히 기록될 이름이 세 차례(하나님의 이름, 새 예루살렘의 이름, 나의 새 이름)로 나타나 있습니다.

하나님이 당신을 사랑하는 자에게 하시는 약속은 단일 약속이 아닙니다. 복합적인 약속이 겹겹이 피어나는 꽃같이 아름답게 주어지고 있습니다. 칭찬으로 빌라델비아 교회를 찾아오신 주님이 하신 두 번째 약속이 세상 마지막 시련과 관련된다면, 세 번째 주어진 약속은 이 세상 이후에 이루어질 최종 약속이라는 점에서 두 번째 약속보다 더 크고 더 완전한 약속입니다.

"이기는 자는 내 하나님의 성전에 기둥이 되게 하리니"라고 말씀하신 것은 상징적인 약속입니다. 간혹 이런 것으로 시비 붙는 사람이 많습니다. "요한계시록 뒷부분에 가면 하늘에는 성전이 없다고 했는데 성전에 기둥이 된다고 하면 말이 안 맞지 않느냐?"고 따집니다. 이것은 상징적인 표현입니다.

하늘에는 성전이 따로 필요하지 않습니다. 성전, 그것은 본래 죄인들이 하나님을 만나기 위해 땅에 존재하는 것 아닙니까? 성전을 통해서, 제단을 통해서 우리는 죄를 용서받고 하나님과 교제합니다. 그것이 본래 제단을 주신 목적입니다. 그러나 하나님 나라에 가면 하나님 자신이 우리를 친히 만나 주실 것이기에 성전이 필요치 않습니다.

그러면 본문은 왜 "이기는 자는 내 하나님 성전에 기둥이 되게 하리니"라고 말합니까? 고대의 큰 사원들을 한번 보십시오. 허물어지고 기둥들만 남은 사원들을 보기도 합니다. 그 웅장한 기둥처럼 주의 날 위엄 있게 버티고 설 때가 우리에게 다가오고 있습니다. 우리가 받을 복을 능력과 안정성과 영구함을 상징하는 기둥으로 설명합니다. 주님이 세우실 우주적이고 영적인 성소의 위엄과 능력으로 우리 자신이 당당히 서게 될 것을 보여 줍니다. 지진이 잦았던 빌라델비아의 무너져 흩어진 기둥들이 아니라 결코 무너지지 않는 하나님의 성전에 기둥이 되게 하겠다고 말씀하십니다. 성전에 세워진 기둥처럼 하나님과 가까이하게 될 것이라는 뜻입니다.

기둥이 성전 전체를 버티고 있습니다. 하나님과 더불어 가장 가깝고 사랑스러운 관계를 회복하게 될 것을 일컬어서 "내 하나님 성전에 기둥이 되게 하리라", "기둥 같은 자로 삼겠다"고 하신 것입니다. 지진이 잦았던 빌라델비아의 사람들은 땅이 흔들리면 짐을 들고 바깥으로 달려나갔습니다. 그러나 이제는 "다시 나가지 아니하리라"고 하십니다.

그러나 요한은 우리가 받을 복을 기술하는 데 거기서 그치지 않습니다. "내가 하나님의 이름과 하나님의 성 새 예루살렘의 이름과 나의 새 이름을 그이 위에 기록하리라"고 합니다. 신분증에 우리 신분이 우리를 구원하신 '하나님의 이름', '예루살렘 시민으로서의 이름', 그리고 우리 '예수 그리스도 승리자의 이름' 이렇게 세 차례로 주어집니다. 삼겹실이 잘 끊어지지 않는 것처럼 이 말씀은 우리 신분을 삼겹으로 보증하고 있습니다.

우리는 하나님에게 속한 자이기 때문입니다. 그날 우리는 온전히 하나님에게 속할 것입니다. 우리는 그날 하나님의 성 새 예루살렘의 시민이 될 것입니다. 그것이 하나님의 성, 곧 하늘의 내 하나님에게서 내려오는 새 예루살렘의 이름이 기록되리라는 의미입니다. 주님이 승리자로서 당신의 새 이름을 우리 위에 기록해 주겠다고 말씀하십니다. 우리는 그날 온전히 하나님에게 속하게 될 것입니다. 우리는 그날 하나님의 성 새 예루살렘의 시민이 될 것입니다.

다시 오실 주님의 모든 영광과 위엄을 우리는 그날 공유하게 될 것입니다. 우리에게 부어 주신 주님의 은혜가 활짝 꽃피는 영원한 봄날이 도래할 것입니다. 귀 있는 자는 성령이 교회들에 하시는 말씀을 들어 보십시오. 눈 있는 자는 성령이 교회들에 하시는 약속을 바라보는 복된 성도들이 되십시오.

Revelation

요한계시록 3장 14-22절

14 라오디게아 교회의 사자에게 편지하라 아멘이시요 충성되고 참된 증인이시요
하나님의 창조의 근본이신 이가 이르시되 15 내가 네 행위를 아노니 네가 차지도
아니하고 뜨겁지도 아니하도다 네가 차든지 뜨겁든지 하기를 원하노라 16 네가
이같이 미지근하여 뜨겁지도 아니하고 차지도 아니하니 내 입에서 너를 토하
여 버리리라 17 네가 말하기를 나는 부자라 부요하여 부족한 것이 없다 하나 네
곤고한 것과 가련한 것과 가난한 것과 눈먼 것과 벌거벗은 것을 알지 못하는도
다 18 내가 너를 권하노니 내게서 불로 연단한 금을 사서 부요하게 하고 흰옷을
사서 입어 벌거벗은 수치를 보이지 않게 하고 안약을 사서 눈에 발라 보게 하
라 19 무릇 내가 사랑하는 자를 책망하여 징계하노니 그러므로 네가 열심을 내
라 회개하라 20 볼지어다 내가 문밖에 서서 두드리노니 누구든지 내 음성을 듣
고 문을 열면 내가 그에게로 들어가 그와 더불어 먹고 그는 나와 더불어 먹으리
라 21 이기는 그에게는 내가 내 보좌에 함께 앉게 하여 주기를 내가 이기고 아
버지 보좌에 함께 앉은 것과 같이 하리라 22 귀 있는 자는 성령이 교회들에게
하시는 말씀을 들을지어다

14
문밖에 서서 두드리노니

변함없는 하나님의 사랑을 받는 성도 여러분, 일곱째 편지는 라오디게아 교회에 보낸 편지입니다. 마지막 편지인 동시에 아무런 칭찬이 없는 편지입니다. 칭찬은커녕 일곱 교회 가운데 가장 심각한 책망을 듣고 있습니다. 하지만 라오디게아 교회를 향한 주님의 간절한 호소와 약속은 일곱 편지 가운데 절정을 이루고 있습니다.

뜨겁지도 차지도 않은

일곱 교회 중 가장 신랄한 책망을 들은 라오디게아 교회의 모습은 어떠했을까요? 신령한 의사이신 주님의 진단을 들어 봅시다.

> 내가 네 행위를 아노니 네가 차지도 아니하고 뜨겁지도 아니하도다 네가

차든지 뜨겁든지 하기를 원하노라 네가 이같이 미지근하여 뜨겁지도 아니하고 차지도 아니하니 내 입에서 너를 토하여 버리리라(3:15, 16).

주님은 각 교회의 상황을 아십니다. 각 성도의 장점과 약점을 아십니다. 그들의 신실함과 연약함을 알고 계십니다. 주님은 우리의 모습을 있는 그대로 보시는 분입니다. 우리 삶의 모습을 알고 계신 분입니다. 여러분은 "내가 네 행위를 아노니"라고 말씀하시는 주님을 만나시길 바랍니다.

라오디게아 교회를 찾아오신 주님은 아무런 칭찬의 말도 없이 다가오십니다. 대개는 칭찬의 말과 함께 책망의 말을 하시는 주님입니다. 심지어 살았다는 이름을 가졌으나 실상은 죽은 사데 교회에도 한마디 칭찬은 하셨습니다. 그러나 라오디게아 교회를 향해서는 한마디 칭찬도, 그렇다고 잘못된 교리나 부도덕한 삶에 대한 책망도 하지 않으십니다.

라오디게아 교회의 문제는 뜨겁지도 않고 차지도 않은 데 있었습니다. 미지근한 모습이 그들의 특징입니다. 그들의 삶은 맥이 없고 소극적이고 무관심합니다. 영적 활동이나 복음 사역에 열심이 없습니다. 매사에 적당히 타협하면서 넘어가는 자들입니다. 그렇다고 그리스도의 복음을 거부한 것도 아닙니다. 동시에 복음을 기쁨으로 수용하지도 않습니다. 확신도 없고 열심도 결여된 상태입니다. 냉담한 반응도 없고 뜨거운 열심도 없는 무리입니다. 어떻게 보면 대책 없는 무리입니다. 주의 일에 무관심하고, 신자라는 이름만 있습니다. 기억하십시오. 적당히 안일하게 살아가는 성도들만큼 주님이 싫어하시는 무리도 없습니다. 그들은 "아멘이시고 충성되고 참된 증인이신" 주님 자신의 성품과 도무지 어울리지 않는 무리입니다.

다분히 위선적이고도 기만적인 그들을 향해 진저리 치고 있습니다. "아멘이시고 충성되고 참된 증인이신" 주께서는 그들을 수용할 수 없습니다. 그러므로 "차든지 뜨겁든지 하라"고 요청하십니다. 미지근한 그들의 모습에 혐오하시고 그 입에서 토하여 버리리라고 경고하십니다.

라오디게아, 골로새, 히에라폴리스는 서로 이웃한 도시입니다. 바울은 골로새에 편지를 보내면서 라오디게아인의 교회에서도 읽게 하고 또 라오디게아로 오는 편지를 골로새 성도들도 읽으라고 충고합니다.

라오디게아에서 약 10킬로미터 떨어진 히에라폴리스에는 유명한 온천이 있었습니다. 하지만 그 온천물은 라오디게아에 이르면 뜨거움을 잃고 미지근해졌습니다. 미지근한 동시에 구역질 나는 역한 냄새를 익히 아는 그들로서는 주님의 말씀이 무엇을 의미하는지 잘 알았을 것입니다. 아무도 그 물을 입으로 마시고 목으로 넘길 수 없었습니다. 사랑하는 주의 백성 여러분, 신앙의 미지근함은 용서될 수 없습니다. 내뱉어 버릴 수밖에 없는 역겨운 온천수입니다. 독생자를 아끼지 아니하시고 우리를 위해서 내어 주신 하나님의 뜨거운 사랑과 어울릴 수 없습니다. 세상에 오셔서 인간으로 태어나시고, 자기의 생명을 많은 사람의 대속물로 내어 주신 성자 예수님과 어울리지 않습니다.

하나님이 기뻐하시는 거룩한 산 제사로 자신을 드려야 할 그리스도인의 모습과 너무나 어울리지 않는 상태입니다. 우리의 구속을 위해서 자신을 온전히 드리신 주님을 섬기는 합당한 태도는 오직 하나, 마음과 뜻과 정성을 다하는 것입니다. 우리를 위해 모든 것을 드리시고 십자가를 지기까지 참으신 그분에게 어울리는 헌신은 날마다 "자기를 부인하고 자기 십자가를 지고" 주님을 따르는 삶입니다.

라오디게아 성도들의 모습은 주님의 백성의 모습과는 도무지 어울리지 않았습니다. 그러므로 주님은 무서운 경고를 하고 계십니다. "내 입에서 너를 토하여 버리리라." 변화가 없으면 그렇게 되리라는 경고입니다. 그러나 다시는 돌이킬 수 없는 절망적인 거절 선언이 아닙니다. 오히려 회개를 요청하는 간곡한 호소입니다. 토하여 버리게 되는 운명에 빠져드는 대신 하나님의 나라를 상속하게 되길 간절히 권면합니다.

라오디게아 교회의 자만심

하지만 그들의 고백을 들어 보십시오. "나는 부자라 부요하여 부족한 것이 없다"(3:17). 호세아서에 나오는 에브라임의 고백과 유사합니다.

> 아, 내가 정말 부자가 되었구나. 이제는 한 밑천 톡톡히 잡았다. 모두 내가 피땀을 흘려서 모은 재산이니, 누가 나더러 부정으로 재산을 모았다고 말하겠는가?(호 12:8, 새번역)

옛 에브라임의 자만심이 라오디게아 교회 성도들 가운데도 계승되고 있었습니다. 스스로 부요하기 때문에 아무런 부족이 없다고 자부하고 있었습니다.

도시 라오디게아의 특징은 부유함에 있었습니다. 세 개의 큰 도로에 위치한 부유한 상업 도시 라오디게아의 자만심이 교회까지 침투했습니다. 양모 산업과 금융업이 발달한 도시 라오디게아의 부유함은 역사 속에서 확인할 수 있습니다. 두 번이나 강타한 지진으로 황폐해진 도시를 재건하기 위한 황제의 하사금을 거부할 정도로 부유한 도시였습니다. 로마의 역사가 타키투스는 "라오디게아는 순전히 자력으로 폐허 가운데 일어났다"고 기록했습니다.

부유하기도 했고 이제 부유하다고 스스로 인식한 라오디게아입니다. 돈이면 다 된다는 생각에 사로잡혀 있던 라오디게아 시민들처럼, 라오디게아 교회 역시 자만심에 빠져 있었습니다. 마치 자기 노력으로 부자가 된 듯이 생각하는 순간 모든 좋은 것의 원천이신 하나님에게서 자신이 단절된다는 것을 잊어버리고 있었습니다. 사람의 관점에서 보면 매우 성공한 모습이지만 하나님의 눈에는 완전한 실패자였습니다.

자신이 더없이 바르게 살아왔다고 생각하십니까? 부디 다른 시각으로 삶을 바라보십시오. 만나 보면 당당한 사람들이 가끔 있습니다. 그런 사람들과 교제하면 재미가 없습니다. 그들은 워낙 잘나서 그 사람들 옆에 있으면 부족한 것을 흠 잡힐 일밖에 없습니다. 우리는 어떻습니까? 오늘 내가 이렇게 사는 것이 내가 잘나서라고 생각하지는 않습니까? 비록 말로 표현하지는 않지만 속으로 '나는 별로 부족한 게 없다'고 생각하지는 않습니까? 그렇지만 주님의 평가는 어떠할까요?

"나는 부족한 게 없다"라는 당당한 자기 평가는 주님의 평가와 전혀 달랐습니다. 주님은 라오디게아 교회를 향해 "네 곤고한 것과 가련한 것과 가난한 것과 눈먼 것과 벌거벗은 것을 알지 못하는도다"(3:17)라고 평가하십니다. 그들이 자부한 자기 모습과 그들이 처한 실제 모습과 엄청난 차이가 있습니다. 물질적인 풍요는 우리로 하여금 영적인 풍요를 누리고 있다고 쉽게 착각하게 만듭니다. 사실은 정반대입니다. 잘살게 되면 '나는 하나님에게 복 받았어'라고 생각하지만, 전혀 그렇지 않을 수도 있습니다. 그토록 중요하게 여기는 풍요한 물질이 오히려 벌거벗은 가난을 초래하는데, 우리는 그것을 전혀 깨닫지 못하는 데 비극이 있습니다.

이것이 바로 풍요로운 교회의 비극일 뿐만 아니라 물질에 부족이 없는 성도 개인의 모습이기도 합니다. 이제 풍족하여 부족한 것이 없다고 여기십니까? 헐벗고 눈먼 자 같은 비참한 자기 모습을 보는 은혜가 있기를 바랍니다. 비참하고 불쌍하고 가난하고 눈멀고 벌거벗은 자신의 실상을 보게 되길 소원합니다.

기쁨과 거룩과 의로움으로 옷 입으라

사랑하는 성도 여러분, 자만심에 빠진 성도를 향한 주님의 충고를 들어 보십시오.

> 내가 너를 권하노니 내게서 불로 연단한 금을 사서 부요하게 하고 흰옷을 사서 입어 벌거벗은 수치를 보이지 않게 하고 안약을 사서 눈에 발라보게 하라(3:18).

부요하다고 만족해하는 자들을 향해 참으로 부요해지는 비결을 말해 주십니다. 잠깐 있다가 사라지는 부가 아니라 영원한 부를 추구하라고 권면하십니다. 좀먹고, 녹슬고, 심한 경우에는 도둑이 넘보는 부가 아니라, 불로 연단하여 사라지지 아니할 금으로 진정한 부를 소유하라고 충고하십니다. 그리고 "내게서 사라"고 강조하십니다. 창조의 근본이신 그분만이 우리를 새롭게 하실 수 있습니다. 주님으로 말미암은 구원을 누리도록 충고하십니다. "금보다 귀한 믿음"을 소유하도록 요청하십니다. 우리는 "금보다 귀한 믿음은 참 보배 되도다 이 진리 믿는 사람들 다 복을 받겠네"(새찬송가 450장)라고 찬송하는 성도입니다.

죄로 벌거벗은 우리 몸을 가릴 흰옷을 구매하라고 강권하십니다. 잘 입고 살아가고 있다고 생각하십니까? 남에게 빠지지 않게 입고 살아간다고 자부하십니까? 주님은 오늘 그렇게 생각하는 우리를 향해 자신에게서 흰옷을 사서 벌거벗은 수치를 보이지 않게 하라고 호소하십니다. 우리의 신체를 가리는 옷에만 신경 쓰지 말고, 자신의 벌거벗은 영혼을 가릴 의의 옷을 구입하십시오. 자기의 가치를 아는 사람은 무엇을 걸치든 신경 쓰지 않습니다. 걸치는 것이 우리의 진가를 좌우하지 않습니다. 주님으로 말미암는 '기쁨과 거룩과 의로움으로 옷 입으라'고 충고하십니다. 우리는 매우 쉽게 세속의 물결에 휩쓸려가는 것 같습니다. 행복은 우리 삶의 목표가 아닙니다. 예수 그리스도로 옷 입고 육신의 일을 도모하지 마십시오.

> 하나님이 택하사 거룩하고 사랑받는 자처럼 긍휼과 자비와 겸손과 온유와 오래 참음을 옷 입고(골 3:12).

서로 받아들이고 주께서 우리를 용서하신 것처럼 서로 용서하라고 성경은 권합니다. 그러기 위해서는 무엇보다 자신의 실상을 보아야 합니다. 주님은 "안약을 사서 눈에 발라 보게 하라"고 말씀하십니다.

라오디게아는 특산물인 양모로 만든 옷이 유명했는데, 라오디게아의 또 다른 자랑은 안약이었습니다. 잘게 부수어 눈에 바르는 안약 '테프라 브루기아'는 세계적인 명성을 얻은 상품입니다. 능히 무역의 파고가 높은 시대를 너끈히 이겨 나갈 라오디게아의 특산품이었습니다. 그 유명한 안약으로 남의 눈은 고치면서 자신의 영혼의 눈은 고치지 못하는 그들에게 충고하십니다. 자신의 비참한 모습을 보기 전에는 누구도 주님의 충고를 받아들이려 하지 않습니다. 육신의 안락은 신경 쓰면서도 영혼의 상태에는 무관심한 오늘의 성도들을 위한 조언입니다. 이 편한 세상에 남부럽지 않게 사는 데에만 신경 쓰는 어리석은 삶의 자세를 돌아보십시오.

> 무릇 내가 사랑하는 자를 책망하여 징계하노니 그러므로 네가 열심을 내라 회개하라 볼지어다 내가 문밖에 서서 두드리노니 누구든지 내 음성을 듣고 문을 열면 내가 그에게로 들어가 그로 더불어 먹고 그는 나로 더불어 먹으리라 이기는 그에게는 내가 내 보좌에 앉게 하여 주기를 내가 이기고 아버지의 보좌에 함께 앉은 것과 같이 하리라 귀 있는 자는 성령이

교회들에게 하시는 말씀을 들을지어다(3:19-22).

주님의 신랄한 책망은 냉혹한 태도에서 나온 것이 아닙니다. 이 엄중한 경고는 미움에서 유래한 것이 아닙니다. 초대 교회 역사에 잘 알려진 히에로니무스의 말처럼 "하나님이 가장 진노하신 때는 우리에 대한 그분의 진노를 거두시는 때"입니다. 하나님이 우리에게 엄청 화가 나시면 더 이상 화를 내지 않으신다는 것입니다. 화를 내고 소리칠 때는 그나마 돌아서도록 하려는 것입니다. 화를 내지 않으시면 이제 시간이 끝났다는 것입니다. 폭풍 전야의 고요함처럼 심판밖에는 남은 것이 없는 때입니다. 혹시 하나님이 여러분에게 아무런 화를 내지 않으시는 것 같습니까? 편안한 것 같습니까? 혹시 관심을 거두신 것은 아닌지, 그래서 화조차 내지 않는 것은 아니신지 살펴보십시오.

물론 사람들은 미워하면 말이 곱지 않습니다. 봐줄 만한 것도 그냥 넘어가지 않습니다. 심기가 불편하면 언행이 거칠어집니다. "사랑해서 하는 충고"라고 하지만 가시가 돋친 언사들이 세상에는 난무합니다. 그러나 하나님은 다르십니다. 우리를 위해 자신을 주신 주님은 다르십니다. 때로는 심한 말이 지극한 사랑의 표현일 수 있습니다. 비참한 상황에서 우리를 돌이키시려는 주님의 사랑 때문에 하시는 말입니다. 깊은 관심의 발로입니다.

> 대저 여호와께서 그 사랑하시는 자를 징계하시기를 마치 아버지가 그 기뻐하는 아들을 징계함같이 하시느니라(잠 3:12).

구약 지혜자의 잠언입니다. 주님의 징계는 처벌이 아닙니다. 비난이 아닙니다. 그분의 책망은 교정을 위한 것입니다. 세우기 위한 것입니다. 하나님의 책망은 "오직 우리의 유익을 위하여 그의 거룩하심에 참여케 하게"(히

12:10) 하시기 위함입니다. 듣는 순간에는 기쁘지 않을 수 있지만, 후에는 "의로움이 깃든 평화로운 열매를 맺게" 합니다.

눈여겨보십시오. 16절의 무서운 책망은 20절의 간절한 호소와 무관하지 않습니다. 설교가 책망처럼 들리십니까? 자신의 삶을 돌아보고, 부디 사랑으로 진리를 말하는 역할을 신실하게 감당하도록 도와주십시오. 미워서 하는 책망이 아니라, 사랑해서 하는 충고로 듣는 은혜가 있길 바랍니다.

가만히 두드리는 호소

라오디게아 교회를 가장 신랄하게 책망하셨지만 동시에 가장 간곡히 호소하기도 하셨습니다. "그러므로 네가 열심을 내라 회개하라 볼지어다 내가 문밖에 서서 두드리노니 누구든지 내 음성을 듣고 문을 열면……"(3:19, 20). 여기서 주님은 그림 같은 감동적인 모습으로 마음 문을 두드리십니다.

회개는 닫아 놓은 내 마음의 문을 여는 행위입니다. 친히 찾아오셔서, 서서, 두드리며, 부르는 주님을 영접하는 행위입니다. 회개는 우리의 무관심과 자만심 때문에 우리의 삶 밖에 계신 주님에게 우리의 마음 문을 열어드리는 행위입니다.

꼭 기억하십시오. 무력한 모습으로 바깥에서 문만 두드리는 주님이 아닙니다. 영광스럽고도 전능하신 부활의 주님이 사랑의 호소를 하고 계십니다. 두드리며 기다리고 호소하시는 것은, 그분의 사랑은 강요하지 않기 때문입니다. 사랑의 노래 아가서의 표현을 기억해 보십시오.

> 내가 잘지라도 마음은 깨었는데 나의 사랑하는 자의 소리가 들리는구나 문을 두드려 이르기를 나의 누이, 나의 사랑, 나의 비둘기, 나의 완전한 자야 문 열어 다오 내 머리에는 이슬이, 내 머리털에는 밤이슬이 가득하였

다 하는구나(아 5:2).

사랑은 강요하지 않습니다. 문을 흔드는 것이 아니라 가만히 두드리는 것입니다. 힘으로 밀고 들어가는 것이 아닙니다. 주님은 그런 식으로 우리를 사랑하시지 않습니다.

회개가 문을 여는 행위라면, 열심을 내는 자가 누리는 축복은 함께 식탁에 앉아 교제하는 모습으로 나타납니다. 함께 식탁 교제를 하는 관습과 의미를 되살려야 합니다. 우리 시대는 느긋한 사귐과 친밀한 교제를 상실한 시대입니다. 하루 일을 마치고 여유 있게 같은 식탁에 앉아 교제하는 멋을 상실했습니다. 식당에서 함께 먹는 것도 교제이지만 집에서 함께 먹는 것과 비교할 수 있겠습니까?

성경은 성도가 누리는 축복을 잔치 자리에 함께 앉는 일로 종종 비유합니다. 한 식탁에 앉아 좋은 음식을 함께 나누는 일로 표현합니다. 옛날 유대 사회에서 식탁에 함께하는 일은 사랑과 신뢰와 깊은 친밀함을 나누는 일이었습니다. 우리 선조들의 문화도 별반 다르지 않았습니다.

예수께서는 세리와 죄인과 어울린다는 사실만으로 책망받으신 것이 아닙니다. 함께 음식을 먹는다고 질책당하셨습니다(눅 15:2). 베드로 역시 마찬가지입니다. 이방인에게 설교한다고 책망받은 게 아니라 그들과 함께 먹었다고 비난받았습니다(행 11:3).

승리를 누릴 축복

20절의 약속은 문을 여는 자가 누릴 가장 깊고 복된 교제를 상징합니다. 그러나 문을 여는 자가 누릴 약속은 거기서 끝나지 않습니다. 궁극적인 승리를 누릴 그들의 축복을 약속하는 데까지 나아갑니다.

> 이기는 자에게는 내가 내 보좌에 앉게 하여 주기를 내가 이기고 아버지 보좌에 함께 앉는 것과 같이 하리라(3:21).

누구든지 주님의 음성을 듣는 자는 복이 있습니다. 듣고 문을 열면 오늘 주님과 교제를 누립니다. 그뿐만 아니라 내일 그는 주와 함께 다스릴 것입니다. 주님은 아버지의 보좌에 함께 앉으신 승리자이십니다. 보좌에 앉으신 어린양께 영광과 존귀를 돌려 드립니다. 주님은 이미 보좌에 앉으셨습니다. 사람으로 오신 그분은 하늘 보좌에 아버지와 함께 앉으셨습니다. 그 분에게 일어난 모든 일은 지금 우리에게도 사실입니다. 구속받은 모든 성도는 주와 함께 하늘 보좌에 이미 앉은 자들입니다.

> 그 능력이 그리스도 안에서 역사하사 죽은 자들 가운데서 다시 살리시고 하늘에서 자기의 오른편에 앉히사……(엡 1:20).

> 긍휼에 풍성하신 하나님이 우리를 사랑하신 그 큰 사랑을 인하여 허물로 죽은 우리를 그리스도와 함께 살리셨고 또 함께 일으키사 그리스도 예수 안에서 함께 하늘에 앉히셨으니……(엡 2:4-6).

라오디게아의 이웃인 골로새 교회에 보낸 편지의 표현을 빌리면 우리의 생명은 지금 '그리스도와 함께 하나님 안에 감추어져' 있습니다. 그분 안에서 우리는 이미 이 영화를 누리고 있지만 본문의 약속은 미래에 이뤄질 국면을 내포합니다. 우리의 구원은 이미 그리스도 안에서 성취되었으나 아직 완성된 것은 아닙니다. '이미'와 함께 '아직'의 차원이 있습니다. 지금은 나그네요 행인으로 지내지만, 우리 안에 놀라운 소망이 있습니다. '보좌에 함께 앉을' 미래의 소망이 오늘 우리의 순례 걸음을 힘 있게 만듭니다.

항상 함께하시는 하나님

사랑하는 성도 여러분, 그동안 주님이 일곱 통의 편지를 통하여 여러분 각자에게 어떻게 다가오셨습니까? 무한한 위로를 주셨습니까? 아니면 심각하게 책망하셨습니까?

주님의 책망은 그분의 사랑과 관심의 표현입니다. 주님은 "내가 사랑하는 자를 책망하여 징계하노니"라고 말씀하십니다. 주님의 말씀을 액면대로 붙잡으십시오. 소망이 있습니다. 회개하여 열심을 내십시오. 주의 음성을 듣고 따르십시오. 주님을 사랑하는 자는 그 계명을 지킵니다. 그래서 예배의 자리에 나오고 매일 성경을 읽으며 말씀을 묵상하는 것입니다. 주님의 음성을 듣지 않으면 세상의 소리를 듣게 되어 있습니다. 날마다 하나님의 음성을 읽고 듣는 데 시간을 내어 보십시오.

약속이 많아질 때 선택의 기준은 일의 중요도입니다. 무엇 때문에 그렇게 바쁘십니까? 여러분이 "나의 주 나의 하나님"이라고 고백하는 그분의 음성을 듣는 일에 시간을 내지 못한다면 여러분은 도대체 누구의 음성을 듣고 살아가고 있습니까?

> 나의 계명을 지키는 자라야 나를 사랑하는 자니 나를 사랑하는 자는 내 아버지께 사랑을 받을 것이요 나도 그를 사랑하여 그에게 나를 나타내리라(요 14:21).

> 사람이 나를 사랑하면 내 말을 지키리니 내 아버지께서 그를 사랑하실 것이요 우리가 그에게 가서 거처를 그와 함께하리라(요 14:23).

자기를 나타내시는 정도가 아니라 아예 같이 지내시겠다는 이야기입니다. 아무하고 그렇게 됩니까? 아주 사랑하는 사이에서만 거처를 같이할 수 있습니다.

주님 말씀을 사랑하십니까? 그러면 그 말씀대로 살게 됩니다. 그러면 주님과 동행하게 됩니다. "하나님, 이렇게 내가 힘든데 지금 어디 계십니까?"라고 고함만 치는 것은 신자가 아닙니다. 주님이 십 리나 멀리 있도록 살아온 우리의 신앙생활이 문제입니다. 동서양이 다르지 않습니다. 어려운 일이 닥치면 "왜 나한테 이런 일이 생기나요?", "Why me, God!"이라고 소리칩니다. 주님의 말씀인 성경을 읽어 보십시오. 사랑하는 자는 말씀을 지킵니다. 말씀을 지키는 자는 주님을 사랑합니다. 주님을 사랑하면 하나님이 사랑하십니다. 사랑하면 자신을 나타내 보이시고 늘 동행해 주시고 늘 동거해 주십니다.

오늘 우리의 삶의 자리에 주님을 모시십시오. 그분이 주시는 복된 교제를 누리실 것입니다. 그 영광을 바라보고 끝까지 달려가십시오. "그리스도 예수 안에서 하나님이 위에서 부르신 부름의 상을 위하여"(빌 3:14) 달려가십시오. 대제사장 주님의 간구가 이루어질 것입니다.

> 아버지여 내게 주신 자도 나 있는 곳에 나와 함께 있어 아버지께서 창세 전부터 나를 사랑하시므로 내게 주신 나의 영광을 그들로 보게 하시기를 원하옵나이다(요 17:24).

주님은 자신이 가진 가장 좋은 것을 나누고 싶어 하십니다. 주와 함께 세상을 이기는 자들이 주와 함께 아버지의 보좌에 앉을 것입니다. 생명의 면류관을 받아 쓰고, 철장으로 질그릇을 깨뜨리듯이 열방을 다스릴 것입니다. 주님의 두드리시는 간절한 사랑을 받아들이면 지극한 복을 받아 누릴 것입니다.

본문 21절은 일곱 교회를 향해 발한 마지막 약속, 최종 특권에 대한 이야기입니다. 그동안 발한 일곱 가지 약속의 면류관으로, 이기는 모든 자에게 약속된 특권입니다. 지금도 기도를 통해 열방을 다스리는 일에 주님은 우리 모두를 초대하십니다.

사랑하는 성도 여러분! 성령이 교회들에게 하시는 말씀을 들어 보십시오. 모든 시대, 모든 장소에 처한 교회를 향해 주님은 아직도 말씀하십니다. 일곱 교회를 향한 말씀은 오늘 우리를 위한 말씀입니다. 사랑이 없는 우리를 위해서, 박해받는 우리를 위해서, 타협하는 우리를 위해서, 되는 대로 살아가는 우리를 위해서, 거의 죽어 가는 우리를 위해서, 기회의 문밖에 그냥 서 있는 우리를 위해서, 미지근한 우리를 위해서 책망하시는 말씀입니다.

주님은 자기 교회를 아십니다. 목자께서는 자기 양들을 하나씩 알고 계십니다. 그분이 내리는 정확한 진단과 처방 앞에 정직하게 서는 자가 복이 있습니다. 사랑하는 성도 여러분, 그분이 주시는 약속을 바라보며 승리하는 자들이 되기를 바랍니다. "귀 있는 자는 성령이 교회들에게 하시는 말씀을 들을지어다 아멘."

Revelation

요한계시록 4장 1-3절

1 이 일 후에 내가 보니 하늘에 열린 문이 있는데 내가 들은 바 처음에 내게 말
하던 나팔 소리 같은 그 음성이 이르되 이리로 올라오라 이후에 마땅히 일어날
일들을 내가 네게 보이리라 하시더라 2 내가 곧 성령에 감동되었더니 보라 하늘
에 보좌를 베풀었고 그 보좌 위에 앉으신 이가 있는데 3 앉으신 이의 모양이 벽
옥과 홍보석 같고 또 무지개가 있어 보좌에 둘렸는데 그 모양이 녹보석 같더라

15
하늘의 보좌

불변하는 사랑을 받는 성도 여러분, 성경 맨 마지막 책인 요한계시록은 인류 종말에 관한 하나님의 말씀입니다. 종말을 향해 치닫고 있는 오늘의 역사를 깨닫기 위해 반드시 읽어야 할 책입니다. 이 책을 떠나서는 왜 세상이 날로 악해지는지 설명할 수 없습니다.

하늘 아버지의 특별한 사랑을 받는 성도 여러분, 그러므로 더는 요한계시록을 어렵고 수수께끼 같은 책으로 남겨 둘 수 없습니다. 이제 때가 가까워졌기 때문입니다.

> 이 예언의 말씀을 읽는 자와 듣는 자와 그 가운데에 기록한 것을 지키는 자는 복이 있나니 때가 가까움이라(1:3).

이 예언의 말씀을 읽는 사람은 복이 있습니다. 이 예언의 말씀을 듣는 사람은 복이 있습니다. 그리고 이 예언의 말씀을 지키는 자는 복이 있습니다. 이 말씀 선포를 통한 축복이 여러분에게 더욱 넘치기를 바랍니다.

요한계시록의 전망대

요한이 본 환상은 크게 둘로 나눌 수 있습니다. "그러므로 네가 본 것과 지금 있는 일과 장차 될 일을 기록하라." 계시록 1장 19절의 구분대로 그가 본 것은 "지금 있는 일"과 "장차 될 일"에 관한 환상입니다. 2장과 3장은 "지금 있는 일", 즉 요한 당대의 상황을 설명한 계시입니다. 그리고 6장부터 끝까지는 "장차 될 일"에 대한 환상입니다.

그러므로 4장과 5장은 계시록 전부를 바라보는 전망대입니다. 계시록 앞뒤의 환상을 연결해서 살펴볼 수 있는 전망대인 것입니다. 계시록 4장과 5장은 요한의 계시 전부를 한눈에 살펴볼 수 있는 지점에 우리를 세워 줍니다. 주의 날에 성령에 감동하여 요한이 보았던 일곱 교회의 환상을 더욱 잘 이해할 수 있도록 전망대 역할을 하고 있습니다. 이 전망대에 서서 일곱 교회를 살펴보십시오.

어떤 교회는 소명에 충실한 대가로 환난과 시련에 처하기도 했고, 어떤 교회는 세상 향락에 잠들어서 유혹 속에 빠져 있기도 했습니다. 하지만 일곱 교회는 책망을 받았어도 버림당하지는 않았습니다. 요한이 본 그 첫 환상 중의 일곱 교회는 요한 당대 교회의 모습인 동시에 오고 오는 세대의 교회의 모습이기도 합니다.

교회는 항상 두 가지 위험에 직면해 있습니다. 성도는 반대 방향의 두 적을 물리쳐야 합니다. 한쪽에서는 적그리스도의 박해가 교회를 괴롭힙니다. 다른 한쪽에서는 음녀의 유혹이 기다리고 있습니다. 계시록 4장과 5장에는 이런 상황에서도 교회가 존속하는 궁극적인 이유를 설명해 줍니다. 교회는 엄청난 시련을 당하는데도 존속합니다. 세상 문명의 쾌락에 빠져들고 있는데도 존재합니다. 두 가지 싸움 속에서도 지상에 있는 하나님의 교회는 존속합니다. 처절한 박해와 다양한 유혹 속에서도 교회는 계속 빛을 발하고 있습니다. 그 이유가 무엇이라고 생각하십니까? 그것은 꺼져 가는 등불을 끄지 아니하시는 전능하신 하나님이 다스리고 계시기 때문입니다.

계시록 4장과 5장은 "장차 될 일"들을 이해하는 열쇠이기도 합니다. 반드시 속히 도래할 하나님 나라의 시작과 과정, 그 완성을 궁극적으로 관장하는 곳을 우리에게 보여 주고 있습니다.

이 편지를 받을 당시의 교회들은 요한의 환상 제2막을 통해서 박해와 시련까지도 당신의 선한 뜻을 이루는 도구로 사용하시는, 하늘 보좌에 앉으신 분을 새롭게 바라보게 될 것입니다. 시련의 바람과 유혹의 물결 속에서도 초대 교회 성도들은 그 시선을 보좌에 계신 분과 어린양께로 향했습니다. 오늘도 우리 주님은 당신의 교회가 왕 중의 왕, 만유의 주이신 그분을 바라보기를 원하십니다.

사랑하는 성도 여러분, 그분을 바라보는 것, 그것이 바로 교회를 새롭게 하는 일입니다. 성도답게 한 해를 살기 위해서는 하늘 보좌를 앙망해야 합니다. "전능하신 하나님 아버지 우편에" 앉으셔서 온 세상을 다스리시는 우리 주님은 주님의 일에 참여하는 당신의 종들에게 능력을 부어 주기를 원하십니다.

이 일 후에 내가 보니

이제 4장 1절 말씀으로 돌아가 봅시다.

> 이 일 후에 내가 보니 하늘에 열린 문이 있는데 내가 들은 바 처음에 내게

> 말하던 나팔 소리 같은 그 음성이 이르되 이리로 올라오라 이후에 마땅히 일어날 일들을 내가 네게 보이리라 하시더라(4:1).

계시록 4장과 5장은 일곱 교회의 환상을 본 이후와 일곱 인이 떼어지기 전, 그 사이의 시간에 해당합니다. 요한은 이 막간에 본 새로운 환상을 기록하고 있습니다.

여기 하늘에 열린 문이 있습니다. 흘깃 들여다볼 수 있을 정도로만 조금 열려 있는 문이 아닙니다. 요한이 들어가서 보도록 활짝 열려 있는 문입니다. 요한은 하늘 장면을 바라보는 동시에 하늘에서부터 나팔 소리 같은 큰 음성을 듣습니다. 주의 날 밧모섬에서 성령에 감동되어 들은 동일한 음성이 그때 다시 들렸습니다. "이리로 올라오라 이후에 마땅히 일어날 일들을 내가 네게 보이리라." 계시록 1-3장의 계시와 대조를 이루는 내용입니다. 이제 그에게 새로운 계시를 보여 주겠다는 것입니다. "지금 있는 일"에 대한 환상이 아니라 "장차 될 일"에 대한 환상을 보여 주겠다고 하십니다.

요한의 환상은 막연하게 일어날 일들에 대한 기술이 아닙니다. 무슨 일이 일어날지 그냥 추측해서 말한 것이 아닙니다. 요한은 지금 마땅히 일어나야만 하는 하나님 뜻의 실현에 관심을 쏟고 있습니다. 우연히 일어나게 될 일을 미리 보고 말하는 것이 아니라, 전능하신 분의 뜻에 따라 실현될 내일에 관한 환상을 보고 있습니다. 하나님의 계획이 실현되는 미래사를 말하고 있습니다. 하나님이 역사의 주관자이심을 여기서 보여 주십니다.

"이리로 올라오라 이후에 마땅히 일어날 일들을 내가 네게 보이리라" 하는 음성을 듣는 순간, 요한은 한 차원 더 깊은 영적인 상태로 빠져들게 됩니다. 요한이 "곧 성령에 감동되었더니" 열린 하늘 문을 보고 나팔 소리 같은 음성을 들은 것도 그 새로운 환상 중에서 들은 것입니다. 어떤 때는 환상을 보는 중에도 주변 환경을 감지할 수 있습니다. 스데반은 하늘에 인자가 서 계신 것을 보면서도 자기에게 돌을 던지는 사람들을 의식할 수 있었습니다. 그러나 어떤 때는 환상 중에 더 깊은 황홀경으로 들어갈 수도 있습니다. 성령에 깊이 감동된 상태에서 환상을 볼 때는 주위의 모든 물리적 환경이 사라지고 의식의 접촉이 끝나 버립니다. 요한은 이제 육신의 눈으로 하늘에 있는 보좌를 보고 있지 않습니다. 육신의 귀로 설명을 듣고 있지 않습니다. 그의 영은 환상 속에서 그에게 나타난 보좌 가까이로 옮겨져 가고 있습니다.

사랑하는 성도 여러분, 여러분이 아는 것, 여러분이 경험한 것으로 영적인 현상을 모두 설명하려 드는 것은 어리석은 시도입니다. 제발 자신을 모든 영적 현상의 판단 척도로 삼지 마십시오. 사람들의 문제는 언제나 자신을 만물의 척도로 삼는다는 것입니다. 자기의 경험이나 자기가 아는 것이 정답이라고 생각합니다. 영적인 일도 마찬가지입니다.

"내가 곧 성령에 감동되었더니"(4:2)라는 말씀은 요한이 새로운 차원의 영적 황홀경으로 빠져들었다는 사실을 설명해 줍니다. 요한은 더 깊은 차원에서 환상을 접합니다. "세상과 나는 간 곳이 없고 구속한 주만 보이도다"(새찬송가 288장)라고 노래한 차원의 환상 속에서 앞으로 될 일들을 접하고 있습니다.

하늘의 보좌

사랑하는 성도 여러분, 마지막 날에는 하늘도 없어지고 땅도 사라질 것입니다. 다만 모든 인류의 눈앞에 하늘의 보좌만이, 심판하시는 그분만이 나타날 것입니다. 그것을 믿는다면 여러분은 최후의 심판을 믿는 것입니다. 지금 사도 요한의 눈앞에도 하늘의 보좌만이 다가오고 있습니다. 그는 하늘 보좌의 환상 앞에 압도당하고 있습니다.

"보좌"가 무엇입니까? 본문이 말하는 보좌는 '권력자의 권좌'입니다. 통치자의 권좌를 '보좌'라고 하고 있습니다. 이 보좌는 땅에 있는 보좌가 아니라 하늘에 마련된 보좌입니다. 하늘 보좌에 앉으실 분은 위로 하늘과 아래로 땅에 오직 한 분밖에 없습니다. 세상 모든 권좌 위에 높이 있는 보좌입니다. 그 자리에 합당한 분은 하나님 한 분밖에 없습니다. 지상 모든 권력을 다스리시는 하늘 권좌의 주인은 창조주 하나님, 만유의 주(主) 한 분밖에 없습니다. 온 세상을 다스리시고 심판하시는 왕 중의 왕, 주의 주 되신 하나님만이 하늘 보좌의 주인공이십니다.

사랑하는 성도 여러분, 계시록은 권력 투쟁에 관한 책입니다. 요한계시록은 권력 투쟁의 전모를 설명해 주고 있습니다. 악의 세력을 궁극적으로 파멸시킬 전능자의 권력 투쟁 전부를 기술하고 있습니다. 그러므로 '보좌'는 요한계시록에서 중요한 단어입니다. '보좌'라는 단어가 신약에서 62번 나오는데, 그중에 47번은 요한이 사용했다고 합니다. 계시록 총 22장에 걸쳐 거의 모든 장마다 보좌가 등장합니다. 그만큼 이 보좌는 계시록을 설명하는 열쇠가 됩니다. 특히 본문인 계시록 4장에서는 12번 이상 하늘의 보좌를 이야기합니다. 구절마다 위엄의 보좌를 묘사해 주고 있습니다.

어떤 분은 요한이 태생적으로 권좌에 관심이 많았다고 생각합니다. 어쩌면 이것은 대물림된 관심인 것 같습니다. 십자가를 지기 위해서 예루살렘에 올라가시는 예수님에게 요한의 어머니가 뭐라고 부탁했습니까? "나의 아들 하나는 예수님의 오른편에, 하나는 왼편에 앉게 해주십시오"(마 20:21 참조). 그 어머니부터 아들 둘에 이르기까지 권좌에 대한 애착이 대단했던 집안 같습니다.

지금 요한은 가이사의 권좌에 의해 유배되어 있습니다. 땅의 통치자의 힘에 밀려나서 유배되었습니다. 사도 요한뿐만 아니라 당대에 많은 성도가 세상의 권좌에 의해 시달림을 받고 있었습니다. 그러나 여기에서 하나님이 위로하시는 방법을 눈여겨보십시오. 하나님은 요한에게 하늘 궁정의 보좌를 보이셔서 위로해 주고 계십니다. 하늘의 보좌를, 온 우주의 중심 위치에서 온 세상을 통치하시는 그 보좌를 보게 하셔서 요한을 위로하십니다.

하나님은 요한을 밧모섬에 보내셔서 반드시 해야 할 일, 즉 계시의 완성과 하나님이 사람들에게 하실 마지막 이야기를 쓰게 하십니다. 푸른 바다와 철썩이는 파도와 갈매기 소리 외에는 들리지 않는 절대 공간에서 요한은 환상을 보았고, 그 환상을 기록해서 남긴 것이 요한계시록입니다. 물론 세상의 권력자인 황제는 마지막 남은 예수님의 제자를 귀양 보냄으로 일이 끝났다고 생각했을지 모릅니다. 하지만 그는 하나님 나라의 마지막 일을 완수하기 위한 하수인 노릇밖에 하지 못한다는 것을 알아야 합니다.

하늘의 보좌는 하나님의 전능하신 능력을 상징합니다. 지금부터 우리는 계시록을 살펴 가면서 하나님의 전능하신 능력을, 그 보좌가 하실 일들을 보게 될 것입니다. 그분의 통치와 심판 속에서 그 보좌의 위엄이 드러날 것입니다.

> 보라 하늘에 보좌를 베풀었고 그 보좌 위에 앉으신 이가 있는데 앉으신 이의 모양이 벽옥과 홍보석 같고 또 무지개가 있어 보좌에 둘렸는데 그 모양이 녹보석 같더라(4:2, 3).

보좌의 위엄 앞에 압도당한 요한은 상징적인 말로 묘사하는 데 그치고 있습니다. '무엇 무엇과 같더라'고 말합니다. 하나님을 묘사하는 대신 그 영광과 광채를 묘사하고 있습니다.

요한은 먼저 하나님의 영광을 '벽옥 같다'고 합니다. 벽옥은 맑은 수정이나 금강석 종류를 가리키는 말입니다. 그러나 본문에서는 '하나님의 거룩하심과 위엄과 순결'을 의미하는 것으로 보고 있습니다.

또한 요한은 하나님의 영광을 '홍보석 같다'고 표현합니다. 핏빛같이 붉은 이 보석은 '하나님의 진노와 심판'을 상징하는 것으로 보고 있습니다. 거룩하신 하나님은 결코 불의를 용인하지 아니하시는 분임을 상징적으로 나타내고 있다는 것이지요.

끝으로 '녹보석 같은 무지개'가 보좌를 둘렀다고 증언하고 있습니다. 이것은 '진노 중에서도 긍휼을 잃지 아니하시는 하나님'을 상징한다고 보고 있습니다. 무지개는 다시는 홍수로 인류를 멸망시키지 않겠다고 하신 하나님의 약속을 상징합니다. 생명의 약속에 대한 보장이 '녹보석 같은 무지개'로 나타나고 있습니다. 하나님의 경고의 나팔들이, 진노의 대접들이 쏟아부어지기 직전에 하나님의 보좌에 녹보석 같은 무지개가 둘려 있다는 것은 성도들에게 소망이 됩니다. 공의에 입각한 심판 가운데서도 하나님은 그 중심에 당신의 백성을 아끼시는 마음을 보좌에 두르고 계신다는 것을 미리 말하고 있습니다.

당시 성도의 눈으로

사랑하는 성도 여러분, 당시 성도의 눈으로 하늘 보좌의 장면을 살펴봅시다. 하늘 보좌의 환상은 우주의 통치자가 누구인지를 보여 주고 있습니다. 당시 성도들의 상황에서 하늘 보좌 장면을 생각해야 합니다. 사실 하늘 보좌에 대한 이 세세한 묘사들은 보좌의 위엄을 높이기 위한 묘사에 지나지 않습니다.

하늘 보좌 환상은 땅의 권좌에 시달리는 백성을 위로하기에 충분한 계시였습니다. 당시 교회는 소수의 흩어진 무리였습니다. 조롱당하고 무시당하고 박탈당하는 것이 그들의 운명이었습니다. 그런 그들에게 벽옥 같고, 홍보석 같고, 녹보석 같은 하늘의 보좌만 설명해 주어도 그들은 은혜를 받았습니다. 하나님은 그들을 떠나지 아니하셨습니다. 세상의 모든 풍파를 뛰어넘어 하늘의 보좌가 있다는 것을 그들은 다시 한 번 확인했을 것입니다.

사랑하는 성도 여러분, 악이 지배하고 불의가 성행해 보입니까? 오늘도 하나님의 보좌가 하늘에 베풀어져 있습니다. 여러분의 입으로 하는 신앙 고백을 여러분의 귀로 들어 보십시오. 우리 주님은 지금 어디에 계십니까? 우리는 "전능하신 하나님 우편에 앉아 계신다"고 고백합니다. 그러므로 하나님의 뜻이 궁극적으로 이루어질 것입니다. 하나님이 만물을 창조하셨고, 만물을 통해서 당신의 뜻을 실현해 가십니다.

간혹 집회에서 사도신경을 강해하면 교인들에게 "예수님은 전능하신 하나님 우편에 앉아 계시면서 무엇을 하실까요?"라고 묻습니다. 90퍼센트의 사람들은 기도하신다고 대답합니다. 예수님이 우리를 위해서 기도하시는 것은 맞습니다. 그러나 "하나님 우편에 앉아 계신다"라는 표현이 예수님이 우리를 위한 중보 기도자라는 것을 보여 주기 위한 것일까요? 아닙니다. 그림이 멋지게 나오려면 기도자는 전능하신 아버지 보좌 아래에 무릎을 꿇는 것이 낫지 않을까요? 보좌 우편에, 그것도 전능하신 아버지 하나님의 능력의 자리, 그 영광의 자리 오른편에 앉아 계신다는 것은 그분이 통치하신다는 것을 말하고 있습니다.

요한 당시의 성도들처럼 악한 파도가 우리를 엄몰해 올 때 하늘의 보좌를 기억하십시오. 땅의 보좌에 앉은 자들이 그 권좌에서 우리를 짓밟는다 할지라도, 우리를 실망하게 하고 참담하게 만들지라도 우리의 눈이 향할 곳은 하늘의 보좌입니다. 역사의 폭풍이 닿지 못하는 하늘에 보좌를 두시고 하나님은 통치하고 계십니다. 하나님은 역사 저편의 권좌에 앉으셔서 지금도 다스리고 계십니다. 우리가 당하는 박해와 우리가 받고 있는 유혹까지도 하나님은 당신의 목적을 이루는 도구로 사용하시는 역사와 우주의 실세이십니다.

사랑받는 성도 여러분, 이 하늘 보좌의 관점에서 만사를 보는 성도가 되십시오. 그때 우리는 비로소 역사를 바로 이해하게 될 것입니다. 역사의 실권은 세상 권좌에 앉아 있는 자들이 아니라 하늘 보좌에 앉으신 아버지에게 있다는 것을 알 때 우리는 어떤 상황에서도 위로를 받게 됩니다.

사랑하는 성도 여러분, 요한이 본 환상의 세세함에 구애받지 마십시오. 제가 해석한 것이 여러분과 조금 다르더라도 신경 쓸 이유가 없습니다. 중요한 것은 우리에게 "하늘의 보좌"가 있다는 것입니다. 중요한 것은 하늘 보좌에 우리의 시선을 모으는 것입니다. 하늘 보좌에 만물의 운명이 달려 있습니다. 하늘 보좌, 그것이 우리의 위로의 원천입니다. 온 세상을 다스리시는 하늘의 보좌가 있다는 것을 믿는 자가 그리스도인입니다.

하늘 보좌에 계신 창조주의 영광을 바라볼 때 세상 역사의 흐름을 바로 이해하게 됩니다. 하늘 보좌에 계신 전능자의 영광을 바라볼 때 항상 기뻐하고 쉬지 않고 기도하며 범사에 감사할 수 있습니다.

"미치지 않고서야 어떻게 이런 현실 속에서 기뻐할 수 있습니까?"라고 묻고 싶습니까? 이런 상황 속에서도 우리가 항상 기뻐하는 것은 우리가 알기 때문입니다. 나의 구주 예수 그리스도께서 통치자로 계신다는 것, 왕 중의 왕, 만유의 주, 그분이 세상을 다스리신다는 것을 믿기 때문에 항상 기뻐하는 것입니다.

보좌에 앉으신 그분이 역사를 움직이시는 분이라는 것을 알기 때문에 쉬지 말고 기도해야 합니다. 기도는 그리스도인의 액세서리가 아닙니다. 기도는 그리스도인의 신앙 행위이고 고백입니다. 그분이 보좌 위에 계신다는 것을 믿기 때문에 우리는 쉬지 않고 기도합니다.

그뿐만 아니라 범사에 감사하는 것입니다. 우리는 하나님의 뜻이 궁극적으로 성취될 것을 믿기 때문입니다. 그날 새 하늘과 새 땅이 임할 것을 우리는 믿습니다. 의가 보금자리를 트는 새 하늘과 새 땅이 임할 것입니다.

그만큼 정치에 속았으면 이제 더는 속지 마십시오. 지금까지 수많은 대통령을 겪어봤지만, 그 누가 우리의 욕구를 충족시켜 주었습니까? 사람은 아무도 할 수 없습니다. 하나님만이 하실 수 있습니다. 오직 하나님만이 우리의 간구하는 것과 생각하는 것을 그 상상하는 것보다 더 놀랍게 이루어 주십니다.

시시때때로 하늘의 보좌를 응시하고 묵상하십시오. 그때 우리 자신을 새롭게 하고 세상을 새롭게 하는 부흥의 도래를 기도할 수 있습니다. 하나님의 보좌를 향하여 자주 영광의 찬송을 돌리십시오. 지금까지 살던 대로 하면 찬송하고 기도할 시간이 생기지 않습니다. 우리의 삶에서 무언가 던져 버려야 할 것이 있어야 그 자리에 좋은 것으로 채워 넣을 수 있습니다. 부흥을 위한 기도는 하늘 보좌를 바라는 기도입니다. 수시로 하늘 보좌를 향해 부르짖는 복된 삶이 되기를 바랍니다.

Revelation

요한계시록 4장 4-9절

4 또 보좌에 둘려 이십사 보좌들이 있고 그 보좌들 위에 이십사 장로들이 흰옷
을 입고 머리에 금관을 쓰고 앉았더라 5 보좌로부터 번개와 음성과 우렛소리가
나고 보좌 앞에 켠 등불 일곱이 있으니 이는 하나님의 일곱 영이라 6 보좌 앞에
수정과 같은 유리 바다가 있고 보좌 가운데와 보좌 주위에 네 생물이 있는데 앞
뒤에 눈들이 가득하더라 7 그 첫째 생물은 사자 같고 그 둘째 생물은 송아지 같
고 그 셋째 생물은 얼굴이 사람 같고 그 넷째 생물은 날아가는 독수리 같은데
8 네 생물은 각각 여섯 날개를 가졌고 그 안과 주위에는 눈들이 가득하더라 그
들이 밤낮 쉬지 않고 이르기를 거룩하다 거룩하다 거룩하다 주 하나님 곧 전능
하신 이여 전에도 계셨고 이제도 계시고 장차 오실 이시라 하고 9 그 생물들이
보좌에 앉으사 세세토록 살아 계시는 이에게 영광과 존귀와 감사를 돌릴 때에

16
하늘 보좌와 네 생물들

사랑하는 성도 여러분, 사도 요한은 "예수의 환난과 나라와 참음에 동참하는 자"로서 "하나님의 말씀과 예수를 증언하였음으로 말미암아 밧모라 하는 섬"에 있었습니다. 요한은 그곳에서 주의 날에 성령에 감동되어 나팔 소리 같은 큰 음성을 들은 것과 눈으로 본 것을 기록했습니다.

전에 주의 날 밧모섬에서 성령에 감동했던 요한은 다시 한 번 성령에 감동되어 하늘 보좌와 그 위에 앉으신 이를 보았습니다. 그리고 이십사 장로와 네 생물을 보고 그들의 찬양 소리를 들었습니다. 하늘은 무엇보다 찬양으로 가득한 곳으로 묘사되고 있습니다.

하늘에 가면 마치 우리 모두가 찬양 대원이 된 것처럼, 전체 분위기가 항상 찬양의 분위기라는 것을 기억하시기 바랍니다. 하늘 문화에 적응하기 위해서 찬송하는 시간을 가져 보는 것은 어떨까요? 주일에만 부르는 노래가 아니라 하루의 시작도 찬송으로, 하루를 닫는 시간도 찬송으로 하는 건

어떨까요? 그렇게 하나님에게 더 가까이 나아가면 좋겠습니다. 본문에서도 하늘 보좌를 설명하는 것과 함께 네 생물의 찬양과 이십사 장로의 찬양을 들을 수 있습니다.

이십사 보좌의 역할

> 보라 하늘에 보좌를 베풀었고 그 보좌 위에 앉으신 이가 있는데(4:2).

마지막 날, 하늘도 없어지고 땅도 사라지고 난 후에 마치 모든 인류의 눈앞에 보좌만이, 심판하시는 그분만이 나타날 것처럼 지금 사도 요한의 눈앞에 보좌만이 다가오고 있습니다.

사랑하는 성도 여러분, 하늘 보좌의 비전을 가지면 세상이 달라 보입니다. 우리의 처지가 새롭게 해석됩니다. 요한은 권력 투쟁에 밀려나서 밧모섬에 귀양 온 사람이 결코 아닙니다. 하늘 보좌를 의식하며 사는 이는 새로운 시각으로 세상을 바라봅니다. 몸은 귀양 가 있더라도 그 마음은 하늘 보좌의 통치에 동참하기 때문입니다. 비록 몸은 고달파도 마음은 독수리의 날개 침같이 새로울 것입니다.

요한은 보좌에 앉으신 이의 영광을 묘사하고 나서 그 보좌를 둘러싼 이십사 보좌를 말하고 있습니다.

> 또 보좌에 둘려 이십사 보좌들이 있고 그 보좌들 위에 이십사 장로들이 흰옷을 입고 머리에 금관을 쓰고 앉았더라(4:4).

중심 보좌를 둘러싼 이십사 보좌의 역할은 무엇입니까? 이 보좌에 앉은 장로들은 금관을 벗어던지고 세세토록 사시는 이에게 경배드림으로 중심 보좌에 앉으신 분이 얼마나 탁월하신지를 보게 합니다.

이십사 장로들은 본문을 통해 살펴볼 네 생물과 마찬가지로 천사들의 한 그룹을 나타냅니다. '보좌와 주관과 정사와 권세'라는 칭호는 신약에서 천사들의 계급을 나타냅니다. 이 이십사 장로들이 하는 역할은 제사장의 역할과 유사합니다. 네 생물과 더불어 하나님을 예배하며 성도들의 기도를 올려 드리는 일을 담당하고 있습니다. 네 생물처럼 장로들은 천사 중에 지위가 높은 무리를 뜻한다고 볼 수 있습니다. 다시 한 번 보좌로 관심을 기울이십시오.

> 보좌로부터 번개와 음성과 우렛소리가 나고 보좌 앞에 켠 등불 일곱이 있으니 이는 하나님의 일곱 영이라(4:5).

"번개와 음성과 우렛소리"는 하나님의 거룩과 영광을 나타내는 표현입니다. 출애굽기 19장에서 하나님이 시내산에 나타나셔서 율법을 주실 때, 그 백성과 언약을 맺으시기 위해 강림하실 때, 이런 현상을 기술했습니다.

히브리서 기자도 같은 사실을 다음과 같이 말해 주고 있습니다. "너희는 만질 수 있고 불이 붙는 산과 침침함과 흑암과 폭풍과 나팔 소리와 말하는 소리가 있는 곳에 이른 것이 아니라"(히 12:18, 19). 히브리서 기자는 무슨 말을 하고 있습니까? 새 언약의 백성이 참여한 특권을 구약 언약에 참여한 사람들과 대조해서 "그들은 침침함과 흑암과 폭풍과 나팔 소리와 말하는 그 우렁찬 소리 앞에 있었지만, 너희는 그렇게 무서워 떨면서 이 언약을 받지 아니했다"고 하며 새 언약의 우수성을 말하고 있습니다.

시편 18편 9절과 16절 이하는 이런 현상을 여호와 하나님의 영광과 능력의 표현으로 나타냅니다. 구약에서 하나님이 번개와 음성과 우렛소리와 폭풍 속에 임재하심은 심판과 동시에 구원을 나타내는 수단입니다. 계시록에서도 지진과 함께 등장하는 번개와 천둥은 일련의 심판 행위의 마지막을 장식하는(8:1 이하, 11:15 이하, 16:17 이하) 동시에 하나님이 곧 영광 가운데 그 모습을 나타내실 것을 알리는 예비 신호이기도 합니다.

또 본문은 번개와 음성과 우렛소리와 함께 '일곱 등불'을 보여 줍니다. 하지만 일곱 등불에 관해서는 "하나님의 일곱 영"이라고 저자 자신이 설명하고 있습니다. 일곱이라는 것은 충만한 하나님의 영의 임재를 상징합니다. '켜져 있더라'라는 말 역시 항상 하나님의 영이 그 앞에 충만하게 임재해 있는 것을 보여 줍니다.

수정 같은 유리 바다

하늘 보좌 주변을 다시 한 번 살펴봅시다. 본문 6절은 "보좌 앞에 수정과 같은 유리 바다가 있고"라며 계속해서 그 환상 속의 장면을 묘사합니다. 여기서 요한은 그 엄청난 광경을 보고 감동 가운데 그 이야기를 전하고 있습니다.

모든 피조물로부터 엄연한 거리를 가진 하나님을 묘사하기 위해 거기 '바다가 있더라'라고 표현합니다. 바다는 넓은 광활한 공간을 상징하고 유리같이 맑은 것은 하나님 앞에서 모든 것이 드러나는 것을 상징한다고들 생각합니다. "수정과 같은 유리 바다", 그것은 그 광활하고 보배롭고 영광스럽고 두려운 광경을 전달하기 위한 표현으로 보입니다.

서울 경복궁 근정전 앞에 가면 품계석과 함께 백관들이 섰던 자리를 볼 수 있습니다. 그 자리들은 전체가 깎은 돌로 덮여 있습니다. 옛날에는 콘크리트가 있었던 것도 아니어서 임금 앞에는 먼지가 날리지 않게 얇은 돌로 깎아 둔 박석 자리가 있었습니다. 그러나 수천 년 전, 극한 영광의 솔로몬의 보좌 앞에는 수정 같은 유리가 덮여 있었습니다. 그런데 그 유리가 매우 밝아서 시바의 여왕이 솔로몬 왕을 만나러 나아갈 때 물이 있는 것으로 착각하고 치마를 걷었다는 기록이 있습니다.

지상의 왕도 자신의 영광을 나타내기 위해 보좌 앞에 수정 같은 유리를 덮었습니다. 그런 맥락에서 보면 계시록의 표현은 솔로몬의 영광이 나타내는 것, 그 이상의 영광으로 가득한 하나님의 보좌를 설명합니다. 지상 어떤 임금의 영화와도 견줄 수 없는 하늘 보좌의 영광을 부각시키기 위해 요한은 그가 본 수정 같은 유리 바다를 언급하고 있습니다.

네 생물의 모습

> 보좌 앞에 수정과 같은 유리 바다가 있고 보좌 가운데와 보좌 주위에 네 생물이 있는데 앞뒤에 눈들이 가득하더라 그 첫째 생물은 사자 같고 그 둘째 생물은 송아지 같고 그 셋째 생물은 얼굴이 사람 같고 그 넷째 생물은 날아가는 독수리 같은데 네 생물은 각각 여섯 날개를 가졌고 그 안과 주위에는 눈들이 가득하더라……(4:6-8).

이 본문은 이사야가 본 스랍의 환상과 에스겔이 본 그룹들의 환상이 떠오르게 합니다. 이 네 생물은 피조물 가운데 하나님의 보좌 가장 가까이에 있는 생물입니다. 달리 말해 하나님의 최측근 천사들입니다. 그만큼 존귀한 위치로 부름받은 이들의 모습을 보여 주는 동시에 신속히 하나님의 뜻을 따르기에 바쁜 모습을 보여 주고 있습니다. 두 날개가 아니라 여섯 날개로 부지런히 하나님을 섬기고 있습니다. 거꾸로도 적용할 수 있습니다. 하나님을 가까이 모시고 싶습니까? 신속하고 부지런히 하나님의 뜻을 수행하십시오. 눈뜨는 순간에도 하나님의 뜻을 수행하고 싶은 소원이 우리 마음에 있어야 합니다. 하루 24시간을 지낼 때 깨어 있는 어느 순간이든 하나님의 뜻을 준행하고 싶은 소원이 여러분 마음에 가득하기를 바랍니다. 그러면 여러분도 하나님을 가까이서 뵙고 섬기는 특권과 영광을 누리게 될 것입니다.

네 생물의 눈이 앞뒤에 있다는 것은 항상 깨어서 살피는 것을 보여 줍니다. 네 생물은 항상 하나님의 표정을 살피면서 그 뜻을 준행하기 위해 늘 깨어 있습니다. 마치 대통령의 표정을 살피는 비서실장처럼 하나님의 표정을 헤아리고 있는 모습입니다.

네 생물의 모습은 어떠합니까? 사자, 송아지, 사람, 독수리 같다고 합니다. 새 중에 가장 강한 새가 독수리이고, 가축 중에 가장 힘센 동물이 소이며, 들짐승 중에서 가장 강한 짐승이 사자이고, 그중에 피조물의 강자는 그래도 사람입니다. 네 생물은 피조물 가운데 가장 중요한 존재들입니다. 이들은 보좌 가까이에서 하나님을 항상 찬양하며 모든 피조 세계에서 하나님의 뜻이 실현되도록 받들어 섬기는 천사들입니다. 하여튼 네 생물은 모든 창조 생물을 대표하여 창조주 하나님을 끊임없이 예배하는 것을 보여 줍니다.

그렇습니다. 천국의 또 다른 특징은 항상 예배하는 곳이라는 것입니다. 예배가 끝나지 않는 곳입니다. 예배 한 시간도 지겨운 사람은 영원한 예배의 장소에 갈 수 없습니다. 혹 간다면 그곳이야말로 절망적인 곳이 될 것입니다. 그곳이야말로 지옥일 것입니다. 이 땅에서의 예배는 좀 지루하다 싶어도 끝나는 시간이 있지만, 그곳에서의 예배는 끝이 없으니 얼마나 당혹스러울까요? 천국 문화에 적응하려면 여기에서부터 예배에 참여하는 기쁨을 길들여야 합니다. "한 주 168시간 중 가장 귀한 시간은 예배하는 시간입니다"라고 말할 수 있어야 합니다.

이처럼 본문은 가장 가까이에서 하나님을 섬기면서 언제든지 모든 정보를 입수할 수 있는, 따라서 어김없이 뜻을 시행할 수 있는 탁월한 존재들로서 하나님의 네 생물을 등장시키고 있습니다.

네 생물의 찬양

그러면 마지막으로 네 생물의 찬양에 귀를 기울여 봅시다.

> 거룩하다 거룩하다 거룩하다 주 하나님 곧 전능하신 이여 전에도 계셨고 이제도 계시고 장차 오실 이시라……(4:8).

웃시아 왕이 죽은 후 이사야가 성전에 들어가서 들은 스랍들의 노래를 연상시키는 찬양입니다. 그가 들은 스랍들의 노래는 "거룩하다 거룩하다 거룩하다 만군의 여호와여 그의 영광이 온 땅에 충만하도다"(사 6:3) 하는 찬양이었습니다. 이사야서의 "그의 영광이 온 땅에 충만하도다"라는 표현이 계시록에서는 "전에도 계셨고 이제도 계시고 장차 오실 이"라는 표현으로 바뀌었습니다. 전능하신 창조주께서는 영존하시는 주님입니다. 전에도 계셨고 이제도 계신 그분의 미래는 장차 오시는 일로 특징지어지고 있습니다.

그분이 어떻게 오실지를 설명하는 것이 계시록 나머지 부분에서 하는 역할입니다. 앞으로 계시록은 그분의 오심이 세상에 끼칠 영향을 서술할 것입니다. 다만 그분의 본성의 신실하심으로 인해서 창조주께서 피조 세계를 향한 하나님의 뜻을 다 이루실 것이라는 사실을 여기서 보여 주고 있습니다. 온 세상을 창조하신, 만물을 지으신 그분은 피조물을 향한 당신의 뜻을 다 이루실 것입니다. 하나님의 목표는 우리 한 사람이 구원받는 데서 끝나지 않습니다. 거기서 시작해서 모든 피조물과 삼라만상이 하나님을 본래처럼 찬송하고 칭송하는 데까지 나아갈 것입니다.

8절에서 네 생물은 "주 하나님 곧 전능하신 이여 전에도 계셨고 이제도 계시고 장차 오실 이시라"라고 찬양하고 있습니다. 미래는 오시는 일로써 특징지어지고 있습니다. 심판주로서, 구원주로서 그분이 오심으로 인류와 우주의 운명은 마감될 것입니다.

사람의 구속부터 시작해서 만물의 회복까지 이루시는 것이 하나님의 역사입니다. 그래서 여기 계시록 4장은 창조의 하나님을 부각시킵니다. 그리고 21장에서는 최후의 회복을 선언합니다. 21장 5절 말씀을 보십시오.

> 보좌에 앉으신 이가 이르시되 보라 내가 만물을 새롭게 하노라.

네 생물은 하나님의 본성의 거룩과 위엄을 찬양하는 반면, 이십사 장로들은 하나님의 사역의 영광과 능력을 노래하고 있습니다. 하나님만이, 하나님의 사역만이 피조계 만물의 존재 근원이라는 말씀입니다.

사랑하는 성도 여러분, 우리가 존재하는 목적은 그분에게 힘과 존귀와 영광을 돌리는 것입니다. 그분의 뜻대로 지음받은 사람은 모두 하나님에게 존귀와 영광과 찬송을 드려야 합니다. 만물은 그분을 통해서 존재했으며 그분의 뜻을 이루기 위해서만 존재합니다.

우리는 설이면 왜 귀향합니까? 그곳에 우리 존재의 근본인 부모님이 계시기 때문입니다. 우리의 몸은 부모님을 통해 지음을 입었기에 부모를 공경하고 섬기는 것이 사람의 기본적인 도리입니다. 전도하다 보면 가끔 예수 믿는 것에 취미가 없다고 하는 사람들을 만납니다. 부모를 섬기는 것이 취미로 하는 일입니까? 부모를 섬기는 것은 취미가 아닙니다. 부모 공경이 취미 활동이 아니듯 하나님을 예배하는 것은 피조물의 취미 활동일 수 없습니다. 부모를 공경하는 것이 자녀의 근본 도리이듯, 신앙생활은 피조물인 사람의 근본 도리입니다. 그래서 설에 귀향하듯이 주일에는 하나님을 예배하는 자리에 나아오는 것이 마땅합니다.

사랑하는 성도 여러분, 아무리 생각해 보아도 사람은 자기 안에서는 존재해야 하는 이유를 발견할 수 없습니다. 하나님이 당신의 영광을 위해서 우리를 창조하셨기 때문입니다. 그분을 만나지 못하면 우리 삶에 의미가 없습니다. 하나님이 없으면 삶의 의미를 찾는다는 자체가 헛수고입니다.

창조주 하나님의 뜻! 그것이 세상을 창조했고, 그것이 인생을 지었으며, 그것이 사람으로 사람 되게 합니다. 비록, 이 세상에 악한 세력이 반항할지라도 하나님의 뜻은 반드시 이루어질 것입니다. 그날 온 우주가 그분의 영광을 환호할 것입니다. 하늘에 있는 자들과 땅에 있는 자들과 땅 아래 있는 자들로 모든 무릎을 예수의 이름에 꿇게 하시고 모든 입술로 예수 그리스도를 주라 시인하며 하나님에게 영광을 돌릴 그날이 다가오고 있습니다. 거기서 통치하시는 창조주 하나님에게 네 생물은 찬양합니다. 지상의 어떤 세력도 그 선하신 뜻을 파괴할 수 없습니다. 창조주 하나님의 위엄과 영광을 영원토록 지금도 찬송하고 있습니다.

하늘 보좌의 관점에서

이 하늘 보좌의 관점에서 만사를 보는 성도들이 되어야 합니다. 그때 우리는 비로소 역사를 바로 이해하게 될 것입니다. 역사의 실권은 세상의 권좌에 앉아 있는 자들이 아니라 하늘 보좌에 앉으신 아버지께 있다는 것을 알 때 우리는 어떤 상황에서도 위로를 받게 됩니다. 우리는 예배 때마다 "하늘에 오르사 전능하신 하나님 우편에 앉아 계신다"고 우리 주 예수 그리스도를 고백하면서도 세상을 살 때는 세상의 뉴스에 따라 살려고 합니다. 어리석게 살지 마십시오.

사랑하는 성도 여러분, 요한이 본 환상의 세세함에 구애받을 필요가 없습니다. 네 생물과 이십사 장로들을 어떻게 생각하든 크게 상관없습니다. 가장 중요한 문제는 우리에게 "하늘 보좌"가 있다는 것입니다. 전능하신 하나님 우편에서 우리 주님이 통치하십니다. 중요한 것은 하늘 보좌로 시선을 모으는 것입니다. 하늘 보좌, 거기에 만물의 운명이 달려 있습니다. 하늘 보좌, 거기가 우리 위로의 원천입니다. 하늘 보좌, 거기에 계신 창조주의 영광을 바라볼 때 세상 역사의 흐름을 바로 이해하게 됩니다.

요한계시록은 인류 종말에 관한 하나님의 예언의 말씀입니다. 이 말씀을 읽는 자와 듣는 자와 그 가운데에 기록된 것을 지키는 자는 복이 있습니다. 정말 마지막 때가 가깝기 때문입니다. 영광의 그날을 사모하는 마음으로 계시록을 읽기 바랍니다. 그리고 매주 하나님의 말씀을 위해서 기도하십시오. 하나님이 말씀하시는 예배가 되려면 기도가 필요합니다.

우리 하나님의 말씀은 창조의 역사를 일으킵니다. 아무것도 보이지 않아도 하나님이 말씀하시면 새로운 상황이 창조됩니다. 흑암, 혼돈, 어둠이 가득 차 있을 때 빛이 있으라 하시매 빛이 있었습니다. 하나님이 말씀하시면 새로운 역사가 일어납니다. 우리가 어떤 상황에 있더라도, 아무것도 보이지 않고 혼란스럽기만 하더라도 하나님이 말씀하시면 새로운 상황이 창조됩니다. 그 하나님에 대한 신앙을 회복하는 것이 예배의 자리입니다. 하나님이 말씀하시면 우리의 삶의 현장에도 새로운 역사가 나타납니다. 그 창조의 하나님을 소개하는 것, 그 창조의 하나님에게 다시금 눈길을 돌리게 하는 것이 예배의 기능입니다. 하나님의 말씀을 붙잡고 부르짖으면 하늘의 하나님이 개입하십니다. "네 입을 크게 열라 내가 채우리니"라고 주님은 우리에게 도전하십니다. 말씀을 붙잡고 기도하면 하나님은 응답하시고 창조의 역사, 치유의 역사, 회복의 역사를 일으키십니다.

시시로 하나님의 보좌를 바라보십시오. 나날이 하늘 보좌를 사모하십시오. 시시로 그 하늘 보좌를 묵상하십시오. 날마다 하나님의 보좌를 향하여 영광의 찬송을 돌리십시오. 하나님에게 찬송하며 하루를 시작하고, 찬송하며 하루를 마감해 보십시오. 항상 기뻐할 수 있습니다. 쉬지 않고 기도할 수 있습니다. 범사에 감사할 수 있습니다. 우리의 마음이 새로워지고 삶의 환경이 변화되고 세상이 달라질 것입니다. 오늘 이 땅의 교회는 하늘 보좌를 바라보는 성도가 필요합니다. 그때 하나님이 개입하시는 역사, 부흥이 이 땅에 임할 것입니다.

Revelation

요한계시록 4장 4, 9-11절

4 또 보좌에 둘려 이십사 보좌들이 있고 그 보좌들 위에 이십사 장로들이 흰옷
을 입고 머리에 금관을 쓰고 앉았더라 …… 9 그 생물들이 보좌에 앉으사 세세
토록 살아 계시는 이에게 영광과 존귀와 감사를 돌릴 때에 10 이십사 장로들이
보좌에 앉으신 이 앞에 엎드려 세세토록 살아 계시는 이에게 경배하고 자기의
관을 보좌 앞에 드리며 이르되 11 우리 주 하나님이여 영광과 존귀와 권능을 받
으시는 것이 합당하오니 주께서 만물을 지으신지라 만물이 주의 뜻대로 있었
고 또 지으심을 받았나이다 하더라

17

하늘 보좌와 이십사 장로

불변하는 사랑을 받는 성도 여러분, 우리는 계속해서 하늘의 보좌를 살피고 있습니다. 주의 날 밧모섬에서 성령에 감동했던 요한은 다시 한 번 성령에 감동되어 하늘 보좌와 그 위에 앉으신 이를 보고 그때 그 일을 우리에게 증언합니다. 우리 육신의 눈으로는 하늘 보좌를 보지 못합니다. 그러나 우리가 볼 수 있든 없든 지금도 하늘 보좌는 거기에 자리하고 있으며, 전능하신 분이 앉아 계십니다. 그러므로 우리는 승천하신 주님이 "전능하신 아버지 하나님 우편에 앉아 계신다"고 고백합니다.

꼭 기억하십시오. 오늘도 우리에게는 '하늘의 보좌'가 있습니다. 그 보좌에 앉으신 분이 우리의 모든 삶을 주관하십니다. 우리는 "왜?"라고 질문하지만 그 모든 것마저 하나님이 기억하시고 간섭하시며, 하나님의 뜻이 우리 삶을 통해 이루어지고 있습니다. 그러므로 성도의 삶에서 중요한 것은 하늘 보좌를 주목하는 것입니다. 하늘의 보좌, 거기에 만물의 운명이 달려 있기 때문입니다. 하늘 보좌, 거기가 우리 위로의 원천이기 때문입니다. 하늘 보좌, 거기에 계신 창조주 하나님의 영광을 바라볼 때 세상 역사의 흐름을 바로 이해하게 됩니다. 자질구레한 우리 주변의 일들까지 궁극적으로 하나님이 다스리시는 영역에 속해 있습니다. 하늘 보좌, 거기에 계신 전능자의 영광을 바라볼 때 우리는 비로소 쉬지 않고 기도할 수 있습니다.

이십사 보좌, 이십사 장로들

이제 요한은 보좌에 앉으신 이의 영광을 묘사하는 데서 나아가 그 보좌를 둘러싼 이십사 보좌를 말하고 있습니다.

> 또 보좌에 둘려 이십사 보좌들이 있고 그 보좌들 위에 이십사 장로들이 흰옷을 입고 머리에 금관을 쓰고 앉았더라(4:4).

가운데 있는 하늘 보좌를 둘러싼 "이십사 보좌"의 구실은 그 중심 보좌의 위엄과 영광이 얼마나 탁월한지 나타내는 데 있습니다. 이 보좌에 앉은 장로들이 금관을 벗어던지고 세세토록 사시는 이에게 경배드림으로 거기 '하늘의 보좌'에 앉으신 분이 얼마나 탁월한 영광의 주인공이신지를 우리로 하여금 보게 하십니다.

그러면 이십사 보좌에 앉아 있는 장로들은 누구를 가리킵니까? 흔히 구약과 신약의 전 세대를 포함한 전체 교회를 상징한다고 봅니다. 구약의 열두 족장과 신약의 열두 사도를 합해서 이십사 장로라고 본다는 것입니다. 거룩한 성 예루살렘의 열두 문에 쓰인 이름들과 열두 기초석에 기록될 열두 사도의 이름을 여기에서 떠올리기도 합니다. 그래서 최종 영광을 기다리는 이상적인 천상 교회를 상징하는 이십사 장로들이라고 해석하기도 합니다.

또는 "이리로 올라오라"고 할 때 요한과 함께 들림받은 교회를 보여 준다고 보는 사람들도 있습니다. 예수 그리스도의 구속함을 받은, 피로 씻음받아 흰옷을 입고 승리의 면류관을 쓰고 있는 것을 보니, 아마 들림받은 교회일 것이라고 보는 것입니다. 그러나 해석할 때 항상 잊어서는 안 되는 기본 원리가 있습니다. 바로 본문의 문맥을 살피는 것입니다. 이 본문의 문맥에는 장로들이 교회를 상징한다는 근거가 전혀 없습니다. 오히려 그런 해석을 지지할 수 없는 묘사들이 이 계시록에 나오고 있습니다. 우선 전체 흐름을 생각해 보십시오.

요한은 지금 들림받아 하늘에 있는 보좌를 보고 있습니다. 계시록 4장에서 하고 싶은 이야기가 있다면 '하늘의 보좌', 그것을 부각시키는 것입니다. 열린 하늘 문을 통해 하늘 보좌를 보고 있습니다. 박해받는 지상의 교회든, 빛을 발하는 교회든, 교회들 사이의 관련을 더는 말하지 않습니다.

그뿐만 아니라 이십사 장로들이 어떤 일을 하는지 계시록을 통해서 자세히 읽어 보아야 합니다. 이십사 장로들은 항상 네 생물과 더불어 하나님을 섬기고 있습니다. 5장 8절을 보면 이십사 장로들은 네 생물과 함께 성도의 기도가 담긴 금 대접을 가지고 어린양께 예배합니다. 8장 3절에서는 향을 모아 보좌 앞 금 제단에 드리는 일이 천사의 일이라고 설명합니다. 달리 말해서 이십사 장로들은 성도의 기도를 하나님의 보좌에 전달하는 역할을 합니다. 이것은 구속받은 성도의 역할이라기보다는, 구속받은 성도가 드리는 기도를 하나님의 보좌에 전달하는 역할을 의미합니다.

7장 13, 14절을 보면 어떤 장로가 천사의 역할을 하고 있습니다. 요한은 그를 일컬어 '주'(主)라고 부르며, "내 주여 당신이 알리이다"라고 말하고 있습니다. 하지만 '주'라는 칭호를 그대로 받는 이 장로는 결코 동료 신자가 아닙니다. 요한이 동료 신자를 향해 '주'라고 부른다고 보는 것은 적합하지 않습니다.

5장 9절을 보면 이십사 장로들은 사람들을 구속하신 분을 찬양하고 있습니다. 자신의 구속을 노래하는 것이 아니라 사람들을 피로 사서 나라와 제사장으로 삼으신 이를 향해 대신 찬송하는 일을 이 장로들이 감당하고 있습니다. 또한 14장 3절에서도 구속함을 받은 14만 4천과 대조적으로 네 생물과 이십사 장로들이 등장하고 있습니다. 거기에 구속받은 14만 4천이 등장하고 있는데도, 그들이 부르는 노래가 네 생물과 이십사 장로들이 있는 보좌 앞에서 행해지고 있습니다. 그뿐만 아니라 이 노래는 땅에서 구속함을 받은 14만 4천 외에는 아무도 배울 자가 없다고 말씀함으로 네 생물이나 이십사 장로들을 제외시키고 있습니다. 그 이유는 네 생물도, 이십사 장로로 지칭되는 이 무리의 천사들도 구원받은 감격을 경험하지 못했기 때문입니다. 오히려 천사들은 사람들이 얻은 구원이 어떻게 된 일인지 살펴보기를 원한다고 성경은 말하고 있습니다. 도대체 사람들이 어떻게 구원받을 수 있는지 궁금해 합니다.

우리 자신을 생각해 보십시오. 우리 같은 것이 어떻게 하늘에 계신 하나님의 사랑의 대상이 되어서 구원을 받았는지 천사들마저 궁금해 한다는 것입니다. 그런데 우리 안에 그 구원의 감격에 대한 노래가 없다면 우리 자신을 돌아보아야 합니다.

구속함을 받은 성도들만이 부를 수 있는 노래! 그것은 아무나 참여할 수 있는 노래가 아닙니다. 사랑하는 성도 여러분, 그러므로 우리가 예배 시간에 나와서 찬송하는 것을 보통 일이라고 생각해서는 안 됩니다. 찬송은 아무나 할 수 없습니다. 그래서 아무나 입이 열리지 않습니다. 라디오에서 흘러나오는 노래는 즉각 흥얼거릴 수 있는 사람도 찬송은 그렇게 쉽게 부르지 못합니다. 사랑하는 성도 여러분, 구원을 경험해야 우리의 찬양이 살아납니다. 19장 1-4절에서도 이십사 장로들이 네 생물과 한 그룹으로 등장하고, 구속받은 허다한 무리의 큰 음성과 대조를 이루며 나타납니다.

천사 중 탁월한 지위에 있는 이들

이십사 장로들은 네 생물과 마찬가지로 천사들의 한 그룹을 나타낸다고 보는 것이 타당합니다. 신약 성경은 천사들의 계급을 여러 가지로 언급합니다. '보좌와 주관과 정사와 권세'라는 말은 천사들의 계급을 나타내는 칭호로 알려져 있습니다.

이 장로들이 하는 역할은 제사장적인 역할과 유사합니다. 네 생물과 더불어 하나님을 예배하며 성도들의 기도를 올려 드리는 일을 담당하고 있습니다. 네 생물처럼 이십사 장로들은 천사 중에 탁월한 지위에 있는 무리를 뜻한다고 볼 수 있습니다. 하나님의 보좌에서 가장 가까이 있는 그룹의 천사들은 비서진과 같은 역할을 하는 네 생물이고, 이십사 장로들은 국무위원들과 같은 역할을 한다고 볼 수 있습니다.

특히 본문 4장은 5장과 구별되는 점이 있는데, 인류의 모습이 그림자조차 나타나지 않는다는 것입니다. 이것이 4장의 특징입니다. 창조주 하나님만 높이는 것이 4장의 메시지입니다. 지상의 모든 풍파를 넘어 온 우주에서 그분이 지은 모든 피조물 가운데 높이 계신 하나님을 보여 주는 것이 계시록 4장의 목적입니다. 그러므로 이십사 장로는 레위 지파 이십사 반열과 관련한 숫자로 보는 것이 타당해 보입니다. 이십사 장로의 역할은 구약 레위 지파가 담당한 것처럼 하나님을 칭송하고 섬기는 것입니다. 천사들 가운데서 뽑히고 구별되어 창조의 주, 우주의 주님을 칭송하고 받드는 것이 그들의 고유 임무입니다. 그들은 하나님의 창조 사역을 노래하고 있습니다.

영존하시는 창조주 하나님을 노래하다

이제 11절을 보십시오. 그들은 하나님의 창조 사역을 노래합니다.

> 우리 주 하나님이여 영광과 존귀와 권능을 받으시는 것이 합당하오니 주께서 만물을 지으신지라 만물이 주의 뜻대로 있었고 또 지으심을 받았나이다 하더라.

창조하신 역사가 그 뜻대로 되는 것으로 인해 하나님 옆에서 하나님의 영광을 찬송하고 있습니다. 그러므로 본문에 나오는 이십사 장로들은 천사들 가운데서 제사장 직무를 하도록 구별된 무리를 가리킨다고 보는 것이 타당합니다.

창조하신 그분이, 만물을 지으신 그분이, 지으신 피조물을 향한 당신의 뜻을 남김없이 다 이루실 것입니다. 그러나 우리는 그렇지 못합니다. 연초가 되면 새해 계획을 세워 보지만, 흐지부지되는 일이 다반사입니다. 요즘은 작심삼일이면 그래도 천연기념물 급으로 쳐 줍니다. 한편으로는 하나님이 이 민족을 복 주기로 결심하셔서 구정을 주시고 한 번 더 결심하도록 하신 것 같습니다. 한번 생각해 보십시오. 여러분이 어린 시절부터 꾸어 온 꿈들이 있을 것입니다. 그중에서 지금 얼마만큼 이루고 있습니까? 그리고 앞으로 남은 삶 동안 이룰 수 있는 가능성이 얼마나 됩니까? 이제는 하나씩 접어 가는 것이 우리의 처지가 아닐까요?

그러나 창조주 하나님은 피조물을 향한 모든 계획을 하나도 남김없이 다 이루실 것입니다. 우리의 꿈들이 스러져 가고 봄눈 녹듯 사라져 가지만, 우리가 실망하지 않는 것은 온전히 이루실 그분이 계시기 때문입니다. 우리를 향해서 품으신 아버지 하나님의 그 계획은 반드시 성취될 것을 믿기 때문입니다.

우리의 꿈들이 사라져 가는 것을 슬퍼할 이유가 없습니다. 내 생애를 향해 아버지 하나님이 가지신 꿈은 반드시 성취될 것입니다. 우리에게 남아 있는 시간은 그것을 바라보며 기도해야 할 때라는 것을 기억하십시오. 우리에게 꿈이 없어서 지금까지의 삶을 우리 뜻대로 이루지 못한 것이 아닙니다. 우리가 꿈을 이루지 못했다면 그것은 꿈이 없어서가 아니라 기도하지 않았기 때문입니다. 기도하지 않는 우리의 꿈은 하나님의 성취를 보장받지 못합니다.

하나님의 목표는 우리 한 사람 한 사람이 구원받는 데서 끝나지 않습니다. 거기서부터 모든 피조물과 삼라만상이 본래처럼 하나님을 찬송하고 칭송하는 데까지 나아갈 것입니다. 사람의 구속에서 시작하여 만물의 회복까지 이루시는 것이 하나님의 계획입니다. 그래서 4장은 하나님이 '창조의 하나님'임을 보여 주고 있습니다.

네 생물은 "주 하나님 곧 전능하신 이여 전에도 계셨고 이제도 계시고 장차 오실 이시라"라고 찬양하고 있습니다. 그분의 미래는 오시는 일로써 특징지어지고 있습니다. 심판주로서, 구원주로서 그분이 오심으로 인류와 우주의 운명은 마감될 것입니다. 네 생물의 찬양에 이어서 이십사 장로들이 드리는 찬양에 귀를 기울여 보십시오. 자기의 면류관을 벗어던지면서 엎드려 경배하는 그들의 찬양에 귀를 기울여 보십시오.

놀라운 고백, "우리 주 하나님이여"

> 우리 주 하나님이여 영광과 존귀와 권능을 받으시는 것이 합당하오니 주께서 만물을 지으신지라 만물이 주의 뜻대로 있었고 또 지으심을 받았나이다 하더라(4:11).

이십사 장로들이 "우리 주 하나님이여!"라고 부르고 있습니다. 이것은 엄청난 이야기인데도 우리는 교회에서 워낙 많이 들어서 이런 표현이 나오면 항상 "아, 성경에 나오는 이야기다"라고만 생각합니다. 그러나 이 표현은 그리 흔한 표현이 아닙니다. 구약을 헬라어로 번역한 70인 역에는 "우리 주 하나님이여"라는 표현이 한 번도 나오지 않습니다. 나올 법한데 한 번도 나오지 않습니다.

"우리 주 하나님이여!"라는 표현은 로마의 도미티아누스 황제가 성도들에게 강요한 칭호입니다. "Dominus et Deus noster"(도미누스 에트 데우스 노스테르)라고 하는 이 칭호를 모든 사람에게 강조한 것입니다. 황제를 "주 우리 하나님"이라고 부르지 않는다는 것 때문에 많은 성도가 죽임당했습니다.

그러므로 여기 이십사 장로들이 하나님을 향해 "우리 주 하나님이여"라고 부를 때 그 표현에 목숨을 걸었던 성도들은 오늘날 우리가 들을 때와는 전혀 다른 감동을 느꼈습니다. "그래 맞아! 하나님만이 우리 주 하나님이시지!"라는 그 칭호에, 그 고백에 그들은 생명을 걸었습니다. "하나님, 당신만이 우리 주시고 우리의 하나님입니다"라는 그 고백 때문에 그들의 삶 전부를 걸었습니다. 초대 교회 성도들은 인간 나라의 왕이 아니라 창조의 하나님만을 주요, 하나님으로 섬기기 위해서 신앙의 정조를 굽히지 아니한 사람들입니다. 인간 나라의 왕이 아니라 창조주 하나님만이 이 칭호를 받으시기에 합당하다는 말입니다. 네 생물은 하나님의 본성의 거룩과 위엄을 찬양하는 반면에 이십사 장로들은 하나님의 사역의 영광과 능력을 노래하고 있습니다. 하나님만이, 하나님의 사역만이 피조계 만물의 존재의 근원이라는 말입니다.

사랑하는 성도 여러분, 여러분은 존재의 근원이신 그분에게 힘과 존귀와 영광을 돌리고 있습니까? 오늘 하루 여러분에게 주어진 24시간 가운데 여러분 존재의 근원이 되시는 그분에게 힘과 존귀와 영광을 얼마나 돌리고 있습니까? 하나님의 뜻대로 지음받은 사람들은 모두 그분에게 존귀와 영광과 찬송을 드려야 합니다. 만물은 그분을 통해 존재했으며 그분의 뜻을 이루기 위해서만 존재합니다.

로마의 폭군 도미티아누스는 "우리 주 하나님이여!"라는 말로 모든 사람에게 경배받기를 요구했지만, 그는 죽어 인생에 불과하다는 것이 입증되었습니다. 어떤 인생도 한낱 인생에 불과합니다. 모든 사람에게는 시작이 있습니다. 그래서 끝이 있습니다. 하지만 우리 하나님은 "전에도 계셨고 이제도 계시고 장차 오실 분"입니다.

성경뿐 아니라 인생에 대해 생각해 본 사람이라면 누구나 '생자필멸'(生者必滅)이라는 말에 공감할 것입니다. '인간이 무엇인가?'라는 질문은 철학자들의 고민이었고, 인간이 무엇인지 표현하려는 것은 모든 문학자의 일이었습니다. 현대에 와서는 인간의 본성 밑바닥까지 살펴보았습니다. 그러나 거기서 답이 나오는 것은 아닙니다.

"주님의 뜻대로 지으심을 받았습니다." 만물의 근원은 이 단어로만 설명해 볼 수 있습니다. 그러므로 비록 이 세상에 악한 세력이 반항할지라도 하나님의 뜻은 반드시 이루어질 것입니다. 그날 온 우주가 그분의 영광을 환호할 것입니다.

하나님의 뜻은 기도하는 자들을 통해 이루어집니다. 성도들의 기도가 천사들에 의해서 하늘 보좌로 올라갈 때 인봉된 책들이 열리고 새로운 역사가 펼쳐질 것입니다. 하나님의 온전한 뜻이 완벽하게 이루어질 때 온 우주는 하나님의 이름을 환호할 것입니다. "우리 주 하나님이여!"라고 칭송할 것입니다. 하늘에 있는 자들과 땅에 있는 자들과 땅 아래 있는 자들로 모든 무릎을 예수의 이름에 꿇게 하시고, 모든 입술로 예수 그리스도를 주라 시인하며 하나님에게 영광을 돌리게 하실 그날이 다가오고 있습니다. 사랑하는 성도 여러분, 구속받은 성도의 감격을 가지고 "우리 주 하나님!"이라고 칭송하십시오. 그러지 않으면 그날에 강제로 그분의 영광 앞에 여러분의 무릎이 꿇려질 것이고 여러분의 입술이 그분을 주라고 시인하게 될 것입니다.

사랑하는 성도 여러분, 하나님의 보좌는 하늘에 있습니다. 하늘 보좌에 앉으신 분만이 온 세상의 주인이시고 그 주인의 뜻만이 이루어질 것입니다. 하늘에서와 같이 땅에서도 이루어지기를 성도들이 계속 기도하고 있습니다. 우리의 기도가 성도들의 기도에 합해지고 있습니다. 큰 역사의 흐름이나 자질구레한 개인의 삶도 하늘 보좌에서 다스립니다.

그 전능하신 분에게 날마다 기도로 함께 나아갑시다. 시시로 그 하늘의 보좌를 묵상하십시오. 그때 우리를 새롭게 하고 세상을 새롭게 하도록 계속 기도할 수 있습니다. 우리 주변을 변화시킬 뿐만 아니라 우리 주변이 새로워질 수 있다는 것을 믿으시기 바랍니다. "항상 기뻐하라 쉬지 말고 기도하라 범사에 감사하라 이는 그리스도 예수 안에서 우리를 향한 하나님의 뜻"이라고 성경은 말하고 있습니다.

세상에서 일어나는 일 때문에 짜증나십니까? 여러분 마음에 지금 기쁨이 있습니까? 항상 기뻐하라고 주님은 말씀하십니다. 항상 기뻐하지 못하면 여러분이 죄인이라는 사실을 인정하셔야 합니다. 주변 상황이 어떠하든지, 주일 설교가 어떠하든지 상관없이 여러분은 항상 기뻐해야 합니다. 쉬지 말고 기도해야 합니다. 그리고 범사에 감사해야 합니다. 이것이 구원받은 우리를 향한 하나님의 뜻이기 때문입니다. 그리스도 안에서 우리를 새로운 피조물로 지으신 아버지의 뜻입니다. 새들보다 더 즐겁게, 꽃들보다 더 아름답게 우리 삶은 피어나야 합니다.

사랑하는 성도 여러분, 자신이 왜 하필 이런 처지에 있느냐고요? 왜 하필 흙수저를 물고 태어났느냐고요? 자신의 처지가 바뀌길 원합니까? 우리가 속한 나라가 새로워지길 원합니까? 세상이 변하길 원합니까? 그런 소원을 가진 기독 청년이라면 그 전략이 세상과 달라야 합니다. 세상을 뒤좇아서는 세상을 새롭게 할 수 없습니다.

부디 계시록이 보여 주는 방법을 추종하십시오. 그리하여 시시때때로 하나님의 보좌를 향하여 영광의 찬송을 돌립시다. 하늘 보좌를 바라는 기도 없이는 이웃을 섬길 수 없습니다. 이웃은 우리가 섬기기에 적합하게 지어진 천사가 아닙니다. 배우자나 자식도 마찬가지입니다. 하늘 보좌를 바라는 간구 없이는 성도를 보살필 수 없습니다. 나 자신도 내가 보살필 수 없다고 하면서 다른 성도들을 어떻게 보살필 수 있습니까? 부디 수시로 하늘 보좌를 향해 부르짖는 성도의 자리를 지키시기 바랍니다.

Revelation

요한계시록 5장 1-5절

1 내가 보매 보좌에 앉으신 이의 오른손에 두루마리가 있으니 안팎으로 썼고 일
곱 인으로 봉하였더라 2 또 보매 힘 있는 천사가 큰 음성으로 외치기를 누가 그
두루마리를 펴며 그 인을 떼기에 합당하냐 하나 3 하늘 위에나 땅 위에나 땅 아
래에 능히 그 두루마리를 펴거나 보거나 할 자가 없더라 4 그 두루마리를 펴거
나 보거나 하기에 합당한 자가 보이지 아니하기로 내가 크게 울었더니 5 장로
중의 한 사람이 내게 말하되 울지 말라 유대 지파의 사자 다윗의 뿌리가 이겼으
니 그 두루마리와 그 일곱 인을 떼시리라 하더라

18

책을 펴기에 합당한 자

사랑하는 성도 여러분, 5장은 4장부터 살펴본 환상의 계속입니다. 이 책을 쓴 요한은 환상 중에 열려 있는 하늘 문으로 올라가서 하늘의 보좌를 보았습니다. 온 우주를 주관하고 다스리시는 보좌의 환상을 보았습니다. 창조주 하나님의 영광이 보좌에 빛나며 보좌를 둘러싼 네 생물과 이십사 장로들의 찬양을 받으시는 장면을 살폈습니다.

사랑하는 성도 여러분, 건강한 성도는 요한이 환상 가운데 보았던 하늘의 보좌로 날마다 시선을 돌려야 합니다. 그러면 세상을 살면서 시달린 우리의 육신과 영혼이 보좌의 환상으로 날마다 새롭게 될 것입니다. 그곳에서는 네 생물이 밤낮 쉬지 않고 전능하신 주 하나님의 거룩을 노래합니다. 그곳에서는 이십사 장로들이 영광과 존귀와 능력을 주 하나님에게 돌립니다. 우리가 보았듯이 면류관을 보좌 앞에 벗어 던지며 보좌에 앉으신 세세토록 사시는 분을 찬미함으로 4장은 끝납니다.

4장의 초점은 보좌에 앉으신 '창조주 하나님'에게 있었습니다. 그러나 지금부터 우리가 살필 5장의 초점은 어린양 '구속주 하나님'에게 있습니다. 4장에서 시작한 찬양의 열기가 점점 달아오르고 있습니다. 4장에서는 찬양이 두 번 나왔는데 본문에서는 세 번 나오고 있습니다. 4장에서는 창조주 하나님을 두 번 찬양했다면, 5장에서는 어린양 예수께 두 번의 찬양을 먼저 드리고, 세 번째에는 보좌에 앉으신 이와 어린양께 동시에 찬양을 드리고 있습니다. 어린양의 승리에 열광하는 찬양의 분위기로 점점 고조되어 갑니다. 그리하여 보좌에 앉으신 이와 어린양을 향한 만물의 찬양이 절정을 이루고 있습니다.

요한은 지금 성령에 감동되어 하늘의 실재를 보고 있습니다. 이 편한 세상에 도취되어 사는 사람들은 한 번도 생각해 보지 못한 또 하나의 세계를 기술합니다. 어떤 사람의 눈도 보지 못한 영광의 세계를, 어떤 사람의 귀도 듣지 못한 영광의 노래를 듣고 증거하고 있습니다. 사랑하는 성도 여러분, 본문은 우리가 겸허히 귀를 기울여야 하는 계시의 영역입니다. 하나님이 보여 주지 않으셨다면 전혀 상상할 수 없는 하늘의 영역입니다. 우리의 이성으로 설명할 수 없는 영역입니다. 그러므로 우리의 마음과 생각을 요한이 본 환상에 겸허히 집중해야만 합니다.

서책인가 두루마리인가

그러면 본문에서 요한이 본 하늘 환상을 하나씩 살펴봅시다.

> 내가 보매 보좌에 앉으신 이의 오른손에 두루마리가 있으니 안팎으로 썼고 일곱 인으로 봉하였더라(5:1).

보좌에 앉으신 성부 하나님의 오른손에 책이 있습니다. 그 책은 안팎으로 쓰여 있고 인봉되어 있습니다. 현실에서는 있을 수 없는 일입니다. 현실에서는 봉해진 책 안쪽이 어떻게 되어 있는지 볼 수 없습니다. 어떤 활자로 쓰였는지, 앞뒷면으로 어떻게 기록되었는지, 삽화가 포함된 책인지, 열어보기 전에는 알 수 없습니다. 그러나 요한은 지금 현실 속에서 두루마리를 보고 있는 것이 아닙니다. 그렇기 때문에 일곱 인으로 봉해졌어도 안팎으로 글이 가득하다는 것을 알고 있습니다. 현실이 아니라 환상 속에서 성부 하나님의 손에 있는 책을 보고 있습니다.

우리는 현실에서 이런 영적인 체험을 해보지 못했더라도 꿈에서는 이런 현상을 접해 봤을 수 있습니다. 예컨대 처음 보는 사람인데 그 사람이 누군지 알아봅니다. 현실에서는 불가능한 일이지만 꿈에서는 가능합니다. 요한은 지금 영적 직관을 통해서 일곱 인으로 봉인된 두루마리를 보는 동시에 그 안과 밖에 글이 가득한 책을 인식하고 있습니다.

그런데 안팎에 글이 가득했다고 해서 앞장에도 글이 있고 뒷장에도 글이 있는 책을 생각해서는 안 됩니다. 두루마리 책을 생각해봐야 할 것입니다. 물론 두루마리냐 책이냐 하는 것은 학자들 사이에서도 의견이 나뉘기는 합니다.

2천 년 전에는 제지 공업이 지금처럼 발달하지 않았습니다. 동양에서 닥나무로 한지를 생산해 사용하던 시절, 서양에서는 나일강에서 생산되는 파피루스라는 종이를 만들어 사용했습니다. 나일강을 중심으로 겨우 만든 파피루스라는 종이는 한 면은 매끄러웠지만 다른 한 면은 글씨를 제대로 쓸 수 없을 정도였습니다. 그러나 이 종이는 비쌌기 때문에 때로는 어쩔 수 없이 안팎으로 쓸 수밖에 없었습니다. 할 말은 많은데 종이는 비싸고, 구하기도 쉽지 않았기 때문입니다. 에스겔이 이상 가운데 본 책은 두루마리 책이면서도 안팎에 글이 가득 기록되어 있습니다(겔 2:9, 10 참조). 요한이 환상 중에 본 책도 두루마리일 가능성이 높은 것은 고대부터 주후 1세기 말, 어쩌면 2세기까지는 주로 서책이 아니라 두루마리에 글을 썼기 때문입니다.

두루마리 책이든 요즘 책과 비슷한 형태든 무엇이 중요하냐고 생각하실지 모르겠습니다. 문제는 요한이 본 책이 안팎으로 글이 쓰인 책일 뿐만 아니라 인봉된 책이기 때문입니다. 어떤 형태의 문서인지에 따라서 일곱 인으로 봉해지는 방식이 다르기 때문입니다. 만약 책이라면 일곱 부분으로 나눠 각 부분을 따로 인봉할 수 있습니다. 그 경우에는 인을 하나씩 뗄 때마다 그 부분의 내용이 공개될 수 있습니다. 그러나 만약 두루마리 형태라면 이야기가 달라집니다. 두루마리는 내용을 기록한 후 돌돌 말아서 마지막 부분에 봉인합니다. 그러므로 일곱 인을 차례로 다 뗀 후에야 비로소 내용이 공개됩니다. 모든 인을 떼지 않으면 하나도 읽을 수 없습니다.

계시록 6장을 보면 각 인을 차례로 뗄 때마다 사건들이 뒤따라 일어납니다. 하지만 일곱 인을 뗄 때마다 벌어지는 사건들은 두루마리 내용이라기보다는 두루마리 내용을 공개하기 위한 예비적 사건으로 보는 것이 타당해 보입니다. 지금 요한이 환상 중에 본 책은 두루마리이며 그 바깥쪽 끝부분에 일곱 인이 있는 책입니다. 일곱 인 모두 제거되기 전에는 두루마리를 열거나 읽을 수 없습니다.

누가 인을 떼기에 합당한가

사랑받는 성도 여러분, 이 두루마리에는 무언가 가득 기록되어 있다고 합니다. 그러나 그것이 일곱 인으로 완벽하게 봉해져 있기 때문에 도무지 볼 수가 없습니다. 요한은 항상 일곱이라는 숫자를 사용하기 좋아합니다. 일곱이라는 숫자는 충만의 의미를 가지고 있습니다. 일곱 인으로 봉해져 있다는 것은 완전히 봉해져 있다는 뜻입니다. 두루마리에는 많은 이야기가 쓰여 있는데 하나도 읽을 수 없는 상황입니다. 그러나 요한은 환상 가운데 또 하나의 장면을 보게 됩니다.

> 또 보매 힘 있는 천사가 큰 음성으로 외치기를 누가 그 두루마리를 펴며 그 인을 떼기에 합당하냐 하나 하늘 위에나 땅 위에나 땅 아래에 능히 그 두루마리를 펴거나 보거나 할 자가 없더라(5:2, 3).

계시록에는 힘 있는 천사가 가끔 등장합니다. 여기도 등장하는데, 그가 얼마나 힘 있는지 보십시오. 그는 온 우주가 쩌렁쩌렁 울릴 정도로 외치고 있습니다. 우주 어느 곳에도 그 소리가 들릴 것 같은 큰 소리로 말하고 있습니다. 그런데 "누가 그 두루마리를 펴며 그 인을 떼기에 합당하냐"라고 외치는 천사의 큰 목소리와 다르게 정적만이 뒤따르고 있습니다. 하늘 위에도 땅 위에도 땅 아래에도 그 인을 떼기에 합당한 자를 찾을 수 없기에 우렁찬 천사의 질문 앞에 온 우주가 입을 다물고 있습니다.

요한은 환상 가운데 영적인 직관으로 그 책이 중요하다는 것을 알았습니다. 그러나 전능자의 오른손의 계시를 받아 공개할 자가 아무도 없어 통곡합니다.

> 그 두루마리를 펴거나 보거나 하기에 합당한 자가 보이지 아니하기로 내가 크게 울었더니(5:4).

온 우주에서 그 책을 펴거나 보기에 합당한 자가 아무도 없었습니다. 타락한 죄인들뿐만 아니라 하늘 위의 천사 중에서도 없었습니다. 그 누구도 하나님의 계시를 맡아 그 뜻을 시행하기에 합당하지 못했습니다.

역사의 완성을 위하여

이 두루마리에는 세상을 향한 하나님의 온전한 계획과 그 역사의 성취가 기록되어 있습니다. 하나님이 마지막 때에 무엇을 어떻게 이루실지에 대해 안팎으로 가득 기록된 두루마리입니다.

인을 뗀다는 것, 그 책을 편다는 것은 계시를 공개하는 것일 뿐만 아니라 기록된 대로 성취하는 것을 의미합니다. 온 우주를 포함한 하나님의 뜻과 불변하는 계획을 빽빽이 기록해 놓았지만 그것을 펴거나 읽거나 할 자가 아무도 없었습니다. 그 뜻을 성취할 자는 더더욱 없습니다. 일곱 인으로 봉해져 있다는 것은 두루마리에 기록된 하나님의 계획이 아직 계시되지 않고 시행되지 않음을 뜻합니다. 이 두루마리에는 온 인류를 포함한 우주의 마지막 사건들에 대한 예언이 담겨 있습니다. 그러나 일곱 인이 모두 제거되기 전에는 그중 한 글자도 읽을 수 없습니다.

달리 말해서 두루마리에 쓰인 내용은 인류 역사가 어떻게 종결될지에 대한 기록입니다. 악한 세상을 하나님이 어떻게 정복하실 것인지, 그리고 거기에 시달리는 하나님의 백성을 어떻게 구원해서 위로하실 것인지 그 계획이 담겨 있습니다. 이 두루마리는 단순한 심판에 관한 기록이 아니라 하나님 나라의 상속에 관한 기록입니다. 그러므로 심판 사건인 동시에 구속 사건으로 나타날 것입니다. 7장 1절부터 마지막까지는 이 두루마리에 기록된 사건들이 어떻게 실행되어 가는지를 우리에게 보여 줍니다.

그런데 이것이 봉해진 채로 있다면 엄청난 하나님의 계획이 실현되지 않는 것을 의미합니다. 하나님의 계획이 공개되지 않고 그분의 목적이 성취되지 않은 채로 남아 있음을 뜻합니다. 인을 뗀다는 것은 하나님의 계획을 공개하는 것이고 시행하는 것을 뜻하기 때문입니다. "누가 그 두루마리를 펴며 그 인을 떼기에 합당하냐"라고 우주 만물이 다 들을 만큼 큰 소리로 외쳤지만 아무 응답 없는 적막만 뒤따랐습니다. 하늘 위, 땅 위, 땅 아래 그 누구도 인봉된 두루마리 책을 열 수도, 읽을 수도 없었습니다.

사도 요한은 뜨거운 영성의 사람이었습니다. 하나님의 뜻이 공개되지 않고 시행되지 않은 채로 남아 있다는 것은 그에게 견딜 수 없는 일이었습니다. 그는 환난 속에 있는 성도들의 안위를 걱정하는 목자였습니다. 성도들이 흘리는 눈물의 의미를 알고 있는 목자였습니다. 그는 인이 떼어지지 않은 채로 남아서 그분의 계획이 실현되지 않는다는 것이 무엇을 의미하는지를 알아들었습니다. 이는 곧 성도들이 큰 환난에서 무사히 통과하리라는 보장이 없다는 뜻입니다. 그들의 눈물이 씻길 날이 결코 오지 않는다는 이야기가 됩니다. 성도들을 박해하는 세상에 대한 하나님의 공의로운 심판도 없으며 성도들의 최후 승리에 대한 보장도 없습니다. 새 하늘과 새 땅에 대한 소망도 실현되지 않고 장래의 유업에 대한 소망 역시 이루어지지 않고 물거품이 된다는 것을 알았기 때문에 요한은 크게 울었다고 기록합니다.

사랑하는 성도 여러분, 오늘 이 시대는 요한과 같은 영성을 가진 사람들이 다 사라진 시대 같습니다. 세상이 어떻게 굴러가든 상관없고, 오로지 이 편한 세상에서 어떻게 살 것인지, 어떻게 건강하게 노년을 맞이할 것인지 이런 것들에만 관심이 있는 것처럼 보입니다. 하나님의 뜻이 이루어지지 않으면 안타깝게 생각해야 합니다. 마치 암 선고를 받고 두려워하는 사람처럼 하나님의 뜻이 나의 삶을 통해 이루어지지 않고 지나가는 것을 안타까워하는 주의 백성이 필요합니다. 올해를 그냥 한 달 한 달 지나가게 할 수 없다는 심정을 가진 성도들이 있어야 합니다. "하나님, 지난해는 그냥 지나갔지만 올해는 의미 없는 한 해, 재미없는 한 해, 감동 없는 한 해가 되지 않도록 해주십시오." 우리는 이런 거룩한 소원과 열정을 가져야 합니다. 하나님의 역사가 이루어지지 않는 것에 부담을 느끼는 주의 백성이 나타나야 합니다. 그래야 이 백성이 복을 받습니다.

세상이 난리를 피울 때 이편인가 저편인가만 생각할 것이 아닙니다. 우리가 있어야 할 곳은 이편도 저편도 아닙니다. 우리의 신분은 하나님만 바라보고 그 보좌 앞에 우리의 기도를 드려야 하는 하나님의 백성임을 알아야 합니다. 성도를 비판하는 세상에 대한 하나님의 심판이 없고, 성도들의 승리에 대한 하나님의 보장이 없는데도 불구하고 그냥 하루를 보내는 것은, 허용되어서는 안 될 하나님 백성의 죄악입니다.

그 책이 펼쳐지지 아니하면 악한 자들만 승리하고 맙니다. 의가 거하는 바 새 하늘과 새 땅이 도래할 수 없기 때문입니다. 악이 판치는 오늘과 같은 세상으로 끝내 종결된다는 의미입니다. 세상이 악한 채로, 악한 자가 승리하는 것으로 끝장나고 만다는 의미입니다. 그래서 요한은 통곡했습니다.

역사의 의미, 예수 그리스도

예수 그리스도의 구속 사역을 떠난 역사는 아무 의미가 없습니다. 수수께끼에 지나지 않습니다. 미궁 속을 헤맵니다. 영원한 하나님의 목적이 실현되는 그날이 없다면 역사에서 의미를 찾는 것만큼 어리석은 일은 없습니다. 도래하는 하나님 나라를 보지 못한다면 모든 역사 철학은 난센스에 불과합니다. 달리 설명할 길이 없습니다. 계몽주의 철학자들이 봉착했던 어려움이 여기에 있고 진화론적 철학으로 설명해 보려던 사람들이 당황해 하는 이유가 여기에 있습니다.

하나님의 아들, 예수 그리스도께서 이 세상에 오셔서 심판하지 아니하시면 세상 역사는 아무 의미가 없습니다. 주먹 센 사람이 차지하고 마는 세상이 되고 맙니다. 지금 이 역사 속에서는 의미를 발견할 수가 없습니다. 예수 그리스도 그분 외에는 역사의 의미를 풀어 줄 사람이 없습니다. 그래서 오늘날 우리 시대 최고의 지성들은 파멸과 어둠만 내다보고 있습니다. 실망과 좌절만이 그들이 내다보는 내일의 모습입니다. 역사의 의미를 발견하지 못하고 목적과 목표를 찾지 못하는 것이 우리 시대의 최대 난제입니다.

우리 자신의 삶을 가지고 말해도 마찬가지입니다. 그리스도께서 오셔서 우리의 눈물을 씻겨 주는 일이 없다면 세상에서 그리스도인만큼 불쌍한 사람은 없을 것입니다. 얼마를 벌든 정직하게 세무 신고를 하는 사람보다 적당하게 신고하고 살아가는 사람이 더 많은 돈을 모으는 것이 세상 아닙니까? 적당하게 야합하고 타협하면 더 빨리 출세하는 것이 우리가 지금 살고 있는 세상의 모습 아닙니까? 그리스도께서 이 인을 떼시지 않는다면 역사는 의미가 없습니다. 사랑하는 성도 여러분, 오늘 여러분 삶에 일어나는 일들을 달리 어떻게 설명하겠습니까?

우리가 경건하게 살고자 하면 반드시 시련이 있을 것입니다. 그런데 적당하게 타협하면 별로 어렵지 않게 세상을 살아갈 수 있습니다. 세상과 어깨동무하면 세상이 우리를 칭송할 것입니다. 찬사를 돌릴 것입니다. 그러나 정말 정직하게 살려고 하면 사람들이 우리와 함께 지내는 것을 불편하게 생각할 것입니다. 같이 어울려 지내면 전혀 문제없는 세상이기에 "네가 그렇게 하면 우리가 뭐가 되냐?"라는 말이 당장 나올 것입니다. 경건하게 살려고 할 때 박해가 있게 마련입니다. 그러나 성도들이 당하는 시련에는 반드시 보상의 날이 약속되어 있습니다.

유대 지파 다윗의 뿌리

유대 지파 다윗의 뿌리로 불리는 예수 그리스도께서 승리하셨기에 역사는 하나님의 계획대로 진전될 것입니다. 5절은 "유대 지파의 사자(獅子) 다윗의 뿌리가 이겼으니"라고 말하고 있습니다. 창세기에 유대 지파에 관한 예언이 나옵니다. 유대 지파에 관한 전능자의 통치를 예언하고 있습니다.

> 유다는 사자(獅子) 새끼로다 내 아들아 너는 움킨 것을 찢고 올라갔도다 그가 엎드리고 웅크림이 수사자 같고 암사자 같으니 누가 그를 범할 수 있으랴 규가 유다를 떠나지 아니하며 통치자의 지팡이가 그 발 사이에서 떠나지 아니하기를 실로가 오시기까지 이르리니 그에게 모든 백성이 복종하리로다(창 49:9, 10).

유대 지파의 사자(獅子)로 예수 그리스도를 소개합니다. 이 계시록의 환상을 처음 받은 공동체가 살던 시대는 신약 성경이 아니라 구약 성경을 신실하게 읽던 때였습니다. 신약 성경 한 번 읽은 것으로 수십 년간 신앙생활을 하는 사람들이 모인 곳이 아닙니다. 안식일에 모이면 누군가 한 사람이 두루마리 성경을 읽고, 나머지 회중은 그것을 들었습니다. 그래서 그들은 구약의 율법을 알았고 구약의 선지서들을 잘 알고 있었습니다. "유대 지파의 사자 다윗의 뿌리가 이겼으니"라고 하면 오늘날과 달리 설명이 더 필요하지 않았습니다.

한편, "다윗의 뿌리"는 이사야의 예언이 생각나게 합니다.

> 이새의 줄기에서 한 싹이 나며 그 뿌리에서 한 가지가 나서 결실할 것이요(사 11:1).

> 그날에 이새의 뿌리에서 한 싹이 나서 만민의 기치로 설 것이요 열방이 그에게로 돌아오리니 그가 거한 곳이 영화로우리라(사 11:10).

다윗의 왕통을 이어받는 크신 왕의 도래를 예언하고 있습니다. 이새의 줄기에서 한 싹이 나고, 그 뿌리에서 한 가지가 나서 결실한다는 말입니다. 또한 다윗의 왕조가 파멸될 것을 말해 주고 있습니다. 다윗의 왕조는 꺾이지만 거기에서, 그 뿌리에서 새싹이 돋아날 것을 말하고 있습니다. 통치권을 회복하여 영원히 통치하실 것을 말해 주고 있습니다. 평화와 의로 통치되는 새날이 예언되어 있습니다. 그래서 본문은 "울지 말라"(5:5)고 합니다.

성도들을 위한 위로

초대 교회 성도들은 하나님 말씀에 귀를 기울이고 살았기에 한 장로의 "울지 말라"는 한마디만으로도 충분한 위로를 받았을 것입니다. 신앙인이라는 이유로 모든 것을 박탈당했기에 "울지 말라"는 이 말만으로도 충분한 위로가 되었을 것입니다.

성도답게 사는 대가를 지불하지 않고 피해 다니는 사람은 무슨 소리를 해도 귀에 들어오지 않습니다. 울어 본 적이 있어야 "울지 말라"는 말이 위로되지 않겠습니까? 눈물 흘려 본 적이 있어야 "울지 말라"는 말이 위로되지 않겠습니까? 슬프지도 않고 운 적도 없는데 "울지 말라"고 아무리 따뜻하게 말한들 무슨 의미가 있겠습니까? 그러나 우리가 말씀대로 살기 위해 대가를 지불했고, 무언가 박탈당했고, 무언가 희생했고, 울면서 하루하루를 맞이했다면 "울지 말라"는 그 한마디가 위로가 될 것입니다.

여러분은 눈물을 흘려 본 적이 있습니까? 뜨거운 눈물이 여러분의 얼굴을 타고 내린 적이 있습니까? 어려운 일이 없다고요? 잘살고 있다고요? 편하게 살고 있다고요? 그것은 성도의 처지가 아닙니다. 여러분 주변에 하나님의 이름 아니면 도움을 청할 수 없는 상황에 놓인 사람은 없습니까? 주신 공동체의 지체들을 위해서 울 일은 없습니까? 그들의 영적인 형편을 보고 안타깝게 눈물 흘릴 일은 없습니까? "울지 말라"고 하는데도 우리는 알아듣지 못합니다. 하나님이 우리에게 은혜로 베푸신 풍요로운 모든 것이 우리 마음을 무디게 하고 말았습니까? 여러분이 받은 것이 있는데도 땅 위에 흩어져 결핍을 당하는 성도들의 형편에는 왜 아직도 눈을 돌리지 않습니까? 우리는 얼마나 좋은 시대를 살고 있습니까? 우리는 그들의 참혹한 현실을 SNS나 영상을 통해 생생하게 접할 수 있습니다. 지금 웃는 자들에게 화가 있으리니 그날에는 그들이 통곡할 것입니다. 지금 슬퍼하는 자에게 복이 있나니 주께서 그 눈물을 씻겨 주실 것입니다.

"울지 말라"는 말을 어디서 들어 보지 않았습니까? 예수께서 지상에 계실 때 독자를 잃은 나인성 과부를 향해 "울지 말라"(눅 7:13)고 말씀하셨지요. 그뿐 아니라 야이로의 딸을 살리기 위해 무리를 제지하시면서도 "울지 말라"(눅 8:52)고 하셨습니다. 본문에서는 장로 중 한 사람이 요한에게 동일한 말씀으로 위로하고 있습니다. 주님은 지금도 동일한 말씀으로 당신의 백성을 위로해 주십니다. "울지 말라 유대 지파의 사자 다윗의 뿌리가 이겼으니"(5:5)에서 '이겼다'는 것은 이미 결정적인 승리를 거두었다는 말입니다. 그분이 이기셨습니다. 그분이 승리하셨습니다. 모든 악한 영을 이기시고 이미 승리하셨습니다. 그분의 죽음으로 영원한 승리를 거두셨습니다. 그분이 이겼으니 우리는 더 이상 울 필요가 없습니다. 여러분의 삶이 어떤 처지에 있든 기억하십시오. 여러분의 삶이 가장 고달픈 순간에도 이 말씀을 기억하십시오. 그분이 이기셨습니다. 답답하고 억울한 일을 당할 때도 기억하십시오. 그분이 이기셨습니다. 그러므로 "울지 말라"고 하십니다.

사랑하는 성도 여러분, 본문에 등장한 장로는 요한에게 한 가지를 더 말하고 있습니다. 그분이 이기셨기에 "그 두루마리와 그 일곱 인을 떼시리라"(5:5)는 약속을 하고 있습니다. 우리의 지금 삶이 어떤 상황에 있더라도 전혀 흔들릴 이유가 없습니다. 두려워할 필요가 없습니다. 그 책과 그 인을 떼시리라고 약속하십니다. 그분이 만물을 새롭게 하실 것입니다.

주님은 자기 주위에 모인 소수의 사람을 향해 "적은 무리여 무서워 말라 너희 아버지께서 그 나라를 너희에게 주시기를 기뻐하시느니라"(눅 12:32)라고 말씀하십니다. 주님을 사랑하는 우리에게는 마지막 구원이 보장되어 있습니다. 그 나라는 우리에게 상속될 것입니다. 그때 모든 역사가 대단원의 막을 내릴 것입니다. 악은 최후의 파멸 아래 던져질 것이고 하나님의 백성은 하나님 나라를 상속받을 것입니다. 세상은 하나님의 통치 아래 들어오게 될 것입니다. 그때 우리가 마음으로 소원하던 모든 좋은 것을 누리게 될 것입니다.

어린양 예수의 피로 우리의 옷이 씻음받았다고 믿는다면 세상이 아무리 어려울지라도, 우리에게 어떠한 시련이 닥칠지라도 두려워하지 마십시오. 여기 이 땅에 발을 디디고 있지만 두려워할 이유가 전혀 없습니다. 어린양 예수의 그 씻음을 받은 자들은 큰 환난에서 모두 통과한 자들입니다. 계시록은 환난을 통과한 자들을 이야기하고 있습니다. 성도들은 환난에서 도피하는 자들이 아니라 그 환난을 통과하는 자들입니다.

세상은 주님이 오시기까지 악할 것이고 더 끝없이 악으로 치달을 것입니다. 지금은 시작에 불과합니다. 그러나 세상이 아무리 악해질지라도 그분 피에 옷을 희게 씻은 자들은 이 큰 환난을 능히 통과할 것입니다. 우리는 그들이 받을 보상을 말씀에서 확인할 수 있습니다. 요한계시록 7장 15-17절 말씀입니다.

> 그러므로 그들이 하나님의 보좌 앞에 있고 또 그의 성전에서 밤낮 하나님을 섬기매 보좌에 앉으신 이가 그들 위에 장막을 치시리니 그들이 다시는 주리지도 아니하며 목마르지도 아니하고 해나 아무 뜨거운 기운에 상하지도 아니하리니 이는 보좌 가운데에 계신 어린양이 그들의 목자가 되사 생명수 샘으로 인도하시고 하나님께서 그들의 눈에서 모든 눈물을 씻어 주실 것임이라.

Revelation

요한계시록 5장 6-14절

6 내가 또 보니 보좌와 네 생물과 장로들 사이에 한 어린양이 서 있는데 일찍이
죽임을 당한 것 같더라 그에게 일곱 뿔과 일곱 눈이 있으니 이 눈들은 온 땅에
보내심을 받은 하나님의 일곱 영이더라 7 그 어린양이 나아와서 보좌에 앉으신
이의 오른손에서 두루마리를 취하시니라 8 그 두루마리를 취하시매 네 생물과
이십사 장로들이 그 어린양 앞에 엎드려 각각 거문고와 향이 가득한 금 대접을
가졌으니 이 향은 성도의 기도들이라 9 그들이 새 노래를 불러 이르되 두루마리
를 가지시고 그 인봉을 떼기에 합당하시도다 일찍이 죽임을 당하사 각 족속과
방언과 백성과 나라 가운데에서 사람들을 피로 사서 하나님께 드리시고 10 그
들로 우리 하나님 앞에서 나라와 제사장들을 삼으셨으니 그들이 땅에서 왕 노
릇 하리로다 하더라 11 내가 또 보고 들으매 보좌와 생물들과 장로들을 둘러선
많은 천사의 음성이 있으니 그 수가 만만이요 천천이라 12 큰 음성으로 이르되
죽임을 당하신 어린양은 능력과 부와 지혜와 힘과 존귀와 영광과 찬송을 받으
시기에 합당하도다 하더라 13 내가 또 들으니 하늘 위에와 땅 위에와 땅 아래와
바다 위에와 또 그 가운데 모든 피조물이 이르되 보좌에 앉으신 이와 어린양에
게 찬송과 존귀와 영광과 권능을 세세토록 돌릴지어다 하니 14 네 생물이 이르
되 아멘 하고 장로들은 엎드려 경배하더라

19
책을 취하신 어린양 1

변치 않는 하나님의 사랑을 받는 성도 여러분, 허영의 세상 속에서 갑자기 요한이 본 하늘의 환상으로 옮겨 가기는 쉽지 않을 것입니다. 성경의 계시록은 우리가 눈으로 보는 세계가 아니기 때문입니다. 우리가 날마다 귀로 듣는 소리도 아닙니다. 요한은 지금 하늘의 환상을 보고 하늘의 음성을 듣고 있습니다.

본문 6절은 무슨 말로 시작하고 있습니까? "내가 또 보니." 요한은 제3의 환상의 세계로 들어가고 있습니다. 앞에서 본 장면이 바뀌면서 새로운 장면을 보고 있습니다. 요한은 환상 중에 "보좌와 네 생물과 장로들 사이에 한 어린양"이 서 있는 모습을 봅니다. 그런데 그 어린양의 모습을 "일찍이 죽임을 당한 것 같더라"라고 소개하고 있습니다. 계시록 5장의 주인공인 어린양이 6절에서 비로소 등장합니다.

바로 앞 절에서 이미 승리자를 소개한 적이 있습니다. 한 장로가 와서 요한에게 승리자 예수를 소개하기를 "유대 지파의 사자"(5:5)라고 했습니다. 여기서 '사자'는 짐승들 가운데 강자인 사자(獅子)를 가리킵니다. 백수(百獸)의 왕자인 사자로 예수 그리스도를 소개함으로써 그분이 정복자이시고 왕자라는 사실을 상기시킵니다. 그러나 본문의 새로운 환상에서는 그 사자(獅子)에 대해서 상세히 말하는 대신 어린양의 모습으로 승리자를 나타냅니다. 그 어린양은 죽임을 당한 것같이 보입니다. 계시록 5장은 마치 진행이 빠른 영화를 보는 것 같습니다. 한 사실을 가지고 지리멸렬하게 끌어가는 것이 아니라 장면을 빠르게 전환합니다. 승리자 예수를 소개하면서 앞 장면에서는 "유대 지파의 사자"로 소개해 놓고, 그다음에는 순식간에 "어린양"이라고 소개합니다. 그뿐만 아니라 어린양 가운데서도 "죽임을 당한 것 같[은]" 어린양이라고 말하고 있습니다. 문자적으로 표현한다면 '목 베임을 당한 어린양'이라는 뜻입니다.

사자와 어린양은 얼마나 대조적인 모습입니까? 그런데 얼핏 보면 대조적인 것 같지만 이 비유는 서로 보완하는 비유입니다. 말하자면 6절은 5절의 계속된 설명입니다. 5절에서는 "유대 지파의 사자요 다윗의 뿌리"인 그분이 승리했다고 선언하고 있습니다. 6절에서는 그분이 어떻게 승리하셨는지를 설명하기 위해 어린양을 등장시킵니다. 죽임을 당한 것 같은 어린양을 보여 주심으로 그분이 어떻게 승리하셨는지를 보여 줍니다.

수난을 당하셨기에

"유대 지파의 사자요 다윗의 뿌리"인 분은 어떻게 승리하셨습니까? 일곱 인을 떼어서 두루마리를 펼치기에 합당한 자가 어떻게 되셨습니까? 이에 대한 대답은 어린양의 모습 속에 담겨 있습니다. "죽임을 당한 것 같더라"라는 부연 설명 속에 나타나 있습니다. 그분은 어린양으로서 수난을 당하셨기 때문에 최후 승리자가 되셨습니다.

> 내가 또 보니 보좌와 네 생물과 장로들 사이에 어린양이 섰는데 일찍이 죽임을 당한 것 같더라……(5:6).

여기에 기독교의 신비가 있습니다. "일찍이 죽임을 당한 것 같[은]" 어린양의 비밀을 아는 자가 그리스도인입니다. 요한은 죽임을 당한 사자가 아니라 '죽임을 당한 어린양 같더라'라고 말하고 있습니다. 죽은 사자가 아니라 그 목이 잘린 것 같은 어린양이 서 있더라고 증거하고 있습니다.

여러분은 세례 요한이 일찍이 예수님에 대해서 증언한 말을 기억할 것입니다. "보라 세상 죄를 지고 가는 하나님의 어린양이로다"(요 1:29). 세례 요한은 메시아를 세상 죄를 지고 가는 하나님의 어린양으로 소개했습니다. 그러나 사도 요한은 환상 중에서 그리스도 예수의 모습을 더 분명하게 보여 주고 있습니다. 세상 죄를 지고 가는 어린양이 아니라 죽임을 당한 것 같은 어린양이라고 말하고 있습니다. 주님은 죽음을 통해서 승리하신 메시아십니다.

모든 유대인은 그 역사와 의식 속에서 죽임을 당한 어린양을 친숙히 알고 있습니다. 마치 한국 사람들이 추석 송편을 익히 알고 있듯이 죽임을 당한 어린양에 대해서 그들은 잘 알고 있습니다. 그러나 우리는 양을 치는 민족이 아니어서 양을 가까이해 본 경험이 없는 만큼 그 어린양의 죽음의 의미도 깊이 알지 못합니다.

요한의 환상의 기반은 구약 성경 속에 자리하고 있다는 것을 여기서도 다시 한 번 볼 수 있습니다. 그러므로 요한계시록을 잘 알기 위해서는 구약을 잘 알아야 합니다. 요한은 정말 한 권의 책만 사랑한 사람이었기 때문에 그의 모든 환상과 계시는 구약 성경에 기반을 두고 있습니다. 구약 성경을 열면 우리는 어린양을 만날 것입니다. 사람을 대신해서 죽임을 당하는 최초의 어린양이 창세기 4장에 등장하고 있습니다.

출애굽기에도 어린양 사건이 나타나 있습니다. 이스라엘 역사에는 유월절에 죽임을 당한 어린양이 있습니다. 하나님이 이스라엘을 구출하실 때 가족 단위로 양을 잡으라고 말씀하셨습니다. 한 가족이 그 양을 다 먹을 수 없으면 두 가족이 합해서 양 한 마리를 잡도록 했습니다. 그러고는 그 피로 양쪽 설주와 문인방에 바르도록 했습니다. 한밤중에 하나님의 천사가 애굽 온 땅을 두루 다니실 때 피가 발려 있는 집들은 그 장자를 멸하지 아니했습니다. 바로의 첫 아들로 시작해서 맷돌을 돌리는 여종의 첫 아들뿐 아니라 짐승의 첫 새끼에 이르기까지 애굽 모든 땅에 죽음이 찾아왔을 때 이스라엘을 구속하신 하나님의 방법이 바로 어린양의 피로 말미암아서였습니다. 인방과 설주에 피가 발려 있는 집들은 하나님의 죽음의 천사가 건너간 것입니다. 그래서 유월절이라는 절기가 생겨났습니다.

'유월절'(逾越節)이라는 말은 한문으로 살펴보면 '넘어갔다'는 뜻입니다. 유월절이라니까 어떤 사람은 아카시아가 꽃 피는 유월(六月)에 있는 절기가 아닌가 생각하는데, 그런 말이 아니라 'pass over', 즉 '넘어갔다'는 의미에서 '유월절'입니다. 출애굽기 12장 13절에 보면 "내가 애굽 땅을 칠 때에 그 피가 너희가 사는 집에 있어서 너희를 위하여 표적이 될지라 내가 피를 볼 때에 너희를 넘어가리니 재앙이 너희에게 내려 멸하지 아니하리라"라고 기록되어 있습니다.

수수께끼 같은 사건이 아니었습니다. 신비로운 미신도 아니었습니다. 그 유월절에 흘린 피, 유월절에 죽임을 당한 어린양은 장차 십자가 위 그리스도의 죽음을 상징했습니다. 어린양의 피가 발려져 있는 문설주를 보셨을 때 하나님은 장차 십자가에서 흘릴 당신의 아들 하나님의 어린양의 피를 내다보시고 그들을 죽음에서 구출하셨습니다.

이스라엘은 이날을 기억해서 해마다 유월절 절기를 지켰습니다. 어린양을 잡고 누룩 넣지 않은 무교병과 쓴 나물로 준비하는 유월절 축제는 그들의 삶에서 가장 중요한 절기였습니다. 우리에게는 설이 더 큰 절기일지 추석이 더 큰 절기일지 모르지만, 유대인들에게 3대 절기 중 가장 큰 절기는 의심할 여지 없이 유월절이었습니다. 하나님이 그들을 구출하셨을 뿐만 아니라 새 나라를 세우신 절기이기 때문입니다. 유월절은 어린양의 피로 죽음을 면한 절기인 동시에 애굽에서 벗어난 결정적인 사건을 기념하는 의식입니다.

죽음을 통한 승리

어린양의 이야기는 거기서 끝나지 않습니다. 특별히 이사야 53장의 예언은 주목할 만합니다. 이사야는 비천하고 멸시받는 한 사람을 환상 가운데서 내다보고 있습니다. 매를 맞고, 고난을 당하고, 모욕을 받는 한 사람을 내다보면서 예언하고 있습니다.

> 그가 찔림은 우리의 허물 때문이요 그가 상함은 우리의 죄악 때문이라 그가 징계를 받으므로 우리는 평화를 누리고 그가 채찍에 맞으므로 우리는 나음을 받았도다 우리는 다 양 같아서 그릇 행하여 각기 제 길로 갔거늘 여호와께서는 우리 모두의 죄악을 그에게 담당시키셨도다 그가 곤욕을 당하여 괴로울 때에도 그의 입을 열지 아니하였음이여 마치 도수장으로 끌려가는 어린양과 털 깎는 자 앞에서 잠잠한 양같이 그의 입을 열지 아니하였도다(사 53:5-7).

그분은 산 자의 땅에서 끊어져 그 무덤이 악인과 함께 됨으로써 죄인이 받을 죄악을 담당하시고 범죄자 중 하나로 취급당하셨습니다. 그리고 그렇기 때문에 죄인을 위해서 끝까지 기도하신 구주가 되셨습니다.

이렇게 한 동작 한 동작 자세히 설명했지만 사실 유대인 역시 이 예언을 이해하지 못했습니다. 유대인의 예언서에 있지만, 그들은 이 성경을 읽을 때 도무지 납득할 수 없었습니다. 유대인들의 안목은 오늘 우리의 안목과 마찬가지로 세속적이었기 때문에 성경의 예언이 그대로 다가오지 않았던 것입니다. 날마다 세상 것만 보고 세상 소리만 듣다가 갑자기 요한계시록 말씀을 읽으려고 하면 어렵듯이, 유대인 역시 그들의 생각과 삶이 완전히 세속화되어 있었기 때문에 '고난당하는 메시아'는 그들의 개념 속에 아예 없었습니다. 원수를 쳐부수시고 승리하시고 정복하시는 왕으로서의 메시아만 생각하고 있었습니다. 그래서 여호와의 종이 고난을 받을 것이라고 구체적으로 예언하고 있어도 그것이 누구에 관한 이야기인지 알지 못했습니다. 그들이 알았더라면 영광의 주를 십자가에 못 박지 않았을 것입니다. 그들에게 메시아는 승리자로만 자리하고 있었습니다.

사랑하는 성도 여러분, 그것이 어떻게 유대인들만의 문제겠습니까? 그것은 유대인의 문제일 뿐만 아니라 당대 헬라인의 문제라고 성경은 지적하고 있습니다. 유대인들이 하나님의 진리를 깨닫지 못한 것과 마찬가지로 이방인들도 십자가에 죽으신 그리스도를 믿기 어려워했습니다. 특히 로마인은 권력을 추구하던 사람들입니다. 로마의 평화(Pax Romana)를 노래하던 그들에게 빌라도 총독에 의해 처형당한 예수가 하나님의 아들이라는 것만큼 우스꽝스러운 이야기는 없었습니다.

하지만 그것이 어찌 1세기 사람들만의 문제로 끝났겠습니까? 오늘 우리의 삶에도 계속되고 있습니다. 우리 역시 예수를 통한 승리를 이야기합니다. 예수를 통해서 지금 받게 될 영광만 추구하는 것입니다. 고난의 발자취 대신 승리의 허상만 좇고 있습니다. 우리는 섬기는 사람이 되기보다는 남을 인도하는 지도자가 되기를 바라고 있습니다. 우리는 구원받은 것이 섬기기 위함이라는 것을 늘 잊어버립니다. 예수님을 통해서 마치 무언가 한 건 해낼 것처럼 생각합니다. 사랑하는 성도 여러분, 하지만 여기에 기독교 진리가 있습니다. "일찍이 죽임을 당한 것" 같은 어린양 속에 기독교의 진리가 감추어져 있습니다.

하지만 예수님이 오시기 전에는 어떤 유대인도 이 진리를 깨닫지 못했습니다. 메시아, 그분은 당연히 승리하실 분이고 정복하실 분이며 영광을 받으실 분이고 찬양을 받으실 분이라고만 생각했습니다. 그분이 사람들 속에서 무시당하고 멸시당하고 세상 권력의 밥이 될 줄은 꿈에도 생각해 보지 못한 것입니다. 여기에 기독교 복음의 탁월성이 있습니다. 기독교 복음은 자기 생명을 먼저 내어 놓는 피의 복음입니다. 남을 피 흘리게 해서 정권을 쟁취하는 것은 세상 나라의 속성입니다. 세상 모든 나라의 권력은 남의 피를 흘림으로 쟁취한 것입니다. 그러나 우리가 함께 참여하는 하나님 나라의 질서는 그렇지 않습니다. 먼저 우리가 땀을 흘리고 눈물을 흘리고 피를 쏟아야 세상 나라를 다스릴 권한을 받게 됩니다.

사랑하는 성도 여러분, 여러분이 하나님의 백성이라면 이 하나님 나라의 기본 도리를 잊어서는 안 됩니다. 우리 삶 속에서 우리가 얼마나 그리스도의 영광만 추구하는지 모릅니다. 그리스도를 통해 무슨 일이든 척척 잘되기만 사모할 뿐, 고난에 동참하는 것은 전혀 생각하지 않습니다.

요즘 저의 삶을 돌아봅니다. 아침에 일어나서 밥을 먹고 원두를 가는 새로운 습관이 생겼습니다. 잔을 데우고 커피를 따라 마시는데, 어느 날 아침에 그 시간을 재 보니 13분 정도 걸렸습니다. 조금 앉아서 이야기라도 할라치면 최소한 15분 정도는 걸리겠죠? 이 시간은 큐티(QT, quiet time)를 할 수 있는 최소의 시간이 됩니다. 그런데 우리는 드립 커피를 마시는 시간은 신성불가침처럼 잘 지키면서 바빠지면 큐티하는 시간은 소홀히 합니다. 그뿐만이 아닙니다. 우리는 하루에 커피 한 잔 사 마시는 것은 쉽게 생각합니다. 그런데 두 달에 5천 원 정도 하는 큐티책을 구독하라고 하면 쉽지 않습니다. 매일 5, 6천 원짜리 커피는 사 마시는 사람이 주일 헌금은 얼마를 할까 생각해 보았습니다. 어떤 것이 우리 신이지, 어떤 것이 우리가 충성하고 사는 목표인지 생각하게 되었습니다. 새로운 취미 같은 것에 바치는 돈과 시간과 에너지만큼 우리가 주님을 섬기고 있을까 고민되었습니다. 우리는 예수님 때문에 찬양받고 성공하기를 바랍니다. 하지만 그분의 이름 때문에 우리 몸에 채워 갈 고난에 대해서는 얼마나 생각해 보셨습니까?

기독교는 죽임을 당한 어린양의 종교입니다. 죽임을 당한 것같이 서 있는 그 어린양의 모습 속에 기독교가 어떤 종교인지 나타나 있습니다. 세상 나라의 통치자는 다스림을 받는 사람들 위에 군림합니다. 그러나 하나님 나라의 통치자는 섬기는 분입니다. 승리하신 분이 "일찍이 죽임을 당한 것 같더라"고 성경이 말하고 있습니다. 그러므로 주님은 오늘 우리에게 말씀하십니다.

> 예수께서 이르시되 이방인의 임금들은 그들을 주관하며 그 집권자들은 은인이라 칭함을 받으나 너희는 그렇지 않을지니 너희 중에 큰 자는 젊은 자와 같고 다스리는 자는 섬기는 자와 같을지니라(눅 22:25, 26).

"이방인의 임금들", 로마의 임금들은 실제로 그러했습니다. 백성을 주관하는 임금이었습니다. 백성을 마음대로 주관하면서도 백성의 은인이라는 칭호를 받고 싶어 했습니다. 집권자는 백성의 은인이라는 칭호를 받고 있었습니다. 로마의 황제들이 받던 칭호가 백성의 은인이라는 칭호였습니다.

"너희는 그렇지 않을지니 너희 중에 큰 자는 젊은 자와 같고 다스리는 자는 섬기는 자와 같을지니라." 이것이 기독교의 비밀입니다. 죽음을 며칠 앞둔 순간까지도 제자들이 누가 크냐고 다투고 있을 때, 주님은 열두 제자를 향해 그렇게 말씀하셨습니다. 그럼에도 불구하고 우리는 그리스도의 이름을 통해서 문제가 해결되고 잘되고 더 번영하기를 구합니다. 그러나 우리를 부르신 구주께서는 일찍 죽임을 당하심으로 승리자의 자리에 서셨습니다. 죽음을 통한 승리, 그것이 기독교의 법칙입니다. 주님 자신을 스스로 내어 주시기까지 죽임을 당하심으로 승리하신 분입니다. 이 새로운 질서와 양식을 세상에 펼치시기 위해서 주님은 이 길을 먼저 걸으셨습니다. 우리가 그리스도인이라면 우리는 그리스도께서 이 세상에 가져오신 새 질서 속에서 살아야만 합니다. 그래야 우리의 가정이 살아나고, 우리가 속한 집단이 새로워지고, 우리가 속한 나라가 새로워질 수 있을 것입니다.

주님은 비천하고 겸손한 가운데 오셔서 고난당하고 죽으셔야만 했던 구원자의 역할을 감당하셨습니다. 먼저 고난의 종으로 오셔야 했습니다. 고난당하고 죽으셔야만 했습니다. 하지만 주님은 이제 영광의 왕으로 다시 오실 분입니다. 모든 대적을 그 발아래에 복종시키실 분입니다.

재림의 주님

초림의 예수님은 세상 권력의 밥이었습니다. 조롱과 멸시와 천대와 모욕을 받으셨습니다. 그러나 재림의 주님은 영광 가운데 오실 것입니다. 영광과 권능으로 오실 때 모든 입이 그분을 주라 칭할 것이며 모든 무릎이 그분 앞에 꿇어질 것입니다.

분명히 말합니다. 우리가 마음에서 그분을 믿고 주님이라고 고백하지 않으면, 그날 우리는 우리의 입으로 강제당해서 그분을 주라고 고백할 것입니다. 아니, 그분이 주(主)인 것을 본능적으로, 직관적으로 고백할 것입니다. 우리의 무릎은 그분 앞에 꿇게 될 것입니다. 그 역사를 알기 때문에 사람들에게 그분이 누구신지를 전하고 마음으로 믿고 입으로 고백하며 그분을 섬기도록 알려 주는 종교가 기독교입니다.

보좌에서 다스리는 왕이 되시기 전에 먼저 십자가의 구주가 되셨다는 것이 기독교가 가지고 있는 독특한 복음이지 않습니까? 그래서 기독교에서는 먼저 된 자가 섬기는 자이어야 합니다. 높은 자가 낮은 자를 보살피고 섬기는 교회가 참다운 교회입니다. 구원받았기 때문에 남을 위해 봉사하는 것이 그리스도인의 기본자세여야 합니다. 그들 가운데 선택받았다면 보살피기 위해서 그 직분을 받은 것이지 군림하기 위해서가 아닙니다.

여러분 자신을 살펴보십시오. 여러분이 예수를 먼저 믿었다는 사실로 인해서 처음 나오는 사람들을 섬기고 있습니까? 그리스도의 진리를 안다는 사실로 인해서 더 겸손하게 처신합니까? 영적인 교만만큼 불치의 병은 없습니다. 여러분이 신령한 세계를 본 사실로 인해서 아직 내세의 영광을 보지 못한 사람들을 섬기고 있습니까?

기독교는 "일찍이 죽임을 당한 것 같[은]" 어린양의 종교입니다. 이것은 유대인이 예상하지 못한 사실일 뿐만 아니라 오늘까지도 거치는 돌이 되고 있습니다.

> 유대인은 표적을 구하고 헬라인은 지혜를 찾으나 우리는 십자가에 못 박힌 그리스도를 전하니 유대인에게는 거리끼는 것이요 이방인에게는 미련한 것이로되 오직 부르심을 받은 자들에게는 유대인이나 헬라인이나 그리스도는 하나님의 능력이요 하나님의 지혜니라(고전 1:22-24).

십자가에 달려 돌아가신 그리스도는 기독교의 상징입니다. 십자가가 기독교의 상징이 된 데에는 그만한 이유가 있습니다. 요한복음은 이 사실을 강조하고 있습니다. 예수 그리스도는 메시아시고 이스라엘의 왕이신 동시에 세상 죄를 지고 가는 하나님의 어린양이라고 첫머리부터 밝히고 있습니다. 요한복음 첫 장을 펴면 나다나엘의 고백이 나옵니다. "랍비여 당신은 하나님의 아들이시요 당신은 이스라엘의 임금이로소이다"(요 1:49). 세례 요한의 증거도 다시 한 번 살펴봅시다. "보라 세상 죄를 지고 가는 하나님의 어린양이로다"(요 1:29). 요한복음에는 처음부터 그분이 세상 죄를 지고 가는 하나님의 어린양인 동시에 이스라엘의 임금으로 소개되고 있습니다.

죽임을 당한 어린양의 상징 속에 기독교 복음의 핵심이 담겨 있습니다. 이 사실을 깨닫지 못한 제자들에게 부활하신 주님이 친히 가르쳐 주셨습니다. "그리스도가 이런 고난을 받고 자기의 영광에 들어가야 할 것이 아니냐"(눅 24:26). 더디 믿는 제자들을 꾸짖으시면서 그리스도가 먼저 고난을 받아야만 되지 않느냐고 말씀하셨습니다. 선(先) 고난(苦難), 후(後) 영광(榮光)은 기독교 진리의 핵심인데도 자신의 삶에 적용하지 않습니다. 우리가 십자가에 못 박힌 그리스도를 안다면 그리스도의 고난을 우리 삶 속에 채워 가야 합니다. 그리스도인은 이런 고난에 동참함으로써 장차 오실 영광에 동참할 수 있습니다. 그러므로 바울은 고백합니다. "나는 이제 너희를 위하여 받는 괴로움을 기뻐하고 그리스도의 남은 고난을 그의 몸된 교회를 위하여 내 육체에 채우노라"(골 1:24).

고난은 그리스도가 다 받으셨으니 우리는 영광에만 참여할 것이라는 것은 이단의 가르침입니다. 그리스도의 고난에 동참함으로써 그분의 영광에 동참할 수 있습니다. 주님이 남기신 고난의 발자취를 밟아감으로써 장차 오실 영광의 주님을 맞이하게 될 것입니다. 오늘 고난에 동참한 자들이 장차 영광 중에 그분과 함께 나타날 것입니다.

사랑하는 성도 여러분, 이 세상 속에서 우리는 "죽임을 당한 것 같[은]" 어린양의 뒤를 따르는 데로 부름받았습니다. 그러므로 그 길은 환난을 통과하지 아니하면 안 되는 길입니다. 바울은 제자들의 마음을 굳게 하여 이 믿음에 머물러 있으라고 권면합니다. "우리가 하나님의 나라에 들어가려면 많은 환난을 겪어야 할 것이라"(행 14:22)고 말합니다.

기독교는 환난을 통과한 사람들로 구성된 종교입니다. 계시록에는 "이 흰옷 입은 자들이 누구며 어디서 왔느냐 …… 이는 다 큰 환난을 통과한 자들이다"(7:13, 14 참조)라고 기록되어 있습니다. 우리는 모두 기독교의 복음을 삶에서 실천할 때 박해를 기대해야 합니다. "무릇 그리스도 예수 안에서 경건하게 살고자 하는 자는 박해를 받으리라"(딤후 3:12)라고 성경은 말합니다. 여러분은 예수님을 믿고 나서 예수님의 이름 때문에 어떤 고난을 당하고 있습니까?

베드로 역시 하나님의 흠 없는 어린양 되신 예수 그리스도의 보배로운 피가 우리를 구속했다고 증거합니다. "오직 흠 없고 점 없는 어린양 같은 보배로운 피로 된 것이니라"(벧전 1:19). 즉, 흠 없고 점 없는 하나님의 어린양 같은 보배로운 피로 구속된 자라고 우리의 신분을 알려 주고 있습니다.

요한은 신약이 가르치는 이 핵심 진리를 "유대 지파의 사자"인 동시에 "하나님의 어린양"의 모습 속에서 말하고 있습니다. 승리자 예수는 십자가의 그리스도이십니다. 내일의 영광을 사모하는 분은 오늘의 고난을 외면하지 마십시오.

> 이를 위하여 너희가 부르심을 받았으니 그리스도도 너희를 위하여 고난을 받으사 너희에게 본을 끼쳐 그 자취를 따라오게 하려 하셨느니라(벧전 2:21).

그 발자취를 따라오도록 고난의 길을 먼저 걸으신 분이 우리 주님입니다. 주님을 닮기 원하면 그분이 남기신 고난의 길을 걸어야 합니다. 꽃길만 걷는 것은 동화 속에서만 가능합니다. 현실에 그런 길은 없습니다. 우리의 땀을 통해, 눈물을 통해, 희생을 통해 꽃길을 만들어 갈 수는 있습니다. 우리는 새로운 세상을 열기 위해 나아가는 전위대(前衛隊)라는 사실을 기억하시기 바랍니다.

Revelation

요한계시록 5장 6, 7절

6 내가 또 보니 보좌와 네 생물과 장로들 사이에 한 어린양이 서 있는데 일찍이
죽임을 당한 것 같더라 그에게 일곱 뿔과 일곱 눈이 있으니 이 눈들은 온 땅에
보내심을 받은 하나님의 일곱 영이더라 7 그 어린양이 나아와서 보좌에 앉으신
이의 오른손에서 두루마리를 취하시니라

20
책을 취하신 어린양 2

그리스도 안에서 사랑하는 성도 여러분, 우리는 계시록 4장에서 창조주 하나님을 향한 찬송을 들었습니다만, 5장에서는 구속주 하나님이신 예수 그리스도를 향한 찬양을 듣습니다. 예수 그리스도는 승리하신 "유대 지파의 사자(獅子) 다윗의 뿌리"라고 5절은 소개합니다. 그리고 본문 6절에서는 예수 그리스도를 '일찍이 죽임을 당한 어린양'으로 소개하고 있습니다.

"보좌와 네 생물과 장로들 사이에 한 어린양이 서 있는데 일찍이 죽임을 당한 것 같더라"(5:6). 여기서 "죽임을 당한 것 같더라"라는 말씀은 문자적으로 번역하면 "그 목이 잘린 것 같더라"입니다. 이상하지요? "어린양이 있는데 그 목이 잘린 것 같더라"라는 것은 마치 조각 공원에서 추상적인 작품을 보는 것 같습니다. 요한은 목이 잘린 것 같은 어린양이 아직 살아 서 있는 모습을 환상 속에서 보고 있습니다. 목이 잘린 것 같은데도 쓰러지지 않고 자리에 서 있는 것입니다. 말하자면 죽었으나 아직 살아 있다는 진리를 환상으로 나타내고 있습니다.

> 두려워하지 말라 나는 처음이요 마지막이니 곧 살아 있는 자라 내가 전에 죽었었노라 볼지어다 이제 세세토록 살아 있어 사망과 음부의 열쇠를 가졌노니(1:17, 18).

일곱 뿔과 일곱 눈

사랑하는 성도 여러분, 요한은 본문 6절에서 제3의 환상 중에 본 어린양을 더 자세히 설명하고 있습니다.

> 일곱 뿔과 일곱 눈이 있으니 이 눈들은 온 땅에 보내심을 받은 하나님의 일곱 영이더라(5:6).

유대인들은 "일곱 뿔" 하면 설명이 없어도 그 의미를 바로 알아차릴 수 있었습니다. 뿔을 가진 짐승에게서 뿔은 힘의 상징입니다. 튼튼한 뒷다리도 없는 양의 힘은 그나마 뿔을 통해서 나타납니다. 신명기에는 "그는 첫 수송아지같이 위엄이 있으니 그 뿔이 들소의 뿔 같도다 이것으로 민족들을 받아 땅 끝까지 이르리니 곧 에브라임의 자손은 만만이요 므낫세의 자손은 천천이리로다"(신 33:17)라는 기록이 있습니다. 모세가 요셉 지파를 축복하면서 그 뿔이 들소의 뿔과 같다고 합니다. 그 강력한 힘을 당할 자가 없어서 권세가 땅 끝까지 이를 것을 예언합니다. '뿔'은 일반적으로 '능력'을 상징하고, '일곱'이라는 숫자는 요한이 즐겨 쓴 '충만'을 뜻합니다. 말하자면 '일곱 뿔을 가진 어린양'은 모든 힘을 가지신 분, 전능하신 분이라는 것을 말해 줍니다. 동시에 그분에게는 "일곱 눈"이 있습니다. 그분은 모든 것을 보고 계십니다. 모든 것을 알고 계십니다. 그러므로 하나님을 일컬어 우리는 전지하시다고 고백합니다. 모든 것을 아시고 모든 것을 하실 수 있는, 전지전능하신 분의 모습을 "일곱 뿔과 일곱 눈"으로 나타냅니다.

여러분은 모든 것을 아시는 분으로 하나님을 믿고 있습니까? 그렇다면 하나님은 오늘 여러분의 삶의 현장을 알고 계실까요? 오늘 조국 대한민국의 현실을 하나님은 보고 계실까요? 알고 계시고 보고 계시지만 아무것도 하실 수 없는 무능한 분입니까? 우리 하나님은 우리의 모든 것을 아시는 분이고 모든 일을 하실 수 있는 분입니다. 우리의 현실에 개입하시고 우리의 상황을 변화시키기에 부족함이 없는 분입니다. 알고 있고 보고 있지만 아무것도 할 수 없는 통치자와는 다릅니다. 바른 사실조차 판단하지 못하는 사법부와는 다릅니다. 그저 백성을 선동해서 자기 이익을 추구하려 드는 정치가와는 다릅니다.

우리 하나님은 모든 것을 아시고 모든 것을 하시는, 전지전능하신 분입니다. 일곱 뿔과 일곱 눈을 가지신 분입니다. 그러므로 우리는 혼란한 시대 한가운데서도 하늘 보좌를 바라보며, 죽임을 당했으나 부활하신 우리 주 예수님을 앙망합니다. 사랑하는 성도 여러분, 그 어린양의 지혜와 어린양의 능력으로 오늘도 보내심을 받은 아버지와 아들의 성령께서 온 땅에 역사하고 계십니다. 성령은 지면을 새롭게 하셔서 봄기운이 나타나게 하시며 인간 세상을 다스리시는 분입니다. 모든 사람의 마음과 생각을 주장하십니다. 아버지께서 교회를 위하여 의도하신 뜻을 성령께서는 다 성취하고 계십니다. 마치 두루마리를 받아서 읽을 자 없음을 통곡하던 요한처럼 이 땅의 평화를 위해, 그 박해가 멈추도록 기도하는 성도들이어야 이 계시록을 읽는 보람이 있습니다. 우리 생각대로 일이 펼쳐지지 않아도 우리 하나님은 모든 것을 아시고 모든 것을 하시는 전지전능하신 분임을 기억하고 기다리는 믿음을 붙잡기 바랍니다.

"하나님! 지금쯤 하나님이 손을 쓰셔야 하지 않습니까?"라며 똑똑한 척 주장하지 마십시오. 여러분은 여러분이 사람이라는 사실을 알지 못합니까? 하나님이 우리보다 많이 아십니다. 우리는 하고 싶어도 내 뜻대로 할 수 없는 일이 많습니다. 그러나 하나님은 원하시면 언제든지 당신 뜻대로 하실 수 있는 분입니다. 이 진리를 듣고 "아멘" 하는 사람마다 사탄의 권세에서 빛으로 옮기시는 역할을 하시는 분이 성령이십니다. 세상 사람의 죄를 지적하시고 모든 사람의 죄를 용서하시는, 죽임당한 그리스도를 높이시는 사역을 성령께서 하십니다. 예배의 자리에 나오는 것은 듣는 말씀을 통해서 자신의 주장을 뒷받침하기 위해서가 아닙니다. '주님은 모든 것을 아시지! 주님은 모든 것을 하실 수 있지!'라는 기본적인 명제를 수용하고, 그것을 기쁘게 받아들이는 것이 성도의 자세입니다.

마지막 역사를 완성하실 예수 그리스도

> 그 어린양이 나아와서 보좌에 앉으신 이의 오른손에서 두루마리를 취하시니라(5:7).

7절에서는 일곱 뿔과 일곱 눈을 가지신 어린양이 앞으로 나아와 보좌에 앉으신 분의 오른손에서 두루마리를 받으십니다. 계시록 5장에서 가장 중요한 사건이 여기에 있습니다. 승천하신 그리스도께서 보좌에 앉으신 이의 오른손에서 두루마리를 받으셨다는 것입니다. 이 환상은 무엇을 나타내고 있습니까? 그리스도께서 우주를 다스릴 권세를 받으신 것을 보여 줍니다.

성경 전체 계시에 비추어 볼 때 이것은 예수께서 높아지시고 보좌 우편에 앉으신 사건을 상징적으로 말해 주는 것입니다. 우리가 신앙 고백을 하는 것처럼 '하늘에 오르시어 전능하신 아버지 하나님 우편에 앉으셨다'는 사실을 보여 주는 장면입니다. 승천하신 그리스도께서 특별히 역사의 마지막 장을 떼시고 인류 역사를 완성하실 분임을 보여 줍니다. 두루마리 안팎으로 기록된 하나님의 모든 계획을 낱낱이 이루실 분으로 예수 그리스도를 나타내고 있습니다. 고난의 종으로서 고난당하신 보상으로 그분이 약속된 왕권을 받으시는 등극식이라고 이 환상을 설명하기도 합니다. "죽음의 고난 받으심으로 말미암아 영광과 존귀로 관을 쓰신 예수를 보니"(히 2:9)라고 히브리서 기자가 설명한 바를 요한은 한 장면의 환상으로 모든 이름 위에 뛰어난 이름이 예수님에게 돌아가는 순간을 표현하고 있습니다.

"일찍이 죽임을 당한 것 같[은]" 어린양이시기에 그분만이 보좌에 앉으신 이의 오른손에 있는 두루마리 책을 취할 수 있습니다. 우리 주님은 구속 사역의 상급으로 하늘에 오르시고 만민을 다스릴 권세를 받으셨습니다. 그뿐 아니라 마지막 역사를 완성하실 권한을 부여받으셨습니다.

> 이러므로 하나님이 그를 지극히 높여 모든 이름 위에 뛰어난 이름을 주사 하늘에 있는 자들과 땅에 있는 자들과 땅 아래에 있는 자들로 모든 무릎을 예수의 이름에 꿇게 하시고 모든 입으로 예수 그리스도를 주라 시인하여 하나님 아버지께 영광을 돌리게 하셨느니라(빌 2:9-11).

이처럼 자세하게 설명하는 바울과 대조적으로 요한은 인류 역사의 대단원을 아주 간결하게, 자신이 본 한 장면의 환상으로 표현하고 있습니다. "그 어린양이 나아와서 보좌에 앉으신 이의 오른손에서 두루마리를 취하시니라"(5:7). 이 한마디가 앞으로 이루어질 모든 역사의 비밀을 암시합니다. 그러므로 우리는 비로소 계시록 1장 1절 말씀을 이해하게 됩니다.

> 예수 그리스도의 계시라 이는 하나님이 그에게 주사 반드시 속히 일어날

일들을 그 종들에게 보이시려고……(1:1).

하나님의 손에서 이 책의 비밀이 예수 그리스도의 손으로 옮겨 갔기 때문에 이 책의 비밀이 그 종들에게 공개되는 것입니다. 마지막에 "반드시 속히 일어날 일들"을 하나님이 예수 그리스도에게 계시하셨습니다. 예수 그리스도께서는 받은 계시 내용대로 새로운 역사를 성취해 가실 것입니다. 이제 세상 역사는 완성될 것입니다. 불의한 역사는 종결되고 새로운 나라가 그리스도로 말미암아 도래할 것입니다.

찬양, 구속받은 만물의 합당한 반응

여러분은 이 감격스러운 순간에 어울리는 반응이 무엇이라고 생각하십니까? 보십시오. 어린양이 두루마리를 취하신 순간, 네 생물과 이십사 장로가 어린양에게 엎드려 금 대접을 가지고 새 노래로 찬양하고 있습니다.

> 두루마리를 가지시고 그 인봉을 떼기에 합당하시도다 일찍이 죽임을 당하사 각 족속과 방언과 백성과 나라 가운데에서 사람들을 피로 사서 하나님께 드리시고 그들로 우리 하나님 앞에서 나라와 제사장들을 삼으셨으니 그들이 땅에서 왕 노릇 하리로다 하더라(5:9, 10).

어린양이 두루마리를 취하신 순간, 그러한 권한을 받게 된 배경을 노래하고 있습니다. 일찍이 죽임을 당하사 각 족속을 피로 사셔서 나라와 제사장으로 삼으셨다고 그분에게 영광과 존귀를 돌리고 있습니다.

"내가 또 보고 들으매"(5:11)라고 소개된 다음 장면에는 보좌와 생물들과 장로들을 둘러선 많은 천사의 찬양이 뒤따르고 있습니다.

큰 음성으로 이르되 죽임을 당하신 어린양은 능력과 부와 지혜와 힘과 존귀와 영광과 찬송을 받으시기에 합당하도다(5:12).

앞 장면에서는 네 생물과 이십사 장로들이 찬양을 드렸습니다. 이제는 네 생물과 이십사 장로들을 둘러서고 "그 수가 만만이요 천천이라"고 표현된 수많은 천사의 음성이 찬양에 동원되고 있습니다. 4장에서는 이제도 계시고 장차 오실 전능하신 하나님, 영존하시는 아버지께 두 번의 찬양이 돌아갔습니다. 처음에는 네 생물이 찬송했고, 다음에는 이십사 장로가 창조주 하나님을 찬송했습니다. 5장에 나오는 처음 두 번의 찬양은 죽임을 당하신 어린양께 초점이 맞춰져 있습니다. 네 생물과 이십사 장로와 더 많은 수의 천사가 이 찬양에 동원되고 있습니다. "죽임을 당하신 어린양은 능력과 부와 지혜와 힘과 존귀와 영광과 찬송을 받으시기에 합당하시도다"라고 찬양합니다. 그러고는 마지막으로 5장을 종결짓는 찬양이 나오고 있습니다. 이제는 더 많은 수가 찬양에 동원됩니다. 정말 우리 하나님은 많은 이의 찬양을 받기를 즐겨 하시는 분 같습니다. 계시록 5장의 마지막 찬양에는 모든 피조물이 동원되고 있습니다. 이런 성경의 기록들을 보면 하나님은 독창보다 합창을 즐겨 받으시는 것 같습니다. "보좌에 앉으신 이와 어린양에게 찬송과 존귀와 영광과 능력을 세세토록 돌릴지어다"라고 모든 피조물이 함께 노래하고 있습니다.

잘 들으십시오. 성경 말씀을 떠나서는 인류 역사가 마지막을 향해서 어떻게 치달을 것인지 아무도 말할 수 없습니다. 마지막이 어디로 귀착될지를 알아야 우리가 어느 줄에 서야 할지 깨달을 것입니다.

4장에서 처음 두 번의 찬송은 창조주 하나님께, 5장에서 다음 두 번의 찬송은 어린양 예수, 죽임을 당하신 양께 돌아갔지만, 마지막 찬송은 보좌에 앉으신 이와 어린양을 향해서 동시에 돌아가고 있습니다. 만물의 찬양에 대한 화답으로 네 생물이 "아멘"이라고 소리치고, 이십사 장로가 다시금 엎드려 그분을 경배합니다.

계시록은 우리에게 하늘나라를 보여 줄 때마다 빼놓지 않는 것이 있습니다. 바로 기도의 향연만큼이나 중요하게 등장하는 찬양입니다. 하늘나라는 하나님을 찬양하는 소리로 가득한 곳입니다. 하늘나라는 하나님의 거룩하신 이름을 노래하는 찬양이 끝나지 않는 곳입니다.

사랑하는 성도 여러분, 우리가 계시록을 살피는 이유는 우리의 호기심을 만족시키기 위해서가 아닙니다. 우리가 계시록을 살피는 이유는 이 계시를 새롭게 이해할 때마다 창조주 하나님을 함께 찬양하기 위함입니다. 이 계시록의 내용이 공개될 때마다 구속주 하나님을 찬송하기 위함입니다. 하늘이 하나님의 영광을 노래한 것처럼 우리 모두 하나님의 사역을 깨달을 때 함께 노래하기 위함입니다. 우리가 찬송을 부르는 것은 결코 예배드리는 분위기를 만들기 위해서가 아닙니다. 찬송은 구속받은 백성의 마음에서 하나님께 영원히 돌려야 할 합당한 반응입니다. 그러므로 '준비 찬송'이라는 표현은 적절하지 않습니다. 언제 부르든 우리 주 하나님, 창조주 하나님과 구속주 예수님을 경배하는 노래 자체가 우리의 예배여야 합니다.

하나님 나라에 가면 우리의 서툰 설교는 되풀이되지 않을 것입니다. 그러나 찬양은 영원토록 드릴 것입니다. 하늘의 찬양이 터져 나오는 장면을 생각해 보십시오. 새로운 계시가 주어질 때마다 하늘 찬양이 뒤따릅니다. 부족하지만 설교를 통해 계시 내용을 설명하는 것은 여러분 마음 깊숙한 곳에서 하나님을 찬양하도록 하기 위해서입니다. 우리가 듣는 설교는 이 영광스러운 하나님을 진리 가운데서 더욱 힘 있게 노래하기 위함입니다.

사랑하는 성도 여러분, 여러분이 하나님의 말씀을 듣고 깨달았다면, 하나님 말씀을 통해서 새로운 비밀을 알았다면, 여러분의 마땅한 반응은 찬양이어야 합니다. 여러분이 드리는 찬양이 하늘 찬양의 그림자이기를 바랍니다. 세상이 죄악의 파도 소리로 소란한 곳이라면 하늘은 감사의 찬양으로 가득한 곳입니다. 보십시오. 하늘 장면이 공개될 때마다 감사 찬양의 화답이 있습니다. 새로운 요소의 계시가 주어진 다음에는 반드시 찬양의 응답이 있는 그곳이 하늘입니다.

전지전능하신 분이 주는 위로

사랑하는 성도 여러분, 일찍 죽임을 당하신 어린양 예수께서는 유대 지파의 사자이시고 죽임을 당한 것 같은 어린양이었습니다. 하지만 전능하신 일곱 뿔을 가지신 분이고, 전지하신 일곱 눈을 가지신 분입니다. 그분이 전능하십니다. 그분이 전지하십니다. 이 사실을 꼭 기억하십시오. 어린양 예수는 전능하신 분입니다. 어린양 예수는 전지하신 분입니다. 그분의 눈이 세상 만물을 보고 있습니다. 세상 모든 고통의 현장에 함께하고 계십니다. 자기 백성의 고통을 지금도 보고 계신 분입니다. 동시에 일곱 뿔을 가지신 분입니다. 하나님이 보지 못하시는 것이 아닙니다. 하나님께 도울 만한 능력이 없는 것이 아닙니다. 우리가 당하는 고통에는 하나님만이 아시는 비밀이 있습니다.

요한은 이 계시를 통해서 당시 환난을 당하는 백성을 위로하기 위해 편지를 썼습니다. 세상 권력에 내몰려서 목숨을 부지하기 위해 암혈(巖穴)과 동굴 속에 숨어 살던 그들입니다. 그런 그들에게 일찍 죽임을 당한 것 같은 어린양의 머리에 일곱 뿔이 있다는 사실을 상기시키고 있습니다. 그뿐 아니라 일곱 눈도 있다는 사실을 보여 주고 있습니다. 그들이 숨어 있는 그 자리에도 하나님의 눈이 함께하고 있다는 것을 상기시키고 하나님은 원하시면 어느 순간이든 무엇이든 하실 수 있는 전능하신 분이라는 것을 깨우쳐서 초대 교회 성도들을 위로하려 한 것입니다.

이 세상을 살던 성도들의 가장 큰 고민은 "하나님이 정말 살아 계시다면 내 어려움을 아실까" 하는 것이었습니다. 이것이 포로 된 이스라엘이 하나님 앞에 내뱉은 의문이고 세대마다 하나님의 백성이 가진 질문입니다. 그리고 오늘 이 세상을 사는 모든 성도의 최대 고민입니다. "정말 선으로 통치하시는 분이 계시는가? 그분이 정말 나를 버리지 아니하시고 내 삶을 보고 계시는가? 그분이 정말 나를 도우시기에 능하신가?"라고 우리는 자주 묻지만, 성경은 변함없이 일곱 뿔을 가지신 분, 일곱 눈을 가지신 분으로 그분을 보여 줍니다.

내가 세상을 이기었노라

계시는 우리의 호기심을 만족시키기 위해 주어진 것이 아닙니다. 성경의 계시는 새로운 찬양을 부르게 하기 위해서 공개된 것입니다. 4장과 5장의 하늘 장면을 통해 우리는 이런 영광스러운 찬양의 소리를 듣습니다.

사랑하는 성도 여러분, 이 사실을 묵상할 때 우리는 어떤 반응을 보여야겠습니까? 마음 깊숙한 곳에서 역사의 완성자이신 어린양 예수를 찬양합시다. 안팎으로 기록된 하나님의 모든 뜻을 남김없이 성취하실 것입니다. "세상에서는 너희가 환난을 당하나 담대하라 내가 세상을 이기었노라"(요 16:33)고 주님이 말씀하고 계십니다. 때로는 다 깨닫지 못하는 어려움을 당할 수 있습니다. 하지만 그것은 당신의 형상대로 우리를 빚어 가시기 위한 것이며, 우리를 향하신 뜻을 이루어 가시기 위한 것입니다. 그러므로 꼭 믿으시기 바랍니다. 그분이 보고 계십니다. 그분은 전능하십니다. 하나님의 때에 개입하시고, 하나님의 때에 구원하실 것입니다.

저는 교수 후보생으로 모교의 선택을 받아 유학을 떠났습니다. 많은 경우 자기의 결단으로 유학을 떠나지만 저는 학교에서 추천해서 공부를 마치고 돌아오면 교수가 된다는 조건으로 가게 된 것입니다. 그런데 8년 후 박사 학위를 받았지만 건축자들의 버림받은 돌처럼 팽개쳐졌습니다. 하지만 하나님은 제가 마음속에 소원한 목회자의 길로 인도해 주셨습니다. 교회(교단)에서 부르면 학교에서 가르치는 일도 기도하며 응답했을 것입니다. 마음속으로는 목양하는 목사의 길이 정도(正道)라고 믿었는데 주님은 그 마음의 소원을 이루어 주셔서 서울에 두 곳의 교회를 개척하게 하셨고 여러분을 만나게 해주셨습니다. 그때만 해도 신학 박사 학위를 가졌는데 목회를 하는 사람은 거의 찾아볼 수 없었습니다. 박사 학위가 있으면 당연히 교수를 하던 시대입니다. 하지만 하나님은 제 깊은 소원을 아시고 목회하는 목사, 목사의 정도를 걷는 목회자로 인도하셨습니다. 또 한 번 선택의 기회를 주신다 해도 저는 이 목양 사역의 길을 택할 것입니다.

여러분은 어떻습니까? 좋은 곳을 보면 어떤 마음이 생깁니까? 좋은 것을 먹으면 어떤 생각을 합니까? 당연히 좋은 분들과 함께하고 싶은 마음이 들지요? 건축자에게 버려진 돌도 하나님 나라에서는 모퉁이 돌로 쓰임을 받을 수 있습니다. "구하라 그리하면 이루리라"는 하나님의 약속을 붙잡고 함께 나아가는 성도가 되길 바랍니다. 다윗의 물맷돌처럼 하나님이 사용하시기만 하면 사람을 살리고 구역을 살리는 새로운 역사가 얼마든지 일어날 수 있습니다. 하나님이 살짝만 만지시면 묶고 있는 사슬이 끊어지는 역사도 있고, 하나님이 살짝만 차면 끝나 버리는 인생도 있습니다. 그렇게 보면 오늘도 살아서 여러분을 만났다는 것이 얼마나 감사한 기적인지요.

기도의 향연과 감사 찬양이 요한이 본 하늘 나라의 특징이듯 여러분 모두에게 늘 기쁨과 기도와 감사가 가득하고, 기쁨과 감사의 찬양이 입술에서 터져 나오기를 빕니다. 죽임을 당한 어린양 예수께 함께 기도하고 찬양으로 함께 화답하는 자리로 나아갑시다.

Revelation

요한계시록 5장 9, 10절

9 그들이 새 노래를 불러 이르되 두루마리를 가지시고 그 인봉을 떼기에 합당
하시도다 일찍이 죽임을 당하사 각 족속과 방언과 백성과 나라 가운데에서 사
람들을 피로 사서 하나님께 드리시고 10 그들로 우리 하나님 앞에서 나라와 제
사장들을 삼으셨으니 그들이 땅에서 왕 노릇 하리로다 하더라

21
새 노래 1

변치 않고 말씀을 사모하는 사랑하는 성도 여러분, 일곱 교회에 이어 일곱 인, 일곱 나팔, 일곱 대접 등으로 빨리 넘어가고 싶겠지만 그럴 수 없는 이유가 있습니다. 남아공(남아프리카 공화국[Republic of South Africa]) 유학 시절에 느낀 것 때문입니다.

가사를 음미하며 부르는 찬송

남아공에 있는 교회는 화란 개혁 교회의 전통에 따라 신앙의 사람들이 지은 찬송가를 노래하는 대신 주로 시편에 곡을 붙여 노래합니다. 경쾌한 리듬이라기보다는 장엄한 선율의 노래입니다. 남아공에 도착해서 예배드린 첫 주일에 그 장엄한 시편 찬양을 처음 대하면서 '우리 하나님은 참 다양한 멜로디로 찬양받으시기에 합당한 위대하신 분이구나' 하는 생각이

들었습니다. 물론 그 나라 말을 모르니 찬송이든 설교든 그 내용은 전혀 이해할 수 없었습니다. 그 시절에는 주일 예배를 마치고 숙소로 돌아오면 그날 부른 시편 찬송을 기억하며 몇 편을 노래했는지 그 시편에서 은혜를 받곤 했습니다.

그 후 몇 해가 지나 그들의 말을 알아듣게 되면서 그들이 부르는 찬송이 무슨 의미인지 따라잡게 되었을 때 그 은혜로운 가사에 매혹된 적이 있습니다. 그러면서 '한 구절이라도 그 의미를 바로 알고 찬송한다면 아무도 영원한 파멸로 치닫지 않을 텐데'라는 안타까움이 있었습니다. 입으로는 놀라운 사실을 노래하면서 무슨 의미인지 생각하지 않고 부르는 것을 보며 무척 답답했습니다. 처음 그 내용을 접하면서는 엄청난 감동으로 다가왔지만 그들의 삶을 자세히 살펴보면서 그 삶 속에 정말 있어야 할 생명이 없는 것을 보았을 때 정말 안타까웠습니다. 그 입술의 찬양이 마음에서 나오고 있지 않다는 사실을 깨닫고는 크게 실망했습니다.

당시 남아공에 하나밖에 없는 텔레비전 방송은 오후 5시에 시작해서 밤 11시까지 시간제로 방영되었습니다. 하루 6시간 텔레비전 프로그램이 시작될 때면 누군가 성경을 읽고, 마칠 때는 목사가 나와 설교하는 것으로 하루의 텔레비전 프로그램이 마감되었습니다. 애국가 내용도 우리의 찬송가 못지않게 아주 신앙적이고 성경적이었습니다. 동전에도 "Soli Deo Gloria"(오직 하나님께 영광을)라고 새겨져 있습니다. 굉장한 신앙 전통은 있는데 그에 부응하는 실제적인 삶은 전혀 보이지 않았습니다.

저는 어릴 때 주일날 교회당에 가면서 요절지를 들고 외운 기억이 있습니다. 미리 외워 두지 못하고, 주일에 아지랑이가 피는 논둑길을 가면서 예배당에 도착하기 전에 요절을 외우려고 노력했습니다. 남아공에서는 어린이들에게 음률에 맞게 시편 구절을 개작한 가사를 외우게 합니다. 그래서 어릴 때부터 이 시편의 가사에 아주 익숙합니다. 그 덕에 찬양은 눈감고도 부르지만, 그 찬양이 무슨 노래인지에 대해서 별생각이 없이 부르는 모습을 보니 참 안타까웠습니다.

당시 한국은 교회에 다니려면 가족이나 동네, 직장에서 박해받을 것에 대해 상당한 사회적 결단을 해야 했는데, 당시 남아공에서는 교회에 다니지 않으려면 특별한 결단을 해야 했습니다. 직장에서도 교회를 안 다닌다고 하면 따가운 시선을 받는 사회 분위기여서 습관적으로 교회에 다녔습니다. 그 결과 그처럼 엄청난 내용의 찬양을 하면서도 전혀 감동하지 않는 그들의 모습 때문에 때로는 괴로웠습니다. '한 구절의 내용만 그 뜻을 생각하고 노래하면 새로운 삶이 시작될 텐데…….'

사랑하는 성도 여러분, 가사 내용을 생각하지 않고 찬송하는 문제는 그들만의 문제가 아니라고 생각합니다. 한국 기독교도 이제 3대, 4대 이상의 전통을 갖게 되었으니 지금쯤 우리에게도 동일한 문제가 시작되었으리라 생각하는 것은 더 이상 기우가 아닐 것입니다. 한국 기독교 100주년 기념으로 나온 찬송가나 개역개정 성경 출간에 맞추어 나온 찬송가를 보면 그런 염려가 단순한 기우가 아니라는 증거들이 보입니다. 예를 들면 이전 찬송가에서는 다섯 절로 되어 있던 어느 찬송 가사가 새로 나온 찬송가에는 네 절로 줄어든 것입니다. 단순히 양이 줄어든 것이 아니라 혹시 그것이 우리의 영적인 상태를 반영하는 것은 아닌지 생각해 보아야 합니다. 자신 속에서 샘솟는 찬양을 할 이유가 없는 사람에게 같은 멜로디의 찬송을 5절까지 부른다는 것은 지루한 일입니다. 그러나 마음으로 내용을 음미하며 찬양하면 우리의 신앙은 봄날 초목처럼 새로워집니다.

계시록에서는 하늘의 장면을 볼 때마다 찬양하는 장면을 만나게 됩니다. 하늘의 장면은 찬양하는 일로 특징지을 수 있습니다. 성숙한 성도를 어떻게 알아볼 수 있습니까? 나의 신앙 성숙도를 어떻게 진단해 볼 수 있을까요? 성숙한 성도는 혼자서도 찬양하는 사람입니다. 찬양이 그 삶 속에 큰 자리를 차지하는 사람입니다. 혹시 여러분 중에도 찬송은 교회에서만 부르는 노래라고 한정하는 분은 없습니까? 물론 찬송은 예배 시간에 빠질 수 없는 중요한 요소이기는 하나 결코 교회당 안에서만 부르는 노래는 아니라는 것을 기억하시기 바랍니다. 가사 내용을 음미하며 노래할 때 우리는 결코 한 번만 부르고 끝날 수 없습니다. 집중하지 못한 구절들을 다시 부르고 싶은 마음도 있지만 은혜로운 구절들을 되풀이해서 노래하고 싶은 욕망이 우리 안에 있기 때문입니다.

사랑하는 성도 여러분, 여러분은 혼자서도 찬송하는 시간을 보내고 있습니까? 그 찬양이 여러분 마음에 평안과 기쁨을 안겨 주고, 더 나아가 여러분의 실제 삶에서 새로운 변화를 일으키기를 바랍니다. 마치 겨우내 얼어붙은 땅에서 죽어 있는 것 같던 초목들이 봄이 되면 움을 틔우면서 변화하듯이 한번 찬송해 보십시오. 반드시 달라집니다. 우리의 삶에 새로운 무언가를 투입하면 결과가 달라지게 되어 있습니다. 한번 해보십시오.

하늘 장면이 계시될 때 찬송하는 무리를 만나 보십시오. 4장과 5장에서 다섯 번의 찬양이 터져 나오고 있다는 사실을 확인했습니다. 하늘은 하나님을 찬송하는 곳입니다. 영원토록 하나님을 찬송하는 곳을 일컬어 우리는 '하나님의 나라'라고 합니다.

여러분은 찬송할 때 그 가사에 마음을 쓰고 있습니까? 여러분이 무엇을 노래하고 있는지 생각하며 부르고 있습니까? 혹시 선율의 아름다움에만 매혹되고 있지는 않습니까? 단지 울적한 기분을 위로하기 위해 부르는 노래가 되어서는 안 됩니다. 우리가 무엇을 노래하고 있는지 우리 스스로 그 내용을 알아야만 합니다. 그러면 우리의 신앙생활이 새로워질 것입니다. 거듭 되풀이해서 부를 수 있는 찬송이 많아질수록 봄날 지면이 새로워지듯이 우리 안에서 새 생명이 약동할 것입니다.

세 번째 찬양의 내용

다섯 번의 찬양 가운데 특히 이 세 번째 찬양은 그 가사를 생각하지 않고는 지나칠 수 없습니다. 이들의 합창 속에는 기독교 구원의 진리가 밝게 드러나 있기 때문입니다. 네 생물과 이십사 장로들이 합창하는 이 새 노래를 음미해 보지 않고 바로 다음 장으로 넘어가는 것은 호기심 때문에 진리를 희생시키는 어리석음을 범하는 것입니다.

사랑하는 성도 여러분, 다시 한 번 새 노래를 들어봅시다. 성경의 모든 기록은 다 같은 하나님 말씀이지만 어떤 부분에 담긴 말씀은 보석과 같이 빛나고 있습니다. 여기 9절과 10절이 그런 부분입니다.

> 그들이 새 노래를 불러 이르되 두루마리를 가지시고 그 인봉을 떼기에 합당하시도다 일찍이 죽임을 당하사 각 족속과 방언과 백성과 나라 가운데에서 사람들을 피로 사서 하나님께 드리시고 그들로 우리 하나님 앞에서 나라와 제사장들을 삼으셨으니 그들이 땅에서 왕 노릇 하리로다 하더라 (5:9, 10).

이 찬양은 우리를 구속하신 하나님의 뜻을 노래하고 있습니다. 우리를 구속하신 하나님의 뜻이 밝히 드러나 있습니다. 또한 우리를 구속하신 하나님의 방법을 말해 주고 있습니다. 더 나아가 구원의 목표가 무엇인지 말해 주고 있습니다. 어린양이 나아와서 보좌에 앉으신 이의 오른손에서 책을 취하실 때 터져 나온 합창입니다. 네 생물과 이십사 장로들이 어린양 앞에 엎드려 거문고를 가지고 새 노래를 노래합니다.

새 노래

그러면 왜 "새 노래"라고 말할까요? 이것은 구약적 배경을 다시 한 번 살피게 하는 표현입니다. 구약 예배 의식 속에 불렀던 찬양을 회상시키는 말입니다. 시편에는 새 노래를 노래하라는 권면이 자주 나옵니다.

> 너희 의인들아 여호와를 즐거워하라 찬송은 정직한 자들이 마땅히 할 바로다 수금으로 여호와께 감사하고 열 줄 비파로 찬송할지어다 새 노래로 그를 노래하며 즐거운 소리로 아름답게 연주할지어다(시 33:1-3).

그뿐 아니라 96편 1, 2절에서도 시편 기자가 성도를 초청하고 있습니다.

> 새 노래로 여호와께 노래하라 온 땅이여 여호와께 노래할지어다 여호와께 노래하여 그의 이름을 송축하며 그의 구원을 날마다 전파할지어다.

하나님은 자기 이름의 영광을 위해서 구원을 베푸시는 분입니다. 우리에게 구원을 주시는 분이지만 이 구원은 자기의 거룩한 이름의 영광을 위해서 주시는 것입니다. 그러므로 하나님은 자신이 시작하신 구원의 역사를 계속해 나가시고 반드시 아름답게 완성하실 것입니다.

> 그는 기이한 일을 행하사 그의 오른손과 거룩한 팔로 자기를 위하여 구원을 베푸셨음이로다(시 98:1).

> 하나님이여 내가 주께 새 노래로 노래하며 열 줄 비파로 주를 찬양하리이다 주는 왕들에게 구원을 베푸시는 자시요 그의 종 다윗을 그 해하려는

칼에서 구하시는 자시니이다(시 144:9, 10).

사람들은 보통 구원이 힘 있는 권력자들의 손에서 온다고 생각합니다. 왕들이 우리를 지켜 주어야 한다고 생각합니다. 그러나 신앙인은 왕들에게 구원을 베푸시는 하나님을 믿는 사람들입니다.

우리가 살고 있는 오늘의 상황은 비록 쾌청하지 못하고 먹구름이 덮여 있지만, 인간 역사를 주관하시는 하나님을 바라보며 예배의 자리, 기도와 찬양의 자리를 지키는 민족에게는 희망이 있습니다. 우리가 믿는 신앙의 대상은 열방의 왕들에게 구원을 베풀어 주시는 하나님입니다. 세계 모든 나라와 전 인류의 역사를 주장하시는 분입니다.

할렐루야 새 노래로 여호와께 노래하며 성도의 모임 가운데에서 찬양할지어다 이스라엘은 자기를 지으신 이로 말미암아 즐거워하며 시온의 주민은 그들의 왕으로 말미암아 즐거워할지어다(시 149:1, 2).

옛날 이스라엘 백성은 특별한 절기 때마다 모여 자기들이 믿는 신앙의 대상이신 하나님 때문에 새 노래를 불렀습니다. 온갖 재난과 전쟁에서 구원하신 하나님을 큰 소리로 찬양했습니다. 그 축제를 통해 언약의 하나님을 새롭게 찬양했습니다.

"새 노래로 여호와께 노래하며"라는 구절은 시편에 반복해서 나타나는 구절입니다. 하나님이 우리 마음의 소원을 이루어 주시는 분인 것을 생각할 때 감사가 시작됩니다. "이제 내가 새 일을 알리노라!"(사 42:9) 새 일을, 하나님이 선포하신 새로운 역사를 하나님에게 간구함으로써 여러분이 하나님의 역사에 동참할 수 있기를 바랍니다.

이사야는 출애굽보다 더 큰 해방을 예언하면서 새 노래로 노래하도록 그 백성을 재촉했습니다. “보라 전에 예언한 일이 이미 이루어졌느니라 이제 내가 새 일을 알리노라 그 일이 시작되기 전에라도 너희에게 이르노라”(사 42:9). 이사야를 통해서 하나님이 하신 말씀입니다.

> 너희는 이전 일을 기억하지 말며 옛날 일을 생각하지 말라 보라 내가 새 일을 행하리니 이제 나타낼 것이라……(사 43:18, 19).

성경의 하나님은 전능하신 하나님입니다. 세상의 왕들을 보호하시기도 하고, 살리시기도 하며, 죽이시기도 합니다. 세상의 대통령을 세우시기도 하고, 내려 앉히시기도 하는 분입니다. 여러분은 이사야서 말씀을 읽어 본 적이 있을 것입니다.

> 귀인들을 폐하시며 세상의 사사들을 헛되게 하시나니 그들은 겨우 심기고 겨우 뿌려졌으며 그 줄기가 겨우 땅에 뿌리를 박자 곧 하나님이 입김을 부시니 그들은 말라 회오리바람에 불려 가는 초개 같도다(사 40:23, 24).

봄이 되면 초목을 심습니다. 막대기 같은 묘목들을 땅에 심기도 합니다. 고추모를 옮기기도 합니다. 요사이에는 흙채 심을 수 있게 나와서 살아날 확률이 아주 높습니다. 그러나 옛날에는 고추씨를 뿌려 놓았다가 비가 오거나 비 온 후 날씨가 흐리면 하나씩 떼 낸 후에야 안심하고 심었습니다. 그러나 다 심기도 전에 햇볕이 쨍쨍 나기라도 하면 살아남기가 쉽지 않습니다.

하나님은 그들이 겨우 심기고 겨우 뿌려지고 겨우 땅에 뿌리를 박았다고 말씀하십니다. 세상의 실권자들은 아직 땅 냄새를 맡기 전의 묘목과 같다고 합니다. 옮겨 심은 묘목 뿌리가 흙 속에서 제 구실을 하지 못하면 그 묘목은 죽은 거나 다름없습니다.

사랑하는 성도 여러분, 여기 네 생물과 이십사 장로들이 언제 어떻게 새 노래를 불렀는지 생각해 보십시오. 보좌에 앉으신 이의 오른손에서 어린양이 책을 취하시는 순간 천상의 찬양이 터져 나옵니다. "두루마리를 가지시고 그 인봉을 떼시기에 합당하시도다"(5:9)라고 찬양하고 있습니다. 어린양께서 전능하신 이의 손에서 책을 취하셨습니다. 어린양은 그 인봉을 떼기에 합당하십니다.

오래전에 약속된 구원이 성취된 것을 네 생물과 이십사 장로들이 지금 찬양합니다. 이 책을 받으심으로, 이 책의 인봉이 떼어짐으로 구속 사역의 마지막 결정판이 이루어질 것입니다. 어린양 예수 그리스도를 통해서 구속 사역의 대단원이 완성될 것입니다. 그래서 하늘 위에서 네 생물과 이십사 장로들이 찬양을 드리고 있습니다. 어린양이 그 피를 흘리심으로 말미암아 새 시대가 찾아올 것을 지금 감사하고 있습니다. 본문은 하나님의 새로운 구속 질서가 막 도래하려 하는 시점이기에 새 노래를 부르고 있습니다. 새 시대의 축복과 함께 새로운 질서가 도래할 것을 내다보며 새 노래로 찬양을 드립니다.

새로움의 하나님

성경의 하나님은 새 노래로 찬양받기 합당하신 새로움의 하나님입니다. 구약 성경에서부터 하나님은 자신을 새로움의 하나님으로 계시하십니다. 우리 안에 새로운 영을 창조하신 분이라고 소개하고 계십니다. 우리 안에 새로운 언약을 성취하실 분이라고 말씀하십니다. 그래서 우리 입에서 새로운 찬양이 터져 나올 것을 말씀하고 있습니다. 새로운 언약과 그 기업, 새 하늘과 새 땅을 약속하신 하나님이 구약에 계시된 하나님입니다.

보라 내가 새 일을 행하리니 이제 나타낼 것이라 너희가 그것을 알지 못하겠느냐……(사 43:19).

내가 그들에게 한 마음을 주고 그 속에 새 영을 주며……(겔 11:19).

보라 내가 새 하늘과 새 땅을 창조하나니……(사 65:17).

하나님은 당신의 역사를 '새로운 일'이라고 특징지어 말씀하십니다. 신약에서도 마찬가지입니다. 새 언약의 피로 산 길을 여신 하나님입니다. 의가 그 보금자리를 트는바 새 하늘과 새 땅을 재확인하신 하나님입니다. 계시록 역시 '새 일'이라고 특징짓습니다. 하나님은 구속받은 자를 향해 새로운 이름을 주실 것을 약속하고 계십니다.

이기는 그에게는 내가 감추었던 만나를 주고 또 흰 돌을 줄 터인데 그 돌 위에 새 이름을 기록한 것이 있나니 받는 자밖에는 그 이름을 알 사람이 없느니라(2:17).

흰 돌 위에 새 이름을 기록해 주겠다고 약속하고 계십니다. 또한 "이기는 자는 …… 내가 하나님의 이름과 하나님의 성 곧 하늘에서 내 하나님에게서 내려오는 새 예루살렘의 이름과 나의 새 이름을 그이 위에 기록하리라"(3:12)고 말씀하십니다.

하나님의 새 이름을 우리 마음속에 기록하겠다고 말씀하십니다. 구약 언약에는 두 돌비에 십계명을 새겨서 주셨지만, 그 계명은 지키는 사람 바깥에 기록되어 있기 때문에 지키는 사람의 심령을 새롭게 해주지 못했습니다. 하나님은 "이제 내가 새 일을 행할 것인데 내가 새 신을 그들의 심령에 부어 주고 내가 새 언약을 그들의 마음에 기록하게 될 것인데 그렇게 되면 그들이 그 중심에서 하나님을 섬기게 될 것이다"라고 하십니다. 이사야는 하나님의 이름이 우리에게 기록되는 역사가 이루어질 것을 일찍이 말했습니다. 우리 안에 하나님의 뜻이 기록되고 하나님의 뜻대로 살고 싶은 소원이 심기는 것은 밖에서 기록된 율법을 지키는 것과 차원이 다릅니다.

이제 그 본래적인 약속이 계시록에서 다시 확인되고 있습니다. 새 예루살렘의 약속은 3장 12절뿐 아니라 21장 2절에도 등장합니다.

> 또 내가 보매 거룩한 성 새 예루살렘이 하나님께로부터 하늘에서 내려오니 그 준비한 것이 신부가 남편을 위하여 단장한 것 같더라(21:2).

결혼식장에 가보면 신부가 신랑을 위해 어떻게 단장하는지 볼 수 있습니다. 새 예루살렘이 단장한 신부처럼 아름답게 우리에게 도래하리라 약속하십니다.

구속받을 자의 기업, 새 하늘과 새 땅의 약속이 실현될 것임이 예언되고 있습니다. "또 내가 새 하늘과 새 땅을 보니 처음 하늘과 처음 땅이 없어졌고 바다도 다시 있지 않더라"(21:1). 하나님이 우리 마음을 새롭게 하실 그때에는 하늘도 새로워지고 땅도 새로워질 것입니다. 하나님이 허락하실 그 새 하늘과 새 땅은 영원히 새로울 것입니다. 그뿐만 아니라 하나님은 자기 백성에게 마지막으로 만물을 새롭게 하겠다는 약속을 하고 계십니다. "보라 내가 만물을 새롭게 하노라 …… 이 말은 신실하고 참되니 기록하라"(21:5)고 말씀하십니다. "내가 만물을 새롭게 하노라"고 선언하셨기에 우리의 "새롭게 하소서"라는 찬양이 그날 완전히 이루어질 것입니다.

그런 의미에서 본문 5장에 나오는 "새 노래"는 4장에 나온 노래와 대조를 이룹니다. 창조주 하나님에게 드려진 4장의 노래와 대조되어 5장에서는 그 창조를 새롭게 하시는 새 창조의 하나님, 구속주 어린양을 노래하는 찬양이 세 번 나옵니다. 처음 창조를 회복시킨 새 창조의 사역은 구속 사역의 주인공, 어린양을 향해 드리는 찬양이기에 새 노래라고 합니다. 인을 떼고 그 두루마리를 펴기에 합당하신 어린양을 향한 찬송이 터져 나오고 있습니다. 그분의 구속의 죽음으로 말미암는 새 왕국이 도래하는 것을 노래하는 찬양이 여기 5장에 세 번 반복되고 있습니다.

사랑하는 성도 여러분, 우리가 사는 날 동안 주님에게 새 노래를 드리는 일에 마음을 모읍시다. 작년에 살던 것처럼, 지난주에 살던 것처럼 한 주를 또 그냥 살지 말고 새로운 결심을 해보십시오. 물론 원래 음악을 좋아해서 평소에도 노래를 입에 달고 사는 사람이 있을지 모르지만 이제는 '새 노래로 노래하라'고 하십니다. 사람들이 주로 노래하는 것이 무엇입니까? 대체로 자연, 계절의 변화, 사랑하는 사람에 대한 것 아닙니까? 그러나 성도가 부르는 찬양은 다릅니다. 우리를 창조하시고 우리를 새롭게 하신 주님을 향한 노래입니다. 한번 결심해 보십시오. 그러면 우리 신앙생활의 모습이 달라질 것입니다. 보장합니다.

우리 하나님은 구속받은 성도들의 마음에서 터져 나오는 찬양을 받으시기를 기뻐하십니다. 우리 하나님은 당신 백성의 찬양을 기뻐하십니다. 꽃도 아름답고 지저귀는 새도 아름답지만, 성도들의 입에서 터져 나오는 찬양만큼 하나님을 기쁘시게 하는 일은 없습니다.

무엇을 들을 것인지는 우리의 결정에 달렸습니다. 무엇을 노래할 것인지 우리가 결정할 수 있습니다. 전에 하지 않던 일을 새롭게 해보십시오. 반드시 봄기운이 지면을 새롭게 하듯이 우리의 신앙생활도 새로워질 것입니다. 우리 하나님은 이스라엘의 찬양 속에 거하시는 분입니다. 우리의 찬양을 아예 당신의 거주지로 삼으셨습니다. 새롭게 찬송하는 여러분의 마음에 아름다운 봄꽃이 피어나기를 바랍니다.

Revelation

요한계시록 5장 9, 10절

9 그들이 새 노래를 불러 이르되 두루마리를 가지시고 그 인봉을 떼기에 합당
하시도다 일찍이 죽임을 당하사 각 족속과 방언과 백성과 나라 가운데에서 사
람들을 피로 사서 하나님께 드리시고 10 그들로 우리 하나님 앞에서 나라와 제
사장들을 삼으셨으니 그들이 땅에서 왕 노릇 하리로다 하더라

22
새 노래 2

말씀을 사모하는 성도 여러분, 계시록 6장부터는 일곱 인이 떼어지는 장면이 펼쳐집니다만 한 번 더 "새 노래"를 살피려고 합니다.

무엇보다 어린양이 "두루마리를 가지시고 그 인봉을 떼기에 합당하[신분]"이기에 찬송합니다. 영어로 예배를 'worship'이라고 하는데, 이는 '가치(worth)를 인정한다'라는 의미입니다. "합당하시도다"라는 표현이 바로 예배의 진수입니다. 예배의 진수는 "하나님! 당신이 우리의 찬양과 경배를 받기에 합당하십니다. 당신이야말로 두루마리를 가지기에 합당하십니다. 당신이야말로 인을 떼기에 합당하십니다"라고 하는 것입니다. 이것이 바로 예배의 핵심 고백입니다. 그래서 우리는 "하나님, 당신이 창조주이심을 인정합니다. 당신이 모든 역사의 주도자이심을 인정합니다. 당신만이 대한민국의 역사뿐만 아니라 온 세상의 역사를 열어 가시는 분입니다. 오직 당신만이 우리의 경배를 받기에 합당하십니다. 우리 안에 새 노래를 지으신 당신만이 찬송을 받기에 합당하신 분입니다"라고 고백하는 것입니다. 혼자서도 날마다 하나님을 찬송하고 예배할 수 있지만, 주의 백성이 함께 모여 찬송하는 것은 한날 하나님 나라에서 다 같이 모여 찬송할 그날을 미리 사모하기 위해서입니다.

성도들이 모여서 하나님의 하나님 되심을 함께 인정하는 행위가 바로 예배의 본질입니다. 본문에는 "일찍이 죽임을 당하사 …… 사람들을 피로 사서 하나님께 드리[신]" 분에게 합당한 찬양이 네 생물과 이십사 장로들을 통해 드려지고 있습니다.

왜 그분이 두루마리를 가지기에 합당하신 분입니까? 왜 그분이 인봉을 떼기에 합당하신 분입니까? 그 설명은 "일찍이 죽임을 당하[셨다]"는 말씀 속에 나오고 있습니다. 그 이유는 무엇입니까?

일찍이 죽임을 당하사

조금 더 구체적으로 말하면 그분의 피로 사람들을 사셨기 때문입니다. 그분의 죽음은 특정한 죽음입니다. 일반적인 죽음이 아닌 피 흘리신 죽음을 통해 사람들을 사셔서 하나님에게 드린 그 일 때문에 여기 천상의 노래가 터져 나오고 있습니다.

만유 가운데 예수님만이 이 일을 하실 수 있습니다. 만민 가운데 오직 그분만이 이 일을 하실 수 있습니다. 사람들을 그 피로 값 주고 사신 분은 그분밖에 없습니다. 그래서 이들의 새 노래의 근거는 어린양이 하나님이심 때문도 아니요, 그분이 인생 되심 때문도 아닙니다. 본문은 그분이 우리 대신 피를 흘리신 죽음 때문에 찬송받기에 합당하신 분이라고 설명합니다. "일찍이 죽임을 당하사 …… 사람들을 피로 사서"(5:9) 드린 그 일 때문에 네 생물과 이십사 장로들이 찬양을 드리고 있습니다.

“일찍이 죽임을 당하사”라는 표현은 사실 본래 뉘앙스가 살아나는 표현이 아닙니다. ‘일찍 살육을 당하사’ 혹은 ‘일찍 도살을 당하사’라고 번역될 수 있는 구절입니다. 이 특정한 표현은 계시록에서 예수 그리스도의 죽음을 나타내는 표현으로 사용되고 있습니다. 계시록은 그분을 어린양으로 소개하고 있기 때문입니다. 어린양의 죽음을 말하고 있기 때문에 ‘일찍 도살 당하신’이라는 표현이 이 구절에 포함되어 있습니다.

유월절에 흘린 어린양의 피가 이스라엘 백성을 해방했듯이 하나님의 어린양 예수의 피가 우리를 죄에서 해방시킵니다. ‘피로 샀다’는 표현은 돈을 주고 노예나 포로를 사서 자유를 주는 경우에 사용됩니다. 2천 년 전 상황을 생각해 보십시오. 어떻게 종이 되었습니까? 그때는 전쟁 포로가 되어 종이 되기도 했고, 가난해서 종이 되기도 했습니다. 일단 종이 되면 벗어날 수 있는 길은 몸값을 지불하는 방법뿐이었습니다. 그래서 ‘피로 샀다’는 표현, 즉 ‘속량’(贖良)이라는 말이 나오는 것입니다.

사랑하는 성도 여러분, 죄로 인해 마귀의 종이 되었던 우리가 하나님의 소유가 된 것은 어린양의 피로 값을 지불하셨기 때문입니다. 우리 편에서는 값없는 구원을 얻었지만, 하나님 편에서는 어린양의 피로 값 주고 사셨습니다. 이 사실이 계시록 첫머리에서 나오는 주제입니다.

> 우리를 사랑하사 그의 피로 우리 죄에서 우리를 해방하시고 그의 아버지 하나님을 위하여 우리를 나라와 제사장으로 삼으신 그에게 영광과 능력이 세세토록 있기를 원하노라 아멘(1:5, 6).

요한일서도 동일한 진리를 말하고 있습니다.

> 그 아들 예수의 피가 우리를 모든 죄에서 깨끗하게 하실 것이요(요일 1:7).

사도 베드로는 이와 같은 진리를 이야기하고 있습니다.

> 너희가 알거니와 너희 조상이 물려준 헛된 행실에서 대속함을 받은 것은 은이나 금같이 없어질 것으로 된 것이 아니요 오직 흠 없고 점 없는 어린 양 같은 그리스도의 보배로운 피로 된 것이니라(벧전 1:18, 19).

성경이 일관성 있게 전하는 말씀입니다. 히브리서 기자도 이 문제를 9-10장 두 장을 할애해서 상세히 설명하고 있습니다.

> 그리스도께서는 …… 염소와 송아지의 피로 하지 아니하고 오직 자기의 피로 영원한 속죄를 이루사 단번에 성소에 들어가셨느니라 염소와 황소의 피와 및 암송아지의 재를 부정한 자에게 뿌려 그 육체를 정결하게 하여 거룩하게 하거든 하물며 영원하신 성령으로 말미암아 흠 없는 자기를 하나님께 드린 그리스도의 피가 어찌 너희 양심을 죽은 행실에서 깨끗하게 하고 살아 계신 하나님을 섬기게 하지 못하겠느냐(히 9:11-14).

염소와 황소의 피가 사람들을 한 차례 정결하게 하여 성소에 한 번 들어갈 수 있었다면, 영원하신 성령으로 자기를 드리신 그리스도의 피가 어찌 우리 양심을 깨끗이 하지 못하겠느냐고 히브리서 기자는 되묻고 있습니다.

사랑하는 성도 여러분, 그리스도는 오직 죄를 위하여 한 영원한 제사를 드리시고 하나님 우편에 앉으셨습니다. 이제는 다시 죄를 위하여 제사 드릴 것이 없습니다. 예수님이 십자가에서 당신의 몸을 제물로 주셨기 때문에 우리 죄를 사하는 제사가 더는 필요하지 않습니다. 더는 미사가 필요하지 않습니다. 예수님이 흘리신 피가 우리의 죗값을 다 청산했기 때문입니다. 죄와 사망, 악과 고통으로부터 우리를 영원히 자유하게 하셨습니다.

각 족속과 방언과 백성과 나라 가운데서

이제는 누구든지 그 피를 믿는 자에게 구속, 곧 죄 사함을 허락하셨습니다. 그래서 각 족속과 방언과 백성과 나라 가운데서 하나님의 새 백성이 형성되는 시대입니다. "각 족속과 방언과 백성과 나라 가운데서"라는 말은 천하에 있는 만민을 구속하셨다는 뜻입니다.

구약 시대에는 하나님이 한 민족 이스라엘만 알겠다고 하셨는데, 신약 시대에는 '모든 만민을 구원하겠다'는 표현이 나타나 있습니다. 한 민족에 한정되던 시대는 지나갔습니다. 한 방언에 한정되던 시대는 지나갔습니다. 한 백성과 나라에 국한되던 시대는 사라졌습니다. 이제는 각 족속과 방언 백성과 나라 가운데서 사람들을 피로 사서 하나님에게 드리는 새로운 시대가 찾아왔습니다. 온 천하 만민이 하나님의 소유된 백성이 되는 새 시대가 시작되었습니다.

사랑하는 성도 여러분, 지금 사도 요한은 환상 중에 온 세상 만민을 보고 있습니다. 그는 지금 자신이 서 있는 지평을 넘어 온 세계를 내다보고 있습니다. 그런 의미에서 요한계시록은 성경 66권 중에서 가장 선교적인 책이라고 할 수 있습니다. 지중해의 해변과 가이사의 통치권을 넘어 그 시야를 온 세상으로 확대시키고 있습니다. "각 족속과 방언과 백성과 나라 가운데서" 한날 하나님의 백성이 나올 것을 내다보고 있습니다. 하나님의 교회는 모든 민족으로 더불어 이루어집니다. 교회는 그 시작부터 보편적입니다. "보라 내가 온 백성에게 미칠 큰 기쁨의 좋은 소식을 너희에게 전하노라"(눅 2:10). 만백성에게 미칠 기쁨의 좋은 소식을 말하고 있습니다.

우리는 더 이상 편협한 국수주의에 사로잡혀서는 안 됩니다. 대한민국만이 우리의 관심 전부를 쏟아야 할 곳이라고 생각해서는 안 됩니다. 여러분이나 저나 목숨이 살아 있는 한 한국인임을 부인할 수는 없겠지만 그래도 우리의 관심은 온 세상을 향해서 넓혀져야 합니다. 열방이 하나님에게로 돌아오는 시대를 살고 있기 때문입니다. 오고 오는 각 세대뿐 아니라 여기저기 살고 있는 모든 사람을 하나님은 자기 것으로 삼기 원하십니다. 온 세상으로부터 피로 사신 자기 백성을 불러 모으시는 마지막 때에 우리가 그리스도인으로 부르심을 받았습니다.

나라와 제사장으로 삼으셨으니

> 그들로 우리 하나님 앞에서 나라와 제사장들을 삼으셨으니 그들이 땅에서 왕 노릇 하리로다 하더라(5:10).

어린양 예수의 피로 구속하신 것은 우리로 하나님 앞에서 나라와 제사장을 삼으시기 위함입니다. 계시록은 다른 곳에서도 같은 진리를 말합니다.

> 그의 아버지 하나님을 위하여 우리를 나라와 제사장으로 삼으신 그에게 영광과 능력이 세세토록 있기를 원하노라 아멘(1:6).

> 이 첫째 부활에 참여하는 자들은 복이 있고 거룩하도다 둘째 사망이 그들을 다스리는 권세가 없고 도리어 그들이 하나님과 그리스도의 제사장이 되어 천 년 동안 그리스도와 더불어 왕 노릇 하리라(20:6).

"첫째 부활"이라고 하니까 어떤 사람들은 "둘째 부활"이 있나 보다고 생각합니다. 하지만 그렇게 문자적으로 들어가면 계시록은 헤어날 수 없는 오랏줄이 되고 맙니다. 꽁꽁 묶여서 풀려날 수 없습니다. 말씀의 문맥에서 읽어 보면 "첫째 부활"은 "둘째 사망"과 대조되어 나오고 있습니다. 하나님을 믿지 않는 사람은 육신의 생명이 죽으면 하나님에게서 영원히 단절되는 두 번째 죽음을 겪게 됩니다. 여기에 대조하여 성도들이 참여할 "첫째 부활"에 대해 말합니다. 우리는 죽음 다음에 누리게 될 그 "첫째 부활"을 통해 영원한 생명을 누립니다.

성도들은 장차 사망의 다스림을 받는 것이 아니라 하나님과 그리스도의 제사장이 되어 천 년 동안 그리스도와 더불어 왕 노릇 할 것입니다. 그러면 하나님 앞에서 제사장이 된다는 말이 무슨 의미입니까? 구약 시대에는 아무나 하나님 앞에 나아가지 못했습니다. 언제나 성전에 머물 수가 없었습니다. 그것은 제사장이어야만 누릴 수 있는 특권 아니었습니까? 하나님과 그리스도의 제사장으로 삼았다는 표현을 빌려서 하나님을 섬길 수 있는 특권과 자유를 누린다는 이야기를 하고 싶은 것입니다. 구약 시대의 제사장처럼 하나님을 항상 섬길 수 있게 된다는 의미입니다. 하나님의 완벽한 임재 가운데 하나님을 찬양하고 예배드릴 수 있는 특권을 나타냅니다.

요한이 성경을 쓰던 시대만 해도 사람들은 자신의 생각과 습관에서 벗어나지 못하고 있었습니다. 회당에서 새 예배를 드리고 있었지만 여전히 구약 시대의 생각을 머릿속에서 떨쳐 버리지 못했습니다. 예수 그리스도로 말미암아 새 시대가 왔는데도 아직 '제사장'이니 '어린양'이니 하는 옛 시대의 용어로 설명해야 알아듣기 때문에 이렇게 설명하고 있습니다. 그러나 2천 년이 지난 한국에서는 이러한 용어들이 오히려 성도들로 더 이해하기 어렵게 만듭니다. 우리는 어린양을 죽여 본 적도, 제사장을 본 적도 없기 때문입니다.

사랑하는 성도 여러분, 지금 우리는 옛날 제사장만이 누릴 수 있는 특권의 자리에 서 있습니다. 그리스도의 피로써 이 특권을 누리고 있습니다. 마음껏 하나님을 예배하십시오. 언제나 하나님에게 간구하십시오. "때를 따라 돕는 은혜를 얻기 위하여 은혜의 보좌 앞에 담대히"(히 4:16) 나아가십시오. 그때 그때 필요한 은혜가 다르지 않습니까? 그때마다 은혜의 보좌 앞에 담대히 나아가라고 성경은 권면하고 있습니다.

어떤 분은 염려를 취미처럼 하고 있습니다. 그럴 필요가 없습니다. 우리는 기도할 수 있기 때문입니다. 우리는 예수님의 이름으로 담대하게 나아갈 수 있습니다. 예수님의 이름으로 나아가면 아버지께서 들으십니다. 당신의 사랑하는 아들의 이름으로 나아갔기 때문에 우리의 가냘픈 소리도 들으시고 응답하시며 때를 따라 돕는 은혜를 베푸십니다. 은혜의 보좌 앞에 담대히 나아가십시오. 정해진 시간에 매일 필요가 없습니다. 새벽 시간도 좋고 저녁 시간도 좋습니다. 언제든지 부르짖고 찬송하는 새로운 시대가 우리에게 열렸습니다. 유대인처럼 하루 세 차례 정해진 시간에만 기도하던 시대는 지나갔습니다.

'하나님 앞에서 나라로 삼으셨다'는 말의 의미는 무엇입니까? 하나님이 우리의 왕이 되심으로 우리는 하나님의 백성이 되었습니다. 그런 의미에서 하나님은 우리를 백성 삼으신 동시에 왕으로 삼으셨습니다. 성도는 하나님의 기업이요, 그분의 소유요, 그분의 나라입니다. 하나님의 다스림을 받는 백성이 될 뿐 아니라 그분의 통치에 참여할 자가 될 것이라는 의미가 이 본문에 담겨 있습니다.

그런데 "천 년 동안 그리스도와 더불어 왕 노릇 하리라"는 구절에는 오해의 소지가 있습니다. "왕 노릇 하리라"고 하면 우리는 세상적인 개념으로 생각해서 내가 왕이 되면 내 밑에 들어와 신발을 닦아 줄 사람이 누군지를 계산합니다. 그래서 성경 말씀이 맞아 떨어지지 않습니다. "왕 노릇 하리라"는 말이 무슨 이야기인지 생각해 보십시오. 왕들에 의해서 시달림을 받던 사람들에게 왕 노릇 할 것이라는 말은 얼마나 큰 위로가 되었겠습니까? 그것을 알아차려야 할 텐데 "왕 노릇 하리라"는 말을 '내가 왕 노릇 하면 도지사 노릇은 누가 하나?' 라고 생각하니까 성경이 풀리지 않는 것이

지요. 게다가 다 왕 노릇 할 것이라는데 다 지옥에 가 버리고 시민이 한 사람도 남아 있지 않으면 안 되니, 땅에 남아 있는 기간을 만들지 않으면 풀리지 않지요. 일부는 하늘에 가서 다스리고 일부는 땅에 남아 있다고 해야 천 년 동안의 숙제가 풀린다고 생각합니다.

하지만 계시록은 그렇게 푸는 것이 아닙니다. 성경 전체 문맥 속에서, 계시록 자체의 문맥 속에서 숫자가 어떤 의미를 가졌는지, 즉 상징적인 의미를 생각하며 읽어야지, "천 년" 하면 999년에 1년을 더한 것이라고 생각하니 문제가 풀리지 않습니다. 천 년이란 '무궁한 세월', '영원토록'이라는 의미입니다.

온유한 자가 땅을 기업으로 얻으리라는 약속이 성취될 때입니다. 그때 충만히 실현될 것입니다. 약삭빠른 자가 수도권 땅을 다 차지하는 것 같고 시골까지도 서울 사람이 땅을 다 차지하는 것 같습니다. 그러나 온유한 자가 땅을 기업으로 받을 것이라는 약속이 그때 이루어질 것입니다. 이 모든 축복은 그리스도께서 십자가에서 흘리신 피로 말미암습니다. 지금 우리는 그 피로 말미암는 새 나라의 질서에 동참하지만, 장차 우리는 그 왕권에 동참할 사람들입니다.

왕 노릇 하리로다

본문은 "그들이 땅에서 왕 노릇 하리로다"라고 말합니다. 그런데 "하리로다"의 시제가 분명하지 않습니다. 어떻게 보면 미래 같고 어떻게 보면 현재 같습니다. 어떤 이는 현재적 의미로 해석합니다. 그런 의미로 생각할 때는 에베소서 2장 6절의 의미입니다. 4절부터 읽어 봅시다.

> 긍휼이 풍성하신 하나님이 우리를 사랑하신 그 큰 사랑을 인하여 허물로

죽은 우리를 그리스도와 함께 살리셨고 (너희는 은혜로 구원을 받은 것이라) 또 함께 일으키사 그리스도 예수 안에서 함께 하늘에 앉히시니(엡 2:4-6).

"하늘에 앉히시니"는 무슨 의미입니까? 하늘 보좌에 앉히셨다는 의미입니다.

여러분이 살고 있는 지금 그곳이 여러분의 현주소라면 여러분은 짜증날 때가 많을 것입니다. 그러나 그리스도와 함께 살리시고 일으키시고 부활시키시고, 그리스도와 함께 하늘 보좌에 앉아 있는 모습을 생각해 보십시오. 낙심해야 할 이유가 없습니다. 우리는 그곳에서 영원토록 왕 노릇 할 자입니다.

죄는 더 이상 우리를 지배할 수 없습니다. 이제는 사망이 우리를 다스릴 수 없습니다. 우리는 이미 그리스도와 함께 하늘 보좌에, 그분의 왕권에 참여하고 있습니다. 우리는 이미 그리스도와 함께 왕 노릇 하고 있다는 사실을 깨닫기를 바랍니다. 지금은 여기 땅에 있지만 우리의 진정한 자아는 그리스도와 함께 보좌에서 다스리는 중입니다. 긍휼이 풍성하신 하나님이 우리를 그리스도와 함께 살리셨고, 일으키셨고, 앉히셨습니다.

그러나 본문의 "왕 노릇 하리로다"의 시제를 미래형으로 보는 것이 계시록이 말하고자 하는 의미에 더 부합해 보입니다. 그렇게 번역하는 성경들도 있습니다(RSV[개정표준역성경], NEB[개정영국성경]). 장차 그리스도의 왕권에 동참할 것이라는 뜻입니다. 그 피로 우리를 사신 이유는 우리를 하나님 앞에서 나라와 제사장으로 삼아 왕 노릇 하게 하시기 위함입니다. 천년 왕국에서 그리스도와 더불어 왕 노릇 할 것입니다. 새 하늘과 새 땅에서 구속의 질서를 선도해 나갈 것입니다.

사랑하는 주의 백성 여러분, 우리가 누구인지를 항상 기억하십시오. 역사가 완성되는 그날, 승리자의 영광에 참여할 사람들입니다. 새 하늘과 새 땅이 도래할 때에 차지할 몫이 있는 사람이 여러분입니다. 영광 중에 그분이 나타나실 때 그리스도와 함께 나타날 자신을 의식하며 살아야만 합니다. 세상 나라가 하나님 나라가 될 때 그리스도와 더불어 왕 노릇 할 사람들이 이 세상에 살면서 집 한 채 없다고 그렇게 낙심할 이유가 없습니다. 지나가는 세상을 살면서도 우리에게 약속되고 주어진 그 영광의 풍성함을 내다볼 수 있어야만 합니다. 그러면 어떤 상황에서도 찬송할 수 있습니다. 무엇이 진정한 여러분을 나타냅니까? 지금 여러분의 현실입니까? 그리스도 안에서 그리스도와 함께 다스리고 있는 그 모습이 여러분의 진정한 모습입니까? 예수 그리스도께서 영광 중에 나타나실 때 우리도 함께 나타날 것입니다.

이 종말론적인 하나님 나라의 도래는 예수 그리스도께서 십자가에서 승리하심으로 우리에게 반드시 주어질 것입니다. 그리스도께서 십자가 위에서 하신 일들로 인해 우리는 이미 나라와 제사장이 되었습니다. 동시에 구속받은 우리는 장차 그분과 더불어 왕 노릇 할 것이기 때문에 그분의 피로 말미암아 영원토록 왕 노릇 할 사람으로 세상을 살아가야 합니다. 우리의 눈이 우리가 왕 노릇 하는 현장을 목도하기까지 하나님은 이 역사를 포기하지 않으실 것입니다. 우리 가운데서 보좌에 앉으신 이가 장막을 치시는 것을 친히 목도하는 순간까지 하나님의 구속 사역은 계속될 것입니다.

그러므로 그분이 두루마리를 취해서 보좌에 앉으신 그 순간이 찬양의 순간이 됩니다. 그분이 승리하신 순간이 영원한 승리를 확약하는 순간입니다. 네 생물과 이십사 장로들은 하늘에서 그리스도의 구속의 새 노래를 찬양하고 있습니다.

> 두루마리를 가지시고 그 인봉을 떼기에 합당하시도다 일찍이 죽임을 당하사 각 족속과 방언과 백성과 나라 가운데에서 사람들을 피로 사서 하나

> 님께 드리시고 그들로 우리 하나님 앞에서 나라와 제사장들을 삼으셨으니 그들이 땅에서 왕 노릇 하리로다……(5:9).

사랑하는 성도 여러분, 네 생물과 이십사 장로들은 자신들의 구속이 아니라 많은 족속 가운데 피로 사신 사람들을 대신해서 찬양하고 있습니다. "사람들을 피로 사서 하나님께 드리시고 그들로 …… 나라와 제사장들을 삼으[셨다]"고 노래하고 있습니다. "나라와 권세와 영광이 아버지께 영원히 있을지어다." 이 기도가 이제는 이루어질 것입니다. 그래서 그분이 두루마리를 취해 보좌에 앉으시는 순간 네 생물과 이십사 장로들이 노래합니다. 구속의 새 노래를 드리고 있습니다. "나라와 권세와 영광이 아버지께 영원히 있사옵나이다 아멘"(마 6:13)이라는 우리의 기도가 활짝 꽃필 것입니다. 그날이 오기까지는 때로 꽃샘바람도 분다는 것을 기억하십시오.

Revelation

요한계시록 6장 1, 2절

1 내가 보매 어린양이 일곱 인 중의 하나를 떼시는데 그때에 내가 들으니 네
생물 중의 하나가 우렛소리같이 말하되 오라 하기로 2 이에 내가 보니 흰 말
이 있는데 그 탄 자가 활을 가졌고 면류관을 받고 나아가서 이기고 또 이기려
고 하더라

23

첫째 인을 떼실 때에

사랑하는 성도 여러분, 우선 요한계시록의 전체적인 흐름을 생각해 봅시다. 지금 요한은 4장에서 시작한 환상을 계속해서 보고 있습니다. 장면은 여러 번 바뀌었지만, 하늘로 올라가 환상을 보는 요한의 위치는 그대로입니다.

4장에서 요한은 하늘에 있는 보좌를 봅니다. 창조주 하나님의 영광을 노래하는 네 생물과 이십사 장로들의 찬양을 듣습니다. 5장에서는 다시금 하늘 보좌에 앉으신 이의 오른손에서 인봉된 일곱 책을 받으시는 어린양을 봅니다. 그 순간, 네 생물과 이십사 장로들의 새 노래가 터져 나옵니다. 이어서 천만 성도의 합창이 메아리칩니다. 모두 죽임을 당하신 어린양을 노래합니다. 책을 가지고 그 인봉을 떼기에 합당하신 어린양을 노래합니다. 하늘의 천사들뿐 아니라 하늘 위에와 땅 위에와 땅 아래와 바다 위에와 또 그 가운데 있는 모든 만물이 보좌에 앉으신 창조주 하나님과 일찍 죽임을 당하신 구속주 어린양을 노래합니다. 5장은 네 생물의 "아멘" 화답과 이십사 장로들의 "경배"로 마감되고 있습니다.

장면 전환

찬양이 연속으로 울려 퍼지는 4장과 5장의 하늘 장면에서 전환되어 6장에서는 지상 사건들을 보여 주고 있습니다. 드디어 6장에서 어린양이 그 두루마리의 일곱 인을 차례로 떼십니다. 인이 떼어질 때마다 각기 심판이 뒤따릅니다.

두루마리는 양피지 같은 종이를 말아서 연결한 것으로, 글자를 다 기록하면 인봉을 했습니다. 이제 일곱 인봉이 차례로 떼어지고 일곱 경고의 나팔이 모두 울려 퍼진 후 일곱 진노의 잔이 남김없이 이 땅에 쏟아질 것입니다. 그런 의미에서 본문 6장에서는 계시록이 펼칠 대 심판과 구원 드라마의 예비적인 사건이 시작되고 있습니다. 봉인된 인들이 모두 제거되어야 안팎으로 기록되어 있는 역사가 완성됩니다. 그 후에 책이 펼쳐져 그 내용이 공개되고 성취될 것입니다. 인이 떼어질 때마다 뒤따르는 사건들을 통해서 그 책 내용이 어떠한 것인지를 미리 생각할 수 있습니다.

6장을 살펴봅시다. 여기 두루마리의 인을 떼시는 이는 어린양입니다. 어린양이 봉인된 인을 떼십니다. 일찍 죽임을 당하신 어린양이 승리하셨습니다. 십자가의 죽음과 부활로 승리하셨습니다. 그래서 그분만이 그 책과 일곱 인을 떼기에 합당하신 분입니다.

사랑하는 성도 여러분, 역사는 어린양의 손에 의해서 열립니다. 우리는 이미 그분이 일곱 인봉을 차례로 떼시는 역사 속에 살고 있습니다. 스가랴가 본 환상이 요한이 본 이상의 요람이 됩니다. 스가랴의 환상처럼 하나님의 심판의 대행자로 말들이 등장합니다. 늘 그러하듯 요한은 구약 예언에서 환상의 근거를 취하면서도 거기에 머물러 있지 않고 그 예언을 자기 방식으로 표현하고 있습니다. 옛 환상에 매여 있지 않고 새로운 형태를 취해서 자기의 메시지를 전달하는 것입니다. 나름대로 표현의 자유를 살려서 같은 진리를 나타내고 있습니다. 하지만 여기서도 "말"과 "그 탄 자"는 변함없이 하나님의 복수와 심판의 뜻을 실행하는 대행자들입니다.

흰 말과 그 탄 자

그러면 이제 본문으로 돌아가서 첫 번째 사건을 살펴봅시다.

> 내가 보매 어린양이 일곱 인 중의 하나를 떼시는데 그때에 내가 들으니 네 생물 중의 하나가 우렛소리같이 말하되 오라 하기로 이에 내가 보니 흰 말이 있는데 그 탄 자가 활을 가졌고 면류관을 받고 나아가서 이기고 또 이기려고 하더라(6:1, 2).

첫째 인을 떼실 때 등장한 말은 "흰 말"입니다. "그 탄 자"는 손에 활을 가졌고, "면류관을 받고 나아가서 이기고 또 이기려고 하더라"고 설명합니다. 말의 색깔이나 "그 탄 자"가 쓴 면류관 등 이 모든 묘사는 다 같은 하나의 사실을 전합니다.

1절에서 "오라" 하는 첫 생물의 외침과 함께 첫째 인이 떼어질 때 한 승리자가 등장합니다. 이미 승리하셨지만 계속 승리하실 이가 무대 위에 나타납니다. "오라" 하는 소리가 네 생물 중 하나의 입에서 터져 나오고 있습니다. 그 시대는 "오라" 하는 소리와 함께 원형 경기장에서 굶주린 사자들이 풀려 나와 성도들을 향해 공격하던 시대입니다. 새로운 막을 알리는 "오라"는 소리를 네 생물 중 하나가 외칩니다. 그 소리에 따라서 이제 주인공이 등장하고 있습니다. 그가 탄 흰 말과 그가 쓴 면류관이 그가 승리자임을 보여 주고 있습니다. 그뿐만 아니라 면류관을 받고 나가서 "이기고 또 이기려고 하더라" 하는 부연 설명은 그가 승리자임을 확실하게 보여 줍니다.

이미 이기셨고 계속 이기실 분이 누구입니까? 어린양 그리스도 예수입니다. 하지만 이 결론에 도달하기까지는 시간이 필요했습니다. 흔히 성경이 어렵다고 하지만 계시록이야말로 성경 중에 가장 어려운 책이라는 것을 실감 나게 하는 구절이 본문 2절입니다.

저는 다행히 아무런 선입견 없이 본문에 접근했습니다. 여러 주석가의 견해를 한번 살펴보고 저울질해 보았습니다. 사실 수적으로 더 많은 주석가가 보인 견해는 "흰 말"을 적그리스도 혹은 사탄의 세력으로 보는 것입니다. '흰 말을 타고 나왔으니까 승리자처럼 보이는데 사실은 거짓 선지자다!'라고 주장합니다. 제가 가지고 있는 10권 가까운 주석 가운데 단 두 사람을 제외하고 모든 사람이 취하는 견해입니다. 그런데 제가 설득당한 것은 두 사람의 소수 의견이었습니다.

말과 그 탄 자는 넓은 의미에서 하나님의 뜻을 이루는 대행자임이 틀림없습니다. 하나님의 뜻을 이루는 데 있어서 한편으로는 소극적으로 심판하는 일이 있어야 합니다. 그러나 한편으로 하나님의 뜻은 적극적으로 구원하심으로 이루어집니다. 세상을 심판함으로, 성도를 구원함으로 하나님의 뜻이 성취됩니다.

계시록에서 흰색의 의미

여기 나오는 말의 색깔은 항상 그 탄 자가 어떠한 일을 할지를 암시합니다. 네 가지 말이 나오고, 말들의 색깔이 각각 다릅니다. 그 말의 색깔을 살펴보면 탄 자가 어떤 일을 하는지가 드러납니다.

계시록에서 흰색은 항상 거룩하고 성스러운 것을 나타냅니다. 흰색은 항상 그리스도의 상징으로 사용되며, 그리스도와 관련된 것을 나타내고 그분의 영적 승리와 연관되어 있습니다. 영광 중에 계신 그리스도의 머리와 털의 희기가 '흰 양털 같고 눈 같더라'고 묘사합니다. 신실한 주의 백성에게 주신 이름이 기록된 돌이 '흰 돌'이라고 말하고 있습니다. 그들이 받아서 입게 될 옷은 '흰 세마포 옷'입니다. 보좌를 둘러선 이십사 장로들이 입고 있는 옷은 '흰옷'입니다. 그리스도를 증거하기 위해 목숨을 바친 순교자들에게 각각 '흰 두루마기'를 주고 있습니다. 7장에는 '흰옷' 입은 큰 무리가 등장하고, 14장에는 '흰 구름' 위에 인자 같은 이가 앉아 있습니다. 19장에는 그의 백성과 함께 예수께서 '흰 말'을 타고 '흰옷'을 입고 등장합니다. 20장에서는 최후의 심판 자리가 '흰 보좌'라고 묘사합니다. 계시록은 일관성 있게 흰색을 승리자 예수 그리스도와 관련짓고 있습니다. 이런 많은 증거를 두고 볼 때 본문에 나오는 흰 말은 그리스도와 관련해서 생각할 수밖에 없습니다.

말과 그 탄 자는 모두 하나님 뜻의 대행자입니다. 소극적인 심판의 대행자일 뿐만 아니라 적극적인 구원의 대행자입니다. 말과 그 탄 자는 동일하게 하나님의 뜻을 이루는 자들이고, 하나님의 뜻은 항상 심판과 구원을 통해 이뤄집니다.

둘째, 셋째, 넷째 말과 그 탄 자들이 재앙을 가져다주기 때문에 첫째 말과 그 탄 자도 적그리스도라고 오해합니다. 하지만 흰 말을 탄 자는, 둘째, 셋째, 넷째 말과 그 탄 자들과는 달리 하나님의 뜻을 적극적으로 시행하는 구원의 성취자입니다.

이기고 이기실 분

그뿐만 아니라 면류관을 받은 그분의 활동을 묘사한 '이긴다'라는 말은 성경에 자주 등장합니다. 특별히 계시록에서 많이 등장합니다. 계시록은 권력 투쟁(power game)에 관한 책이기 때문입니다. 계시록은 누가 최후 승리자인지 판가름하는 책이기 때문에 '이긴다'는 단어를 많이 사용합니다. 본문 가까이 나오는 계시록 3장 21절 하반절을 살펴보십시오. "내가 이기고 아버지 보좌에 함께 앉은 것과 같이 하리라." 5장 5절에서는 "유대 지파의 사자 다윗의 뿌리가 이겼으니"라고 나옵니다.

3장과 5장에서 이기신 그분이 6장에서 이기고 또 이기실 분이라고 보는 것은 자연스러운 해석입니다. 더 나아가 이렇게 보는 것이 계시록의 전체 흐름뿐 아니라 그 목적과 특징과도 잘 조화됩니다. 계시록의 주제는 그리스도와 그분의 교회의 승리입니다.

그러므로 성경은 우리 주 예수 그리스도를 이기셨고, 지금 이기시며, 장차 이기실 분으로 여러 차례 묘사하고 있습니다. 승리자 그리스도의 소개는 계시록 처음부터 마지막까지 이어지는 주제 중 하나입니다. 그 대표적인 구절입니다.

> 그들이 어린양과 더불어 싸우려니와 어린양은 만주의 주시요 만왕의 왕이시므로 그들을 이기실 터이요 또 그와 함께 있는 자들 곧 부르심을 받고 택하심을 받은 진실한 자들도 이기리로다(17:14).

또한 계시록은 '이긴다'는 단어를 그리스도와 그 백성의 승리에도 사용합니다. 계시록의 사상적 배경인 구약에서도 메시아를 승리자로 묘사한 것과 일치합니다.

어떤 사람들은 메시아가 어떻게 활을 가지고 있다고 볼 수 있느냐고 합니다. 하지만 그런 질문은 천진난만한 생각입니다. 대표적인 메시아 예언 중 하나인 시편 45편은 말을 타고 화살을 당기시는 분으로 메시아를 묘사합니다. 거기서 메시아는 허리에 칼을 차고 오른손으로 활을 당기시는 분으로 등장합니다. 따라서 계시록 6장 2절에서 흰 말을 타고 활을 가지신 분, 면류관을 받고 이기고 또 이기시는 분이 메시아를 나타내는 것이라고 보는 것은 타당합니다. 말을 타고 칼과 활을 가졌다고 메시아로 볼 수 없다는 것은 천진난만한 발상입니다.

더 나아가 인이 떼어질 때 수반되는 사건의 실마리는 계시록 외에서도 찾아볼 수 있습니다. 일단 요한계시록을 벗어나면 가장 먼저 요한일 · 이 · 삼서를 봐야 합니다. 같은 저자가 같은 단어를 어떻게 썼는지를 살펴야 하기 때문입니다. 사도 요한이 복음서에서 사용한 '이긴다'는 단어 역시 그리스도의 승리를 묘사합니다. "세상에서는 너희가 환난을 당하나 담대하라 내가 세상을 이기었노라"(요 16:33).

그뿐만 아니라 많은 성경학자는 이 계시록의 인이 떼어질 때 일어나는 사건들과, 세 시기로 구분된 마태복음의 감람산 가르침의 구조가 같다고 지적합니다. 문제는 '감람산 가르침'이라지만 감람산이 어디에 있는 산인지 잘 모른다는 것입니다.

사역 마지막 날, 감람산으로 올라가시려 할 때 예수님은 성전을 통과하셔야 했습니다. 당시 헤롯이 46년 동안 지은 성전이니 화려했을 것입니다. 그때 예수님은 "너희가 이 모든 것을 보지 못하느냐 이 돌들은 하나도 돌 위에 남지 않고 다 무너뜨려지리라"(마 24:2 참조)고 말씀하셨습니다. 이 종말에 관한 예언을 집중적으로 가르치신 것을 '감람산 담화' 혹은 '감람산 가르침'이라고 부릅니다.

첫째 시기는 거짓 선지자, 전쟁, 기근, 염병, 지진, 죽음 등이 나타나는 시기로 해산의 고통이 시작되는 때, 즉 "재난의 시작"(마 24:8)이라고 부릅니다. 그다음에는 "큰 환난의 때"(마 24:21)가 있다고 말합니다. 그리고 마지막에 "그날 환난 후"(마 24:29)의 때가 있습니다. "그 환난 후 해가 어두워지며 달이 빛을 내지 아니하며 별들이 하늘에서 떨어지며 하늘에 있는 권능들이 흔들리[는 때]"(막 13:24, 25)에 인자가 구름을 타고 오시리라고 합니다.

큰 환난의 날을 앞두고 그 "재난의 시작"의 날들이 있습니다. 지금 인봉이 떼어진다는 것은 책이 열림으로 시작될 그 재난의 시작을 암시합니다. 예비적인 고통과 환난의 시대는 사회적인 악과 자연계의 재난으로 특징지어집니다. 우리가 지금 그런 때를 살고 있습니다. 생각지도 못한 자연재해나 생태학적인 재해가 전 시대에 닥쳐오고 있습니다. 오죽하면 그 대단한 칼뱅이 계시록 설교를 안 하지 않았겠습니까? 이런 소극적인 측면뿐만 아니라 적극적인 측면 모두 감람산 가르침에 나타나 있습니다. 본문에서 인이 떼어질 때 수반되는 사건들은 감람산 강화에 나오는 "재난의 시작"과 깊은 관련이 있습니다.

이 감람산 가르침 처음에 등장하는 거짓 선지자와 연결하여 6장 처음에 나오는 흰 말을 탄 사람도 거짓 선지자라고 해석합니다. 그러나 본문 자체가 그런 내용을 말하고 있지 않기 때문에 그렇게 갖다 붙이는 것은 마태복음으로 계시록을 읽어 들어가는 셈입니다. 그러니 계시록은 반드시 계시록으로 설교해야 한다고 믿고 있습니다. 바른 해석은 본문 자체에서 나와야 하고, 본문에서 나온 것이 다른 성경에서도 입증되어야 합니다. 본문이 말하지 않는 내용을 다른 성경을 가지고 읽어 들어가면 무엇이든 끼워 맞추기가 가능합니다. 이단이 자기들의 가르침을 가지고 우리를 붙들고 앉아 설명하는 것과 같습니다. 거짓 뉴스가 판을 치는 것이 바로 그렇습니다. 요즘 사람들은 특히 읽고 싶은 것만 읽고, 듣고 싶은 것만 듣습니다. 그래서 말세론이 인기 있고, "야! 신통하다, 잘 맞춘다, 오묘하다!"라고 말합니다.

성경은 그렇게 읽어 들어가서는 안 됩니다.

우리는 주님의 감람산 가르침에서 또 하나의 중요한 적극적인 메시지를 보아야 합니다. 마가복음 13장 10절에서 주님은 이렇게 말씀하십니다.

> 또 복음이 먼저 만국에 전파되어야 할 것이니라.

큰 환난의 날이 이르기 전에, 마지막 종말이 도래하기 전에, 주님이 재림하시기 전에 복음이 만방에 전해져야만 하리라고 말씀하십니다.

> 이 천국 복음이 모든 민족에게 증언되기 위하여 온 세상에 전파되리니 그제야 끝이 오리라(마 24:14).

우리에게 가장 중요한 것은 여러 재난과 현상이 아니라, 복음이 땅 끝까지 전해져야 한다는 사실입니다. 그래야 주님이 오실 것입니다. 악이 판치는 시대로 세상이 마감되지는 않습니다. 성도들은 악한 권세의 손아귀에서 속수무책으로 앉아만 있는 포로 신세가 아닙니다. 주님이 오시기까지 이 천국 복음이 온 땅에 전파되어야 합니다. 이 시대는 환난의 시대지만 그럼에도 복음은 땅 끝까지 증거되어야 합니다. 주님의 백성은 환난 속에서도 그날이 오기까지 능동적으로 공격적으로 복음을 온 세상에 전파하며 구주를 맞이해야 합니다.

적대적인 세상 속에서도 복음은 온 세상에 전파될 것입니다. 흰 말을 타고 등장한 인물은 온 세상에 전파될 복음의 승리를 상징합니다. 그래서 여기 흰 말을 타신 분, 이기고 또 이기려고 달려 나가시는 분은 그리스도와 그 복음의 승리를 상징하는 것이라고 보아야 합니다. 계시록 자체가 흰색을 승리자의 색으로 말하고, 예수님을 승리자로 묘사하며, 계시록 전체의 흐름이 예수를 승리자로 나타내고 있기 때문에 그렇게 보는 것이 올바른 해석입니다.

위로와 격려의 말씀

요한계시록은 초대 교회 성도들과 오고 오는 세대의 성도들을 향한 위로의 말씀입니다. 그들은 이 편지를 받을 당시 고난 가운데 있었습니다. 계시록 2장과 3장에 나오는 일곱 교회를 향한 편지를 다시 한 번 읽어 보시기 바랍니다. 그러면 그 당시 교회가 어떤 상황이었는지 알 수 있을 것입니다. 어떤 교회는 생명의 위협을 당하고 있었고, 실제로 그들 가운데는 이미 생명을 빼앗긴 사람들도 있었습니다.

환난 중에 있는 교회에 써 보낸 편지가 요한계시록입니다. 그래서 요한계시록을 받은 성도들에게는 "주님이 오신다"는 한마디만으로도 위로가 되었습니다. "그가 승리하실 것이다", "그가 마지막 승리자다", 이 말만 들어도 감동했습니다. 그에 비해 우리는 박해받지도 않고 단군 이래 가장 평안한 시대에 살고 있으나, 문제는 영혼이 죽어 가는 줄 모른다는 것입니다.

그들을 위로하기 위해 첫째 인이 떼어질 때 승리자 예수를 전면에 나타내 보여 줌으로 성도들을 격려합니다. "보라! 그가 이기셨다! 그가 또 이기실 것이다!" 그분이 활을 가지시고 면류관을 쓰시고 이미 이기셨다는 것을 말해 줌으로써 앞으로 음울한 날들이 계속될 것이지만 반드시 그리스도께서 궁극적인 승리자가 되신다는 것을 보여 주고 있습니다. 온갖 박해 속에서 교회는 당황해 하고 있었습니다. 그래서 환상을 통해 이미 확정된 그 마지막 승리를 보게 해주신 것입니다. 박해당하는 중에도 교회는 온 세상에 복음을 전했습니다.

마침내 로마 제국은 그 박해를 누그러뜨리지 않을 수 없었습니다. 복음은 로마 제국 당대에 승리자의 복음이 되었습니다. 어려움 가운데 있는 성도에게는 위로가 되는 동시에 안일하게 살아가고 있는 성도에게는 사명이 되는 말이 여기에 있습니다.

사랑하는 성도 여러분, 주님이 재림하실 것을 그냥 앉아서 기다리지 마십시오. 승리하셨고 승리하실 그리스도를 뒤따르는 무리답게 우리를 통해 승리할 복음의 위력이 나타나야 합니다. 모든 어려움과 환난을 뛰어넘어 오늘도 복음의 능력을 온 세계에 떨쳐야 합니다.

사랑하는 성도 여러분, 선교적인 안목을 가지고 바라본다면 지난 20세기야말로 어떤 시대보다 복음의 위력이 만방에 떨쳐진 시대였습니다. 동시에 어떤 시대보다 박해가 극대화된 시기였습니다. 1세기부터 19세기까지 순교한 모든 순교자보다 20세기 한 세기에 순교한 순교자가 더 많습니다.

하나님의 복음이 힘 있게 달려 나갈 때 사탄도 함께 깨어납니다. 우리 주님이 능력 있게 승리하는 자리에는 언제나 사탄이 가만있지 않습니다. 항상 박해의 칼과 유혹의 잔을 통해 여러 환난의 어려움으로 우리를 넘어뜨리려고 합니다. 그러나 그분은 이미 이기셨고 또 이기시고 있으며 장차 이기실 분입니다. 복음은 모든 환난과 어려움을 뛰어넘어 만방에 펼쳐지고 있습니다. 우리는 지금 마지막 시대를 살고 있습니다.

복음이 승리하는 현장에서 여러분이 마지막 승리자로 주와 함께 서기를 바랍니다. 하나님의 복음은 우리를 이 승리의 대열에 초대하고 있습니다. 이 승리는 이미 확정된 것입니다. 그리스도께서 그 머리에 이미 면류관을 쓰셨습니다. 장차 그리스도께서 흰 말을 타시고 면류관을 쓰시고 나타나실 것입니다. 그리스도께서 모든 것을 정복하시고 통치자로 서실 것입니다. 지금 그분이 승리하셨으니 이 확정된 승리에 지금 참여하십시오. 이기고 또 이기려고 나아가는 승리자 예수와 함께 보좌에 앉을 때까지 오늘 여기서 우리의 싸움을 싸워 갑시다. 확정된 승리에 참여하십시오. 그날의 면류관이 여러분의 것이 될 것입니다.

면류관을 쓰신 분

골고다의 십자가 승리는 지금도 역사 속에서 계속되고 있습니다. 그날 십자가의 승리 이후 사탄의 권세는 곳곳에서 결박당하고 있습니다. 우리는 주님의 승리의 증거물입니다. 복음을 듣지 못했을 때는 벽에 못 하나 마음 편히 박지 못했습니다. 이삿날이나 자식의 결혼 날짜 하나 마음대로 정하지 못했습니다. 그러나 지금은 자유합니다. 어둠 속에 빛이 비치고 있습니다. 지난 2천 년 역사는 그리스도 십자가의 승리 역사입니다. 흰 말을 탄 자는 이미 면류관을 받아 쓰셨고, 이기고 또 이기려고 나아가고 계십니다.

계시록에 등장하는 그리스도는 이미 승리의 면류관을 쓰고 계십니다. 이미 금 면류관을 쓰신 그분은 재론의 여지가 없는 그리스도 예수이십니다. 그분이 금 면류관을 쓰시고 십자가에서 승리하신 결과를 수확하시기 위하여 손에는 예리한 낫을 가지고 계십니다. 그분이 마지막 추수를 하실 것입니다.

계시록 19장 11-16절은 그분의 최후 승리를 분명하게 묘사하고 있습니다. 거기에서 만왕의 왕 만주의 주 예수 그리스도께서 흰 말을 타시고 흰옷을 입고 등장하십니다. 그뿐만 아니라 그분을 따르는 수많은 흰옷 입은 무리가 같은 흰 말을 타고 나타나고 있습니다. 모든 것을 정복하신 분이기에 이제 그분이 쓰신 관은 왕관입니다. 그분이 완전히 승리하시고 모든 것을 이기셨기 때문에 많은 면류관을 썼다고도 이야기하고 있습니다. 대심판의 날 그분이 얻은 최후의 승리는 많은 면류관으로 상징되고 있습니다.

확정된 승리에의 참여

사랑하는 성도 여러분, 그때처럼 지금도 우리 앞에 박해와 환난이 기다리고 있습니다. 그리스도께서 승천하신 이후 다시 오실 때까지 이 상황은 변하지 않을 것입니다. 마지막 때, 환난의 날을 준비하는 기간은 예수 그리스도께서 부활하신 날부터 시작되어 재림의 날까지 계속될 것입니다. 이 기간에는 치열한 전투가 있을 것입니다. 긴장이 있을 것입니다.

하나님의 뜻대로 살고자 하는 우리의 소원이 있는가 하면 그것을 억누르는 죄의 속성이 굼틀거릴 것입니다. 자연계에서는 봄마다 새싹을 틔워 새로워지려는 소망과 함께 썩음에 종노릇하는 투쟁이 계속될 것입니다. 영계에서도 하나님의 뜻에 따라 하나님의 나라가 확장됨에 따라 그것을 대항하는 악의 세력과의 싸움이 있을 것입니다. 이것은 그리스도께서 시작하신 싸움입니다. 이 모든 재난의 날은 큰 환난의 날들을 준비하는 날입니다. 종말을 앞둔 상황은 요한이 처음 환상을 본 때부터 지금까지 계속되고 있습니다. 그리스도께서 승리하셨으니 유대 지파의 사자 다윗의 뿌리가 이기신 그날부터 역사의 인은 떼어지고 있습니다.

박해와 기근, 전쟁, 경제적 난국의 와중에서 교회는 지금도 곳곳에서 고난을 겪고 있습니다. 모두 뉴스로 보았을 것입니다. 교회에서 예배를 드리고 있는데 밖에서 시뻘건 불길이 타오르고 있습니다. 그렇게 교회가 사라졌습니다. 지금도 이집트에서는 그런 일이 비일비재하게 일어나고 있습니다. 지금도 이 땅 곳곳에 칼날의 위협 아래 있는 사람들이 있고, 지금도 거짓 선지자들의 위협 아래 있는 자들이 있으며, 지금도 먹지 못하는 사람들이 있고, 질병에 시달리는 사람들과 추방당하는 사람들이 있는 것을 볼 수 있습니다.

그러나 요한은 첫 인이 떼어지는 상황을 말하면서 백마 탄 승리자를 소개하고 있습니다. 요한은 당대의 성도들을 위로할 뿐만 아니라 오고 오는 모든 세대의 교회를 위로하기 위해, 같은 환난 가운데 주님을 기다리는 백성을 위로하기 위해 이 환상을 기록하고 있습니다. 어쩌면 생명의 위협 속에 사는 당신의 성도들을 향해 주님이 친히 하신 말씀으로 위로하려고 그 환상을 기록한 것처럼 보입니다.

> 이것을 너희에게 이르는 것은 너희로 내 안에서 평안을 누리게 하려 함이라 세상에서는 너희가 환난을 당하나 담대하라 내가 세상을 이기었노라 (요 16:33).

주님이 떠나시면서 제자들에게 하신 말씀입니다. 제자들을 둘러싼 상황을 내다 보셨기 때문에 이렇게 말씀하셨습니다. 요한은 서신 속에서 성도들에게 같은 격려를 하고 있습니다. "무릇 하나님께로부터 난 자마다 세상을 이기느니라 세상을 이기는 승리는 이것이니 우리의 믿음이니라 예수께서 하나님의 아들이심을 믿는 자가 아니면 세상을 이긴 자가 누구냐"(요일 5:4, 5).

예수께서 하나님의 아들이라는 사실을 믿을 때 우리에게 희망이 있습니다. 어떠한 상황에서도 그분이 유대 지파의 사자요 다윗의 뿌리인 것을 믿을 때, 우리는 희망을 품습니다. 악이 판침으로써 세상이 마감될 것이 아니기 때문입니다. 세상은 악하고 더욱 악해질 것이지만 궁극적으로 예수께서 오셔서 승리하시고 새롭게 하실 것입니다.

사랑하는 성도 여러분, 그래서 세상이 속화되고 속화되는 길을 달릴지라도 우리는 거룩해져야 하고 더 거룩한 쪽을 향해 나아가야 합니다. 의가 거하는바 새 하늘과 새 땅이 그분의 오심과 함께 이 땅에 도래할 것이기 때문입니다. 유대 지파의 사자 다윗의 뿌리가 이기셨습니다.

그러므로 그분이 인봉을 떼시고 책을 펴시는 것입니다. 금 면류관을 받고 나아가서 이기고 또 이기신 것입니다. 최후 승리자로 땅에 서실 것입니다. 그리스도께서는 이 확정된 승리 속에 동참하는 자로서 오늘도 우리를 부르고 계십니다. 오늘날 교회의 고통에 동참하는 자에게만 내일의 승리를 기약하십니다.

사랑하는 성도 여러분! 세상은 우리가 생각하는 것보다 훨씬 넓은 곳입니다. 세상에는 우리가 만난 사람들보다 더 많은 사람이 살고 있습니다. 그들의 삶에도 그리스도가 이기시고 또 이기시는 분임을 알려 주기 위하여 우리를 이 싸움에 초대하고 계십니다. 이미 승리하신 그리스도의 싸움에 참여함으로 여러분의 영광스러운 분깃을 받아 누리는 내일이 있기를 원합니다.

Revelation

요한계시록 6장 3, 4절

3 둘째 인을 떼실 때에 내가 들으니 둘째 생물이 말하되 오라 하니 4 이에 다른
붉은 말이 나오더라 그 탄 자가 허락을 받아 땅에서 화평을 제하여 버리며 서로
죽이게 하고 또 큰 칼을 받았더라

24
둘째 인을 떼실 때에

그리스도 안에서 사랑하는 성도 여러분, 계시록은 설교를 준비하기도 어렵지만 듣기도 쉽지 않을 것입니다. 가능하면 그런 결론이 왜 나왔는지 과정 설명은 생략하고 도달한 결론에 따른 적용 위주로 말씀드리고 싶지만 최소한의 설명은 피할 수 없습니다. 그리고 계시록을 읽을 때 또 하나의 어려움은 마태복음이나 로마서를 읽는 것과 달리 읽어도 잘 이해되지 않는다는 것입니다. 수수께끼 같습니다. 같은 진리도 다양한 방법으로 설명할 수 있는데 같은 관점에서 이해하려 하니 어렵게 느껴지는 것입니다. 그러나 요한은 자기가 전하려는 진리를 아주 인상적으로 말하고 있습니다.

요한은 어린양 예수 그리스도께서 첫째 인을 떼실 때에 "이기고 또 이기려고 하더라"(6:2)는 승리자의 환상으로 성도들을 위로했습니다. 이제 어린양 예수 그리스도께서 둘째 인을 떼실 때 수반되는 사건들을 살펴봅시다. 지금 그분이 두 번째 인을 떼십니다.

소요냐 박해냐

> 둘째 인을 떼실 때에 내가 들으니 둘째 생물이 말하되 오라 하니 이에 다른 붉은 말이 나오더라 그 탄 자가 허락을 받아 땅에서 화평을 제하여 버리며 서로 죽이게 하고 또 큰 칼을 받았더라(6:3, 4).

둘째 생물의 "오라" 하는 음성이 울려 퍼지자 "붉은 말"이 등장합니다. 흔히 붉은 말은 전쟁과 피 흘림을 상징한다고 생각합니다. "서로 죽이게 하고"라는 말에 근거해서 내란과 같은 소요 사태를 의미한다고 보는 분이 많습니다.

그러나 나라와 민족이 서로 분쟁하는 것이나 일반적인 싸움으로 인한 죽임이라기보다는 하나님의 백성에게 가해지는 종교적 박해요, 순교의 죽음을 뜻한다고 생각합니다.

이것이 세상에서 박해를 받는 성도를 의미한다고 보는 이유는 무엇보다 이렇게 해석할 때 문맥이 서로 조화를 이룰 수 있기 때문입니다. 둘째 말은 첫째 말을 뒤따르고 있습니다. 그리스도께서 복음의 능력으로 승리하는 곳마다 박해의 칼이 뒤따르는 것을 보게 됩니다. 앞 사건과 조화를 이루는 동시에 이 해석은 뒤따르는 사건과도 조화를 이룹니다. 다섯째 인이 떼어질 때 요한은 "하나님의 말씀과 그들이 가진 증거로 말미암아 죽임을 당한 영혼들"(6:9)을 봅니다. 6장 9절에서 "죽임을 당한"이라는 말과 4절의 "서로 죽이게 하고"는 의미가 같은 단어입니다. 그러므로 둘째 인이 떼어질 때 죽임을 당한 이들이 바로 다섯째 인이 떼어질 때 죽임을 당한 성도들과 동일하다고 보는 것이 문맥 흐름상 더 타당하다는 생각이 듭니다.

자, 그러면 이 본문에 쓰인 단어들을 살펴봅시다. "서로 죽이게 하고"라는 낱말은 살인 혹은 전쟁으로 죽이는 경우에 사용하지 않습니다. 본문에 쓰인 단어는 일반적인 죽임을 의미하는 단어 '죽이다'(to kill)가 아니라 주로 그리스도의 죽음이나 성도의 처형을 의미할 때 사용하는 단어인 '살해하다'(to slay[RSV]), '도살하다'(to slaughter[NLT])임을 주목해야 합니다.

요한이 '도살하다'라는 단어를 그리스도와 성도의 죽음 외에 사용한 경우는 단 한 번입니다. 계시록 13장 3절에 "그의 머리 하나가 상하여 죽게 된 것" 같다는 표현입니다. 그리스도의 능력과 존귀를 가로챈 짐승에 관해 사용되고 있습니다. 그러면 왜 '도살하다'라는 단어를 사용했을까요? 이 적 그리스도의 사자가 짐승으로 상징되고 있기 때문에 그의 죽임은 '도살'로 표현하는 것이 더 어울렸습니다. 이 한 번의 경우를 제외하고 사도 요한은 이 특정 단어를 항상 그리스도와 성도들의 죽음에 대해서만 사용합니다. 그러므로 본문 6장 4절의 경우 일반적인 죽음보다는 종교적인 순교의 죽음으로 보는 것이 타당합니다.

또 본문에 나오는 "큰 칼"이라는 단어 역시 헬라어에서는 8절에 나오는 "검"과는 다른 단어가 사용되고 있습니다. 본문에 나오는 "큰 칼"은 짐승을 도살할 때 쓰이는 칼을 의미하지만, 8절의 "검"은 전쟁에서 사용되는 칼을 의미합니다.

마지막으로 우리가 꼭 기억해야 할 것이 있습니다. 이 계시의 말씀이 처음에 누구에게 주어졌는가입니다. 계시록 말씀은 오늘날 우리에게도 해당하지만, 요한이 박해를 당하고 있던 성도들을 위로하기 위해 밧모섬에서 계시를 받아 전달한 것이라는 사실을 기억해야 합니다. 그러므로 우리는 당시 성도들의 상황을 살펴보면서 해석해야 합니다. 죽기까지 박해를 당하고 있는 성도들에게 주어진 말씀입니다. 그들에게는 전쟁보다 박해가 주된 관심사이자 긴급한 문제였습니다.

흰 말을 뒤따르는 붉은 말

흰 말을 탄 자가 나타나서 이기고 또 이기려고 할 때마다 붉은 말을 탄 자가 뒤따르고 있습니다. 우리에게 증거의 기회가 주어질 때마다 박해의 상황이 발생합니다. 박해가 극심해지지만 그것은 우리에게 증거의 기회로 주어지는 것입니다.

> 이 모든 일 전에 내 이름으로 말미암아 너희에게 손을 대어 박해하며 회당과 옥에 넘겨주며 임금들과 집권자들 앞에 끌어가려니와 이 일이 도리어 너희에게 증거가 되리라(눅 21:12, 13).

붉은 말을 탄 자는 어느 특정한 시대의 특정한 교리를 가리키지 않습니다. 세상은 항상 교회를 박해합니다. 붉은 말을 탄 자가 활동을 그친 시대는 한 번도 없습니다. 그리스도께서 세상에 오신 이후 세상에는 화평이 끝났습니다. 마태복음 10장 말씀을 보면 우리의 해석이 더 확실해집니다.

> 내가 세상에 화평을 주러 온 줄로 생각하지 말라 화평이 아니요 검을 주러 왔노라 내가 온 것은 사람이 그 아버지와, 딸이 어머니와, 며느리가 시어머니와 불화하게 하려 함이니 사람의 원수가 자기 집안 식구리라(마 10:34-36).

오해하지 마십시오. 가정불화를 정당화하는 구절이 아닙니다. 복음으로 말미암아 발생하는 피치 못할 불화를 말하는 것이지, 흔히 일어나는 고부간의 갈등을 정당화하는 말씀이 아닙니다.

주님은 평화의 왕으로 오셨습니다. 그분이 태어나시던 밤, "지극히 높은 곳에서는 하나님께 영광이요 땅에서는 하나님이 기뻐하신 사람들 중에 평화로다"(눅 2:14)라고 천사들이 노래했습니다. 주님이 오신 것은 땅에 평화를 주시기 위해서였습니다. 그러나 궁극적인 평화를 이루는 과정은 평화로만 이루어지지 않습니다. 주님이 오신 것은 하나님과 사람 사이에 화평을 주시기 위해서지만, 복음을 받아들인 자와 복음을 이해하지 못하는 자 사이에는 어쩔 수 없는 불화가 있습니다.

주님의 평화는 세상과 더불어 잘 지내는 평화가 아닙니다. 동창 모임이나 계 모임을 가서 사람들과 어울려 지내는 평화가 아닙니다. 주님의 평화는 마귀와 함께하는 평화가 아닙니다. 악과 더불어 타협하는 것이 아닙니다. 오히려 이 땅에 분쟁과 불화를 일으키기 위하여 오셨습니다. 사탄의 머리를 깨뜨리려고 오셨기에 "검을 주러 왔노라"(마 10:34)고 말씀하십니다. "내가 너로 여자와 원수가 되게 하고 네 후손도 여자의 후손과 원수가 되게 하리니"(창 3:15). 이 말씀을 성취하기 위해 오신 분입니다. 화평보다는 불화를 위해서 오셨다는 말씀은 창세기 예언의 성취로 이해해야 합니다. "화평이 아니요 검"이라는 구절에서 "검"이라는 단어와 본문에 나오는 "큰 칼"이라는 단어가 같습니다.

그리스도께서 세상에 오신 이후 교회를 향한 박해는 계속되었습니다. 그러나 하나님을 찬양하십시오. 본문은 붉은 말을 탄 자가 큰 칼을 '받아', 즉 '허락을 받아' 세상에서 화평을 제하여 버린다고 기록하고 있습니다. 하나님이 그에게 한시적으로 주신 권한입니다. 보좌에 앉으신 어린양이 모든 것을 다스리고 계십니다. 전능하신 하나님 우편에 앉으셔서 온 세상을 통치하시는 우리 구주 예수 그리스도이십니다. 하나님은 당신의 계획을 이루기 위해 인간 역사를 사용하십니다. 하나님의 백성을 박해하는 큰 칼이 주어지기는 했지만, 그것마저도 하나님이 허락하신 것이고 궁극적으로 하나님의 뜻을 이루는 도구라는 것을 기억하십시오.

사랑하는 성도 여러분, 무릇 세상에서 경건하게 살고자 하는 자마다 박해가 기다립니다. 그리스도를 닮아 가려고 할 때 우리 삶에도 같은 환난이 다가올 것입니다. 그러나 명심하십시오. 전능하신 하나님이 이 모든 것을 다스리고 계십니다. 그래서 성도들은 어떤 상황에서도 감사와 찬양을 드립니다.

> 누가 우리를 그리스도의 사랑에서 끊을 수 있겠습니까? 환난입니까, 곤고입니까, 핍박입니까, 굶주림입니까, 헐벗음입니까, 위협입니까, 또는 칼입니까?(롬 8:35, 새번역)

> 그러나 이 모든 일에 우리를 사랑하시는 이로 말미암아 우리가 넉넉히 이기느니라(롬 8:37).

사랑하는 성도 여러분, 계시록의 주제가 이 사실을 입증합니다. 우리가 넉넉히 이기는 것을 보여 주는 것입니다. 이 모든 환난과 박해와 칼 가운데서 우리를 사랑하시는 어린양 예수 그리스도를 통해 넉넉히 이김을 입증하는 것이 계시록의 주된 목적입니다. 계시록은 우리의 호기심을 만족시키기 위해 쓰인 책이 결코 아닙니다. 계시록은 미래에 대한 우리의 궁금증을 풀어 주기 위해 쓰인 책이 아닙니다. "이 모든 일에 우리를 사랑하시는 이로 말미암아 우리가 넉넉히 이기[는]" 이김을 미리 맛보도록 하기 위해 쓰인 책입니다.

붉은 말 탄 자의 기승

마지막 시대에는 붉은 말을 탄 자가 기승을 부릴 것입니다. 승리의 주님이 나타나실 때가 가까울수록 그는 받은 큰 칼을 더욱 휘두를 것입니다. 세상에서 화평을 제하여 버리고 서로 죽이게 할 것입니다.

그러나 사랑하는 성도 여러분, 이것은 재난의 시작에 불과합니다. 둘째 인이 떼어질 때의 상황일 뿐입니다. 아직도 떼어져야 할 다섯 봉인이 남아 있습니다. 재난의 시작을 알리는 징조 가운데 하나가 땅에서 화평이 사라지는 것입니다. 이 징조는 붉은 말을 탄 자가 하나님의 허락으로 큰 칼을 받아 서로 죽이는 데서 시작합니다. 마지막 때가 되었다는 것을 알아챌 수 있는 분명한 징조 중 하나는 세상의 화평이 사라지는 것입니다. 스가랴 선지자는 그날이 올 때의 상황을 이렇게 예언합니다.

> 그날에 여호와께서 그들을 크게 요란하게 하시리니 피차 손으로 붙잡으며 피차 손을 들어 칠 것이며(슥 14:13).

"크게 요란하게" 하신다는 말은 소요 사태가 극심해진다는 말입니다. "피차 손으로 붙잡으며 피차 손을 들어 칠 것"이라는 말은 형제간에 서로 나뉘어 한쪽은 침략자로, 다른 한쪽은 방어군으로 서로 치고 죽이는 상황을 묘사한 것입니다.

같은 땅의 젊은이들이 서로 죽이는 자리에 동원되는 것은 오늘날 우리가 모르는 현실이 아닙니다. 우리는 매일 땅에서 화평이 제거된 모습을 보고 듣습니다. 그러나 사랑하는 성도 여러분, 너무 놀라지 마십시오. 그것은 시작에 불과합니다. 사람들 사이에서 화평이 떠나는 것뿐 아니라 세상이 성도들을 박해하는 상황이 도래하며, 성도들이 시험에 빠져 서로 미워하고 서로 넘겨주고 서로 죽이는 극한 상황으로 치달을 것입니다. 감람산에서 주님이 하신 예언이 성취될 날이 다가오고 있습니다.

심지어 부모와 형제와 친척과 벗이 너희를 넘겨주어 너희 중의 몇을 죽이게 하겠고 또 너희가 내 이름으로 말미암아 모든 사람에게 미움을 받을 것이나 너희 머리털 하나도 상하지 아니하리라 너희의 인내로 너희 영혼을 얻으리라(눅 21:16-19).

저는 다섯 살 때부터 교회를 다녔고 중학생 때부터 본격적으로 성경을 읽었습니다. 성경을 읽다 보면 이해되지 않는 구절이 많았는데 특히 "너희가 내 이름으로 말미암아 모든 사람에게 미움을 받을 것이나"라는 이 말씀이 이해되지 않고 어려웠습니다. '내가 아는 공동체는 세상에 선을 끼치는 공동체인데, 어찌 모든 세상 사람의 미움을 받을 수 있는가'라는 생각이 들었습니다. 그러나 지금 와서 보니 어려운 말씀이 아니었습니다.

세상이 그리스도인을 아예 못 볼 집단으로 미워하고, 성도들이 시험에 빠져 서로 미워하고 죽이는 그런 극한 상황으로 치달을 것입니다. 같은 그리스도인이지만, 관점에 따라서 당장 문제가 되는 것입니다.

지금껏 역사 속에서 수없이 되풀이된 상황임이 틀림없지만 앞으로도 이런 일이 자주 반복될 것입니다. 6·25 전쟁이 일어났을 때 서로 넘겨준 사람들은 세상 사람만이 아닙니다. 같이 예배한 사람들끼리도 서로 밀고하여 자기 생명을 보장받으려 했습니다. 역사상 이런 일은 반복되어 왔습니다. 그러나 그날이 되면 이런 일이 또다시 반복될 것입니다.

사랑하는 성도 여러분, 그러므로 우리가 서로 돌아보는 것은 중요한 일입니다. 우리 가운데 쓴 뿌리가 나지 않도록 기도해야 합니다. 배신자가 생기지 않도록 서로 돌아보고 신앙 안에 있는지 서로 확인해야 합니다. 마지막까지 붙들 수 있는 것은 같은 신앙 고백이 아니라는 것을 아십니까? 신앙 고백이 아니라 서로에게 베푼 사랑의 끈입니다. 우리는 모두 어머니에 대한 남다른 사랑을 가지고 있습니다. 어머니가 우리를 남달리 사랑했기 때문입니다. 공동체 안에서 성도로서 서로 사랑을 나누십시오. 그래서 공동체에 속한 사람들에게서 고발당하지 않도록 하십시오.

그리스도 공동체는 사랑 가운데 끝까지 함께 설 수 있는 공동체로 언제나 준비되어야 합니다. 이러한 헌신이 되지 아니할 때 시험에 빠져 서로가 서로를 죽이는 자리에 내어 주게 될 것입니다. 상황이 조금만 변해도 얼굴 돌릴 사람들과 '한 피 받아 한 몸 이룬' 형제자매가 되었다고 생각하고 살아가는 것은 스스로 속고 사는 것입니다. 마태가 기록한 주님의 말씀은 더욱 분명합니다.

> 그때에 사람들이 너희를 환난에 넘겨주겠으며 너희를 죽이리니 너희가 내 이름 때문에 모든 민족에게 미움을 받으리라 그때에 많은 사람이 실족하게 되어 서로 잡아 주고 서로 미워하겠으며 거짓 선지자가 많이 일어나 많은 사람을 미혹하겠으며 불법이 성하므로 많은 사람의 사랑이 식어지리라(마 24:9-12).

재난의 시작을 예언하며 주님이 하신 말씀입니다. 서로 잡아 주고 서로 미워해서 환난에 넘겨주는 이 일은 시험에 빠진 성도들 사이에서, 어제까지 교제하던 사람들 사이에서 오늘도 일어날 수 있습니다.

주어진 큰 칼

요한은 지금 환상 가운데 새로운 상징으로, 주님이 감람산에서 말씀하신 같은 진리를 입증하고 있습니다. 주님은 강론을 통해 어떤 세상이 펼쳐질지 말씀하셨고, 요한은 환상을 통해 그 사실을 입증하고 있습니다. 면류관을 받고 나아가서 이기고 또 이기려는 백마 탄 그리스도의 승리의 길에 붉은 말 탄 자의 박해의 칼이 나타납니다. 붉은 말 탄 자가 허락을 받아 땅에서 화평을 제하여 버리고 서로 죽이는 일이 벌어질 것을 보여 줍니다.

그러나 다시 한 번 기억하십시오. 붉은 말 탄 자의 활동은 제한적입니다. 땅에서 화평을 제하는 그의 임무도 부여된 임무입니다. 달리 말해 큰 칼은 단지 그에게 주어진 칼입니다. 허락받은 활동이요 하나님이 주신 임무입니다. 하나님을 찬양하십시오. 모든 것은 보좌에 앉으신 이의 손안에 있습니다. 보좌에 함께 앉으신 어린양께서 큰 칼을 그에게 맡기셨습니다. 박해와 환난과 위험과 칼은 전능하신 하나님의 뜻을 이루는 도구로 사용되고 있습니다.

우리가 오늘 예수 이름으로 당하는 환난도 하나님이 허락하신 것입니다. 그 나라의 영광에 합당한 자로 삼으시기 위해 그분의 남은 고난을 우리의 몸에 채우는 고난의 일부입니다. 하나님 나라를 이루는 도구로서 환난과 박해는 성도의 삶에서 결코 분리될 수 없습니다. "무릇 그리스도 예수 안에서 경건하게 살고자 하는 자는 박해를 받으리라"(딤후 3:12)고 성경은 말하고 있습니다. 그러므로 하나님 나라에 들어가려면 우리도 많은 박해를 견뎌내야 할 것입니다. 하나님은 환난을 통해서 지금껏 자기 백성을 단련시키셨고, 앞으로도 환난을 통해 단련시키실 것입니다.

"누가 우리를 그리스도의 사랑에서 끊으리요"(롬 8:35). 사도는 이렇게 소리쳤습니다. 환난과 박해와 기근과 헐벗음과 죽음과 위협이 있고 칼이 설치는 상황이었기 때문에 "누가 우리를 그리스도의 사랑에서 끊으리요"라고 소리치고 있습니다. 예수 믿어서 편안하고 잘되기만 한다면 왜 이런 말을 하겠습니까? 바울은 남보다 그리스도를 끔찍이 사랑했기 때문에 땅에서 주어진 그의 몫은 환난과 곤고와 박해와 굶주림과 헐벗음이었습니다. 땅에 있는 동안 위협과 순교의 칼이 그에게서 멀어지지 않았습니다. 생애 말년에 이르기까지 바울은 자기 소유의 방 한 칸 갖고 있지 못했다는 사실을 기억해 보십시오. 대 사도로 역사상 유례없는 복음을 전했고 능력 있는 설교자였지만, 마지막에 로마에서 그가 있었던 곳은 지중해변의 별장이 아니라 로마의 셋방이었습니다.

우리가 그리스도를 닮기 원한다면 환난과 곤고와 박해를 남 일처럼 생각할 수 없습니다. 굶주림과 헐벗음과 칼의 위협을 남의 것인 양 생각하고 살 수 없습니다. 편안해지기 위해서 모른 척하고 돌아서면 환난과 곤고와 박해가 없을지 모릅니다. 오히려 사람들의 박수 소리가 기다리고 있을지 모릅니다. 그러나 진정으로 복음을 위해 살기를 원한다면 사도들이 걸어간 그 길이 앞으로 우리가 가야 할 길입니다.

환난 속의 승리

그러나 이 모든 일에 우리를 사랑하시는 이로 말미암아 우리가 넉넉히 이길 것입니다. 사랑하는 성도 여러분, 이 모든 일은 우리와 관계없는 일이 아닙니다. 이 모든 일을 통해서, 이 모든 일 가운데서 우리를 사랑하시는 이로 말미암아 우리가 넉넉히 이기는 것입니다. 히브리서 기자가 성도들의 상황을 말해 주고 있습니다.

> 또 어떤 이들은 조롱과 채찍질을 당하였고 심지어는 결박과 투옥까지 당하였다. 그들은 돌로 맞았고 톱으로 켜지고 검으로 죽임을 당하였다. 그들은 양과 염소의 가죽을 입고 떠돌아다니면서 궁핍과 고난을 당하고 학대를 받았다. 이런 사람들은 세상이 감당하지 못하였다. 그들은 광야와 산과 동굴과 땅굴을 헤매고 다녔다(히 11:36-38, 바른성경).

우리가 터키로 성지 순례를 하러 갔다면 그들이 땅 밑으로 얼마나 깊숙이 내려갔는지 보았을 것입니다. 히브리서를 쓸 당시 성도의 길은 그러했습니다. 하지만 그 길은 믿음의 승리자가 걸어간 길인 동시에 지금도 믿음의 승리자가 걸어야 하는 길입니다. "양과 염소의 가죽을 입고 떠돌아다니면서 궁핍과 고난을 당하고 학대를" 받은 길입니다.

사랑하는 성도 여러분, 오늘 우리의 삶에 궁핍과 박해와 학대가 없다고 평안 가운데 안일해져서는 안 됩니다. 눈을 들어 이 세상에서 일어나는 일들을 널리 살펴보십시오. 주님의 피로 한 몸 된 성도들이 당하는 고통을 함께 느껴 보십시오. 오늘도 이 땅에 흩어져 있는 교회 가운데는 복음 때문에 고난을 겪는 성도들이 있습니다. 복음 때문에 이 문명 세기에도 박해의 칼에 위협당하는 성도들이 있다는 것을 기억해야 합니다.

우리끼리 예배하고 돌아가는 것으로 할 일을 다 했다고 생각하는 것은 너무나 안일한 자세입니다. 우리는 온 땅에 흩어져서 고난과 환난을 겪으며 유리하는 교회를 위해 기도해야 합니다. 어떤 이들은 시험과 칼에 죽임을 당하고 있을 수 있습니다. 그것은 어제의 기록만이 아니라 오늘의 기록인 동시에 내일 우리가 당하게 될 환난일 수 있습니다.

그러나 어떠한 환난과 박해 속에서도 우리가 기억해야 하는 것이 있습니다. 전능하신 분이 그에게 권한을 주셨다는 것입니다. 그 칼은 하나님이 그에게 맡기신 것입니다. 그러므로 칼을 들고 있는 자가 우리의 생명을 노린다 할지라도 그는 전권을 행사하지 못합니다. 하나님이 허락하지 아니하시면 "너희 머리털 하나도 상하지 아니하리라"(눅 21:18)고 위로해 주십니다. 전능자 하나님이 박해의 검으로 우리를 정화해 나가고 계십니다. 박해자의 칼은 전능자의 뜻을 조금도 거스를 수 없습니다.

"이 모든 일에 우리를 사랑하시는 이로 말미암아 우리가 넉넉히 이[긴다]"는 진리에 서기를 원합니다. 우리는 이 모든 환난으로부터 도피하는 자가 아닙니다. 오히려 이 모든 환난 가운데서도 "우리가 넉넉히 이기느니라!"고 고백하는 승리자가 되길 원합니다. 사랑하는 성도 여러분, 이것이 우리가 붙잡을 진리에 입각한 고백입니다. "이 모든 일에 우리를 사랑하시는 이로 말미암아 우리가 넉넉히 이기느니라"(롬 8:37). 또한 이것이 박해 가운데 승리한 성도들의 고백입니다. 그러므로 오늘도 찬양합니다. "다른 사람 어쩌든지 나 주님의 용사되리"(새찬송가 349장). 이 찬양처럼 진리에 굳게 서는 충성스러운 성도가 되기를 소원합니다.

Revelation

요한계시록 6장 5, 6절

5 셋째 인을 떼실 때에 내가 들으니 셋째 생물이 말하되 오라 하기로 내가 보니
검은 말이 나오는데 그 탄 자가 손에 저울을 가졌더라 6 내가 네 생물 사이로부
터 나는 듯한 음성을 들으니 이르되 한 데나리온에 밀 한 되요 한 데나리온에
보리 석 되로다 또 감람유와 포도주는 해치지 말라 하더라

25
셋째 인을 떼실 때에

그리스도 안에서 사랑하는 성도 여러분, 사도 요한은 마지막 일들을 아직도 서술하지 않고 있습니다. 다만 마지막으로 인도하는 사건들과 징조들을 기술하고 있습니다. 차례로 인을 떼는 것은 책을 펴기 위한 준비 작업입니다.

검은 말과 그 탄 자

이제 우리는 일곱 인 가운데 셋째 인을 떼실 때 요한이 들은 음성과 요한이 본 사건을 살펴볼 차례입니다. "오라" 하는 셋째 생물의 음성이 울려 퍼집니다. 그러자 검은 말이 그 명령에 따라 등장하고 그 탄 자의 손에는 저울이 들린 것을 봅니다. 그 순간 요한은 또 다른 음성을 듣습니다. "한 데나리온에 밀 한 되요 한 데나리온에 보리 석 되로다 또 감람유와 포도주는 해치지 말라."

요한이 환상 중에 보고 들은 것은 무엇을 의미할까요? 그가 본, 손에 저울을 들고 검은 말을 탄 자나 환상 중에 들은 네 생물 사이에서 나는 듯한 음성은 무엇을 보여 주는 것일까요? 말을 탄 자가 손에 저울을 들고 있는 것은 흔히 볼 수 있는 광경이 아닙니다. 말을 탄 자는 손에 창이나 활을 드는 것이 어울리지, 저울을 든 것은 어울리지 않습니다. 게다가 신약만 읽은 사람들에게는 더더욱 수수께끼 같습니다.

손에 들린 저울

우리는 구약 예언의 배경 속에서 손에 들린 저울이 상징하는 의미를 파악할 수 있습니다. 레위기에 나오는, 언약에 따른 저주의 예언을 들어 보십시오.

> 내가 너희가 의뢰하는 양식을 끊을 때에 열 여인이 한 화덕에서 너희 떡을 구워 저울에 달아 주리니 너희가 먹어도 배부르지 아니하리라(레 26:26).

언약이란 하나님과 사람 사이에 아주 중요한 약속입니다. 이 언약은 준수하는 자에게는 축복입니다. 그러나 동일한 언약이 불순종하는 자에게는 저주입니다. 듣고 따르는 하나님의 말씀은 축복의 통로이지만, 순종하지 않는 자에게는 저주의 위기일 뿐입니다. 하나님은 자기 백성을 사랑하셔서 말씀을 순종하는 자에게 복 주기를 원하시지만 우리가 하나님의 말씀에 순종하지 아니할 때면 징계하십니다. 때로 제가 어머니의 사랑을 징그러운 사랑이라고 표현하는데 우리 하나님의 사랑이야말로 징그러운 사랑 아니겠습니까?

이스라엘 백성이 말을 안 듣는데도 하나님은 포기하지 않으셨습니다. 징계를 통해서라도 돌이키시려는 하나님의 집념 때문입니다. 레위기 말씀은 그 징계 중 한 재앙으로 양식을 저울에 달아 먹는 상황을 허락하겠다고 하신 선언입니다. 여러분은 '설마 몸이 성하면 무얼 해도 먹고살지 못하랴'라고 큰소리칠지 모르지만, 하나님은 "내가 너희가 의뢰하는 양식을 끊을 때에 열 여인이 한 화덕에서 너희 떡을 구워 저울에 달아 주리니 너희가 먹어도 배부르지 아니하리라"(레 26:26) 말씀하십니다.

한국식으로 말하면 열 주부가 모여서 솥에 밥을 하는 것입니다. 집집마다 부엌은 있지만 쌀이 많이 없기에 다 모아서 한꺼번에 밥을 짓습니다. 다 지은 다음에는 공평하게 나눕니다. 그래서 저울이 등장하는 것입니다. 집집마다 오븐이 있다 해도 하나님이 양식을 끊으시면 오븐을 모두 가동할 필요가 없을 것입니다. 오븐마다 빵을 구울 만큼 재료가 없기 때문에 열 여인이 모여서 한 오븐에 빵을 굽고는 정확하게 저울에 달아 나누는 상황을 말합니다.

이런 구약의 배경을 알고 요한의 예언을 읽는다면 검은 말을 탄 자의 손에 들린 저울을 이해할 수 있습니다. 음식을 저울에 달아 먹을 정도로 매우 곤궁한 상태에 두심으로 하나님의 심판은 시작됩니다.

한 데나리온에 밀 한 되요

그 상황이 구체적으로 어떠할지 네 생물 사이에서 나는 듯한 음성을 들어 보십시오. "한 데나리온에 밀 한 되요 한 데나리온에 보리 석 되로다 또 감람유와 포도주는 해치지 말라!"(6:6)

여기서 "한 데나리온"이란 무엇입니까? 한 데나리온은 일용 노동자의 하루 품삯입니다. 특별한 기술이 없는 노동자들의 하루 급료입니다. 하루 노동으로 살 수 있는 밀이 "한 되"라고 번역되어 있는데, 사실 팔레스타인 지방에서는 이 '되'라는 말을 사용하지 않았습니다. 그러면 이 밀 '한 되'는 어느 정도의 양식일까요? 당시 장정 노동자가 하루 먹는 양을 말합니다. 그러니까 쌀로 말하면 하루 서 홉 정도로 생각할 수 있습니다. 하루 품삯으로 그 지역 주곡인 밀을 사면 혼자 하루밖에 먹을 수 없는 상황입니다.

밀보다 조금 더 싼 보리를 사면 세 배를 살 수 있습니다. 그러나 식구가 셋이 넘는 것이 당시 보편적 상황입니다. 더욱이 사람은 먹는 것만으로 사는 것이 아닙니다. 가난한 사람들은 쌀에 보리를 섞어 먹듯이 밀에 보리를 섞어 먹기도 할 것입니다. 아니면 보리만 먹고 사는 아주 힘든 상황이 전개될 것을 이야기하고 있습니다. 하여간 경제적으로 몹시 어려운 상황에 빠져들 것을 보여 주는 환상입니다. 우리의 옛날 시골 생활을 생각해 봅시다. 동네가 크다 해도 사계절 쌀밥을 먹을 수 있는 집은 없었습니다. 대부분 보리를 섞어 먹었습니다. 다만 섞어 먹는 쌀의 양에 따라 어느 정도 부자인지 알 수 있었습니다.

지금 요한이 본, 검은 말을 탄 사람이 저울을 가지고 나타나 보여 주는 상황은 어떤 상황입니까? 굶어 죽는 상황이라기보다는 무척 살기 힘든 핍절한 상황을 보여 줍니다. 곡식이 완전히 없어진 것이 아니라 곡식 값이 턱없이 상승한 흉년을 말하고 있습니다. 일정한 계층의 사람들에게는 극심한 타격이 있을 것을 보여 줍니다.

감람유와 포도주는 해치지 말라

턱없이 뛴 곡식 시세를 말하고 나서 그 음성이 계속 들립니다. "감람유와 포도주는 해치지 말라." 노동자의 하루 일당으로 혼자 먹고살기도 힘든 상황인데 그 음성은 말하기를 "감람유와 포도주는 해치지 말라"고 합니다. 이 이야기의 요점이 무엇일까요?

대체로 두 가지 설명이 있습니다. 첫째는 흉년의 정도를 표현한다고 보는 것입니다. 가뭄이 들기 시작하면 뿌리가 깊지 못한 밀이나 보리 같은 것은 한 해 가뭄에도 흉작이 되고 맙니다. 그러나 포도나무와 감람나무같이 땅에 깊이 뿌리를 박고 있는 나무들은 상당한 가뭄에도 곧바로 타격을 입지는 않습니다. 또 가뭄의 결과 어떤 작물은 피해를 보지만 또 어떤 작물은 그대로 남아 있는, 그래서 피해 상황이 부분적일 것임을 보여 주는 것으로 해석합니다.

그러나 또 다른 해석은 피해가 부분적이라기보다 피해를 입는 계층이 부분적이라고 보는 것입니다. 두 견해가 서로 배타적일 필요는 없습니다. 흉년이 들어 살기 어려워지면 먼저 타격을 입는 것은 가난한 계층입니다. 국제 구제 금융 시대도 그랬고 지금도 마찬가지입니다. 어쨌든 광에 곡식이 있고, 은행에 잔고가 있는 사람들은 별 어려움을 당하지 않습니다. 그러나 곡식 값이 턱없이 뛰면 당장 어려움을 당하는 사람은 하루 품을 팔아 먹고사는 계층입니다. 그렇게 보면 부분적인 피해 '상황'보다는 오히려 피해 '계층'을 먼저 생각해 볼 수 있습니다.

사실 이스라엘 사람들에게 감람유나 포도주는 일상생활을 해나가는 데 필요하긴 하지만 없어도 생활해 나갈 수 있는 품목입니다. 물론 있으면 좋지요. 술 한 잔 마시면 기분 좋고, 기름이 있으면 화장을 해서 아름다움을 더할 수 있으니 좋겠지요. 그러나 없으면 없는 대로 살 수 있습니다. 당장 죽지 않습니다. 그런데 밀과 보리의 품귀 현상은 특정 계층에 아주 큰 어려움을 줍니다. 구약에서는 곡식과 포도주와 기름이 자주 언급됩니다. 구약 본문을 살펴보면 이것들은 단순히 팔레스타인 소산물로 누구나 누리는 생필품이 아니라 언약 아래 누리는 복으로 언급되고 있습니다.

구약은 곡식, 포도주, 기름을 자연적인 농산물로 언급하기보다는 언약의 축복, 저주, 회복의 흐름 속에서 언급하고 있습니다. 그러므로 지금 계시록에서 셋째 검은 말 탄 자의 손에 들린 저울과 네 생물 사이에서 나는 듯한 음성은 그런 관점에서 이해해야 합니다.

"한 데나리온에 밀 한 되요 한 데나리온에 보리 석 되로다 또 감람유와 포도주는 해치지 말라." 가뭄이 들기 시작하자 곡물은 벌써 귀해졌습니다. 그러나 아직 뿌리가 깊게 박힌 포도나무와 감람나무는 해를 받지 않은 상황입니다.

동시에 그렇게 가뭄이 시작될 때 어려움을 당할 사람들이 어떤 사람인지 생각해 보아야 합니다. 세 가지 산물 모두 팔레스타인의 주된 농산물이기는 하지만 누구나 언제든지 누리는 것은 아닙니다. 밀과 보리는 누구에게든 있어야 합니다. 그러나 술과 기름은 그 정도로 절실한 생필품이 아닙니다. 오히려 향락을 좋아하는 자들의 독과점 품목입니다. "연락을 좋아하는 자는 가난하게 되고 술과 기름을 좋아하는 자는 부하게 되지 못하느니라"(잠 21:17). 술과 기름은 향락을 좋아하는 특정 계층의 기호 상품입니다. 요즘 같은 커피나 화장품처럼 말입니다.

없으면 살아갈 수 없는 밀과 보리는 그 값이 천정부지로 뛰어 서민들의 삶에 극심한 타격을 준 데 비해, 생활의 풍요와 안락을 상징하는 포도주와 기름은 얼마든지 풍족한 시대입니다. 식구들이 살아가는 데 필요한 기본 식량조차 구하지 못해 급급한 계층과, 충분한 양식과 생활의 안락과 향락을 누리는 계층이 공존하는 시대를 말세의 시작으로 나타냅니다.

재앙이 시작될 때 누가 어려움을 당하고 있습니까? 가난한 사람들이 당하고 있습니다. 가난한 사람들은 생활이 몹시 어려운 지경에 이르렀으나 부요한 사람들은 어려움이란 전혀 모르는 상황입니다.

우리 시대의 상황

우리가 사는 이 시대가 바로 그런 상황입니다. 부자는 살아가는 데 전혀 어려움을 느끼지 않습니다. 오히려 그들에게 더 살기 좋은 시대입니다. 돈만 있으면 온갖 좋은 것을 살 수 있습니다. 지중해 올리브 기름이든 이란의 석류든 무엇이든 누릴 수 있습니다. 그런데 어떤 계층의 사람들은 이미 현실적인 어려움에서 벗어나지 못하고 있습니다. 때로는 가난을 대물림하고 있습니다. 종말의 상징으로 하나님은 빈익빈 부익부 현상을 말씀하십니다.

사랑하는 성도 여러분, 오늘 우리가 사는 시대가 바로 그런 시대입니다. 어떤 곳에서는 어린이들이 하루에 수백 명씩 굶어 죽어 가지만, 또 어떤 곳에서는 쌀밥은 거들떠보지도 않는 어린이들이 있습니다. 옛날에는 어땠습니까? 조금이라도 어른들 말을 듣지 않으면 "말 안 들으면 밥 안 줄 거야"라고 으름장을 놓았고, 그러면 진짜 밥을 못 먹을까 봐 고분고분 착해져 어른들 말씀을 곧잘 듣고는 했습니다. 그러나 지금은 시대가 변해서 어른들이 그렇게 말하면 도리어 "그럼 나 밥 안 먹을 거야"라고 말하며 부모를 위협합니다. 어떤 아이들은 너무 많이 먹어서 자기 체중을 도저히 감당하지 못하고 뒤뚱거리는 모습으로 크는가 하면, 또 어떤 아이들은 먹지 못해 배가 퉁퉁 부어 죽어 갑니다. 하나, 둘밖에 없는 자녀를 호의호식하게 하는 것이 무슨 문제냐고 하겠지만 지구 어느 곳에서는 귀한 자식들이 먹지 못해 죽어 가는 것을 바라보면서 통곡하는 어머니들도 있습니다.

사랑하는 성도 여러분, 우리가 사는 21세기가 문명의 세기가 맞습니까? 도대체 무엇을 가지고 문명이라고 합니까? 손에 들린 휴대 전화를 말합니까? 정말 몇 초 만에 온 세계 소식이 인터넷을 통해 들어오지만 안타까운 정보에는 그 누구도 반응을 보이지 않습니다. 이제 우리가 고통당하는 사람들의 정황 속에 가까이 나아갑시다. 우리 자신만 생각하지 말고 서로 나누는 새로운 삶을 시작합시다.

세계적인 관점에서 보면 우리는 "한 데나리온에 밀 한 되요 한 데나리온에 보리 석 되"인 상황에 살고 있습니다. 그것이 보편적인 상황인 동시에 동일한 신앙을 가진 성도들이 당하는 고통이기도 합니다. 그리스도인들은 이런 현실 속에서 살아갈 때 어떻게 해야 할지를 한번 생각해 보아야 합니다. "내 돈 내가 쓰는데 무슨 상관이야?"라고 말할 수 없습니다. 적어도 지금 이후로 그렇게 말해서는 안 됩니다.

초대 교회의 상황

요한이 본 일곱 교회의 상황에서도 그들의 가난한 형편이 기록되어 있습니다. 특히 서머나 교회의 형편을 다음과 같이 말합니다. "내가 네 환난과 궁핍을 알거니와 실상은 네가 부요한 자니라"(2:9). 감람유와 포도주는 풍성한데 밀 한 되, 보리 석 되를 얻지 못해 어려워하는 자들이 누구인지 당시의 독자들에게는 분명했을 것입니다. 오늘날 한국 교회는 풍요로울 만큼 풍요로워 이 구절을 자신들과 연결하는 데 어려움이 있지만, 초대 교회 성도들에게는 전혀 어려운 이야기가 아니었습니다. 계시록이 기록될 당시의 경제 상태를 말해 주는 정보들을 가지고 판단해 보십시오.

당시에는 종교적인 원칙과 신앙을 희생하지 않는 한 동업 조합에 가입할 수 없었습니다. 그 대표적인 어려움을 당하고 있던 교회가 두아디라 교회였습니다. 당시 두아디라에는 동업 조합 치고 없는 것이 없을 만큼 모든 직종에 동업 조합이 있었습니다. 고기를 파는 사람들은 정육업자 협회, 양곡을 파는 사람들은 양곡 도매업자 협회, 그 외에 모직, 직조, 염색, 가죽 할 것 없이 모두 조합을 형성하고 있었습니다. 그리고 이 조합원이 되어야만 산물을 생산하고 판매할 수 있는 자격이 주어졌습니다. 그런데 문제는 조합마다 그 조합이 섬기는 신이 따로 있다는 것입니다. 조합원들은 모여서 축제를 하고 그 신 앞에서 제사를 지냈습니다. 제사를 지내고 나면 차려 놓은 제물들을 신이 주시는 선물로 기쁘게 받아먹고 날이 어두워지면 성행위를 갖는 것이 그들의 제사 순서 중의 하나였습니다.

실컷 먹고 취하고 난 다음, 남녀가 자기 아내, 남의 남편 가리지 않고 성행위를 하는 그런 축제에 참여해야 동업 조합원의 자격이 주어졌습니다. 우리가 그런 사회 상황에서 예수님을 믿는다고 생각해 보십시오. 그리스도의 양심을 지킨다고 하면서 어떻게 그런 행동을 선택할 수 있겠습니까? 그들은 동업 조합원에 가입하여 제사에 동참하고 음란한 행위에 가담할 것인지, 아니면 조합원이 되는 것을 포기할 것인지 고민했을 것입니다.

조합원 되기를 포기한다는 것은 경제적, 물질적 손해만 입는 것이 아니라 사회에서 따돌림을 당하게 되는 것을 의미합니다. 그들은 정신적으로, 영적으로 고통당했습니다. 짐승의 표가 없이는 사고팔지 못하는 것이 그때의 형편입니다. 짐승의 표라고 하면 '666'이나 바코드를 떠올리지만, 그것이 문제가 아닙니다. 이것은 미래에 일어날 상황만 이야기하는 것이 아니라 두아디라 교회의 실제 상황을 이야기하는 것입니다. 조합원 자격을 상실할 때 그들은 실제로 어려움을 당했습니다.

신앙을 지키며 사는 사람들

과거의 상황이었고 미래에 발생할 상황이지만 그것이 전부는 아닙니다. 우리가 보려고만 한다면 오늘날에도 이런 일이 발생하고 있는 것을 볼 수 있습니다. 신앙 양심을 지키려 할 때, 우리는 이 세상이 주는 향락 속에 함께 놀아날 수 없습니다.

한때 한국 사회에서 학부모가 주는 돈 봉투를 받지 않는 교사는 동료 교사들에게 따돌림당하기도 했습니다. 불의한 한국 경제 속에서 사업가로 사업을 할 때 절세라는 미명으로 탈세하는 방법을 마련하지 않으면, 세상 사람들이 어리석은 사람이라고 손가락질할 것입니다. 어쩌면 특정 직종의 수입을 외부에 노출시킨다며 동업자들이 적으로 규정할 수 있습니다. 그러나 초대 교회 성도들은 예수 믿는 사람들로서 대가를 지불하였습니다.

신앙 양심 때문에 직장을 포기하기도 하고 쫓겨나기도 하는 것은 옛날 이야기나 미래 이야기만이 아닙니다. 주님이 처음 오셨을 때부터 다시 오시는 그 순간까지 이 상황은 계속될 것입니다. 그러나 악덕 기업주나 타협적인 노동자에게는 오늘도 감람유와 포도주의 궁핍이 없을 것입니다. 사랑하는 성도 여러분, 하지만 낮은 임금 속에서 신앙 양심을 지키고 살아갈 때 언제 포도주에 취하고 감람유를 피부에 바를 시간이 있겠습니까?

세상은 감람유와 포도주의 유혹으로 우리를 흔들려 하고 있습니다. 피를 흘리는 것만이 순교가 아닙니다. 피를 흘리는 순교를 '적색 순교'라고 합니다. 반면 신앙 양심 때문에 빈궁과 고통을 당한다면 우리는 이미 '백색 순교자'의 길을 걷고 있는 것입니다. 그런 의미에서 모든 성도는 큰 환난에서 나온 자들이라고 계시록 7장은 보여 줍니다.

사랑하는 성도 여러분, 검은 말과 그 탄 자는 교회가 존속하는 전 세대를 통하여 성도들을 박해할 것입니다. 그러나 그들의 박해 역시 하나님의 허락 아래 있습니다. 그것은 다만 하나님 나라를 이 땅에 세우는 일을 촉진하는 도구입니다. 우리를 하나님의 사람으로 만들어 가는 과정입니다. 세상은 모든 방법을 동원해서 교회를 박해할 것입니다. 그러나 먹고사는 것, 감람유와 포도주에 취하는 것이 우리 생의 목표는 아닙니다.

초대 교회 성도들은 성경대로 살 수 없다며 아우성쳤습니다. "성경대로 살면 우리는 먹고살 수 없습니다"라고 소리 질렀습니다. 그러나 살아야 하는 것은 우리가 취할 수 있는 마지막 선택이 아닙니다. 목숨을 부지하는 것이 가장 중요한 가치가 되면 우리는 못할 것이 없습니다. 목숨을 부지하기 위해서 무슨 짓을 못하겠습니까? 그러나 그렇게 사는 것은 짐승처럼 사는 것이지, 성도처럼 사는 것이 아닙니다. 성도들은 흰옷을 입고 세상에서 구별된 삶을 보여 주면서 살아야 합니다.

잘 먹고 잘 사는 것이 우리 신자의 목표는 아닙니다. 우리 성도들은 이 땅에 하나님 나라를 세우기 위해 사는 사람들입니다. 돈을 많이 벌어 부자가 되는 것은 우리를 부르신 하나님의 뜻이 아닙니다. 우리 모두를 부자로 만들기 위해 우리를 구원하신 것이 아닙니다. 이 땅에 살 때 포도주와 감람유에 취하도록 하는 것은 우리 삶의 목표가 아닙니다. 그리스도인의 삶의 목표는 하루 속히 내 집을 마련하는 것이 아닙니다. 이런 불의한 세상에서 정직하게 양심적으로 사는 사람들의 삶이 어떤 것인지 보여 주는 것이 그리스도인의 삶의 목표가 되어야 합니다. 하나님은 우리에게 그것을 기대하고 계십니다.

부유하게 되는 것은 우리 모두를 향한 하나님의 뜻이 아닙니다. 어떤 이들은 대주재 하나님의 뜻 가운데 부하게 될 것입니다. 내 손에 재물이 들려 있다면, 그때는 빌레몬 장로의 손에 있던 재물과 같이 선하게 사용하시길 바랍니다. "성도들의 마음이 너로 인하여 평안함을 얻었으니"(몬 1:7)라고 바울은 빌레몬 장로를 칭찬하고 있습니다. 하나님은 안락한 삶을 위해 물질을 주신 것이 아닙니다. 물질은 어려운 형제자매들을 위해 내 손을 통하여 하나님이 사용하도록 우리에게 맡기신 것입니다.

우리 가운데에는 하나님이 정하신 대로 부한 사람도 있고 가난한 사람도 있습니다. 신앙이 좋아서 부해진 것이 아니고, 신앙이 없어서 어려운 삶을 사는 것이 아닙니다. 대주재 하나님이 알아서 분배하신 것입니다. 그러기에 그 하나님의 뜻을 아무도 방해할 수 없을 것입니다. 우리는 우리 손에 들려진 재물을 반드시 선하게 사용할 책임이 있습니다. 지나간 어느 해처럼 물가가 갑자기 뛰고 집값이 올랐을 때 오도 가도 못 하게 된 형제들의 답답한 상황에 도움을 줄 수 있다면, 하나님이 주신 것들을 바로 사용하는 것입니다. 믿음을 통한 성도의 교제가 많은 성도에게 큰 힘이 될 수 있습니다. 우리의 구제와 섬김의 은사를 통해 사람들을 그리스도께 인도할 수 있습니다.

예수를 믿는다고 우리 모두 부자가 되는 것은 아닙니다. 어떤 이는 가난하게 살아갈 수도 있습니다. 일반적으로 말하면 2천 년 전 당시 많은 그리스도인은 가난하게 살았습니다. 신자가 특별히 재주가 없어서가 아니라, 신앙 양심을 지키려 하다 보면 가난해질 수도 있습니다. 그러나 어떤 유혹과 불법 속에서도 굽히지 않고 신앙인의 고결한 삶을 살아가는 것이 모든 그리스도인을 향한 하나님의 뜻입니다. 어떤 극심한 어려움 속에서도, 경제적인 압박 속에서도 타협하지 않고 신앙 양심을 따라 사는 것이야말로 우리 모두를 향한 하나님의 뜻입니다.

사랑하는 성도 여러분, 부하게 되는 것은 우리를 향한 하나님의 뜻이 아니라는 것을 꼭 기억하십시오. 하나님은 뜻하신 자를 그렇게 해주실 것입니다. 그러나 우리 모두를 향해 하나님이 바라시는 것은 타협하지 않고 정직하게 살아가는 것입니다.

말세가 안 믿는 사람들만 고통당하고 신앙이 좋지 못한 사람들만 절규하는 상황으로 전개되지는 않을 것입니다. 모든 사람이 고통당하는 자리에 한날 빠질 것입니다. 그러나 그러한 일들이 있기 전에 하나님은 먼저 자기 교회를 순결하게 하실 것입니다.

그러나 이 모든 상황에서도 하나님의 영광을 높이고 하나님 나라가 이 땅에 도래하도록, 성도답게 살아가도록 하나님이 우리를 부르셨습니다. 때로는 우리의 항해 길에도 풍랑이 있지만 "이 풍랑 인하여 더 빨리 갑니다"라고 찬송하며 오실 주님을 대망하는 성도들이 되기를 바랍니다.

Revelation

요한계시록 6장 7, 8절

7 넷째 인을 떼실 때에 내가 넷째 생물의 음성을 들으니 말하되 오라 하기로 8 내
가 보매 청황색 말이 나오는데 그 탄 자의 이름은 사망이니 음부가 그 뒤를 따
르더라 그들이 땅 사분의 일의 권세를 얻어 검과 흉년과 사망과 땅의 짐승들
로써 죽이더라

26
넷째 인을 떼실 때에

그리스도 안에서 사랑하는 성도 여러분, 요한이 본 하늘 환상으로 다시 돌아가 봅시다.

> 이 예언의 말씀을 읽는 자와 듣는 자와 그 가운데에 기록한 것을 지키는 자는 복이 있나니 때가 가까움이라(1:3).

안팎으로 쓰여 일곱 봉인으로 봉해진 책의 그 인이 어린양에 의해서 하나씩 떼어지고 있습니다. 처음 네 가지 인이 차례로 떼어질 때마다 네 생물 중 하나가 "오라"고 하며 우레 같은 소리를 발합니다. 그 명령에 따라 말과 그 탄 자가 등장합니다. 흰 말, 붉은 말, 검은 말에 이어 청황색 말이 등장합니다.

> 내가 보매 청황색 말이 나오는데 그 탄 자의 이름은 사망이니 음부가 그 뒤를 따르더라 그들이 땅 사분의 일의 권세를 얻어 검과 흉년과 사망과 땅의 짐승들로써 죽이더라(6:8).

사랑하는 성도 여러분, 말과 그 탄 자는 모두 하나님의 뜻을 이 땅에 시행하는 권세를 가진 자들입니다. 옛날에는 아무나 말을 타고 다닐 수 없었습니다. 필요한 때에 관청이 소유한 말을 동원할 수 있는 마패는 어명을 받은 암행어사의 상징이었습니다. 마패에 말이 몇 마리 그려졌는가에 따라 말을 동원할 수 있었습니다. 이처럼 본문의 말을 탄 자들도 위임받은 권세를 가지고 주어진 임무를 수행하는 자들입니다.

예상을 뒤엎는 사건들

처음 네 봉인이 떼어질 때마다 각각 말과 그 탄 자가 등장합니다. 말을 타고 등장함으로써 위임받은 명령을 신속하게 이루는 자들이라는 것을 보여 줍니다. 가장 먼저 승리하는 그리스도를 상징하는, 흰 말을 탄 자의 모습을 보여 준 후에 붉은 말, 검은 말을 통해 그리스도를 따르는 성도들이 받을 순교와 박해를 보여 줍니다.

아직도 안팎으로 쓰인 책은 개봉되지 않았습니다. 일곱 봉인을 차례로 떼어 내는 중입니다. 아직 종말의 사건들이 기술되는 것은 아닙니다. 다만 봉인이 떼어질 때마다 종말로 인도하는 징조가 나타나고 있을 뿐입니다.

종말을 예고하는 징조들은 이미 우리의 예상을 충분히 뒤엎고 있습니다. 세상을 향한 "진노의 큰 날"이 오기 전에 박해를 당하며 순교의 피를 흘리는 성도들의 수난을 예고하고 있습니다. 봉인이 떼어지자마자 세상을 향한 심판의 채찍이 휘둘려지는 것이 아니라 성도를 거룩하게 하는 성별의 징계가 먼저 시행되기 때문입니다. 예수께서 처음 오신 사건이 사람들의 예상을 뒤엎었듯이 예수께서 다시 오실 사건 또한 예상을 뒤엎는 사건들로 시작합니다. 먼저 얻어터지는 것은 세상이 아니라 교회입니다. 피를 흘리는 것은 교회이고 어려움을 당하는 것은 성도들입니다. 교회가 당하는 박해와 수난을 먼저 기술합니다.

계시록은 이미 초대 교회 성도들이 겪고 있는 수난의 의미를 밝혀 주기 위한 책입니다. 푸른 나무의 수난을 통해 마른 나무가 장차 받을 마지막 재앙을 내다보게 합니다. 예수님은 자기가 받는 그 형벌의 십자가를 지고 가면서 말씀하시기를 "예루살렘의 딸들아 나를 위하여 울지 말라 푸른 나무에도 이같이 하거든 하물며 마른 나무에는 어찌하겠느냐"(눅 23:28-31 참조) 라고 하셨습니다.

하나님의 심판이 시작되면 성도들은 쏙 빠지고 세상 사람들만 얻어터질 것이라고 예상하기 쉽습니다. 그러나 하나님의 심판은, 하나님의 징계는, 하나님의 집에서 시작됩니다. 주님의 재림 징조가 가까워지면 가까워질수록 고난을 당하는 쪽은 오히려 하나님의 백성입니다. 사람들을 잘 관찰해 보십시오. 정직하고, 신실하게 산다고 해서 더 잘되거나 잘살지 않습니다. 때로는 권력에 빌붙어 부정부패를 일삼는 사람이 더 승승장구하기도 합니다. 신실하게 그 증거를 따라 사는 사람들이 수난을 당할 뿐 아니라 때로는 순교를 당하기도 합니다. 먼저 성전과 제단과 그 안에서 경배하는 자들을 척량(尺量)하는 것과 동일한 원리입니다. 그 바깥은 측량할 필요도 없습니다. 이미 내어 준 땅이기 때문입니다.

진노의 일곱 대접이 쏟아부어지기 전에 당신의 백성을 성화시키는 도구로 붉은 말과 검은 말이 등장합니다. 붉은 말은 일반적인 전쟁을 가리키는 것이 아니라 종교적인 박해와 순교의 죽음을 상징합니다. 검은 말 역시 일반적인 기근 상황이 아니라 성도들이 당하는 경제적인 궁핍과 빈곤으로 결론 내린 바 있습니다. 둘째 인과 셋째 인이 떼어질 때 일어나는 사건은 세상이 교회에 가하는 직접적인 박해를 상징합니다.

청황색 말의 등장

그러나 성도들이 하늘의 영광에 이르기 위해 겪어야 할 고통과 시련은 그것이 전부가 아닙니다. 세상에 살고 있다는 극히 단순한 이유 하나만으로도 성도들이 세상과 함께 당하는 시련과 재난이 있습니다. 네 번째 등장한 청황색 말과 그 탄 자는 이런 종류의 시련을 말하고 있습니다.

> 넷째 인을 떼실 때에 내가 넷째 생물의 음성을 들으니 말하되 오라 하기로 내가 보매 청황색 말이 나오는데 그 탄 자의 이름은 사망이니 음부가 그 뒤를 따르더라 그들이 땅 사분의 일의 권세를 얻어 검과 흉년과 사망과 땅의 짐승들로써 죽이더라(6:7, 8).

지금 넷째 인이 떼어지고 있습니다. 네 번째 말이 달려 나오고 있습니다. 청황색 말입니다. 병든 사람의 창백한 얼굴을 연상시키는 색깔입니다. 시체에서 감도는 검푸른 빛의 말이 달려 나오고 있습니다. 질병과 죽음을 연상시키는 검푸른 빛의 말 색깔과 어울리게 그 탄 자의 이름이 '사망'입니다. 사망 뒤에는 '음부'(陰部)가 재빨리 뒤따르고 있습니다. 죽음이 남긴 희생물을 음부가 거두어들입니다.

그러나 사망과 음부가 마음대로 설치는 것은 아닙니다. 8절 중간에 "그들이 땅 사분의 일의 권세를 얻어"라고 기록되어 있습니다. 이들은 전능자에게 권세를 부여받아 그 권한을 행사합니다. 전쟁의 칼이 사람들을 희생시켰을 뿐만 아니라 기근과 전염병이 그 뒤를 따르고 있었습니다. 초대 교회 성도들은 전쟁, 기근, 전염병으로 떼죽음당하는 일이 비일비재한 현실 속에 살았습니다. 하지만 죽음과 음부도 전능자의 뜻을 받드는 수종자에 불과합니다. 그들의 행동반경은 정해져 있습니다. 땅에 사는 사람 4분의 1이나 되는 엄청난 희생이지만 그래도 땅 4분의 1에만 이르는 한정된 재앙입니다. 그 다음 나팔 재앙에서는 3분의 1까지 미칠 것입니다. 마지막 일곱 대접의 재앙이 쏟아부어지면 온 지구상에 미칠 것입니다.

사랑하는 성도 여러분, 우리는 계시록이 우리에게 가장 처음 주어진 책이 아니라는 것을 알아야만 합니다. 우리를 위해서 주어진 책이지만 우리에게 처음 주어진 책은 아닙니다. 먼저 초대 교회 당시 성도들에게 주어진 책이라는 것을 생각해야 합니다. 이 책을 바로 해석하기 위해서는 하나님이 초대 교회 성도들에게 먼저 말씀하셨고, 그들에게 하신 교훈의 말씀이 동시에 오고 오는 하나님의 백성에게 교훈을 주고 있다는 점을 기억해야 합니다. 초대 교회 성도들은 죽음과 음부의 권세가 기승부리는 상황에서 살고 있었습니다. 전쟁이 계속되고 있는 상황입니다. 그뿐만 아니라 기근과 전염병이 성행하던 것이 1세기의 상황입니다.

죽음의 도구와 구약의 배경

"그들이 땅 사분의 일의 권세를 얻어 검과 흉년과 사망과 땅의 짐승들로써 죽이더라"(6:8). 여기서 네 번째 말과 그 탄 자가 등장하면서 동원된 죽음의 도구가 열거됩니다. "검과 흉년과 짐승들로써 죽이더라"는 말은 집단적으로 먹이를 찾는 모습입니다. 고대 세계에서는 전쟁의 칼이 설치면 기근이 그 뒤를 따랐습니다. 전쟁이 일어나면 농사꾼들까지 징집됩니다. 그러면 제대로 농사를 지을 수 없게 되니 굶주림이 오는 것은 자연스러운 현상입니다. 기근이 있는 곳에는 배고픈 사람들이 있었고, 그들은 무엇이든지 보이는 대로 먹고 마셨기 때문에 전염병이 나돌게 되었습니다. 전염병이 나돌아 경작할 사람 없이 버려진 땅에는 그 수가 늘어난 짐승들의 횡포가 심해졌습니다.

요한은 다시 한 번 구약의 배경 속에서 종말의 시작을 그리고 있습니다. 언약의 저주가 기술되어 있는 레위기(레 26:21-26)나 예레미야(렘 21:7-9), 에스겔(겔 5:17, 14:21)에서 그 뿌리를 찾을 수 있습니다. 칼, 기근, 염병, 사나운 짐승은 하나님이 언약을 파기한 백성을 향해 자주 사용하시는 심판의 도구였습니다. 레위기는 들짐승, 칼, 염병, 기근(레26:21-26)을 언급합니다. 예레미야의 예언에 나오는 저주는 칼, 기근, 염병(렘 14:10-12, 21:7-9)을 강조하고 있습니다. 하나님의 말씀에 신실하지 않은 언약 백성을 향한 징계의 도구가 염병과 칼과 기근과 짐승들입니다. 특히 청황색 말과 그 탄 자가 가져다주는 죽음의 네 가지 도구인 기근, 짐승, 사망, 칼(겔 5:17, 14:21)은 에스겔의 예언에서 그 뿌리를 찾을 수 있습니다. 에스겔의 예언은 놀랍게도 계시록 말씀과 거의 일치합니다. 한 가지만 순서가 바뀌었을 뿐 네 가지 도구가 모두 언급되어 있습니다.

검, 흉년, 사망, 짐승

자, 그러면 네 번째 청황색 말과 그 탄 자의 이름인 사망이 사용하는 도구를 하나씩 살펴봅시다.

첫째, "검"으로 죽이는 것을 언급합니다. 여기에 사용된 단어 "검"은 둘째 인이 떼어질 때 나온 "큰 칼"과는 다른 단어입니다. 앞에서 나온 "큰 칼"은 짐승을 죽일 때 사용하는 칼을 의미하지만, 여기서는 전쟁용 검을 의미합니다. 짐승을 죽일 때 사용되는 칼은 사람들이 서로 전쟁할 때 쓰는 칼과 모양 자체가 다릅니다. 유교 문화에서 백정은 사람으로도 치지 않는 계층이었습니다. 그러나 2천 년 전 유대인의 문화에서 짐승을 죽이는 칼은 제사장만 가지고 있었습니다. 넷째 인이 떼어질 때 등장하는 "검"은 다윗이 골리앗을 벨 때 사용한 것과 같은 검입니다. 그리스도께서 그 대적들과 싸우실 때 사용하시는 검입니다.

> 내가 네게 속히 가서 내 입의 검으로 그들과 싸우리라(2:16).

> 그 나머지는 말 탄 자의 입으로부터 나오는 검에 죽으매 모든 새가 그들의 살로 배불리더라(19:21).

이 "검"은 전쟁을 의미하는 검이 분명합니다. 자세히 살펴보면 본문의 검은 앞서 붉은 말을 탄 자가 휘두르는 검과도 다릅니다. 또 본문에 나오는 '죽인다'(to kill)는 말은 둘째 인을 떼실 때에 서로 '죽이더라'(to slay, to slaughter)는 말과도 다릅니다.

둘째, "흉년"이 언급되어 있습니다. 흉년은 성경에 흔히 등장하는 재난입니다. 아시다시피 전쟁은 항상 기근을 동반합니다. 한 성읍이 전쟁 중에 포위되면 식량이 끊기고 기근을 당하게 됩니다. 심한 경우 부모가 아이를 삶아 먹는 비참한 일들도 일어났습니다. 구약 역사뿐 아니라 주후 70년에 티투스 장군이 예루살렘을 포위했을 때도 그런 비참한 일들이 벌어졌습니다.

셋째, 기근과 함께 전염병(온역)으로 인한 "사망"이 뒤따릅니다. 같은 헬라어 단어가 사용되고 있지만 앞에서 말 위에 탄 자를 "사망"이라 할 때는 일반적인 죽음을 가리키는 말이고, 죽이는 도구로 '칼과 기근과 사망'이라고 할 때는 페스트(Pest) 같은 전염병을 가리키는 말입니다. 전염병으로 인한 죽음이 일어나고 있다는 것을 말합니다.

넷째, "짐승"이 언급되어 있습니다. 전쟁 후에 기근과 온역으로 인구가 감소하게 되면 사나운 짐승이 기승을 부립니다. 특히 어린이와 여자들이 희생되었습니다. 열왕기하 17장 25절을 보면 여호와를 경외치 아니한 벌로 하나님이 사마리아에 사자를 보내어 몇 사람을 그 밥이 되게 한 기록이 있습니다.

또한 선지자를 대머리라고 놀리던 아이들이 곰에 희생된 기록도 있습니다(왕하 2:23 참조). 이 부분에 대해 한 번 듣고 잊히지 않는 설교가 있습니다. 어떤 목사님이 "왜 아이들은 선지자를 보고 대머리라고 놀렸을까?"라고 의문을 제기하셨습니다. 어쩌면 "대머리 선지자 때문에 우리가 고생한다"는 어른들 말을 듣고 대머리라고 놀렸을 것이라고 설명하셨습니다. 그러나 사실 선지자 때문에 이스라엘 사람들이 고생하는 것은 아니었습니다. 하지만 이스라엘의 여론은 그렇게 형성되어 있었습니다.

아합 왕이 엘리야를 만나 뭐라고 했습니까? "너 이스라엘을 괴롭히는 자여"라고 선지자에게 대들었습니다. 그러자 선지자가 이렇게 대답했습니다. "내가 이스라엘을 괴롭히는 것이 아니라 당신과 당신 아버지의 집안이 이스라엘을 그렇게 고통당하게 하지 않습니까?"(왕상 18:17, 18 참조) 놀랍게도 같은 상황을 보고 해석하는 것이 전혀 다릅니다. 지금도 세상은 다르지 않습니다. 같은 사건을 보고도 전혀 다르게 해석하는 것이 우리의 현실이고 지나간 역사입니다.

이 사나운 짐승들은 성도나 불신자를 가리지 않고 날뛰는 야수들입니다. 로마의 투기장에서 성도들이 짐승의 밥이 된 사실을 기억해 보십시오. "짐승들로써 죽이더라"고 했을 때 우리는 그것이 무슨 이야기인지 바로 이해되지 않지만, 그 당시 성도들은 자기가 당하는 현실이기 때문에 그 말을 바로 이해할 수 있었습니다. 로마의 투기장에서 많은 성도가 예수 믿는다는 이유로 짐승의 밥이 되던 현실 속에서 그들이 살고 있었습니다.

보편적인 재난

그러한 재난 가운데 살아가던 성도들을 향해 쓰인 편지가 계시록입니다. 때로는 전쟁의 무고한 희생물이 되기도 하고, 때로는 기근의 희생이 되기도 하고, 때로는 염병, 짐승의 희생이 되기도 하는 그들을 위로하기 위해 쓰인 편지입니다. 지금 고통당하는 성도들에게 그 고통의 의미를 알게 하기 위해서입니다. 삶 자체가 힘든 것보다 왜 고통을 당하는지 그 의미를 모른다는 것이 더 힘들게 합니다. 어려워도 의미가 있는 고통이면 우리는 견뎌 냅니다. 그렇게 견뎌 냈기 때문에 인류 역사가 존속된 것입니다.

초대 교회 성도들은 주님을 영접했다는 이유만으로 계속 고통과 어려움을 당했습니다. 그럴 때에 "왜 하필 나입니까?", "왜 우리는 이렇게 고통당해야 하는 겁니까?"라며 부르짖는 상황에 있었습니다. 그 질문에 대한 답이 바로 요한계시록입니다. 다만 위임된 권한을 받아 그 고난이 시행되고 있다는 것을 그들로 하여금 상기시킴으로 죽음과 음부도 하나님 수중에 있다는 것을 알게 하려 합니다.

전쟁, 기근, 질병, 사나운 짐승은 모두 전 세계, 전 세대의 불신자들과 더불어 성도들도 당하는 재난입니다. 성도라고 해서 경기 불황의 피해를 입지 않을 수 없습니다. 이 땅에 살고 있다는 사실 하나만으로 우리는 사람들이 당하는 고통을 모두 당합니다. "하나님은 왜 안 봐주시죠?" 봐주기는커녕 오히려 하나님이 우리에게 회초리를 휘두르실 때도 있습니다. 왜 그렇습니까?

이런 재난들은 교회에 특별한 의미를 가지고 있습니다. 그리스도께서는 교회를 성별하고 확장하는 도구로 이런 재난들을 사용하십니다. 세상 사람들이 당하는 고통을 겪음으로 세상 사람들을 사랑하고, 그들의 고통에 참여해 봄으로 우리가 같은 인류라는 사실을 깨달을 것입니다. 같은 고통을 겪어야 유대감을 느낄 수 있습니다. 우리는 모두 죽음을 향한 존재인 것을 기억하게 하고 그들의 아픔을 포용하고 치유하는 일에 사용됩니다. 성도이기 때문에 당하는 고통뿐만 아니라 세상에 살고 있기 때문에 당하게 되는 고통에 우리도 함께합니다. 4분의 1의 권세를 얻어 음부가 날뛸 때에 성도들도 희생됩니다.

사랑하는 성도 여러분, 우리는 지금도 이런 재난들이 계속되는 것을 보고 있습니다. 이 시대에도 다른 어느 시대 못지않게 전쟁으로 인해 죽는 사람들 수가 늘고 있습니다. 놀랍게도 오늘날에도 기근으로 수만 명이 죽어가고 있습니다. 1년에 굶어 죽는 수가 천만이 넘는다는 보도를 접합니다. 거기에는 복음을 알지 못하는 사람들뿐 아니라 하나님의 백성도 포함된다는 사실을 기억해야 합니다. 질병이 기승을 부리는 것도 마찬가지입니다. 죽음이 청황색 말을 타고 달리는 현장에 검과 흉년과 전염병과 사나운 짐승으로 죽임을 당하는 영혼들이 있습니다. 하나님의 심판 아래 놓인 세상과 성도들이 함께 당하는 재난이 있습니다.

세계적인 종말

사랑하는 성도 여러분, 성경을 살펴보면 예언서가 엄청난 양을 차지하고 있다는 것을 알 수 있습니다. 특별히 이사야서에서 시작되는 구약의 예언서는 구약 전체의 3분의 1 이상을 차지하고 있습니다.

구약의 예언자들은 유다가 멸망하기 전에 예언하던 사람들입니다. 그들의 예언 기록이 오늘 우리에게까지 주어지고 읽혀야 할 이유가 무엇입니까? 그들의 예언이 이스라엘의 종말에 관해서만 이야기하는 것이라면 우리와 무슨 상관이 있습니까? 그러나 그 많은 예언은 하나도 빠짐 없이 오늘 우리와 관련이 있습니다.

구약 시대에는 하나님이 이스라엘만을 심판 대상으로 말씀하셨지만, 새 시대에는 천하 만민을 향해서 돌아오라고 말씀하십니다. 누구나 들으면 살리라고 하셨습니다. 돌이켜서 주 예수의 이름으로 세례를 받으라고 명하셨습니다. 누구든지 예수 이름으로 죄 사함을 받으라고 명한 시대가 이 '새 시대'입니다. 새 시대의 명령이 선포되었기 때문에 누구든지 믿기만 하면 구원받을 수 있는 동시에 명령에 대한 불순종의 저주도 온 세계에 동일하게 해당됩니다.

사도 요한은 구약 예언의 배경을 가지고 그가 본 종말의 시작을 기술합니다. "그들이 땅 사분의 일의 권세를 얻어 검과 흉년과 사망과 땅의 짐승들로써 죽이더라"(6:8). 히브리인들의 저녁 기도를 들어 보십시오. "우리를 우리의 원수들과 전염병과 칼과 고통에서 지켜 주소서."

마지막 사명

인류 공동의 재난에 함께할 때마다 우리가 해야 할 일이 무엇입니까? 그때 성도들의 기도가 계속될 것입니다. "주여, 어느 때까지니이까?" 전쟁과 흉년과 전염병으로 죽어가는 인류를 바라보며 "당신의 나라가 임하옵소서"라고 기도해야 합니다.

동시에 이 시대 사람들이 당하는 고통을 함께 나눌 자세를 가져야 합니다. 이들이 당하는 재난을 남 일처럼 듣고만 넘길 수 없습니다. 그래서 보리가 어떻게 생겼는지 모르는 사람도 맥추감사절은 기근을 당해 죽어 가는 사람들과 나누는 기회로 삼을 수 있습니다. 성탄절도 굶주린 이웃과 더불어 그리스도의 사랑을 나눌 기회로 삼을 수 있습니다.

인류 공동의 재난이 마지막 시대의 징조로 닥쳐오고 있을 때 성도들이 해야 할 일은 무엇입니까? 여러분은 아무리 배불리 먹어도 사람은 언젠가 죽는다는 사실을 아십니까? 그러므로 이런 때일수록 복음을 전하는 사명을 새롭게 해야 합니다. 구원받지 못하고 죽음을 향해서 음부의 먹이가 되고 있는 영혼들에게 마음의 부담을 느껴야만 합니다.

사랑하는 성도 여러분! 지금도 아프리카 대륙에는 복음을 한 번도 들어보지 못한 채 죽어 가는 사람들이 있습니다. 기근과 전염병과 전쟁의 칼날에 죽어 가고 있는 그 사람들의 영혼에 마음의 부담을 가져야 합니다. 우리끼리 모여서 예배하고 찬송할 것이 아니라 그리스도가 승리하신 대열에 함께 나아가 승리자로 싸워야 합니다. 죽임을 당하게 될 영혼들에게 복음을 전하는 우리의 사명을 다해야 합니다. 젊은이들뿐만 아니라 나이든 분들도 마찬가지입니다.

주위에서 죽음의 희생물이 되어 음부의 먹이가 되는 일들을 볼 때마다 그 영혼을 위해 무엇을 했는지 생각해야 합니다. 그 영혼을 위해 우리가 한 일이 무엇인지 살펴봐야만 합니다. 음부가 삼켜버린 그 영혼들에 대한 책임이 없는지 물어봐야만 합니다.

하나님을 떠난 인류를 향한 징계가 이미 시작되었습니다. 그 징계가 보편화되고 구체화되는, 때로는 아무 의미 없어 보이는 집단적인 희생이 치러지는 시대에 우리가 살고 있습니다. 주님이 친히 말씀하신 대로 이미 이루어지고 있습니다.

> 곳곳에 큰 지진과 기근과 전염병이 있겠고 또 무서운 일과 하늘로부터 큰 징조들이 있으리라(눅 21:11).

> 민족이 민족을, 나라가 나라를 대적하여 일어나겠고 곳곳에 기근과 지진이 있으리니 이 모든 것은 재난의 시작이니라(마 24:7, 8).

일곱 봉인이 차례로 떼어짐으로 재난은 이미 시작되고 있습니다. "이러므로 너희는 장차 올 이 모든 일을 능히 피하고 인자 앞에서 서도록 항상 기도하며 깨어 있으라"(눅 21:36)고 하시는 주님의 말씀에 주의하십시오. 이 세대의 징조를 보는 눈을 가지십시오. 그리하여 우리의 사명을 새롭게 하는 성도 여러분이 되기를 바랍니다.

Revelation

요한계시록 6장 9-11절

9 다섯째 인을 떼실 때에 내가 보니 하나님의 말씀과 그들이 가진 증거로 말미
암아 죽임을 당한 영혼들이 제단 아래에 있어 10 큰 소리로 불러 이르되 거룩하
고 참되신 대주재여 땅에 거하는 자들을 심판하여 우리 피를 갚아 주지 아니하
시기를 어느 때까지 하시려 하나이까 하니 11 각각 그들에게 흰 두루마기를 주
시며 이르시되 아직 잠시 동안 쉬되 그들의 동무 종들과 형제들도 자기처럼 죽
임을 당하여 그 수가 차기까지 하라 하시더라

27

어느 때까지

그리스도 안에서 사랑하는 성도 여러분, 이제 어린양께서 다섯째 인을 떼십니다. 여기에는 장면 전환이 있습니다. 처음 네 가지 인이 떼어질 때는 지상의 장면이 펼쳐졌지만 다섯째 인이 떼어질 때는 천상의 장면이 펼쳐집니다. 처음 네 번의 인이 떼어질 때는 하나님의 뜻을 온 땅에 시행하는 말과 그 탄 자의 환상을 보았지만, 다섯째 인이 떼어질 때는 하늘 성전에서 부르짖는 영혼들의 호소가 울려 퍼집니다. 더는 "오라"는 네 생물의 부름이 없지만, 요한은 새로운 장면을 보고 새로운 음성을 듣습니다.

요한이 본 장면을 우리도 함께 살펴봅시다. 처음 네 번의 인이 차례로 떼어질 때마다 "오라"는 네 생물의 소리가 울려 퍼졌고 그와 동시에 등장하는 네 말을 살펴보았습니다. 그 나라의 확장과 승리는 보장되어 있지만, 순교와 박해, 전쟁과 기근, 유행병과 사나운 짐승으로 말미암는 상황이 전개되는 것을 보여 주었습니다.

피할 수 없는 현실

종말로 인도하는 이 일반적인 상황을 먼저 묘사한 다음 다섯째 인이 떼어집니다. 하나님의 교회가 그 왕국 복음을 선포하는 사명을 추구하는 동안에는 박해와 순교를 피할 수 없습니다. 요한은 제단 아래에 있는 영혼들을 보았습니다.

> 다섯째 인을 떼실 때에 내가 보니 하나님의 말씀과 그들이 가진 증거로 말미암아 죽임을 당한 영혼들이 제단 아래에 있어 큰 소리로 불러 이르되 거룩하고 참되신 대주재여 땅에 거하는 자들을 심판하여 우리 피를 갚아 주지 아니하시기를 어느 때까지 하시려 하나이까 하니 각각 그들에게 흰 두루마기를 주시며 이르시되 아직 잠시 동안 쉬되 그들의 동무 종들과 형제들도 자기처럼 죽임을 당하여 그 수가 차기까지 하라 하시더라(6:9-11).

성경을 바르게 이해하려면 반드시 구약과 신약을 모두 읽어야 합니다. 요한계시록도 마찬가지입니다. 요한계시록은 성경 66권 가운데 가장 마지막에 있습니다. 구약 39권의 모든 이야기와 가르침이 다 녹아져 마지막으로 주어진 책이 요한계시록입니다. 그래서 성경적 배경이 있어야 요한계시록을 이해하기 쉽습니다.

구약의 제사 드리는 법을 생각해 보십시오. 희생 제물의 피를 바르거나 뿌리기도 했지만 제단 바닥 밑에 쏟아붓기도 했습니다.

> 제사장은 또 그 피를 여호와 앞 곧 회막 안 향단 뿔들에 바르고 그 송아지의 피 전부를 회막 문 앞 번제단 밑에 쏟을 것이며(레 4:7).

순교자들의 영혼이 제단 아래에 있다는 것은 그들의 삶을 제물로 드렸으며 그 피를 바닥에 쏟았다는 것을 상징합니다. 신약은 가끔 죽음을 말하는 용어인 '희생 제사'를 사용해서 다음과 같이 표현합니다. 사도 바울이 죽음에 직면했을 때 한 말입니다.

> 전제와 같이 내가 벌써 부어지고 나의 떠날 시각이 가까웠도다(딤후 4:6).

이 구절을 새번역은 이렇게 번역합니다.

> 나는 이미 부어 드리는 제물로 피를 흘릴 때가 되었고, 세상을 떠날 때가 되었습니다(딤후 4:6, 새번역).

바울은 여기서 성도의 삶의 종말을 피를 부어 드리는 희생 제물에 비유합니다. 그보다 일찍 바울은 성도들을 격려하며 비슷하게 표현한 적이 있습니다.

> 이제 내가 여러분의 믿음의 제사와 예배에 내 피를 붓는 일이 있을지라도 나는 기뻐하고 여러분 모두와 함께 기뻐할 것입니다(빌 2:17, 우리말성경).

같은 본문을 새번역으로 읽어 봅시다.

> 여러분의 믿음의 제물과 봉사 위에 내 생명의 피를 제사 술처럼 따라 붓는다고 해도 나는 기뻐하고 여러분 모두와 함께 기뻐할 것입니다(빌 2:17, 새번역).

이와 같이 그리스도인 순교자들은 하나님에게 바쳐지는 제물로 간주되고 있습니다. 그들은 세상에서 죽임당하고 그 피가 땅에 뿌려지지만 그 희생은 신앙 가운데 하늘에 드려진 것이며 그들의 영혼은 하늘 제단에 바쳐진 것으로 간주됩니다.

죽임당한 영혼들

사랑하는 성도 여러분, 요한은 지금 누구를 마음에 두고 죽임당한 영혼들을 생각하고 있을까요? 특정 시대, 특정 무리를 생각하고 있는 것 같지는 않습니다.

요한이 편지를 쓸 당시까지는 그래도 순교가 보편적인 현실이 아니었습니다. 어떤 교회에서는 이미 순교의 제물이 바쳐졌지만 모든 교회마다 그렇지는 않았기 때문입니다. 네로(Nero) 황제가 로마의 성도들을 박해했고 도미티아누스(Domitianus) 황제 역시 당시 몇몇 그리스도인을 로마에서 박해한 것이 사실이지만, 요한이 본 마지막 시대의 적그리스도에 의한 박해는 아직 도래하지 않았습니다. 요한은 지금 환상 속에서 모든 시대의 순교자를 보고 있는 것 같습니다. 어쩌면 마지막 때에 있을 순교자들을 염두에 두고 한 말일 수도 있습니다.

신약은 교회의 본질과 성도의 본질이 '박해과 순교를 당하는 무리'임을 거듭 강조하고 있습니다. 예수님 역시 그렇게 가르치셨습니다.

> 또 자기 십자가를 지고 나를 따르지 않는 자도 내게 합당하지 아니하니라(마 10:38).

> 이에 예수께서 제자들에게 이르시되 누구든지 나를 따라오려거든 자기를

부인하고 자기 십자가를 지고 나를 따를 것이니라(마 16:24).

누구도 예외가 없습니다. 예수께서는 당신의 제자가 되려면 기꺼이 순교를 각오해야 한다고 말씀하신 것입니다. 십자가를 진다는 것은 죽음을 뜻합니다. 초대 교회 성도에게 십자가를 진다는 것은 순교를 각오하는 것이었습니다. 순교를 각오하지 않고는 그리스도인의 삶을 살 수 없었습니다.

근본적으로 예수 그리스도의 제자들은 오늘도 순교자이어야 합니다. 요한 역시 모든 신자를 그렇게 고난당하는 자로 생각합니다. 요한이 본 제단 아래에 있는 순교자들은 모두 "하나님의 말씀과 그들이 가진 증거로 말미암아 죽임을 당한"(6:9) 자들입니다.

어떤 신자도 예수님의 주 되심을 고백했다면 가이사를 '주'라고 고백할 수 없습니다. 그리스도를 배신하고 가이사의 이름으로 맹세하기만 하면 죽음에서 놓일 수 있다는 속삭임을 들은 사람은 폴리카르포스 교부만이 아니었습니다. 실제로 다른 성도들도 그러한 유혹을 받고 있었습니다. 그러나 성도들은 배신하기보다는 그 이름에 기꺼이 신실하게 순교하기를 원했습니다. 요한은 자신을 그런 순교자로 간주하고 있습니다.

나 요한은 너희 형제요 예수의 환난과 나라와 참음에 동참하는 자라 하나님의 말씀과 예수를 증언하였음으로 말미암아 밧모라 하는 섬에 있었더니(1:9).

그뿐만 아니라 사도 요한은 그리스도인 모두를 일컬어 "하나님의 계명을 지키며 예수의 증거를 가진 자"라고 합니다.

용이 여자에게 분노하여 돌아가서 그 여자의 남은 자손 곧 하나님의 계명

> 을 지키며 예수의 증거를 가진 자들과 더불어 싸우려고 바다 모래 위에 서 있더라(12:17).

순교적 삶

사랑하는 성도 여러분, 그리스도인의 삶은 순교자의 삶입니다. 하나님의 말씀과 예수의 증거를 위하여 필요하다면 죽기까지 충성하는 삶이 성도의 삶입니다. 그리스도를 신실하게 따르는 성도의 삶을 사십시오.

피를 흘리는 적색 순교는 하나님이 정한 사람들이 하지만 백색 순교, 즉 순교적인 삶을 사는 것은 우리 모두를 향한 하나님의 부르심입니다. 신체적인 죽음은 당할 수도 있고 당하지 않을 수도 있습니다. 그러나 자신을 죽임당한 어린양과 동일시하는 자는 이미 자신의 삶을 드린 자입니다. 바울과 함께 확신 가운데 고백하는 자입니다.

> 누가 우리를 그리스도의 사랑에서 끊으리요 환난이나 곤고나 박해나 기근이나 적신이나 위험이나 칼이랴 기록된 바 우리가 종일 주를 위하여 죽임을 당하게 되며 도살당할 양같이 여김을 받았나이다 함과 같으니라(롬 8:35).

매일의 삶에서 그리스도의 신부답게 흰 세마포 옷을 입고 살아야 하나님의 부르심이 있을 때 피 흘리는 순교의 죽음을 맞이할 수 있습니다. 하지만 세상 사람처럼 살아간다면 우리에게 피를 흘리는 순교는 절대 오지 않습니다. 그리스도인의 삶은 종일 주를 위하여 도살될 양같이 죽음을 눈앞에 둔 삶입니다. 하나님은 그런 자의 죽음을 귀히 보십니다.

또 내가 들으니 하늘에서 음성이 나서 이르되 기록하라 지금 이후로 주 안에서 죽는 자들은 복이 있도다 하시매 성령이 이르시되 그러하다 그들이 수고를 그치고 쉬리니 이는 그들의 행한 일이 따름이라 하시더라(14:13).

사랑하는 성도 여러분, 순교를 각오한 삶을 살아가십시오. 어린양의 죽음을 여러분 것으로 받아들이는 은혜를 누리십시오. 도살당한 어린양의 죽음이 여러분 자신의 죽음으로 체험되는 순간이 있어야 성도답게 살고 성도답게 최후를 맞이할 수 있습니다. 그러면 어떠한 상황도 두렵지 않습니다. 십자가에 달려 죽으신 그리스도의 죽음을 나의 죽음으로 간주하면 어떠한 고통도 받아들이지 못할 것이 없습니다.

종일 주를 위하여 죽임당하며 한평생 주를 위하여 도살당할 양같이 여김받을 때, 세상은 또 한 번 우리 안에 나타난 그리스도의 영광을 볼 것입니다. 모두 순교의 죽음을 맞이할 수는 없지만 누구든지 순교의 삶을 살아가야 합니다. 적색 순교의 피는 하나님이 택한 자들이 흘릴 것이지만, 그리스도를 따르는 모든 사람은 주께서 우리에게 허락하신 흰 세마포 옷을 더럽히지 않는, 거룩한 백색 순교의 삶을 살아야 합니다.

그러므로 형제들아 내가 하나님의 모든 자비하심으로 너희를 권하노니 너희 몸을 하나님이 기뻐하시는 거룩한 산 제물로 드리라 이는 너희가 드릴 영적 예배니라 너희는 이 세대를 본받지 말고 오직 마음을 새롭게 함으로 변화를 받아 하나님의 선하시고 기뻐하시고 온전하신 뜻이 무엇인지 분별하도록 하라(롬 12:1, 2).

영혼들의 호소

다시 본문으로 돌아가 하늘 성소의 제단 아래에 있는, 죽임당한 영혼들의 호소를 들어 봅시다.

> 큰 소리로 불러 이르되 거룩하고 참되신 대주재여 땅에 거하는 자들을 심판하여 우리 피를 갚아 주지 아니하시기를 어느 때까지 하시려 하나이까 하니(6:10).

잘못 생각하면 순교당한 영혼들이 제단 아래에서 밤낮 호소하는 것으로 여길 수 있습니다. 하지만 아닙니다. 본문은 다섯째 인이 떼어졌을 때 보인 장면입니다. 의인들의 영혼이 큰 소리로 한 번 하나님에게 호소하는 장면입니다.

"거룩하고 참되신 대주재여." 이 말을 한번 살펴봅시다. 하나님을 "대주재"라고 부르는 일은 신약에서 흔한 일이 아닙니다. 보통 '주'(κύριος[퀴리오스])라는 말을 사용하지만 본문은 '대주재'(δεσπότης[데스포테스])라는 단어를 사용합니다. 만물을 당신 뜻대로 다스리시는 주권자라는 의미입니다. 종들의 주인이신 하나님의 절대 권력을 강조하는 것입니다.

여러분은 하나님이 대주재이심을 믿고 있습니까? 하나님이 자기 종들에게 절대 주권을 행사하신다는 것을 믿고 있습니까? 그 종들 가운데서 누구를 순교의 제물로 받으실지, 누구를 산 순교의 제물로 남기실지 결정하는 분이 하나님인 것을 믿고 있습니까? 종들의 주인으로서 하나님은 절대 주권을 가지고 계십니다. 지금 거룩하고 참되신 대주재의 이름을 불러 호소하고 있습니다. "거룩하고 참되신 대주재여!" 하나님을 이렇게 부를 수 있는 자들은 복이 있는 사람입니다. 거룩하고 참되신 대주재로서 하나님을 만난 사람들은 그 모든 삶을 하나님의 전능하신 손에 의탁할 수 있습니다.

편안할 때뿐 아니라 위기의 순간에도 우리 삶은 여전히 하나님 손 안에 있음을 알고 있습니다. 참새 한 마리가 떨어지는 것도 대주재 하나님이 허락하지 않으시면 안 되는데, 하물며 우리가 겪는 모든 일, 우리의 생명이 오가는 일이 하나님의 능력 없이 가능할까요? 그러니 우리는 담대하게 살아갈 수 있습니다. 모든 삶을 하나님의 능력의 손에 맡길 수 있습니다. 우리는 죽는 순간까지 전능하신 하나님의 손에 맡길 수 있는 사람들입니다. 우리 하나님은 자기 종들의 삶에 절대권을 가지셨으나 전제 군주처럼 자기 마음대로 횡포를 부리는 분이 아닙니다. 대주재 하나님은 악을 초월하실 뿐만 아니라 순교자에게 가해진 악행을 끝까지 용납하지 않으십니다.

우리 하나님은 참되신 대주재이십니다. 당신의 언약에 신실하셔서 당신의 백성을 끝내 구원하실 분입니다. 당신의 언약에 신실하셔서 당신 백성의 억울함을 끝내 풀어 주실 분입니다. "거룩하고 참되신 대주재여"라는 부름 속에 이미 성도의 신앙이 나타나 있습니다. 참되고 거룩하신 그분이 우리의 피를 신원해 주실 것이라는 신앙이 내포되어 있는 것입니다. 비록 순교의 죽음을 당하게 허락하셨으나 하나님 나라를 이루어 가는 데 필요하다고 인정하셨기에 그렇게 하셨다는 것을 믿는 사람들이 바로 하나님을 대주재로 고백하는 사람들입니다.

'예수만 믿으면 내가 원하는 대로 일이 척척 풀릴 거야'라고 생각하며 교회에 나온다면 계속 실망할 수밖에 없습니다. 삶은 절대로 그렇게 되지 않습니다. 우리 생각대로 되지 않습니다. 우리 생각대로 된다면 그것이야말로 생지옥이 될 것입니다. 만지는 것마다 황금으로 변한 미다스의 비극을 알고 있지 않습니까? 우리가 원하는 것을 다 들어 주신다면 우리의 삶은 미다스 왕처럼 비참해질 것입니다. 하나님은 당신이 생각할 때에 가장 옳은 방법으로 우리를 인도하십니다. 그래서 때로는 우리의 삶에 뜻밖의 원치 않는 일들이 올 수도 있습니다.

호소에 응답하시는 하나님

우리 하나님은 "거룩하고 참되신 대주재"이십니다. 그러므로 공의로 심판하실 것입니다. 성도의 죽음을 보상하실 것입니다. 우리의 원한을 갚아 주실 것입니다. 지금 소리치는 순교자들의 호소에 응답하실 것입니다.

10절에 "거룩하고 참되신 대주재여 땅에 거하는 자들을 심판하여 우리 피를 갚아 주지 아니하시기를 어느 때까지 하시려 하나이까" 하는 순교자들의 호소가 나옵니다. 그들은 땅에 거하는 자들에 의해서 정죄되고 그 생명을 빼앗겼습니다. 그리스도와 교회의 원수들에 의해서 순교의 피를 흘렸습니다. 이제 땅에 거하는 자들을 심판하며 그 피를 갚아 달라는 큰 호소가 환상 중에 울려 퍼집니다. 개인적인 보복 차원이 아니라 그들이 생명을 바친 하나님 말씀의 신실성과 예수 그리스도의 증거로 그 진리를 밝혀 달라는 호소입니다. 인류의 적이요 거짓 전파자들에게 죽임당한 진상을 밝혀 달라는 간구입니다.

하나님은 세상을 심판하심으로 그들의 기도에 응답하실 것입니다. 그 나라의 영광 가운데 주님이 다시 오심으로 밝혀질 것입니다. 그리스도께서 진리의 주시요 우주의 주 되심이 밝혀질 것입니다. 그리스도께서 진리라는 것이 밝혀지는 순간, 인류의 적으로 매도되고 거짓의 앞잡이로 처형된 의인들의 참모습이 입증될 것입니다. 그 순간 그들이 흘린 피는 갚아질 것이고, 그들을 처형한 자들은 심판받을 것입니다.

계시록은 이 기도가 응답되는 일을 말하고 있습니다. 의인의 영혼이 드린 단 한 번의 호소가 즉각 응답됨을 기록합니다.

> 하늘의 성도들과 사도들과 선지자들아, 그로 말미암아 즐거워하라 하나님이 너희를 위하여 그에게 심판을 행하셨음이라 하더라(18:20).

큰 성 바벨론의 멸망을 두고 하늘의 음성이 들린 것입니다. 그 일 후에 하늘에 허다한 무리의 큰 음성이 다음과 같이 노래합니다.

> 할렐루야 구원과 영광과 능력이 우리 하나님께 있도다 그의 심판은 참되고 의로운지라 음행으로 땅을 더럽게 한 큰 음녀를 심판하사 자기 종들의 피를 그 음녀의 손에 갚으셨도다……(19:1, 2).

흰 두루마기의 보상

그때 하늘 제단 아래에 있는 성도들의 기도는 반드시 응답될 것입니다. 요한의 환상은 이들에게 보상하시며 대답하시는 음성으로 계속됩니다.

> 각각 그들에게 흰 두루마기를 주시며 이르시되 아직 잠시 동안 쉬되 그들의 동무 종들과 형제들도 자기처럼 죽임을 당하여 그 수가 차기까지 하라 하시더라(6:11).

여기에 우리가 눈을 크게 뜨고 보아야 할 환상이 있습니다. 귀를 기울이고 분명히 들어야 할 음성이 있습니다. 우선 "각각 그들에게 흰 두루마기를 주시며"라는 구절을 살펴봅시다.

계시록의 상징에서 색깔이 갖는 의미는 중요합니다. 2절에 따르면 흰색은 승리의 색입니다. 원수들은 그들을 죽여 패배자로 여겼으나 대주재 하나님은 승리자로 예우하십니다. 미래의 영광에, 궁극적인 승리자의 영광에 들어가리라는 증표로 흰 두루마기를 그들 각각에게 주십니다. 그들에게는 더 이상 심판이 없다는 위로의 증거이기도 합니다. 그들의 죽음을 속히 갚으실, 거룩하고 참되신 대주재 하나님이 그들의 의와 승리의 증거물로 흰 두루마기를 주십니다. "또 미리 정하신 그들을 또한 부르시고 부르신 자들을 또한 의롭다 하시고 의롭다 하신 그들을 또한 영화롭게 하셨느니라"(롬 8:30). 그들에게 주어질 최종 영광의 표지로 흰 두루마기를 주십니다.

그뿐만 아니라 그들의 호소에 대답해 주십니다. 대주재 하나님이자 종들의 삶의 최종 권위를 가지신 분이 대답하십니다.

> 아직 잠시 동안 쉬되 그들의 동무 종들과 형제들도 자기처럼 죽임을 당하여 그 수가 차기까지 하라(6:11).

이 구절을 오해하지 마십시오. 산술적인 숫자가 차야만 종말이 도래한다는 의미가 아닙니다. 하나님이 정해 놓으신 수가 있어서 순교자가 하나둘 죽고, 그렇게 그 수가 마지막까지 차면 심판하실 것이라는 생각은 잘못된 것입니다. 이 말은 종말이 바로 도래하지 않는다는 의미인 동시에 교회가 더 많은 순교를 겪을 때가 있을 것이라는 의미입니다.

요한은 교회를 향한 박해의 먹구름이 몰려오는 시대에 살고 있었습니다. 때로는 박해의 먹구름이 실제로 박해의 빗방울을 뿌리기도 했습니다. 점점 더 심한 비바람이 몰려올 형국이었습니다. 그들에게 "어느 때까지"라는 의문은 급박한 의문이었습니다. 악의 세력과 더불어 한 치 앞도 내다볼 수 없는 상태에 처한 교회로서는 절박한 의문입니다.

그러나 땅에서 성도들의 피를 흘리게 하는 자들의 활동에 한계가 있다는 사실은 그들에게 위로가 되고도 남음이 있습니다. 그들의 권세는 주어진 것입니다. 그리스도를 위해 죽임당한 성도들의 피가 헛된 것이 아니라 하나님 나라 도래의 한 부분으로 의미를 지닌다는 것을 알 때 그들이 받을 위로가 얼마나 크겠습니까?

예수를 믿다가 순교당하는 동료를 보며 "언제까지입니까?"라는 질문을 가졌을 것입니다. 그러나 "어느 때까지입니까?"라는 의문은 제단 아래 하나님의 말씀과 그들이 가진 증거로 인해 죽임당한 영혼들만의 호소가 아니라 신실하게 순교자의 삶을 산 모든 성도가 드리는 기도의 요점이요 후렴이기도 합니다. 여러분은 거룩한 백색 순교의 삶을 산 자마다 "하나님, 언제까지입니까?"라고 질문한 사실을 아십니까? 하나님의 사람 모세의 기도를 들어 보십시오.

> 여호와여 돌아오소서 언제까지니이까 주의 종들을 불쌍히 여기소서(시 90:13).

다윗의 기도도 들어 보십시오.

> 나의 영혼도 매우 떨리나이다 여호와여 어느 때까지니이까 여호와여 돌아와 나의 영혼을 건지시며 주의 사랑으로 나를 구원하소서(시 6:3, 4).

신실하게 주의 이름에 소망을 걸고 살았던 성도들이 생의 힘든 순간마다 부르짖은 기도의 요점은 "어느 때까지니이까"였습니다. 이는 포로로 잡혀간 이스라엘이 돌아와서 드린 기도 속에 나오는 후렴이기도 합니다.

> 우리의 표적은 보이지 아니하며 선지자도 더 이상 없으며 이런 일이 얼마나 오랠는지 우리 중에 아는 자도 없나이다 하나님이여 대적이 언제까지 비방하겠으며 원수가 주의 이름을 영원히 능욕하리이까(시 74:9, 10).

70년간 포로로 살다가 그리던 조국에 돌아왔지만 그들 눈에 보이는 예루살렘의 모습은 처참했습니다. 성벽은 퇴락해 있었고 성전은 불타 버리고 말았습니다. 재건하려는 그들의 노력을 비웃는 원수들의 박해 소리만 높아져 가는 가운데 하나님을 향해 부르짖는 기도입니다. 이 질문은 피를 바친 순교자들만의 기도가 아니라 땅에 있는 성도들도 계속 드리는 기도입니다.

그러나 여기 대답이 있습니다. 과부의 청에 시달리는 불의한 재판관의 비유 속에서 주님이 하시는 대답을 들어 보십시오.

> 불의한 재판장이 말한 것을 들으라 하물며 하나님께서 그 밤낮 부르짖는 택하신 자들의 원한을 풀어 주지 아니하시겠느냐 그들에게 오래 참으시겠느냐 내가 너희에게 이르노니 속히 그 원한을 풀어 주시리라 그러나 인자가 올 때에 세상에서 믿음을 보겠느냐……(눅 18:6-8).

문제는 정한 시간에 갚아 주시는 것이 아니라 그때 믿음을 가지고 있겠느냐는 것입니다. 주님은 마지막 시대가 어떤 시대일지를 내다보셨습니다.

"하물며 하나님께서 그 밤낮 부르짖는 택하신 자들의 원한을 풀어 주지 않겠느냐", "오래 기다리게 하겠느냐", "내가 너희에게 이르노니", "인자의 권위로써 말하노니", "속히 그 원한을 풀어 주리라" 하시는 모든 것이 주님의 대답입니다.

사랑하는 성도 여러분, 여러분은 하나님 앞에 "언제까지입니까?"라고 부르짖는 기도 제목이 있습니까? 다시 한 번 계시록 맨 마지막의 보증을 들어봅시다.

> 이것들을 증언하신 이가 이르시되 내가 진실로 속히 오리라 하시거늘 아멘 주 예수여 오시옵소서(22:20).

사랑하는 성도 여러분, 그분이 속히 오셔서 땅에 거하는 자들을 심판하여 하나님의 말씀과 예수의 증거로 인하여 죽임당한 성도들을 위해 갚아 주실 것입니다. 우리 모두 사도 요한과 함께 고백합시다. 머지않아 그분이 오십니다. 그분이 곧 오실 것입니다. 그분의 나라가 이 땅에 임할 것입니다. "아버지의 나라가 오게 하시며"라는 우리의 기도가 머지않아 응답될 것입니다. 계시록 말씀을 사모하는 사랑하는 성도 여러분, 주님이 오십니다. 그러므로 성도들은 쉬지 않고 기도합니다. "마라나 타!"(Marana tha, 주님 오시옵소서!)

Revelation
요한계시록 6장 12-17절

12 내가 보니 여섯째 인을 떼실 때에 큰 지진이 나며 해가 검은 털로 짠 상복같
이 검어지고 달은 온통 피같이 되며 13 하늘의 별들이 무화과나무가 대풍에 흔
들려 설익은 열매가 떨어지는 것같이 땅에 떨어지며 14 하늘은 두루마리가 말
리는 것같이 떠나가고 각 산과 섬이 제자리에서 옮겨지매 15 땅의 임금들과 왕
족들과 장군들과 부자들과 강한 자들과 모든 종과 자유인이 굴과 산들의 바위
틈에 숨어 16 산들과 바위에게 말하되 우리 위에 떨어져 보좌에 앉으신 이의 얼
굴에서와 그 어린양의 진노에서 우리를 가리라 17 그들의 진노의 큰 날이 이르
렀으니 누가 능히 서리요 하더라

28
진노의 큰 날

그리스도 안에서 사랑하는 성도 여러분, 요한은 "이 예언의 말씀을 읽는 자와 듣는 자와 그 가운데에 기록한 것을 지키는 자는 복이 있나니 때가 가까움이라"(1:3)고 합니다. 점점 본문 분위기가 요한계시록의 본색을 드러내고 있습니다.

종말로 인도하는 인들이 하나씩 떼어지고 있습니다. 본문에서는 어린양께서 여섯째 인을 떼십니다. 여섯째 인은 임박한 주의 날을 알리는 우주적인 재난을 묘사한 후에 두려움에 떠는 인류의 모습을 그리고 있습니다.

하늘과 땅의 끝 날

요한은 먼저 우주의 파괴 현상을 말합니다.

> 큰 지진이 나며 해가 검은 털로 짠 상복같이 검어지고 달은 온통 피같이 되며 하늘의 별들이 무화과나무가 대풍에 흔들려 설익은 열매가 떨어지는 것같이 땅에 떨어지며 하늘은 두루마리가 말리는 것같이 떠나가고 각 산과 섬이 제자리에서 옮겨지매(6:12-14).

하늘과 땅에 일어나는 파괴의 모습을 그리고 있습니다. 땅에는 큰 지진이 나서 각 산과 섬이 제자리에서 옮겨집니다. 하늘의 해가 검어지고, 달이 온통 피처럼 붉어지고, 별들이 우수수 떨어집니다. 하늘 자체도 마치 종이 축이 말리는 것같이 떠나갑니다. 이런 우주적 격변 앞에서 공포에 떨며 두려워하는 온 인류의 모습이 다음 15절부터 묘사됩니다.

> 땅의 임금들과 왕족들과 장군들과 부자들과 강한 자들과 모든 종과 자유인이 굴과 산들의 바위틈에 숨어 산들과 바위에게 말하되 우리 위에 떨어져 보좌에 앉으신 이의 얼굴에서와 그 어린양의 진노에서 우리를 가리라 그들의 진노의 큰 날이 이르렀으니 누가 능히 서리요 하더라(6:15-17).

각계각층 모든 사람이 두려워 떨고 있습니다. 이런 생생한 묘사가 우리 귀에는 생소하게 들릴지 모르지만, 구약 성경을 익히 알고 있는 사람들에게는 생소하게 들리지 않았을 것입니다. 최후 종말에 대해서 구약 선지자들이 이처럼 여러 차례 이야기했기 때문입니다.

여섯째 인이 떼어질 때의 환상을 통해서 요한이 말하는 것은 아주 단순한 이야기입니다. 동시에 아주 중요한 이야기입니다. 요한은 이 기사를 통해서 우리가 사는 세상에 종말이 온다는 것을 말합니다. 하늘이 끝장나고 땅이 사라질 날이 온다는 것을 보여 줍니다. 요한은 지금 현대 우주론에 입각한 대유성 지구의 종말을 서술하려는 것이 아닙니다. 요한은 하나님의 심판 아래 놓인 우주와 인류의 모습을 서술합니다. 인간의 타락으로 자연 만물까지 그 저주와 심판에 동참하고 있는 것을 보여 줍니다. 그리하여 세상에 마지막이 있다는 것을 말하고 있습니다.

사랑하는 성도 여러분, 여러분은 우주의 종말, 그 파괴를 믿고 있습니까? 요한은 독창적이고 새로운 이상한 교리를 말하는 것이 아닙니다. 성경의 일관성 있는 메시지를 말하고 있을 뿐입니다. 성경은 하늘과 땅의 창조를 말하는 것과 마찬가지로 하늘과 땅의 파멸을 말하고 있습니다. 태초에 하나님이 하늘과 땅을 창조하신 것이 진리인 것과 마찬가지로 하늘과 땅이 멸망하고 거기 거하는 사람들이 심판을 받으리라는 것도 진리입니다.

성경의 증거

종말에 관한 구약 선지자들의 묘사는 조금씩 차이가 있긴 하지만 그들이 일관되게 말하는 것은 마지막 심판의 날이 이르기 전에 온 우주의 최후가 도래한다는 사실입니다. 대표적으로 종말에 관한 요엘 선지자의 예언이 요한의 환상을 이해하는 데 도움이 될 것입니다.

> 여호와의 크고 두려운 날이 이르기 전에 해가 어두워지고 달이 핏빛같이 변하려니와 누구든지 여호와의 이름을 부르는 자는 구원을 얻으리니……(욜 2:31, 32).

이는 구약 선지자들뿐 아니라 신약 사도들의 가르침이기도 합니다.

> 그러나 주의 날이 도둑같이 오리니 그날에는 하늘이 큰 소리로 떠나가고 물질이 뜨거운 불에 풀어지고 땅과 그중에 있는 모든 일이 드러나리로다

> 이 모든 것이 이렇게 풀어지리니 너희가 어떠한 사람이 되어야 마땅하냐 거룩한 행실과 경건함으로 하나님의 날이 임하기를 바라보고 간절히 사모하라 그날에 하늘이 불에 타서 풀어지고 물질이 뜨거운 불에 녹아지려니와 우리는 그의 약속대로 의가 있는 곳인 새 하늘과 새 땅을 바라보도다(벧후 3:10-13).

마지막 심판의 날이 우주적 재앙과 파괴의 날이 되리라는 것은 새로운 가르침이 아니라 성경의 일관된 가르침이요 주님이 자신의 권위로 하신 말씀입니다.

> 그날 환난 후에 즉시 해가 어두워지며 달이 빛을 내지 아니하며 별들이 하늘에서 떨어지며 하늘의 권능들이 흔들리리라(마 24:29).

마태뿐 아니라 누가 역시 주님의 말씀을 기록합니다.

> 일월 성신에는 징조가 있겠고 땅에서는 민족들이 바다와 파도의 성난 소리로 인하여 혼란한 중에 곤고하리라 사람들이 세상에 임할 일을 생각하고 무서워하므로 기절하리니 이는 하늘의 권능들이 흔들리겠음이라 그때에 사람들이 인자가 구름을 타고 능력과 큰 영광으로 오는 것을 보리라 이런 일이 되기를 시작하거든 일어나 머리를 들라 너희 속량이 가까웠느니라 하시더라(눅 21:25-28).

세상이 전전긍긍하며 두려워하는 그때가 우리에게는 희망의 머리를 들고 하늘을 바라보면서 오시는 주님을 맞이해야 할 때입니다. 그들과 함께 두려움 속에서 곤고한 시간을 보낼 때가 아닙니다.

사랑하는 성도 여러분, "일어나 머리를 들라 너희 속량이 가까웠느니라"고 말씀하십니다. 우주적 재난이 펼쳐지는 것을 볼 때 종말이 가까웠음을 느껴야 합니다. 세상의 왕들과 왕족들과 군인들이 어쩔 줄 몰라 할 그때, 성도 여러분은 희망을 품고 머리를 들라고 말씀하십니다. 그들은 이 현상을 분석하지 못할 것이지만 여러분은 주님이 친히 말씀하셨기 때문에 이해할 수 있을 것입니다. 하나님을 반역하는 인류를 향해 진노를 쏟아붓는 그날은 죽은 자들이 살아나는 날이 될 것입니다. 적그리스도와 그 군대를 심판하시는 그날은 하나님의 나라가 이 땅에 세워지는 날이 될 것입니다.

우리는 이 세상 나라가 우리 주 그리스도의 나라가 되게 하기 위하여 사는 자들입니다. 그렇기 때문에 우리는 그날을 바라보면서 살아갈 때, 날마다 기도하는 제목 중 하나로 그분의 나라가 이 땅에 오기를 간구하는 것입니다. "아버지의 나라가 임하옵소서"라고 기도하는 것입니다. 보좌에 앉으신 우리 하나님만이 실권자라는 것이 분명히 드러나는 그날이 다가옵니다.

그날의 공포

여섯째 인이 떼어지므로 일어나는 우주적 파멸, 그 하늘과 땅의 파괴를 여러분은 믿고 있습니까? 자신을 그리스도인이라고 여긴다면 선지자들과 사도들의 가르침을 믿고 주님의 가르침을 신뢰해야 합니다. 그분이 하신 말씀을 믿어야 예수 믿는 사람이 되는 것입니다.

우주의 종말과 인류의 심판은 구약 성경으로 시작해서 신약 성경에 이르기까지 선지자와 사도들이 말해 온 것입니다. 그뿐만 아니라 예수 그리스도께서도 자신의 권위로 "내가 진실로 너희에게 말하노니 이 세대가 지나가기 전에 이 일이 다 일어나리라 천지는 없어지겠으나 내 말은 없어지지 아니하리라"(막 13:30, 31)고 우리에게 말씀하셨습니다. 그러므로 그리스도인은 그분 말씀대로 하늘과 땅이 사라질 그날을 바라보고 사는 자들이어야 합니다. "이 모든 것이 이렇게 풀어지리니 너희가 어떠한 사람이 되어야 마땅하냐"(벧후 3:11)고 묻는 질문에 준비된 사람이 그리스도인입니다. 사도는 "거룩한 행실과 경건함으로 하나님의 날이 임하기를 바라보고 간절히 사모하라"(벧후 3:11, 12)고 친절하게 답해 줍니다.

이 재난은 지상에 거하는 모든 거주자를 덮칠 것입니다. "땅의 임금들과 왕족들과 장군들과 부자들과 강한 자들과 모든 종과 자유인이 굴과 산들의 바위틈에 숨어 산들과 바위에게 말하되"(6:15, 16)라는 말씀을 보십시오. 왕들과 장군들과 부자들과 군대의 고위 장성들, 신분이 높은 자와 낮은 자들, 노예와 자유인이 모두 뒤범벅되어 동굴과 산의 바위 밑에 몸을 숨긴 채 부르짖습니다. 왕들과 왕족들과 장군들이 두려워 떨 때, 지금 세상에서 실세라고 자부하는 자들이 두려워 떠는 그날, 다른 사람들은 물어 무엇하겠습니까? 그날의 재앙은 예외 없이 모든 계층을 덮칠 것입니다.

사람들은 언덕이 무너지면 보통 피하려고 합니다. 본능적으로 무너져 내리는 산사태에서 도망치려고 합니다. 그러나 본문에서는 산과 바위를 향해서 호소합니다.

> 산들과 바위에게 말하되 우리 위에 떨어져 보좌에 앉으신 이의 얼굴에서와 그 어린양의 진노에서 우리를 가리라 그들의 진노의 큰 날이 이르렀으니 누가 능히 서리요 하더라(6:16, 17).

어째서 "산과 바위야 내게 무너져 나를 덮치라"고 부르짖습니까? 보좌에 앉으신 이의 얼굴빛이 몹시 겁나기 때문입니다. 심판하시는 거룩하신 하나님의 표정이 매우 두렵기 때문에 차라리 산에 매몰되기를 소원합니다. 어린양의 진노의 표정이 몹시도 두렵기 때문에 지르는 소리입니다. 최후의 날은 심판의 날입니다. 하나님이 세상을 심판하시는 날이요 성도를 구원하시는 날입니다. 그날 두려움에 사로잡힌 인류의 모습을 상상해 보셨습니까?

사랑하는 성도 여러분, 요한이 기술한 환상 속의 외침은 또다시 구약에서 그 기원을 찾을 수 있습니다. 이사야의 예언(사 2:10, 11, 19)을 비롯한 호세아 선지자의 예언에 문자적으로 거의 비슷한 표현이 나옵니다.

> 그때에 그들이 산더러 우리를 가리라 할 것이요 작은 산더러 우리 위에 무너지라 하리라(호 10:8).

하나님의 진노의 맹렬하심으로 인해 부르짖는 소리입니다. 심판하시는 보좌에 앉으신 분과 어린양의 분노가 격렬함을 그와 같이 묘사합니다. 산들이 무너지고 바위들이 쏟아져 내림보다 더 무서운 공포의 순간이 도래할 것입니다.

이는 모두 심판의 두려움을 묘사하는 표현입니다. 환상 속에 요한이 말하고 싶어 한 요점은 '심판의 두려움'입니다. 최종적이고 완전한 보복의 날이 얼마나 두려운지를 말해 주고 있습니다.

누가 능히 서리요

사랑하는 성도 여러분, 여러분은 보좌에 앉으신 이의 얼굴에서와 어린양의 진노의 큰 날에 설 준비가 되어 있습니까? "그들의 진노의 큰 날이 이르렀으니 누가 능히 서리요." 이는 우리가 모두 대답해야 할 질문입니다.

여러분은 하나님의 진노가 쏟아져 내리는 순간 능히 설 수 있는 준비가 되어 있습니까? 교회는 왔다가 집에 돌아가기 위해 모이는 곳이 아닙니다. 교회는 우리로 하여금 진노의 큰 날을 준비시키기 위해 존재합니다. 세상 사람들이 두려워 떠는 그 진노의 날에 우리를 하나님 앞에 어엿이 세우기 위하여 교회는 존재합니다. "만세 반석 열리니 내가 들어갑니다"(새찬송가 494장)라고 찬양할 수 있는 성도로 준비시키기 위해서 우리는 주일마다 예배를 드리는 것입니다.

장로교 신앙의 선조들 가운데서는 성경의 핵심 교리를 뽑아 가르칠 때 웨스트민스터 소요리 문답 1문과 대요리 문답 1문에서 "사람의 제일 되는 목적이 무엇이냐?"를 가르쳤습니다. 사람의 제일 되는 목적이 무엇입니까? 하나님을 영화롭게 하고 그분을 영원토록 즐거워하는 것입니다. 그들은 그 무엇보다 이 진리가 가장 중요하다고 생각했습니다. 반면 하이델베르크 교리 문답은 "사람이 살아 있을 때나 죽음 앞에 섰을 때 유일한 위로가 어디서부터 나옵니까?"라는 질문을 던지고 있습니다. 그리고 그 답으로 "생사간의 유일한 위로는 하나님의 아들 예수 그리스도"로부터 나온다고 가르칩니다.

죄는 인간을 하나님에게서 도피하게 합니다. 죄 지은 인생은 언제나 하나님의 날을 두려워합니다. 에덴동산의 아담과 하와를 보십시오. 죄인에게 가장 두려운 것은 죽음이 아닙니다. 거룩하신 하나님의 임재 앞에 서는 것입니다. 우리 자신의 삶을 한번 생각해 보십시오. 죄는 하나님 앞에 서는 것을 두렵게 만듭니다. 죽는다고 해서 거룩하신 하나님의 얼굴을 피할 수는 없습니다. 우리가 죽었다고 하더라도 땅이 우리의 모습을 재현시켜 놓을 것입니다. 바다가 우리를 삼켰다고 하더라도 바다는 우리를 다시 토해 내어 놓을 것입니다.

그날 우리 모두는 하나님 앞에, 심판의 보좌 앞에 서야 합니다. "그들의 진노의 큰 날이 이르렀으니 누가 능히 서리요." 사랑하는 성도 여러분, 여러분은 이 외침과 관계가 없습니까? 여러분 자신은 이렇게 소리치지 않을 준비가 되어 있습니까?

어린양의 보배로운 피를 믿는 사람만이 그날에 설 수 있습니다. 어린양의 보배로운 피로 죄 용서함을 받은 사람만이 주님 앞에 어엿이 설 수 있습니다. 어린양이 자기 피를 두고 회개하도록 호소하는 이 말씀을 외면할 때, 우리에게 기다리고 있는 날은 "진노의 큰 날"입니다.

어린양의 보혈로

> 너희가 알거니와 너희 조상이 물려준 헛된 행실에서 대속함을 받은 것은 은이나 금같이 없어질 것으로 된 것이 아니요 오직 흠 없고 점 없는 어린 양 같은 그리스도의 보배로운 피로 된 것이니라(벧전 1:18, 19).

사도 베드로는 죄를 용서받는 길을 수정같이 분명하게 선포하고 있습니다. 그것은 우리가 드리는 연보를 통해서가 아닙니다. 우리가 바치는 십일조와 감사 헌금을 통해서가 아닙니다. 그러면 헌금은 왜 하는 것입니까? 그 은혜가 너무 큰 것을 알기에 감사하는 마음으로 드리는 것입니다.

헌금을 많이 드리면 은혜를 많이 받으리라고 생각하는 것은 이른바 야바위판과 같습니다. 교회는 그런 곳이 아닙니다. 물론 어떤 사람은 헌금 이야기만 나오면 마음이 불편해지기도 합니다. 그런 사람에게는 헌금을 드리는 것이 급한 것이 아닙니다. 예수 그리스도를 먼저 알아야 합니다.

예수 그리스도의 보배로운 피가 왜 흘려졌는지를 먼저 생각해야 합니다. 그래서 하나님 앞에서 죄를 용서받은 사람만이, 감사의 새 삶을 사는 사람만이 드리는 것이 헌금입니다. 신앙 없이 헌금을 드리는 것은 사람의 눈을 의식하는 짓입니다. 하나님이 기뻐하시지 않습니다. 그러나 예수 그리스도를 인격적으로 만난 사람은 내 삶이 주님 덕분에 달라진 것을 알기 때문에 세상 사람들이 신처럼 모시고 있는 제물의 속박에서 벗어날 수 있는 것입니다.

성도 여러분, 하나님이 자기 아들의 피를 왜 흘리게 하셨습니까? 여러분이 그리스도인으로 살기를 결심한 다음 그리스도인으로 어엿이 살 수 있는 사람이라면 하나님이 자기 아들을 죽는 자리까지 왜 내어 놓으셨겠습니까? 우리는 바르게 살려고 노력할수록 거기에 이르지 못하는 존재라는 것을 보게 됩니다. "오호라 나는 곤고한 사람이로다 이 사망의 몸에서 누가 나를 건져내랴"(롬 7:24) 하고 소리칠 때 우리는 자신이 부르는 찬송가의 의미를 깨달을 것입니다. 예수의 피가 우리 죄를 씻어 준다는 찬송의 의미가 무엇인지를 비로소 알게 될 것입니다. 하나님 앞에 나오기는 했지만 아직도 자신이 얼마나 처절한 죄인인지를 깨닫지 못하는 사람에게 한날 기다리고 있는 것은 어린양의 진노밖에 없습니다.

그 큰 진노의 날에 여러분은 설 준비가 되어 있습니까? 하나님이 비 오듯 진노를 쏟아부으실 때에 여러분은 모면할 근거가 있습니까? 흠 없고 티 없는 보배로운 어린양 예수의 흘리신 보혈만이 우리를 하나님 앞에 세울 수 있습니다.

사랑하는 성도 여러분, 진노하시는 하나님의 날로부터 우리를 보호하는 유일한 방편은 어린양의 보혈입니다. 네 생물과 이십사 장로들의 찬양을 유의해서 들어 보십시오.

> 두루마리를 가지시고 그 인봉을 떼기에 합당하시도다 일찍이 죽임을 당하사 각 족속과 방언과 백성과 나라 가운데에서 사람들을 피로 사서 하나님께 드리시고 그들로 우리 하나님 앞에서 나라와 제사장들을 삼으셨으니 그들이 땅에서 왕 노릇 하리로다……(5:9, 10).

7장에서 흰옷 입은 큰 무리 역시 같은 내용을 노래합니다.

구원하심이 보좌에 앉으신 우리 하나님과 어린양에게 있도다……(7:10).

사랑하는 성도 여러분, 여러분은 개인적으로 그 어린양의 피를 체험한 적이 있습니까? 진노의 큰 날, 우리의 구원은 어린양의 보혈로 말미암습니다. 어린양의 피만이 우리의 죄를 씻어 줍니다. 어린양의 피가 큰 환난에서 우리를 보호해 줍니다. 어린양의 피가 마지막 심판에서 우리를 구원할 것입니다.

종말을 믿는가

이제 마지막 질문을 던지겠습니다. 여러분은 보좌에 앉으신 이와 어린양의 진노의 큰 날을 믿고 계십니까? 그것이 여러분을 그리스도인인지 아닌지 결정짓습니다. 최후의 심판을 믿는 자가 그리스도인입니다. 이 진리를 믿지 않는다면 여러분이 매 주일 교회에 나갔다 하더라도, 많은 헌금을 드렸다 하더라도 여러분은 그리스도인이 아닙니다. 그리스도께서 분명히 하신 말씀을 신뢰하지 않는 자는 그리스도인일 수 없습니다.

우주의 종말과 마지막 심판이 있다고 믿습니까? 그러면 그날을 위해 여러분은 어떻게 살고 있습니까? 여러분을 사랑하고 여러분이 관심을 두는 사람들의 영혼에 대해 생각해 보셨습니까? "누가 능히 서리요"라고 울부짖는 소리 가운데 여러분 어머니의 목소리가, 사랑하는 친구의 목소리가 포함되어 있지 않습니까? "그들의 진노의 큰 날이 이르렀으니 누가 능히 서리요." 이 외마디 외침 속에 여러분이 사랑하는 사람들의 외침이 포함되어 있지 않은지 자세히 들어 보십시오. 여러분은 그들의 피에 책임이 없습니까? 이 질문 역시 그 피를 믿는 성도들에게만 해당됩니다. 교회는 나오지만 아직 그 피를 믿지 않는 사람에게는 이러한 의무를 함께할 이유가 없습니다. 그들에게 더 급한 것은 온 세상이 그분의 오신 날을 축하하는 예수님이 누구인지 아는 것입니다. 그러나 만약에 예수께서 우리의 구주이시며 아들이신 것을 믿는다면 동시대를 사는 사람들의 피에 대해 나는 무죄인지를 물어야 합니다. 문제는 '세상의 종말이 언제 오느냐'가 아닙니다. 그 '종말을 위해 준비되어 있느냐'가 문제입니다. 그 마지막 절규에서 사랑하는 이들을 구출하기 위해 남은 시간을 사용하십시오.

사랑하는 성도 여러분, 여러분은 그 진노의 날에 설 준비가 되어 있습니까? 아무도 대신해 줄 수 없습니다. 아들을 위해서 어머니가 대신 피 값을 지불할 수 없습니다. 누구든지 자기의 귀로 복음을 들어야 하고, 자기의 마음으로 결단해야 합니다. 누구든지 자신의 믿음으로 그날에 구원받을 것입니다. 마지막 날 주의 이름을 부르는 자는 구원을 얻으리라 말씀하십니다. 심판이 쏟아질지라도 하나님의 이름을 신뢰하는 자는 그분의 진노에서 면함을 받을 것입니다.

우리는 전해야 할 책임이 있습니다. 그러나 믿도록 해야 할 책임은 없습니다. 전하는 것은 우리 책임이고, 듣고 받아들이는 것은 그들이 결정해야 할 일입니다. 우리의 자녀라도 마찬가지입니다. 우리가 믿도록 강제할 수 없습니다. 그러나 하나님에 대해서 말해 주어야 합니다. 이 우주의 종말에 대해서 말해 주어야 합니다. 한날 하나님의 심판에 관해서 이야기해 주어야 합니다. 자녀들이 믿지 않는다면, 순종하지 않는다면 그들은 그들의 죄 가운데 죽을 것입니다. 그러나 우리가 전하지 않는다면 하나님은 그 책임을 우리에게 물으실 것입니다. 사랑하는 성도 여러분, 우리는 하나님이 우리에게 주신 이 사명을 감당해야 합니다. 그리스도인은 종말을 믿기에 복음을 전하는 일에 나서야 하는 사람들입니다.

사랑하는 성도 여러분, 주의 날이 가까웠습니다. 우주적 재난이 도래하면 주께서 곧 나타나실 것입니다. 여섯째 인은 종말로 접어드는 문턱을 넘어서게 합니다. 종말의 사건이 이제 펼쳐질 것입니다. 진노의 큰 날이 다가오고 있습니다. 그 진노의 큰 날에 "누가 능히 서리요"라고 부르짖을 때 거기 우리의 음성이 있지 않기를 바랍니다. 우리가 사랑하는 사람들, 우리와 이웃한 사람들의 음성이 그 외마디 외침 속에 포함되어 있지 않기를 바랍니다.

Revelation

요한계시록 7장 1-8절

1 이 일 후에 내가 네 천사가 땅 네 모퉁이에 선 것을 보니 땅의 사방의 바람을 붙
잡아 바람으로 하여금 땅에나 바다에나 각종 나무에 불지 못하게 하더라 2 또 보
매 다른 천사가 살아 계신 하나님의 인을 가지고 해 돋는 데로부터 올라와서 땅
과 바다를 해롭게 할 권세를 받은 네 천사를 향하여 큰 소리로 외쳐 3 이르되 우
리가 우리 하나님의 종들의 이마에 인 치기까지 땅이나 바다나 나무들을 해하
지 말라 하더라 4 내가 인 침을 받은 자의 수를 들으니 이스라엘 자손의 각 지파
중에서 인 침을 받은 자들이 십사만 사천이니 5 유다 지파 중에 인 침을 받은 자
가 일만 이천이요 르우벤 지파 중에 일만 이천이요 갓 지파 중에 일만 이천이요
6 아셀 지파 중에 일만 이천이요 납달리 지파 중에 일만 이천이요 므낫세 지파
중에 일만 이천이요 7 시므온 지파 중에 일만 이천이요 레위 지파 중에 일만 이
천이요 잇사갈 지파 중에 일만 이천이요 8 스불론 지파 중에 일만 이천이요 요
셉 지파 중에 일만 이천이요 베냐민 지파 중에 인 침을 받은 자가 일만 이천이라

29
십사만 사천

그리스도 안에서 사랑하는 성도 여러분, 성경에서 가장 마지막 책이며 예수님의 제자 요한이 본 계시를 기록한 책, 세상의 종말을 말하는 요한계시록을 계속 살펴보기를 원합니다.

6장에서는 종말의 역사가 기록된 두루마리 내용을 알기 위해서 그것을 밀봉한 일곱 인이 떼어지는 장면들을 살폈습니다. 6장은 첫째 인부터 여섯째 인까지 떼는 과정을 기록하고 있습니다. 그래서 우리는 요한계시록 7장에서 일곱째 인이 떼어질 것으로 예상합니다. 마지막 일곱째 인이 떼어지면 책이 펼쳐지고 종말의 사건들이 전개될 것을 기대합니다. 어린양이 하늘 보좌에 앉으신 이의 손에서 취하신 책을 펼치심으로 심판의 날이 올 것을 예상합니다.

막간의 사건

그러나 우리의 기대를 뒤엎고 7장은 막간의 사건을 기록하고 있습니다. 실제적인 종말의 사건들을 시작하기 전에 이야기의 흐름을 잠시 중단시키고 '막간극'(幕間劇)을 삽입합니다. 이 막간의 사건은 요한계시록을 이해하는 데 반드시 필요합니다.

사랑하는 성도 여러분, 여섯째 인이 떼어질 때 펼쳐진 진노의 큰 날의 환상을 기억하십니까? 큰 지진으로 각 산과 섬이 제자리에서 옮겨지고 해와 달과 별의 징조뿐 아니라 하늘 전체가 종이 축이 말리듯이 떠나가는 우주적 격변을 환상 중에 보았습니다. 임금들뿐 아니라 종과 자유인까지 온 인류가 공포 속에 당황하는 환상을 기억하십니까? "진노의 큰 날이 이르렀으니 누가 능히 서리요"(6:17)라는 외마디 질문이 땅 위에 사는 모든 사람의 공포를 대변하고 있습니다.

7장에서는 "진노의 큰 날이 이르렀으니 누가 능히 서리요"라는 이 질문에 두 가지 각도에서 대답하고 있습니다. 첫째, 하나님의 인 침을 받은 자들만이 쏟아지는 하나님의 진노로부터 보호된다고 답하고 있습니다. 둘째, 두 번째 환상(7:9-17)에서 대환난을 통과한 무리를 보여 주는 것으로 대답하고 있습니다. 7장은 마지막 환난의 앞과 뒤를 보여 주는 것입니다. 앞에는 환난이 닥치기 전에 14만 4천 명의 인을 치는 장면입니다. 그리고 그 환난 뒤에는 아무도 능히 셀 수 없는 수많은 사람이 등장합니다. 모두 그 큰 환란을 통과하는 자라고 말하고 있습니다.

여섯째 인을 떼심으로 "재난의 시작"을 보여 주었습니다. 일곱째 인이 떼어지면 "큰 환난의 날"이 시작됩니다. 7장의 막간의 사건은 진노의 큰 날, 하나님이 어떻게 자기 백성을 보호하시는지를 보여 줍니다. 하나님은 당신이 인 치신 자들을 보호하셔서 쏟아붓는 진노에서 무사히 지키실 것입니다. 큰 환난을 통과하지만 하나님은 아무도 잃지 아니하실 것입니다. 큰 환난을 통과한 후에 그들이 누릴 지극한 축복을 기술하여 이 막간의 사건을 완성합니다.

해 돋는 데로부터

그러면 본문의 기록을 따라 개괄적으로 살펴봅시다.

> 이 일 후에 내가 네 천사가 땅 네 모퉁이에 선 것을 보니 땅의 사방의 바람을 붙잡아 바람으로 하여금 땅에나 바다에나 각종 나무에 불지 못하게 하더라(7:1).

요한은 환상 가운데 땅 네 모퉁이에 선 네 천사가 땅의 사방의 바람을 붙잡아 불지 못하게 하는 것을 봅니다. 왜 바람을 불지 못하게 할까요? 이 질문에 대한 대답은 2, 3절에 있습니다. 잠시 동안 고요를 확보하기 위해서입니다. 폭풍 전야의 고요와 같습니다. 재난의 바람은 불어 올 준비가 되어 있습니다. 그러나 잠깐 억제되고 있을 뿐입니다. 땅과 바다와 각종 나무를 해할 준비가 되어 있습니다. 그때 극적으로 한 천사가 등장합니다.

> 또 보매 다른 천사가 살아 계신 하나님의 인을 가지고 해 돋는 데로부터 올라와서 땅과 바다를 해롭게 할 권세를 받은 네 천사를 향하여 큰 소리로 외쳐 이르되 우리가 우리 하나님의 종들의 이마에 인 치기까지 땅이나 바다나 나무들을 해하지 말라 하더라(7:2, 3).

여기서 천사가 등장하는 방향을 보십시오. "해 돋는 데로부터" 올라옵니다. 유대인들은 흔히 동쪽을 좋은 곳으로 생각합니다. 그래서 하나님의 은혜로운 나타나심은 언제나 해 뜨는 동쪽으로부터라고 믿습니다. 여호와 하나님이 창설하신 낙원도 동쪽에 있었습니다(창 2:8 참조). 에스겔도 환상 중에 여호와의 영광이 동쪽 문을 통해서 성전에 들어오는 것을 보았습니다(겔 43:2 참조). 동방에서 별을 보고 찾아온 박사들처럼 하나님의 인을 들고 나타난 천사도 '해 뜨는 곳' 동쪽에서 등장합니다.

살아 계신 하나님의 인

해 돋는 데로부터 올라온 천사는 그 손에 살아 계신 하나님의 인을 가지고 등장합니다. "살아 계신 하나님"이라는 표현을 눈여겨보십시오. 우리 하나님은 살아 계신 하나님입니다. 지금껏 우리가 섬기던 거짓 신들과는 다릅니다. 기독교의 하나님은 살아 계신 하나님입니다. 성경의 하나님은 살아 계셔서 역사를 다스리시고 역사를 심판하십니다.

2천 년 전 환난 가운데 있던 성도들은 "살아 계신 하나님"이라는 말만 들어도 위로를 받았습니다. 로마 황제의 서슬이 시퍼랬지만 황제는 얼마 있지 못하고 죽습니다. 그러나 살아 계신 하나님은 오직 한 분뿐입니다. 사람은 다 죽습니다. 동서고금의 진리입니다. 여러분 가운데는 굉장한 시대를 맞이한다고 낙관하는 분이 있을 것입니다. 그러나 역사는 하나님이 주관하고 계십니다. 그래서 교회는 하나님 앞에서 부르짖습니다. 살아 계신 하나님을 만난 사람은 어떤 역경 속에서도 낙망할 이유가 없습니다. 살아 계신 하나님은 우리가 만날 도움과 안식의 처소입니다. 그래서 신앙의 시인은 살아 계신 하나님을 애타게 간구합니다.

> 하나님이여 사슴이 시냇물을 찾기에 갈급함같이 내 영혼이 주를 찾기에

> 갈급하나이다 내 영혼이 하나님 곧 살아 계시는 하나님을 갈망하나니 내가 어느 때에 나아가서 하나님의 얼굴을 뵈올까(시 42:1, 2).

쫓기는 사슴이 물을 사모하는 것처럼 하나님을 사모해 보십시오. 그러면 세상이 바뀝니다. 우리의 삶은 달라질 것입니다. 성경을 믿으십시오. 살아 계신 하나님을 찾아보십시오.

아버지와 할아버지 시대에는 어려워도 희망이 보였다는데, 지금 우리 시대에는 더 이상 희망이 보이지 않는다고 생각하십니까? 그렇게 가르치는 속삭임에 넘어가서 수족이 묶여 있는 것처럼 인생을 낭비하지 마십시오. 우리의 아버지, 할아버지조차도 생존하신 하나님 아니면 답을 찾지 못했습니다. 신앙인은 모두 살아 계신 하나님을 만난 사람들입니다. 세상이 녹록해서 자기 시대를 살았던 사람들이 아닙니다. "내가 어느 때에 나아가서 하나님을 뵈올까"라고 소원하던 사람들이 바로 신앙인입니다.

사랑하는 성도 여러분, 이 하나님을 향하여 부르짖기를 바랍니다. 살아 계신 하나님을 아는 것은 인간이 누릴 수 있는 최고의 특권입니다. 또한 살아 계신 하나님을 대면하는 것은 힘든 삶을 사는 자에게 최고의 위로입니다. 그러나 동시에 평안하게 세상을 즐기며 사는 자에게는 무시무시한 위협이기도 합니다.

본문에 등장한 살아 계신 하나님의 인을 가진 천사를 이해하기 위해서는 에스겔의 환상(겔 9:1-6)을 살펴보아야 합니다. 에스겔의 환상에서 이마에 표를 한 사람이 살육을 면한 것처럼 본문에서도 하나님의 종들의 이마에만 인을 칩니다.

> 이르되 우리가 우리 하나님의 종들의 이마에 인 치기까지 땅이나 바다나 나무들을 해하지 말라 하더라(7:3).

임박한 환난을 바로 앞두고 인 치는 일이 있을 것을 말합니다. 그 일이 진행되는 동안 땅의 사방의 바람을 억제할 것입니다. 온 세상에 임할 심판의 날, 진노의 그날에 앞서 하나님은 자기 백성을 구별하실 것입니다. 그래서 잠깐 동안 사방의 천사들로 바람이 불지 못하게 하십니다. 환난과 박해와 재난의 바람까지 하나님이 통제하십니다.

> 내가 인 침을 받은 자의 수를 들으니 이스라엘 자손의 각 지파 중에서 인 침을 받은 자들이 십사만 사천이니(7:4).

5절 이하는 이 구절에 대한 내용이 나옵니다. 특이한 점은 유다 지파의 명단이 가장 처음 나온다는 것입니다. 아마 5장 5절에서 언급한 대로 "유대 지파의 사자 다윗의 뿌리"가 계시록의 중심에 있기 때문일 것입니다.

인을 치는 이유

이제 본론으로 들어가 봅시다. 무엇 때문에 천사가 살아 계신 하나님의 종들의 이마에 인을 칩니까? 본문은 각 지파마다 인 침을 받은 자의 수를 자세하게 공개하지만 인을 왜 치는지는 명시하지 않습니다. 인을 친 이유를 알기 위해서는 뒤에 나오는 계시록의 구절들을 살펴보아야 합니다.

9장을 보면 다섯 번째 나팔이 울려 퍼진 다음 땅 위에 황충 재앙이 임합니다. 무저갱의 연기 가운데로부터 땅 위에 올라온 황충은 특정한 사람들을 괴롭힙니다. 여기서 황충은 다 자란 메뚜기를 가리킵니다. "땅의 풀이나 푸른 것이나 각종 수목은 해하지 말고 오직 이마에 하나님의 인 침을 받지 아니한 사람들만 해하라"(9:4). 이 구절을 보면 황충 재앙은 오직 이마에 인 침을 받지 아니한 사람들에게만 한정되어 있음을 알 수 있습니다.

이 사건 또한 구약과 연관이 있습니다. 열 가지 재앙, 출애굽 사건을 연상하게 합니다. 재앙들이 처음 임했을 때는 이스라엘도 함께 고통을 당했습니다. 그러나 애굽 땅에 어둠이 내렸을 때 고센 땅에는 분명 빛이 있었습니다. 그뿐만 아니라 장자를 치는 마지막 재앙이 임했을 때 피를 바른 이스라엘 백성의 집에는 재앙이 미치지 아니했습니다.

사랑하는 성도 여러분, 하나님은 극심한 환난을 가운데 두시고 환난이 임하기 전과 임한 후로 계시록 7장을 구성하고 계십니다. 하나님은 곧 진노 중에 임하실 것입니다. 진리를 떠나 하나님을 배역한 세상에 무서운 재앙으로 마지막 심판을 퍼부으실 것입니다. 하나님의 진노가 시작될 때에는 믿는 사람도 고통을 당하지만, 진노가 본격적으로 쏟아부어지기 시작하면 하나님은 믿는 이들을 분명히 구별하십니다. 비록 하나님의 백성이 이 불의한 세상에서 살고 있지만, 하나님의 마지막 진노는 하나님의 백성 위에 임하지 않습니다. 그들은 하나님의 보호의 인 침을 받았기 때문입니다. 그들은 하나님의 소유로 확인되었기 때문입니다.

에스겔의 환상이나 출애굽 사건 모두 재앙이 임하는 현장에 하나님의 백성이 함께하고 있었습니다. 열 재앙이 임하는 애굽 땅에 이스라엘 백성이 함께 있었습니다. 에스겔의 환상 속에서 성중의 백성이 죽어 나갈 때도 하나님의 백성은 함께 있었습니다. 하나님이 그 종들의 이마에 인을 치시는 것은 그 백성을 장차 올 극심한 환난에서 데려가시겠다는 표시가 아닙니다. 이것은 환난을 겪는 세상에서 자기 백성을 지켜 주신다는 표시입니다. 환난에서 구출하신다는 표시가 아니라 환난에서 무사히 지켜지리라는 보호를 확인하는 표시입니다.

하나님의 백성 역시 큰 환난의 날을 만납니다. "이 날은 온 지구상에 거하는 모든 사람에게 임하리라"(눅 21:35)는 말씀은 주님의 말씀으로 달리 해석할 수 없습니다. "온 지구상"이란 영적인 세상을 의미하는 것이 아니라 구체적으로 우리가 사는 이 세계를 의미합니다. 이 마지막 환난은 온 지구상에 거하는 모든 사람에게 임하기에 "이러므로 너희는 장차 올 이 모든 일을 능히 피하고 인자 앞에 서도록 항상 기도하며 깨어 있으라"(눅 21:36)고 말씀하십니다. 그 환난의 날에 하나님의 백성이 있기에 "너희"라고 말씀하십니다. 하나님의 백성도 모두 이 마지막 대환난을 겪게 됩니다. 그래서 성경에서는 택한 자들을 위해서 환난의 날들을 줄여 주겠다고 말씀하십니다. 택한 자들이 이미 구출되었다면 왜 환난의 날들을 줄여 주시겠습니까? 택한 자들도 환난 중에 함께 있기 때문에 그들을 위해 환난의 날들을 감하시겠다는 것입니다.

큰 환난 속에서도 하나님의 백성은 멸절되지 않습니다. 하나님의 신실한 백성도 무서운 때를 만나지만 그 환난을 무사히 통과할 것입니다. 계시록 7장 뒷부분에서 "이는 큰 환난에서 나오는 자들인데"(7:14)라는 말씀이 그 사실을 입증해 주고 있습니다. 흰옷 입은 무수한 백성, 하나님 백성의 총체를 보여 주면서 그 백성은 모두 큰 환난을 통과하여 나온 사람들이라고 밝히고 있습니다. 하나님의 신실한 백성도 무서운 때를 만나지만 그들을 보호하시기 위해 하나님은 환난의 때가 오기 전에 잠깐 조용히 한 다음 이마에 인을 치십니다.

세계적인 환난 가운데 한정적인 고통

마지막 때의 대환난은 온 세계적인 현상입니다. 그러나 그 재앙의 마지막 고통은 하나님에게 회개하지 않은 불신자들로만 한정될 것입니다. "오직 이마에 하나님의 인 침을 받지 아니한 사람들만 해하라"(9:4)고 하셨기 때문입니다. 계시록 16장 2절 말씀은 이 같은 우리의 해석을 입증합니다. 일곱 대접의 심판이 막 시작됩니다.

첫째 천사가 가서 그 대접을 땅에 쏟으매 짐승의 표를 받은 사람들과 그 우상에게 경배하는 자들에게 악하고 독한 종기가 나더라(16:2).

진노의 일곱 대접은 땅에 사는 모든 사람에게 쏟아부어지지 않습니다. 짐승의 표를 받은 사람들과 그 우상에게 경배하는 자들에게만 쏟아부어집니다. 세상을 따라 즐거움과 쾌락을 추구하는 사람들에게만 임할 고통입니다. 큰 환난의 날, 하나님은 진노를 쏟아붓는 가운데 자기 백성을 보호하실 것입니다. 비록 적그리스도와 그 하수인 짐승의 손에서 박해와 환난을 당하지만 하나님이 허락하지 않으시면 그 머리털 하나도 떨어지지 아니할 것입니다.

사랑하는 성도 여러분, 다가올 재난의 날을 앞둔 여러분의 위로가 무엇입니까? 들림받은 사람들 가운데 포함되는 것이 여러분의 위로입니까? 그것은 거짓 위로일 뿐입니다. 하나님은 환난의 날에 자기 백성을 미리 도피시키지 않으십니다. 그런 의미에서 하나님의 백성을 데리고 가는 일은 성경적으로 입증될 수 없습니다. 환난 날에 그 백성을 도피시키는 '휴거'라는 것은 성경적으로 입증되지 않는 논리입니다. 성도들도 대환난의 날에 함께 참여할 것입니다. 그러나 그리스도께서 천사장의 나팔 소리와 함께 임하시면 모든 성도가 공중에서 주를 영접할 것입니다. 우리 모두는 이런 의미에서의 '휴거'를 기다리고 있습니다.

큰 환난과 진노의 날이 우리 앞에 다가올 것입니다. 기록된 모든 재앙이 이루어지는 형벌의 날입니다. 그날은 온 지구상에 거하는 모든 사람에게 임할 것입니다. 그 환난의 날은 무서운 진노의 날입니다. 하나님이 창조하신 이후로 이런 환난이 없었고 후에도 없을 것입니다(막 13:19 참조).

보호의 인 침

사랑하는 성도 여러분, 두려워 마십시오. 하나님이 천사를 은혜의 보좌로부터 파송하여 자기 종들의 이마에 인을 치신 이유가 무엇입니까? 보호하겠다는 약속의 보장입니다. 하나님의 종들이라는 표현은 의미 있는 표현입니다. "종"이라고 하는 것은 그분에게 신실한 자들, 끝까지 그분의 말씀을 붙들고 사는 자들을 의미합니다. 하나님은 자기 천사를 보내어 '주일날 예배당에 나오는 사람들'에게 인을 치라고 말씀하시지 않습니다. '특별히 헌금을 바친 사람', '특별한 봉헌을 한 사람'에게 인을 치라고 말씀하시지도 않습니다. 하나님을 주로 섬기고 종으로서 신실한 삶을 사는 이들에게 인을 치라고 말씀하십니다.

여러분은 세례받았을 때를 기억하십니까? 앞에 나와 무릎을 꿇고 앉았을 때 "예수를 구원자로 믿고 주인으로 섬기기로 작정한 ○○○에게 내가 성부와 성자와 성령의 이름으로 세례를 주노라"고 세례를 받은 것을 기억하십니까? 예수님을 삶의 유일한 답이라고 믿는 사람, 예수님을 주인으로 섬기는 사람에게 성삼위 하나님의 이름으로 세례를 베풉니다. 그 순간 우리은 누구의 소유가 되었습니까? 바로 예수님의 소유가 되었습니다. 하나님의 소유이기에 모든 신자는 영적인 안전이 보장되어 있습니다. 사람들이 자기 것을 얼마나 아끼는지 여러분은 알고 계시지요? 하나님도 당신의 것에 분명한 소유권을 행사하십니다. 하나님은 우리를 지키실 것입니다.

여기서 인을 친다는 것은 이마에 눈으로 볼 수 있는 무슨 표시를 한다는 것이 아닙니다. 영적인 현상이지 가시적인 현상이 아닙니다. 그래서 마지막 큰 재난의 날을 앞두고 하나님은 무언가 확신을 주실 것입니다. 세상을 이길 수 있는 확신을 주실 것입니다. 궁극적으로 모든 성도는 하나님이 인치신 자입니다. 계시록 14장을 보면 14만 4천은 하나님의 구원을 받은 백성 모두를 가리키는 말로 사용되고 있습니다. 그래서 심판을 앞두고 성령을 통해 우리가 넉넉히 이기리라는 확신을 주시리라고 믿습니다. "세상을 이기는 승리는 이것이니 우리의 믿음이니라"(요일 5:4). 믿음으로 삶을 사는 사람은 그가 어떤 세대에 살았든 세상을 이긴 자입니다. 하나님의 인 침을 통해서 그들은 보호되었습니다.

하나님은 자기 백성, 자기 종들을 인 치셔서 환난 가운데 지키실 것입니다. 환난 중에 그 퍼붓는 진노에서 인 치신 자기 백성을 보호하실 것입니다. 불같은 적그리스도의 박해로부터 안전히 지키실 것입니다. 인 침을 받은 자의 수를 들어 14만 4천이라고 하는데, 여기에 들어가겠다고 재산 팔고 이단 집단에 달려가지 마십시오. 우리는 예수 그리스도의 이름으로 세례를 받음으로 14만 4천에 이미 들어와 있습니다.

"십사만 사천"은 누구를 가리키는가

"이스라엘 자손의 각 지파 중에서 인 침을 받은 자들이 십사만 사천이니"(7:4)라는 구절에서 인 침을 받은 14만 4천은 누구를 가리킵니까? 얼핏 보면 육적인 이스라엘의 각 지파 중에서 인 침을 받은 자의 수가 14만 4천이라고 생각하기 쉽습니다. 그도 그럴 것이 전체 지파마다 열거하고 있기 때문에 마치 이스라엘 사람들 가운데 구원받는 사람들의 수가 14만 4천인 것으로 보입니다. 어떤 이들은 개종한 유대인의 구원받은 수로 생각하기도 하고, 또 어떤 이들은 이방인 교회를 가리킨다고 주장하기도 합니다.

그러나 앞서 살핀 대로 14만 4천의 인 침을 받은 자들은 구원의 인 침을 받은 것이 아니라 보호의 인 침을 받았습니다. 황충의 재앙으로부터, 대접의 재앙으로부터 면하게 하겠다는 인 침입니다. 그러므로 이들은 인 침 받는 순간 회심한 자들이 아니라 이미 회심한 '하나님의 종들'입니다. 그뿐만 아니라 마지막 때의 대환난은 온 세계적인 현상이므로 모든 하나님의 백성이 보호되어야 하는 것이지 특정 무리만 보호될 이유가 없다고 밝히고 있습니다. 하나님의 백성 모두 이 재난을 당하기 때문에 환난을 앞두고 지상에 있는 하나님의 백성 전부가 하나님의 소유로 보호의 인을 받을 것입니다. 이스라엘 각 지파로부터 나온 14만 4천은 마지막 때의 온 교회를 상징합니다.

그러나 궁극적으로 이 숫자는 하나님께 구원받은 백성의 총 수라고 생각할 수도 있습니다. 임박한 환난의 때를 앞두고 살아가는 영적 이스라엘, 지상의 하나님의 교회 전부가 계수에 포함되어 있습니다. 실제로 자세히 보면 유다, 르우벤, 아셀, 납달리, 갓, 므낫세, 시몬 등의 순으로 나오는데, 이 순서는 구약 족보의 순서와 일치하지 않습니다. 또한 유다 지파가 일찍 등장한 것은 이해되지만 요셉 지파가 등장하면서 동시에 므낫세 지파가 등장하는 것은 모순입니다. 요셉의 두 아들이 에브라임과 므낫세입니다. 요셉은 본래 빠지고 에브라임과 므낫세로 이스라엘의 열두 지파가 구성되는데 본문에는 므낫세 지파도 언급되고 요셉 지파도 나와 중복되고 있습니다. 그러므로 이것은 이스라엘의 현실적인 열두 지파를 이야기하는 것이 아닙니다.

각 지파마다 "일만 이천이요, 일만 이천이요, 일만 이천이요……"라고 하는 것은 하나님이 자기 백성을 하나도 잃어버리지 아니하시리라는 것을 강조하기 위함입니다. 신약에서는 이스라엘 자손이라는 말이 '영적인 이스라엘'을 가리킬 때 사용됩니다.

> 너희가 그리스도의 것이면 곧 아브라함의 자손이요 약속대로 유업을 이을 자니라(갈 3:29).

무릇 이 규례를 행하는 자에게와 하나님의 이스라엘에게 평강과 긍휼이 있을지어다(갈 6:16).

워낙 할례를 두고 말썽 부리니까 축복을 선언하면서 "무릇 이 규례를 행하는 자에게와 하나님의 이스라엘에게"로 한정해 버렸습니다. "하나님의 이스라엘"은 무엇을 말합니까? "육적인 이스라엘, 즉 할례를 받아야 된다고 끝까지 주장하는 자는 제외되고, 나의 가르침을 지키는 자, 곧 영적인 이스라엘에게만 하나님의 평강이 있을지어다." 이런 의미입니다.

바울은 "하나님의 이스라엘"이 있다는 것을 알고 있었습니다. 로마서는 아브라함을 '모든 믿는 자의 조상'이라고 부릅니다. 그뿐만 아니라 로마서 2장 28, 29절에서는 다음과 같이 분명히 밝히고 있습니다.

무릇 표면적 유대인이 유대인이 아니요 표면적 육신의 할례가 할례가 아니니라 오직 이면적 유대인이 유대인이며 할례는 마음에 할지니 영에 있고 율법 조문에 있지 아니한 것이라…….

같은 맥락에서 빌립보서를 읽어 봅시다.

하나님의 성령으로 봉사하며 그리스도 예수를 자랑하고 육체를 신뢰하지 아니하는 우리가 곧 할례파라(빌 3:3).

살펴본 바와 같이 그리스도인이 아브라함의 진정한 자손이요 참 할례자라면 교회야말로 참된 이스라엘이요 영적 이스라엘입니다. 신약 서신뿐만 아니라 요한계시록도 마찬가지입니다. 사도 요한 역시 외적이고 문자적인 이스라엘과 내적이고 신령한 이스라엘을 구분합니다. 서머나 교회에 보낸 편지를 보십시오.

> 내가 네 환난과 궁핍을 알거니와 실상은 네가 부요한 자니라 자칭 유대인이라 하는 자들의 비방도 알거니와 실상은 유대인이 아니요 사탄의 회당이라(2:9).

빌라델비아 교회에 보낸 편지에도 비슷한 표현이 나옵니다.

> 보라 사탄의 회당 곧 자칭 유대인이라 하나 그렇지 않고 거짓말하는 자들 중에서 몇을 네게 주어 그들로 와서 네 발 앞에 절하게 하고 내가 너를 사랑하는 줄을 알게 하리라(3:9).

요한은 마음속으로 문자적 이스라엘과 신령한 이스라엘을 구별하고 있으며, 이스라엘 열두 지파를 들어 야고보처럼 신령한 유대인은 하나님의 교회를 의미함을 나타내고 있습니다. 그리고 요한은 실제적 이스라엘과 일치하지 않는 지파의 목록을 제시함으로써 신령한 이스라엘을 가리키려는 의도를 보이고 있습니다. 성경을 읽어 보십시오. 요한계시록 7장에 나와 있는 열두 지파와 구약에 있는 열두 지파의 목록을 보며 하나씩 확인해 본다면 맞지 않는다는 것을 알게 될 것입니다.

결론적으로 말하면 14만 4천은 이후에 나오는 능히 셀 수 없는 무리와 같은 사람들을 가리킵니다. 역사의 두 시점에서 바라본 하나님의 교회입니다. 큰 환난을 앞둔 시점에서 교회를 말할 때 인 침을 받은 14만 4천이요 대환난을 준비한 무리들이요 하나님의 백성 하나하나가 보호될 것을 말하기 위해 14만 4천이라는 완전수로 표현합니다.

승리의 교회, 영광의 교회

9절 이하에는 대환난을 통과한 이후 하나님의 교회의 모습이 나옵니다. 싸움이 끝난 승리의 교회요 영광의 교회입니다. 역사의 격랑을 넘어 하나님의 보좌 앞에 있는 교회의 모습입니다. 환난을 통과했으며 때로는 순교했지만 모두 승리한 교회입니다. 보호의 약속이 실현된 교회입니다. 주님의 말씀을 빌리면 다음과 같습니다.

> 심지어 부모와 형제와 친척과 벗이 너희를 넘겨주어 너희 중에 몇을 죽이게 하겠고 또 너희가 내 이름으로 말미암아 모든 사람에게 미움을 받을 것이나 너희 머리털 하나도 상하지 아니하리라(눅 21:16-18).

사랑하는 성도 여러분, 여기 우리를 위한 메시지가 있습니다. 하나님은 자기 종들을 환난의 때에 인 치실 것입니다. 인 치심으로 하나님의 진노로부터 우리를 보호하실 것입니다. 앞으로 대환난이 닥칠 것이지만 인 침을 받은 자는 하나님이 끝까지 지키실 것입니다.

사랑하는 성도 여러분, 확신해도 좋습니다. 하나님은 자기 것을 포기하지 않으십니다. 하나님은 자기 백성을 끝까지 보호하십니다. 때로는 박해와 순교의 길을 걷지만 그 걸음은 마침내 아버지 보좌 앞으로 인도될 것입니다.

Revelation

요한계시록 7장 9-12절

9 이 일 후에 내가 보니 각 나라와 족속과 백성과 방언에서 아무도 능히 셀 수
없는 큰 무리가 나와 흰옷을 입고 손에 종려 가지를 들고 보좌 앞과 어린양 앞
에 서서 10 큰 소리로 외쳐 이르되 구원하심이 보좌에 앉으신 우리 하나님과
어린양에게 있도다 하니 11 모든 천사가 보좌와 장로들과 네 생물의 주위에 서
있다가 보좌 앞에 엎드려 얼굴을 대고 하나님께 경배하여 12 이르되 아멘 찬송
과 영광과 지혜와 감사와 존귀와 권능과 힘이 우리 하나님께 세세토록 있을지
어다 아멘 하더라

30
모든 나라와 종족과 백성과 언어에서

그리스도 안에서 사랑하는 성도 여러분, 계시록은 일곱 교회, 일곱 인, 일곱 나팔, 일곱 대접 등 일곱 사건들로 구성되어 있습니다. 계시록 7장에서 요한은 큰 환난을 기점으로 두 가지 환상을 보고 있습니다.

이 장의 본문은 요한이 본 두 번째 환상입니다. 큰 환난의 날이 지난 후 하늘의 축복에 이른 하나님 백성의 모습을 보여 줍니다. 무서운 환난을 통과했으나 한 사람도 잃어버리지 않고 아무도 능히 셀 수 없는 무수한 사람들이 구원의 자리에 이른 것을 보여 줍니다.

사도 요한은 자신과 교회가 역사의 마지막 때에 서 있음을 확신하고 있습니다. 상상을 초월하는 무서운 환난이 닥칠 것을 내다보고 있습니다. 그러나 두 번째 환상을 통해서 무서운 환난 후에 도래할 영광을 미리 보고 있습니다. 그리하여 그 환난을 잘 견디도록 교회를 격려하려고 합니다. 요한은 지금 일반적인 환난이 아니라 말세에 있을 마지막 큰 환난을 생각하고 있습니다. “창세로부터 지금까지 이런 환난이 없었고 후에도 없으리라”(마 24:21)고 주님이 말씀하신 것처럼 말세의 큰 환난을 앞둔 주의 백성을 위로하기 위해 이 환상을 기록합니다.

물론 이것은 세상에서 박해를 받는 우리 모두에게 위로가 되는 말씀이지만 요한의 편지를 받은 그 당시 성도들에게는 특별한 의미였음이 분명합니다. 이 환상은 적대적인 세상을 살아가는 모든 시대 주의 백성에게 위로가 될 뿐만 아니라 마지막 큰 환난을 앞둔 주의 백성에게 특별한 격려가 될 것이 분명합니다.

“모든 민족과 종족과 백성과 언어에서”(새번역) 나온 무리라는 표현은 무엇을 말하고자 합니까? 열방의 만민 가운데서 구원받을 자가 나온다는 것을 실감나게 표현한 것입니다. 전도자의 마음속에 불타오르는 소원이 성취된 환상입니다. 종려 가지와 흰옷을 입은 승리자의 모습 속에 승리가 보장된 우리의 미래상을 볼 수 있습니다. 그뿐만 아니라 하늘의 환상이 나타날 때마다 울려 퍼지는 찬양에 관심을 기울입시다. 구원받은 성도들의 찬양과 거기에 화답하는 천사들의 찬양은 시와 찬미와 신령한 노래를 부르며 감사함으로 순례 길을 걸어가야 할 우리의 모습을 확인해 줍니다.

본문인 7장 후반부의 둘째 장면은 큰 환난의 날이 지나간 후 하늘의 축복 속에 있는 하나님 백성의 모습입니다. 인 침을 받은 성도 하나하나가 하나님의 관심 대상이었기에 아무라도 능히 셀 수 없는 무리가 지금 보좌 앞과 어린양 앞에 서 있습니다. 무서운 환난을 통과한 후 마침내 이르러야 할 장소에 도착한 하나님의 교회의 모습입니다.

이와 같이 계시록 7장의 두 환상은 전혀 다른 시간의 관점에서 같은 교회를 보여 줍니다. 첫 번째 환상에서는 큰 환난의 날, 그 문턱에 선 교회를 향한 하나님의 돌보심을 보여 주고, 두 번째 환상에서는 큰 환난의 날 이후 천국에서 구원받은 성도들의 무수한 숫자를 보여 주고 있습니다. “십사만 사천"에는 한 사람도 자기 백성을 잃지 아니하리라는 하나님의 약속이 있습니다. 아무도 능히 헤아릴 수 없는 수많은 성도의 모습은 그날 무수한 사람이 구원받을 것을 보여 주고 있습니다.

능히 셀 수 없는 큰 무리

사랑하는 성도 여러분, 두 번째 환상이 말하고 있는 메시지에 귀를 기울입시다. 9절을 보십시오.

> 이 일 후에 내가 보니 각 나라와 족속과 백성과 방언에서 아무도 능히 셀 수 없는 큰 무리가 나와 흰옷을 입고 손에 종려 가지를 들고 보좌 앞과 어린양 앞에 서서.

두 번째 환상이 주는 일반적인 교훈은 무엇입니까? 요한은 역사의 마지막에 큰 환난의 날이 이를 것을 말하고 있습니다. 그 시험의 날은 매우 극심해서 창세로부터 이제껏 그와 같은 환난이 없을 것이라고 주님이 말씀하신 대로입니다. 온 지구상에 거하는 모든 사람에게 임하는 형벌의 날, 환난과 진노의 날이라고 성경은 말하고 있습니다. 역사의 한 시점에 도달하면 온 세상 사람들이 고통당하는 때를 하나님이 허락하실 것이라고 합니다. 하나님이 지금은 가만히 계시는 것처럼 보이지만 언젠가 이 세상 사람들이 행한 모든 죄악에 대해 응보하실 날을 준비하고 계신다는 것이 요한계시록에서 보여 주는 기본적인 메시지 가운데 하나입니다. 그날은 누구도 피할 수 없는 재난의 날일 것입니다. 모두 그 환난 속에 빠져들 것입니다.

하지만 끝까지 견디는 자는 구원을 받을 것이라고 성경은 말하고 있습니다. 끝까지 참고 견딘 자가 누릴 영광은 모든 환난을 견딜 만큼 가치 있는 것임이 틀림없습니다. 흰옷을 입고 손에 종려 가지를 들고 보좌와 어린양 앞에서 찬양하는 무리의 환상은 이미 시작된 환난 속에 있는 성도들을 격려하기에 충분합니다.

요한이 환상 속에 본 사람들은 그 수가 엄청나서 "아무도 능히 셀 수 없는 큰 무리"라고 기술되고 있습니다. 하나님 편에서는 각 지파마다 일만 이천 명씩 14만 4천 명을 인 치셨다는 상징이지만, 사람 편에서 볼 때는 전혀 셀 수 없는 엄청난 무리가 모여들 것입니다.

요한이 본 환상의 날이 우리 앞에 다가오고 있습니다. 대환난을 통과한 다음에 우리가 그 가운데서 서로를 발견할 때는 아무도 능히 셀 수 없는 무리라는 것을 인식하게 될 것입니다. 그 엄청난 무리가 지금 흰옷을 입고 손에 종려 가지를 들고 보좌와 어린양 앞에 서서 찬양을 드립니다.

"각 나라와 족속과 백성과 방언에서 아무도 능히 셀 수 없는 큰 무리"라는 표현에서 우리는 하나님의 신실한 언약의 성취를 회상하게 됩니다. 아브라함과 언약을 맺으신 하나님의 약속이 지금 성취된 것을 봅니다. 자기 몸에서 태어날 아들 대신 신실한 종 다메섹 사람 엘리에셀로 만족하려 하는 아브라함을 하나님이 밤중에 이끌고 나가셔서 말씀하셨습니다.

> 그를 이끌고 밖으로 나가 이르시되 하늘을 우러러 뭇별을 셀 수 있나 보라 …… 네 자손이 이와 같으리라(창 15:5).

이것은 환난의 날에 야곱이 붙든 하나님의 약속의 성취이기도 합니다.

> 주께서 말씀하시기를 내가 반드시 네게 은혜를 베풀어 네 씨로 바다의 셀 수 없는 모래와 같이 많게 하리라 하셨나이다(창 32:12).

야곱이 형 에서에 대한 두려움으로 하나님 앞에 기도했던 기도 제목이었습니다. 하나님의 언약을 붙들고 하나님에게 "네 씨로 바다의 셀 수 없는 모래와 같이 많게 하리라 하시지 않으셨습니까? 형 에서의 손으로부터 나와 내 가족을 지켜 주십시오"라고 했던 야곱의 기도가 성취되어 수많은 백성이 지금 요한의 눈앞에 나타나고 있습니다.

수천 년 전에 족장들과 맺으신 하나님의 신실한 언약이 성취되는 역사의 저편을 우리가 이 환상 속에서 보고 있습니다. 하나님의 신실하신 약속이 지금 성취되어 요한은 환상 중에 아무도 능히 셀 수 없는 큰 무리를 보고 있습니다. 구속받은 백성의 수효는 아무도 헤아릴 수 없는 큰 무리라는 것이 바로 이 환상이 우리에게 전해 주고 싶어 하는 가장 일반적인 진리 중 하나입니다.

각 나라와 족속과 백성과 방언에서

요한은 그들이 "각 나라와 족속과 백성과 방언에서" 나온 이들이라고 묘사합니다. 각 나라에서, 족속 가운데서, 백성과 방언 가운데서 나온 사람들이라고 말하고 있습니다. 이것은 요한이 즐겨 사용하는 표현입니다. 계시록에는 이 표현이 여러 번 나오는데, 먼저 5장 9절을 보면 "일찍이 죽임을 당하사 각 족속과 방언과 백성과 나라 가운데에서 사람들을 피로 사서 하나님께 드리시고"라고 표현되어 있습니다. 또 11장 9절에 보면 "백성들과 족속과 방언과 나라 중에서 사람들이 그 시체를 사흘 반 동안 보며 무덤에 장사하지 못하게 하리로다"라는 표현이 나옵니다. 두 증인의 시체를 두고 기술한 장면입니다. 그밖에도 몇 번 더 등장합니다.

나라와 방언과 족속들 가운데서 수많은 백성이 나왔다고 말하고 있습니다. 이것은 이 구원받은 백성이 어느 한 민족으로부터 나온 것이 아니라는 뜻입니다. 어느 한 백성, 한 족속만 특별 대우를 받는 것이 아니라 각 나라와 족속과 방언과 민족으로 구성된 사람들이 구원받은 백성임을 말해 주고 있습니다. 이 표현을 통해 모든 민족으로부터 하나님의 구원받은 백성이 있으리라는 것을 보여 주고 있습니다.

어쩌면 요한이 살던 당대가 그러한 시대였을지 모르겠습니다. 소아시아 어느 항구든 시장에 가면 사람들이 득실댔는데, 거기에서는 여러 나라 사람들을 만나 볼 수 있었습니다. '로마의 평화'라는 깃발 아래 모든 길이 로마로 통하고 있었기 때문에 정말로 많은 민족과 언어와 족속이 섞여 사는 시대였습니다. 인종 전시장과 같은 세상에서 그들의 가슴에 그리스도의 복음을 전하고 싶은 마음이 꿈틀거렸을 것입니다. 비록 피부색이 다르고 입의 말이 다르지만 그들에게 하나님의 영원한 복음을 전하고 싶은 마음은 그때나 지금이나 동일합니다.

요한이 본 환상은 그때나 지금이나 불타오르던 전도자의 소원이 성취된 것으로 볼 수 있습니다. 각 나라와 족속과 백성과 방언에서 나온 아무도 능히 셀 수 없는 큰 무리의 환상은 시대마다 전도자의 가슴에 타오르는 선교의 꿈이 실현되는 장면입니다. 한날 온 세상이 하나님의 나라가 될 것을 보여 줍니다. 각 나라와 족속과 백성과 방언에서 나온 아무도 능히 셀 수 없는 큰 무리의 환상이 우리의 마음속에 선교를 향한 소원의 불길을 더욱 타오르게 하기를 바랍니다. '땅 끝까지 복음을 전하는' 교회의 사명이 완성되는 그날의 환상을 요한이 보여 주고 있습니다.

사실 누구나 자신이 살던 안전지대를 떠나기로 결단하는 것은 쉬운 일이 아닙니다. 하지만 우리는 더 이상 해외로 나갈 필요가 없는 시대와 지역에 살고 있습니다. 지금이야말로 로마 제국 이래로 지구촌이 된 시대입니다. 인구 유동은 그 시대의 특징이자 오늘 우리 시대의 특징이기도 합니다. 보십시오. 온 세상을 하루 생활권으로 묶을 수 있는 수송 수단이 있습니다.

그리고 인터넷을 통한 통신 수단이 발달했습니다. 어디에 있든 손 안의 전화기를 통해 얼굴을 보며 대화하는 것이 보편화되었습니다. 세상은 커다란 묶음으로 지역적으로 통합되고 같은 묶음으로 경제 문화적으로도 통합되고 있습니다.

그때나 지금이나 전도자라면 다양한 민족들을 볼 때마다 그들의 가슴에 그리스도의 복음을 전하고 싶은 마음이 꿈틀거려야 정상입니다. 그러므로 "각 나라와 족속과 백성과 방언에서 나온" 아무도 능히 셀 수 없는 사람들의 환상은 우리로 하여금 선교적 삶으로 나아가게 합니다. 선교의 사명 때문에 떠나는 성도나 떠나보내는 교회나, 새로운 선교적 교회 설립에 뛰어드는 성도나 뒤에서 후원하는 교회나 항상 잊지 말아야 할 환상이 본문에 나오는 이 환상입니다. 우리가 서로 보고 싶을 때마다, 서로를 그리워할 때마다 우리가 떼어 보낸 것 때문에, 떨어져 나온 것 때문에 하늘의 수많은 별들을 보여 주던 환상이 이루어져 간다는 것을 생각해야 합니다.

"각 나라와 족속과 백성과 방언에서 아무도 능히 셀 수 없는 큰 무리가 나와 흰옷을 입고 손에 종려 가지를 들고 보좌 앞과 어린양 앞에 서서" 큰 소리로 외쳐 노래하는 그날을 바라보면서 나아가야 하고 내보내야 합니다. 그날의 찬양을 더욱 힘차게 하기 위해서 오늘도 누군가는 우리에게서 떠나는 결단을 해야 합니다. 또 누군가는 떠나보내는 아픔에 동참해야 합니다. 신실하신 하나님의 언약 성취의 일꾼으로 하나님은 지금도 우리를 부르고 계십니다.

천사들의 화답 찬송

사랑하는 성도 여러분, 흰옷을 입고 손에 종려 가지를 든 무리의 큰 찬양에 화답해서 하늘의 천사들의 노래가 이어지고 있습니다.

> 아멘 찬송과 영광과 지혜와 감사와 존귀와 권능과 힘이 우리 하나님께 세세토록 있을지어다 아멘……(7:12).

두 번의 아멘과 일곱 번의 찬양이 화답되고 있습니다. 처음 "아멘"은 흰 옷 입은 무리의 구원의 감격에 대한 확증이요, 마지막 "아멘"은 또 한 번의 확인입니다. 지극히 복되신 구원의 하나님을 송축하는 것이 그들의 노래 제목입니다. "하나님 당신이 영원한 찬송의 제목이십니다. 당신이 영원한 영광의 원천이십니다. 우리가 구원받은 것은 당신의 지혜로 말미암았고 당신의 권능과 힘으로 말미암았습니다"라고 찬송하고 있습니다.

5장 12절에도 천사들이 어린양께 거의 동일한 찬양을 드리고 있습니다. 그러나 7장 12절을 보면 거의 동일한 찬양을 보좌에 앉으신 우리 하나님에게 드리고 있습니다. 5장에서는 "죽임을 당하신 어린양은 능력과 부와 지혜와 힘과 존귀와 영광과 찬송을 받으시기에 합당하도다"라고 노래하고, 7장에서는 "아멘 찬송과 영광과 지혜와 감사와 존귀와 권능과 힘이 우리 하나님께 세세토록 있을지어다 아멘"이라고 찬송합니다.

사랑하는 성도 여러분, 하늘 가나안을 향해 걷는 발걸음을 가볍게 하기 위해 여러분의 입술에서 찬양을 끊지 마십시오. 구원받은 성도의 찬양과 천사들의 노래 가사를 음미해 보십시오. 땅에서 하늘의 즐거움을 미리 맛볼 것입니다. 예배 때 찬양하는 순간마다 그 찬송의 가사를 한번 음미해 보십시오. 그러면 새로운 멜로디가 여러분의 마음속을 가득 메울 것입니다. 큰 날, 무섭고 두려운 하나님의 진노의 날이 다가오지만 찬양하는 성도들은 이 모든 것을 넉넉히 이길 것입니다. 땅으로부터 하늘 노래를 배웁시다. 땅에서부터 하늘 노래를 부릅시다. 그것을 통해 우리는 넉넉히 이길 힘을 공급받게 될 것입니다.

사랑하는 성도 여러분, 아무도 셀 수 없는 수많은 사람의 환상이 여러분을 다양한 인종과 언어 그룹으로 초대하는 하나님의 손짓이 되기를 바랍니다. 이 환상의 성취를 위해서 우리 모두에게 선교적 교회 개척에 동참하는 기회가 주어지기를 소원합니다.

때로는 지치고 힘들 때 계시록 7장의 환상이 여러분을 위로하기 바랍니다. 구원받기로 작정된 사람은 하나라도 잃지 않고 아무도 능히 셀 수 없는 "각 나라와 족속과 백성과 방언에서" 나온 사람들임을 기억하며 새로운 힘을 얻기를 바랍니다. 각 나라와 족속과 백성과 방언에서 나온 사람들을 위한 뜨거운 열정을 가지고 우리의 삶을 귀하게 사용하신 하나님을 찬송하기를 바랍니다. 아무도 능히 셀 수 없는 그 사람들과 함께 구원의 주님을 찬양하게 되기를 바랍니다.

Revelation

요한계시록 8장 1-6절

1 일곱째 인을 떼실 때에 하늘이 반 시간쯤 고요하더니 2 내가 보매 하나님 앞
에 일곱 천사가 서 있어 일곱 나팔을 받았더라 3 또 다른 천사가 와서 제단 곁에
서서 금 향로를 가지고 많은 향을 받았으니 이는 모든 성도의 기도와 합하여 보
좌 앞 금 제단에 드리고자 함이라 4 향연이 성도의 기도와 함께 천사의 손으로
부터 하나님 앞으로 올라가는지라 5 천사가 향로를 가지고 제단의 불을 담아다
가 땅에 쏟으매 우레와 음성과 번개와 지진이 나더라 6 일곱 나팔을 가진 일곱
천사가 나팔 불기를 준비하더라

31
향연이 기도와 함께

그리스도 안에서 사랑하는 성도 여러분, 이제 계시록의 마지막 인이 떼어지는 장면을 살피려 합니다. 다시금 인을 떼시는 장면으로 돌아갑시다.

계시록 6장에서 어린양이 처음 여섯 개의 인을 떼셨습니다. 계시록 7장은 막간의 환상이었습니다. 그리고 본문 계시록 8장 첫 부분에서는 일곱째 인을 떼십니다. 일곱 나팔과 일곱 대접의 환상을 통해 본격적인 재난을 소개합니다.

반 시간쯤 고요하더니

본문을 살펴봅시다. 일곱째 인이 떼어지는 장면을 기술하고 있습니다. 마지막 인이 떼어지는 순간 하늘에 장엄한 침묵이 반 시간 동안 지속됩니다. 무엇보다 요한은 이 고요함에 압도당합니다. 다음으로 요한은 하나님의 보좌 앞에 일곱 천사가 서 있는 것을 봅니다. 일곱 천사가 일곱 나팔을 받습니다. 그러나 그들은 이 나팔들을 즉각 불지 않습니다. 오히려 조심스럽게 고요함을 깨뜨리지 않고 다음 사건이 완료되기를 기다립니다.

또 한 천사가 등장해서 하나님 보좌 앞에 있는 제단 곁에 섭니다. 그의 손에는 금 향로가 있고 그 향로는 비어 있습니다. 그 금 향로를 가지고 제단에서 많은 향을 받아 성도의 기도와 함께 보좌 앞 금 제단에 올려 드리고 있습니다. 그 천사의 손을 통해서 모든 성도의 기도가 향연과 함께 보좌에 계신 분에게 상달됩니다. 그러자 그 천사는 다시 향로를 가지고 제단에 나아갑니다. 이번에는 제단 위의 불을 향로에 가득 담아 땅 위에 쏟아붓습니다. 그러자 우레와 음성과 번개와 지진이 땅에 일어납니다. 그와 동시에 일곱 나팔을 받은 일곱 천사가 나팔 불 준비를 완료합니다.

이것이 우리가 읽은 본문의 내용입니다. 이 장면을 통해서 우리에게 전달하고자 하는 내용은 무엇일까요? 마지막 일곱째 인이 떼어지는 순간 요한을 사로잡은 것은 반 시간쯤 이어진 하늘의 고요함입니다. 하늘에서 울려 퍼지던 천사의 찬양이 중단되고 적막 속에 싸여 있습니다.

처음 네 가지 인이 떼어질 때마다 "오라"는 우렁찬 소리와 함께 달려 나오는 말과 그 탄 자의 등장이 있었습니다. 다섯째 인을 떼는 순간 제단에서는 큰 소리가 터져 나왔고, 여섯째 인이 떼어지자 온 우주의 대격변과 함께 진노의 큰 날이 이르렀다는 외마디 탄성이 터져 나왔습니다. 마지막 일곱째 인이 떼어지면 그런 부류의 엄청난 종말의 사건이 터질 것으로 예상할 수 있습니다. 그러나 우리의 예상을 뒤엎고 반 시간 동안이나 아무 소리도 들리지 않는 고요함만 하늘에 가득합니다. 일곱째 인이 떼어질 때 요한을 사로잡은 것은 하늘의 고요 그 자체였습니다.

왜 고요한가

이 고요함은 무엇을 나타낼까요? 본문은 두 가지를 암시하고 있습니다. 잠깐 동안의 하늘의 고요는 다음에 있을 사건의 극적 효과를 살려 줍니다. 제가 설교를 하다가 갑자기 하던 말을 멈추고 오래 침묵하고 있으면 아마 딴생각하던 사람도 왜 그러나 하고 저를 쳐다볼 것입니다. 고요한 한순간을 통해 그다음에 등장하는 일곱 천사가 일곱 나팔을 받는 사건을 부각시킵니다. 일곱째 인이 떼어지자 하늘의 천군 천사가 숨을 죽이고 쏟아부어질 심판을 기다리고 있습니다. 뒤따라 있을 사건들을 두려움 속에서 숨을 죽이고 침묵하며 기다리는 것을 나타냅니다. 다가올 마지막 심판을 두려움 속에서 기다리는 고요가 하늘의 천군 천사들을 사로잡습니다. 그들은 다음 사건이 어떤 것인지 미리 알고 있었기 때문에 침묵할 수밖에 없었습니다. 1절의 고요를 2절의 사건과 관련지어 그렇게 이해할 수 있습니다.

본문에 나오는 또 다른 암시는 3절 이하에 나오는 성도의 기도와 관련지어 생각할 수 있습니다. 지금은 모든 성도의 기도가 하늘 보좌에 막 올라갈 순간입니다. 그 기도의 응답을 통해서 하나님의 나라가 능력으로 땅 위에 올 것입니다. 하나님은 지금 하늘의 모든 것을 멈추시고 성도의 기도를 들으시려는 것으로 보입니다. 밤낮으로 하나님 앞에서 찬양하는 것이 네 생물과 이십사 장로들의 주된 임무인데, 지금은 성도의 기도가 보좌에 들려지기 위해서 밤낮으로 드리는 찬양과 천사들의 찬미마저도 잠깐 중단된 순간입니다. 모든 성도의 기도가 천사의 손으로 보좌에 올려지기 위해 하늘이 고요해진 것입니다.

사랑하는 성도 여러분, 여러분은 기도를 어떻게 여기십니까? 달리 별수가 없을 때 혹시나 하고 두드려 보는 문입니까? 본문에서 요한의 환상은 성도의 기도가 하나님에게 어떤 의미인지 보여 줍니다. 세상은 주님의 백성을 향해 기도밖에 할 줄 모른다고 조롱하지만 하늘은 기도의 중요성을 알고 있습니다. 하나님이 하늘에서 모든 것을 멈추시고 성도의 기도를 받으시는 극적인 장면을 보십시오. 그룹과 스랍들까지 침묵하는 놀라운 순간이 성도의 기도가 하나님의 보좌에 드려지는 순간입니다. 땅에서 고난받는 모든 성도의 기도가 하늘에 아뢰어지기 위해 온 하늘은 고요해졌습니다.

향연이 기도와 함께

> 또 다른 천사가 와서 제단 곁에 서서 금 향로를 가지고 많은 향을 받았으니 이는 모든 성도의 기도와 합하여 보좌 앞 금 제단에 드리고자 함이라 향연이 성도의 기도와 함께 천사의 손으로부터 하나님 앞으로 올라가는지라(8:3, 4).

여기서 한 천사가 등장합니다. 마치 제사장이 성소에서 향연을 피우듯 제단 곁에 서서 금 향로로 향을 받아 담습니다. 천사는 구원받을 상속자를 섬기는 역할을 담당합니다. 우리를 섬기는 역할을 맡은 이가 천사입니다. 우리가 천사를 섬기는 것이 아닙니다. 우리 안에 천사가 들어와 있다는 것은 성경에서 말하는 바가 아닙니다. 여기 등장한 천사도 금 향로를 들고 향을 담아 모든 성도의 기도를 합하여 보좌 앞 금 제단에 드리는 일을 합니다. 그가 금 향로에 담은 향은 그에게 주어진 향입니다. 제단 곁에 서서 많은 향을 받았다고 합니다. 성도의 기도는 그 자체로 하나님에게 드려지는 것이 아닙니다. 박해와 환난 중에 그들이 부르짖지만 그 기도는 불완전합니다. 그러나 우리 주 그리스도의 희생 때문에 우리 기도는 보좌 앞에 상달됩니다. 그리스도의 중재와 화해의 기도로 분향될 때 보좌 앞에 올라갑니다. 성도들의 불완전한 기도가 분향의 연기와 함께 완전해져서 하늘에 상달됩니다.

사랑하는 성도 여러분, 제단으로부터 받은 많은 향과 함께 모든 성도의 기도는 보좌 앞 금 제단에 드려집니다. 지금 요한이 보는 환상은 우리가 왜 그분의 이름으로 기도해야 하는지를 밝혀 줍니다. 무엇이든지 주 예수의 이름으로 아뢰십시오. 그분의 희생과 중보의 기도를 통해 우리의 기도는 아버지 하나님에게 상달됩니다. "예수님의 이름으로 기도합니다"는 "아멘"을 유도하기 위한 신호가 아닙니다. 예수님의 이름으로 드려진 기도만이 아버지의 보좌 앞에 상달될 수 있기 때문입니다. 그분의 희생을 통해, 그분이 대신 드리는 간구의 도우심을 통해 우리의 불완전한 기도가 하나님 아버지의 존전에 올라갈 수 있습니다. 그래서 성도는 기도할 때마다 주 예수 그리스도의 이름으로 기도를 마감하는 것입니다. 구약 성경의 성도들은 "여호와여"라고 부르며 기도를 시작했다면, 신약 성경의 성도들은 "예수님의 이름으로 기도합니다"라고 말하며 기도를 끝맺습니다.

아버지께서는 금 향로에 담긴 향 같은 주님의 희생에 근거하여 우리 기도를 들어 주십니다. "향연이 성도의 기도와 함께" 하나님 앞으로 올라갑니다. 요한은 이 일을 위해 하늘의 천사가 수종 드는 장면을 보여 줍니다.

사랑하는 성도 여러분, 때로는 우리의 기도가 혼자 몸부림치는 것처럼 느껴질 때가 있을 것입니다. 그러나 그런 순간에는 요한이 여기에 기록한 환상을 기억하십시오. 우리의 기도가 상달되기 위해 하늘의 천사까지 동원됩니다. 우리가 주 예수 그리스도의 이름으로 드리는 기도마다 그리스도의 중보와 희생의 향이 하나님에게 함께 바쳐집니다. 외로이 부르짖는 한 성도의 기도가 아버지의 보좌 앞에 상달되기 위해 천사의 섬김과 그리스도 우리 주 예수의 희생이 함께합니다. 주님의 희생을 통해서 우리의 모든 봉사와 기도가 하나님에게 제물로 드려집니다. 우리가 드리는 찬양이, 우리가 드리는 예배가, 우리가 주 앞에 나오면서 드리는 연보가 모두 그리스도의 희생에 근거해서 하나님 앞에 예물로 바쳐지게 됩니다. 우리가 몸부림치며 드리는 그 기도가 하늘 보좌를 움직이기 위해서 그리스도의 희생과 함께 천사의 수종이 따릅니다.

사랑하는 성도 여러분, 하늘의 천사가 우리의 기도를 보좌 앞 금 제단에 올려 드리고 있습니다. 금 향로에 향을 가득 담아 보좌 앞 금 제단에 드리고 있습니다. 성도의 기도를 얼마나 보배롭게, 귀중하게 여기시는지 기도와 관련된 기구가 모두 금으로 되어 있습니다. 하나님은 성도의 기도를 왜 그처럼 귀중하게 여기십니까? 땅에서 부르짖는 성도의 기도는 하늘의 보좌를 움직이기 때문입니다.

> 천사가 향로를 가지고 제단의 불을 담아다가 땅에 쏟으매 우레와 음성과 번개와 지진이 나더라 일곱 나팔을 가진 일곱 천사가 나팔 불기를 준비하더라(8:5, 6).

향연이 성도의 기도와 함께 천사의 손으로 하나님 앞에 올려질 때 다시 한 번 천사가 향로를 가지고 동참합니다. 이번에는 그 향로 안에 제단의 불을 담아다가 땅에 쏟아붓습니다. 그러자 땅에서 우레와 음성과 번개와 지진이 일어납니다. 처음에는 향로를 가지고 향을 담아 성도의 기도와 합해서 보좌 앞 금 제단에 드리는 일을 했습니다. 두 번째는 향로를 가지고 제단에서 불을 담아 땅에 쏟았습니다.

제단의 불을 땅에 쏟으매

천사들은 구원얻을 후사를 섬기도록 주신 일꾼입니다. 성도의 기도가 아버지께 상달되는 일에 사용되고 그 기도의 응답으로 하나님의 역사가 시행될 때 다시금 천사가 사용됩니다. 즉, 향로에 불을 담아 땅 위에 심판을 시행하는 일에 천사가 수종을 들고 있습니다. 중보의 기도가 드려지는 일뿐 아니라 심판의 불을 쏟는 일에도 하나님의 천사가 사용되고 있습니다.

하나님 백성의 기도는 하나님의 심판을 땅 위에 시행하게 합니다. 하나님이 환난 중에 그 백성이 부르짖으며 드리는 기도를 들으시고 기도의 응답으로 세상의 역사를 완성하시고 마지막으로 세상을 심판하실 것입니다. 하나님 백성의 기도는 중요한 역할을 담당하고 있습니다. 하나님은 지금 백성 된 우리의 기도를 들으시고 이 세상을 다스리시며 이 세상을 심판하십니다. 하나님은 모든 성도의 기도를 받으신 다음 땅 위에 진노를 쏟아부으심으로 분명히 보여 주십니다. 곧 쏟아질 하나님의 진노의 전조로 땅에서 우레와 음성과 번개와 지진이 납니다.

우레와 음성과 번개와 지진이 일어나는 것은 시내산에서 하나님이 강림하셨을 때 나타난 현상들을 생각나게 합니다. 그뿐만 아니라 제단에서 불을 담아 붓는 것도 에스겔의 이상 속에서 볼 수 있는 장면입니다. 에스겔은 그룹 밑 바퀴 사이로 들어가 그 속에 있는 숯불을 두 손 가득히 움켜서 성읍 위에 흩으라는 명령을 받았습니다(겔 10:2). 예루살렘 위에 쏟으시는 하나님의 진노의 표현입니다.

요한의 환상은 예루살렘에 한정되는 것이 아니라 온 지상을 대상으로 하고 있습니다. 성도의 기도를 들으신 하나님이 제단에서 취한 숯불을 가지고 땅 위에 쏟아붓게 하십니다. 세상을 심판하는 하나님의 역사는 성도의 간구로부터 시작됩니다. 공의를 실현하기 위해 드린 우리의 기도, 그분의 나라가 오시도록 간구한 우리 기도의 응답으로 하나님은 공의의 심판을 베푸실 것을 요한의 환상을 통해 우리에게 확증해 주십니다.

성경은 하나님이 이 세상을 새롭게 하실 때를 어떻게 묘사하고 있습니까? "의가 보금자리를 트는 새 하늘과 새 땅"(벧후 3:13 참조)이라고 말하고 있습니다. 주님은 이 세상을 바라보실 때, 이 세상 나라들과 정권들을 바라보실 때, 그것들의 핵심이 불의(不義)하다고 보십니다. 그래서 다니엘과 요한계시록에도 세상 나라를 상징하는 것은 짐승이었습니다. 야수적인 권력이 세상 나라를 지탱하는 힘이라고 말씀하십니다. 그러나 어떤 정권은 본인들이 정의롭다고 말하고 다닙니다. 그것은 있을 수 없는 건방진 이야기입니다. 의롭지 않은 사람들이 본인이 의롭다고 생각하는 것은 자신을 뺀 나머지 모든 사람을 불의하게 보는 것입니다. 세상은 주님이 오실 때까지 의롭게 되지 않습니다. 하나님의 역사를 이루어 가심에 있어 하나님은 성도들의 기도를 사용하십니다.

나팔 불기를 예비하더라

성도의 기도가 하늘 보좌 앞으로 올라간 다음 일곱 나팔을 가진 일곱 천사가 나팔 불기를 예비합니다. 하나님은 성도의 기도를 들으셨습니다. 땅에 내리는 심판이 그 기도의 응답입니다. 지금 일곱 천사가 경고의 나팔을 불 준비를 완료했습니다.

사랑하는 성도 여러분, 우리는 세상을 살면서 지금 밧모에 유배된 요한처럼 무력한 자신을 볼 때가 있습니다. 세상은 우리를 삼키려는 듯합니다. 악은 성행하는데 우리 개인이 할 수 있는 일은 별로 없는 듯 느껴집니다. 그런데 본문의 환상은 역사의 물줄기를 바꿀 만한 힘이 없는 것 같은 우리의 원기를 회복시키기에 충분합니다.

여러분은 기도가 어떤 것이라고 생각하십니까? 하나님은 성도의 기도를 통해 역사의 흐름을 바꾸십니다. 하나님은 성도가 드린 기도의 응답으로 세상을 심판하십니다. 우리에게는 공의가 보금자리를 트는 세상을 만들 힘이 없지만 전능하신 하나님에게 있는 그대로를 아뢸 수는 있습니다. 하나님은 성도의 기도를 통해 그 나라가 이루어지도록 뜻하셨습니다. 세상 나라를 우리 주 그리스도의 나라로 만드는 일에 우리는 기도로 동참할 수 있습니다. 하나님은 당신의 나라가 이 땅에 임하는 방편으로 우리의 기도를 사용하기를 기뻐하십니다.

전능하신 하나님이 연약한 성도의 탄식을 들으십니다. 스스로 전능하신 하나님이 힘없이 부르짖는 자기 백성의 간구를 들으십니다. 불의에 신음하는 그 고통의 소리를 들어 주십니다. 전능하신 하나님이 하찮은 성도의 간구에 움직이십니다. 하나님의 전능하심과 성도의 나약한 기도가 어떻게 맞물려 있는지 우리가 다 이해할 수 없지만, 신앙은 이 일을 귀중하게 여깁니다. 이것이 하나님의 신비입니다.

하나님은 이스라엘을 포로로 엮어 가실 때부터 그곳에서 구출하기로 작정하셨습니다. 그럼에도 선지자를 통해서 "너희가 부르짖어야 할 것"이라고 요청하셨습니다. 하나님이 공의로 심판하실 것입니다. 하나님 역사의 시간표에 따라서 조금의 오차도 없이 하나님은 심판하실 것입니다. 그래도 하나님은 성도들에게 부르짖기를 요청하십니다. 그래서 우리는 "아버지의 나라가 임하옵소서"라고 기도하는 것입니다. 우리가 모여 기도할 때마다 하나님의 나라가 능력 가운데 임하기를 간구하는 것입니다. 하나님은 우리의 간구를 들으셔서 이 세상의 역사를 마감하시고 완성하실 것입니다.

기도의 힘

일곱째 인이 떼어질 때는 성도의 기도를 들으시기 위해 하늘이 잠깐 고요했습니다. 성도의 기도를 들으셔서 세상을 심판하시고 아버지의 그 나라를 선물로 주시기 위해 하늘은 반 시간쯤 고요해졌습니다. 이제 일곱 천사가 일곱 나팔을 불 준비를 완료했습니다. 성도가 드린 기도의 응답으로 경고의 나팔이 차례로 세상에 울려 퍼질 것입니다.

하나님은 이 악한 세상을 심판하는 도구로 우리의 기도를 사용하십니다. 하나님은 성도들의 부르짖는 기도를 통해 그분의 나라를 그들에게 주기를 기뻐하십니다. 이 세상 나라를 하나님의 나라, 예수 그리스도의 나라로 만드는 일에 우리의 기도를 사용하십니다. 우리의 기도가 결정적인 일로 사용된다는 것을 믿으십시오. 땅에 살면서 하늘 하나님의 통치에 함께하십시오. 우리의 기도를 통해 하나님의 통치에 동참할 수 있습니다. 기도를 통해 그리스도의 왕권에 동참하는 영광을 누리십시오.

우리의 부르짖는 기도가 무력하게 느껴진다는 생각을 떨쳐 버리십시오. 사탄은 우리의 기도가 무력한 것이라고 속삭이면서 우리를 실망시키려 하지만, 그것은 우리의 기도야말로 하나님이 전능하신 능력을 행사하시는 데 사용된다는 것을 알고 우리로 하여금 기도하지 못하도록 방해하며 좌절시키기 위함입니다. 그 사실을 사탄이 더 잘 알기 때문에 우리를 낙담시키려 하는 것입니다. 그러나 믿으십시오. 우리의 기도가 전능하신 하나님의 보좌를 움직이며, 세상의 역사를 바꾸어 나가고, 세상의 마지막 심판을 가져온다는 사실을 믿으시길 바랍니다.

사랑하는 성도 여러분, 기도하십시오. 기도는 전능자의 힘을 움직일 수 있습니다. 우리의 남은 생을 통해 하나님의 거룩하신 뜻이 실현되도록 기도하십시오. 하나님은 우리에게 복 주기를 원하시고, 우리를 통해 하나님 나라를 확장해 나가기를 원하십니다. 혹시 이것저것 하다가 안 되니까 그냥 한번 기도나 해봐야겠다고 생각하십니까? 아닙니다. 우리의 기도는 전능하신 하나님의 보좌를 움직이는 능력의 방편이 됩니다. 악한 세상에 있으면서도 역사의 흐름을 주도할 수 있습니다. 우리의 기도는 우리가 생각하는 것보다 훨씬 귀할 뿐만 아니라 대단한 위력이 있음을 기억하십시오.

성도들이 함께 기도하면 하나님이 그 기도를 들으시고 이 민족의 내일을 움직여 가실 것입니다. 우리가 기도하면 하나님은 이곳을 복받게 하실 것입니다. 대한민국을 새롭게 하실 것입니다.

중보 기도의 은사

사랑하는 주의 백성 여러분, 우리 중에는 특별히 기도의 은사를 지닌 분이 있습니다. 하나님이 공동체를 위해 기도할 수 있는 은사를 주셨는데도 기도하지 않는다면 은사를 활용하지 않는 것입니다. 우리의 중보 기도가 활용될 때 하나님은 우리에게 주기로 약속하신 복을 주실 것입니다.

하나님은 우리의 중보 기도가 드려지기 전에는 이 공동체를 통해 당신의 역사를 이루어 가시지 않습니다. 하나님이 공동체에 주신 기도의 은사를 통해서 향연이 하늘에 올려질 때 하나님의 역사를 이루어 가실 것입니다. 부르짖는 성도의 기도가 있어야 교회를 통해서 열매 맺는 사역이 이루어질 것입니다. 모든 사람이 꼭 같이 부르짖을 수는 없습니다. 모든 사람이 기도해야 할 의무가 있지만 어떤 사람은 다른 사람보다 기도의 자리에서 더 강할 수 있습니다. 하나님이 은사로 주셨기 때문입니다. 그들의 간구를 통해 계시의 말씀이 열려야 합니다. 닫혀 있던 신비의 말씀이 우리에게 능력으로 다가오기 위해서는 성도들의 중보 기도가 필요합니다. 하나님의 비밀이 공개되기 위해 하나님은 성도의 기도를 듣기를 기뻐하십니다.

성도의 기도와 함께 하나님 앞으로 올려지는 그 향연 속에 우리의 기도가 포함되어 있기를 바랍니다. "아버지의 나라가 오게 하시며 아버지의 뜻이 하늘에서와 같이 땅에서도 이루어지게 하소서. 아멘!"

Revelation

요한계시록 8장 6-13절

6 일곱 나팔을 가진 일곱 천사가 나팔 불기를 준비하더라 7 첫째 천사가 나팔
을 부니 피 섞인 우박과 불이 나와서 땅에 쏟아지매 땅의 삼분의 일이 타 버리
고 수목의 삼분의 일도 타 버리고 각종 푸른 풀도 타 버렸더라 8 둘째 천사가 나
팔을 부니 불 붙는 큰 산과 같은 것이 바다에 던져지매 바다의 삼분의 일이 피
가 되고 9 바다 가운데 생명 가진 피조물들의 삼분의 일이 죽고 배들의 삼분의
일이 깨지더라 10 셋째 천사가 나팔을 부니 횃불같이 타는 큰 별이 하늘에서 떨
어져 강들의 삼분의 일과 여러 물샘에 떨어지니 11 이 별 이름은 쓴 쑥이라 물
의 삼분의 일이 쓴 쑥이 되매 그 물이 쓴 물이 되므로 많은 사람이 죽더라 12 넷
째 천사가 나팔을 부니 해 삼분의 일과 달 삼분의 일과 별들의 삼분의 일이 타
격을 받아 그 삼분의 일이 어두워지니 낮 삼분의 일은 비추임이 없고 밤도 그러
하더라 13 내가 또 보고 들으니 공중에 날아가는 독수리가 큰 소리로 이르되 땅
에 사는 자들에게 화, 화, 화가 있으리니 이는 세 천사들이 불어야 할 나팔 소리
가 남아 있음이로다 하더라

32
경고의 나팔들

그리스도 안에서 사랑하는 성도 여러분, 첫인상은 까다로워 보이지만 만날수록 평안하고 다정한 사람이 있듯이 계시록은 첫눈에 보면 어려운 책입니다만 계속 살펴보면 의외로 단순한 메시지를 전하고 있습니다. 상징과 환상으로 복잡한 책이라기보다는 분명한 메시지로 다가오는 책입니다. 어떤 때는 수수께끼 같기도 하나 말세를 사는 성도들에게 분명한 소망과 위로를 주는 책이 요한계시록입니다.

6장과 8장 첫머리에는 보좌에 앉으신 어린양이 일곱 인을 떼시는 장면이 나옵니다. 7장에서는 여섯째 인이 떼어진 후 일곱째 인이 떼어지기 전 막간의 장면이 나옵니다. 그리고 본문 8장 6절부터 일곱 천사가 일곱 나팔을 부는 환상으로 연결됩니다. 일곱 인을 떼는 사건, 일곱 나팔을 부는 사건, 그리고 일곱 대접을 쏟아붓는 사건이 계시록의 큰 줄거리를 이루고 있습니다. 그러면 전체 문맥 속에서 일곱 경고의 나팔이 차지하는 위치를 먼저 확인하고 난 후 일곱 경고의 나팔이 주는 메시지를 살펴봅시다.

본문의 세세한 묘사보다는 전체적인 메시지 위주로 살펴보고자 합니다. 우선 본문에서는 일곱 경고의 나팔 가운데 처음 네 천사의 나팔 소리를 들을 수 있습니다. 일곱 나팔의 심판 경고는 일곱째 봉인이 떼어지는 환상에 이어 등장합니다. 그래서 시간적으로 마치 일곱 인이 다 떼어지고 난 후에 일곱 나팔이 울리는 것처럼 보이지만 일곱 인을 떼는 사건, 일곱 나팔을 부는 사건, 그리고 뒤에 살펴볼 일곱 대접을 쏟아붓는 사건은 연속적인 사건이라기보다는 동시적인 사건입니다. 예수 그리스도의 나라가 이 땅에 임하기 전에 반드시 일어날 종말의 상황을 세 차례로 기술한 것입니다. 일곱 인을 떼심으로, 일곱 나팔을 부심으로, 일곱 대접을 쏟아부으심으로 경고의 말씀을 반복해서 강조하고 있습니다. 반드시 역사 속에 속히 일어날 종말의 상황을 상징을 달리하여 강조합니다.

그리스도의 나라가 도래하기 직전에 반드시 일어날 사건들을 다른 상징을 사용해서 묘사합니다. 세 가지 일련의 심판 행위를 묘사하여 요한은 예수 그리스도의 강림을 숨 막히는 절정으로 이끌어 갑니다. 다시 말하면, 일곱 봉인을 다 뗀 후에 일곱 나팔 소리가 들린다고 해서 일곱 인의 경고가 먼저 있고 후에 일곱 나팔의 심판 경고가 있으리라고 생각해서는 안 됩니다. 동일한 사건을 다른 각도에서 묘사한 것이기 때문에 어느 정도 동시적인 사건으로 보아야 합니다. 같은 재난과 경고를 다른 상징을 사용해서 거듭 강조할 뿐입니다.

인봉과 나팔

일곱 인을 떼는 사건과 일곱 나팔을 부는 사건은 좀 더 대비해서 보아야 합니다. 어떤 면에서 보면 일곱 인을 떼는 사건은 상당히 중요한 고유 개념입니다. 유대 지파의 사자 다윗의 뿌리이신 어린양 예수께서 일곱 인을 떼시는 분으로 등장합니다. 비록 둘째 인을 떼실 때부터는 어린양의 이름이 생략되어 있지만 모든 인을 떼시는 분은 어린양 예수임이 분명합니다.

우리는 신문이나 뉴스를 통해서 세상에 엄청난 일들이 일어남을 봅니다. 그 모든 일의 배후에서 역사의 인을 떼시는 분이 어린양 예수 그리스도이십니다. 모든 역사의 배후에는 그분의 주도적인 역할이 있습니다. 요한은 어린양 예수 그리스도께서 구속의 중보자이심을 알고 있었습니다. 역사의 주관자이심을 알고 있었습니다. 그분만이 사람들에게 하나님 나라를 궁극적으로 가져다주실 분임을 인식하고 있었습니다.

인을 떼시는 일에 비해 시대의 종말을 알리는 나팔의 상징은 이스라엘 역사 깊숙이 뿌리박힌 전통적인 개념입니다. 이스라엘은 나팔 소리에 익숙한 민족입니다. 특히 그들은 전쟁 시에 나팔을 불었습니다. 위기를 선포하고 사람들을 소집하기 위해 불었습니다.

이런 역사적 배경 때문에 이스라엘은 하나님의 심판이 임박할 때 경고의 나팔을 부는 것을 당연하게 받아들였습니다. 파수꾼이 접근하는 적을 발견하고 나팔을 불듯이 선지자는 자신의 역할을 그렇게 보았습니다. 에스겔은 자신이 그 백성에게 경고하는 자로 선택되었음을 알았습니다. 하나님의 진노에 대한 심판을 알려 주는 일을 자신의 사명으로 인식했습니다. 그의 경고를 무시하고 멸망에 이르는 백성은 그 책임을 스스로 져야 합니다. 그러나 파수꾼으로서 선지자가 경고의 나팔을 불지 아니했다면 선지자가 그 백성의 파멸에 책임져야 합니다.

위기와 전쟁을 알릴 때만 나팔을 분 것은 아니었습니다. 반대로 해방과 기쁨의 날을 알리는 데도 사용되었습니다. 나팔을 불어 알리는 여호와의 날의 도래는 악인에게는 심판의 날이지만 의인에게는 구원의 날입니다. 동일한 여호와의 큰 날이 악인에게는 두려운 날이지만 하나님의 말씀대로 살던 자들에게는 해방의 날입니다. 나팔 소리가 어떤 이들에게는 두려움을 안겨 주지만 어떤 이들에게는 기쁨을 가져다줍니다. 많은 이스라엘인은 나팔 소리를 들을 때 공포 대신 기쁨을 연상했습니다. 그들은 축제의 날, 대속죄일에 나팔을 불었기 때문입니다.

대속죄일로 절정을 이루는 칠월 첫날, 이스라엘은 나팔을 불어 회개의 시작과 새해의 시작을 선포했습니다. 여호와의 날을 알리는 나팔 소리는 하나님에게로 돌아오라는 회개의 요청이요 하나님의 심판 대신 그분의 자비로 돌이키려는 하나님의 마지막 호소입니다. 그리고 마지막 날에 울리는 나팔 소리는 구원의 새 시대를 알리는 역할을 합니다. 포로에서 해방되어 고국으로 돌아올 때 나팔을 불어 평안과 위로를 주는 날임을 알렸습니다.

다시금 천군 천사가 나팔을 불 때 새로운 날이 시작될 것입니다. 더 나아가 흩어진 백성을 고통에서 돌이키며 구원하는 일을 알리는 나팔 소리는 죽음에서 그 백성을 깨우는 나팔 소리로 이어집니다. 먼 흑암의 세계에 있는 사람들을 빛의 나라로 부르는 소리입니다.

울려 퍼지는 나팔 소리는 이처럼 다양한 의미로 사용되었습니다. 심판과 회개, 해방과 구원, 새 시대의 도래를 알리는 일에 사용되었습니다. 그뿐 아니라 새 왕의 등극 시에도 나팔을 불었습니다. 그러므로 마지막 천사장의 나팔 소리도 예수 그리스도께서 가시적인 통치자로 세상에 나타나실 것을 알리고 있습니다. 나팔 소리는 이 모든 풍성한 기억과 상징으로 다가옵니다. 우리는 이런 배경을 가지고 천사가 나팔을 부는 본문으로 다가서야 합니다.

경고의 나팔 소리

무엇보다도 본문의 나팔 소리는 심판과 경고를 알리는 소리입니다. 네 천사의 나팔 소리는 자연계에 엄청난 재해를 가져오고 그 결과 많은 사람의 죽음을 초래합니다. 땅과 바다, 강과 하늘, 사람이 사는 생존 환경 모든 곳에 엄청난 재해를 불러일으킵니다.

사랑하는 성도 여러분, 이 나팔 소리를 여러분의 귀로 직접 들어 보신 적이 있습니까? 환경 오염은 이 시대를 향한 하나님의 경고의 나팔 소리입니다. 생존 환경을 위협하심으로 하나님은 인류를 향한 당신의 진노를 표현하십니다. 오늘날 인간의 삶, 그 목표와 양상을 싫어하시는 하나님의 심판의 경고입니다. 사람들이 살아가는 목표와 수단에 대해서 싫어하시는 하나님의 경고의 나팔입니다. 돌이키지 아니하면 완전히 멸망시키리라는 경고가 환경 오염을 통해 나타납니다.

육지와 바다, 강과 하늘, 인간의 모든 생존 환경은 오염되어 가고 있습니다. 우리는 이 시대의 아들이라 늘 그랬던 것처럼 생각하지만, 백 년 전만 해도 사람들은 환경 오염이라는 단어 자체를 몰랐습니다. 이것은 전대미문의 사건입니다. 이전에도 자연재해가 있었지만 어쩌다가 일어나는 일이었습니다. 일정한 시간, 일정한 지역에만 한정되던 사건이었습니다. 그러나 오늘날 우리에게 닥친 지구 온난화나 미세 먼지, 오존층 파괴 등은 때와 장소의 구별이 없습니다. 온 세계에 공히 일어나는 현상입니다. 지금은 우주적, 보편적 재난이 시작되고 있습니다. 옛날에는 가을이 오면 단풍이 들고 낙엽이 떨어졌지만, 오늘날은 산성비로 인하여 7월 장맛비에도 시커먼 잎이 떨어집니다. 이런 현상은 선진 공업국은 물론 미개발 지역에서도 흔히 볼 수 있습니다. 지금까지 일어났던 재해와는 다릅니다. 이 모든 생태학적인 재난은 인간을 돌이키시려는 하나님의 경고입니다.

> 첫째 천사가 나팔을 부니 피 섞인 우박과 불이 나와서 땅에 쏟아지매 땅의 삼분의 일이 …… 둘째 천사가 나팔을 부니 불 붙는 큰 산과 같은 것이

> 바다에 던져지매 바다의 삼분의 일이 …… 셋째 천사가 나팔을 부니 횃불 같이 타는 큰 별이 하늘에서 떨어져 강들의 삼분의 일과 여러 물샘에 떨어지니 …… 넷째 천사가 나팔을 부니 해 삼분의 일과 달 삼분의 일과 별들의 삼분의 일이 타격을 받아……(8:7-12).

하늘로부터 쏟아지는 진노입니다. 하늘에서 쏟아지는 재난은 사람이 막을 수 없습니다. 우리는 땅과 하늘, 강과 바다, 인간 생존 환경의 모든 영역이 오염되는 때에 살고 있습니다. 하나님의 진노요 하늘로부터 쏟아지는 진노입니다.

이 네 천사의 나팔 소리로 인한 재난은 출애굽을 연상시키지만, 그보다 훨씬 심한 재앙임을 보여 줍니다. 그냥 '우박과 불'이 아니라 "피 섞인 우박과 불"입니다. 재난의 범위 역시 애굽 한 나라가 아니라 우주적입니다. 나일강에만 임한 재난이 아니라 모든 강의 3분의 1에 임한 재난입니다. 그때는 잠깐 어두워졌으나 이제는 해, 달, 별의 3분의 1이 어두워졌다고 기록되어 있습니다. 특히 3분의 1이 재난에 빠져든다는 것이 시사하는 바가 무엇입니까? 그것은 전체적인 심판이 아니라 국부적인 심판이라는 것입니다. 최종적인 심판이 아니라 심판의 시작이라는 의미입니다.

마지막 경고_ 환경 오염과 생태학적 재난

사랑하는 성도 여러분, 우리는 이미 천사들의 나팔 소리가 울려 퍼지고 있는 시대에 살고 있습니다. 어느 시대든 자연재해는 늘 있었지만, 그 피해는 시간과 장소에 제한적이었습니다. 그러나 우리 시대는 총체적 재난 앞에 처해 있습니다. 자연적 재해가 인류 보편적 현상이 된 시대입니다.

19세기 말엽 산업 혁명이 가속화되기 시작할 때, 한 학자가 석탄 사용으로 탄산가스가 증가하여 공기 오염이 심각해질 것이라고 경고했습니다. 그때 사람들은 그를 정신 나간 사람으로 취급했습니다. 그러나 불과 한 세기 만에 그의 예언적 경고는 누구도 무시할 수 없는 엄연한 현실이 되었습니다. 환경을 보전하기 위해 우리는 노력해야 합니다. 이것은 21세기를 살아가는 그리스도인의 부름입니다.

우리는 어떤 노력을 해야 합니까? 가장 먼저 물을 아껴 써야 합니다. 옛날에는 돈을 펑펑 쓰면 "돈을 물 쓰듯이 쓴다"고 표현했습니다. 그때는 좋은 자연을 가지고 있었기 때문에 물을 펑펑 쓸 수 있었습니다. 그러나 지금은 물을 물 쓰듯이 쓰면 안 됩니다. 유엔(UN)이 대한민국을 물 부족 국가로 분류하고 있기 때문입니다. 설거지를 할 때 물이 담긴 작은 그릇에 세제를 조금 담아 놓아 덜어 가며 사용하면 세제를 식기에 뿌려 놓지 않아도 깨끗이 설거지할 수 있습니다. 작은 용변을 볼 때도 마찬가지입니다. 누가 먼저 사용하면 그다음 가족이 사용한 후에 물을 내려도 됩니다. 돈이 없어서, 집이 가난해서 그러는 것이 아닙니다. 이 시대를 살아가는 그리스도인으로서 환경 보존에 참여해야 하는 것입니다. 우리의 이러한 노력이 아무 효과 없어 보일 때가 있지만, 결과와 상관없이 우리는 그리스도인답게 살아야 합니다. 하나밖에 없는 우리 삶의 터전인 지구를 보존하는 일에 마음을 써야 합니다. 하지만 그럼에도 하늘로부터 내리는 재난을 모면할 길은 없습니다. 이것이 우리의 딜레마입니다.

환경 오염, 생태학적 재난은 마지막 시대를 알리는 하나님의 경고입니다. 인간들이 그 손으로 행한 잘못된 일로부터 회개하도록 요청하시는 경고입니다. 여러 귀신과 우상을 숭배하는 일에서 하나님에게로 돌아오라는 호소입니다. 하나님을 찬양해야 하는 입으로 엉뚱한 것을 노래하는 사람들을 향해 하나님이 경고하고 계십니다. 하나님을 아는 일에 시간을 쓰지 않고 쓸모없는 일로 시간을 낭비하는 자들을 향해 하나님은 경고하십니다.

살인과 복술과 음행과 도적질로부터 돌아서라는 마지막 경고가 네 천사의 나팔 소리와 함께 들립니다. 삶의 환경 전부를 흔들어 놓으셔서 회개하지 아니하면 모두 멸망할 것이라는 경고의 나팔을 불고 있습니다.

그런데 우리는 공기가 오염되고 물이 오염되며 우리의 생태가 흔들리고 있어도 무심하게 살고 있습니다. 어릴 때 나무 위에 있는 까치집을 헐기 위해 올라가면 나뭇가지가 흔들릴 때마다 까치집도 흔들리는 것을 본 적이 있습니다. 까치들은 자기 둥지가 흔들릴 때 무언가 위험한 사태가 곧 일어나리라는 것을 알아챘습니다. 그러면 날카롭게 울어대기 시작합니다. 하물며 새들도 이러한데, 사람이 자기가 사는 생태계가 파괴되고 있는데도 위협을 느끼지 못한다면 어리석은 것입니다. 하나님은 자연재해를 통해 우리의 마지막이 다 되었음을 경고하시는 것입니다.

하늘과 땅, 바다와 강, 모든 샘물의 근원까지 나팔 소리의 진동이 느껴집니다. 생존 환경, 그 모든 영역에 남김없이 나팔 소리의 영향이 이르고 있습니다. 육지와 바다, 강과 하늘, 그 모든 곳에 죽음의 그늘이 다가오고 있습니다. 하늘에 생명의 빛이 어두워지고 땅에 죽음의 그늘이 길게 드리워지고 있습니다.

사랑하는 성도 여러분, 우리가 사는 시대는 인류의 마지막 시대입니다. 시대마다 종말을 알리고 회개를 촉구하는 자연계의 재난이 있었습니다. 자연계의 재난들은 사람들에게 하나님 앞으로 돌아서라고 알려 주는 경고였습니다. 그러나 우리 시대의 나팔 소리는 이전의 나팔 소리와 다릅니다. 이것은 또 한 번의 경고가 아니라 마지막 경고의 소리입니다. 보편적이고 총체적인, 그리고 우주적인 재난을 맞이하고 있습니다. 이 시대를 사는 우리의 사명이 무엇입니까?

환경 보존 운동뿐만 아니라 회개 촉구 운동에 그리스도인이 앞장서야 합니다. 네 천사의 나팔 소리로 인해 재난은 이미 우리 생존 환경을 송두리째 위협하고 있습니다. 계속되는 천사들의 나팔 소리로 자연계뿐만 아니라 이제는 인류 자신에게 직접 재앙이 닥칠 것입니다. 육체적 고통뿐만 아니라 영적 고통으로 치달을 것입니다. "말세에 고통하는 때"(딤후 3:1)가 이미 도래했습니다.

마지막 나팔 소리를 대망하라

네 천사의 나팔 소리가 우리의 생존 기반을 흔들 때 우리는 무엇을 해야 합니까? 두려워 떨고만 있을 겁니까? 이 나팔 소리와 함께 들려올 또 하나의 나팔 소리를 대망하십시오. 성도들에게는 두려움의 나팔 소리로 끝날 수 없습니다. 경고의 나팔 소리는 마지막 일곱째 나팔 소리를 사모하게 하는 계기가 되어야 합니다. 마지막 나팔이 울려 퍼지면 이 땅에 새 시대가 찾아올 것입니다. 새 하늘과 새 땅이 올 것입니다. 의가 거하는 바, 의가 보금자리를 트는 새 하늘과 새 질서의 세상이 될 것입니다. 그 소망을 가지고 네 천사의 나팔 소리를 들어 봅시다. 그 소리는 기쁨과 기대로 다가올 새날을 사모하게 하는 촉진제가 될 것입니다. 우리는 이 오염된 환경보다도 좋은 새 하늘과 새 땅을 사모해야 합니다.

마지막 기회가 사라지기 전에, 이 더러운 하늘과 땅이 불태워지기 전에 그들로 하여금 돌아서도록 회개를 촉구해야 합니다. 우리의 가족, 우리의 친구들과 이웃들이 지금처럼 살지 않도록 그들을 돌이키는 일에 최선을 다해야 합니다. 그렇게 하기 위해서는 우리 자신이 삶에 대한 생각을 바꿔야 합니다. 삶에 대한 행동을 바꿔야 합니다. 쓰임받도록 최선을 다하십시오. 새 하늘과 새 땅이 도래하는 그 순간을 간절히 바라보면서 경건한 삶을 사는 성도, 그날이 가까움을 볼수록 더욱 기도하는 성도가 되기 바랍니다.

Revelation

요한계시록 9장 1-12절

1 다섯째 천사가 나팔을 불매 내가 보니 하늘에서 땅에 떨어진 별 하나가 있는
데 그가 무저갱의 열쇠를 받았더라 2 그가 무저갱을 여니 그 구멍에서 큰 화덕
의 연기 같은 연기가 올라오매 해와 공기가 그 구멍의 연기로 말미암아 어두워
지며 3 또 황충이 연기 가운데로부터 땅 위에 나오매 그들이 땅에 있는 전갈의
권세와 같은 권세를 받았더라 4 그들에게 이르시되 땅의 풀이나 푸른 것이나
각종 수목은 해하지 말고 오직 이마에 하나님의 인 침을 받지 아니한 사람들만
해하라 하시더라 5 그러나 그들을 죽이지는 못하게 하시고 다섯 달 동안 괴롭
게만 하게 하시는데 그 괴롭게 함은 전갈이 사람을 쏠 때에 괴롭게 함과 같더라
6 그날에는 사람들이 죽기를 구하여도 죽지 못하고 죽고 싶으나 죽음이 그들을
피하리로다 7 황충들의 모양은 전쟁을 위하여 준비한 말들 같고 그 머리에 금
같은 관 비슷한 것을 썼으며 그 얼굴은 사람의 얼굴 같고 8 또 여자의 머리털 같
은 머리털이 있고 그 이빨은 사자의 이빨 같으며 9 또 철 호심경 같은 호심경이
있고 그 날개들의 소리는 병거와 많은 말들이 전쟁터로 달려 들어가는 소리 같
으며 10 또 전갈과 같은 꼬리와 쏘는 살이 있어 그 꼬리에는 다섯 달 동안 사람
들을 해하는 권세가 있더라 11 그들에게 왕이 있으니 무저갱의 사자라 히브리
어로는 그 이름이 아바돈이요 헬라어로는 그 이름이 아볼루온이더라 12 첫째
화는 지나갔으나 보라 아직도 이 후에 화 둘이 이르리로다

33
다섯째 나팔

그리스도 안에서 사랑하는 성도 여러분, 앞서 우리는 처음 네 천사의 나팔 소리를 들었습니다. 나팔 소리가 차례로 울려 퍼질 때마다 땅과 바다, 강과 물샘뿐 아니라 하늘까지 재난이 닥쳤습니다. 처음 네 천사의 나팔 소리는 인간의 생존 환경, 그 모든 영역에 남김없이 영향을 끼치고 있습니다. 육지와 바다, 강과 하늘, 그 모든 곳에 죽음의 그림자가 다가오고 있습니다. 하늘에 생명의 빛이 어두워지고 땅에 죽음의 그늘이 드리웁니다.

우리는 어느 곳에서도 네 천사가 부는 나팔 소리의 진동을 느낄 수 있는 시대를 살고 있습니다. 그 소리는 삶의 환경 전부를 흔들어 놓음으로써 회개하지 않으면 인류가 멸망할 것이라는 경고를 발하고 있습니다. 그러나 경고의 나팔은 네 천사로 끝나지 않습니다. 계시록 9장은 다섯째, 여섯째 천사의 나팔 소리로 시작된 재앙을 자세히 기록하고 있습니다.

처음 네 번의 인이 떼어질 때와 처음 네 번의 나팔 소리로 인한 상황은 유사합니다. 처음 네 번의 인이 떼어질 때마다 네 마리의 말이 달려 나와서 지상에 일어날 일들을 보여 주었습니다. 처음 네 나팔 소리로 인한 재난 역시 우리가 사는 이 세상에만 한정되어 일어나는 일을 보여 주었습니다. 그리고 다섯째 인이 떼어질 때 지상에서 하늘 보좌의 환상으로 옮겨졌듯이 다섯째 나팔이 울려 퍼지자 다시금 영적 영역으로 옮겨집니다. 다만 다섯째 인이 떼어질 때 하늘 장면이 연출된 것에 비하여 다섯째 나팔 소리는 우리에게 무저갱과 그 사자를 보여 줍니다. 같은 영적 실재이지만 하나는 하늘 장면이요 또 하나는 무저갱의 장면입니다.

황충의 재앙과 그 배경

본문의 묘사를 살펴봅시다. 다섯째 천사의 나팔 소리와 함께 요한은 하늘에서 땅에 떨어진 별인 무저갱의 사자가 "무저갱의 열쇠"를 받는 장면을 봅니다. 받자마자 그는 즉시 그 열쇠로 무저갱의 문을 엽니다. 그러자 무저갱에서 큰 화덕의 연기 같은 연기가 치솟습니다. 그리고 해와 공기가 그 구멍의 연기로 인하여 어두워집니다.

또 무저갱에서 나온 연기 가운데로부터 황충이 나와 땅 위를 덮칩니다. 전갈의 권세와 같은 권세로 사람들을 쏘듯이 괴롭게 합니다. 그리고 이 황충은 하나님의 인 침을 받지 아니한 사람들을 골라서 다섯 달 동안 괴롭힙니다. 몹시 고통스러운 나머지 사람들은 죽기를 소원하지만 죽음이 그들을 피해 다닙니다.

7절부터는 황충의 모양이 자세히 묘사됩니다. 이 묘사를 보면서 메뚜기가 어떻게 생겼는지 한번 상상해 보십시오. 황충은 메뚜기의 일종입니다. 본래 황충은 두목이 없는 곤충이지만 본문에 등장한 황충의 두목은 "아바돈", 헬라어로 "아볼루온"입니다. 한마디로 다섯째 나팔 소리의 결과는 메뚜기 재앙을 연상시킵니다. 황충 곧 메뚜기 재앙은 하나님이 애굽을 징벌하신 열 재앙 중 하나입니다. 또한 하나님은 가끔 자기 백성 이스라엘을 심판하시는 도구로 메뚜기를 사용하셨습니다. 그래서 구약에서는 메뚜기가 멸망의 상징으로 등장합니다. 요엘서 처음 두 장은 이 재앙이 얼마나 무서운지 생생히 기술해 주고 있습니다. 요엘이 경고한 메뚜기 재앙이 요한이 본 환상의 기저를 이루고 있습니다.

고대 근동 사회에서는 메뚜기 재앙만큼 무서운 재앙이 없었습니다. 우리나라에서는 호랑이가 온다고 하면 두려워했지만, 고대 근동 사회에서 메뚜기가 닥친다는 것은 끝장에 이른 것이나 다름없었습니다. 메뚜기는 모든 푸른 것, 땅의 풀이나 채소, 각종 수목까지 말갛게 벗겨 버리듯 먹어 치웠습니다. 떼를 지어 침입하는 메뚜기들이 해를 가리는 구름처럼 몰려들면 푸른 것이 남아 있지 않았습니다. 들판의 식물이나 밭의 곡식까지 말갛게 집어삼킵니다. 그 결과 들짐승과 가축이 풀이 없어 굶어 죽고, 사람들까지 먹을 것이 없어 굶어 죽게 되는 끔찍한 재앙입니다. 불길이 모든 것을 집어삼키듯, 모든 것을 집어삼키는 메뚜기의 피해를 막을 길은 없습니다. 달려드는 메뚜기 소리는 마치 전쟁에서 병거가 스치고 달리는 소리와 같습니다. 그들이 갉아 먹는 소리는 큰 소나기가 내리는 소리 같습니다.

우리는 믿기 어려운 파멸을 안겨 주는 메뚜기의 횡포를 잘 알지 못합니다. 불이 나면 모든 것이 타고 잿더미가 되듯이 메뚜기 떼가 지나간 곳은 초토화되어 버립니다. 그것들이 지나간 곳에는 풀 한 포기, 나무 한 그루 남아 있지 않습니다. 이와 같이 무서운 사탄적 메뚜기가 마지막 시대의 사람들에게 덮칠 것을 요한이 환상 가운데 보고 있습니다.

하나님을 거절한 인생의 고통

고대 사회의 저주스러운 메뚜기보다도 무서운 메뚜기가 지옥 연기 가운데서 등장합니다. 자연계의 메뚜기는 땅의 풀이나 푸른 것, 각종 수목을 덮치지만, 요한의 환상 중에 연기 가운데서 나온 황충은 사람들을 해롭게 합니다. 그중에서도 오직 하나님의 인 침을 받지 아니한 사람들만 골라 전갈이 쏘듯이 괴롭게 합니다. 사탄이 무저갱의 문을 열자 솟구치는 연기 가운데서 나오는 황충은 회개하지 않은 사람을 징치하는 하나님의 도구입니다. 불신자들의 마음과 삶 속에 꿈틀대는 악령의 영향을 묘사하고 있습니다.

말세에 고통하는 때가 오면 모든 사람이 고통받는 것이 아니라 하나님을 알지 못하는 사람들이 고통에 사로잡히게 될 것입니다. 자연계의 재난은 하나님을 아는 사람에게나 모르는 사람에게나 같은 영향을 끼치지만 다섯째 나팔이 울려 퍼지면 하나님을 아는 백성과 하나님을 알지 못하는 백성이 분명하게 구분될 것입니다. 재앙이 더해 가고 마지막에 극심한 재앙이 닥칠 때 하나님이 고센 땅에 있는 자기 백성을 보호하셨듯 다섯째 나팔이 울려 퍼지면 그때부터 하나님의 백성은 재앙에서 면제받습니다. 그 옛날 애굽에 재앙이 닥쳤을 때도 애굽 전역이 흑암으로 덮였지만 고센 땅에는 빛이 비치고 있었습니다. 열 번째 재앙에서 애굽의 모든 처음 난 것을 덮쳤을 때도 대문에 어린양의 피를 바른 이스라엘 사람들의 집은 해하지 않고 천사들이 넘어갔습니다.

전갈이 쏘는 것 같은 공포로 사람의 심령을 찌르며 그 영혼을 괴롭히고 절망 가운데 몰아넣기 때문에 사람은 오히려 죽음을 안식처로 여길 정도입니다. 다섯 달 동안 정해진 기간에 그 파괴력을 위임받아 행사합니다. 사랑하는 성도 여러분, 사탄적인 메뚜기 떼는 사람들의 육체를 쏘듯이 괴롭히지만, 그들을 죽이지는 않습니다. 사람들을 돌이키기 위해 하나님은 사탄의 힘까지 동원하여 경고하십니다. 사는 것이 사는 것 같지 않고, 이렇게 살 바에는 죽는 것이 더 낫겠다고 울부짖는 그런 시대가 올 것을 말해 주고 있습니다. 아니, 이미 그런 삶이 우리 주변 사람들의 삶에 닥치고 있습니다. 하나님을 알지 못하는 영혼 속에 판을 치는 암흑 세력이 주는 고통을 본문은 생생히 묘사하고 있습니다.

사람들이 하나님의 은혜로운 초청을 거절할 때 그들은 무서운 악령의 먹이가 되고 맙니다. 사람 속에 잠재한 악보다 더 위력 있는 악이 사람을 먹이로 삼킬 것입니다. 사람들은 자신이 선택한 결과 때문에 고통받습니다. 그들의 선택은 스스로를 고통 속에 몰아넣습니다. 하나님은 절대 조롱당하시지 않습니다. 하나님을 등진 인생은 스스로 선택한 고통 속에 빠져듭니다. 자신이 선택한 결과 때문에 고통받습니다. 그것이 지금 우리가 보기 시작한 사람들의 고통인 동시에 장차 극대화될 현상입니다. 지금도 우리는 하나님을 거절한 모든 사람이 그 선택으로 인해 고통당하는 것을 보고 있지만, 마지막 날이 되면 그 현상은 한층 심화될 것입니다. 암흑 세력의 역사는 이미 우리 시대에 그 모습을 현저히 드러내고 있습니다.

말세의 고통하는 때가 이르렀습니다. 무저갱에서 나온 연기의 영향으로 세상이 어두워져 가고 있습니다. 우리는 그 악의 영향으로 인간의 영혼이 고통당하고 있는 현대에 살고 있습니다. "그날에는 사람들이 죽기를 구하여도 죽지 못하고 죽고 싶으나 죽음이 그들을 피하리로다"(9:6).

사람이 자기 자신을 악에게 넘겨주면 그 모습이 사람 이하의 차원으로 전락하고 맙니다. 사람이 할 수 없는 끔찍한 죄악을 저지르고 짐승처럼 전락하고 맙니다.

우리 시대에 등장한 죄악의 잔인함은 하나님을 떠난 대가입니다. 하지만 죄로 인해 스스로 고통당하도록 버려두시는 것은 그들을 돌이키시려는 하나님의 부르심이기도 합니다. 어둠과 빛을 대조하는 것은 사람들에게 선택하도록 요구하는 것입니다. 메뚜기 떼를 풀어놓으신 것도 한편으로 죄악의 결과이지만 다른 한편으로는 인생을 돌이키시려는 하나님의 방편이기도 합니다. 그 손으로 행한 죄악에서 돌이키시려는 하나님의 채찍인 동시에 여러 귀신과 우상을 숭배하는 일에서 하나님에게로 돌아오라는 은혜의 호소입니다. 그 살인과 점치는 일과 음행과 도둑질로부터 회개하라는 하나님의 채찍입니다.

사랑하는 성도 여러분, 우리는 우리가 사는 이 시대의 징조(徵兆)를 읽을 수 있어야 합니다. 우리가 사는 이 시대는 마지막에 돌입했습니다. 시대마다 종말을 알리고 회개를 촉구하는 재난이 있었습니다. 시대마다 하나님은 여러 경고를 통하여 사람들을 죄에서 돌이키려 하셨습니다. 그러나 우리 시대의 경고는 새로운 차원에 접어들었습니다. 이 시대의 경고에는 다른 의미가 있습니다. 전과 같은 또 한 번의 경고가 아닙니다. 전에 있던 재난의 반복이 아닙니다. 이제 총체적 재난이 우리 삶의 전 영역에 다가오고 있습니다.

여러분은 이 시대에 울려 퍼지고 있는 경고의 나팔 소리를 듣고 있습니까? 네 천사의 나팔 소리로 인해 생태계 전역에 재난이 닥친 것은 시작에 불과합니다. 다섯째 천사의 나팔은 이제 하나님의 재앙이 인류 자신에게 이르는 것을 보여 줍니다. 생존 환경만 재앙 아래 빠져드는 것이 아닙니다. 이제는 인간에게 직접 위협이 닥칠 것입니다. 사람들이 이렇게 사는 것보다는 죽는 것이 낫겠다고 울부짖는 시대가 닥쳐올 것을 말해 주고 있습니다. 전갈이 쏘는 듯한 그 고통 속에서 헤어나지 못하는 인류를 이미 보고 있지 않습니까? 수십 층 되는 높은 아파트에 살고 있지만, 그 고통에서 벗어날 수 없어서 고민하고 뛰어내리는 사람들이 우리 시대의 모습입니다.

무저갱의 연기 가운데서 쏟아져 나온 황충이 쏘는 침에 맞아 고통에서 헤어나지 못하는 사람들을 이웃하고 살고 있지 않습니까? 사탄적인 철학과 이념, 문화와 예술로 인해 스스로 고통당하고 생을 파멸시키는 이웃을 만난 적은 없습니까? 지옥의 연기로부터 황충이 나와 사람들을 쏘는데 전갈이 쏘는 것같이 괴롭히리라고 말하고 있습니다. 하나님을 떠나서 자신의 길을 가는 사람들에게 하나님은 그 길의 대가가 무엇인지 알게 하셨습니다. 스스로 절망하며 스스로 낙망하며 자포자기에 빠져 삶을 살도록 하셨습니다.

말세의 고통하는 때

하나님을 떠난 인생길에는 결코 평강이 없습니다. 그 길에 기다리고 있는 것은 파멸뿐입니다. 그러므로 오늘날 사람들은 자기의 길을 걸어간 대가로 고통 가운데 삶을 살아가고 있습니다.

> 그 때문에 하나님께서는 그들이 온갖 성적인 범죄에 빠져들어 가는 대로 내버려 두신 것입니다. 그렇습니다. 인간은 서로 육체를 더럽히고 죄에 물든 행위에 빠져들어 갔습니다(롬 1:24, 현대어성경).

두 남자가 서로 입을 맞추는 모습을 생각해 보십시오. 그 모습이 여러분이 보기에 어떻습니까? 멋있어 보인다면 여러분은 상당히 영향을 받은 것입니다. 그것이 아니라면 여러분에게는 하나님이 주신 본성이 아직 남아 있는 것입니다.

> 이와 같이 남자들도 여자와의 자연스러운 관계를 버리고 서로를 향하여 욕정에 불타 남자가 남자로 더불어 부끄러운 일을 하여 그들의 잘못에 상당한 보응을 그들 자신이 받았다. 또한 그들이 하나님을 인정하기 싫어하

므로, 하나님께서 그들을 버림받은 마음에 내버려 두셔서 합당하지 않은 일을 하게 하셨다(롬 1:27, 28, 바른성경).

가장 아름다운 것은 남자와 여자가 만나 결혼하여 가정을 이루고 결혼 서약대로 끝까지 함께 사는 것입니다. 하나님은 서로 사랑하며 사는 것을 훈련하도록 남자와 여자를 만나게 하셨습니다. 여러분 주변에 배우자는 쳐다보지 않고 또 다른 이성에게 관심을 보이는 잘못된 모습을 본 적이 있습니까? 게다가 요즘은 동성에게 관심을 가지고 동성에게 빠져 갑니다.

물질로 말하면 단군 이래 이만큼 풍요로운 시대가 없었지만 어느 시대보다도 고민하는 사람이 늘고 있습니다. 환각제에 자신을 내어 맡긴 사람들을 볼 수 있습니다. 이 시대의 패역한 문화의 산물들로 인해서 사람들의 영혼이 얼마나 깊은 고통 속에 빠져 있는지 눈여겨보아야 합니다. 겉모습만 볼 것이 아니라 심성 깊숙한 곳에서 사람들을 괴롭히는 악의 세력이 사람들을 어떻게 덮치고 있는지 그 현실을 보아야 합니다. 말세의 고통하는 시대가 이미 도래했습니다.

말세의 특징은 자기를 사랑하며 돈을 사랑하는 데 있습니다. 우리 시대만큼 그 특징이 두드러지게 나타나는 시대는 없었습니다. 50년 전만 해도 상황은 달랐습니다. 그때도 부자가 있었지만 오늘처럼 너 나 할 것 없이 누구나 부를 추구하며 살지는 않았습니다. 반만년 동안 “부자 되세요!”라는 설날 인사를 한 적은 없었습니다. 그저 먹고사는 것이 해결되면 그만이라고 생각했습니다. 지금처럼 눈만 뜨면 누구나 추구하는 대상은 아니었습니다. 그러나 이 시대는 보편적인 현실로 돈이 사람들을 사로잡고 있습니다.

우리는 돈을 추구하든지 하나님을 믿든지 선택해야 합니다. 하나님과 재물을 동시에 섬길 수 없다고 말씀하지 않으셨습니까? 주님이 그렇게 말씀하셨는데 우리는 그 불가능한 일을 하려고 달려들고 있습니다. 선택하십시오. 우리 삶의 주인으로 하나님을 모실 것인지, 돈을 추구하는 데 에너지를 다 소모할 것인지 선택하십시오. 돈을 사랑하는 것, 그것이 시대의 종말적인 특징이고, 돈을 사랑하는 사람은 그것으로 인해 자기 영혼이 고통당하리라고 성경은 말하고 있습니다.

사람들은 재물을 축적하는 것만이 삶의 유일한 의미인 듯 병들어 가는 자신의 몸을 돌보지 않고 나락으로 떨어지고 있는 자신의 영혼도 아랑곳하지 않은 채 살아갑니다. 돈과 바꿀 수 있다면 영혼이라도 팔아넘기려는 세대에 우리가 살고 있습니다. 날로 포악해지는 시대, 무정하고 무자비한 시대입니다.

이 시대는 그 가운데에서 고통당하는 시대입니다. 이 모든 현상은 마지막을 향한 줄달음입니다. 스스로 돈을 사랑하기로 결단했고 스스로 쾌락을 쫓기로 선택했기 때문에 그들에게 돌아가는 대가는 전갈이 쏘는 듯한 고통 속에서의 삶입니다. 다섯째 천사가 부는 나팔의 진동이 인간 삶의 한가운데서 느껴지는 시대입니다.

소망의 나팔 소리

사랑하는 성도 여러분, 나팔 소리가 삶의 기반뿐만 아니라 영혼 그 자체를 흔들 때 여러분은 두려워 떨고 있을 것입니까? 여러분은 이 나팔 소리 후에 들려올 또 하나의 나팔 소리를 대망하십시오. 성도들에게는 두려움의 나팔 소리가 끝이 아닙니다. 소망의 나팔이 울려 퍼질 것입니다.

새 하늘과 새 땅이 도래하는 그 순간을 사모하는 여러분이 되기를 바랍니다. 마지막 나팔 소리가 나면 새 시대가 도래합니다. 의가 거하는 바 새 하늘과 새 땅, 새 질서의 세상이 될 것입니다. 의가 둥지를 트는 새 하늘과 새 땅이 위로부터 도래할 것입니다. 비록 생태계가 황폐해지고 인간의 정신계가 고갈되어 가고 있지만, 이것은 종말의 현상인 동시에 새 시대의 징조이기 때문에 우리에게는 희망이 있습니다. 이 세대의 특징인 불의가 끝나고 새 시대의 특징인 의가 햇빛같이 빛날 것입니다.

예수 그리스도께서는 이 세대를 가리켜 불의한 세상이라고 말씀하셨습니다. 주위에 일어나는 일들을 보며 우리는 이 시대가 얼마나 불의한지 알 수 있습니다. 본 사람이 없으면 자기 잘못을 남에게 덮어씌우고, 돈을 많이 준 사람에게 유리한 판결을 내리는 악한 시대입니다. 힘 있는 사람, 권력을 잡고 있는 사람은 원하는 재판 결과를 이끌어 낼 수 있는 시대입니다.

도무지 공의를 찾아볼 수 없지만, 하나님은 한날 의가 거하는 새날을 우리에게 약속하셨습니다. 어두울수록 새날이 다가오는 징조를 봅니다. 사람들이 고민하고 고통받으며 스스로 자기 생명을 끊는 상황이 전개될 때 소망의 새날이 멀지 않았음을 성도들은 알아야 합니다. 그날을 위해서는 오늘을 성도답게 살아야 합니다.

창조부터 종말까지 하나님은 부를 골고루 나누어 주시지 않았습니다. “가난한 사람들은 항상 너희와 함께 있을 것이다”라고 하셨습니다. 왜 그렇습니까? 주님을 섬기듯이 항상 보살피는 대상으로 우리에게 맡기신 것입니다. 내게 주어진 부를 의미 있게 사용할 때 그것이 축복이 됩니다. 이 세상이 전부라고 생각하며 이웃도 형제도 돌아보지 않고 돈이 전부인 듯 살던 사람들은 그날이 오면 절망하며 자신의 혀를 깨물고 말 것입니다. 그러나 하나님의 사람들은 그날이 올 때 소망 가운데 내일을 바라볼 수 있습니다. 그날이 임하기 전에 하나님은 불의한 옛 세상을 반드시 심판하실 것입니다. 이스라엘을 구원하기 위해 하나님은 애굽을 먼저 심판하셨습니다. 하나님의 마지막 백성을 구원하기 위해 불의한 이 세상을 먼저 심판하실 것입니다.

하나님의 심판을 맞이하기 위해 세상은 날로 악해지고 있습니다. 종말의 심판을 예비하는 과정입니다. 살 만큼 살고 가질 만큼 가졌으면서도 가난한 사람들의 가슴에 한을 심는 일들을 행할 때, 그들이 전부인 줄 알고 쫓던 것들이 한날 종잇조각에 불과하다는 것을 알게 될 때 그들은 절망할 것입니다.

사랑하는 성도 여러분, 생태계의 재앙뿐 아니라 사람들 심령에 악이 꿈틀대는 이때 우리는 깨어나야 합니다. "내 백성아, 거기서 나와 그의 죄에 참여하지 말고 그가 받을 재앙들을 받지 말라"(18:4)는 경고를 들어야 할 때입니다. 지금은 어디서나 천사들이 부는 나팔 소리를 들을 수 있는 시대입니다. 그러나 이 모든 재난의 시작 징조가 여러분에게 두려움이 아니라, 기쁨과 위로로 다가올 새날을 소망하는 촉진제가 되기를 바랍니다. 하나님을 떠난 인류를 덮친 고통과 파멸을 볼 때 그 영혼을 돌이키시려는 하나님의 부름에 귀를 기울여야 합니다.

돈을 사랑하고 자신을 사랑하는 사람에게는 마음에 결코 평강이 없을 것입니다. 하나님이 말씀하시기를 "악인에게는 평강이 없다"(사 57:21)고 하셨습니다. 하나님의 선언이 우리 삶에 더욱 분명하게 다가오고 있습니다. 가진 사람들이 고민하고 고통하는 시대입니다. 사랑하는 성도 여러분, 전갈이 쏘는 듯한 고통이 하나님을 알지 못하는 사람들을 덮치게 될 때 새날이 가까이 온 것을 대망하기 바랍니다. 그 영혼을 돌이키시려는 하나님의 부름이 여러분을 통해서 이루어질 수 있기를 바랍니다.

Revelation

요한계시록 9장 13-21절

13 여섯째 천사가 나팔을 불매 내가 들으니 하나님 앞 금 제단 네 뿔에서 한 음
성이 나서 14 나팔 가진 여섯째 천사에게 말하기를 큰 강 유브라데에 결박한
네 천사를 놓아 주라 하매 15 네 천사가 놓였으니 그들은 그 년 월 일 시에 이르
러 사람 삼분의 일을 죽이기로 준비된 자들이더라 16 마병대의 수는 이만 만이
니 내가 그들의 수를 들었노라 17 이같은 환상 가운데 그 말들과 그 위에 탄 자
들을 보니 불빛과 자줏빛과 유황빛 호심경이 있고 또 말들의 머리는 사자 머리
같고 그 입에서는 불과 연기와 유황이 나오더라 18 이 세 재앙 곧 자기들의 입
에서 나오는 불과 연기와 유황으로 말미암아 사람 삼분의 일이 죽임을 당하니
라 19 이 말들의 힘은 입과 꼬리에 있으니 꼬리는 뱀 같고 또 꼬리에 머리가 있
어 이것으로 해하더라 20 이 재앙에 죽지 않고 남은 사람들은 손으로 행한 일을
회개하지 아니하고 오히려 여러 귀신과 또는 보거나 듣거나 다니거나 하지 못
하는 금, 은, 동과 목석의 우상에게 절하고 21 또 그 살인과 복술과 음행과 도둑
질을 회개하지 아니하더라

34
여섯째 나팔

그리스도 안에서 사랑하는 성도 여러분, 우리는 지금 일곱 인이 떼어지는 장면에 이어 일곱 나팔 소리가 들리는 요한의 환상을 살피고 있습니다. 처음 네 천사의 나팔 소리는 자연계의 재해를 가져왔습니다. 다섯째, 여섯째 천사의 나팔 소리는 영적인 재앙을 초래합니다. 모두 마귀들의 활동으로 인한 재앙이지만 점점 그 정도가 심해집니다.

다섯째 나팔은 황충의 고통을, 여섯째 나팔은 마병대를 통한 죽음을 가져옵니다. 무저갱의 연기에서 쏟아져 나온 황충은 불신자를 괴롭게 했지만 이만 만 마병대는 인류의 3분의 1을 죽입니다. 정신적인 고통뿐 아니라 육체적인 죽음까지 사람들을 덮칩니다. 사탄적인 세력에 의해 행해지고 있는 이 모든 것은 다섯째와 여섯째 나팔로 인한 재앙의 특징입니다.

금 제단 네 뿔에서 나온 음성

본문을 통해 요한이 본 환상 가운데 강조하는 메시지를 들어 봅시다. 13절에 "여섯째 천사가 나팔을 불매 내가 들으니 하나님 앞 금 제단 네 뿔에서 한 음성이 나서"라고 말하고 있습니다. 여섯째 천사의 나팔 소리에 응하여 "금 제단 네 뿔"에서 한 음성이 들려옵니다. 금 제단은 계시록 8장에서 이미 등장한 적이 있습니다.

> 또 다른 천사가 와서 제단 곁에 서서 금 향로를 가지고 많은 향을 받았으니 이는 모든 성도의 기도와 합하여 보좌 앞 금 제단에 드리고자 함이라 향연이 성도의 기도와 함께 천사의 손으로부터 하나님 앞으로 올라가는지라 천사가 향로를 가지고 제단의 불을 담아다가 땅에 쏟으매 우레와 음성과 번개와 지진이 나더라(8:3-5).

금 제단은 성도의 기도가 향연과 함께 드려지는 곳입니다. 금 제단 네 뿔에서 나온 음성은 성도가 드린 기도의 응답으로 나온 음성입니다. 요한은 지금 여섯째 천사의 나팔 소리와 함께 임한 둘째 재앙을 성도의 기도와 관련지으며, 그 기도의 결과가 둘째 재앙임을 보여 줍니다.

예수님의 비유를 기억하십니까? 불의한 재판관 앞에 날마다 호소하던 과부의 모습은 불의한 세상을 사는 성도의 모습입니다. 계시록 6장 10절에는 제단 아래에 그 피를 쏟아부은 순교자의 호소가 들립니다. "거룩하고 참되신 대주재여 땅에 거하는 자들을 심판하여 우리 피를 갚아 주지 아니하시기를 어느 때까지 하시려 하나이까." 땅에 사는 성도들은 밤낮 하나님에게 부르짖습니다. 계시록 8장 3절 이하에는 그 내용을 밝히지 않은 수많은 성도의 기도가 있습니다. 향연이 기도와 함께 천사의 손으로부터 하나님 앞 금 제단에 드려집니다. 내용이 구체적으로 밝혀져 있지 않은 그 모든 기도는 하나님에게 구원을 요청하는 성도들의 기도입니다.

기도의 응답

하나님의 공의를 요청한 성도들의 기도 응답으로 지금 "하나님 앞 금 제단 네 뿔"에서 한 음성이 나옵니다. 이 땅을 하나님이 통치하고 계심을 보여 달라는 성도들의 요청에 따라 악에 대한 심판이 시행됩니다. 세상의 악에 대한 하나님의 심판은 항상 성도들의 기도에 대한 응답으로 시행됩니다. 환상 가운데 있는 금 제단 네 뿔에서 나오는 음성을 통해 요한은 이 사실을 우리에게 전해 줍니다.

사랑하는 성도 여러분, 박해받는 성도의 기도는 하늘의 보좌를 움직입니다. 연약한 성도의 호소는 전능한 하나님의 팔을 움직입니다. 하나님은 지금도 그 백성의 기도를 들으시고 공의의 심판을 시행하십니다. 장차 하나님은 금 제단에 드려진 기도의 응답으로 마지막 심판을 시행하실 것입니다. 우리의 기도가 향로에 가득히 차면 하나님이 움직이십니다. 우리가 평소에 드리는 기도가 사라져 버리는 것이 결코 아닙니다.

하나님 보좌 앞에 놓인 금 향로에 쌓여서 가득 차게 되면 천사가 그 향로를 하나님에게 올려 드립니다. 금 향로에서 나오는 향연(香煙)이 성도의 기도와 어우러져 하나님에게로 올라갑니다. 그 기도에 대한 응답으로 지상에 변화와 변혁, 치유와 회복의 사건이 일어나게 됩니다. 그래서 "기도는 하늘 보좌를 움직이는 능력이다"라고 말합니다. 그러나 지상의 우리는 금 향로에 기도가 가득 쌓이기 전에 먼저 포기하고 세상적인 방법을 찾지는 않는지 자신을 살펴봅시다.

북녘 동포들의 고통을 생각해 보십시오. 숱한 동포가 이런저런 사연으로 감옥이나 수용소에 갇혀 있습니다. 그들이 당하는 고통은 이미 세계에 알려졌지만 그 고통은 끝이 없는 듯 보입니다. 그러나 하늘의 하나님은 보좌 앞에 놓인 금 향로에 기도가 쌓이기를 기다리고 계십니다. 하나님의 때에 응답하실 것입니다. 하나님은 우리에게 계속 부르짖기를 명하십니다. 하나님의 시간은 정해져 있습니다. "그래도 너희가 부르짖어야 할 것이니라." 이것이 하나님의 말씀입니다. 기도가 가득 쌓였을 때 천사가 그 향로를 하나님에게 봉헌할 것입니다. 그러면 하나님이 지상에 바람을 일으키시고 새 역사를 쓰실 것입니다. 감옥이나 수용소에 갇혀 있는 그 불쌍한 백성에게 해방 사건이 일어나고 자유를 누리게 될 것입니다. 그러므로 남쪽에 있는 우리가 지금 해야 할 일은 부르짖는 일입니다. 천사의 손으로 올라가는 기도의 향연이 하늘 보좌를 움직일 것입니다.

사랑하는 성도 여러분, 여러분은 불의한 세상을 살면서 하나님의 공의가 시행되도록 부르짖고 있습니까? 세상의 불의를 목도할 때마다 하나님의 공의가 이 땅에 시행되기를 간구하셨습니까? "저렇게 억울한 일이 있나"라고 혀만 차며 지나가는 것은 세상 사람들이 할 일입니다. 이렇다 저렇다 떠들어 대는 것이야말로 세상 사람들이 할 일입니다. 성도가 이래서는 안 된다고 생각한다면, 성도의 몫은 하늘 보좌에 부르짖는 일임을 깨달아야 합니다. "하나님 앞 금 제단 네 뿔"에서 나는 음성은 우리에게 이 의무를 부여합니다. 아니, 우리가 이 특권을 가진 자라는 것을 상기시킵니다. 밤낮 부르짖는 그 택하신 자들의 원한을 하나님이 풀어 주실 것입니다. 반드시 속히 그 원한을 풀어 주실 것입니다. 불의한 세상을 살면서 불의를 보고도 기도하지 않는다면 우리는 하나님에게 속한 자답지 않을 것입니다. 하나님이 선택한 사람들은 이 세상의 불의로 인해 고난받으며, 고난받음으로 인해 밤낮 하나님에게 부르짖는 백성이어야 합니다.

롯의 이야기를 알고 있습니까? 하나님은 아브라함의 기도를 들으시고 롯을 구원하기 위해 천사를 파송하셨습니다. 지체하는 롯의 가족의 손을 잡아 이끌고 나왔지만, 나오는 중에 그의 아내는 불타는 소돔을 바라보았다가 결국 소금 기둥이 되었습니다. 롯의 행적을 보아 시원치 않아 보이기도 합니다. 그런데도 신약 성경에서 사도 베드로는 롯이 소돔 성의 불의를 보면서 고통을 느꼈다고 말하고 있습니다(벧후 2:7 참조). 그 고통은 그냥 고통이 아닌 쇠 인두로 몸을 지지는 듯한 고통을 의미합니다. 우리는 소돔 못지않은 시대를 살아가면서 롯이 당한 그 고통을 느끼고 있습니까?

우리를 아직 불의한 세상에 머물도록 하심은 하나님의 공의를 부르짖는 기도를 드리게 하기 위함입니다. 세상의 불의를 목도할 때마다 탄식의 간구가 우리의 마음에서 터져 나와야 합니다.

큰 강 유브라데

요한의 기록을 따라 계속 살펴봅시다.

> 하나님 앞 금 제단 네 뿔에서 한 음성이 나서 나팔 가진 여섯째 천사에게 말하기를 큰 강 유브라데에 결박한 네 천사를 놓아 주라 하매 네 천사가 놓였으니 그들은 그 년 월 일 시에 이르러 사람 삼분의 일을 죽이기로 준비된 자들이더라 마병대의 수는 이만 만이니 내가 그들의 수를 들었노라 (9:13-16).

본문 환상 첫 부분에서 요한은 귀로 듣는 중이었습니다. "큰 강 유브라데에 결박한 네 천사를 놓아 주라"는 음성을 듣습니다. 성도의 기도를 들으신 하나님의 말씀이 금 제단 네 뿔을 통해 들리고 있습니다.

왜 "큰 강 유브라데"를 언급한 것일까요? 당시 로마 제국은 큰 강 유브라데를 경계로 그 무서운 파르티아 제국과 이웃하고 있었습니다. 파르티아 제국은 1세기 당시 세상이 아는 가장 무섭고 난폭한 기마병을 보유하고 있었습니다. 달려가는 말 위에서 뒤를 향해 활을 쏘는 그들의 실력은 가히 가공할 만한 것이었습니다. 파괴적인 그들의 침입은 로마를 중심으로 편성된 문명 세계에 가장 큰 공포의 대상이었습니다. 풀려난 네 천사가 엄청난 마병을 동원한 사실로 보아 당대 가장 난폭한 마병을 둔 파르티아 제국을 염두에 두고 큰 강 유브라데를 언급한 것으로 보입니다.

그러나 구약의 배경에서 또 다른 가능성을 찾아볼 수 있습니다. 큰 강 유브라데는 창세기 첫머리에 언급된 강 가운데 하나입니다. 고대 문명은 모두 강을 끼고 발생했습니다. 고대 중국 문명의 근원지는 양쯔강이고, 애굽 문명의 발생지는 나일강입니다. 인도 문명은 갠지스강, 인더스강의 산물입니다. 바벨론 문명은 유브라데강, 티그리스강의 선물입니다. 고대 문명은 왜 모두 강을 끼고 발생했을까요? 강은 고대인에게 마실 물뿐만 아니라 빨래할 터를 제공해 주었습니다. 강의 범람은 그들에게 농사지을 비옥한 토지를 보장해 주었을 뿐만 아니라 최상의 교통수단도 제공해 주었습니다. 지금도 세계의 큰 도시가 대부분 큰 강을 끼고 발달한 것을 보면 강은 여전히 인류의 삶에 큰 역할을 하고 있음을 알 수 있습니다.

본문에 등장한 네 천사는 왜 하필 유브라데에 결박되어 있습니까? 인류 4대 문명 발상지 중 하나가 유브라데입니다. 유브라데가 낳은 바벨론 문명은 애굽 문명과 함께 이스라엘 역사에 큰 영향을 끼쳤습니다. 성전을 약탈하고 이스라엘을 포로로 잡아간 나라요, 왕족을 볼모로 잡아갔을 뿐 아니라 왕의 눈을 뽑고 끌고 간 나라였습니다. 큰 강 유브라데는 이스라엘과 하나님의 원수의 상징입니다. 그곳에서 발생한 문명인 바벨론 제국 역시 악의 화신입니다.

사도 베드로는 그 첫 번째 편지를 맺으면서 당시 로마 제국을 '바벨론'이라고 부르고 있습니다. "택하심을 함께 받은 바벨론에 있는 교회가 너희에게 문안하고"(벧전 5:13). 베드로는 로마에서 베드로전서를 쓰고 있으면서도 '로마에 있는 교회'라 하지 않고 "바벨론에 있는 교회"라고 말하고 있습니다. 그 이유는 두 가지로 볼 수 있습니다. 첫째, '로마에 있는 교회'라고 하면 '로마', '교회'라는 이유로 색출될 염려가 있기 때문입니다. 그것을 피하고자 "바벨론에 있는 교회"라는 은어를 썼을 것입니다. 둘째, 구약의 이스라엘을 박해한 바벨론과 신약의 성도를 박해하는 로마 사이에서 유사성을 보았기 때문입니다. 성도들에게는 바벨론이나 로마나 함께 어깨동무할 처지는 아니었습니다.

오늘날 우리가 사는 세상은 어떻습니까? 성도를 유혹하거나 박해하는 데 있어서 그 정체가 변하지 않는 것은 바벨론이나 로마나 오늘 우리가 사는 세상이나 마찬가지라는 것을 아셔야 합니다.

네 천사가 놓였으니

큰 강 유브라데에 결박된 네 천사는 계시록 7장에 등장하는 네 천사를 연상시키기도 하지만, 둘은 유사점보다 차이점이 더 많습니다. 7장의 네 천사는 땅 네 모퉁이에 서 있는 반면, 9장의 네 천사는 큰 강 유브라데에 결박되어 있습니다. 7장의 네 천사는 땅의 사방의 바람을 붙잡아 두고 있는 반면, 9장의 네 천사는 자신들이 결박되어 있습니다. 7장의 네 천사는 성도들이 인 침을 받는 동안 부는 바람을 붙잡고 있는 반면, 9장의 네 천사는 풀려나서 사람의 3분의 1을 죽이는 임무를 수행합니다. 숫자로 보면 넷으로 서로 같지만 수행하는 임무의 내용이 다름을 알 수 있습니다. 다만 두 그룹의 네 천사가 하나님의 진노를 수행하는 일의 한 부분을 시중드는 점은 같습니다. 이들은 모두 하나님의 심판을 대행하지만 같은 천사들은 아닙니다. 천사(天使)는 '하늘 천'(天) '부릴 사'(使)입니다. 즉 하나님의 사자들, 일꾼들을 의미합니다.

금 제단 네 뿔에서 나온 음성은 이들을 놓아 주라고 명합니다. 성도가 드린 기도의 응답으로 땅에 거하는 사람들에게 두 번째 화가 덮칩니다. 억제되어 온 악이 드디어 기승을 부릴 것입니다. 지금껏 악은 억제되어 왔지만 이제부터 허용될 것입니다. 이 네 천사는 자의적으로 하나님의 뜻에 순종하는 선한 천사라기보다는 지금껏 결박되어 자기 뜻을 펼쳐 보지 못한 악한 천사들입니다. 풀려나기 전에는 악한 욕망을 실현하지 못하고 있었으나 이제 풀려나 인류의 3분의 1을 죽임으로써 어느 정도 욕망을 충족시킬 것입니다.

그러나 이 금 제단 네 뿔에서 나는 음성이 우리에게 전하고자 하는 진리가 있습니다. 바로 "악한 천사라도 하나님의 허락 없이는 행동할 수 없다"는 것입니다. 성도가 드린 기도의 응답으로 금 제단 네 뿔에서 음성이 들릴 때야 비로소 그들이 풀려날 수 있습니다.

하나님의 허락으로 풀려난 후 그들은 정해진 때를 위해 만반의 준비를 합니다. 15절을 보면 "네 천사가 놓였으니 그들은 그 년 월 일 시에 이르러 사람 삼분의 일을 죽이기로 준비된 자들이더라"라고 말하고 있습니다. 구약에도 "그 년 월 일"에 대하여 언급되어 있습니다. 구약 선지자들은 하나님이 심판하실 날을 이야기하면서 어느 해, 어느 달, 어느 날 심판이 임할 것이라고 말했습니다. 앗수르와 바벨론을 통해 하나님의 심판이 이스라엘에 임할 때도 그 전쟁의 날은 정해져 있었습니다.

그런데 여기 계시록에서는 하나 더 추가하여 "그 시"까지 지정하고 있습니다. 그 시가 되면 사람의 3분의 1이 죽임을 당하는 엄청난 재난이 일어날 것을 말하고 있습니다. 여기서 요한은 하나님의 계획을 강조하고 있습니다. 예정된 하나님의 행동을 강조하고 있습니다. 하나님은 뜻을 먼저 세우시고 이후에 목적을 이루십니다. 막연한 어느 때가 아니라 정하신 순간에 그 뜻을 시행하십니다. 요한은 네 천사가 하나님의 허락을 받아 3분의 1을 죽인 것임을 말하고 있을 뿐만 아니라, 그 시간 역시 하나님이 정하셨음을 말하고 있습니다.

하나님의 섭리에 대한 신앙은 계시록 전체에 흐르는 주제 중 하나입니다. 악이 날뛰고 있지만 "그 년 월 일 시"에 하나님이 심판하실 것입니다. 궁극적으로 모든 것은 하나님의 통치 아래 있습니다. 하나님의 최후 경고로부터 사람의 3분의 1이 죽임당할 것이 정해져 있습니다. 예정된 년 월 일 시에 시행하심으로 죄를 지은 인류를 향해 엄중하고 심각한 경고를 하실 것입니다. 이때 동원될 마병의 수는 "이만 만", 즉 이억입니다. 상상을 초월한 엄청난 무리가 동원될 것을 의미합니다. 인류의 3분의 1이 일시에 살육당하는 엄청난 전쟁의 재앙을 말하는 듯합니다. 하나님이 정하신 시간과 방법으로 하나님의 목표를 이루심으로 최후의 경고를 하실 것입니다.

전쟁을 통한 재앙

이전의 선지자들과 묵시론자들은 주로 이방 군대의 공격을 통해 심판받는 패역한 하나님의 백성을 예언하였습니다. 그러나 요한의 환상은 타락한 인류 문명에 대한 하나님의 심판을 예고하고 있습니다.

여러 이유에서 본문에 등장하는 준비된 네 천사와 마병대의 동원을 영적 현상, 즉 실제 군인의 침입보다는 마귀 떼의 침입으로 보기도 합니다만 저는 그렇게 해석해야 하는 필연적인 이유를 발견하지 못했습니다. 그렇게 해석하면 도무지 본문이 풀리지 않습니다. 이만 만이나 되는 마귀가 동원되어 불신자의 3분의 1을 죽인다는 말이 아닙니다. 다섯째 천사의 나팔을 통해 도래할 첫 번째 화는 이마에 인 침을 받지 아니한 사람들만 당하는 고통이 틀림없습니다만 여섯째 나팔을 통해 소개되는 두 번째 화는 땅에 거하는 자들에게 임하는 재앙입니다.

모든 인류가 대상인지 불신자가 대상인지는 분명하게 명시되어 있지 않다는 사실에 주의하셔야 합니다. 불신자로 이해할 소지가 많지만 주의해서 살핀다면 앞의 재앙처럼 대상이 분명히 언급되어 있지 않은 것을 발견할 수 있습니다.

> 이 같은 환상 가운데 그 말들과 그 위에 탄 자들을 보니 불빛과 자줏빛과 유황빛 호심경이 있고 또 말들의 머리는 사자 머리 같고 그 입에서는 불과 연기와 유황이 나오더라 이 세 재앙 곧 자기들의 입에서 나오는 불과 연기와 유황으로 말미암아 사람 삼분의 일이 죽임을 당하니라 이 말들의 힘은 입과 꼬리에 있으니 꼬리는 뱀 같고 또 꼬리에 머리가 있어 이것으로 해하더라(9:17-19).

이만 만의 말들과 그 위에 탄 자들을 자세히 기술하고 있습니다. 불빛, 자줏빛, 유황빛과 말들의 입에서 나오는 불과 연기와 유황이 반복됩니다. 불과 연기와 유황으로 인하여 사람의 3분의 1이 죽임을 당하리라고 세 번 반복합니다. 이는 마지막 재앙의 날을 특징짓는 색에 관해 이야기하고 있다고 볼 수 있습니다. 또한 불, 연기, 유황은 하나님의 심판 아래 빠졌던 소돔을 생각나게 합니다. 그런 의미에서 소돔의 심판은 마지막 심판의 예표이기도 합니다. 현대식으로 이야기하면 불과 연기와 유황은 화학전을 연상시키는 구절로 볼 수 있습니다. 요한은 자신이 아는 지식으로 표현하다 보니 불과 유황, 연기를 언급한 것입니다. 여기서 특히 말을 탄 자들보다 말들이 더 강조되고 있다는 것을 주목하십시오. 군인보다 무기가 더 강조되고 있습니다. 사람의 3분의 1을 죽음으로 몰아넣는 그날의 전쟁은 군인보다는 최신 무기에 좌우되는 전쟁일 것입니다.

그 입에서 나오는 불과 연기와 유황으로 인하여 죽는다는 것은 아마도 그날에 어울리는 적절한 표현일 것입니다. "이 말들의 힘은 입과 꼬리에 있으니 꼬리는 뱀 같고 또 꼬리에 머리가 있어 이것으로 해하더라"(9:19). 지금은 19절의 자세한 표현이 무엇을 의미하는지 아무도 말할 수 없지만 그날이 오면 "요한이 똑바로 이야기했네!"라고 수긍할 것입니다. 지금은 수수께끼처럼 희미하지만 갈수록 더 명확해질 것입니다. 마병대의 수효만큼이나 전쟁의 참상은 참혹할 것입니다.

사람의 3분의 1은 엄청난 수지만 아직 전부가 죽은 것은 아닙니다. 이 일을 통한 하나님의 의도는 죽지 않고 남은 나머지 사람들을 향해 회개의 경고를 하시는 데 있습니다. 하나님은 악한 문명을 심판하시지만, 그 심판 뒤에는 인류를 돌이키시려는 사랑이 있습니다. 하나님의 목적은 인생을 해치는 데 있는 것이 아니라 회개시키는 데 있습니다. 전쟁을 허용하시는 하나님의 의도는 인류를 살상이 아니라 악에서 돌이켜 회개하도록 하시는 데 있습니다.

1차 세계 대전이 일어나기 전에는 이른바 자유주의 신학을 가진 사람들이 "이제 새로운 세상이 열린다"고 했습니다. 그후에도 "이제 전쟁은 없다"고 외치며 국제 연맹을 만들어 핑크빛 꿈을 꿨지만 결국 2차 세계 대전이 일어났고 사람은 자신이 얼마나 악한 존재인지 알게 되었습니다. 이로 인해 자유주의 신학의 낙관론은 모두 사라졌습니다. 하지만 낙관론에 기초한 공산주의를 만들어, 가진 자와 농민이 서로 전쟁하면 농민이 모두 공산주의 편으로 넘어올 것이라고 생각했습니다. 그러나 역사는 그렇게 흘러가지 않았습니다. 공산주의가 실패하고 망할 수밖에 없는 이유는 성경을 무시했기 때문입니다. 인간의 죄성(罪性)을 무시합니다. 사람이 얼마나 악한지를 생각하지 못합니다. 어리석기도 하고 정직하지 못하기도 한 것입니다.

하나님은 전쟁의 참혹한 결과를 통해 사람들의 죄의 심각성을 보게 하십니다. 죄를 끔찍이 싫어하시는 당신을 나타내심으로 그들에게 회개하도록 하십니다.

회개치 않는 인류

하지만 우리는 이런 하나님의 선한 의도가 무시당하는 것을 봅니다. 다음 구절을 보십시오.

> 이 재앙에 죽지 않고 남은 사람들은 손으로 행한 일을 회개하지 아니하고 오히려 여러 귀신과 또는 보거나 듣거나 다니거나 하지 못하는 금, 은, 동과 목석의 우상에게 절하고 또 그 살인과 복술과 음행과 도둑질을 회개하지 아니하더라(9:20, 21).

두 번째 임한 엄청난 재앙은 살아남은 사람들로 하여금 회개하게 하는데 그 목적이 있지만, 인간은 오히려 귀신과 우상을 섬길 뿐 아니라 각종 악을 행하고 있음을 보여 줍니다.

바울이 일찍이 로마서에서 설파한 대로 "하나님의 진노가 불의로 진리를 막는 사람들의 모든 경건하지 않음과 불의에 대하여 하늘로부터"(롬 1:18) 나는 것을 볼 수 있습니다. 경건하지 않은, 신앙이 없는 자가 도달하는 삶의 자연스러운 귀결은 불의와 부도덕입니다. 짐승 같은 삶을 살게 되는 것입니다. 성경에 계시된 참 하나님을 숭배하지 않는 사회에는 항상 불의가 판을 치게 될 것입니다. 살인, 복술, 음행, 그리고 도적질이 득실거릴 것입니다. 이만 만의 말과 군대로 인한 끔찍한 죽음에도 사람들은 계속 악을 행하는 길로 치달을 것입니다. 사람들은 그들이 보는 모든 것이 전쟁으로 인한 결과이지 무슨 하나님의 심판이냐고 비웃을 것입니다.

엄중한 경고의 재앙에도 악으로 치닫는 모습은 우리로 하여금 무엇을 예상하게 합니까? 3분의 1이 죽는 엄청난 재앙을 퍼부었는데도 불구하고 사람들은 회개하지 않습니다. 그것은 마지막 재앙인 최후 심판을 예상하게 하는 중요한 대목입니다. 일곱째 천사의 나팔과 함께 셋째 화를 재촉하는 행위입니다.

성도를 위한 격려

또 한 번의 막간 기사(10:1-11:13)가 나온 후 일곱째 나팔이 울려 퍼질 것입니다. "세상 나라가 우리 주와 그의 그리스도의 나라가 되어 그가 세세토록 왕 노릇 하시리로다"(11:15). 마지막 일곱째 나팔 소리와 함께 이 찬양이 하늘로부터 들려오게 될 것입니다.

사랑하는 성도 여러분, 요한은 불신 세상을 위해 이 계시록을 쓴 것이 아닙니다. 요한은 박해받는 교회를 위해 이 편지를 써 보냈습니다. 극심한 하나님의 심판 아래 빠져들면서도 돌이키지 아니하며 살아가는 하나님의 백성을 염려해서 이 편지를 쓴 것입니다. 충성된 증인으로 살아갈 그들이지만 세상은 그들의 증거에 귀를 기울이지 아니할 것이라는 사실을 내다보았기 때문에 요한은 이 편지를 써서 보낸 것입니다. 성도의 증거를 듣고도 회개하지 아니하여 더욱 극심한 재앙에 빠져들면서도 도무지 회개하지 않는 세상에 남아 있을 소수의 성도를 향해 격려의 편지를 하는 것입니다. "회개하지 아니하고 …… 회개하지 아니하더라"(9:20, 21)라고 기록하면서 그것으로 인해 놀라지 말라는 것입니다. 실망하지 말라는 것입니다. 하나님이 정하신 때가 있다는 것을 말해 주고 있습니다.

성도가 살아가는 세상은 스스로가 선택한 이상적인 세상이 아닙니다. 우리는 우리의 앞날을 스스로 결정할 수 없습니다. 우리가 맞이할 내일의 모든 것은 전능하신 하나님의 손에 달려 있습니다.

내일은 오늘보다 더 악한 날이 될 것입니다. 더 패역한 시대일 것입니다. 귀신을 섬기고 우상을 섬기는 일로 치달을 것이고, 그 결과 살인과 복술과 음행과 도적질이 판칠 것입니다. 그렇게 살지 말라고 아무리 증거해도 그들은 우리의 증거를 듣기는커녕 코웃음 치고 비웃을 것입니다. 그런 세상 속에서 살아가는 우리를 위로하기 위해 요한은 이 편지를 쓰고 있습니다. 극심한 심판에 빠져들면서도 계속 죄악으로 줄달음치는 세상 속에 사는 소수의 박해받는 성도들을 위해 요한은 이 본문을 기록한 것입니다.

하나님을 거스른 행위가 스스로를 부도덕 가운데 해치는데도 계속 하나님을 거스르며 악을 행하는 길로 달려갈 죄악 된 인생의 실상이 20절과 21절에 기록되어 있습니다.

> 이 재앙에 죽지 않고 남은 사람들은 손으로 행한 일을 회개하지 아니하고 오히려 여러 귀신과 또는 보거나 듣거나 다니거나 하지 못하는 금, 은, 동과 목석의 우상에게 절하고 또 그 살인과 복술과 음행과 도둑질을 회개하지 아니하더라(9:20, 21).

정한 "년 월 일 시"에 인류의 3분의 1이 죽임을 당해도 "회개하지 아니하고 …… 회개하지 아니하더라"는 것이 최후의 심판이자 세 번째 재앙에 빠져들 세상의 모습입니다.

참된 하나님을 섬기십시오. 바른 삶을 살아가십시오. 그것이 오늘 이 메시지를 듣는 우리의 의무입니다. 귀신과 우상 숭배, 악으로 치닫는 인류를 볼 그날에 놀라지 마십시오. 이것이 그날 우리가 보게 될 일에 대한 경고입니다. 또한 악으로 계속 치닫는 문명 속에 어쩔 수 없이 살게 될 우리를 위한 위로의 말씀이기도 합니다. 사랑하는 성도 여러분, 그러나 하나님의 최후 심판은 더 이상 지체되지 아니할 것입니다.

Revelation

요한계시록 10장 1-11절

1 내가 또 보니 힘센 다른 천사가 구름을 입고 하늘에서 내려오는데 그 머리 위
에 무지개가 있고 그 얼굴은 해 같고 그 발은 불기둥 같으며 2 그 손에는 펴 놓
인 작은 두루마리를 들고 그 오른발은 바다를 밟고 왼발은 땅을 밟고 3 사자가
부르짖는 것같이 큰 소리로 외치니 그가 외칠 때에 일곱 우레가 그 소리를 내
어 말하더라 4 일곱 우레가 말을 할 때에 내가 기록하려고 하다가 곧 들으니 하
늘에서 소리가 나서 말하기를 일곱 우레가 말한 것을 인봉하고 기록하지 말라
하더라 5 내가 본 바 바다와 땅을 밟고 서 있는 천사가 하늘을 향하여 오른손을
들고 6 세세토록 살아 계신 이 곧 하늘과 그 가운데에 있는 물건이며 땅과 그 가
운데에 있는 물건이며 바다와 그 가운데에 있는 물건을 창조하신 이를 가리켜
맹세하여 이르되 지체하지 아니하리니 7 일곱째 천사가 소리 내는 날 그의 나
팔을 불려고 할 때에 하나님이 그의 종 선지자들에게 전하신 복음과 같이 하나
님의 그 비밀이 이루어지리라 하더라 8 하늘에서 나서 내게 들리던 음성이 또
내게 말하여 이르되 네가 가서 바다와 땅을 밟고 서 있는 천사의 손에 펴 놓인
두루마리를 가지라 하기로 9 내가 천사에게 나아가 작은 두루마리를 달라 한즉
천사가 이르되 갖다 먹어 버리라 네 배에는 쓰나 네 입에는 꿀같이 달리라 하거
늘 10 내가 천사의 손에서 작은 두루마리를 갖다 먹어 버리니 내 입에는 꿀같이
다나 먹은 후에 내 배에서는 쓰게 되더라 11 그가 내게 말하기를 네가 많은 백성
과 나라와 방언과 임금에게 다시 예언하여야 하리라 하더라

35
다시 예언하여야 하리라

그리스도 안에서 사랑하는 성도 여러분, 지금까지 우리는 1장부터 9장까지 살펴보았습니다. 일곱 교회의 모습을 살폈고, 일곱 인을 떼실 때 수반된 환상을 살폈습니다. 이어서 일곱 나팔을 부는 장면을 살펴보고 있습니다.

일곱 경고의 나팔 가운데 여섯 나팔이 울려 퍼졌고 지금 일곱째 나팔 소리가 울려 퍼지기 직전, 막간의 사건을 기술하고 있습니다. 계시록 10장 1절부터 11장 13절까지의 막간 사건에는 두 가지 환상이 포함되어 있습니다. 여기서는 그 첫째 환상을 살펴보겠습니다.

이 환상은 일곱째 나팔과 직접적인 관련이 있습니다. "지체하지 아니하리니 일곱째 천사가 소리 내는 날 그의 나팔을 불려고 할 때에 하나님이 그의 종 선지자들에게 전하신 복음과 같이 하나님의 그 비밀이 이루어지리라"(10:6, 7)라는 사실을 알리기 위해 이 환상이 주어졌습니다. 그래서 요한은 지금 일곱째 나팔에 관련된 사건을 알리기에 앞서 한 천사의 환상을 소개합니다. 요한이 선지자로서 하나님의 사역을 위임받는 장면입니다. 하나님이 그에게 주신 사명은 곧 완성될 하나님의 구속 계획을 만방에 알리는 일입니다.

본문의 환상은 크게 세 부분으로 나눌 수 있습니다. 첫째 장면은 1-4절입니다. 한 힘센 천사의 등장입니다. 둘째 장면은 5-7절입니다. 이 천사가 하늘을 향해 손을 들고 맹세하는 장면입니다. 임박한 종말을 선언합니다. 셋째 장면은 8-11절입니다. 요한이 다시 예언할 사명을 위임받습니다.

힘센 다른 천사

먼저, 첫째 장면부터 살펴봅시다.

> 내가 또 보니 힘센 다른 천사가 구름을 입고 하늘에서 내려오는데 그 머리 위에 무지개가 있고 그 얼굴은 해 같고 그 발은 불기둥 같으며 그 손에는 펴 놓인 작은 두루마리를 들고 그 오른발은 바다를 밟고 왼발은 땅을 밟고 사자가 부르짖는 것같이 큰 소리로 외치니 그가 외칠 때에 일곱 우레가 그 소리를 내어 말하더라 일곱 우레가 말을 할 때에 내가 기록하려고 하다가 곧 들으니 하늘에서 소리가 나서 말하기를 일곱 우레가 말한 것을 인봉하고 기록하지 말라 하더라(10:1-4).

숱한 천사가 등장하는 것이 계시록의 특징입니다. 계시록 같은 묵시 문학에서는 천사가 큰 역할을 합니다. 여기서 등장하는 힘센 "다른" 천사는 8장 3절에 나온 금 향로를 가진 천사와 구별됩니다. 그뿐만 아니라 일곱 나팔을 부는 천사들과도 구별됩니다. 세상을 사는 사람들의 사명이 각기 다르듯이, 수많은 천사도 각기 다른 사명을 맡고 있습니다.

'힘센 천사'라 불리는 것이 어울릴 만큼 그 천사에 대한 묘사가 장엄합니다. 매우 장엄하다 보니까 어떤 이들은 이 장엄한 모습의 천사가 그리스도를 상징한다고 보지만, 계시록은 한 번도 천사를 그리스도와 동일하게 보지 않았습니다. 그의 메시지의 장엄함에 어울리도록 위엄 있는 모습을 하고 있을 뿐입니다. 그는 구름을 입고 하늘에서 내려오고 있습니다. 그 머리에는 무지개가 있습니다. 영광스러운 머리띠처럼 무지개가 두르고 있는 것인지 아니면 그 용모에서 발하는 영광스러운 빛인지, 어느 것으로 이해해도 상관없을 것 같습니다. 그 얼굴은 해같이 빛나고 있습니다. 그 발은 불기둥 같습니다. 오른발은 바다를 밟고, 왼발은 땅을 밟고 서 있습니다. 사자처럼 우렁찬 목소리로 그가 외치자 일곱 우레가 화답합니다.

이 천사의 장엄한 위용을 자세히 설명하는 것은 그가 전하게 될 메시지가 얼마나 장엄하고 웅대한 것인지를 예상하게 합니다. 그가 전하게 될 메시지는 온 세계와 인류에 관련된 장엄하고 웅장한 내용입니다. 한쪽 발은 바다를 밟고 다른 발은 땅을 밟고 서 있는 천사를 통해 하나님이 마지막 말씀을 하고 계십니다. 그가 우렁찬 목소리로 외치자 말을 한 일곱 우레의 소리를 요한이 적으려 했으나 제지를 받습니다. 요한은 듣고 이해했지만, 그것을 기록해서 전하는 것은 허용되지 않았습니다.

사람들은 하나님이 허락하지 않으신 것을 알고 싶어 합니다. 하나님이 알도록 허락하신 것은 알려고 열심히 살피지 않으면서, 알도록 허락하지 않으신 것은 상상의 날개를 펴고 무슨 내용일까 궁금해 합니다. 알리도록 허락하지 않으신 것은 알릴 필요가 없었기 때문이니 궁금해 할 필요가 없습니다. 알려고 추측해도 알 수 없습니다. 오묘한 것은 하나님에게 속해 있습니다. 계시된 것만이 우리에게 속한 것이기에 우리는 계시된 것을 열심히 읽고 깨닫고 준행하면 됩니다. 하나님은 당신의 비밀을 감추기도 하시고, 우리에게 알려 주기도 하십니다. 그러므로 그것이 우리에게 주어진 분복을 누리는 길입니다. 하나님이 알리지 않으신 것은 장차 하나님이 하실 일이며, 예언이 나타낼 수 있는 것보다 훨씬 크고 위대할 것이라 짐작할 수 있습니다. 하나님의 마음속에 담긴 모든 것을 우리가 지금 모두 아는 것은 허용되어 있지 않습니다. 다만 그분이 알리기를 기뻐하신 것을 열심히 살피는 데 만족해야 합니다.

계시록에서 천둥 소리는 다가오는 하나님의 진노의 전조입니다. 8장 5절에서는 우레와 음성과 번개와 지진이 나자 곧 경고의 나팔이 울려 퍼집니다(11:19, 16:18 참조). 곧 도래할 하나님의 심판의 절정을 상징합니다.

임박한 종말의 선언

이제 둘째 장면을 살펴봅시다.

> 내가 본 바 바다와 땅을 밟고 서 있는 천사가 하늘을 향하여 오른손을 들고 세세토록 살아 계신 이 곧 하늘과 그 가운데에 있는 물건이며 땅과 그 가운데에 있는 물건이며 바다와 그 가운데에 있는 물건을 창조하신 이를 가리켜 맹세하여 이르되 지체하지 아니하리니 일곱째 천사가 소리 내는 날 그의 나팔을 불려고 할 때에 하나님이 그의 종 선지자들에게 전하신 복음과 같이 하나님의 그 비밀이 이루어지리라 하더라(10:5-7).

하늘에서 내려온 힘센 천사가 맹세하고 있습니다. 하늘을 향하여 오른손을 들고 맹세합니다. 하나님의 거룩하신 이름을 불러 맹세합니다. "세세토록 살아 계신 이 곧 하늘과 그 가운데에 있는 물건이며 땅과 그 가운데에 있는 물건이며 바다와 그 가운데에 있는 물건을 창조하신 이"를 가리켜 맹세합니다. 달리 높은 이가 없기 때문에 영원하신 창조주의 이름으로 맹세합니다. 그가 지금 하게 될 맹세는 모든 창조물에 영향을 끼치는 맹세입니다. 하늘에 있는 것, 땅에 있는 것, 바다에 있는 모든 것이 지음받은 만물의 운명과 관련된 맹세입니다. 그리고 그 맹세의 내용이 성취되는 데는 창조주의 능력이 필요합니다. 힘센 천사가 하늘을 가리켜 하나님의 이름을 불러 행하는 맹세의 말을 들어 보십시오.

> 지체하지 아니하리니 일곱째 천사가 소리 내는 날 그의 나팔을 불려고 할 때에 하나님이 그의 종 선지자들에게 전하신 복음과 같이 하나님의 그 비밀이 이루어지리라……(10:6, 7).

종말이 임박함을 알리고 있습니다. 더는 지체되지 않고 곧 마지막이 도래할 것입니다. 모든 것이 완성되는 순간이 다가온다는 것입니다. 성도들의 기도가 이루어지는 날이 임박했습니다.

계시록은 한편으로 어려운 책입니다. 그러나 다른 한편으로는 참으로 쉬운 책입니다. 복잡한 사람에게는 어렵게 들립니다. 그러나 단순한 사람에게는 쉽게 들릴 수 있는 책이 계시록입니다. 환상 중에 엄청난 천사를 보게 하시고 그 천사가 우레와 같은 소리로 맹세하는 내용은 "지체하지 아니하리[라]"는 것입니다. 아주 간단합니다. "어느 때까지"를 호소하던 성도들의 기다림이 이루어질 순간이 곧 다가왔다는 것입니다. "잠시 동안"이라고 위로하시던 주님의 약속이 바야흐로 이루어지는 순간입니다.

"지체하지 아니하리니 일곱째 천사가 소리 내는 날 그의 나팔을 불려고 할 때에 하나님이 그의 종 선지자들에게 전하신 복음과 같이 하나님의 그 비밀이 이루어지리라"고 창조주 하나님의 이름을 두고 맹세합니다. 세상에는 많은 소리가 있고 많은 맹세가 있지만 다 헛될 뿐입니다. 그래서 주님은 우리에게 아무것도 맹세하지 말라고 하셨습니다. 사람의 맹세는 헛되지만 전능자께서 하게 하신 이 맹세는 반드시 이루어질 것입니다.

만물의 창조주요 주관자이신 그분의 영원한 이름을 불러 임박한 종말을 예언하고 있습니다. 이것이 우리 앞에 지금 다가온 현실입니다. 여러분은 지금 요한이 환상 가운데 본 이 사실에 얼마나 감격하고 있습니까? "지체하지 아니하리[라]"고 하시는 말씀이 우리의 심령에 어떻게 다가왔는지 자신을 살펴봐야 합니다. 여러분은 "지체하지 아니하리[라]"는 말씀이 위로가 됩니까? 그 말씀에 감격한다면 여러분은 성도답게 사는 사람들입니다. 사랑하는 성도 여러분, 여러분이 세상에 도취하여 살고 있지 않다면, 악한 세상 때문에 탄식하고 산다면, 소돔의 죄악 된 모습을 보고 고문을 당하듯 고통당하는 마음으로 세상을 살아가고 있다면 "지체하지 아니하리[라]"는 말씀만큼 위로를 주는 말씀은 성경 어디에도 없을 것입니다.

초대 교회 성도들은 말로 다 설명할 수 없는 어려움 속에서 살아가고 있었습니다. 그래서 그들은 오실 주님을 대망하고 살았습니다. 오죽하면 그들이 나누는 인사말이 "마라나타"(주님이 오십니다)였겠습니까? 그들은 그 말로 서로 격려했습니다. 그러나 동시에 그것은 하나님의 말씀대로 살지 않는 사람들에게는 경고의 말로 다가갔습니다. 제 구실을 하는 교회는 다시 오실 주님을 대망합니다. 모든 날이 그날을 위해 존재한다는 사실을 알기 때문에 그날이 오기를 사모합니다. 성도답게 사는 자들은 종말을 대망합니다. 임박한 종말이 지금 우리에게 다가오고 있습니다. 전능하신 하나님이 보증하십니다. 우주는 하나님의 의지대로 다스려지고 완성될 것입니다.

사도 요한은 그리스도인이기에 당하는 박해 가운데 있었습니다. 로마 제국은 한 명밖에 남지 않은 주님의 직계 제자 사도 요한을 밧모섬에 유배하였습니다. 교회가 박해당하는 것은 당시의 보편적인 상황이었습니다. 그런데 그들을 위로할 가장 큰 소식이 여기 있습니다. "지체하지 아니하리[라]"는 말은 하나님이 작정하신 때가 이제 임박하였다는 선언입니다. 그리스도의 이름으로 인해 환난을 겪는 사람들에게 이보다 좋은 위로는 없습니다. 예수를 믿는다고 하면서도 적당히 세상을 살아가는 사람들에게 주님이 곧 오신다는 사실은 그리 기쁜 소식이 아닐지 모릅니다. 그러나 우리가 정말 예수를 사랑하기 때문에 그 나라와 환난에 동참하는 신앙의 대열에 서 있다면 우리에게도 "지체하지 아니하리[라]"는 이 말씀이 가장 큰 위로의 말씀이 될 것입니다. 하나님의 비밀이 남김없이 그 모습을 드러내는 순간이 임박했다는 선언만큼 그들을 위로할 소식이 어디에 있겠습니까?

때가 임박했다는 소식이 지금 여러분 귀에는 어떻게 들리고 있습니까? "지체하지 아니하리[라]"는 말씀에 대한 반응으로 우리의 삶을 판단할 수 있습니다. 두렵습니까? 그렇다면 지금의 삶에서 돌아서야 합니다. 기쁜 소식입니까? 조금만 더 견디시길 바랍니다. 지체하지 아니하실 것입니다. 일곱째 천사가 나팔을 불 날을 기대하십시오. 일곱째 나팔이 울려 퍼질 날이 다가오고 있습니다. 하나님의 모든 비밀이, 하나님의 모든 뜻이 남김없이 드러날 것입니다. 하나님이 그 종들에게 시대마다 알리신 복음의 비밀이 성취되는 날이 곧 다가올 것입니다.

네 배에는 쓰나 네 입에는 달리라

마지막 장면을 살펴봅시다. 세 번째 장면에 나오는 대화입니다.

> 하늘에서 나서 내게 들리던 음성이 또 내게 말하여 이르되 네가 가서 바다와 땅을 밟고 서 있는 천사의 손에 펴 놓인 두루마리를 가지라 하기로 내가 천사에게 나아가 작은 두루마리를 달라 한즉 천사가 이르되 갖다 먹어 버리라 네 배에는 쓰나 네 입에는 꿀같이 달리라 하거늘 내가 천사의 손에서 작은 두루마리를 갖다 먹어 버리니 내 입에는 꿀같이 다나 먹은

후에 내 배에서는 쓰게 되더라 그가 내게 말하기를 네가 많은 백성과 나라와 방언과 임금에게 다시 예언하여야 하리라 하더라(10:8-11).

첫째 음성은 하늘에서 나는 음성이고 둘째, 셋째 음성은 본문에 등장한 천사의 음성입니다. 선지자 요한에게 들려진 하늘의 음성은 "가서 …… 두루마리를 가지라"는 말이었습니다. 요한은 즉각 순종해 천사에게 가서 책을 달라고 요청합니다. 그러자 천사가 대답합니다. "갖다 먹어 버리라 네 배에는 쓰나 네 입에는 꿀같이 달리라." 이 표현 앞에서 우리는 당황합니다. 무슨 의미일지 궁금해 합니다.

'배에는 쓰지만 입에는 달다'는 것이 무엇을 의미할까요? 책의 어떤 내용은 쓰고 어떤 부분은 달다는 의미가 아닙니다. 예언의 어떤 요소는 달고 어떤 요소는 쓰다는 이야기가 아닙니다. 구원의 메시지는 달지만, 박해와 고통과 순교의 메시지는 쓰다는 의미도 아닙니다. 이 말은 선지자 요한이 그 메시지의 의미를 이해할 때 이중 반응을 보이리라는 뜻입니다.

하나님을 가까이하는 것은 복입니다. 하나님에게 가까이 나아가서 하나님의 말씀을 받는 것은 커다란 기쁨입니다. 하나님의 말씀을 깨달은 선지자들은 "꿀과 송이 꿀보다 더 달도다"(시 19:10)라고 고백했습니다. "주의 말씀의 맛이 어찌 그리 단지요 내 입에 꿀보다 더 다니이다"(시 119:103)라고 고백합니다. 예언의 말씀을 위임받는 것은 누구나 누리는 축복이 아닙니다. 에스겔에게 주어진 말씀을 들어 보십시오.

인자야 내가 네게 주는 이 두루마리를 네 배에 넣으며 네 창자에 채우라 하시기에 내가 먹으니 그것이 내 입에 달기가 꿀 같더라(겔 3:3).

예레미야 선지자도 같은 고백을 하고 있습니다.

만군의 하나님 여호와시여 나는 주의 이름으로 일컬음을 받는 자라 내가 주의 말씀을 얻어 먹었사오니 주의 말씀은 내게 기쁨과 내 마음의 즐거움이오나(렘 15:16).

그러나 예언에 함축된 의미를 생각해 볼 때 그것이 기쁨만 주지는 않습니다. 예레미야는 기쁨으로 말씀을 받았지만, 그 심중에는 고통이 계속됩니다. 그 말씀이 함축하는 의미가 무엇인지, 그 말씀을 받아들이지 아니할 때 백성이 당할 심판이 어떠한지 알고 있기에 괴로워하는 것입니다.

예루살렘을 향해 통곡하시던 주님을 기억해 보십시오. 그 메시지를 거역함으로 그들이 받을 심판의 진노에 그리스도께서는 예루살렘을 바라보며 눈물을 흘리셨습니다. 많은 사람과 어린이가 그분을 평강의 왕으로 "호산나, 주의 이름으로 오시는 이여"(마 21:9 참조)라고 찬송하며 환영했지만 모든 사람이 환영한 것은 아니었습니다.

여기에 하나님의 말씀을 전하는 자의 기쁨과 고통이 있습니다. 하나님의 말씀을 깨닫는 기쁨은 말씀을 거절한 자들이 진노로 인해 받을 고통을 동시에 수반합니다. 복음을 받아들이는 자와 함께 그 구원을 기뻐하는 동시에 끝까지 거절하는 자들로 인하여 말씀을 전하는 자는 괴로워합니다.

환상의 궁극적 의미

하나님은 여러분을 사랑하십니다. 여러분도 하나님을 사랑하십시오. 하나님보다 자신의 유익만 추구할 때는 멸망밖에 없습니다. 하나님보다 자신을 먼저 앞세우는 자에게는 저주밖에 없습니다. 자신의 행복에만 관심을 두고 남은 시간을 쓰고 있다면 우리는 하나님의 진노 속으로 빠져들어 가는 삶을 사는 것입니다. 남아 있는 시간이 얼마가 되었든, 그 순간을 하나님의 뜻을 이루는 일에 쓴다면 그가 바로 성도답게 사는 사람이고, 그런 사람만이 성도답게 죽음을 맞이할 수 있을 것입니다.

보십시오. 이 모든 환상의 궁극적인 의미를 읽어 보십시오.

> 그가 내게 말하기를 네가 많은 백성과 나라와 방언과 임금에게 다시 예언하여야 하리라 하더라(10:11).

엄청난 천사들을 보여 주고 그 천사들의 위엄을 설명하며 그 천사로 하여금 맹세하도록 한 그 모든 것은 서론에 지나지 않습니다. 요한으로 하여금 천사의 손에 있는 책을 받아 먹게 하고 나서, 그 후에 많은 사람에게 증거하라고 말씀하기 위함이었습니다. 장엄한 모습의 힘센 다른 천사가 등장해서 오른손을 들고 전능자의 이름을 들어 "지체하지 아니하리[라]"고 맹세합니다.

마지막 장면에서 요한은 그 천사의 손에서 작은 책을 받아 먹고 하나님의 부름을 받습니다. 하나님은 요한에게 "많은 백성과 나라와 방언과 임금에게 다시 예언하여야 하리라"고 말씀하십니다. 아직 종말은 아닙니다. 그러나 곧 다가올 것입니다. 마지막 시기가 도래합니다. 일곱째 천사가 나팔을 불면 그때는 끝입니다. 그때는 이전에 경험하지 못한 엄청난 강도로 하나님의 진노가 쏟아부어질 것입니다.

이미 첫째, 둘째, 그리고 일곱째 천사가 나팔을 불고 있습니다. 그래서 지구 위에 총체적인 재난이 임하고 있습니다. 인류 문명 어느 시대에 오늘처럼 마실 물과 들이킬 공기로 고민했습니까? 물의 오염 때문에, 미세 먼지 때문에, 자연의 보복 앞에 두려워 떠는 시대가 바로 이 시대입니다. 그 재난은 우리 삶의 터전을 전부 흔들고 있습니다. 회개하지 않으면 멸망할 것입니다.

우주적인 재난을 알리는 나팔이 울려 퍼지는 시대입니다. 이러한 때를 앞두고 요한은 "다시 예언하여야 하리라"는 그 소명을 다시 확인합니다. 요한은 하나님의 말씀과 예수의 증거로 인하여 지금 밧모섬에 유배되어 있습니다. 그러나 그곳에서 그는 다시 사명을 확인받습니다. 지금 이후로 그는 많은 백성과 나라와 방언과 임금에게 가서 증거해야 합니다. 이제는 한 지역이 아니라 온 지역에 가서 복음을 전해야 할 때가 온 것입니다. 주님이 처음 세상에 오신 이후 주님의 다시 오심을 앞두고 있는 지금은 만민에게 가서 복음을 전해야 하는 때입니다. "많은 백성과 나라와 방언과 임금에게", 즉 모든 문명 세계 전역에 이르는 예언입니다.

다시 예언하여야 하리라

지금 일곱째 나팔 소리를 앞두고 역사의 완성과 새 왕국의 도래를 알리는 예언을 해야 합니다. 세계 역사가 완성되는 날이 오고 있다는 것을 전해주어야 합니다. 모든 날은 그날을 위해 준비되었습니다. 그날을 준비하기 위해 우리는 작은 책의 말씀을 갖다 먹고 소화해야 합니다. 다가올 심판에 관한 소식을 전해야 합니다. 주님의 재림에 관한 소식을 듣고 그냥 두려워 떨고만 있어서는 안 됩니다. 들림받지 못하면 산 채로 가죽을 벗긴다는 것 때문에 두려워서 자기만 구원받기 위해 안간힘을 쓰는 어리석은 자리에서 벗어나야 합니다. 그것은 신앙 자체가 잘못된 사람들의 모습입니다.

우리가 구원받은 것은 섬기기 위함입니다. 남을 섬기기 위해 구원받았다면 가장 힘든 순간에도 남아서 증인 노릇을 해야 합니다. 마지막 때의 무시무시한 묘사에 겁먹고 두려워하는 것은 확신이 없기 때문입니다. 저는 제 이름이 불릴 것을 확신합니다. 그분이 오시면 들림받을 것을 믿고 있습니다. 그러나 그날이 언제인지는 성경이 말했듯이 알 수가 없습니다. 다만 그날이 다가오는 것을 느끼는 만큼 나가서 복음을 전하는 것이 우리의 사명입니다. "마지막 때가 되었으니 빨리 자신이 들림받을 준비나 하지, 선교는 무엇 때문에 하느냐?" 누군가 이런 말을 한다면 그들이 이단임을 보여 주는 증거입니다.

"지체하지 아니하리[라]"는 말씀의 결론은 가서 전해야 한다는 것입니다. 우리는 지금 다시 예언해야 하는 시대에 살고 있습니다. 더 넓은 시야를 가지고 복음을 전해야 합니다. 우리가 살고 있는 이곳만 보아서는 안 됩니다. 우리가 심기일전해서 다시 예언해야 하는 것은 이제 시간이 얼마 남지 않았기 때문입니다. 새로운 긴박감을 가지고 복음을 전해야 합니다. 곧 다가올 역사의 완성을 내다보고 있기 때문입니다. 총체적으로 쏟아부어질 재앙을 앞둔 시대이기 때문입니다. 마지막 일곱째 경고의 나팔이 울려 퍼지고 나면 이제 심판 아래로 빠져들 것입니다. 일곱째 나팔이 울려 퍼지기 직전을 우리는 살고 있습니다. 많은 백성과 나라와 방언과 임금에게 해야 할 일이 우리에게 있습니다.

임박한 하나님의 진노가 쏟아부어지기 전에 우리에게 주어진 사명이 있습니다. 긴박감을 가지고 우리에게 맡겨진 시간을 다시 예언하는 일에 사용해야 합니다. 아직도 돌아오지 않은 이들에게 마지막으로 한 번 더 엄중한 경고를 해야만 합니다. 복음을 전하는 일에 헌신하는 여러분이 되기를 바랍니다.

Revelation

요한계시록 11장 1, 2절

1 또 내게 지팡이 같은 갈대를 주며 말하기를 일어나서 하나님의 성전과 제단
과 그 안에서 경배하는 자들을 측량하되 2 성전 바깥마당은 측량하지 말고 그
냥 두라 이것은 이방인에게 주었은즉 그들이 거룩한 성을 마흔두 달 동안 짓
밟으리라

36
성전 측량

그리스도 안에서 사랑하는 성도 여러분, 우리는 여섯째 나팔과 일곱째 나팔 사이의 막간극을 살피고 있습니다. 막간극의 첫 번째 환상은 요한이 작은 책을 받아서 먹는 장면입니다. 두 번째 환상인 본문은 독창적이라기보다는 유대 묵시 문학의 상징과 사상이 반영되어 있습니다.

계시록 11장은 계시록의 진면목을 보여 줍니다. 왜 계시록을 읽기 어려운 책이라고 평가하는지를 실감 나게 하는 부분입니다. 계시록 가운데 가장 어려우면서도 가장 중요한 부분 중 하나이기에 지혜와 계시의 영, 분별의 영이 필요합니다.

계시록을 빙자해서 성도들을 넘어뜨리려는 이단 사설이 있습니다. 시대마다 이런 거짓 가르침이 하나님의 교회를 계속 미혹할 것입니다. 그러므로 우리는 요한계시록을 반드시 살펴야 합니다. '매우 난해한' 책이라고 제쳐 두는 것은 바른 태도가 아닙니다. 낯설고 어려운 느낌 때문에 읽기조차

단념하는 것은 신랑을 맞이하는 신부의 태도로 합당하지 않습니다. 신랑의 얼굴에 가면을 씌워 둔 채 기다릴 수는 없습니다. 이는 오실 신랑을 맞이할 그리스도의 신부로서 책임을 회피하는 것일 뿐입니다. 우리는 성경의 계시 전체를 완성하는 요한계시록을 살필 의무가 있는 동시에 오고 계신 그분을 대망할 특권을 가지고 있습니다.

우선 11장 전체를 살펴봅시다. 1, 2절은 성전을 측량하는 장면입니다. 3-6절에는 두 증인이 등장합니다. 7-10절에서는 짐승이 출현하고 그 짐승의 일시적 승리의 결과로 두 증인이 죽임을 당합니다. 11-13절은 다시 살아난 두 증인으로 인하여 회개가 이루어지는 내용입니다. 그리고 14-19절에서는 그리스도의 궁극적인 승리를 처음으로 묘사합니다. 엄밀히 말하면 14-19절 마지막 사건은 막간극이라고 볼 수 없습니다. 일곱째 천사가 나팔을 불 때 나타난 환상이기 때문입니다. 간단히 막간극 제2장면을 요약하면 1, 2절은 서론이고, 3-13절은 본론입니다. 이 장에서는 1, 2절 말씀을 살펴보겠습니다.

성전 측량

> 또 내게 지팡이 같은 갈대를 주며 말하기를 일어나서 하나님의 성전과 제단과 그 안에서 경배하는 자들을 측량하되 성전 바깥마당은 측량하지 말고 그냥 두라 이것은 이방인에게 주었은즉 그들이 거룩한 성을 마흔두 달 동안 짓밟으리라(11:1, 2).

우선 환상 자체를 살펴봅시다. 이 막간극에서 요한은 더 이상 관람객이 아닙니다. 앞부분에서 요한은 책을 갖다 먹는 역할을 감당했습니다. 여기서도 지팡이 같은 갈대를 받아 성전을 측량하는 배역을 맡습니다.

요한이 받은 "지팡이 같은 갈대"가 무엇인지 생각해 봅시다. 이 글의 1차 독자들에게는 설명이 필요하지 않았지만, 오늘 우리에게는 설명이 필요합니다. 당시 사회에서는 측량 도구로 갈대를 사용했습니다. 넓은 땅을 측량할 때는 밧줄을 사용했지만, 대개는 갈대를 이용했습니다. 요한이 받은 갈대는 길이가 약 8미터 정도 되는 막대기로 생각할 수 있습니다. 요한은 지팡이 같은 측량용 갈대를 받으면서 무엇을 측량해야 하는지 지시를 받습니다. "일어나서 하나님의 성전과 제단과 그 안에서 경배하는 자들을 측량하되 성전 바깥마당은 측량하지 말고 그냥 두라"고 하십니다. 갈대로 측량해야 할 부분과 측량하지 말아야 할 부분을 구분해서 명령하십니다.

그러면 요한이 본 환상 중의 성전 구조를 살펴봅시다. 본래 이스라엘 성전은 안뜰과 바깥뜰, 두 부분으로 구분되어 있었습니다. 그러나 당시 예루살렘에 건축된 성전은 네 부분으로 나누어져 있었습니다. 먼저 바깥에서 안으로 들어가면 '이방인의 뜰'이 있습니다. 이 구역에는 이름 그대로 모든 이방인이 접근할 수 있습니다. 이방인의 뜰을 가로질러 가면 낮은 담이 있고 "이 경계를 넘어서는 이방인은 죽임을 당할 것임"이라는 경고문이 있음직한 구역이 나옵니다. 그곳이 '여인들의 뜰'입니다. 이스라엘 여자들이 예배하는 구역입니다. 이스라엘 여자는 이방인 남자보다 조금 나은 대접을 받았습니다. 그런데 우리가 이스라엘 남자라면 여인들의 구역을 지나 다음 구역까지 들어갈 수 있습니다. 그곳은 '남자들의 뜰'입니다. 그러고 나면 마지막 구역이 있습니다. '제사장들의 뜰'로 불리는 곳으로, 이스라엘 남자 중 레위 지파 제사장들만 들어갈 수 있습니다. 그곳에는 놋으로 만든 번제단이 있고, 제비를 뽑아 제사장들만 들어갈 수 있는 성소 안에는 금으로 만든 향단이 있습니다.

이제 이런 구획을 머리에 그려 두고 요한이 지시받은 측량의 한계를 이해해 보십시오. "일어나서 하나님의 성전과 제단과 그 안에서 경배하는 자들을 측량하되 성전 바깥마당은 측량하지 말고 그냥 두라." 지성소와 성소를 포함한 성전의 일부만 측량하고, 성전 바깥마당, 즉 이방인의 뜰은 측량하지 말라고 명하십니다.

측량의 이유

그러면 측량하는 이유는 무엇입니까? 구약 예언을 보면 몇몇 곳에 측량하는 환상이 나옵니다. 그런 부분을 염두에 두고 하늘의 음성이 요한에게 "성전과 제단과 그 안에서 경배하는 자들을 측량하[라]"고 한 이유를 살펴봅시다.

측량하는 이유를 크게 나누면 다음과 같습니다. 우선 건축을 위한 준비입니다. 아파트나 빌라를 짓는 현장에 가 보면 측량을 하고 땅에 선을 친 후에 공사하는 것을 볼 수 있습니다. 신축뿐 아니라 복구를 위한 준비로 측량하기도 하는 것을 성경에서 읽을 수 있습니다(슥 2:1-5, 겔 40-43장 참조). 측량을 하는 두 번째 이유는 파괴하거나 제거하기 위한 준비입니다. "여호와께서 딸 시온의 성벽을 헐기로 결심하시고 줄을 띠고 무너뜨리는 일에서 손을 거두지 아니하사 성벽과 성곽으로 통곡하게 하셨으매 그들이 함께 쇠하였도다"(애 2:8, 왕하 21:13, 사 34:11 참조)라는 기록이 있습니다. 재개발 사업을 하는 곳에 가 보면 파괴할 지역으로 정하고 붉은 페인트를 칠해 놓습니다. 도로 공사 현장에서도 볼 수 있습니다. 말뚝을 박고 붉은 띠를 매어 측량한 경계를 표시합니다. 형질을 변경시키거나 공사할 곳에서도 볼 수 있는 표시입니다.

그러나 본문에 나오는 측량의 목적은 복구나 신축을 위한 것이 아닙니다. 또한 파괴나 제거를 위한 준비도 아닙니다. 측량하는 세 번째 이유는 보호와 보존입니다. 기념할 만한 건물이나 보존할 만한 수목 주위를 측량해서 한계를 설정하는 것을 지금도 볼 수 있습니다. 그 건물이나 수목을 보존하기 위해 한계를 설정합니다. 지금 요한이 갈대 측량 자를 들고 성전과 제단과 그 안에서 경배하는 자들을 측량하는 것은 그들을 보호하고 보존하기 위해서입니다. 성전 바깥마당은 측량하지 말고 그냥 두라는 것은 역으로 성전 측량의 목적을 설명해 줍니다. 측량을 금한 성전 바깥마당은 이방인에게 짓밟히게 될 것입니다. 그러나 요한이 측량한 지역은 이방인의 짓밟힘에서 보호되고 보존될 것입니다.

환상의 의미

지금껏 우리는 환상 자체를 살펴보았습니다. 그러면 그 환상이 의미하는 바는 무엇입니까? 상징이 가리키는 바가 무엇입니까? 환상 중에 요한이 본 것은 지상의 예루살렘, 지상의 성전, 지상의 성소, 그리고 지상의 마당입니다. 그렇다면 이 모든 것은 무엇을 상징하고 있습니까? 여러 해석이 있지만 크게 두 가지로 나눌 수 있습니다.

우선, 성전, 제단, 경배하는 자들, 거룩한 성들을 문자적으로 해석하는 관점입니다. 세대주의자는 성경에 엄격하기 때문에 이 내용을 문자적으로 현재 이스라엘의 예루살렘 유대인 성전이 회복될 것에 관한 예언으로 봅니다. "자, 보라. 2천 년 동안 나라를 잃고 살던 유대인이 이제 국가를 이루지 않았느냐? 머지않아 성전이 재건되고 제사 의식이 회복될 것이다." 그들은 확신을 가지고 이렇게 주장합니다. 그들의 관점에서 보면 측량 목적은 보호와 보존보다는 복구로 보아야 타당할 것입니다.

반면 아주 철저히 문자적으로 보는 견해와 다르게 어느 정도만 문자적으로 보는 견해가 있습니다. 이들은 요한이 본 환상의 의미가 장소의 회복이라기보다는 유대 민족의 보존과 궁극적인 구원에 관한 예언이라고 생각합니다. 민족으로서의 유대인은 이방의 압제 아래 넘겨졌으나 남은 유대인 신자는 보존되고 회복된다고 보는 것입니다. 그래서 바울이 로마서에서 고민하던 동족 이스라엘에 대한 고민이 풀릴 것이라고 생각합니다.

그러나 저는 문자적으로 이해하지 않고 상징적으로 보려고 합니다. 성전과 제단, 그 안에서 경배하는 자들은 모든 민족으로서, 열방과 족속과 방언으로 구성된 전 기독교 공동체를 가리키는 것이라고 생각합니다. 계시록을 전체적으로 살펴볼 때 성전은 유대인과 이방인으로 구성된 메시아 공동체를 뜻하기 때문입니다.

또한 저는 11장 1, 2절의 성전 측량의 의미를 7장 2, 3절의 인 침의 기능과 동일하게 간주합니다. 7장에 나오는 막간극과 11장에 나오는 막간극은 그런 의미에서 서로 통하고 있습니다. 7장에서는 인을 치는 일이 있고 그 후에 큰 환난을 통과한 무리가 등장합니다. 11장에서도 먼저 성전을 측량하는 일이 있고 나서 그들이 당하게 될 환난에 대한 이야기가 나옵니다. 7장과 11장은 모두 막간극으로, 일곱째 인이 떼어지면서 사건이 시작되고 일곱째 나팔이 울려 퍼지면서 심판이 절정에 다다릅니다. 다른 상징을 통해 동일한 사실을 강조하고 있을 뿐입니다.

그래서 저는 여섯째 인과 일곱째 인 사이의 막간극이나 여섯째 나팔과 일곱째 나팔 사이의 막간극 기능이 같다고 봅니다. 도래할 극심한 환난의 때를 보여 주기 전에 환난 중에 있는 성도들을 위로하기 위해 그들을 보호하실 것을 보여 주는 것입니다.

성도들의 궁극적 구원

요한은 이 환상을 통해 당시 극심한 박해를 받던 성도들을 위로하기 원했습니다. 동시에 성령께서는 큰 환난의 날을 앞둔 성도들의 궁극적인 구원을 확신시키기를 원하셨습니다. 이마에 인 침을 받은 성도들은 결코 멸망하지 않는 것처럼 측량한 범위 안에 들어온 성도들은 이방인에게 결코 짓밟히지 아니하리라는 말씀입니다. 극심한 박해의 소용돌이에서 하나님이 그 신실한 자들을 보존하실 것을 보여 주십니다.

하나님의 성전과 제단, 그 안에서 경배하는 자들은 동일한 것을 지칭하는 각기 다른 상징입니다. 그 중심에 그리스도의 영이 거하는 자가 하나님의 성전입니다. 신약은 여기저기서 같은 말을 반복적으로 하고 있습니다. 바울은 "너희는 너희가 하나님의 성전인 것과 하나님의 성령이 너희 안에 계시는 것을 알지 못하느냐"(고전 3:16)라고 고린도 성도를 향해 훈계합니다. 그들에게 보낸 두 번째 편지에서도 "우리는 살아 계신 하나님의 성전이니라"(고후 6:16)고 동일한 진리를 분명하게 선언합니다. 또 그는 고린도 교회뿐 아니라 에베소 교회를 향해서도 동일한 진리를 강조합니다.

> 너희는 사도들과 선지자들의 터 위에 세우심을 입은 자라 그리스도 예수께서 친히 모퉁잇돌이 되셨느니라 그의 안에서 건물마다 서로 연결하여 주 안에서 성전이 되어 가고 너희도 성령 안에서 하나님이 거하실 처소가 되기 위하여 그리스도 예수 안에서 함께 지어져 가느니라(엡 2:20-22).

사도 베드로 역시 하나님의 백성을 신령한 집으로 지어져 가는 산 돌로 묘사합니다.

> 너희도 산 돌같이 신령한 집으로 세워지고 예수 그리스도로 말미암아 하나님이 기쁘게 받으실 신령한 제사를 드릴 거룩한 제사장이 될지니라(벧전 2:5).

지금 요한이 환상 중에 갈대로 측량하는 "성전"은 바로 지상에 있는 하나님의 교회 전부를 상징합니다. 하나님의 명령으로 측량함으로써 하나님의 백성이 11장 3절 이하에 나오는 무서운 시련의 시기에 보존될 것을 약속합니다.

환상 속에 나오는 "제단" 역시 그리스도의 교회를 가리킵니다. 특히 여기서는 그리스도인의 희생적 봉사를 묘사하고 있습니다. 그리스도와 그 나라를 위해서 희생적으로 봉사하는 모든 자는 하나님이 측량하여 직접 살피시고 보호하실 것입니다. 하나님은 자기를 희생적으로 섬기는 모든 백성을 다가오는 큰 환난에서 직접 돌보실 것입니다.

요한이 측량한 제3의 대상은 "그 안에서 경배하는 자들"입니다. 사람을 측량한다는 표현이 조금 이상하지만, 진짜 측량하고자 하는 것은 그 안에서 경배하는 자들이라는 것, 예배하는 자들을 하나님이 측량 자로 재시겠다는 것이 이 이야기의 본질입니다. 여기서는 하나님 백성의 고유적 성격을 보여 주기 위해 또 다른 상징을 사용하고 있을 뿐입니다. 그리고 여기서 "경배하는 자들"이라고 한 이유는 교회가 그 본질상 예배하는 무리임을 보여 줍니다.

교회는 예배하는 공동체입니다. 이것은 다른 어떤 기능보다 먼저 강조되어야 합니다. 예배하는 것을 가장 중요하게 생각하십시오. 교육할 수 있습니다. 봉사할 수 있습니다. 전도와 선교도 할 수 있습니다. 그러나 우리가 알아야 할 가장 핵심적인 부분은 '교회는 하나님을 예배하는 공동체'라는 것입니다. 하나님의 백성이 되고 나면 가장 첫째 되는 의무가 무엇입니까? 그것은 하나님을 경배하고 영화롭게 하는 일입니다. 하나님을 향해 예배하는 공동체로서의 역할은 3절 이후에 나오는 '증거하는 공동체'로서의 역할보다 중요합니다. 예배를 드리는 것은 다른 무엇과도 타협할 수 없는 중요한 일입니다. 하나님은 신령과 진정으로 예배하는 공동체를 아끼십니다. 극심한 재난의 날에 그들을 아끼실 것입니다. 악행하는 자들과 박해하는 세상에 임하는 심판의 때에도 하나님의 참된 백성, 예배하는 공동체는 보호될 것입니다.

환난 속에서의 보호

물론 이것은 성도들이 아무런 어려움도 당하지 않을 것이라는 이야기가 아닙니다. 성경은 성도이기에 고난당하지 않을 것이라고 말한 적이 한 번도 없습니다. 구약 시대부터 신약 시대에 이르기까지 성도들은 누구도 그런 삶을 살지 않았습니다. 오히려 성도이기에 극심한 환난을 당해야 했습니다. 때로는 순교를 당하기도 했습니다. 그러나 그들은 그 상황에서도 그들이 사랑하고 섬기던 주님에 대한 신앙을 잃지 않았습니다.

하나님의 측량 권역 안에 들어간다는 것은 세상이 고달파질 때 믿는 성도만 먹고 마실 것이 풍성히 넘치는 브이아이피(VIP)가 된다는 약속이 아닙니다. 세상에 재난이 쏟아부어질 때 성도도 동일한 환난 속에 빠져들 것입니다. 그럼에도 우리를 지키시는 하나님의 보호가 있으리라는 것이 성경의 말씀입니다. 때로는 순교자도 생길 테지만 하나님의 교회는 결코 파멸되지 않을 것입니다. 극심한 박해 때문에 이스라엘이 역사 속에서 자취를 감출 뻔한 일이 종종 있었으나 메시아가 오시기까지 하나님의 손길이 그들을 지키지 않았습니까? 에스더를 통해 그 민족을 구출하신 것을 읽어 보지 않으셨습니까? 이스라엘 민족을 모두 죽이기로 한 칙령이 내려졌으나 그것을 뒤엎는 반전의 역사가 하나님의 역사입니다. 교회도 극심한 환난 속에 빠져들지만 예배하는 공동체는 이 땅에서 사라지지 아니할 것입니다.

사랑하는 성도 여러분, 우리 안에 그리스도의 영이 있는 한 우리는 세상에 의해 분쇄되지 아니할 것입니다. 그들은 우리의 목을 칠 수 있습니다만,

우리 마음속에 있는 그리스도를 향한 사랑을 빼낼 수는 없을 것입니다. 우리 삶에 그리스도의 보혈에 근거한 희생이 있다면 우리는 결코 버림당하지 아니할 것입니다. 우리의 삶이 그리스도의 영으로 예배하고 하나님의 진리로 경배하는 한, 우리는 세상에 내어 줌을 당하지 아니할 것입니다.

하나님의 보호는 바깥마당까지 이르지는 않습니다. 겉으로는 교회에 속해 성도인 척 예배드려도 참된 성도가 아닌 자들은 보호받지 못할 것입니다. 그날, 엄습해 오는 두려움에서 설 수 있는 자가 되지 못할 것입니다. 그 마음 중심에 그리스도와 자신이 어떤 관계를 맺고 있는지 아는 자만이 어떤 환난과 풍파 속에서도 오실 주님에 대한 소망을 그 마음에 분명히 품을 수 있을 것입니다. 세상은 이름뿐인 신자들을 짓밟을 수 있지만, 진실한 하나님의 백성을 결코 유린하지는 못합니다. 세상적인 교인들은 오히려 세상적인 것을 환영합니다. 세상적인 사고방식에 동조하고 세상과 짝합니다. 세상은 거짓된 교회를 침노하고 정복하고 그 소유로 삼습니다. 그러나 하나님의 백성은 그들 수중에 들어가지 않습니다.

마흔두 달 동안

그러면 얼마 동안 이런 상태가 계속됩니까? 본문은 "마흔두 달 동안 짓밟으리라"고 합니다. 문자적으로 취할 것인지 상징적으로 취할 것인지 다시 선택해야 합니다.

계시록에 나오는 "한 때와 두 때와 반 때", "마흔두 달", 그리고 "천이백육십 일"은 모두 같은 기간입니다. 햇수로 말한 것을 달수와 날수로 풀어 보면 모두 같은 기간입니다. 저는 계시록에 나오는 다른 숫자와 같이 상징적인 의미로 취하고자 합니다. 이는 악이 기승을 부리는 마지막 기간을 가리키는 말입니다.

사실 하나님의 교회는 세상에서 계속 박해를 받아 왔습니다. 그런 의미에서 그리스도의 승천 이후 재림까지를 말세라고 말합니다. 마지막 시대이기 때문에 우리에게는 항상 환난이 있습니다. 사도 바울이 성도들을 향해 "우리가 하나님의 나라에 들어가려면 많은 환난을 겪어야 할 것"이라고 말한 것으로 보아 초대 교회 성도들도 많은 환난을 통과한 하나님의 백성임을 확인할 수 있습니다. 어느 시대든 하나님의 백성으로 신실하게 살고자 한 성도 중에는 환난을 겪지 않은 사람이 없었습니다. 무릇 그리스도 안에서 경건하게 살고자 하는 자는 박해를 받으리라고 주님이 말씀하셨습니다.

여러분이 박해받지 않고 살고 있다면 여러분은 지금 세상과 어깨동무하고 있을 것입니다. 세상과 어울려 지내고자 한다면 세상은 우리를 박해할 이유가 전혀 없습니다. 지금 여러분은 박해를 받지 않고 있습니까? 조롱과 미움을 받지 않고 있습니까? 언제나 환영을 받습니까? 그렇다면 현재 여러분이 믿는 예수는 제대로 된 예수가 아닙니다. 정말로 신실하게 살고자 할 때 우리는 세상이 우리 목을 조이고 있다는 느낌을 받을 것입니다.

그리스도의 승천 이후 지금까지 말세이고, 성도들은 계속 고난을 겪어 왔습니다. 그러나 마태복음을 살펴보면 "재난의 시작"이라는 기간과 "큰 환난의 날"이 구분되어 있습니다. 말하자면 지금껏 교회가 걸어온 길은 재난의 시작에 동참하는 것이었습니다. 그리고 그리스도께서 다시 오시기 직전 큰 환난이 있을 것입니다. 그러나 그날에 우리를 보호해 주실 것이라는 약속이 우리가 읽은 말씀 속에 있습니다. 세상은 계속하여 하나님의 교회를 박해해 왔으나 마지막 한 기간이 되면 정도나 양상에 있어서 유례를 찾아볼 수 없는 박해가 있을 것입니다.

저는 마지막 때에 환난이 있을 것이라는 의미에서는 휴거를 거론하는 사람들과 견해를 같이합니다. 하지만 그 환난의 모습이 구체적으로 어떤 것인지에 관해서는 모릅니다. 사람들을 위협하기 위해 아주 생생하게 묘사하고 있지만, 성경에서는 그렇게 말하고 있지 않기 때문입니다. 그러나 저는 앞 시대와 전혀 비교할 수 없는 환난의 때가 분명히 있다는 것을 말해야 합니다.

성경은 재난의 시작과 큰 환난의 날을 구분하여 말하고 있습니다. 이 큰 환난의 날은 환난이 매우 극심하기에 택한 자들을 위해서 그날을 감하지 않으면 어떤 육체라도 구원을 얻을 수 없는 그런 기간이 있다는 것을 성경은 말해 주고 있습니다. 갑자기 극심하고 특이하며 비일상적으로 지금까지와 다른 환난의 날이 다가올 것입니다. 그러나 그 기간은 한정되어 있습니다. 마흔두 달이라고 규정하고 있습니다. 교회를 악랄하게 박해할 것이지만 정한 기간에만 허용될 것입니다. 하나님이 주인이십니다. 하나님이 그 기간을 설정하신 분입니다. 그리고 하나님이 택한 자들을 위해 그 기간을 감하실 것입니다.

사랑하는 성도 여러분, 여러분은 지금 이 극심한 환난의 날들을 준비하고 있습니까? 공중에 들림받아 환난을 피할 수 있는 것이 아닙니다. 성경은 우리에게 그렇게 가르치지 않습니다. 가시밭에 백합화같이 향기를 날리게 될 하나님의 백성이 그 환난의 날에 함께 세상에 있을 것입니다. 환난 속에서도 그리스도의 증거를 지킬 자들이 남아 있을 것입니다. 그 환난 가운데서도 그리스도의 증거를 위해 우리는 세상에 남겨져 있을 것입니다. 여러분은 그날들을 위해 준비하고 있습니까? 주님은 이 교훈을 말씀하시면서 기도로 깨어 있으라고 하셨습니다. 이 모든 일을 능히 피하고 인자 앞에 서도록 항상 기도해야 합니다.

깨어 있으라

그날 성도들을 잠식할 위험들에 대해 주님은 크게 두 가지를 조심하라고 말씀하셨습니다. 첫 번째는 방탕함과 술 취함이고, 두 번째는 생활의 염려입니다. 방탕함과 술 취함은 가진 자에게 나타나는 현상입니다. 흥청망청 돈을 쓰며 빠져드는 것입니다. 그러나 가난한 사람들에게는 어떻게 먹고살 것인지, 추운 겨울을 어떻게 겪을 것인지가 더 중요합니다. 극과 극을 달리는 양상이 나타날 것입니다. "곡식 값은 천정부지로 뛰는데 포도주와 감람유는 해치 말라"(6:6 참조)라는 것이 말세의 특징입니다.

풍요로운 사람들은 더욱 풍요로워지고 어려운 계층은 더욱 어려워질 것입니다. 말세에는 빈익빈 부익부의 격차가 훨씬 심해질 것입니다. 이런 사회 구조 속에서 가난한 사람들은 치열하게 살아가야 하지만 부유한 사람들은 여유롭게 세상을 즐기며 살아갑니다. 명절 연휴에도 일하지 않으면 안 되는 사람들이 있는가 하면, 연휴만 되면 해외여행을 떠나는 사람들도 있습니다. 그리고 다른 한편에서는 생활의 염려로 주님이 오시는 것에 대해 전혀 준비하지 못한 채 덫과 같이 임하는 그날을 맞이하게 될 것입니다. 부자는 부자대로, 가난한 자는 가난한 자대로, 주님을 맞이하는 일에 깨어 있지 못하다는 것을 알 수 있습니다. 다만 그것이 양극화될 뿐입니다. 이날은 온 지구상에 거하는 모든 사람에게 임하리라고 주님이 말씀하셨습니다.

당시 요한의 편지를 받은 사람들은 그 "재난의 시작"을 맛보고 있었습니다. 그러나 지금 우리에게는 "큰 환난의 날"이 다가오고 있다는 것을 염두에 두어야 합니다. 만약 우리가 살아 있는 시대에 주님을 맞이할 수 있다면 이 환난을 통과할 것입니다. 그래서 "깨어 있으라"고 하셨습니다. 경성해야 합니다.

그러나 여기에 하나님의 위로가 있습니다. "하나님의 성전과 제단과 그 안에서 경배하는 자들"은 보호받을 것입니다. 하나님의 법도 아래서 살아가는 자는 하나님 자신이 친수로 보호하실 것입니다. 친히 경계하시고 보존하실 것입니다. 공포와 고난의 바람이 불어오지만 하나님의 측량권 안에 있는 자들은 하나님의 보호와 보존을 받습니다. 시련과 순교와 죽음의 시기를 만날 것이지만 우리의 궁극적인 구원은 그리스도 안에서 보장되어 있습니다. 살아남기 위해서 이리 뛰고 저리 뛸 필요가 없습니다. "그리스도가 여기 있다, 저기 있다"고 외치는 소리를 따라 쫓아다닐 이유가 없습니다. 우리 안에 계신 진리의 영이 우리를 모든 진리 가운데로 인도하실 것입니다.

우리에게 관건은 어떻게 하면 살아남을지가 아닙니다. 보존되고 보호되는 것은 기정사실입니다. 그것은 서론에 불과합니다. 이 기간에 무엇을 해야 할지가 관건입니다. 환난의 날이 닥칠 때 우리가 어떤 모습이어야 하는지, 그것이 중요합니다. 예배하는 공동체를 이 땅에 남기신 주님의 뜻을 헤아려 보아야 합니다. 예배하는 공동체를 향한 주님의 부르심이 무엇인지 들어야 합니다. 과거 1992년 때처럼 주님이 재림하신다고 하니 하던 일을 다 팽개치고 모든 의무를 버리는 것은 바른 방법이 아닙니다. 계획했던 선교까지 포기하는 것은 어리석은 일입니다.

우리에게 살아남을 수 있는지는 중요한 문제가 아닙니다. 하나님이 친수로 측량하셨기 때문에 그 문제는 하나님이 주관하십니다. 더욱 중요한 문제는 이 시기에 우리가 해야 할 일이 무엇인지를 듣는 것, 바로 그것입니다. 걱정하지 마십시오. 어떤 상황에서도 하나님의 영은 우리를 떠나지 않습니다. 위기의 상황에서 우리의 손에 힘을 넣어 주십니다.

> 내가 사망의 음침한 골짜기로 다닐지라도 해를 두려워하지 않을 것은 주께서 나와 함께하심이라……(시 23:4).

아이들과 함께 걸을 때 나란히 걷다가도 아이가 넘어지려고 하면 손을 잡고 힘을 주는 것처럼 우리가 힘들고 넘어질 때마다 주님이 우리를 품어 주십니다. 평소에 잘 믿으십시오. 환난의 날을 주님과 함께 극복할 수 있는 특권을 누릴 것입니다.

Revelation

요한계시록 11장 3-6절

3 내가 나의 두 증인에게 권세를 주리니 그들이 굵은 베옷을 입고 천이백육십 일
을 예언하리라 4 그들은 이 땅의 주 앞에 서 있는 두 감람나무와 두 촛대니 5 만
일 누구든지 그들을 해하고자 하면 그들의 입에서 불이 나와서 그들의 원수를
삼켜 버릴 것이요 누구든지 그들을 해하고자 하면 반드시 그와 같이 죽임을 당
하리라 6 그들이 권능을 가지고 하늘을 닫아 그 예언을 하는 날 동안 비가 오지
못하게 하고 또 권능을 가지고 물을 피로 변하게 하고 아무 때든지 원하는 대로
여러 가지 재앙으로 땅을 치리로다

37
두 증인의 사역

그리스도 안에서 사랑하는 성도 여러분! 이 장의 본문 역시 일곱째 천사가 나팔을 불기 전에 보여 주는 막간극입니다. 막간극 1막과 2막이 끝나고 이제 3막이 시작됩니다.

1막과 2막에서 요한은 관객으로서 환상을 바라보지 않습니다. 그는 환상 속에서 배역을 맡아 작은 두루마리를 받아서 먹기도 하고, 지팡이 같은 갈대로 성전을 측량하기도 합니다. 그러나 11장 3절부터 시작하는 3막에서는 요한이 다시 관람석에서 관중으로 두 증인의 환상을 보고 있습니다. 그가 맡은 측량사 배역은 끝났습니다. 하나님의 성전과 제단과 그 안에서 경배하는 자들을 측량하고 성전 바깥마당을 남겨 두었습니다.

사랑하는 성도 여러분, 지금까지 하나님의 교회는 세상으로부터 박해를 받아 왔지만, 앞으로 전개될 극심한 환난의 날에는 특별한 보호를 약속받고 있습니다. 살아남기 위해서 이리 뛰고 저리 뛸 이유가 없습니다. "그리스도가 여기 있다, 저기 있다"고 외치는 소리를 따라 쫓아다닐 이유가 없습니다. 성전 측량의 환상을 통해 우리는 예배하는 공동체를 남기실 주님의 약속을 봅니다. 어떻게 하면 살아남을 것인가는 이 시대를 사는 우리의 관심사가 아닙니다. 성도들은 하나님의 능력으로 보호받고, 교회는 전능자의 능력으로 보존될 것입니다. 성전 측량 환상으로 그 사실을 확인했습니다. 그리고 이어서 두 증인의 환상으로 연결됩니다.

두 증인의 의미

지금 우리의 관심사는 '이 기간에 무엇을 해야 할 것인가'에 있어야 합니다. 마지막 시대를 위하여 예배하는 공동체를 지상에 남기신 주님의 뜻을 물어야 합니다. 이 물음에 주님은 서슴지 않고 "내가 나의 두 증인에게 권세를 주리니 그들이 굵은 베옷을 입고 천이백육십 일을 예언하리라"(11:3)고 대답해 주십니다. 여기 등장하는 "두 증인"이 누구입니까? 3절은 "두 증인"이라고 부르고, 10절은 그들을 가리켜 "두 선지자"라고 부릅니다. 4절은 더 상징적으로 이들을 "두 감람나무와 두 촛대"라고 말합니다.

이들은 누구를 가리킵니까? 요한이 갈대로 측량한 성전이 무엇을 의미하는가에 대한 해석보다 더 많은 해석이 있습니다. 사람이 가진 상상력이 매우 풍성함을 확인할 수 있습니다. 하지만 측량해서 보호된 하나님의 성전이 무엇을 의미하는지 밝혀진 이상 두 증인이 무엇을 상징하는지 밝히는 것도 어렵지 않습니다. 사람들은 두 증인을 죽음에서 살아난 역사적인 인물부터 두 단체, 나아가 두 가지 원리나 이념으로까지 제시합니다.

초대 교회 교부인 테르툴리아누스는 죽음에서 살아난 에녹과 엘리야가 말세에 나타날 두 증인이라고 보았습니다. 다른 많은 사람은 유대의 전통에 따라 모세와 엘리야가 다시 살아날 것이라고 주장합니다. 5절과 6절에 나오는 이적들을 보면 모세와 엘리야를 떠올리는 것도 무리가 아닙니다. 특히 모세와 엘리야는 변화산에서 주님과 함께 대화하기도 했기 때문입니다. 두 단체로 보는 이들은 유대인 교회와 이방인 교회를 의미한다고 생각합니다. 한편, 두 원리라고 생각하는 이들은 좀 더 다양한 제안을 제시합니다. 율법과 선지서, 율법과 복음, 구약과 신약으로 제시하는데, 얼핏 보면 갖다 붙이는 대로 무한한 제안이 가능할 것 같습니다.

두 증인이라고 해서 두 가지를 갖다 붙이는 것은 상징과 그 상징이 의미하는 바를 서로 혼돈하기 때문입니다. 두 증인은 상징이고 그 상징이 의미하는 바가 무엇인지 밝히면 됩니다. 굳이 두 가지의 무언가를 찾아야 할 필요는 없습니다.

저는 두 증인이 의미하는 것은 그리스도의 복음을 증거하며 세상과 싸우는 교회라고 봅니다. 두 증인은 '하나님의 말씀과 예수 그리스도의 증거에 신실한 교회'입니다. 예수의 환난과 나라와 참음에 동참하는 모든 주의 백성을 의미하는 상징입니다. 그중에는 요한처럼 하나님의 말씀과 예수의 증거로 인하여 귀양을 가는 이도 있고, 그 수가 차기까지 동무 종들, 형제들과 함께 죽임당한 순교자도 있습니다. 그 안에 그리스도의 영으로 말하고 행동하며 '신실한 증인의 삶을 사는 모든 성도'를 가리키는 상징으로 생각됩니다. 두 증인은 오순절 이후 성령의 권능으로 사역하는 모든 세대의 교회를 가리킵니다. 요한은 계시록 첫머리에서 보호받는 하나님의 교회를 보여 주었습니다. 그리고 여기서는 증거하는 신실한 교회를 보여 줍니다.

두 증인의 모습과 사역

그러면, 두 증인의 모습과 활동을 살펴봅시다.

> 내가 나의 두 증인에게 권세를 주리니 그들이 굵은 베옷을 입고 천이백육십 일을 예언하리라(11:3).

두 증인은 예언하는 권세를 부여받습니다. 이 두 증인의 사역은 천이백육십 일 동안 지속됩니다. 달로 환산하면 "마흔두 달", 연수로 말하면 3년 6개월, 즉 "한 때와 두 때와 반 때"입니다. 이것은 교회가 수난을 받는 기간 전부를 가리킬 뿐만 아니라 복음 전파 시대를 전부 가리키는 표현입니다.

왜 같은 기간을 2절에서는 달로, 3절에서는 날로 표현했을까요? 2절에서는 포위되고 빼앗기고 짓밟히는 성에 관해서 말합니다. 도시가 포위되는 기간은 흔히 달로 표현합니다. 그런데 3절에 예언(전도)과 관련해서는 날수로 표현했는데 이러한 표현은 우리에게 보여 주는 바가 큽니다. 증거는 날마다 행해져야 한다는 것을 말해 주고 있기 때문입니다. 전 세대에 걸쳐 우리 성도는 매일매일 증언하도록 부름받은 자입니다.

그들은 "굵은 베옷"을 입고 등장합니다. 굵은 베옷이라고 하니 여름에 시원한 좋은 옷을 생각한다면 본문의 의미를 바로 파악할 수 없을 것입니다. 옛 멋을 살린 멋쟁이 옷을 가리키는 것이 아닙니다. 구약과 신약을 통틀어 굵은 베옷의 의미는 그와 다릅니다. 70-80대 이상 되는 어르신들이라면 굵은 베옷이 무엇을 의미하는지 바로 이해할 수 있을 것입니다. 상(喪)을 당한 슬픔의 때에 굵은 베옷을 입어 본 경험이 있기 때문입니다. 두 증인은 그들의 메시지와 부합하는 옷차림으로 등장하고 있습니다. 두 증인은 지금 다가오는 멸망을 증거하는 사명을 받았습니다. 따라서 그들의 차림새나 거동은 그 메시지와 일치해야 합니다.

우리 삶의 모습은 우리의 임무를 반영해야 합니다. 우리의 차림새도 우리의 증거와 무관할 수 없습니다. 그러므로 그리스도인은 자신의 삶 전체를 돌아보아야 합니다. 향락을 추구하며 안일하게 살고 있다면 우리가 어떤 말을 전해도 세상 사람들은 우리의 말을 믿지 않습니다. 우리의 사는 모습이 우리가 전하는 메시지를 부인해 버리기 때문입니다. 그래서 "미디어는 메시지"라는 말을 했나 봅니다. 우리의 사는 모습이 우리의 증거와 얼마나 일치하는지 살펴보아야 합니다.

굵은 베옷을 입고 슬퍼하며 회개하는 교회여야 능력을 발휘할 수 있습니다. 사도행전을 보면 그들을 향해 큰 두려움과 슬픔이 있을 때 교회는 세상 속에서 제구실을 감당합니다. 안락한 교회, 편안한 마음으로 다닐 수 있는 교회는 세상을 움직일 능력을 상실한 교회입니다. 세상을 일깨워 구원을 얻도록 하는 데 실패합니다. 세상의 반대를 유발하지 못하고, 그렇다고 지지를 끌어내지도 못합니다. 교회의 임무는 전도하는 데 있습니다. 그러므로 모든 모습은 거기에 부합해야 합니다. 굵은 베옷을 입고 회개를 선포하는 기관이 교회입니다. 비단옷을 걸치고 회개를 선포하는 우스꽝스러운 사람들의 모임이 되어서는 안 됩니다.

하비 콕스가 쓴 「세속도시」라는 책을 보면 이런 구절이 나옵니다. 동네에 한 광대가 등장하여 "저쪽 편 동네에 큰 위험이 있어요"라고 말합니다. 그 말을 들은 동네 사람들은 "광대가 우리를 웃기려고 장난을 치네"라고 말하며 우스갯소리로 넘겨 버립니다. 그러자 광대가 더 날뛰며 아니라고 말하는데도 동네 사람들은 더 재미있다고 웃기만 합니다. 보십시오. 평소 우리 삶이 세상 사람들의 눈에 어떻게 비쳤는지에 따라 우리가 말하는 종말, 우리가 말하는 최후의 심판을 그들이 믿을 것인지, 거부할 것인지가 정해질 것입니다.

두 감람나무와 두 촛대

두 증인에 대한 설명을 계속하고 있습니다. 4절은 "그들은 이 땅의 주 앞에 서 있는 두 감람나무와 두 촛대니"라고 표현합니다. 계시록을 대하다 보면 참으로 난감할 때가 많습니다. 감람(올리브)나무를 재배해 본 적이 없는 사람에게는 그것이 무엇을 의미하는지 쉽게 다가오지 않기 때문입니다.

상징이 3절에서는 두 증인, 4절에서는 두 감람나무와 두 촛대로 나옵니다. 그러나 상징이 나타내는 대상은 같습니다. 하나님의 교회는 증거하는 공동체입니다. 그러기에 두 증인이라는 합법적인 증인으로 두 사람을 등장시키고 있습니다. 또 교회는 어려운 세상에 빛을 발합니다. 그러니 두 촛대라고 이야기하는 것입니다. 또 촛대에 불을 켜기 위해서는 기름이 필요하니 두 감람나무라고 합니다.

감람나무 환상의 원천은 스가랴 4장 3절입니다. 당시는 석유를 사용하는 시대가 아니었습니다. 당시에도 땅속에는 석유가 있었겠지만 사용할 줄을 몰랐습니다. 전기로 어둠을 밝히던 시대는 더구나 아니었습니다. 불을 밝히기 위해서는 감람유를 사용했습니다. 감람유는 풍성한 기름 공급원이었습니다. 특별히 팔레스타인 사람들에게 감람나무를 가지고 있다는 것은 밤에 불을 밝힐 수 있는 자원이 있음을 의미했습니다. 스가랴서에는 기름과 성령이 서로 관련되어 나옵니다. 일곱 등잔의 주발 좌우편에 있는 두 감람나무 환상을 보여 준 후 이렇게 설명하십니다.

> 이는 힘으로 되지 아니하며 능력으로 되지 아니하고 오직 나의 영으로 되느니라(슥 4:6).

두 감람나무 비유를 이야기하면서 거기에 공급되는 기름이 바로 "나의 영"이라고 말씀하십니다. 등대 좌우에 있는 두 감람나무의 뜻이 무엇이냐는 스가랴의 질문에는 다음과 같이 답하십니다.

이는 기름 부음 받은 자 둘이니 온 세상의 주 앞에 서 있는 자니라……(슥 4:14).

스가랴서를 보고 요한계시록을 읽으면 스가랴서에서 "이 땅의 주 앞에 서 있는 두 감람나무와 두 촛대"라는 유사한 표현을 사용하고 있다는 것을 발견할 수 있습니다. 그러나 구약 스가랴서를 한 번도 읽어 보지 못한 사람은 서로 연관 지을 수 없을 것입니다. 구약을 꼭 읽으십시오. 그래야 신약을 읽을 때 감을 잡을 수 있습니다.

스가랴가 환상을 보았을 때는 포로로 잡혀 있다가 이제 막 귀환하여 허물어진 예루살렘을 건축할 시기였습니다. 성전을 재건하는 일은 해도 해도 끝이 없고 사람들을 지치게 만드는 작업이었습니다. 그때 스룹바벨과 여호수아, 즉 정치 지도자와 종교 지도자가 어디서 힘을 얻는지를 보여 주었습니다.

하나님의 능력으로 힘을 얻어 성전을 건축하는 역사를 공동체와 함께 이루어 내리라는 것을 환상을 통해 보여 줍니다. 하나님이 그들에게 주신 사명을 완성하는 데에는 "힘으로도 능력으로도 되지 아니하고 오직 하나님의 영으로" 된다고 선언합니다. 하나님의 성전을 재건하는 일이 하나님의 영으로만 된다는 것은 불변하는 원리입니다. 하나님의 역사는 하나님의 성령에 사로잡힌 자들을 통해 지금도 이루어지고 있습니다. 하나님의 교회는 하나님의 영에 사로잡힌 자들을 통해 지금도 세워집니다. 하나님 나라의 확장은 하나님의 영에 붙잡힌 자들을 통해 이루어집니다.

교회당만 있다고 되는 것이 아닙니다. 선교사만 보낸다고 되는 것도 아닙니다. 때로는 교회가 하나님의 역사를 방해할 수 있습니다. 때로는 선교사가 하나님의 역사에 걸림돌 노릇을 할 수도 있습니다. 하나님의 영에 사로잡히지 아니하면, 그가 누구든 하나님의 역사를 이루어 내지 못합니다.

구약의 훼파된 성전을 재건하는 일은 오실 메시아에 대한 예표입니다. 구약의 성전은 장차 오실 그리스도를 나타내기 때문에 그것은 반드시 건축되어야 하고 아름답게 지어져야 했습니다. 그러나 지금은 그러한 성전을 지어야 할 의무가 없습니다. 이곳에서 땅을 닦고 큰 건물을 세우는 것은 하나님이 우리에게 부과하신 임무가 아닙니다. 구약 시대에 성전의 기능이 무엇입니까? 성전은 죄인과 하나님이 만나는 장소입니다. 죄인과 하나님이 만나는 일이 큰 건물을 세움으로 이루어질 수 있습니까? 죄인이 하나님을 만나는 그 일은 예수 그리스도 안에서 이루어졌습니다. 십자가에서 그분이 피를 흘리심으로, 그분이 사흘 만에 살아나심으로 사람이 하나님과 만날 수 있는 통로가 완성되었습니다. 건물을 아름답게 지어야 할 이유가 더는 없습니다. 솔로몬 성전이 아름다웠으니까 우리도 성전을 아름답게 지어야 한다는 주장은 무지의 소산이거나 사악한 무리의 속임수입니다. 우리는 그런 시대에 살고 있지 않습니다.

많은 사람이 교회 건물을 성전이라고 부릅니다. 구약 시대에는 성전이었습니다. 그러나 신약 시대에는 그리스도 예수께서 십자가의 죽음을 통하여 "내가 다 이루었노라"고 선언하셨고, 사흘 만에 살아나심으로 하나님에게 나아가는 새로운 길을 완성하셨습니다. 그러므로 백 년 전의 한국 기독교는 아무 건물에 교회라는 간판을 걸지 않았습니다. "◯◯교회 예배당"이라고 불렀습니다.

지금은 공간의 필요에 따라, 용도에 따라 목적에 적합한 건물이 필요합니다. 백성이 모여 예배드리는 곳은 예배당입니다. 교육이 필요한 곳은 교육관이며, 친교가 있는 곳은 친교관인 것입니다. 하나님의 백성이 모여 예배하고 교제하고 교육받기에 적합한 장소면 됩니다. 그 정도의 공간만 제공될 수 있으면 족합니다. 기능에 따라 마련되어야지, 보기에 현란한 건물은 더 이상 필요하지 않습니다. 지금은 그리스도 예수를 통해 죄인이 하나님을 만날 수 있는 장이 마련된 시대입니다. 장엄한 공간이 없어도 하나님과 그 백성이 만날 수 있는 시대에 우리가 살고 있습니다.

이 거룩한 만남의 역사는 지금도 하나님을 아는 사람들에 의해 계속됩니다. 생명은 생명을 통해 전수됩니다. 하나님의 역사는 하나님의 성령에 사로잡힌 자만을 통해 전수될 수 있습니다. 하나님의 영에 사로잡힌 자, 성령의 기름 부음 받은 자에 의해 하나님의 사역이 이루어질 것을 이미 스가랴 시대에 보여 주었습니다.

세상을 향한 교회의 증거

그렇다면 요한이 본 환상의 강조점은 무엇입니까? 예수 그리스도에 대한 증거 역시 두 감람나무와 두 촛대의 환상을 떠나서는 생각할 수 없습니다. 두 감람나무로부터 기름을 공급받는 두 촛대는 어둠의 세상을 밝혀 줄 것입니다. 요한은 지금 예수 그리스도에 대한 교회의 증거가 결코 사라지지 아니할 것을 말하고 있습니다. 세상은 하나님의 성령의 기름 부으심으로 사역하는 교회의 불빛을 결코 꺼 버릴 수 없습니다.

요한에게 촛대가 교회를 상징한다는 것은 재론의 여지가 없는 사실입니다. 계시록 처음 두 장에서 촛대가 6번 등장합니다. 모든 경우마다 교회를 가리켰습니다. 교회의 기본 사명이 세상을 밝히는 것이므로 '촛대'라는 상징을 통해 교회를 나타냅니다. 우리의 사명은 세상을 밝히는 것입니다. 우리는 성도로서 세상의 빛인 것을 명심하십시오. 하나님에게 가까이 나아가십시오. 더 밝게 비칠 것입니다. 성령께 더 의존하십시오. 더 멀리 비치게 될 것입니다.

"온 세상의 주", "이 땅의 주"라는 표현을 귀 담아 들어야 합니다. 우리 주님은 온 세상을 창조하신 주님입니다. 우리 주님은 이 땅에 있는 만민을 지으신 분입니다. 따라서 사람 사는 곳 어디에나 주님은 관심을 가지고 계십니다. 마태는 이런 관점에서 교회의 사명을 진술하면서 그 범위에 "하늘과 땅"을 포함하고, "모든 족속"을 사역 대상으로 규정합니다. 동시에 마태는 우리가 사역하는 날이 "세상 끝 날까지"라고 말합니다.

사랑하는 성도 여러분, 하나님은 크신 하나님입니다. 하늘 아래 모든 땅의 주인이십니다. 우리는 그 사실을 1,260일 하루도 빠짐없이 증거해야 합니다. 승천하신 그리스도께서 다시 오시기까지 우리의 임무는 이 땅에서 절대 끝나지 않습니다. 성령으로 증거하십시오. 성령으로 밝히십시오. 어둠이 있는 곳마다 두 감람나무와 두 촛대처럼 빛을 발하십시오. 우리의 임무를 완수하기까지 세상은 우리의 빛을 결코 꺼 버릴 수 없습니다.

사람의 힘은 한계가 있습니다. 사람의 능력은 다함이 있습니다. 그러나 하나님의 영은 무한합니다. 그분의 능력은 다함이 없습니다. "내가 나의 두 증인에게 권세를 주리니"(11:3)라고 말씀하십니다. 우리에게 권세를 주리라는 약속이 있습니다. 하늘과 땅에 모든 권세를 가지신 분이 우리에게 권세를 주리라고 약속하셨습니다. "이 땅의 주 앞에 서 있는 두 감람나무와 두 촛대"의 역할을 감당하십시오.

두 증인에 대한 하나님의 보호

이제 두 증인이 그 사역을 감당하는 동안 행사할 권세를 알아봅시다.

> 만일 누구든지 그들을 해하고자 하면 그들의 입에서 불이 나와서 그들의 원수를 삼켜 버릴 것이요 누구든지 그들을 해하고자 하면 반드시 그와 같이 죽임을 당하리라 그들이 권능을 가지고 하늘을 닫아 그 예언을 하는 날 동안 비가 오지 못하게 하고 또 권능을 가지고 물을 피로 변하게 하고

아무 때든지 원하는 대로 여러 가지 재앙으로 땅을 치리로다(11:5, 6).

여기서는 먼저 하나님이 그 종 선지자들을 어떻게 보호하실지를 밝혀 줍니다. 그들의 사명이 완수되기까지는 누구도 그들을 해할 수 없는 권세를 소유합니다. 이전에 선지자들을 지키신 그 하나님이 지금 두 증인을 지키실 것입니다. 구약 선지자들을 보호하신 동일한 하나님이 신약 시대, 마지막 시대의 선지자들을 보호하실 것입니다.

이 상징이 말하고자 하는 바가 무엇입니까? 저는 말세에 여러 권능을 행할 역사적 인물의 등장으로 보지 않습니다. 그러면 쉽게 이단에 빠져들 것입니다. 이른바 본인이 감람나무라고 말하고 다니던 사람 때문에 대한민국이 한창 혼란에 빠지기도 했습니다.

그 입에서 나오는 불은 하나님의 심판을 상징합니다. 원수를 문자 그대로 태워 죽이는 일은 마지막 시대의 증인인 우리의 관심사가 아닙니다. 우리는 입에서 불이 나와 사람들을 태워 죽이는 권능을 행하기를 원치 않습니다. 그보다는 그들의 입에서 나오는 메시지의 위력이 어떠할지를 보여 주고 있습니다. 하늘에서 불이 내려와 엘리야의 말대로 제물을 태움으로 그가 선지자임을 입증했듯이 그 입에서 나오는 불은 그들이 하나님이 보내신 증인임을 입증하는 상징적인 묘사입니다. 증인들의 입에서 나온 심판의 메시지가 그대로 성취됨으로써 그들이 하나님의 종임이 입증될 것입니다. 그들이 말한 심판의 메시지가 하나님의 능력으로 성취됨으로써 누구도 대항할 수 없을 것입니다.

엘리야든 모세든 다시 문자적으로 회생할 필요가 없습니다. 일찍이 세례 요한이 엘리야의 영으로 사역했듯이 모세와 엘리야의 정신과 능력으로 사역할 교회를 보여 줍니다. 이들이 맡은 사명, 증명하는 일을 완수하기까지 아무도 그들을 해하거나 죽이지 못할 것입니다. 교회가 선지자적 사명을 다 완수하기까지 지상의 어떤 세력도, 공중의 어떤 권세도 교회를 해하거나 망하게 할 수 없습니다. "그 예언을 하는 날 동안" 하늘과 땅에 징조를 베풀 것입니다. 교회가 그 직무를 성실하게 수행하는 동안 하나님의 능력과 권세로 보호될 것입니다.

그 임무에 충실한 교회로

사랑하는 성도 여러분, 맡은 임무를 망각한 교회는 능력을 상실하고 맙니다. 맡은 임무에 충실한 교회는 믿음으로 "아무 때든지 원하는 대로" 여러 가지 재앙으로 세상을 치는 권세를 소유합니다. 교회가 직무에 충실한 것 자체가 어쩌면 세상을 응징하는 하나님의 방법 중 하나일 수 있습니다. 우리의 임무를 기억하십시오. 지금은 굵은 베옷을 입고 예언할 때입니다. 곧 임할 하나님의 심판을 경고해야 하는 때입니다. 그러므로 우선 우리 삶의 모습이 달라져야 합니다.

나아가서 우리는 우리가 가진 자원이 어떤 것인지를 생각해야 합니다. 구약 하나님의 종, 모세와 엘리야가 가졌던 그 엄청난 능력의 원천이 우리에게 주어져 있습니다.

환난의 시작뿐 아니라 큰 환난의 날까지 하나님은 우리를 지키실 것입니다. 어떤 세력도 우리를 그 본연의 임무인 예언하는 일로부터 막을 수 없습니다. 극심한 환난 가운데서도 하나님은 우리를 보호하실 것입니다. 그 사명을 완수하기까지 우리의 생명은 전능자의 장중에 있습니다.

하나님은 우리에게 예언할 권세를 주셨습니다. 원수를 소멸할 권세를 주셨습니다. 하늘을 닫을 권세를 주셨습니다. 물을 변하게 하여 피 되게 하는 권세를 주셨습니다. 아무 때든지 원하는 대로 여러 가지 재앙으로 땅을 칠 권세를 교회에 주셨습니다. 복음을 전하는 사명에 신실할 때 이 권세는 우리의 것입니다. 다만 보호될 뿐만 아니라 땅을 칠 권세까지 우리에게 허락하신 하나님을 찬양합시다. "그 예언을 하는 날 동안" 하늘 위에나 하늘 아래 우리를 해할 권세가 없습니다.

정해진 기간 동안 주님의 능력과 권세로, 세상의 빛으로 비추는 것이 우리의 사명입니다. 우리는 하나님이 정한 적법한 증인입니다. 하나님의 능력으로 비추는 촛대입니다. 1,260일, 하루하루를 증거의 기회로 사용하십시오. 때를 얻든지 못 얻든지 복음을 전하는 것이 마지막 시대를 사는 성도의 사명입니다. 어떤 사람은 복음을 전하기에 아주 좋은 기회를 가지고 있을 수 있습니다. 때를 얻은 사람은 때를 얻은 대로 증거해야 합니다. 반면에 어떤 사람은 한 사람에게 복음을 전하는 것조차 무척 어려운 상황일 수도 있습니다. 그러나 때를 얻든지 못 얻든지 복음을 전하는 것이 우리의 부름입니다. 마지막 시대를 사는 성도의 사명, 거기에 우리의 관심이 있어야 합니다.

어떻게 하면 무서운 재난의 날 도피할 수 있을지에 관심을 두는 것은 겁쟁이의 모습입니다. 하나님의 자녀들은 세상이 악해질 때, 마지막 하늘의 문이 닫히기 전에, 기회가 마감되기 전에 어떻게 하면 한 사람이라도 더 복음을 들을 수 있을지에 관심을 가져야 합니다. 받은 권세로 세상에 나아가서 증거하는 대열에 함께 서기를 바랍니다.

Revelation
요한계시록 11장 7-13절

7 그들이 그 증언을 마칠 때에 무저갱으로부터 올라오는 짐승이 그들과 더불어
전쟁을 일으켜 그들을 이기고 그들을 죽일 터인즉 8 그들의 시체가 큰 성 길에
있으리니 그 성은 영적으로 하면 소돔이라고도 하고 애굽이라고도 하니 곧 그
들의 주께서 십자가에 못 박히신 곳이라 9 백성들과 족속과 방언과 나라 중에
서 사람들이 그 시체를 사흘 반 동안을 보며 무덤에 장사하지 못하게 하리로다
10 이 두 선지자가 땅에 사는 자들을 괴롭게 한 고로 땅에 사는 자들이 그들의
죽음을 즐거워하고 기뻐하여 서로 예물을 보내리라 하더라 11 삼 일 반 후에 하
나님께로부터 생기가 그들 속에 들어가매 그들이 발로 일어서니 구경하는 자
들이 크게 두려워하더라 12 하늘로부터 큰 음성이 있어 이리로 올라오라 함을
그들이 듣고 구름을 타고 하늘로 올라가니 그들의 원수들도 구경하더라 13 그
때에 큰 지진이 나서 성 십분의 일이 무너지고 지진에 죽은 사람이 칠천이라 그
남은 자들이 두려워하여 영광을 하늘의 하나님께 돌리더라

38

두 증인의 죽음, 부활, 승천

그리스도 예수 안에서 사랑하는 성도 여러분, 우리는 계속해서 막간극을 살피고 있습니다. 사도 요한은 여섯째 나팔과 일곱째 나팔 사이에 그가 본 환상을 보여 주고 있습니다. 우리는 지금 그 환상의 마지막 장면을 보고 있습니다.

교회, 증거하는 공동체

요한계시록 11장 1, 2절에서 교회가 무엇인지, 하나님의 백성이 누구인지, 그리고 그들이 받는 하나님의 보호가 어떤 것인지 살펴보았습니다. 참 하나님의 백성은 끝까지 보호될 것이라는 전제 위에 요한의 환상은 계속되고 있습니다. 11장 3-13절은 한 걸음 더 나아가 하나님의 교회를 설명해 주고 있습니다. 두 증인의 활동을 통해 하나님의 교회는 증거하는 공동체임을 살펴보았습니다. 법적 효력을 발휘하는 증언에는 두 명의 증인이 필요합니다. 그러므로 두 증인이란 역사적이고 실제적인 두 인물이 아니라 증인의 사명을 감당하는 교회를 상징한다고 말씀드렸습니다. 그리고 두 감람나무와 두 촛대는 성령의 능력으로 세상을 밝힐 교회를 가리킨다고 말씀드렸습니다.

3-13절은 복음 시대를 관통하는 교회사의 전경입니다. 1,260일을 증거하는 교회의 모습입니다. 계시록 12장 14절의 "한 때와 두 때와 반 때", 그리고 11장 2절의 "마흔두 달"과 3절의 "천이백육십 일"은 강조점은 다르지만 같은 기간을 가리키는 표현입니다. 교회는 그 모든 기간 날마다 증거해야 할 부름을 받습니다. 적대적인 이 세상 속에서 증거하는 부름을 감당하도록 이 환상이 주어지고 있습니다. 이 환상은 교회의 사명이 무엇인지뿐만 아니라 교회의 영원한 운명이 어떤 것인지도 보여 줍니다.

이 환상의 목적은 마지막 날 나타날 감람나무가 누구인지 궁금증을 일으키기 위한 것이 아닙니다. 이 환상은 우리로 하여금 지금 우리가 해야 할 사명과 장차 받을 영광이 무엇인지 보여 주어 마지막 날을 살면서 충성하도록 권면하는 데 그 목적이 있습니다. 사랑하는 성도 여러분, 이 세상을 살 동안 주님을 증거하고 진리를 선포할 사명이 우리에게 있습니다. 세상 사람들에게 구주를 선포하고 세상 속에 하나님 나라를 세워 가야 할 사명이 우리에게 주어져 있습니다. 두 감람나무가 누구를 가리키는지, 두 촛대가 누구인지, 그리고 두 증인이 어떻게 나타날지를 생각할 것이 아닙니다. 두 증인은 바로 우리의 모습이요, 두 감람나무와 두 촛대는 바로 우리의 자아상입니다.

사랑하는 성도 여러분, 우리가 전하는 선포의 핵심은 회개입니다. 굵은 베옷을 입고 예언하는 모습이 이 사실을 부각시킵니다. 앞서 살핀 두 증인의 사역은 하나님이 주신 권세로 그 임무를 수행하는 교회의 모습입니다.

사람들이 흔히 생각하듯 복음은 무력한 것이 아닙니다. 적진을 쳐서 격파하는 하나님의 강력입니다. 복음이 가진 힘과 영광은 두 증인의 사역을 통해 드러납니다. 복음은 그것을 대적하는 모든 세력을 격파한다고 약속하고 있습니다. 우리와 함께한 분은 세상과 함께한 자보다 훨씬 강한 분입니다. 그분이 주신 권세로 증거의 임무를 완수해야 합니다. 복음은 연약하지 않습니다. 복음은 결코 무력하지 않습니다. 복음은 패배하지 않습니다.

복음에는 하늘을 닫고 땅을 치는 권세가 있습니다. 애굽인이 신성시한 나일 강물을 피로 변하게 했습니다. 수많은 재앙으로 애굽을 친 모세의 사역은 시작에 불과합니다. 하나님은 오고 오는 세대에 당신의 종들을 통해 그와 같은 사역을 계속해 가실 것입니다. 그리하여 하나님이 정하신 모든 뜻을 다 이루실 것입니다. 교회의 증거를 막을 세력은 하늘에도, 땅에도, 땅 아래 어디에도 존재하지 않습니다. 그리하여 교회는 그 임무를 완수할 때까지 무적의 능력을 발휘할 것입니다.

세상 끝까지 증거될 복음

이 장의 본문은 내용상 세 장면으로 나눌 수 있습니다. 첫째 장면은 7절입니다. 둘째 장면은 8-10절입니다. 그리고 셋째 장면은 11-13절입니다. 첫째 장면의 주제는 '두 증인의 살해'입니다. 둘째 장면의 주제는 '버려진 시체를 둘러싼 축제'입니다. 그리고 셋째 장면의 주제는 '증인들의 회생에 잇따른 사건'입니다. 두 증인의 부활, 승천과 함께 잇따른 재앙입니다.

이제 첫째 장면과 그 메시지를 살펴봅시다. 본문 7절입니다.

> 그들이 그 증언을 마칠 때에 무저갱으로부터 올라오는 짐승이 그들과 더불어 전쟁을 일으켜 그들을 이기고 그들을 죽일 터인즉.

여기에서 "그들이 그 증언을 마칠 때에"라는 표현을 잘 이해해야 합니다. 그들의 증거는 도중에서 단절되지 않습니다. '마친다'는 말은 그 목표에 도달했다는 의미입니다. 주어진 목적을 달성했다는 뜻입니다. 복음 증거는 결코 중간에서 끝나 버리지 않습니다. 증거 사역은 미완성 작품으로 끝나지 않습니다. 복음은 세상 끝까지 증거될 것입니다. 그때야 비로소 세상 끝날 주님이 오실 것입니다. 복음은 달리던 코스를 남겨 두고 중간에서 기권하여 탈락하지 않을 것입니다.

먼저 세상 끝까지 복음 증거가 완료되어야 합니다. 그때에 비로소 무저갱에서 올라온 짐승이 세력을 발휘하기 시작합니다. "무저갱으로부터 올라오는 짐승이 그들과 더불어 전쟁을 일으켜 그들을 이기고 그들을 죽일" 것입니다. 두 증인의 사역이 완료되었을 때, 하나님은 그들이 죽임당하는 것을 허용하십니다. 이것은 집단적인 교회에 대한 이야기일 뿐만 아니라 개인적인 성도의 삶에도 적용할 수 있습니다. 우리에게 남은 사명이 있는 한, 우리는 결코 죽임을 당하지 않습니다. 온 세상이 우리를 죽이려고 달려들지라도 우리는 절대 패배하지 않습니다. "오늘과 내일과 모레는 내가 갈 길을 가리라"(눅 13:33 참조)고 주님이 말씀하셨듯이 우리에게 오늘의 사명, 내일의 할 일, 그리고 모레 완수해야 할 과업이 있는 한 우리가 걷는 길은 아무도 막을 수 없습니다.

사랑하는 성도 여러분, 그러므로 7절은 패배의 기록이 아닙니다. 자세히 살펴보면 죽도록 충성해 그 임무를 완수한 교회의 승리의 기록입니다. 무저갱에서 올라온 짐승에 의해 개죽음을 당한 증인들의 최후 기록이 아닙니다. 오히려 그 증거를 마치기까지 어떤 세력도 그들을 해칠 수 없었다는 역설적인 승리의 기록입니다. 하나님은 때와 기한을 정하신 분입니다. 1,260일간 권세를 가지고 증거할 사명을 교회에 주신 분입니다. 그 역사를 완수하기까지 아무도 교회를 정복하지 못합니다.

그 역사가 완성된 후, 한때 악의 세력이 기승을 부리도록 허용하십니다. 하나님은 당신의 아들을 로마 군병에 의해 못 박히도록 허용하셨듯이 그의 백성 또한 짐승에 의해 패배와 죽임을 당하도록 허용하실 것입니다. 그러나 이것 역시 하나님의 정하신 때와 기한에 따라서 될 일입니다. 그렇기 때문에 본문의 속뜻을 파악하고 나면 어떤 환난과 박해 속에서도 위로를 받습니다. 맹렬한 박해를 당한 모든 세대의 교회를 위로한 말씀인 동시에 마지막 시대에 큰 환난의 날을 만날 교회를 위한 위로의 말씀입니다.

복음은 시대마다 여러 가지 우여곡절의 역사를 지니고 있었습니다. 분명한 활력이 넘치는 기간이 있었는가 하면 패배와 무력감이 팽배한 시기도 있었습니다. 힘이 솟고 활기가 넘치는 시기가 있었고 한 걸음 뒤로 물러서야 하는 때도 있었습니다. 수천 명이 일시에 회개하는 시기가 있었는가 하면 아무리 외쳐도 반응이 없는 시기도 있었습니다. 본문은 말씀 사역이 무력해진 교회의 모습을 상징적으로 보여 주고 있습니다.

큰 환난의 날

사랑하는 성도 여러분, 시대마다 지역마다 하나님의 교회는 악의 세력에 의해 박해를 받고 그 활동을 제한당하기도 했습니다. 그러나 주님이 오시기 직전에는 그 양상이 더욱 악화될 것입니다.

주님은 이 모든 "재난의 시작"과 "큰 환난의 날"을 구분해서 말씀하셨습니다. 재난의 시작뿐만 아니라 큰 환난의 날을 만날 것입니다. 선교 기관으로, 전도 공동체로 행하는 그 활동이 완전히 마비될 것입니다. 공적이고 공개적인 복음 증거는 완전히 침묵당하고, 무저갱에서 나온 짐승이 그 세력을 지금보다 더 떨칠 것입니다. 그 결과 악의 세력에 의해 질식사당한 교회의 시체가 도시마다 길거리마다 즐비할 것입니다. 우리는 이미 서구 교회에서 그런 양상이 나타나고 있는 모습을 보고 있습니다. 큰 교회 건물마다 음산한 죽음의 세력이 조용히 지배하고 날이 갈수록 텅텅 비어 가는 교회당 모습은 마치 큰 거리 어귀마다 버려지는 증인들의 시체 같습니다.

지금도 무저갱에서 올라온 짐승은 활동하고 있지만, 그 활동이 더욱 맹렬해질 때 우리 앞에 다가올 것입니다. 그들의 공격이 맹렬해지고 큰 성과를 거두는 시기가 닥칠 것입니다. 요한의 환상을 통해 그런 장면을 살펴봅시다.

> 그들의 시체가 큰 성 길에 있으리니 그 성은 영적으로 하면 소돔이라고도 하고 애굽이라고도 하니 곧 그들의 주께서 십자가에 못 박히신 곳이라 백성들과 족속과 방언과 나라 중에서 사람들이 그 시체를 사흘 반 동안을 보며 무덤에 장사하지 못하게 하리로다 이 두 선지자가 땅에 사는 자들을 괴롭게 한 고로 땅에 사는 자들이 그들의 죽음을 즐거워하고 기뻐하여 서로 예물을 보내리라 하더라(11:8-10).

사악과 억압의 도시 소돔과 고모라는 세상 도시의 대명사입니다. 주를 십자가에 못 박은 그 세상은 주를 증거하던 두 선지자의 시체로 인해 기뻐 뛰고 있습니다. 하나님의 백성을 박해하고 하나님의 그리스도를 거역하는 세상을 본문은 "소돔"과 "애굽"이라 부르고 있습니다. 그러나 결국은 하나님의 심판 아래 빠져들 도성을 "소돔", "애굽"이라고 일컫고 있습니다. 하나님의 백성을 박해하고 하나님의 그리스도를 대적하는 모든 세상은 동일한 정죄와 심판 아래 빠져들 것입니다.

세상은 그 본성상 증인들의 죽음을 즐거워합니다. 세상은 그 본질상 증인들의 시체를 두고 기뻐합니다. 교회의 생명이 끝날 때 크게 기뻐하고 선물을 주고받고 잔치를 벌입니다. 증인들의 증거를 받아들이지 않던 그들로서는 증인들의 죽음만큼 속 시원한 일은 없습니다. 그리스도를 배척하는 이들은 교회가 무력해질 때 신명이 납니다. 영적 활력을 잃고 외형만 남은 교회는 귀신들과 세상을 즐겁게 할 뿐입니다. 세상은 언제나 죽은 교회를 좋아합니다.

악인들은 성도가 넘어지기를 언제나 고대합니다. 그리스도께서 십자가에 못 박히신 것을 보고 기뻐하던 악인들은 오늘도 이 세상에 살고 있습니다. 서로 원수처럼 여기던 헤롯과 빌라도마저 친구가 된 축제일이 예수의 죽음의 날이었습니다. 그러나 악인들의 축제는 오래가지 못합니다. 고작 사흘 반에 불과합니다. 두 증인이 증언한 "천이백육십 일"과 대조적인 기간입니다. 보십시오. 3년 반 동안 증인들은 능력으로 신실하게 사역했습니다. 그러나 악인이 기승을 부리는 기간은 고작 사흘 반에 불과합니다. 그들의 승리는 순간적입니다. 악인들의 승리는 결코 진정한 승리가 아닙니다.

그러면 이 축제에 동참하여 즐거워하는 자들이 누구입니까? 8절을 보면 소돔 거민, 애굽 백성, 주를 십자가에 못 박은 예루살렘 거민인 것처럼 보입니다. 하지만 9절은 조금 다른 측면에서 이들을 설명하고 있습니다. 사실 이들은 더 이상 한 지역의 주민이 아님을 보여 주고 있습니다. "백성들과 족속과 방언과 나라 중에서" 나온 사람들이라고 밝힙니다. 8절만 보면 그들을 특정 지역의 주민으로 오해할 수 있습니다. 그러나 9절은 "백성들과 족속과 방언과 나라 중에서" 나온 사람들이라고 말하고 있습니다.

10절에는 그들의 정체가 더 분명하게 드러나 있습니다. "땅에 사는 자들"을 두 선지자가 괴롭게 했기에 "땅에 사는 자들"이 그들의 죽음을 즐거워하고 기뻐하여 서로 예물을 보내리라고 말합니다. 여기서 두 선지자가 그들을 괴롭게 했다는 것은 그들의 관점에서 말하는 것입니다. 이스라엘을 다스리던 아합이 자신의 관점으로 엘리야 선지자를 보며 "이스라엘을 괴롭게 하는 자여, 너냐"라고 말합니다. 그러자 엘리야가 대답합니다. "내가 이스라엘을 괴롭게 한 것이 아니라 당신과 당신 아버지의 집이 괴롭게 하였으니 이는 여호와의 명령을 버렸고 당신이 바알들을 따랐음이라"(왕상 18:17, 18).

만물의 기준을 자기 자신으로 삼으면 모든 잘못은 자신의 반대쪽에 있다고 생각하게 됩니다. 며느리 입장에서는 시어머니가 못마땅하고, 시어머니 입장에서는 며느리가 못마땅해 보입니다. 관점의 차이입니다. 아합 왕은 선지자를 만나자마자 "너 이스라엘을 괴롭히는 자여"라며 다그치고 선지자는 "당신과 당신 아버지의 집이 이스라엘을 괴롭게 하였으니"라고 맞받아치는 것입니다. '두 선지자가 그들을 괴롭혔다'는 것은 복음을 받아들이지 않은 사람들의 주장입니다. 선지자가 자신들을 괴롭혔다고 생각하는 것입니다.

계시록에서 "땅에 사는 자들"이란 모든 불신자를 지칭하는 표현입니다. 땅에 거하는 자들, 즉 하늘의 백성과 대조적인 무리를 의미합니다. 증인들의 시체를 두고 기뻐하는 무리는 더도 덜도 아닌 땅에 사는 자들 모두입니다. 하늘 시민과 대조되는 땅에 사는 자들이 악의 축제에 가담하고 있습니다. 죽임을 당한 증인의 시체로 인해 기뻐하는 자들은 땅에 사는 모든 인류를 가리킵니다.

그러므로 본문은 다시 한 번 계시록의 주제인 세상과 교회 사이의 적대감을 보여 줍니다. 그 시체를 짓밟고 온갖 모욕을 퍼붓는 무리는 다름 아닌 인류 전반입니다. 악의 승리를 기뻐하는 모든 무리는 본질상 무저갱에서 나온 짐승과 같은 자들입니다. 이들이 기뻐하며 즐거워하는 이유는 10절에 밝혀져 있습니다.

> 이 두 선지자가 땅에 사는 자들을 괴롭게 한 고로 땅에 사는 자들이 그들의 죽음을 즐거워하고 기뻐하여 서로 예물을 보내리라 하더라(11:10).

신실한 복음 증거는 결코 악한 자들을 유쾌하게 하지 않습니다. 회개하지 않는 자들이 참된 복음 전파를 좋아할 리가 없습니다. 그렇기 때문에 신실한 설교자가 떠나면 양심의 괴로움을 당하던 무리는 함께 기뻐합니다.

교회는 세상과 더불어 짝할 수 없습니다. 신실한 성도는 세상 사람과 더불어 평안히 동행할 수가 없습니다. 이 악한 세상에서 평안히 살 수 있는 신자는 자신이 그 사명에 얼마나 신실한지 살펴보아야 합니다. 세상을 귀찮게 하지 않는 성도의 존재는 세상에 아무런 유익도 끼치지 못합니다.

하나님의 생기로 새로워지는 교회

버려진 시체, 그것이 요한이 본 환상의 마지막 장면은 결코 아닙니다. 11절은 "삼 일 반 후에 하나님께로부터 생기가 그들 속에 들어가매 그들이 발로 일어서니 구경하는 자들이 크게 두려워하더라"고 말하고 있습니다. 하나님의 개입만이 우리의 소망입니다. 무기력한 교회, 큰길가에 버려진 시체를 일으키는 능력은 전능자에게서만 나옵니다.

사랑하는 성도 여러분, 교회사는 교회 회생의 역사입니다. 중세 암흑시대가 끝나고 종교 개혁의 새날이 밝아 온 것을 여러분은 기억하실 것입니다. 영국의 청교도 운동과 뉴잉글랜드의 대각성 운동은 이런 역사의 증거입니다. 18세기 잉글랜드와 웨일즈의 부흥 역사는 하나님의 생기가 그 속에 들어간 역사입니다. 세상이 이겼다고 생각하는 그때에 하나님의 교회는 하나님의 생기로 새로워집니다.

이 일이 일어나기 위해서 교회는 하나님에게 부르짖어야 합니다. 교회가 교회답지 못해서 성도들이 이곳저곳 방황하고 가나안 교인과 교회에 아예 나가지 않는 교인이 많아질 때 우리의 사명은 하나님이 생기를 교회에 불어 주시도록 간구하는 것입니다. 주일날 우리끼리 예배당에 모여서 만족하고 돌아가는 것이 아니라 하나님이 이 땅에 있는 교회를 새롭게 해주시기를 간구해야 합니다. 하나님의 교회는 하나님의 능력이 함께할 때 교회다워질 수 있습니다.

시체처럼 버려진 교회는 세상의 조롱을 받을 수밖에 없습니다. 세상은 그런 교회를 짓밟고 모욕하고 기뻐 날뜁니다. 하나님의 교회의 모습을 안타까워한다면 하나님의 교회가 살아나기까지는 우리의 부르짖는 사명이 완수된 것이 아닙니다. 하나님의 생기, 그것이 교회를 새롭게 할 수 있는 유일한 소망입니다. 하나님의 교회는 "이리로 올라오라"는 마지막 부름을 받을 때까지 죽음을 딛고 다시 일어날 것이며, 에스겔 골짜기의 마른 뼈 같은 하나님의 백성이 하나님의 강력한 군대들로 새로워질 것입니다.

11절의 장면 묘사는 모두 과거형으로 되어 있습니다. 미래에 일어날 일이지만 매우 분명한 사건이기에 과거형으로 예언합니다. 구약 예언자들의 전통에 따라 장차 일어날 일이지만 이미 일어났다고 말하는 것입니다. 요한은 미래에 있을 사건들을 이미 일어난 사건처럼 바라보고 있습니다. 마지막 불빛이 꺼졌다고 생각되는 그때에 하나님의 생기로 밝게 비치는 역사, 그것이 2천 년 교회의 과거사였습니다. 동시에 그것은 영광 중에 소생할 하나님의 교회의 미래사이기도 합니다.

"이리로 올라오라"는 큰 음성을 듣고 구름을 타고 하늘로 올라가는 장면은 고난 중에 있는, 소멸 위기에 처한 교회와 성도를 위로하기 위한 하나님의 영광스러운 약속입니다. 요한의 편지를 처음 받은 소아시아 일곱 교회뿐 아니라 시대마다 멸절의 위기 속에서 하나님을 바라보던 성도들이 위로받았을 소식이 여기에 있습니다. "이리로 올라오라" 하심을 듣고 저희가 올라가는 그 장면은 주님의 승천을 바라보던 그들 마음속에 분명했습니다. 그들은 그것이 곧 주님의 영광에 참여하게 될 자신의 모습인 것을 깨닫고 위로를 받았습니다.

사랑하는 성도 여러분, 원수들이 바라보는 가운데 구름을 타고 하늘로 올라가는 우리의 미래상이 상상되십니까? 원수들이 바라보는 가운데 구름을 타고 하늘로 올라가는 우리의 미래상을 바라보십시오. 우리 주님이 구름을 타고 올라가신 것처럼 그분의 백성인 우리도 구름을 타고 올라갈 미래가 있다는 사실을 기억하십시오. 그때 우리는 새로운 각오와 힘을 얻을 것입니다.

그날이 오기까지

이제 두 증인의 활동과 수난, 부활과 승천을 다시 한 번 요약해 봅시다. 교회는 주님의 발자취를 따르는 모임입니다. 그리스도인은 그리스도를 뒤따르는 무리입니다. 그리스도의 활동에 동참할 뿐만 아니라 그분의 수난에도 동참합니다. 권세를 가지고 활동할 때뿐 아니라 그의 사명을 다한 후에 여러 수난과 모욕을 당하는 순간에도 주님을 따르는 백성입니다. 우리를 위해 고난을 받으신 우리 주님의 '고난의 발자취'를 따라 가는 걸음이어야 합니다.

그러나 우리는 우리가 받는 수난을 기쁨으로 감당합니다. 그리스도인은 마지못해 수난을 당하는 것이 아니라 이미 승리한 자들로서 그 수난을 받아들이는 사람들입니다. 그리스도의 남은 고난을 그분의 몸 된 교회를 위해 자신의 몸에 채우는 것을 지극한 영광으로 여기는 무리가 교회입니다.

나아가서 그리스도의 죽음과 부활뿐만 아니라 그리스도의 승천에도 운명을 함께 나누는 자들이 그리스도인입니다. 우리가 그리스도인인 이상 모든 과정에서 그리스도와 분리될 수 없습니다. 2천 년 전 지상에서의 그리스도의 모습은 앞으로 지상에서 살아야 할 우리의 모습입니다.

3년 동안 능력으로 증거하시던 주님의 모습은 1,260일 동안의 우리 모습이어야 합니다. 그리스도께서 수난당하고 부활, 승천하신 그 모습 역시 우리가 동참하게 될 영광의 모습입니다. 우리가 그리스도인인 이상 그리스도와 그 모든 과정에서 분리될 수 없습니다.

그리스도인은 그리스도와 하나 된 자입니다. 그리스도와 연합한 자입니다. 그러므로 그분의 모든 삶의 여정은 바로 우리 삶의 여정이어야 합니다. 그리스도의 삶이 우리의 것이라면 그분의 죽음도 우리의 것입니다. 그리스도의 사역이 우리의 것이 될 때 그리스도가 누리게 될 영광 역시 우리의 것이 됩니다. 영광의 기약이 이를 그날까지 우리에게 주어진 길을 담대하게 걸어 나가야 할 소명이 우리에게 있습니다. 사랑하는 성도 여러분, 그러므로 우리는 찬송합니다.

> 구주와 함께 나 죽었으니 구주와 함께 나 살았도다
> 영광의 그날에 이르도록 언제나 주만 바라봅니다(새찬송가 407장).

일곱째 천사가 나팔을 불기 전에 보여 준 막간의 환상은 교회의 사명뿐 아니라 교회가 누릴 영광을 보여 주고 있습니다. 세상이 큰 두려움에 휩싸일 때 우리는 영광 중에 주님을 만날 것입니다. "그 남은 자들이 두려워하여 영광을 하늘의 하나님께 돌리더라"는 말씀처럼 큰 지진과 엄청난 사상자로 인하여 두려워 떨 때 우리는 영광 중에 들릴 것입니다. 그날 모든 무릎을 주님 앞에 꿇게 되고, 그날 모든 입술이 주님을 시인하게 될 것입니다. 그날이 오기까지 그리스도와 함께 권세를 가지고 사역하도록 그리스도인은 부름받았습니다. 또한 그 수난과 죽음에도 함께하십시오.

주께서 끝까지 신실하셔서 사흘 만에 살아나시고 영광 중에 승천하신 것처럼 우리가 끝까지 소명에 충실하다면 죽임을 당하더라도 그것은 결코 우리 역사의 마지막이 아닙니다. 하나님의 생기로 살아나며 하나님의 명령으로 구름을 타고 하늘에 올라가는 영광의 기약이 있습니다. 그러므로 우리는 1,260일 동안 그 날수가 차기까지 두려워 떨 자들이 아닙니다. 두 증인의 수난과 활동뿐 아니라 부활과 승천과 모든 영광을 우리도 받게 될 것입니다. 그러므로 기억하십시오.

> 우리의 잠시 받는 환난의 경한 것이 지극히 크고 영원한 영광의 중한 것을 이루게 함이니 우리가 주목하는 것은 보이는 것이 아니요 보이지 않는 것이니 보이는 것은 잠깐이요 보이지 않는 것은 영원함이라(고후 4:17, 18).

Revelation

요한계시록 11장 14-18절

14 둘째 화는 지나갔으나 보라 셋째 화가 속히 이르는도다 15 일곱째 천사가 나
팔을 불매 하늘에 큰 음성들이 나서 이르되 세상 나라가 우리 주와 그의 그리스
도의 나라가 되어 그가 세세토록 왕 노릇 하시리로다 하니 16 하나님 앞에서 자
기 보좌에 앉아 있던 이십사 장로가 엎드려 얼굴을 땅에 대고 하나님께 경배하
여 17 이르되 감사하옵나니 옛적에도 계셨고 지금도 계신 주 하나님 곧 전능하
신 이여 친히 큰 권능을 잡으시고 왕 노릇 하시도다 18 이방들이 분노하매 주의
진노가 내려 죽은 자를 심판하시며 종 선지자들과 성도들과 또 작은 자든지 큰
자든지 주의 이름을 경외하는 자들에게 상 주시며 또 땅을 망하게 하는 자들을
멸망시키실 때로소이다 하더라

39
그리스도의 나라가 되어 1

그리스도 안에서 사랑하는 성도 여러분, 일곱째 천사의 나팔은 권력의 최종 향배를 보여 주고 있습니다. 일곱째 나팔 소리와 함께 하늘의 큰 음성이 요한을 사로잡았습니다. "세상 나라가 우리 주와 그의 그리스도의 나라가 되어 그가 세세토록 왕 노릇 하시리로다"(11:15)라는 음성이 들려옵니다.

세상 나라를 이긴 우리 주 하나님과 그리스도의 최종 승리의 찬가가 하늘에서 울려 퍼지고 있습니다. 사랑하는 성도 여러분, 곧 세상 나라가 하나님의 나라가 될 것입니다. 그 나라가 동녘 태양처럼 두둥실 솟아오를 것입니다. 하늘에서 울려 퍼진 최후 승리의 찬양이 여러분의 마음을 사로잡기 바랍니다.

> 감사하옵나니 옛적에도 계셨고 지금도 계신 주 하나님 곧 전능하신 이여 친히 큰 권능을 잡으시고 왕 노릇 하시도다(11:17).

우리는 그동안 여섯째 나팔이 울려 퍼진 다음 요한이 본 막간 환상을 살폈습니다. 작은 책을 손에 들고 바다와 땅을 밟고 선 힘센 천사의 선언을 들었습니다. "네가 많은 백성과 나라와 방언과 임금에게 다시 예언하여야 하리라"(10:11)는 선언이었습니다. 이어서 성전 측량과 두 증인의 환상을 보여 준 다음 요한은 다시 일곱 나팔 환상으로 돌아갑니다.

권력의 최종 향배

다섯째 나팔을 불 때에 첫째 화가 임했습니다. 여섯째 나팔을 불 때에 둘째 화가 임했습니다. 일곱째 나팔 소리는 셋째 화를 즉각 불러들일 것 같습니다만 오히려 심판의 서술 대신 심판을 넘어선 그리스도의 영광스러운 승리의 찬양을 들려줍니다.

> 둘째 화는 지나갔으나 보라 셋째 화가 속히 이르는도다(11:14).

셋째 화로 일컬어지는 하나님의 진노와 심판은 도래하는 하나님의 나라와 찬양에 가려져 제대로 부각되지 못하고 있습니다. 그러므로 오늘 우리 역시 하나님과 그리스도의 최후 승리의 드높은 찬양 소리에 귀를 기울입시다. 일곱째 나팔 소리는 승리의 찬양을 유발합니다.

> 일곱째 천사가 나팔을 불매 하늘에 큰 음성들이 나서 이르되 세상 나라가 우리 주와 그의 그리스도의 나라가 되어 그가 세세토록 왕 노릇 하시리로다 하니(11:15).

최후 승리의 찬양을 살펴봅시다. "세상 나라가 우리 주와 그의 그리스도의 나라가 되어 그가 세세토록 왕 노릇 하시리로다"라고 찬양합니다. 감격스러운 사실의 선포입니다. 이는 성경의 기본 메시지입니다. 그리스도께서 모든 원수를 이기시고 승리하시리라는 메시지는 성경 전체에 나타나 있는 주요 메시지입니다. 이것은 태곳적부터 역사를 통해 믿음의 사람들이 바라보던 진리입니다. 오래전부터 성도들은 그리스도께서 영광으로 오시는 것을 보게 될 큰 날을 믿었습니다.

창세기 3장 15절은 인류의 첫 사람 아담과 하와의 가슴속에 소망을 심어 준 말씀입니다. "여자의 후손은 네 머리를 상하게 할 것이요." 이 구절은 뱀의 머리를 분쇄할 여자의 후손을 언급함으로써 세상 나라가 하나님 나라가 될 사실을 이른 봄 새싹처럼 보여 줍니다. 이 큰 날에 대한 소망은 아담의 7대손 에녹에게 주어진 예언 속에서도 계속되고 있습니다. "보라 주께서 그 수만의 거룩한 자와 함께 임하셨으니"(유 1:14)라고 성경은 기록하고 있습니다. 역사의 시작점부터 사람들은 이 큰 날을 소망하며 살았습니다. 무엇보다 분명한 예언은 시편 2편에서 살필 수 있습니다. 열방들이, 그 군왕들이 나서서 하나님과 기름 부음 받은 자에 대항하는 음모를 보여 줍니다. 그러나 그들의 음모는 분쇄되고 이제 세상 나라가 하나님과 그리스도의 나라가 됩니다. 바울은 이 궁극적인 승리를 이렇게 표현합니다.

> 하늘에 있는 자들과 땅에 있는 자들과 땅 아래에 있는 자들로 모든 무릎을 예수의 이름에 꿇게 하시고 모든 입으로 예수 그리스도를 주라 시인하여 하나님 아버지께 영광을 돌리게 하셨느니라(빌 2:10, 11).

모든 성경에 걸쳐 나타난 '하나님과 그리스도의 승리'는 바로 요한계시록의 주제입니다. 요한계시록은 하나님 나라의 도래를 중심 주제로 선포합니다. 하나님의 통치하심이 세상 권력을 접수합니다. 하나님의 권력이 세상 나라를 다스립니다.

“세상 나라가 우리 주와 그의 그리스도의 나라가 되어 그가 세세토록 왕 노릇 하시리로다.” 이 구절은 요한계시록 전체의 주제인 동시에 오늘 본문의 핵심 구절입니다. 우리가 듣는 하늘의 음성을 통한 이 찬양은 바로 우리가 계속 드려 온 기도의 응답입니다. “나라와 권세와 영광이 아버지께 영원히 있사옵나이다 아멘”이라고 드렸던 우리의 기도가 한날 응답받는 순간을 우리는 이 환상 속에서 보고 있습니다. 이제 나라와 권세와 영광이 하나님과 그 그리스도에게 영원히 귀속됩니다.

물론 지금까지도 하나님은 왕 노릇 하셨습니다. 그리스도께서 부활 승천하셔서 전능하신 하나님 우편에 지금도 앉아 계십니다. 전능하신 하나님 우편에 그리스도께서 앉아 계신다고 하신 것은 그분이 통치자로 계심을 말합니다. 사도신경은 왕으로 다스린다는 것을 ‘앉아 계신다’고 표현합니다. 그러나 이 사실은 아직 성도들의 신앙 고백을 통해서만 나타날 뿐입니다. 하나님과 그리스도께서는 전 역사를 통해 온 우주를 다스리시는 대주재이십니다.

세상은 그 사실을 인정하지 않고 필사적으로 등을 돌리려 합니다. 하지만 신실한 그리스도인과 구약의 성도들은 이미 그분의 왕권을 알아보았습니다. “예수 나의 왕이여”라고 외치며 찬송을 부르고 있습니다. 마지막 날에는 어느 누구도 “세상 나라가 우리 주와 그의 그리스도의 나라가 되어 그가 세세토록 왕 노릇 하시리로다”라는 이 사실을 부인하지 못할 것입니다. 세상은 그리스도 안에서 하나님이 다스리심을 눈으로 보게 될 것입니다. 믿음으로만 보던 사실을 세상 모든 눈이 밝히 보게 될 것을 이 찬양이 보여 줍니다. 하나님의 심판 날 그분의 주권적인 통치가 빛날 것입니다. 그 날 하나님의 능력과 주권 행사가 분명히 나타날 것입니다.

‘세상 나라들’이 아니라 “세상 나라”입니다. 복수가 아니라 단수로 표현되어 있습니다. 왜 그렇습니까? 우리가 보기에는 수많은 독립국으로 구성되어 있지만, 본질상 한 나라입니다. 그 성격과 소속이 동일합니다. 짐승 같은 나라요 사탄에게 속한 나라입니다. 세상 나라의 모든 권력은 총구에서 나오기 때문에 야수적입니다. 그것이 얼마나 노골적이냐 아니냐의 차이일 뿐입니다. 세상 모든 나라는 공중의 권세 잡은 자에게 속해 있습니다. 그러나 이제 그 세상 나라가 우리 주와 그리스도의 나라가 될 것입니다.

신약 성경에서 '주'라는 말은 대개 예수 그리스도를 가리킵니다. 그러나 계시록에서는 종종 하나님 아버지를 나타내기도 합니다. "우리 주와 그의 그리스도의 나라"에서 "주"는 하나님 아버지를 나타내고, "그의 그리스도"는 예수님을 나타냅니다.

이 세상은 사탄에게 속한 듯 보였지만 그리스도의 절대적 왕권 아래 들어올 것입니다. '이 세상의 주권이 우리 주와 그의 그리스도의 주권이 되었습니다.' 과거에 일어난 일처럼 확실하기에 과거형으로 고백합니다. 이 사실을 과거형으로 고백한 것은 이 변혁이 일시적 현상이 아니기 때문입니다. 이것은 한 번 바뀜으로 5년 동안 유효한 권력이 아닙니다. 한 번 우리 주와 그의 그리스도의 나라가 되면 세세토록 영원할 것입니다. 사랑하는 성도 여러분, 그러므로 영원한 나라, 영원한 왕 노릇에 참여하기 위해 우리는 최선을 다해야 합니다.

실현될 주님의 완전한 통치

일곱째 나팔이 울리면 주께서 "세세토록" 왕 노릇 하실 것입니다. 다니엘의 예언대로 주님의 완전한 통치가 실현될 것입니다. 다니엘은 "그에게 권세와 영광과 나라를 주고 모든 백성과 나라들과 다른 언어를 말하는 모든 자들이 그를 섬기게 하였으니 그의 권세는 소멸되지 아니하는 영원한 권세요 그의 나라는 멸망하지 아니할 것이니라"(단 7:14)고 예언했습니다. 그 때 마리아를 찾아왔던 천사의 예언이 이루어질 것입니다.

> 보라 네가 잉태하여 아들을 낳으리니 그 이름을 예수라 하라 그가 큰 자가 되고 지극히 높으신 이의 아들이라 일컬어질 것이요 주 하나님께서 그 조상 다윗의 왕위를 그에게 주시리니 영원히 야곱의 집을 왕으로 다스리실 것이며 그 나라가 무궁하리라(눅 1:31-33).

하늘의 찬양 앞에서 이십사 장로들이 보이는 반응을 보십시오. 자기 보좌에서 내려와 하나님 앞에 엎드려 얼굴을 대고 하나님을 경배합니다. 영광스러운 소식을 듣고 그 진리에 기쁨으로 화답합니다. "감사하옵나니 옛적에도 계셨고 지금도 계신 주 하나님 곧 전능하신 이여 친히 큰 권능을 잡으시고 왕 노릇 하시도다"(11:17)라고 찬양합니다.

이십사 장로들은 하나님을 어떻게 부릅니까? 계시록 1장 8절에서는 "이제도 있고 전에도 있었고 장차 올 자요 전능한 자"(1:8)라고 부릅니다. 그런데 본문 11장 17절에서는 "장차 올 자"라는 표현이 빠져 있습니다. 오시는 것은 더 이상 미래의 일이 아니기 때문입니다. 이제는 모든 것이 마무리되고 완성된 시간입니다. 그분이 이미 오셨기 때문입니다. 지금 주께서 오셔서 절대적인 주권을 선언하고 계십니다. 하나님의 권능과 영원하심을 부각시키는 감사의 찬양이 이십사 장로들을 통해 터져 나옵니다. 이제 주님은 자신의 영원한 권력을 취하셨습니다. 그리고 영원히 통치하십니다.

권력 다툼(power game)은 이제 끝났습니다. 승자는 확정되었습니다. 친히 큰 권능을 잡으셨고 왕 노릇 하십니다. 이제껏 끌어온 모든 투쟁은 이제 영원히 종식될 것입니다. 하나님이 악을 파하시고 당신의 통치를 눈에 보이게, 완벽하게 시행하실 것입니다. 열방의 분노를 종식시키기 위해 당신의 거룩한 진노를 발하십니다.

> 이방들이 분노하매 주의 진노가 내려 죽은 자를 심판하시며 종 선지자들과 성도들과 또 작은 자든지 큰 자든지 주의 이름을 경외하는 자들에게 상 주시며……(11:18).

그리스도께서 다시 오시는 그날이 오면 하나님의 심판 행위가 나타날 것입니다. 계시록 11장 18절은 계시록의 나머지 모든 부분의 요약입니다. 분노한 용의 충동을 받아 하나님을 거스른 나라들은 심판받을 것입니다. 분노한 열방들에 임하는 하나님의 거룩한 진노는 세 가지 형태로 장로들의 찬양 속에 나타납니다. 첫째, 죽은 자들이 심판받을 것입니다. 둘째, 주의 이름을 경외하는 자들은 상을 받을 것입니다. 마지막으로 땅을 망하게 하는 자들이 멸망할 것입니다.

주의 승리의 날_ 그 백성이 상 받을 날

하나님의 왕권 창출이 기쁨이 되는 것은 그날이 그리스도의 승리의 날인 동시에 그 백성이 상 받을 날이기 때문입니다. 일시적이고 가변적이고 지극히 작은 권력의 창출에도 승리하고 나면 포상이 베풀어집니다. 큰 자부터 작은 자까지 보상하시는 일을 보았듯이 세상 권력이 그리스도의 권력에 이양될 그때에 주의 백성은 상 받을 것입니다.

하나님은 상 주기를 기뻐하시는 분입니다. 자기 백성에게 상 주기를 즐겨 하시는 분입니다. 믿음으로 나아가는 모든 자는 그날 하나님이 베푸시는 상을 누릴 것입니다. "종 선지자들과 성도들과 또 작은 자든지 큰 자든지 주의 이름을 경외하는 자들에게 상 주시며"(11:18)라는 사실을 히브리서 기자 역시 강조합니다.

> 믿음이 없이는 하나님을 기쁘시게 하지 못하나니 하나님께 나아가는 자는 반드시 그가 계신 것과 또한 그가 자기를 찾는 자들에게 상 주시는 이심을 믿어야 할지니라(히 11:6).

사랑하는 성도 여러분, 여러분은 상 주실 하나님을 바라고 계십니까? 여러분 모두에게 상 주기를 기뻐하시는 그분을 소망하며 살고 있습니까? 이 상은 우리가 성취한 공로의 대가가 아닙니다. 우리가 받을 상은 주님의 은혜의 보상입니다.

주님의 종 선지자들이 그 상을 받을 것입니다. 하나님의 이름으로 사역한 모든 자에게 받을 상이 있습니다. 주님이 주신 능력과 지혜로 일했기에 그것은 은혜의 보상일 뿐입니다. 우리에게 돌아오는 모든 영광은 그분에게 합당한 것입니다. 그래서 주의 백성은 자기 머리에 쓴 관을 보좌 앞으로 던지면서 주님을 찬양합니다. 우리가 한 것이 있다면 주께서 우리에게 힘을 주시고 은혜를 부어 주신 것을 감당한 것입니다.

그뿐 아니라 주님의 이름을 믿고 따르는 모든 자 또한 상 받을 것입니다. "또 작은 자든지 큰 자든지"(11:18). 이 구절은 얼마나 은혜로운지 모릅니다. 앞에 나서서 일하는 자들에게만 상 주시는 것이 아니라 뒤에서 그 일이 되도록 남몰래 기도한 사람들도 그날 상을 받을 것입니다. 세상에서는 그런 일이 잘 일어나지 않습니다. 큰 사람들, 대표자들만 상을 받을지도 모릅니다. 그러나 그날에는 하나님이 모든 자에게 전부 상을 주실 것입니다. 앞서서 수고하는 분들뿐 아니라 뒤에서 중보 기도를 드리는 모든 분이 그날에 상을 받을 것입니다. 주일마다 좋은 자리에 얼굴 한 번 내밀지 못하고 봉사한 모든 이들도 그 상을 받을 것입니다.

"또 작은 자든지 큰 자든지", 유명한 자든지 그렇지 않은 자든지 모두 그 날에 상급을 받을 것입니다. '여자와 더불어 더럽히지 아니하고 정절을 지킨 모든 성도들'이 참여할 것입니다. '어린양이 어디로 인도하든지 따라가던 모든 양 떼'가 그날 잔치에 참여할 것입니다(14:4 참조). "사람 가운데서 속량함을 받아 처음 익은 열매로 하나님과 어린양에게 속한"(14:4) 모든 자가 그 축복을 누릴 것입니다. 하나님은 자기를 따르는 모든 자에게 상 주기를 기뻐하십니다. "그 입에 거짓말이 없고 흠이 없는 자들"(14:5) 모두가 누릴 최후의 보상입니다. 한 사람의 성도도 빼놓지 않고 하나님은 그분의 모든 자녀에게 상급을 주실 것입니다.

사랑하는 성도 여러분, 그러므로 우리는 끝까지 신실해야 합니다. 그래서 지금껏 신실하게 살아온 걸음을 남은 날까지 걸어가야 합니다. 죽더라도 거짓이 없어야 합니다. 그날 우리의 보상이 기다리고 있습니다.

아무라도 그 면류관을 빼앗아 가지 못하도록 하십시오. 친히 큰 권능을 잡으시고 왕 노릇 하실 때에 무론 대소하고 상 주실 분이 기다리고 있습니다. 교회사에 빛나는 대사역자들뿐 아니라 신실히 복음대로 산 어린양들에게도 하늘의 상은 약속되어 있습니다. 이름만 들으면 알 수 있는 위대한 사역자들뿐 아니라 단 한 사람의 인정도 받지 못한 채 자기의 빛을 비추었던 모든 자에게 하나님은 상 주실 것입니다. 주님의 승리의 날은 성도들에게 기쁨의 날이요 보상의 날입니다.

사랑하는 성도 여러분, 우리는 그리스도의 최후 승리의 찬양을 들었습니다. 우리는 권력의 최종 향배를 알고 있습니다. "나라와 권세와 영광이 영원히 아버지와 아들께" 속할 것입니다. 그날에 상 주심을 바라보십시오. 그날의 보상을 기다리며 끝까지 충성하십시오. 하나님의 선하심이 정오의 태양같이 온 누리에 빛나는 순간이 오기를 사모해야만 하나님의 편에 서 있는 하나님의 백성입니다. 하나님의 심판을 기다리는 주의 백성을 우습게 조롱하는 자는 심판 아래 빠져들 것입니다. 그리고 하나님의 백성은 그 눈에서 그리스도를 위한 눈물을 흘렸기 때문에 그들의 눈에서 모든 눈물이 씻기고 한숨이 가실 것입니다. 거룩하신 하나님의 이름을 함부로 조롱하던 세상 백성과 그 권력이 거꾸러지는 그때에 비로소 하나님의 백성은 위로받을 수 있습니다.

모든 악이 이 땅에서 소멸되고 주의 백성이 무론 대소하고 상급을 받는 순간이 오기를 사모하십시오. 우리의 마음속에, 우리의 기도 속에, 그리고 우리의 찬양 속에 최후 심판과 마지막 보상을 사모하는 소원이 함께하기를 바랍니다.

Revelation

요한계시록 11장 14-19절

14 둘째 화는 지나갔으나 보라 셋째 화가 속히 이르는도다 15 일곱째 천사가 나
팔을 불매 하늘에 큰 음성들이 나서 이르되 세상 나라가 우리 주와 그의 그리
스도의 나라가 되어 그가 세세토록 왕 노릇 하시리로다 하니 16 하나님 앞에서
자기 보좌에 앉아 있던 이십사 장로가 엎드려 얼굴을 땅에 대고 하나님께 경
배하여 17 이르되 감사하옵나니 옛적에도 계셨고 지금도 계신 주 하나님 곧 전
능하신 이여 친히 큰 권능을 잡으시고 왕 노릇 하시도다 18 이방들이 분노하매
주의 진노가 내려 죽은 자를 심판하시며 종 선지자들과 성도들과 또 작은 자
든지 큰 자든지 주의 이름을 경외하는 자들에게 상 주시며 또 땅을 망하게 하
는 자들을 멸망시키실 때로소이다 하더라 19 이에 하늘에 있는 하나님의 성전
이 열리니 성전 안에 하나님의 언약궤가 보이며 또 번개와 음성들과 우레와 지
진과 큰 우박이 있더라

40
그리스도의 나라가 되어 2

그리스도 예수 안에서 사랑하는 성도 여러분! 앞 장에서 우리는 같은 본문을 통해 하늘 천사들의 찬양에 포함된 긍정적인 측면, 특히 상 주심을 중심으로 살폈습니다. 그러나 오늘 우리는 그 찬양에 담긴 또 다른 측면을 살펴보려고 합니다.

> 이방들이 분노하매 주의 진노가 내려 죽은 자를 심판하시며 …… 또 땅을 망하게 하는 자들을 멸망시키실 때로소이다 하더라(11:18).

사랑하는 성도 여러분, 최후의 날은 주의 승리의 날이요, 성도들이 상 받는 날이지만, 동시에 주님을 모르고 주의 복음에 순종하지 않은 자들에게는 진노의 날이요 심판의 날입니다.

주의 승리의 날_ 진노의 날, 심판의 날

그 진노의 순간을 생각해 보셨습니까? 자기 이익을 추구하기 위해 다른 사람의 건강이나 생명은 거들떠보지 않던 사람들이 멸망당할 날이 다가오고 있습니다. 자기만 생각하고 이웃이 죽든 말든 살아가던 사람들이 멸망당할 때가 다가오고 있습니다. 그 시간은 끔찍하고 무서울 것입니다.

보상이 있는 곳에는 반드시 처벌이 있습니다. 상이 있으면 벌이 있습니다. 우리 하나님은 공의로우신 분이기 때문입니다. 신실하게 주를 섬긴 자에게는 상 주실 분이기에 요리조리 피해 가는 사람에게는 벌을 주실 하나님입니다. 하나님에게 끝까지 신실한 자는 그 눈에서 눈물이 씻길 것입니다. 하지만 세상을 살면서 웃고 즐기고 기뻐하던 자는 그날 이를 갈며 슬퍼할 것입니다. "화 있을진저 너희 지금 배부른 자여 너희는 주리리로다 화 있을진저 너희 지금 웃는 자여 너희가 애통하며 울리로다"(눅 6:25). 이 말씀은 주님이 가르치신 말씀입니다.

본문에 나온 승리의 찬양, 그 열기 속에 두드러지게 나타나 있지는 않지만 심판과 멸망은 반드시 있다는 것을 꼭 기억하십시오. 하늘의 하나님을 훼방하고, 하나님의 역사를 방해하는 모든 자가 심판받을 날이 다가옵니다. 자기의 행위를 회개하지 아니하는 모든 사람은 그날 하나님의 진노의 손안에 빠져들 것입니다. 그래서 히브리서 기자는 우리에게 경고합니다.

> 우리가 진리를 아는 지식을 받은 후 짐짓 죄를 범한즉 다시 속죄하는 제사가 없고 오직 무서운 마음으로 심판을 기다리는 것과 대적하는 자를 태울 맹렬한 불만 있으리라 …… 살아 계신 하나님의 손에 빠져들어 가는 것이 무서울진저(히 10:26, 27, 31).

사랑하는 성도 여러분, 하나님의 말씀을 들을 때 그것을 소중하게 여기셔야 합니다. 우리가 은혜의 말씀을 듣는 그 시간에 하나님의 말씀을 소중하게 받아들여야 합니다. 하나님의 은혜를 거절하는 자에게는 하나님의 진노만이 기다리고 있습니다.

하나님을 무시하지 마십시오. 하나님은 결코 속임을 당하지 않으십니다. 교회에 왔다 가기만 해서는 달라지지 않습니다. 예배는 거룩하신 하나님 앞에서 함께 두려워하고, 그 영광을 함께 기뻐하는 자리여야만 합니다. 다른 사람이 땀 흘려 일할 때, 다른 사람이 피 흘려 싸울 때, 자기는 빠져 나가면서 하나님의 승리의 보상에 함께 참여할 거라 생각하지 마십시오. 사람의 눈은 피할 수 있을지 모르지만 전능하신 하나님의 불꽃같은 눈은 결코 피할 수 없습니다.

저는 여러분이 어떤 상황에 있는지 다 모르지만 하나님은 알고 계십니다. 하나님은 우리가 처한 상황 속에서, 마음과 뜻과 정성을 다하여 하나님을 사랑하기를 요구하고 계십니다. 지금은 변명의 말을 할 수 있지만 그날 하나님 앞에서는 그런 변명이 통하지 않을 것입니다. 하나님은 결코 속임을 당하지 아니하실 분입니다.

지금 여기서 정직히 서라

마음과 뜻과 정성과 힘을 다하여 하나님을 사랑하지 않는 사람을 성경은 죄인이라고 부릅니다. 주일날 교회에 와서 얼굴 한 번 빠끔히 내밀고 간다고 해서 성도가 되는 것이 아닙니다. 우리가 가진 돈 가운데 일부를 연보바구니에 넣는다고 해서 우리가 의로워지는 것이 아닙니다. 온 마음과 뜻과 정성과 힘을 다하여서 하나님을 사랑하지 아니하는 사람은 죄인입니다. 죄인의 자리에서 즉각 돌아서서 새로운 삶을 살아야 합니다.

하나님 앞에서 우리의 삶을 다시 한 번 점검해 보아야 합니다. 늘 예배 자리에 나온다고 해서 앞으로 또 한 번의 기회가 있을 것이라 생각해서는 안 됩니다. 다음 시간을 보장받은 사람은 아무도 없습니다. 대한민국에서 교통사고로 죽는 사람이 하루에 몇 명이나 되는지 아십니까? 하나님이 우리를 하나님 앞에 불러 세우는 방법은 그것뿐만이 아닙니다. 건강하던 사람도 하나님이 그 코의 호흡을 거두시면 떠나갈 것입니다. 내일 충성하겠다고 뒤로 미루지 마십시오. 지금 주어진 자리에서 하나님이 요구하실 때 정직하게 응답할 수 있어야 합니다.

항상 기뻐하십시오. 쉬지 말고 기도하십시오. 범사에 감사의 말을 하십시오. 그리스도 예수 안에서 우리를 향한 이 거룩한 뜻을 짓밟지 마십시오. 항상 기뻐하는 것, 쉬지 말고 기도하는 것, 모든 일에 감사하는 것이 우리 한 사람 한 사람을 향한 그리스도 예수 안에 있는 하나님의 뜻입니다. 그러기에 쉬지 말고 "하나님 제가 다시 넘어질 수 없습니다"라고 기도하며 부르짖어야 합니다. 빠져도 될 만하다고 판단해서 적당하게 빠져나가는 그런 신앙생활에서 이제 벗어나야 합니다. 그렇게 신앙생활을 한다면 스스로 고달플 것입니다. 우리 자신의 마음에 항상 기쁨이 솟아날 수는 없습니다. 최선의 헌신을 하고, 쉬지 않고 부르짖고, 범사에 감사하는 자들에게만 기쁨의 샘이 솟아납니다.

> 하물며 하나님의 아들을 짓밟고 자기를 거룩하게 한 언약의 피를 부정한 것으로 여기고 은혜의 성령을 욕되게 하는 자가 당연히 받을 형벌이 얼마나 더 무겁겠느냐 너희는 생각하라(히 10:29).

그리스도 예수 안에서 우리에게 주어진 기쁨, 기도, 감사의 삶을 소홀히 여긴다면, 이 거룩한 하나님의 뜻을 짓밟는다면, 우리가 받을 형벌이 얼마나 무서울지 생각해 보라고 언약의 공동체를 향해 히브리서 기자는 도전하고 있습니다.

하나님의 진노의 시한폭탄은 이미 장치되어 있습니다. 지금 돌아서서 새로운 삶을 살아가십시오. 불만을 갖지 마십시오. 불평을 버리십시오. 여러분의 입술을 감사의 말로 채우십시오. 여러분의 입술에서 격려와 칭찬의 말들이 나오게 하십시오. 항상 기뻐하십시오. 쉬지 말고 기도하십시오. 범사에 감사하십시오. 하나님을 무시하고, 하나님을 사랑하지 않고, 그분의 거룩한 이름을 두려워하지 않는 자들에게는 마지막 초침이 다하는 순간 하나님의 진노가 폭발할 것입니다.

"또 땅을 망하게 하는 자들을 멸망시키실 때로소이다"라는 말씀을 보십시오. 하나님은 멸망시킬 때를 정해 두고 계십니다. 똑딱똑딱 초침이 움직일 때마다 하나님의 마지막 시간을 향해 달려가고 있음을 의식해야 합니다. 우리가 살고 있는 이 하늘과 땅이 지금과 같이 영원히 지속될 것이라고 착각하지 마십시오. 종말에 대해 성도가 각성하지 못하기 때문에 종말론을 들고 이단이 날뛰는 것입니다. 시한을 정하고 이단이 날뛰는 것은 성도가 이 진리에 깨어 있지 못하기 때문입니다. 하나님은 멸망시킬 때를 정해 두고 계십니다. 그날 최후의 심판이 기다리고 있습니다.

그 최후의 날에 하나님은 공정한 심판을 하실 것입니다. 아무나 망하게 하지 않습니다. 오직 "땅을 망하게 하는 자들"을 멸망시킬 것을 약속하십니다. 하나님을 섬기는 자들에게는 상을 주시듯, 땅을 망하게 하는 자들을 멸망시키실 것입니다. 하나님의 심판은 반드시 공정하고 정확하게 그 임자를 찾아갈 것입니다. 크고 작은 모든 행동이 하나님의 공의로운 심판을 피할 수 없을 것입니다. 그날에는 악을 행하던 개개인이 심판받을 것입니다. 그날에는 악을 행하던 세상 나라가 심판받을 것입니다. 모든 악의 근원이던 그 악한 자가 멸망할 것입니다. 그날에는 모든 악의 근원이던 사탄이 무저갱에 영원히 던져질 것입니다.

심판은 범죄에 상응하는 보응을 내립니다. 하나님은 결코 임의적이지 않으십니다. 우리가 보기에는 재난이 제멋대로 발생하는 것 같지만 하나님은 반드시 그의 행위에 따라 사람을 심판하십니다. 땅을 망하게 하는 자들을 심판하여 망하게 하십니다.

하나님의 약속의 상징, 언약궤

지금껏 일곱째 나팔로 인해 들린 하늘의 큰 음성에 귀를 기울여 보았습니다. 그러나 19절은 우리 눈에 또 다른 환상을 보여 주고 있습니다.

> 이에 하늘에 있는 하나님의 성전이 열리니 성전 안에 하나님의 언약궤가 보이며 또 번개와 음성들과 우레와 지진과 큰 우박이 있더라(11:19).

나팔 소리로 인해 열린 하늘 성전을 눈여겨보십시오. 일곱째 나팔은 하나님의 성전과 하나님의 언약궤를 보여 주고 있습니다. 일곱째 나팔 소리로 인해서 하늘의 찬양이 들리고 동시에 하늘이 열리고 하늘의 성전과 하나님의 언약궤가 나타나고 있습니다.

하나님의 성전은 하나님의 임재를 상징합니다. 하나님의 언약궤는 하나님의 약속을 상징합니다. 광야의 언약궤가 옛 이스라엘을 향한 하나님의 분명한 사랑을 상징하듯이, 하늘의 언약궤는 새 언약 백성을 향한 그리스도의 신실한 사랑을 상징합니다.

이스라엘이 가나안 땅에 들어간 것이 그들의 선한 행위로 말미암은 것입니까? 우리가 하나님 나라에 도달하는 것이 우리 자신의 올바른 행위, 우리의 결심, 우리의 선한 행위로 말미암는 것이라면, 우리 중에 하나님 나라에 들어갈 사람은 아무도 없을 것입니다. 그렇기 때문에 하나님의 무궁하신 자비가 우리 삶의 순간마다 뒤따르고 있습니다. 우리를 향한 하나님의 무궁한 사랑이 뒤따르지 아니하면, 우리는 소망이 없는 사람들입니다.

언약궤를 보여 줌으로써 앞으로 일어날 마지막 결전을 앞둔 주의 백성을 위로하고 있습니다. 지금껏 약속에 신실하신 하나님이 앞으로도 그 약속에 신실하시리라는 것을 보여 줍니다. 비록 혹독한 박해와 짐승의 공격을 치열하게 받을 것이지만 하나님의 백성은 언약의 사랑으로 보호될 것입니다. "누가 우리를 그리스도의 사랑에서 끊으리요"(롬 8:35). 하나님의 백성에게 주어진 모든 약속은 전능의 능력으로 성취될 것을 보여 줍니다. 그날 우리를 향한 하나님의 모든 약속은 분명히 성취될 것입니다. 그때 하나님과 그 백성과의 완벽한 교제가 시작될 것입니다. 우리의 눈에서 흘렸던 눈물이 씻김을 받을 것이고 사람들과 함께 하나님의 장막에 거하게 될 것입니다.

하나님이 함께 계시고 보응하시는 분임을 알리는 "번개와 음성들과 우레와 지진과 큰 우박"에 주의하십시오. 언약궤와 함께 보인 환상입니다. 은혜와 진노는 하나님의 동일한 사역입니다. 사랑하는 성도 여러분, 지금 은혜의 하나님을 체험하십시오. 그렇지 않으면 그날 하나님의 진노의 손에 빠져들 것입니다. 철장으로 질그릇이 깨뜨려지듯 멸망당할 것입니다. 하나님과 그의 그리스도의 승리는 이미 확정되었습니다. 시온성에 다윗을 세울 때 보여 주시고 예수 그리스도를 향해 "너는 내 아들이다"라고 선언하실 때 이미 확정하셨지만, 장차 사람들 눈에 이 아들이 세상의 통치자인 것을 보여 주실 때 하나님의 승리는 다시 한 번 찬란하게 빛날 것입니다.

하지만 우리가 힘들여 싸워 승리를 도모하는 것이 아닙니다. 이미 하나님의 승리는 결정되었습니다. 다만 우리는 그 승리의 잔치에 초대된 사람들입니다. 우리는 그리스도께서 싸워 이기신 그 싸움에서 전리품을 거두는 일만 감당하면 됩니다. 우리의 힘으로 최후의 결전을 하는 것이 아니라 최후의 결전은 십자가 위에서 이미 끝나 버렸고, 권력의 최종 향배 역시 결정되었습니다. 그리스도께서 승리하셨고 하나님이 영원히 다스리실 것입니다. 사랑하는 성도 여러분, 하나님은 지금 우리를 이 싸움의 수혜자로 부르고 계십니다.

하나님 나라의 역사는 성령의 나타나심으로

우리 시대는 곳곳마다 승리의 개가가 울려 퍼지고 있습니다. 곳곳의 선교지에서도 개가가 울려 퍼지고 있습니다. 열방 가운데서 승리의 찬양을 위해 오늘 우리는 곳곳에 선교사들을 파송하여 후원하고 있습니다.

하나님 나라의 역사는 우리가 하는 것이 아니라 성령의 나타나심으로 이루어집니다. 먼 선교지뿐만 아니라 가까운 동네, 이 땅에도 많은 영혼들이 버려져 있습니다. 여기 이 땅에서 하나님 나라의 역사에 동참하실 분들을 찾습니다. 우리 가운데 하나님의 권능의 나라가 임하는 것을 보여 줄 사람들이 필요합니다. 우리는 하나님의 권능이 사람들 눈에 현저하게 나타나는 역사가 있기를 기도하며 헌신해야 합니다. 지혜롭게 인생을 살아가십시오. 하나님과 그의 그리스도의 승리는 이미 확정되었습니다.

사랑하는 성도 여러분, 여호와를 경외함으로 떨며 즐거워하십시오. 하나님의 진노의 길에서 하나님의 그 아들에게 입 맞추십시오. 그것만이 하나님을 참되게 예배하는 행위입니다. 진노의 길에서 돌아서야 합니다. 우리가 어떻게 살았는지 한날 하나님 앞에서 대답해야 할 것입니다.

우리는 그리스도의 최후 승리의 찬양을 들었습니다. 우리는 권력의 최종 향배를 알고 있습니다. "나라와 권세와 영광이 영원히 아버지와 그리스도께" 속할 것입니다. 그날에 상 주심을 바라보십시오. 동시에 그날에 벌을 주시는 일이 있기를 기도하십시오. 보상의 날을 기다리십니까? 그렇다면 우리는 하나님의 진노가 쏟아지는 날을 사모해야 합니다. 모든 악이 소멸되는 순간이 오기를 고대하십시오. 하나님의 선하심이 정오의 태양같이 온누리에 빛나는 순간이 오기를 사모해야만 하나님의 편에 서 있는 하나님의 백성입니다.

우리는 하나님의 진노를 두려워하지 아니하고 하나님의 진노가 임하지 아니할 것처럼 생각하고 사는 삶에서 벗어나야 합니다. "최후의 심판이 어디 있어, 세상에 종말이 어디 있어"라고 생각하고 주장하는 것은 세상 사람들의 모습입니다. 차라리 그것은 일관성 있는 모습입니다. 그러나 최후의 심판이 있다는 것을 알고, 종말이 온다고 생각하면서도 마치 오지 않을 것처럼 사는 것은 일관성 없는 행동입니다. 그 모습 때문에 예수를 믿고 싶어하던 사람들도 그분을 믿지 않습니다. 모든 관심이 땅 위에 큰 집을 짓고 사는 것에만 쏠려 있으면 우리가 아무리 "예수 믿고 천국 갑시다"라고 외쳐도 세상 사람들은 "당신이나 믿으세요"라고 맞받아치며 듣지 않을 것입니다. 우리가 이 땅에서 나그네와 행인으로 살아가고 있다는 것을 보여 줄 수 있어야 합니다. 우리는 최후의 심판을 믿는 성도입니다. 하나님의 진노를 기다리는 주의 백성을 우습게 조롱하는 것은 우리가 어느 편에 서 있는지를 보여 주는 행위입니다.

하나님의 백성은 그 눈에서 그리스도를 위한 눈물을 흘렸기 때문에 악한 자들이 심판받을 그때 그들의 눈에서 모든 눈물이 씻길 것이고 한숨이 가시게 될 것입니다. 개인적인 보복의 차원이 아니라 거룩하신 하나님의 이름을 마음대로 조롱하던 세상 권력이 거꾸러지는 그때에 비로소 하나님의 백성은 위로받을 수 있습니다.

사랑하는 성도 여러분, 모든 악이 이 땅에서 소멸되는 순간이 오기를 여러분의 마음속에, 여러분의 기도 속에, 그리고 여러분의 찬양 속에 날마다 함께하기를 바랍니다.

읽는 설교 요한계시록 Vol.1 · 1-11장

초판 발행 2021년 4월 20일
지은이 정근두
발행인 손창남
발행처 죠이선교회(등록 1980. 3. 8. 제5-75호)
주소 02576 서울시 동대문구 왕산로19바길 33
전화 (출판부) 925-0451
(죠이선교회 본부, 학원사역부, 해외사역부) 929-3652
(전문사역부) 921-0691
팩스 (02) 923-3016
인쇄소 영진문원

ISBN 978-89-421-0462-8 03230

책값은 뒤표지에 있습니다.
잘못된 도서는 교환하여 드립니다.